KB126848

1

공동체

1

공동체

김욱진 지음

"이 저서는 2017년도 서울시립대학교 교내학술연구비에 의하여 지원되었음."

머리말

이 책은 공동체에 관한 이해를 돕고자 쓴 사회과학 서적이다.

이 책을 쓰게 된 동기는 세 가지이다. 먼저, 지난 십여 년간 나름대로 공동체 관련 연구를 많이 해왔는데 공동체에 대하여 일목요연하게 정리해 놓은 전문 학술서가 드물다는 아쉬움이 컸다. 공동체에 관한 사회과학 문헌이 난잡하여 이해하기 어려우므로, 내가 이를 한번 정리해 보자는 욕심에 집필을 시작한 것이다. 그런데 탈고 후 보니 나 역시 그 난잡함에 보탬을 더한 것 같다는 생각이 들어 민망함과 한숨이 앞선다. 무엇보다, 시작할 때는 거창하게 기획해 놓고선 막상 뚜껑을 열어 보니 내 생각은 거의 집어넣지 못하고 기라성 같은 학자들의 업적만 백과사전식으로 나열해 놓은 것 같아 아쉬움이 크다. 마음만 하염없이 작아진다. 그렇지만 강의와 후술을 통해 이 책의 의도와 의미를 독자에게 더 정확히 전달할 기회가 분명 있을 것이라 희망하며 퇴고를 멈춘다.

두 번째 동기는 나의 성향과 관련된다. 이 책의 저자가 하는 말로는 모순적으로 들릴 수 있겠으나, 나는 개인적으로 상당히 개인주의적이고 내향적인 성향을 지닌 사람이다. 그래서 나와 반대되는 속성의 사람들, 즉 공동체주의적 성향을 지닌 사람들의 세계에 예전부터 궁금증이 많았다. 이러한 궁금증은 대학원에서 공동체 조직과 개발을 전공하게 된 배경이 되었고, 교편을 잡은 후에도 공동체 관련 연구를 지속하게 된 계기가 되었다. 아무튼, 나는 나에게 있어 미지의 세계인 공동체 현상을 야무지게 공부해 보자는 생각을 비교적 오래 품었고, 이 책은 그 고민에 대한 여러 해답이자 결과물 중 하나이다.

마지막 동기는 실용적인 것으로, 나의 제자들에게 사회과학의 다양한 고전 및 최신 연구를 소개하고 이를 토대로 사회복지학도로서 갖추어야 할 기본적인 사회과학 소양을 쌓게끔 돕고자 하는 목적이다. 방대한 사회과학 문헌을 한꺼번에 통달할 수는 없는 노릇이므로, 공동체라는 사회 현상을 특정한 후 이를 중심으로 각종 사회과학 이론과 방법, 쟁점과 과제를 살필 기회를 주면 사회과학 전반에 대한 최소한의 이해도를 높일 수 있지 않을까 하는 기대에 이 책을 교재용으로 집필하였다.

이 책은 2017년 서울시립대학교 교내학술연구비의 지원을 받아 집필한 것이다. 그렇지만 실제 집필은 2018년 안식년 기간에 대부분 이루어졌다. 이후 다른 일로 바빠 출판을 미루다가 2020년 초 집에 머무는 시간이 길어지면서 불행 중 다행으로 탈고하였다. 책을 마무리 짓는 시점에 전 세계적으로 코로나-19 사태가 발생하였고, 이른바 언택트 문화가 급속도로 세를 불리면서 공동체를 둘러싼 환경에 큰 변화가 찾아와 당혹감을 느끼기도 하였다. 그렇지만 언택트 시대에도 콘택트를 지향하는 공동체의 필요성과 의의, 전망에 있어서만큼은 이 책이 지닌 논지의 정합성이 계속될 것이라 믿는다.

지난 십여 년간 공동체 관련 공부를 하면서 알고 있는 바를 최대한 쏟아내고자 노력하였다. 그렇지만 역량 부족으로 내용이 부실하고 오류도 많을 것이라는 두려움이 있다. 독자들의 지적과 비판으로 성장하여 다음에는 좀 더 완성도 높은 책을 쓸 수 있도록 노력하겠다는 다짐을 해본다. 더불어, 졸고를 쓰는 데 여러모로 도움을 주신 학과 교수님 여섯 분께 감사드린다. 흔쾌히 출판을 맡아 주신 한국학술정보의 채종준 대표이사님, 출간 전 과정을 책임져주신 이아연 대리님께도 감사드린다.

마지막으로, 이 책을 쓰는 매 순간 나의 앞에서 노래를 부르고 발을 구르며 밝은 웃음을 한 아름 안겨준 사랑하는 나의 딸 주아에게 이 책을 선물하는 바이다.

2020년 8월 3일

저자 김욱진

목차(제1권)

제II부. 공동체를 어떻게 이해할 것인가?

목차(제2권)

서론

공동체는 친숙한 이들과 어울림을 장려하고 구성원에게 소속감과 정체성을 불어넣는다. 공동체에 소속된 개인은 심리적 안정을 바탕으로 낯선 세계의 이질적 타자와 조우할 힘을 갖게 된다. 불안과 불확실이 점증하는 현대 사회에서 공동체가 더욱 요구되고 중시되는 까닭은 안전하고 안정적 삶을 가능케 하는 공동체의 저력 때문이다.

최근 공동체에 관한 관심이 커지고 있다(Hacke, 2017). 사적인 것과 공적인 것의 이분법을 넘어, 새로운 공동의 유대를 논의하고 친숙한 연결이 갖는 의미를 규명하는 데 관심을 보이는 사람들이 늘고 있다. 공동체에 대한 전 사회적 관심은 주민조직, 마을기업, 사회적 기업, 협동조합과 같이 지역에 기반을 둔 공동체에 대한 각계각층의 조명에서 두드러진다(박재동, 김이준수, 2015). 그러나 최근 논의의 추세는 지역 기반 공동체에 국한되지 않고 다양한 형태의 공동체로 확산하여 나타나는 양상이다(김미영, 2015). 가족공동체, 혈연공동체, 디아스포라처럼 개인의 의사와 상관없이 출생과 동시에 소속되는 자연발생적 공동체부터, 직장공동체, 종교공동체, 시민단체, 동호회, 소모임과 같이 특정한 이해관계나 믿음, 신념을 공유하는 사람들이 특수한 의도를 갖고 만든 결사적 공동체, 이념공동체, 나아가 시공간의 한계를 초월한 인터넷 가상공동체와 무정형의 정감적(情感的) 공동체, 역적(閾的) 공동체, 그리고 지구촌(global village)까지, 최근의 논의가 다루는 공동체의 유형과 개념은 무척이나 다양하다.

우리나라는 집단주의적 경향이 강한 나라이다(구자혁, 2020). 개인주의가 '나'를 내세우며 자유와 권리를 중시한다면, 집단주의는 '우리'를 앞세우며 통합과 조화에 더 높은 가치를 부여한다. 전통적으로 유교 문화의 영향을 받은 우리나라는 후자, 즉 집단주의 속성을 짙게 내비쳐 왔다. 그러나 수백 년에 걸친 유교적 억압에 대한 반발심 때문인지 지난 수십 년간 우리나라에서는 자유주의적 가치를 진흥하는 움직임이 강했고, 그 여파로 집단주의는 획일화, 몰개성, 억압적 사회구조의 원인으로 많은 지탄을 받게 되었다(정태연, 2010). 유교의 쇠락 이후 나타난 집단주의 문화에 대한 저항 그리고 그 반대급부로 등장한 개인주의 가치관에 대한 선호의 역사를 감안하면, 최근 감지되는 공동체에 관한 관심과 가능성에 대한 낙관 및 공동체주의적 가치관에 대한 호응은 다소 의아하다.

집단주의에 대한 심리적 거부가 강한 우리나라에서 다시 공동체가 뜨는 현상을 어떻게 설명할 수 있을까. 사실 공동체 쇠퇴에 대한 우려와 재건을 둘러싼 관심의 집중은 비단 우리나라에만 국한된 현상이 아니다. 전 세계 거의 모든 나라, 심지어 개인주의가 만연한 미국이나 유럽 국가에서도 흔하게 목격된다(Etzioni, 2019). 그렇다면 전 세계적으로 공동체는 왜 다시 주목받는가? 공동체의 가능성에 열광하는 이유는 무엇인가? 여기서는 한때 잊힌 주제였던 공동체가 전 세계적으로 재부상하는 현상 이면에는 근본적으로 어울림과 안정된 삶에 대한 사람들의 갈망이 놓여 있다는 대답을 내놓는다(Bauman, 2001; Sennet, 1998, p.138).

인간은 출생과 동시에 크고 작은 집단에 소속된다. 성장 과정에서도 여러 단체에 가입하여 성원 자격을 획득한다. 이러한 집단들을 전부 공동체로 간주할 수 있는 것은 아니다. 그렇지만 몇 개의 집단은 분명 공동체라 부를 만한 속성을 갖는다. 개인들은 핵심 준거집단 구성원들과 관계를 맺고 그들과의 어울림을 통해 공동체 형성에 참여하고 유지에 관여한다. 그리고 그 과정에서 행위와 사고를 조절, 통제하는 집단의 도덕적 원칙과 규범을 내면화하고, 자아를 발견하고 타인을 이해하며 세계를 조망하는 정체성을 확립한다(Blackshaw, 2010, p.112-117). 즉 개인은 특정 집단의 일원으로서 '나'와 유사한 특징을 공유하는 '우리'와 어울리고, 그들과 긴밀히 영향을 주고받는 집합적 삶 속에서 소속감과 안정감을 다지고 정체성을 얻는다. 이는 유약하고 고립된 자아로 태어난 개인이 탄탄한 심리적 안정감을 바탕으로 불확실한 외부 세계로 나가 흔들림 없이 그것을 탐색, 모험할 힘을 갖는 것은 그가 다름 아닌 공동체 구성원이기 때문임을 함의한다. 공동체의 일원이 아닌 한낱 개인은 신체적, 심리적, 사회적, 경제적으로 결코 선천적 약점을 극복할 수 없다. 그뿐만 아니라 계류(繫留)의 부재로 인해 미지의 세계에서 방황한다(Block, 2018).

인간은 선천적 유약함을 극복하고 완성된 인간으로 나아가기 위해 공동체를 구축하고 활동에 참여하는 본능을 가진 사회적 동물이다. 이러한 본능이 좌절되었을 때, 즉 공동체 형성과 참여에 대한 욕망이 저지되고 그 결과 공동체가 침체, 분열, 파괴될 때, 인간의 생존은 즉각적으로 위협받는다. 외부의 적들로부터 보호막 역할을 해주던 울타리가 사라지면서 따뜻함, 포근함, 친근함, 안전함을 보장하던 공동체 공간은 이내 외로움, 공허함, 낯섦, 불안전의 광경으로 탈바꿈한다. 의지할 사람이 없어지고 만인의 만인에 대한 투쟁이 본격화하면서 심리적, 사회적 압박감이 비등한다. 모든 행위와 사고를 관장하는 주체로 개별화된 자아가 지목되면서 책임소재를 둘러싼 분쟁도 잦아진다. 무엇보다 '나는 누구인가', '나는 어디에서 비롯되는가'와 같은 정체성 관련 문제에 답하기 곤란해짐에 따라 불확실한 세계의 표류자들이 늘어난다. 무엇이 옳고 바람직한 가치이며 좇아야 할 도덕인지 말해주던 지침이 사라지고, 그 자리에 차갑고 가변적인 이해득실의 계약관계가 대신 들어섬에 따라 삶의 의미를 의문시하고 혼란을 느끼는 위기의 개인들이 증가한다(Bauman, 2000/2009, p.32; Putnam & Feldstein, 2009).

인간은 어울림과 참여에 대한 본능적 열망에 지배받는 관계적 동물이다. 홀로 외로이 남겨지기보다 나와 유사한 우리와 어울리고 주변의 사람들과 영향을 주고받으며 친밀감과 애착을 다지는 사회적 존재이다. 우리의 근원과 유산, 전통을 알고 그것을 지켜 나가는 가운데 소속감을 찾고 정체성을 얻는 역사적 존재이다(박만준, 2004). 공동체는 그와 같은 인간의 본능적 모습을 실현해 주는 통로이자 하나로 모으는 연결고리, 구심점이다. 어디가 시작이고 어디가 끝인지 모를 만큼 어지럽게 얽힌 복잡다단한 세계에서, 공동체는 구성원들에게 심리적 안정을 바탕으로 흔들림 없이 전진할 원동력을 제공하고 이질적 집단의 미지의 타자와 두려움 없이 조우할 용기를 심어준다. 선천적으로 나약한 인간이 생존할 수 있는 최고의 방법은 그래서 공동체를 만들고 그에 소속되어 삶의 이정표를 제시받으며 안전과 안정을 보장받는 데 있다(Pohl, 2010).

인간은 공동체 안에서 번영하고 공동체 밖에서 쇠락한다. 공동체는 사치재나 보조재가 아닌 인간이 인간답게 사는 데 필요한 필수재이다. 그런데 이 중요한 필수재로서의 공동체가 최근 전방위적으로 위협받고 있다(김동완 외, 2020; 정재훈, 2020). 위협이 시작된 시점, 위협의 수준, 심각성, 해결 방식, 전망 등에 관한 의견은 관심 있는 사람들 간에서도 입장이 엇갈린다. 그렇지만 공동체가 위협받고 있다는 사실 자체에 대해서는 큰 이견이 없다.

개인과 개인을 하나로 묶어주고 동질감을 느끼게 하며 소속감과 정체성의 근원 역할을 하던 공동체가 어느 순간 중심을 잃고 표류하면서, 공동체 안에서의 어울림과 그를 통한 안정적이고 확실한 삶의 실현은 이제 완전히 다른 국면으로 전환되었다. 이 전환은 전 세계적으로 대부분의 나라에서 유사한 패턴을 그리며 전개되어 왔는데, 크게 세 가지 국면으로 나누어 볼 수 있다.

첫 번째는 산업화와 도시화 그리고 그에 따른 인구구성과 삶의 양태의 급진적 변화이다. 최근에는 여기에 신자유주의, 전 지구화, 정보화, 탈물질주의, 탈권위주의, 지방분권화, 포스트포디즘 같은 새로운 사회경제적, 문화적, 정치적 조건들이 추가되면서 공동체를 둘러싼 환경 변화가 더욱 복잡하게 전개되는 양상이다. 두 번째는 첫 번째 국면에서 야기된 구조적, 문화적 변화가 초래한 인간관계의 파편화이다. 이 파편화는 구체적으로 이웃과 지역에 대한 무관심, 무관여, 도시 속 익명성에 기댄 인간 소외와 고독의 증가, 친밀한 관계의 소멸과 대면적 소통의 증발, 이기주의 증대 등으로 요약되는 인간성 상실과 훼손을 의미한다. 마지막 세 번째는 공동체 재건에 대한 요청의 단계로, 앞선 국면의 전개에도 불구하고 기존의 문제해결 기제인 시장과 국가가 사회구성원들의 인간성 회복에 이바지하기는커녕 오히려 인간관계의 파편화를 심화, 방조한다는 비판을 요체로 한다.

이 세 번째 국면에서 공동체는 인간관계 파편화라는 문제의 해결 수단이자 인간성 회복 운동의 본질로서 공론의 장으로 불려 와 역할을 부여받는다. 여기서 인간성이란 앞서 거듭 언급하였던 내용, 즉 나와 비슷한 특징을 공유하는 우리와의 긴밀한 어울림을 통해 소속감과 정체성을 확인하고 이를 기반으로 불확실한 세계에서 안전과 안정을 추구하는 인간 본연의 성질을 의미한다(McMillan, 1996).

공동체는 낯익은 이들과의 관습적 결사가 어려워지고 연대의 기회와 공간이 사라질 때 부상한다. 집단의 전통과 권위가 부정되고 세대를 거쳐 축적한 정체성이 위협받을 때 주목받는다. 사랑, 우정, 존경의 가치 대신 자유를 빙자한 이기주의가, 희생, 헌신, 책임의 미덕 대신 공동선을 앞세운 전체주의가 기승을 부릴 때 두드러진다(Giddens, 1994, p.124). 한마디로, 공동체는 불안과 불확실성이 심화하고 안전과 안정에 대한 희구가 증대하는 시기, 그리고 이를 실현하는 방법으로 공동의 유대와 친숙한 연결의 가능성이 주목받는 시기에 요청받는다(Etzioni, 1998). 역사적으로 산업화와 도시화가 급속히 진척되던 근대가 이러한 특징들을 가장 잘 응축했던 시기였다면, 최근에는 신자유주의, 전 지구화, 정보화, 탈물질주의, 탈권위주의, 지방분권화 같은 탈근대 혹은 후기 근대적 변화가 공동체를 소환하는 새로운 역사적 조건을 구성하고 있다.

한때 이윤을 추구하는 시장과 권력의 집중을 추구하는 국가가 사람들에게 안전과 안정을 약속하던 시대가 있었다. 그러나 지난 수십 년간 전 세계 나라들의 역사를 돌이켜보면 시장은 무한경쟁, 승자독식, 효율지상주의, 과잉 개별화를 앞세움으로써, 국가는 부정부패,

무능한 관료주의, 비효율, 중앙집중화의 늪에 빠짐으로써 각각 해결책이 될 수 없음을 입증하였다. 시장과 국가는 불안과 불확실성을 해결하기는커녕 오히려 그것을 심화, 가속화하였고 인간관계 파편화를 방관하거나 은폐하였다. 낙담한 사람들은 대안으로 자신과 비슷한 특징을 공유하는 이들과 어울리고 소통하며 그들과 유의한 관계를 맺는 문제해결 방식 — 오래되었으나 한동안 잊혀 새롭게 느껴지는 — 에 눈을 돌렸다(Harris & Alexander, 1991). 공동의 유대와 친숙한 연결이 심각히 위축되던 바로 그 위기의 순간에 사람들은 나와 비슷한 우리와 어울리는 오래된 삶의 양식으로 귀의를 결행한 것이다(Bauman, 1995). 이와 같은 재귀(reflection)는 공동체 형성과 참여를 통해 안전하고 확실한 삶을 모색하고 인간성을 회복하는 오늘의 다각적 추세로 이어지고 있다.

공동체의 중요성을 재조명하고 그 필요성에 모두가 공감을 표시하는 가운데 사회 한편에서는 정반대의 힘이 위력을 발휘하고 있다. 혼족, 비접촉(untact) 등으로 대변되는 개별화에 대한 사회 전반의 충동적 돌진이 바로 그것이다. 애초 혼족이란 결혼하지 않은 일인가구를 의미하는 단어였다(한국지역정보개발원, 2016). 그러나 점차 혼자 밥을 먹거나 쇼핑을 즐기거나 영화를 보는 등 일상생활을 홀로 영위하는 사람들을 지칭하는 일반적 용어로 의미가 확장되었다. 비슷한 말로 얼로너(aloner), 코쿤(cocoon)족, 싱글족 등이 있다. 한편 비접촉(untact)은 사람을 통하지 않고 재화와 서비스의 구입 및 정보 유통을 가능케 하는 4차 산업혁명의 최첨단 IT 기술에서 볼 수 있는 인간관계를 의미한다. 접촉을 뜻하는 콘택트(contact)에 부정접두사

언(un)을 붙여 만든 콩글리시로, 사람 간 접촉을 최소화하고 비대면 형태로 상품과 서비스, 정보를 제공받는 새로운 형태의 연결을 가리킨다.

혼족, 얼로너, 코쿤, 싱글족, 언택트는 모두 각기 다른 현상을 지칭한다. 그렇지만 공통점이 있다. 일인 가구의 증가라는 인구구성의 변화, 극심한 경쟁, 취업난, 생활고라는 사회구조적 모순의 축적, 그에 따른 스트레스 가중과 이를 부채질하는 무의미한 인간관계 및 그로부터 파생되는 피로감의 일상화를 충분조건으로 삼는다는 점이다(김희연 외, 2013). 이러한 충분조건들이 갖추어질 때 사람들은 세상을 복잡하고 불확실한 것으로 인식하고 불편함과 구속감을 느낀다. 지친 자아를 보호하고자 점차 사회로부터 단절과 고립을 추구하고, 남들과 어울리기보다 혼자만의 세계를 구축하여 그 안에서 개인적 안락과 행복을 느끼는 데 만족한다. 타인에게 예속된 삶이 아닌 자기 인생의 주체자로 살겠다는 의지의 천명자가 많아지고, 내가 속한 집단의 복지가 아닌 개인의 안녕과 이익 증진을 삶의 최종 목적으로 삼는 사람들이 늘어난다. 작금의 초연결시대에 자발적 외톨이들이 늘어나는 배경은 위와 같다(민현기, 2019).

최근 급속히 확산하는 소위 나 홀로족과 언택트 기술 및 이에 상응하는 다양한 사회문화적 현상 이면에는 현대 사회가 부여하는 구속에서 벗어나 자유를 만끽하고 이를 통해 생활의 질과 여유를 높이며 궁극적으로 만성화된 불안과 불확실에서 탈출하려는 사람들의 강한 욕망이 공통으로 깔려있다(백소영, 2020; 안주희, 2009). 현대 사회의 위기를 지극히 개인주의적이고 자유 지상주의적인 방식으로 타개하려는 시도인 것이다. 개인주의적이라 말하는 까닭은, 불확실한 외부 세계가 주는 두려움과 공포를 타인과의 소통, 대화, 정서적 유대, 공유된 비전과 목표, 상호 호혜와 이해 등에 기반을 두고 공동으로 극복하려 하기보다, 자기 세계로 침전하여 순전히 나와 나의 이익을 중심에 놓고 풀어내려는 개별화된 모습을 나타내기 때문이다. 또한 자유 지상주의적이라 말하는 까닭은, 모든 가능한 사회적 위협과 제약에 마주하여 나와 공통분모를 가진 우리와 연대, 협력함으로써 공동 대응하기보다, 그로부터 완전히 초연한 입장에서 지극히 사적인 영역으로 도피하여, 즉 문제를 의도적으로 회피하거나 아예 집단의 의사형성 또는 결정과정에 관심을 보이지 않고 관여하지 않는 분리적, 반통합적 방식으로 대응한다는 점 때문이다.

오늘날 우리 사회에 만연한 불안은 심각한 수준에 이르렀다. 청년층은 극심한 취업난과 주택 문제로 고통받고 있고, 중장년층은 개인 경제 파산과 자녀 양육, 부양 부담으로 위기에 처해 있다. 노인들은 빈곤과 질병, 고독 속에 사투하고 있고, 장애인, 여성, 이민자 등 취약계층은 각자 예의 잘 알려진 위험 요인으로 인해 이전보다 더 큰 어려움에 직면해 있다(박치현, 2020). 불확실에서 비롯되는 두려움과 공포가 크고 만성화된 만큼 이를 지극히 개인주의적이고 자유 지상주의적 방식으로 대응하려는 사람들의 태도를 마냥 비난할 수만은 없다.

그와 같은 대응 방식은 분명 나름의 장점이 있다. 자칫 종속적 존재로 전락하기 쉬운 개인의 삶에 주체의 색깔을 입히고, 개성의 발산을 통해 자립적 삶을 영위할 수 있게 한다. 불필요한 대인관계에서 비롯되는 피로감과 의무감을 없애고, 각자도생의 불안 시대에 소소하지만 확실한 행복을 추구할 수 있게 한다. 누구 하나 믿을 수 없는 극도의 불신 사회에서 상처 입을 일도, 손해 볼 일도 없게 해준다. 요컨대 3포, 5포, 7포를 넘어 N포를 강요하는 각박한 경쟁 사회에서 잠시나마 고통을 잊고 안락을 느끼며 주체적인 삶을 살게 해준다는 측면에서 작금의 개별화 현상은 유연한 적응의 결과로 볼 수 있고, 긍정적 요소도 분명히 갖고 있다(박지남, 천혜정, 2012).

그러나 외부 세상과의 소통을 차단하고 자기 세계로 침전하는 자폐적 대응은 현대 사회의 만성화된 불안과 불확실성을 해결하는 효과적 방안이 될 수 없다. 당장은 안락과 평온을 즐길 수 있지만 나 또한 '그들'처럼 도태할지 모른다는 위기감이 일상을 잠식하기 때문이다. 현대 사회가 초래하는 다양한 문제와 욕구를 주위의 도움 없이 오롯이 홀로 감당하기란 불가능하며, 설령 가능하다 할지라도 여간 힘들고 피곤한 일이 아니기 때문이다. 무엇보다 위기를 탈출하는 개인의 능력이 고갈되었을 때 나의 운명을 책임져 줄 든든한 방패막이로서의 '우리'가 없다는 생각은 심리적 위축과 더불어 미래에 대한 비관을 일상화, 편재화한다. 내 뒤에서 나를 조건 없이 도와줄 조력자가 없다는 우려, 내 삶의 여정이 실패로 귀결되었을 때 이해득실과 상관없이 나를 보듬어 주고 이해해줄 고향 같은 안식처가 없다는 걱정은 불안과 불확실을 해결하기 위해 결사보다 인간관계의 축소를, 통합보다 소속 집단과의 분리를 택한 개인들에게 더 큰 불안과 불확실을 유발한다(Callero, 2017).

인간은 본능적으로 자신과 비슷한 특징을 공유하는 '우리'를 찾아내 그들과 어울리고 소통하며 만남을 이어가는 데 관심을 갖는 사회적 동물이다. 이처럼 필수적인 공동의 유대와 친밀한 관계맺음이 어떤 이유에서든 불충분하거나 부재할 때 인간은 소속감을 느끼지 못한다. 확실한 소속감을 느끼지 못한 개인도 자유를 만끽하며 잠시나마 쾌락과 풍요를 즐길 수는 있다. 그렇지만 장기적으로 자신만의 뿌리와 지지대를 찾지 못함에 따라 정체성 혼란에 직면한다. 소속감과 정체성을 확립하지 못한 개인은 불안과 불확실성이 지배하는 세계—작금의 한국 사회와 같은—와 조우하여 줄곧 회피와 무관심, 무관여로 대응한다. 미지의 낯선 외부 세계를 탐색하다 난관에 봉착했을 때 믿고 의지할 일정한 사람 무리가 필요한데, 아무런 소속 없이 떠돌아다니는 개인은 애당초 자신과 비슷한 특징을 공유하는 사람들과 어울린 적도, 소통한 적도, 만남을 유지한 적도 없기 때문에, 도움을 요청할 사람도, 지친 몸을 의탁할 사람도, 탐색이 실패로 끝났을 시 마음 놓고 되돌아갈 안식처도, 그 어떠한 공통적인 것도 갖지 못한 채 고립되고 만다. 위험한 세계에서 자유인이 할 수 있는 일이라곤 행여나 위협을 끼칠 수 있는 복잡한 인간관계로부터의 도피이며, 세상사에 대한 관심과 관여의 철회뿐이다.

단절된 개인은 나 홀로 세계를 부유한다. 책임질 일도 없고 의무감에 억지로 해야 할 일도 없는 만큼 자유와 쾌락을 만끽할 수는 있다. 그렇지만 생존을 위한 무한경쟁을 멈출 수 없는 상황에 놓여있기 때문에, 그리고 주변 상황에 대한 판단과 행위의 결과에 오롯이 홀로 져야 한다는 부담감 때문에, 자유인에게 있어 세상은 늘 불안하고 불확실한 공간으로 인식되고 체험된다(Bauman, 2000/2009, p.32; Bauman, 2001).

그런데 안타깝게도 현재 우리 사회 일각에서 감지되는 개별화 추세는 이와 같은 표류적 삶을 무분별하게 찬양하고 부추기는 방향으로 흘러가고 있다. 타인과 결사, 협력, 연대함으로써 현대 사회의 위기에 공동 대처하는 선택지가 엄연히 존재함에도, 그 가능성을 염두에 넣지 않고 일방적으로 개별화를 지향하는 파편화 현상이 위력을 발휘하고 있다. 공통된 연결과 친숙한 관계맺음보다 인간관계의 축소와 폐쇄를 선호하고, 소속 집단 및 사회와의 통합보다 단절과 이격을 통한 자아의 보호, 위로, 책임 회피에 치중된 충돌적 돌진이 우리 사회 한편에서 세를 불려가고 있다. 이러한 일방향적 개별화는 혼족, 언택트 기술로 대변되는 나 홀로 문화의 확산을 우려의 시선으로 바라보고 경고음을 내기보다, 개성 있는 신 소비층의 등장, 집단주의 문화에 대한 반감, 간섭받기 싫어하는 에코세대 — 혹은 N세대, M세대 — 의 자유에 대한 욕구 분출 따위의 산뜻한 딱지를 붙여 미화하는 일부 언론과 학계의 무책임한 예찬으로 더욱 추동된다(오수연, 2017; 임홍택, 2018).

불안과 불확실의 시대를 사는 우리에게 필요한 것은 나 홀로 문화나 욜로라이프 같은 개인주의적 생활방식, 가치관, 소비 행태에 대한 집착과 탐닉이 아니다. 지금 시점에 요청되는 삶의 양식은 타인과의 소통, 대화, 정서적 유대, 공유된 비전과 목표를 비롯하여 참여, 협력, 상호 호혜와 책임의식 같은 원칙에 따라 작동하는 공동운명체의 구현, 즉 공동체적 생활방식의 일상적 실천과 몰입이다. 공동체를 통한 소속감과 정체성의 안정적 확보 그리고 이를 통한 위기의 집단적 극복 및 안전한 삶에 대한 공동의 도모가 절실히 요구되는 시점이다(민현기, 2019).

물론 공동체가 항상 긍정적 측면만 갖는 것은 아니다. 공동체는 의견을 달리하는 이질적 내부 성원들을 박해하고 억압하는 기제가 될 수 있다(Blackshaw, 2010, p.151-159). 외집단 구성원들을 자의적 기준에 따라 부당하게 대우하고 이들을 사회적으로 격리, 배제하며 다양한 사회경제적, 정치적 불이익을 겪게 함으로써 사회통합을 저해하는 힘으로 비화할 수도 있다. 그뿐만 아니라 공동체는 현대 사회의 다양한 외적 조건, 예를 들어 자본주의의 계급 불평등이나 가부장제의 성별 격차 같은 구조적 모순들에 대한 전면적, 근본적 고려 없이 인간관계의 황폐화나 삶의 불안 문제에 국지적으로, 때로 배타적으로 대응함으로써 그와 같은 모순을 방치하거나 강화하는 데 일조하기도 한다(Bauman, 2002, p.85).

공동체는 모든 문제에 대한 만병통치약이 아니다. 그렇지만 현대 사회가 직면한 여러 위기에 대한 매우 효과적이고 매력적인 대안이 될 수 있다. 작금의 우리 사회가 경험하는 심각한 불안과 불확실의 중심에는 어울림의 증발 현상이 놓여 있는데, 공동체는 이를 해결하는 데 각자도생(홀로 함)보다 같이도생(같이함)을, 사생활보다 소속됨을, 자의식의 개별 각성보다 정체성의 집단 체험을 우선함으로써 문제의 핵심에 보다 직접적이고 정직하게 접근한다는 장점을 갖는다. 공동의 유대와 친숙한 관계맺음이라는 인간 본성의 자연스러운 발로에 기대 현대 사회 위기에 집단적 대응을 모색한다는 측면에서, 개인의 역량이나 국가의 개입을 중심으로 문제를 해결하려는 여타 미시적, 거시적 방식보다 본질적이고 실제적이다(McLaughlin & Davidson, 1985).

인간은 고독한 존재이다. 홀로 세상을 헤쳐 나가는 것이 인간의 숙명인 만큼 외로움은 인간 본성의 일부를 구성한다. 그렇지만 인간은 홀로 됨에 따른 불안과 불확실을 극복할 힘을 갖고 있다. 자신과 비슷한 특징을 공유하는 이들과 친숙한 관계를 형성하고 이를 일상화하여 집단을 구성하며, 그렇게 만든 요 집단 동료들을 동반자 삼아 지난한 세상을 탐험하고 미지의 낯선 타자들과 조우할 사회적, 역사적 힘, 즉 공동체를 조직, 운영, 전승할 힘을 갖고 있다.

공동체에 소속되어 그 활동에 참여하는 개인은 위기에 처했을 때 어떤 방식으로든 자신에게 도움을 줄 사람들이 있음을 낙관한다. 의지할 무리가 있음을 확신한다. 더불어 자신의 행동을 지지하고 결과에 책임져 줄 아군의 존재에 안도한다. 그러한 '우리'를 배후에 가진 자와 가지지 못한 자 가운데 어느 쪽이 장기적으로 이 복잡한 세상을 흔들림 없이 항해해 나갈지, 윤택함을 즐기고 안락한 삶을 영위할지 어렵지 않게 짐작할 수 있다. 시장과 국가는 이러한 부분에서 실패를 거듭하였다(Harris & Alexander, 1991). 시장은 '우리'를 교체하고 파괴하는 데 골몰하였고, 국가는 시장과 결탁하여 혹은 자신의 논리에 갇혀 '우리'를 동질화하고 주변화하는 데 앞장섰다. 불안과 불확실이 날로 심화하는 지금 한국 사회에서 우리가 다시 공동체의 중요성과 필요성에 눈길을 돌리고 그 가능성에 열광하는 까닭이 바로 여기에 있다.

제 I 부

공동체란 무엇인가?

제 I 부에서는 공동체를 경험적으로 포착하고 이해하는 방법에 대해 살펴본다. 구체적으로, 지리적 영역, 공동의 유대, 사회적 상호작용이라는 세 가지 요소를 중심으로 공동체의 경험적 개념화에 관한 주요 내용 및 쟁점 사항을 정리하고 검토한다. 다음으로, 당위의 관점에서 공동체의 규범적 요소와 관련된 논의를 고찰한다. 이를 위하여 공리주의, 고전적 자유주의, 사회주의, 정치적 자유주의의 주요 논지를 살펴보고, 공동체주의의 세계관과 비교 분석한다.

제1장. 경험적 정의

1. 공동체 현상의 복잡성과 개념화의 어려움

공동체란 무엇인가. 생물학에서 공동체는 보통 “어떤 종(種)의 생물이 특정 지역에서 모여 사는 현상을 지칭하는 개념”으로 이해된다(김영정, 2006, p.4). 그렇지만 사회과학에서는 좀처럼 일치된 개념 정의를 찾아보기 어렵다. 사회학자 웰먼은 공동체를 “사교, 지지, 정보, 소속감, 그리고 사회적 정체성을 제공하는 개인 간 유대의 연결망”으로 정의하여 그것을 네트워크의 측면에서 이해하였고(Wellman, 2001, p.228), 공동체주의자 에치오니는 “특별한 가치, 규범, 의미, 역사 및 정체성을 공유하고 그에 헌신하는 상호 교차적이고 상호 배가적인 정서적 관계망 속 사람들”로 정의하여 공동체를 특수한 문화로 보는 입장을 나타내었다(Etzioni, 1997, p.127). 학술적 정의와 관계없이, 일상생활에서 공동체란 같은 장소에서 오랜 시간을 함께 보내며 친분과 신뢰를 쌓고 서로 돕고 의지하며 살아가는 사람들의 무리로 이해된다. 흔히 가정, 학교, 직장, 각종 친목 모임을 포함하여 지역사회가 이와 같은 공동체의 전형으로 거론된다. 간혹 국가, 동포, 인류 전체가 공동체의 한 유형으로 언급될 때도 있다.

이처럼 공동체 개념은 간단히 정의할 수 있는 성질의 것이 아니다. 그것은 대단히 가변적이고 모호한 측면을 내포한다(Frazer, 1999, p.36). 이와 같은 불분명성은 경험적 측면에서 공동체 현상을 포착하려는 모든 실증적 시도를 어렵게 만들어 왔다. 그뿐만 아니라 엄격성이 확보되어야 할 학술 연구의 외적 타당도를 저해하는 등 여러 문제점을 양산하여 왔다. 그래서 공동체의 중요성이나 필요성에 대하여 비판적 입장을 견지해온 일부 평론가들은 규범적 차원은 물론이고 경험적 차원에서조차 혼란을 초래하는 공동체 개념 자체를 오래전부터 신랄히 비판하였다. 나아가 용어의 폐기 혹은 다른 용어로의 대체를 주장하는 데에도 주저함이 없었다. 예를 들어 미국의 정치학자 스티브 홈즈는 "그래서 도대체 공동체란 무엇인가, 그것은 어떻게 생겼는가"라며 노골적으로 불만을 표시하였고(Holmes, 1993, p.177), 잭 크리텐든은 "공동체주의자들은 공동체의 속성에 관해 어중간한 태도를 보임으로써 대답하기 어려운 질문들을 회피한다"라고 우회적으로 비판하였다(Crittenden, 1992, p.136). 공동체주의자였던 로버트 파울러마저 공동체의 의미를 주제로 쓴 *The Dance with Community*『공동체와 춤을』에서 "혼란스럽고 복잡하다. 공동체 개념은 정의하기 어렵고, 핵심이 불분명하며, 실체를 결여한다는 비판을 받는다"라고 인정하였다(Fowler, 1991, p.3).

공동체 개념의 모호성에 대한 공격은 공동체주의에 관한 관심이 비등한 1980~1990년대에 집중적으로 이루어졌다. 그러나 사실 공동체 개념의 불분명함과 이에 따른 혼란 및 그를 해결하기 위한 학술적 시도는 오래전부터 있었다. 대표적으로 힐러리의 문헌 조사를 거론할 수 있다.

미국의 농촌사회학자 조지 힐러리는 1955년 공동체 개념의 모호성에 심각한 문제의식을 느끼고 이를 해결하고자 1901년부터 1950년까지 미국 사회과학 학술지에 출판된 관련 논문 94개에 대한 면밀한 검토에 들어갔다. 검토 결과, 그는 20세기 중반에 공동체에 관한 경험적 정의가 미국 사회과학계에 이미 무려 94개나 통용되고 있다는 사실을 알게 되었다(Hillery, 1955). 이는 94개 문헌 가운데 일치된 개념 정의를 제시한 문헌은 단 하나도 없었다는 것을 뜻한다. 연구들은 저마다 다른 개념적 요소를 끌어와 공동체의 개념 정의를 시도하였는데, 특히 많이 발견된 요소는 자족(self-sufficiency), 공동의 삶(common life), 동류의식(consciousness of kind), 공통된 규범, 목적, 수단의 소유(possession of common norms, ends, means), 제도의 집합체(collection of institutions), 사회적 체계(social system), 과정(process), 전체에 대한 개인들의 태도(attitudes to totality) 등이었다(ibid., p.118-119).

개념에 대한 난잡한 정의는 해당 개념을 둘러싼 학문적 합의가 거의 이루어지지 않았음을 의미하였다. 그렇지만 추상성을 중시하는 사회학자로서 힐러리는 그 가운데에서 반복적으로 거론되던 상위개념 요소들을 발견하였고 이를 정리하여 제시하였다. 그가 제시한 공동체의 본질적인 경험적 요소는 세 가지로, 첫째, 지리적 영역(geographical area), 둘째, 공동의 유대(common ties), 셋째, 사회적 상호작용(social interactions)이었다. 최종적으로, 힐러리는 자신의 정리를 바탕으로 공동체를 다음과 같이 경험적으로 정의하였다: 특정한 물리적 공간 안에서 공동의 유대를 바탕으로 지속적으로 사회적 상호작용을 하는 일단의 무리(ibid., p.121).

힐러리의 정리 이후 공동체에 관한 학술적 논의는 주로 지리적 영역, 공동의 유대, 사회적 상호작용을 중심으로 이루어졌다. 구체적으로, 모든 공동체 현상은 장소성(place-ness), 유대, 상호작용의 세 가지 차원으로 이해될 수 있다는 가정 아래, 공동체를 포착하는 데 있어 상기 세 가지 경험적 요소가 존재하면 공동체가 존재하는 것으로, 그렇지 않으면 공동체가 존재하지 않는 것으로 판단하는 방법론이 안착하였다. 이전까지만 해도 연구자들은 각자의 필요에 따라 각종 변수를 임의로 가져와 그것이 공동체 현상을 구성하는 핵심 요소라고 주장하였다. 그래서 현상을 개념화하는 데 있어 일관되지 못하고 주먹구구식인 측면이 많았다. 그러나 힐러리 이후에는 공동체 현상을 포착하는 방식이 다분히 표준화, 정형화됨으로써 객관성과 과학성 측면에서 상당한 진전을 이루게 되었다.

그런데 힐러리의 정리 이후에도 연구자 간에 공동체 개념에 관한 이해의 불일치 및 이를 둘러싼 논쟁이 계속되었다. 혼란이 지속한 원인은 일차적으로 공동체 개념의 다차원성에도 불구하고 이를 명확히 구분, 분리하여 접근하기보다 관찰된 상이한 현상들을 공동체라는 포괄적 우산 용어(umbrella terms)로 아울러 버린 연구자들의 학술적 태만에서 찾을 수 있다.

앞서 언급했다시피 공동체 현상은 장소성(place-ness), 유대, 상호작용의 세 가지 차원에서 경험적으로 존재한다. 그런 만큼 현상을 정확히 포착해 개념화하기 위해서는 상기 세 가지 경험적 요소를 탄력적으로 활용하며 다차원적으로 접근할 필요가 있다. 그런데 연구자가 실제로 관찰한 현상 안에는 이 세 가지 요소가 똑같은 비중을 차지하며 들어간 경우가 사실 그렇게 흔하지 않다. 어떤 공동체 현상에는 장소적 요소가 더욱 뚜렷이 들어가 있고, 다른 공동체 현상에는 공동의 유대 요소가 더욱 뚜렷이 들어가 있다. 또 다른 공동체 현상에는 사회적 상호작용 요소가 상대적으로 더 많이 들어가 있다.

장소적 요소가 뚜렷한 공동체 현상의 예로는, 행정집행 목적으로 획정된 지방자치단체의 소구역(예: 서울시 종로구 숭인동, 부산시 연제구 연산동 등), 경제적으로 활성화된 대도심 내 특정 구역(예: 강남 테헤란로, 판교 테크노밸리 등), 사회문화적으로 상징성이 높은 관광지(예: 전주 한옥마을, 남해 독일마을 등) 등을 거론할 수 있다. 공동의 유대 요소가 뚜렷이 발견되는 공동체 현상의 예는 가족, 친지와 같이 혈연으로 뭉친 관계(예: 안동 하회마을 등), 정치적 견해, 종교, 직업, 계급, 출신지, 거주지, 인종, 민족과 같이 특수한 이해관계를 바탕으로 뭉친 집단(예: 각종 정당, 노조, 직능단체, 시민단체, 동문회, 향우회, 취미단체를 비롯하여 해외 각국에 퍼져있는 코리안 커뮤니티 등), 이념적 연대(예: 민주주의 공동체, 사회주의 공동체, 세계시민 공동체, 시장공동체, 페미니스트 공동체 등) 등에서 찾아볼 수 있다. 마지막으로, 사회적 상호작용 요소가 뚜렷이 발견되는 공동체 현상의 예는 비대면 연결망으로서의 인터넷 커뮤니티, 다수의 상호 의존적 도시와 주민들로 구성된 초광역지역사회, 세계도시 네트워크 등에서 대표적으로 확인할 수 있다.

공동체 현상은 위 사례들이 보여주듯 포괄적이며 복잡하며 다층적이다(Hunter, 1975, p.538). 그런데 상당수의 기존 연구는 이 모든 독자적이고 특수한 현상을 공동체라는 하나의 용어로 아울러 버렸다. 장소적 속성이 부각되는 경우, 공동의 유대가 부각되는 경우, 사회적 상호작용이 부각되는 경우가 모두 다르고, 그런 만큼 공동체 현상을 포착하고 개념화하는 데 있어 상기 세 가지 경험적 요소를 탄력적으로 구분하고 다차원적으로 활용해야 함에도, 관찰한 내용 전부를 공동체라는 단일 우산 용어로 묶어 버림으로써 공동체 개념을 무한정 확장한 것이다.

그 결과 공동체가 아닌 것이 없는 상황, 즉 모든 것이 공동체로 환원되는 상황에 직면하였다(Frazer, 1999, p.37). 지방자치단체의 행정적 사업 단위에서부터 노동자조합, 취미단체, 시민단체, 외국의 코리아타운, 인터넷 카페, 나아가 이념적 연대와 운동, 세계도시 네트워크까지 전부 공동체라는 하나의 이름으로 통칭되었다. 장소적 현상, 유대적 현상, 상호작용적 현상이 질적으로 완전히 다름에도 불구하고 하나의 용어로 통합되어 다루어지는 상황에서, 사회과학 도구로서 해당 개념이 갖는 유용성은 심각히 의심받는 것이 당연하다. 모든 것이 다 공동체가 될 수 있는 상황에서(everything and anything can be community) 연구자들 간에 개념을 둘러싼 불일치와 논란도 불거질 수밖에 없다(Krause & Montenegro, 2017).

공동체 개념의 범위가 지나치게 크고 불명확하며 가변적이라는 비판, 즉 확장성 문제를 둘러싼 비판은 일차적으로 실증 조사를 수행하는 연구자들의 허술한 조작적 정의에 기인하는 바가 크다. 그러나 모든 책임을 연구자들 탓으로 돌리는 것은 온당하지 않다. 공동체 현상을 일관된 경험적 기준에 따라 포착, 분석하지 못한 원인의 일부가 연구자들의 학술적 태만에 놓여있는 것은 사실이지만, 공동체를 둘러싼 거시적 환경 변화에 기인하는 바도 상당하기 때문이다.

공동체를 일관된 기준에 따라 경험적으로 포착, 분석하는 일을 어렵게 만든 거시적 환경 변화란 구체적으로 교통 및 정보통신 기술의 발달, 분업화, 특성화, 자본주의적 산업화, 도시화, 세계화, 인구 증가 등을 포함한 근대적 조건의 등장을 가리킨다(강대기, 1994, p.8). 근대 사회에 접어들어 발생한 이와 같은 환경 변화는 공동체의 전일적(全一的) 성격을 이격하였고, 공동체에 대한 우리의 전통적 이해를 근본적으로 뒤흔들어 놓았다. 아래에서는 이와 같은 근대적 환경 변화를 짚어보고, 그것이 어떻게 공동체에 대한 전통적 이해를 형해화하고 종국적으로 개념 혼란을 초래하였는지 알아본다.

2. 공동체 개념의 해리와 그 배경

전근대의 사회구조는 미분화하였고 생산력은 미약하였다. 개인의 권리는 존중받지 못하였고 합리적 계약은 부재하였다. 사회는 명문법에 의해 통치되기보다 전통, 권위, 관습에 의해 지배되었다(박용진, 2017). 전근대 사회는 우리가 익숙히 알고 있는 근대 사회와 질적으로 모든 측면에서 차이를 보였다. 공동체도 마찬가지였다. 전근대의 공동체와 근대의 공동체는 상당히 달랐다. 둘의 차이는 여러 지점에서 논의될 수 있는데, 가장 극명한 대비는 장소적 요소의 결합 여부에 있었다.

전근대 사회의 공동체에서 장소성은 공동체 현상을 포착, 이해하는 데 있어 가장 핵심적인 경험적 요소였다. 나와 비슷한 특징을 공유하는 사람들 사이에 형성된 공동의 유대 그리고 이들 간의 지속적인 사회적 상호작용은 지리적으로 고정된 물리적 공간 안에서만 존재 가능한 것이었다. 공동체는 경계가 뚜렷한 지리적 영역 안에서만 담지되었고, 그것을 초월해서는 존재할 수 없는 국지적 현상으로 이해되었다.

공동체가 장소적 현상과 불가분의 결합 관계에 놓여있는 것으로 간주되었던 만큼, 전근대 사회의 공동체는 대면적 의사소통이 가능한 근린(neighborhood, 近隣), 구체적으로 친지나 이웃과 같이 지리적으로 가까운 위치에 놓여있는 근접 관계망과 동일시되었다. 설령 그렇지 않다고 할지라도, 최소한 특정 지역적 경계 안에서만 존재 가능한 조밀한 지역적 현상의 맥락에서 거론되었다(한상진, 1991, p.195). 실질적으로, 얼굴을 마주하고 대화를 나눌 수 있는 정도의 마을 또는 동네 같은 지역사회 경계를 넘어 존재하는 확장된 비대면 공동체란 상정이 불가능하였다.

이런 와중에 교통과 정보통신 기술의 발달이 촉발되었다. 기술 발달과 함께 자본주의적 산업화가 격화되었고, 농노의 토지 이탈이 가속화하면서 전 국토의 도시화가 급속히 진행되었다. 거대한 상업도시와 이들을 잇는 세계도시가 곳곳에 건설되었다. 근대에 격화된 이와 같은 급격한 환경 변화는 과거에는 상상할 수 없었던 현실, 즉 찰나의 시간에 동에 번쩍 서에 번쩍하는 일이 가능해진 초이동(hyper mobile)의 시대로 근대인들을 몰아넣었다(Cresswell, 2014, p.62).

정치경제학자 데이비드 하비는 이와 같은 물리적 한계의 극복과 그에 따른 초이동시대의 도래를 시공간 압축(time-space compression)이라는 용어를 통해(Harvey, 1989), 사회학자 앤서니 기든스는 시공간 장거리화(time-space distanciation)라는 용어를 통해 묘사하였다(Giddens, 1995). 각 용어의 세부적 의미는 조금씩 다르지만, 기본적으로 한 개인이 하나의 시간에 복수의 공간에 존재하거나, 복수의 시점에 있는 다수의 개인이 하나의 공간을 점유하는 것 따위의, 이전에는 물리적으로 불가능했던 일이 실제 가능해진 혁명적 변화를 묘사한다는 점에서 공통점을 갖는다.

근대의 환경 변화는 공동체의 성격에도 근본적인 변화를 초래하였다. 물리적 공간과 불가분의 관계를 갖던 공동체가 공동의 유대와 지속적 사회작용 혹은 둘 중 하나의 충족만으로 얼마든지 성립 가능한 비장소적이고 비대면적인 현상으로 유연하게 이해되기 시작한 것이 이 변화의 핵심이다(이철우, 박상민, 1998, p.15). 전근대 사회에서 어떤 한 공동체에 소속된다는 것은 곧 그 공동체가 물리적으로 정박(碇泊)한 장소 — 보통 마을이나 동네 혹은 그보다 작은 규모의 어떤 장소 — 의 구성원으로 살아감을 의미하였다. 또한 필요할 때 공동체의 다른 구성원을 소환하여 그들과 얼굴을 마주하며 대소사를 의논할 만큼 물리적으로 근접한 위치에 정주(定住)함을 의미하였다. 그러나 기술 발달과 함께 시공간이 급속히 탈구되면서 이제 사람들은 서로 다른 원거리 장소에 정주하며 하나의 공동체를 구성하는 것이 불가능한 일이 아님을 깨닫게 되었다. 그뿐만 아니라 여러 시간대에 존재하는 도처의 개인들이 하나의 장소에 결집해 하나의 공동체를 형성하는 것, 나아가 하나의 장소에 정주하면서 여러 공동체의 성원으로 소속되어 복수의 소속감 및 정체성을 갖는 것도 충분히 가능한 일임을 알게 되었다. 공동체의 구성원 됨과 특정 장소의 정주민(定住民) 됨, 나아가 대면접촉이 반드시 일대일 대응 관계를 맺는 것이 아니며, 상황에 따라 이들의 관계가 약화하거나 해리할 수 있음을 체험하기 시작한 것이다(Lyon & Driskell, 2011, p.4).

공동체의 경험적 3요소 중 가장 중요한 장소성이 필수조건의 지위를 잃어버리면서 기존 공동체 범주에 들어가지 않던 다양한 비장소적이고 비대면적인 현상들이 공동체의 용어 속으로 급속히 포섭되었다. 같은 장소에 정주하지 않지만 지근거리에 위치한 듯이 수시로 상호작용을 주고받는 강한 유대(strong ties)(예: 농촌 거주 부모와 도시 이주 자식 간에 형성된 끈끈한 애착 관계, 즉 가족친지 공동체), 특별한 유대감이나 동류의식 없이 기능적 목적만으로 상호작용이 이루어지는 약한 유대(weak ties)(예: 오락, 정보의 소비 및 유통을 목적으로 운영되는 인터넷의 익명 게시판, 즉 가상공동체), 일상적 상호작용의 부재에도 불구하고 공통된 이해와 관심 또는 공유된 가치나 신념의 상징을 통해 결속력을 유지하는 사회연결망(예: 전 지구적으로 이산되어 있는 코리안 디아스포라와 해외 주요 도시에 만들어져 있는 코리아타운, 즉 한민족공동체; 국민(nation)이라는 관념의 생산, 유포를 근간으로 하는 국가, 즉 상상된 공동체)과 이념적 연대(예: 민주주의 공동체, 사회주의 공동체, 즉 이념공동체)까지 모두 공동체라는 이름으로 거론되었다. 공동체 개념의 해리가 본격화한 것이다.

전근대 시대에 공동체라 불리던 현상들은 모두 그 안에 장소적 요소, 유대적 요소, 상호작용적 요소가 하나로 결합해 있었다(Cresswell, 2014). 이해관계, 관심사, 생활방식, 가치관, 태도 등을 공유하는 동질적 인물들이 연결되어 긴밀한 상호 의존적 관계를 만들어 내는 양상은 특정 장소를 고정적으로 점유한 정주민 사이에서만 일어날 수 있는 국지적인(local) 지리 현상이었다. 교통과 정보통신 기술이 미발달하였고 그에 따라 사람들의 장거리 이동과 교류가 저조하였던 시대였던 만큼, 서로 다른 지역에 자리 잡은 정주자 간에 접촉할 기회가 적었고 상호 이해를 넓힐 기회도 부족하였다. 이해관계, 관심사, 가치관, 생활방식 등을 맞춰나갈 기회 자체가 희박하였다. 그래서 정주 영역을 달리 하는 사람들 사이에 어떤 공동체라 불릴 만한 것이 만들어지기란 불가능하였고, 가능하다 할지라도 예외적인 경우에 머물렀다. 그러나 교통 및 정보통신 기술 발달을 계기로 촉발된 근대적 변화들은 공동체의 경험적 3요소 간 결합을 흩뜨려 놓았고 궁극적으로 이들을 이격시켰다(Lyon & Driskell, 2011, p.93).

전근대 사회의 공동체는 기본적으로 지리적 폐쇄성, 고정성, 근접성을 근간으로 만들어졌다. 따라서 구성원의 선발과 교체 역시 가까운 지리적 경계 안에서만 허용되었다. 구체적으로, 지근거리에 위치한 인물 중 이해관계, 관심사, 생활방식, 가치관, 태도 등을 공유하는 동질적 부류의 사람들에게만 구성원 자격이 부여되었다. 구성원의 교체 역시 마찬가지 기준을 따랐다. 현실적으로, 부모나 친지로부터 구성원 자격을 생득적으로 물려받는 경우가 가장 많았다(ibid., p.235).

구성원 공급과 수혈이 정주지 인근에서 배타적, 폐쇄적으로 이루어졌던 만큼, 전근대 사회 공동체의 동질성 수준은 대단히 높았다. 원칙적으로 내부에 이질적 요소의 존재가 허락되지 않았다. 구성원 간 동질성이 상당했기 때문에 혹자는 전근대의 공동체를 이념적 유형화의 관점에서 전일적 공동체로 분류하기도 하였다. 여기서 전일성이란 나와 너, 우리가 완벽하게 — 정확히 말하면, 완벽에 가깝게 — 하나가 되는 일체성(unity)을 의미한다(Booth, 1997). 전일적 공동체에서는 구성원 간 즉각적 연결과 의견의 만장일치가 가능하다. 나의 의지는 너의 의지와 같고 나아가 우리의 의지와 다를 바 없으며, 이러한 일체성은 구성원 전원에 즉각적으로 왜곡 없이 투명하게 전달, 흡수, 적용된다. 집단의 정체성이 나의 정체성과 동일시되기 때문에 집단의 명예는 곧 나의 명예가 되고, 동료의 잘못도 곧 내 책임과 같은 것으로 간주된다. 쉽게 말해 이심전심의 집단이라는 뜻이다(Cronick, 2002).

전근대 공동체의 동질성을 보여주는 가장 대표적 사례는 전통 사회의 시골 마을에서 찾아볼 수 있다. 과거에는 마을에 사람이 태어나면 그 사람은 죽을 때까지 자기가 태어난 동네를 떠나지 않았다. 이웃 마을로 가는 길이 막혀 있었던 것은 아니지만, 장날이나 명절처럼 특별한 경우가 아닌 한 고향이 아닌 다른 마을로 이동하거나 이주한다는 것은 평범한 사람의 처지에서는 생각하기 어려운 일이었다.

당시 마을 생활에서 가장 눈에 띄었던 부분은, 지리적으로 폐쇄된 한 장소에서 평생을 보냈기 때문에 사람들은 자신과 흡사한 이해관계, 관심사, 생활양식, 가치관, 태도를 가진 주변 인물들과 좋든 싫든 어울리며 친밀한 관계를 맺고 살았다는 점이다. 이때 주변 인물이란 주로 부모, 친척, 이웃, 선후배, 친구들을 의미하였는데, 전근대의 시골 마을과 마을 안 소규모 공동체들은 대부분 이처럼 친밀한 관계에 놓여있는 동질적 인물들과의 안정적인 대면 관계를 근간으로 유지되었다는 점을 가장 큰 특징으로 하였다(Eisenbichler, 2002). 대부분의 사람이 급진적으로 다르지 않은 주변 인물들과 같은 곳에서 오랫동안 부대끼며 살았던 만큼, 이 당시 마을 사람들은 생활방식을 비롯하여 가치관, 태도, 이해관계 등이 흡사하였고, 따라서 마을의 정체성은 곧 나의 정체성으로 수렴하는 것이 당연하였다.

세계 여러 나라와 마찬가지로 우리나라의 중세 마을 역시 대부분 혈연관계로 얽혀 있었다. 동성동본의 동족이 집단으로 거주하며 마을을 이룬 집성촌은 정주민이 한 핏줄을 공유한다는 점에서 매우 강한 동질성을 나타내었다. 설령 혈연관계로 맺어져 있지 않다고 할지라도 우리나라의 시골 마을에는 이웃 간에 서로 돕고 의지하는 협동문화, 즉 상부상조의 관행(예: 두레, 계 등)이 널리 퍼져 있었고, 절대다수가 농업이나 어업 등 동종 업종에 종사하였다. 종교적으로는 민간 기복신앙을 받아들여 서낭당에서 자신과 주변 지인들의 안녕과 건강을 빌었으며, 철학적으로는 유교를 받아들여 부모에게 효도하고 친족을 소중히 챙기는 삶을 공통으로 실천하였다(한국고문서학회, 1996). 요컨대 전통 사회의 시골 마을들은 비슷한 사고방식, 생활양식, 철학, 가치관, 이해관계, 태도를 공유하는 사람들로 구성된 전일적 — 정확히 말하면, 전일성에 근접한 — 공동체였으며, 그런 만큼 개인의 정체성은 그가 소속된 집단, 즉 마을의 정체성과 다를 바 없었다.

그러나 근대의 환경 변화는 전근대 공동체의 전일성에 금이 가게 하였다. 특히 자본주의적 산업화에 따라 생산성 향상을 위해 전 사회적으로 도입된 분업화와 전문화는, 그 무렵 급속히 성장한 현대 도시는 물론이거니와 전통 사회의 작은 시골 마을에까지, 동질성을 유지하려는 일체의 노력이 사실상 불가능할 만큼의 파괴적 힘을 발휘하였다(Lyon & Driskell, 2011, p.25-27). 정치, 경제, 문화, 사회 전 분야에 걸쳐 확산한 분업화와 전문화의 결과, 과거 높은 수준의 동질성을 유지하던 전일적 공동체로서의 마을에 질적 분열과 해체가 본격적으로 시작되었다. 현실적으로 말해, 이는 옆집 사람과 앞집 사람, 뒷집 사람 그리고 나의 사회경제적 지위 및 계급이 과거에는 같거나 비슷하였다면, 이제는 그와 같은 일치가 희소한 사건으로 손꼽히게 되었음을 의미하였다. 그뿐만 아니라 정치적 견해부터 철학적 신념, 도덕적 확신, 그리고 성, 음식, 의복, 문화적 취향을 포함한 미적 선호에 이르기까지 무엇 하나 비슷한 점이 없을 만큼 차이가 큰 사람들로 마을이 구성되기 시작하였음을 의미하였다(Gottdiener & Hutchison, 2010, p.156).

마을이 급진적으로 다른 성향과 특징을 지닌 사람들로 채워질 수 있다는 생각, 즉 상이한 소속감과 정체성을 가진 사람들이 벽 하나를 사이에 두고 한자리에 모여 같이 주거할 수 있다는 생각은 전근대 사회에서는 좀처럼 상상하기 어려운 것이었다. 그러나 기술 발달, 산업화, 도시화를 포함한 다양한 근대적 조건의 등장은 사회 전반에 분업화와 전문화를 추동하였고, 이 와중에 우리가 알고 있던 전통적 마을은 너와 나, 우리가 하나 된 전일적 공동체로서의 성격을 잃어

버렸다. 마을이란 단어에는 점차 상이한 소속감과 정체성을 가진 이질적 개인들의 집단거주지라는 의미가 덧칠해졌고, 어느 순간부터 그와 같은 낯섦과 다름은 당연한 사실로 많은 사람에게 받아들여졌다(노순규, 2010). 그러나 이는 전근대 사회에서는 당연한 사실이 아니었다. 마을뿐 아니라 모든 전근대의 공동체가 마찬가지였다. 하나의 공동체가 상이한 성격과 특징의 사람들로 구성되어 존속하고 심지어 번영을 구가할 수도 있다는 생각은 가히 '근대적' 발상이었다.

요약하면, 전근대 사회에서 공동체란 장소적 요소를 필수적으로 동반하는 지리적 현상이었다. 구체적으로, 경계가 뚜렷한 특정 지역 안에서 이해관계, 관심사, 생활양식, 가치관, 태도 등을 공유하는 동질적 인물들이 일상적 차원에서 대면 관계를 맺는 일차집단이 바로 공동체였다. 전근대적 공동체는 그래서 통상 근린과 동일시되거나 최소한 근린의 지리적 범위를 넘지 않는 선에서 물리적 경계가 설정되었다. 조밀한 장소에서 오랜 시간 강력하고 안정적인 유대 관계를 맺었던 만큼, 전근대 공동체 구성원들은 높은 수준의 통일성을 보이며 집단에 결속되었다. 무엇보다 중요한 사실은, 이와 같은 통일성은 전근대 사회 공동체 구성원들의 정체성을 하나로 단단히 묶어 내었고, 그들이 미지의 이질적 세계와 마주하여 혼란에 빠지지 않고 용감히 진수할 수 있는 안정적이고 견고한 세계관을 형성하는 데 기여하였다는 점이다.

그러나 근대에 접어들어 격화된 다양한 기술적, 사회경제적, 문화적 변화는 공동체의 경험적 필수조건에서 장소성을 제거해 버렸다. 장소적 요소가 공동체의 경험적 요소에서 탈구되면서 기존에는 공동체로 여겨지지 않던 다양한 비지리적, 비대면적 현상들이 공동체 현상으로 체환되었다. 이와 함께 폐쇄적, 배타적으로 유지되던 구성원 수급이 이제 물리적 공간의 공동 점유를 개의치 않고 유연히 이루어지는 탈장소적, 탈근접적 행위로서의 기반을 마련하였다. 높은 수준의 통일성을 보이던 전근대 사회의 전일적 공동체가 복수의 소속감과 정체성을 보유한 개인들의 파편화된 공동체, 이질적 특성을 내포한 개체들의 분절화된 공동체로 질적 변화를 겪게 된 데에는 바로 이와 같은 사회의 근본적 이행이 배경에 놓여 있었다.

그런데 현실에서는 전근대의 특징과 근대의 특징이 상술한 것과 같이 깨끗하게 분리되지 않았다. 둘은 말끔하게 구분되기보다 회색지대를 사이에 두고 공존하였다. 하나의 공동체 안에 전근대적 요소와 근대적 요소가 겹쳐 놓여 있었다. 전근대와 근대의 공존은 근대의 재귀성(reflexivity)에 초점을 맞추는 후기 근대(late modernity)까지도 이어지는 중첩 현상이다.

공동체라는 하나의 현상 안에 상이한 배경을 지닌 이질적 요소들이 공존하면서, 연구자들이 공동체를 언급할 때 지칭하는 바도 그들 간에 충분한 사전 협의가 이루어지지 않는 한 실질적으로 다른 것을 의미하게 되었다. 예컨대 전근대적 관점에서 공동체를 이해한 연구자가 어떤 사회적 현상 안에 지리적 영역 요소가 들어가 있는지를 중시하고 그것을 중심으로 공동체를 정의하고 포착한다면, 이와 대조적으로 근대적 관점에서 공동체를 이해한 연구자는 특정 현상 안에 지리적 영역 요소가 있는지보다는 사회적 상호작용 요소 혹은 공동의 유대 요소가 들어가 있는지를 더욱 중요시하였다.

이처럼 공동체를 조작적으로 정의하고 경험적으로 포착하는 데 있어 연구자들은 각자 상이한 개념과 접근 방식을 적용하였다. 그런데도 모두 공동체라는 같은 단어를 공통으로 사용하였고, 이를 논문의 제목과 내용에 특별한 구분이나 설명 없이 게재하였다. 넓은 범위를 포괄하는 용어는 많은 것을 설명해 준다는 측면에서 장점을 갖는다(Hunter, 1975, p.538). 그러나 너무 많은 것을 건드리면 사회과학 도구로서 해당 개념이 갖는 유용성과 타당성은 심각히 의심받는다. 또한, 연구자들 간에 개념을 둘러싼 불일치와 논란도 필연적으로 불거진다. "도대체 공동체란 무엇인가?"라든가 "공동체는 어느 것이든 될 수 있고 모든 것이 될 수도 있다(community can be anything and everything)" 따위의 불만이 터져 나오는 것을 막을 수 없다는 뜻이다(Moore, 2009, p.74).

아래에서는 이러한 소모적 논란을 최소화할 수 있는 현실적 방법을 소개한다. 그러나 그에 앞서 기존 문헌에서 발견되는 몇 가지 중요한 공동체 관련 용어의 의미를 짚어보는 작업을 진행하고자 한다. 이러한 용어가 고안, 통용되고 있다는 것은 그 자체로 현대 사회 공동체 현상의 복잡성 그리고 그와 같은 복잡성을 해결하기 위한 선배 연구자들의 노력을 보여주는 증거라 할 수 있다.

3. 현대 사회의 다양한 공동체 현상과 유관 개념

굳게 결합해 있던 공동체의 경험적 3요소가 근대 이후 해리하면서, 관찰된 어떤 한 집합적 사회 현상을 공동체라는 단일 용어로 담아내는 것은 불충분할 뿐 아니라 부적절하다는 데 동의하는 연구자들이 차츰 많아졌다(Freilich, 1963). 이에 주어진 현상을 좀 더 정확하고 면밀하게 포착, 정의하기 위해서, 연구자들은 다양한 용어를 고안하여 사용하기 시작하였다. 아래에서는 이 가운데 몇 가지 용어를 소개하고자 한다. 내용적으로 이미 설명을 마친 것도 있고, 이어지는 장에서 설명을 앞둔 것도 있다.

1) 근접성 없는 공동체

교통과 정보통신 기술의 발달로 근대 사회에서는 시공간이 압축 또는 장거리화하는 분리 현상이 가속화하였다. 이에 따라 물리적 공간의 제약에서 벗어나 상호 의존적이고 협력적인 관계를 형성, 유지하는 일이 얼마든지 가능한 것으로 바뀌었다. 현실적으로 이제 사람들은 휴대전화, 팩스, 인터넷 같은 첨단 IT 기술에 힘입어 과거에는 상상할 수 없을 정도의 엄청난 이동성과 접근성을 획득하게 되었다. 그 결과 한 장소에 정주해야 한다든가 지근거리에서 일대일 대면접촉을 해야 한다는 등의 요건이 공동체 형성과 유지의 필요조건 리스트에서 빠져 버렸다(이정민, 이만형, 홍성호, 2016; Jørgensen, Fallov, & Knudsen, 2011).

물리적 공간에 기반을 두지 않는 장소 무관(place-free) 공동체 개념은 미국의 도시계획가 멜빈 웨버가 이른바 근접성 없는 공동체(community without propinquity)라는 용어를 주조하면서부터 본격적으로 사회과학 문헌에 등장하였다. 웨버는 연달아 발표한 논문 "Order in diversity: Community without propinquity", "The urban pace and the nonplace urban realm"에서 당대 도시 연구자들의 근본적인 전제, 즉 경제와 사회 활동의 집합체로서 도시는 지리적 장소에 기반을 둔 고정적 실체라는 믿음에 이의를 제기하면서 해당 개념을 제시하였다(Webber, 1963; 1964).

20세기 초중반까지만 해도 도시를 연구하는 자들뿐 아니라 도시 개발을 계획, 집행하는 자들 사이에서 물리적 공간으로서의 장소 안에 도시가 담지되어 있다는 생각은 분명한 사실이자 의심할 수 없는 명제였다. 이들은 이러한 명제를 근간으로 도시를 이해하였고, 도시의 성장과 변화 패턴을 설명, 예측하였으며, 개발을 계획하고 안내하였다. 웨버 역시 처음에는 이러한 주류적 시각에 경도되었다. 그렇지만 시간이 지나면서 차츰 그는 당대의 정설을 재고해야 한다는 생각을 갖기 시작하였다.

웨버는 특히 20세기 초중반부터 격화된 교통과 정보통신 기술의 속도 및 성격 변화가 도시를 근본적으로 변화시키고 있다는 사실에 주목하였다. 구체적으로, 20세기 초반까지만 해도 경제 활동을 영위하는 산업체들이 이윤추구를 위하여 도시의 물리적 경계 안에 위치하였다면, 20세기 중반부터는 많은 업체가 기술 발달에 힘입어 전통적 도시의 경계 바깥에 위치하는 방향으로 입지 전략을 바꾸고 있다는 점에 주목하였다. 산업체들의 입지 패턴 변화는 도시가 경제적 생산활동을 담아내는 고정된 물리적 실체가 아닌, 이해관계를 가진 탈장소적 경제 행위자들 간의 거대한 의사소통 메커니즘으로 변화하고 있음을 보여주는 증거였다. 경제 행위자들이 도시를 생산 공간보다 통신과 연락의 매개체, 즉 네트워킹 공간으로 사용하는 경우가 많아졌다는 것을 빗대어, 웨버는 현대 도시를 복잡한 전화기 회선들을 이어주는 배전반(switchboard)으로 묘사하기도 하였다.

산업체의 입지 패턴과 마찬가지로 도시민들의 생활방식, 구체적으로 주변 지인들과의 연결 양상 역시 20세기 중반 이후 급변하였다. 물론 도시민들의 사회적 관계 — 가족, 친지와의 관계, 직장 동료들과의 관계, 정치적 결사나 취미, 문화 활동을 통해 맺은 관계 등 — 는 여전히 대부분 각자의 정주지에 묶여있던 것이 사실이나, 과거와 같은 강력한 결합은 현저히 약화하고 그와 같은 경향은 앞으로 심화할 것이라는 게 웨버의 주장이었다. 여기서 주안점은, 도시민들의 사회적 관계가 장소적 제약에서 자유로워짐에 따라 나타난 일차적 결과는 관계의 다양화 및 관계망의 공간적 확장이었으나, 그것의 진정한 파급효과는 상호 의존적이고 협력적인 관계들의 탈장소화 및 비대면화, 즉 정주지를 달리하는 사람들 간 상호작용 망으로서 도시의 성격과 기능이 근본적으로 재편되었다는 점이다. 현실적으로 이는 서로 다른 도시에 살면서도 하나의 끈끈한 공동체를 형성하고 유지하는 것이 가능해졌음을 입증하는 변화였다. 웨버는 도시 내 연결 양상의 이 같은 혁명적 변화를 근접성 없는 공동체의 등장이라는 용어로 풀어냄으로써 도시를 '관계를 만들어 내는' 장소에서 '관계들을 이어주는' 매개체, 즉 상호작용의 망으로 보는 시각 전환의 계기를 마련하였다.

2) 공동체 없는 근접성

근접성 없는 공동체가 서로 다른 원거리 장소에 정주하며 하나의 공동체에 소속되는 현상을 가리킨다면, 공동체 없는 근접성(propinquity without community)은 대면소통이 가능한 근린지역 정주민이 근린공동체에 귀속하지 않는 현상을 설명한다(Hutchinson & Vidal, 2004). 이 용어는 같은 동네에 살면서도 옆집에 누가 사는지 모르고 교류도 없으며 지역사회 현안에 아무 관심도 두지 않는 현대사회의 각박함을 묘사할 때 종종 사용된다.

공동체 없는 근접성 개념을 지지하는 자들에 따르면, 현대 사회의 근린은 사람들에게 정주의 영역적 기반을 제공하지만 공통된 목적이나 행위를 보장해 주는 일체의 요소도 지니지 않는다고 한다(Cater & Jones, 1989, p.168). 현대인은 근린에 살지만 이를 도구적 수단, 즉 잠시 머무는 거처 정도로만 생각할 뿐, 그로부터 항구적 소속감이나 정체성을 찾지 않는다는 것이다. 이러한 맥락에서 공동체 없는 근접성 개념을 지지하는 이들은 근린이 곧 공동체라는 것은 낡은 공식에 불과하며, 근린을 공동체와 동일시하는 것은 틀렸다고까지 주장한다(Valentine, 2001, p.160).

공동체 없는 근접성은 오늘날 우리 사회에 깊숙이 자리 잡은 이웃에 대한 무관심, 어울림의 부재, 지역사회 현안에 대한 방관적 태도

등을 통해 그 확산의 정도를 가늠할 수 있다(박지남, 천혜정, 2012). 서론에서 언급한 “초연결시대의 자발적 외톨이들”이란 신조어는 공동체 없이 그저 가까이 붙어 있기만 한 세태가 얼마나 일반화되었는지 잘 말해준다(노순규, 2010). 그러나 공동체 없는 근접성이 확산하고 있다는 사실만으로 향후 우리 사회의 공동체적 삶의 가능성이 희박하다거나 미래가 암울하다고 비관할 필요는 없다. 차후에 자세히 설명하겠지만, 공동체 없는 근접성의 확산은 엄밀히 말해 지역(locality)에 기반을 둔 공동체의 상대적 약세를 의미할 뿐, 공동체 자체의 쇠락을 의미하는 것이 아니라는 반론도 제기되기 때문이다(Wellman, 1979; Wellman & Leighton, 1979). 지역에 기반을 둔 공동체는 약화하였지만, 그 와중에 형태를 달리하는 새로운 공동체들이 그 빈자리를 대신하며 세를 불려왔다는 점을 감안하면, 공동체 없는 근접성은 여전히 현재진행형인 공동체 현상의 또 다른 단면이라 보는 것이 합당하다. 실제로 오늘날 우리는 같은 동네에 사는 이웃사촌과 상호 의존적이고 협력적인 관계를 맺었던 것만큼이나, 주거지를 달리하는 직장 동료나 취미활동을 같이 하는 원거리 지인 몇 명과 아주 끈끈하고 정감 넘치는 관계를 만들어 가고 있다.

3) 포개진 공동체

포개진 공동체(nested communities)는 단일 장소 안에 복수의 공동체들이 겹쳐 들어선 현상을 설명한다. 이 개념은 미국의 사회학자 앨버트 헌터와 제럴드 서틀즈가 시카고시 77개 근린지역을 연구하는 와중에 제안한 이론 모형에서 처음 언급되었다(Hunter & Suttles, 1972). 이들은 기본적으로 공동체가 지리적 토대를 가져야 한다는 기존 연구자들의 의견에 동의하였다. 그러나 공동체의 지리적 토대가 반드시 근린에 국한되지만은 않는다고 생각하였다. 과거에는 그랬을 수 있지만, 기술 발달로 텔레메트릭스를 활용한 비대면 의사소통이 보편적 상호작용 양식으로 자리 잡은 상황에서 굳이 공동체를 근린지역 수준에서만 존재 가능한 국지적 현상으로 이해할 필요는 없다는 것이 이들의 기본 입장이었다.

헌터와 서틀즈는 공동체를 근린지역뿐 아니라 여러 개의 작은 근린으로 구성된 광역지역사회, 나아가 여러 광역지역사회로 구성된 초광역지역사회 수준에서도 충분히 존재 가능한 초국지적(trans-local) 현상으로 이해하였다. 이러한 견해를 바탕으로 헌터와 서틀즈는 공동체가 단일 장소와 일대일 대응 관계를 맺는다는 기존 관념을 폐기하였다. 과거에는 하나의 장소 안에 하나의 공동체가 들어서는 게 당연했을 수 있지만, 근대적 조건의 등장은 여러 개의 공동체가 하나의 장소 안에 포개져 들어서는 것을 얼마든지 가능한 일로 만들었기 때문이다. 포개진 공동체 개념은 요컨대 공동체와 장소 간에 굳건히 설정되어 있던 일대일 대응 관계가 무너졌다는 전제하에, 공동체의 복잡한 공간적 중첩 현상을 보다 정확히 포착, 설명하기 위해 고안된 새로운 접근 방식이자 이해의 도구였다고 할 수 있다.

한편 헌터와 서틀즈는 지리적 영역을 달리하는 복수의 공동체들이 하나의 장소에 포개져 들어설 수 있다는 것이 곧 각 공동체의 질적 동일성을 의미하는 것은 아니라는 점을 강조하였다. 지리적 영역을 달리하는 공동체들은 설령 하나의 장소에 겹쳐 들어선다고 할지라도 기본적인 성격과 기능을 달리한다는 지적이었다. 포개진 공동체 이론을 적용하여 미국 뉴저지주 뉴악 시의 공동체 현상을 조사한 사회학자 제프리 슬로박은 공간적으로 중첩된 공동체들의 기본 성격과 기능을 지리적 영역의 크기별로 아래와 같이 정리하였다(Slovak, 1984).

맨 먼저, 가장 작은 지리적 영역을 차지하는 공동체는 안면집단(face block)이다. 안면집단은 지근거리에서 주거지 인근의 공간을 공유하고 상점, 학교를 비롯한 각종 편의시설을 공용하는 매우 친밀한 관계의 사람들, 말 그대로 안면을 트고 지내는 무리를 가리킨다. 안면집단은 도시의 가장 작은 구역 단위 안에서 주로 발견되며, 통상 연속된 두 개의 교차로에 걸쳐 존재하는 것으로 상정된다. 친목과 교제의 기초 단위를 구성하는 안면집단은 근린 지역사회 수준에서 존재하는 공동체의 전형이다.

안면집단을 포괄하며 지리적으로 그보다 더 큰 영역에 걸쳐 나타나는 공동체는 명목공동체(nominal community)이다. 명목공동체는 안면집단만큼 강력한 동질성, 친밀감, 교류 수준을 갖지 않는다. 그런데도 구성원들은 심리적으로 하나의 집단에 소속되어 느슨한 정체성을 공유한다. 일상적 수준에서 친목과 교류를 하지 않음에도 일단의 소속감과 정체성을 느끼는 까닭은 이들이 정주지 인근 공간에 대한 인지 지도(cognitive mapping)를 공유하기 때문이다. 인지 지도란 특정 공간의 점유자들이 자신들만의 집단적 경험과 기억, 감정에 의거하여 공간의 경계, 외관, 내용, 과정 등에 의미를 부여하고 실측 지도의 모습과는 다른 공간을 창출하여 이를 전유하는 과정 및 결과로 정의할 수 있다(이동헌, 이향아, 2011). 인지 지도를 공유하는 자들이 반드시 안면을 트고 지낼 만큼 가까운 관계의 사람들일 필요는 없다. 가까운 관계가 아닐지라도 이들은 자신들만 아는 고유명사와 별칭을 써가며 정주지 인근의 거리, 공터, 관공서, 상업 시설 등을 지칭하고 이를 머릿속에서 그려낸다. 그뿐만 아니라 상대방도 똑같은 그림을 그리며 공간을 이해하고 탐험할 것이라고 믿는다. 이와 같은 공유된 믿음은 정주지 인근 공간의 인지 지도를 내면화한 이들의 소속감과 정체성을 하나로 묶어 내고 그들을 같은 공동체의 일원으로 조우하게 만드는 힘으로 작용한다. 행정적 관점에서, 명목공동체는 대체로 우리나라의 읍면동 정도의 소규모 지역사회에 나타난다고 보면 무리가 없다.

명목공동체를 포괄하며 지리적으로 그보다 더 큰 영역에 걸쳐 나타나는 공동체는 유한책임의 공동체(community of limited liability)이다. 원칙적으로 공동체는 구성원들의 행동과 생각에 대해 무한한 책임을 진다. 너, 나, 우리는 일치된 하나라는 생각에 기초하기 때문에 공동체적 세계관의 전형에서는 너의 잘못은 나의 잘못이고 나아가 우리 모두의 잘못으로 여겨진다. 그러나 전일성에 의거한 공동체의 이와 같은 무한책임성은 현실 세계에서는 찾아보기 힘들다. 특히 지리적으로 근린의 범위를 넘어서는 광역지역사회 수준에서는 무한책임의 공동체란 허구에 불과하다. 동료의 행동과 생각에 무한책임을 지려면 우선 구성원 모두를 개인적으로 잘 알고 있어야 하는데, 지리적 범위가 넓은 광역지역사회 수준에서는 누군가를 진정으로 알기는커녕 얼굴을 직접 마주할 대면접촉의 기회 자체가 애당초 없기 때문이다. 그래서 광역지역사회 수준에서는 무한책임의 공동체가 아닌 유한책임의 공동체가 들어서는 것이 일반적이고 현실적이다.

유한책임의 공동체는 기본적으로 구성원 간 이질성과 낯섦을 인정한다. 각 구성원은 나머지 구성원들을 잘 모르며 공통점도 별로 없다. 따라서 그들의 생각과 행동에 무한책임을 질 필요도 없다고 생각한다. 그러나 제한된 경우에 한하여 책임질 것을 요구받고, 실제 책임도 진다. 이 제한된 경우란 소속 집단의 질서 유지, 번영, 발전을 위한 다양한 정치, 경제, 사회, 문화, 교육, 치안 관련 활동에 대하여 시민으로서 관심을 보이고 의견을 제시하며 세금을 내는 한편, 필요한 경우 의사결정을 대신할 정치인을 선출하거나 스스로 선거에 나서는 것 같은 공적 업무에 참여해야 하는 상황을 가리킨다. 이러한 맥락에서, 광역지역사회 수준에서 형성되는 유한책임의 공동체는 시민의 참여를 끌어내는 힘, 즉 정치, 경제, 사회, 문화, 교육, 치안 등 다양한 측면에서 해당 지역을 안정적으로 유지, 발전시키는 원동력으로 작용한다고 볼 수 있고, 특히 지방자치단체나 지방의회 존립의 사회물리적 기반이 된다고 말할 수 있다. 행정적 관점에서 유한책임의 공동체는 대체로 우리나라의 시군구 정도의 광역지역사회에 존재하고, 그 물리적 경계는 시군구 관할 관공서, 법원, 회사, 교회, 학교, 경찰서 등에 의해 특정된다.

마지막으로 유한책임의 공동체는 확대 유한책임 공동체(expanded community of limited liability)에 의해 포개진다. 확대 유한책임 공동체는 대도시권(metropolitan area)이라 불리는 초광역지역사회 수준에서 주로 발견된다. 하나의 대도시권은 몇 개의 대도시와 다수의 위성 도시로 구성되며, 권역 내 주민의 이질성과 다양성은 극도로 높은 수준을 나타낸다. 그렇지만 경제적 생활권을 같이하는 등 장소 공용에 따른 이해관계를 같이하기 때문에 대도시권 주민들은 서로에게 부분적, 간헐적으로 책임지는 유한책임의 공동체를 형성한다. 초광역지역사회 수준에서 나타나는 이와 같은 유한책임의 공동체를 확대 유한책임 공동체라 일컫는다. 행정적 차원에서 유한책임의 공동체는 대체로 우리나라의 시·도 정도의 초광역지역사회에서 나타난다고 보면 무리가 없을 것이다.

4) 유한책임의 공동체

앞서 유한책임의 공동체를 제한적 경우에 한하여 공동체 현안에 관여하는 사람들로 구성된 불완전 공동체라 설명하였다. 여기서 제한적 경우란 나의 이해관계 증진과 관련된 상황을 가리킨다. 관련이 없는 경우 유한책임 공동체의 구성원은 집단의 회원 자격을 회수하고 고립된 개체로 남아 있기를 선호한다. 이해관계가 걸려 있을 때만 공동체가 활성화되고 소속감과 정체성이 상기된다는 측면에서 유한책임의 공동체는 일시적이고 선택적이다. 또한 회원 모두를 개인적으로 잘 알아야 한다거나 동료의 안녕과 복지를 무한정 책임져야 한다는 요건이 부과되지 않는다는 측면에서 회원 구성이 이질적이고 다양하다. 구성원 수급 역시 엄격한 잣대를 따른다기보다 유연하고 개방적으로 이루어진다(Chaskin, 1997, p.527-528).

공동체는 본래 소속감과 정체성을 같이하는 사람들의 모임이다.

소속감과 정체성은 한 번 만들어지면 좀처럼 변하지 않는다. 상황이나 맥락에 따라 개인의 태도나 성격은 바뀔 수 있지만 '나는 누구인가', '나는 어디에서 왔는가'란 질문에 답해주는 소속감과 정체성은 비교적 안정적으로 개인의 심리에 고착되어 있다. 이는 공동체가 외부의 심한 충격이 가해지지 않는 한 비교적 안정적으로 지속하는 현상임을 의미한다. 상황이 변하였다고 기존에 소속된 공동체를 탈퇴하거나 새로운 공동체를 찾아 가입하는 가변성과 즉흥성은—탈근대주의(postmodernism)에서 얘기하는 공동체 이론을 제외하고는—공동체의 일반적 성격과 거리가 멀다(Lyon & Driskell, 2011, p.24).

가입과 탈퇴에 제약이 큰 만큼 공동체들은 구성원 충원에 매우 신중한 모습을 보인다. 많은 경우 생득적 특성(예: 인종, 민족 등)을 공유하는 자들에게만 회원 자격을 부여하며, 그렇지 않은 경우라 할지라도 "우리가 남이가"라는 말을 주고받을 만한 동질적 인물들에게만 후보 자격을 수여한다. 회원 수급을 신중하게 한다는 것, 즉 잡종(hybrid)의 유입을 엄격히 막는다는 것은 내부적으로 회원들의 단결과 충성을 담보하는 수단이 된다. 무엇보다, 특별한 요청을 하지 않아도 집단의 목적 달성에 필수적인 성원들의 조건 없는 희생과 헌신을 끌어내는 힘, 다시 말해 동료 구성원들의 삶에 즉각적으로 개입하여 그들의 안녕과 복지를 자발적으로 책임지게 하는 이타적 힘을 제공한다. 집단의 모든 현안에 관여하게 하고 구성원들의 삶에 자동으로 개입하게 만드는 공동체의 전형을 그래서 우리는 무한책임의 공동체라 일컫는다.

공동체의 전형이 이처럼 지속성, 일체성, 순혈주의를 비롯해 구성원들의 자발적 희생과 헌신을 동반하는 무한책임성을 주요 특성 요인으로 삼고 있음을 감안하면, 그 전형에서 상당히 벗어난 유한책임의 공동체를 공동체라 부르는 게 과연 타당한가 하는 의문이 든다. 특히, 개인적 이해관계가 증진될 것으로 예상되는 경우에만 회원 자격을 선별적으로 주장하는 유한책임 공동체 구성원들의 계산적 행태를 이기적이라 비난하는 것과는 별개로, 안정성 요소를 담고 있는 공동체 개념으로 필요에 따라 생겼다 없어지기를 반복하는 간헐적 사회 현상을 포착하는 게 과연 올바른가 하는 의구심이 든다. 그러나 다른 한편으로 오늘날 무한책임의 공동체는 이상형에 불과하며 현실 세계에서는 오히려 유한책임의 공동체가 공동체의 일반적 모습에 더욱 가깝다는 지적을 감안하면, 그 의구심은 과도한 것이라 생각된다.

기실 무한책임의 공동체 이론은 허구에 가깝다. 유사 이전 수렵 채취 생활을 하던 원시공동체 시대를 제외하고 역사적으로 과거에 단 한 번이라도 존재했는지도 의문이다. 그 까닭은 여러 가지이다 (Chaskin, 1997; Suttles, 1972, p.8-9). 첫째, 무한책임 공동체가 가능하기 위해서는 각 구성원이 비매개적 대면접촉을 통해 나머지 모든 구성원 하나하나를 개인적으로 잘 알고 있어야 한다. 그렇지만 이 정도의 초연결성과 초친밀성은 현대 사회 집단들의 인구학적 크기와 지리적 정주 범위, 인간의 일반적 의사소통과 인지 능력 등을 참작했을 때 결코 가능한 것이 아니다. 4차 산업혁명의 최첨단 IT 기술에 힘입어 사람, 사물, 인터넷이 혼연일체가 될 미래 유비쿼터스 사회에서조차 가능할 일일지 모르겠다.

둘째, 무한책임의 공동체는 너와 나, 우리가 즉각적이고 투명하게 연결되는 전일성을 전제로 한다. 그러나 이와 같은 순도 백 퍼센트의 전일성은 현대 사회의 분업화와 전문화, 그에 따른 이해관계의 분화 수준을 고려한다면 매우 비현실적인 가정이다. 쉽게 말해 만장일치가 가능하다는 것인데, 한두 개 현안에 대해서는 만장일치가 가능할는지 모르지만 모든 현안에 대해 의견이 일치하는 것은 현실적으로 불가능하다.

셋째, 무한책임의 공동체는 가입과 탈퇴를 엄격히 통제한다. 그러나 지리적 이동권이 신장하고 이해관계가 극단적으로 분화한 오늘날 한 번 가입했다고 탈퇴를 불허하는 집단은 없다. 마찬가지로 가입 자체를 원천 봉쇄하는 집단도 없다. 이동권이 미약하고 이해관계가 미분화된 전근대 사회에서는 그런 집단이 있을 수 있었겠으나, 현대인은 수많은 집단의 회원 자격증을 앞에 놓고 그 가운데 무엇을 획득하고 무엇을 유지하며 무엇을 취소할지 자신의 이해관계에 비추어 일상적으로 고민할 만큼 다양하고 많은 가입과 탈퇴의 옵션을 갖고 있다. 오늘날 공동체 가입과 탈퇴의 주도권을 쥔 것은 집단이 아닌 개인이며, 이 개인들은 충성도 낮은 고객처럼 자신의 이해관계에 따라 여러 집단의 회원증을 쇼핑해 가며 출입과 퇴거를 결정한다.

상기 이유들은 무한책임의 공동체가 현실 세계에서는 존재할 수 없는 허구라는 점을 말해준다(Guest & Lee, 1983; Kasarda & Janowitz, 1974). 그럼에도, 무한책임의 공동체 개념은 이념적 이상형으로서 공동체의 특징적 성격과 전형을 보여준다는 점에서 의미가 있다. 비현실적이지만, 현실 세계에 존재하는 실제 공동체의 면면을 대비적 차원에서 잘 보여준다는 측면에서 여전히 유용한 개념으로 볼 수 있다는 것이다.

한편 유한책임의 공동체는 구성원들이 이해득실에 따라 회원 자격을 선별적, 간헐적, 유보적으로 주장한다는 것을 특징으로 삼는 까닭에, 집단의 구성원 됨을 계산적으로 악용한다는 뉘앙스를 풍긴다. 그래서 일각에서는 이 용어를 현대인의 탐욕과 이기주의를 비판하고자 할 때 사용하기도 한다. 그러나 이는 이 개념을 처음 제시한 사회학자 모리스 야노비치가 본래 의도한 바가 아니었다. 제4장 3절에서 자세히 설명하겠지만, 야노비치는 그의 시카고대학교 사회학과 선배 교수였던 루이스 워스가 현대 도시를 비인격성, 냉혹성, 합리성, 익명성, 무근본성에 의하여 지배되는 무공동체 지역으로 묘사한 데 대한 반론이자 대안으로서 이 용어를 주조하였다(Janowitz, 1951).

워스는 오늘날 도시들은 대부분 인구 규모가 크고 밀도가 높으며 사회적 이질성 수준도 상당하다고 하면서, 이러한 특징을 나타내는 현대 도시들은 모두 도시성(urbanism)이란 속성을 발전시킨다고 보았다(Wirth, 1938). 도시성은 타인에 대한 무관심, 비인간화를 촉진하고 사회연대 의식을 약화하는 힘으로 작용하는데, 워스는 이것이 도시에 출현하고 도시의 기본 작동 원리가 되면서부터 현대 도시에 개인적 좌절과 정신분열, 자살, 범죄, 무질서 등 다양한 사회심리적 불안이 광범위하게 야기되었다고 분석하였다. 이는 워스가 도시를 원자화된 개인과 그러한 개인들에 의하여 범해지는 각종 사회문제의 집합소로 간주하였다는 것을 뜻한다. 이와 같은 병리학적 견해는 인간 심리와 조직의 붕괴 및 해체를 막아주던 기존의 끈끈하고 단단한 결속력으로서의 공동체가 더는 도시에 존재하지 않는다는 것, 존재하더라도 무의미하며 사람들의 삶에 미미한 영향을 미칠 뿐이란 비관을 밑바탕에 깔고 있다.

야노비치는 워스의 도시공동체에 대한 부정적 시각을 비판하고, 현대 도시가 이기적이고 원자화된 탐욕적 개인으로만 채워져 있지 않음을 역설하였다. 설령 예전만큼 강력하거나 상시적이지 않다고 할지라도, 필요한 경우 어울리고 친밀한 관계를 맺으며 유대를 다지는, 나아가 상호 긴밀한 소통을 바탕으로 삶의 다양한 문제에 집합적으로 대응하는 사람들의 무리, 즉 공동체가 도시 안에 살아있고 또 여전히 유의한 역할을 하고 있음을 주장하였다.

자신의 주장을 입증하고자 야노비치는 당대 미국에서 가장 큰 규모를 자랑하던 도시 중 하나인 시카고를 배경으로, 왜 수많은 군소 지역신문사가 거대 메이저신문사에 고사되지 않고 오히려 더 높은 구독률을 기록하였는지 조사하였다. 조사 결과, 지역신문사들은 해당 지역 고유의 관점이나 이해에 바탕을 두고 제작되어 수용자들의 지역사회 적응을 높이고, 무엇보다 주민 간 유대를 증진하는 다양한 콘텐츠를 제공하며 지역사회 결속의 구심적 역할을 하고 있었다. 이 때문에 주민들의 애독을 끌어내고, 메이저신문사의 구독률을 앞설 수 있었던 것이다. 실제로 야노비치는 군소 지역신문사들이 교회의 주말 이벤트, 아이들의 방과 후 활동, 성인의 스포츠 취미활동 등 메이저신문사에서는 볼 수 없는 다양한 지역 맞춤형 정보를 제공함으로써, 그러한 정보에 선택적으로 관심을 보이는 일부 주민들의 사랑방 역할을 하고 있음을 증명해 내었다. 모든 이해관계를 항상 같이

하지는 않더라도 특정 사안에 선별적, 간헐적, 유보적으로 관심을 보이는 주민들이 지역신문을 매개로 뭉쳐 친목을 다지고 인정을 나누며 제한적이나마 네트워킹을 하는 모습을 보면서, 야노비치는 현대 도시에 여전히 공동체—유한책임의 공동체—가 살아 있음을 확인하였다.

야노비치의 유한책임 공동체 개념은 현대 사회 공동체의 상실이 아닌 존속과 지속적 번영을 보여준다는 점에서 의미가 깊다. 또한 지리적 이동권의 신장, 분업화와 전문화에 따른 이해관계의 분화 등 근대적 변화를 반영한 공동체 가입 및 탈퇴의 현실적 양상을 묘사해 준다는 점에서도 큰 의미가 있다. 나아가 특정 집단에 운명적으로 가입하여 그에 맹목적 충성을 다하는 전근대 공동체의 전형이 아닌, 이해득실을 따져가며 여러 집단에 가입하고 필요에 따라 회원 자격을 선별적, 간헐적으로 주장하는 개인 중심의 느슨하고 새로운 공동체 이미지를 제시함으로써(Wellman, 2001). 공동체의 폐해들, 예컨대 집단의 이름으로 가해지는 폭력과 억압으로부터 개인이 탈출하고 이를 극복하는 게 얼마든지 가능함을 이론적으로 설명해 주었다는 평가도 끌어낸다(Castells, 1996/2008, p.46).

그러나 이와 같은 긍정적 의미와 함의에도 불구하고 유한책임의 공동체는, 야노비치의 애초 의도와 달리 이후 문헌에서 상당히 부정적 뉘앙스를 내포한 용어로 이해되고 사용되었다. 특히 일부 주민이 자신들이 거주하는 지역사회와 그 구성원들에 대한 희생정신이나 연대 의식은 물론 정서적 애착도 갖지 않으면서 구성원 자격을 불확정적으로 유지하는 지역이기주의를 포착하는 데 많이 활용되었다.

이러한 경향은 일부 후배 연구자들에 의해 계승되어 방어적 근린이라는 새로운 개념을 주조하는 데 기여하였다.

5) 방어적 근린

방어적 근린(defended neighborhoods)은 평소에는 공동체의식이 존재하지 않거나 최소한의 수준으로만 유지되다가, 구성원의 이해관계가 어떤 외부 힘에 의하여 침해될 것으로 예상될 때 그에 대응하는 공동체가 지역사회 내부에 한시적으로 만들어지고, 이후 이해관계 방어라는 소기의 목적이 달성되면 이내 사라지고 마는 한시적 공동체 현상을 설명한다(Suttles, 1972). 방어적 근린은 앞서 포개진 공동체 개념을 고안한 제럴드 서틀즈가 그의 주된 연구 대상이었던 미국 시카고시 룹 지역에 일리노이주립대학 캠퍼스를 짓겠다는 계획을 지방정부가 발표하자, 평소 적대적 관계이던 이탈리아 이민자, 멕시코 이민자, 흑인, 푸에르토리코인 등 다양한 민족 집단 주민이 하나로 뭉쳐 지역협의체를 구성하고 캠퍼스 건립을 반대하는 등 조직적 집단행동을 같이하는 모습을 관찰한 후 만들어진 개념이다(Suttles, 1968). 이후 서틀즈는 같은 개념을 적용하여 시카고 교외 지역의 백인들이 비슷한 사회경제적 지위를 가진 중상류층 흑인의 전입을 막기 위해 양질의 주택을 숨기고 불량주택만을 공개하며 부동산 가격을 올려 부르는 인종차별적, 불법적 담합행위에 가담하는 모습을 설명하기도 하였다(Suttles, 1978). 오늘날 방어적 근린은 혐오시설을 둘러싼 논란과 갈등, 흔히 님비즘으로 거론되는 지역이기주의를 설명하는 데 유효한 개념으로 활용된다.

6) 심리적 공동체

심리적 공동체는 지리적 제약과 상관없이 관심사, 특징, 경험, 목적, 가치, 기억 등을 공유하고 이를 바탕으로 소통하는 동질적 집단을 의미한다(Lyon & Driskell, 2011, p.99). 지리적 제약에서 자유로울 뿐 아니라 상호작용의 빈도나 강도에 있어서도 특별한 요건이 붙지 않기 때문에 심리적 공동체는 구성원 간 개인적 친분이나 대면접촉 같은 강력한 상호작용 없이도 얼마든지 만들어질 수 있는 것으로 간주된다. 이 말인즉슨, 심리적 공동체는 마을이나 동네와 같은 근린지역은 물론이거니와 가족, 학교, 종교단체와 같은 끈끈한 유대적 관계, 나아가 일반화된 타자로 구성된 추상적 사회체계에서조차 이해관계를 같이하는 한 등장할 수 있는 현상임을 뜻한다(Bell, 2001).

한편 실천 현장에서 심리적 공동체는 현대 사회의 다양한 개인적 병리 현상을 극복하는 데 관심을 가진 사람들, 특히 자아 발견과 자기 향상이라는 공통된 목적을 갖는 사람들이라는 뜻으로 통용된다. 이른바 치료공동체(therapeutic community)를 의미하는데, 심리적 공동체로서의 치료공동체에는 대표적으로 알코올중독 치료공동체, 성폭력 피해자 치료공동체, 가정폭력 피해자 치료공동체 등이 있다(이재호, 2017).

일반적으로 학계에서는 심리적 공동체를 이해관계를 공유하는 동질적 성격을 띤 사람들이라는 뜻으로 사용하고 있다(김선민, 오기철,

강향숙, 2013). 그런데 본래 이 용어는 나와 너, 우리가 잘 어울려 살 수 있는 삶의 터전으로서의 공동체가 현대 사회에 들어 차츰 해체되어 가고 있음을 우려의 시선으로 바라보고 이를 회복하고자 노력한 일단의 사회학자와 철학자들에 의해 1980년대 이후 본격적으로 언급되기 시작하였다. 그중 한 명이 사회적 자본 이론가로 유명한 정치학자 로버트 퍼트남이다.

퍼트남은 2000년에 발표한 자신의 대표작 *Bowling Alone: The Collapse and Revival of American Community*『혼자 볼링치기—사회적 커뮤니티의 붕괴와 소생』을 통해 미국 사회가 지난 수십 년간 엄청난 경제사회적, 기술적 변화(예: 텔레비전과 인터넷 등의 기술 발달, 그에 따른 사람들의 파편화, 분절화, 인간 소외)를 경험한 한편, 18세기부터 20세기 초반까지 미국 사회를 지탱해 오던 민초들의 자발적인 시민참여, 즉 다양한 결사체의 구성과 가담 행위의 급격한 감소를 목도하고 있다고 진단하였다(Putnam, 2000). 민초들의 자발적 시민참여와 결사 행위의 소멸은 곧 사회적 자본의 쇠퇴를 의미하는데, 퍼트남은 이를 볼링동아리 가입률의 하락을 예로 들어 설명하였다. 구체적으로, 미국에서 20세 초반부터 후반까지 볼링을 즐기는 인구 자체는 늘었으나, 볼링동아리를 결성하거나 여기에 가입하여 지인들과 직접 어울리며 볼링을 즐기는 사람의 수는 현저히 줄어들었음을 경험적 자료를 이용해 입증하였다.

퍼트남은 볼링동아리 가입자 수 외에 독서동아리 가입자 수, 신문잡지 구독자 수, 자원봉사자 수, 기부자 수 및 액수 등 다양한 지표들을 조사하였고, 이를 통해 자발적 결사체의 구성과 사회적 참여

활동이 20세기 중반 이후 미국 사회에서 서서히 감소하는 경향에 놓여 있음을 보여주었다(Sander & Putnam, 2010, p.9-10). 그는 이러한 분석을 통해 미국 사회의 사회적 자본, 좀 더 확대해 말하면 시민사회의 건전성이 훼손되고 있음에 깊은 우려를 표명하였다. 시민사회의 쇠퇴는 그 자체로 사람들이 서로 소통하고 접촉하지 않는다는 점을 말해준다는 점에서 큰 문제라 할 수 있었다. 그렇지만 그것보다 더 큰 문제점이 있었으니, 그것은 바로 소통하지 않고 관심을 공유하지 않으며 문제와 불만을 제기하지 않는, 정치사회적으로 소극적인 인구의 증가였다(Putnam, 1996).

수동적 인구의 증가는 지금까지 미국 사회를 지탱해온 적극적이고 참여적이며 자기 주도적인, 정치적으로 각성한 풀뿌리 시민의 상실을 예고한다는 점에서, 즉 정치사회적 공동체의 해체와 붕괴를 의미한다는 점에서 심각한 사회문제라 할 수 있었다. 이에 퍼트남은 소멸해 가는 미국 사회의 사회적 자본을 재구축하고 책임감 있는 시민으로 구성된 건강한 공동체를 재건하기 위하여 자원봉사와 기부를 비롯한 다양한 자발적 결사 행위와 사회 활동을 장려하고 이에 적극적으로 참여할 것을 제안하였다. 각종 결사체에 가입하여 그곳에서 다양한 배경을 지닌 이질적 개인들을 만나 상호작용하고 의견을 교류하는 네트워크 구축 행위 자체만으로도 오로지 자기만 생각하는 이기적이고 파편화된 자아들이 모래알처럼 흩어지는 상황을 예방할 수 있다고 생각한 것이다. 이는 단기적으로 공동체 현안에 무관심한 비활동적 개인의 양산을 막는 한편, 정치적으로 각성한 시민을 배양해 내는 효과를 만들 것이고, 장기적으로 지극히 사적인 영역으로 도피해 버린 무심하고 고립된 자아들을 주류사회에 재통합시킴으로써 관심사, 특징, 경험, 의견 등에 있어 결합력 높은 집단의 탄생, 즉 한때 심각히 위축됐던 미국 사회의 심리적 공동체의 회복과 재건에 이바지할 수 있을 것으로 퍼트남은 기대하였다.

7) 지구촌

지리적 제약이 컸던 전근대 시대의 공동체들은 거의 예외 없이 근린 혹은 근린보다 작은 지리적 영역 안에 위치하는 것으로 여겨졌다. 그러나 근대 이후 교통과 정보통신 기술이 급격히 발달하면서 공동체를 근린과 동일시하는 시각은 낡은 이론으로 전락하였다 (Cresswell, 2014, p.62). 특히 20세기에 접어들어 가속화된 세계화는 비장소적이고 비대면적인 다양한 사회 현상을 공동체 용어 속으로 급속히 포섭시켰다. 이에 따라 나타난 가장 두드러진 변화는 공동의 유대와 상호작용만 갖춰지면 장소 무관하게 형성되는 사회관계망이 공동체 연구의 핵심 주제로 등장하게 되었다는 점이다 (Wellman, 2001). 이는 '공동체=근린'의 옛 공식이 '공동체=네트워크'라는 새 등식으로 대체되는 게 전혀 이상하지 않을 만큼 탈장소적 공동체가 흔해졌음을 의미하는 변화였다.

그러나 대부분의 네트워크 이론가들은 실제 연구 수행 시 지리적 영역 요소를 묵과하지 않았다. 아니, 묵과할 수 없었다. 네트워크형 공동체는 물리적 공간을 뛰어넘어 존재할 수 있을지언정, 실제 현실에서 그것을 구성하는 인간 개개인은 물리적 제약을 뛰어넘을 수 없는 장소 특이적 존재에 불과하기 때문이었다. 이와 같은 딜레마는 네트워크형 공동체에 관한 대부분의 연구가 근린 수준에서 존재하는 공동체와 근린을 초월해 존재하는 공동체를 구분하여 각각의 특징을 따로 조사하고 이후 둘을 비교한 뒤, 후자의 작동 원리와 기능, 특성, 효과 등을 좀 더 자세히 분석하는 방식으로 논리 전개를 비슷하게 가져간 이유가 되었다(Wellman, 1979).

그런데 공동체 연구의 새로운 변화의 조류 속에는 공동체를 네트워크가 아닌 세계화의 관점에서 바라본 연구자들이 섞여 있었다. 이른바 세계화론자들이었는데, 이들은 기존 네트워크 이론가들이 설정한 일단의 물리적 한계마저 부정하고 공동체의 지리적 범위를 전 지구적으로 확장하였다는 점이 특징이었다. 이들은 주로 디아스포라나 이민자 공동체 같은 초국적(transnational)이고 탈영토적(de-territorial) 현상에 관심을 보였고, 이와 더불어 유목민성(nomadicity), 혼종성(hybridity) 같은 주제도 비중 있게 다루었다(Al-Ali & Koser, 2003; Kraidy, 2006; Papastergiadis, 2018).

그렇지만 확장적 공동체관을 갖고 있던 세계화론자들 역시 네트워크 이론가들과 마찬가지로 장소가 갖는 의미를 연구에서 완전히 배제하지는 못하였다. 이들의 주된 관심이 비록 특정 장소에 고정되지 않은 확장적 공동체에 있었다고는 해도, 그와 같은 공동체는 전 지구적으로 범위를 넓혀가는 과정에서 반드시 출발지와 도착지의 다양한 장소 특이적 요소들과 접촉, 교류, 협상, 갈등을 포함한 복잡한 상호작용을 하게 되고, 해당 공동체의 초국적성이나 탈영토성의 구체적 양상은 그 결과에 따라 결정되는 것으로 여겨진 만큼(Portes,

1997), 장소가 갖는 의미는 세계화론자들에게도 여전히 관심 대상이자 고민거리로 남아 있었다(김수자, 송태현, 2010; Barber, 1995).

그런데 장소 자체를 연구 대상에서 제외함으로써 공동체의 지리적 범위를 무한정 확장하고 나아가 공동체 현상에서 장소가 갖는 의미를 전면적으로 부정한 일단의 연구자들이 있었다. 이른바 극단적 세계화론자들이었는데, 이들은 사람과 물자, 화폐, 정보, 아이디어 등 지구상에서 생각할 수 있는 모든 물질과 요소가 전 지구적 수준에서 빠르게 융통되는 초이동의 현대 사회에서, 장소는 사람들의 삶을 설명해줄 수 있는 중요한 요인으로서 예의 유의성을 갖지 못하다는 점을 역설하였다. 현대인은 장소에 구애받지 않고 지구 반대편 사람들과 마음만 먹으면 언제든 어울리고 친밀한 관계를 구축하며 그들과 소속감과 정체성을 함께 다질 수 있는 초이동성을 획득하였다. 때문에 국가, 도시, 지역사회를 포함한 모든 형태의 장소적 요소는 초이동적 개인으로 구성된 현대 사회 공동체 현상을 이해하고 분석하는 데 더는 중요한 고려 사항이 되지 못한다는 것이 이들의 기본 입장이었다(Omae & Ohmae, 1995).

모든 물리적 경계가 사라지고 전 세계 모든 사람과 집단이 실시간으로 연결되며 하나로 융합하는 새로운 시대의 등장을 극단적 세계화론자들은 지구촌(global village) 시대의 도래로 명명하였다. 지구촌은 국민국가와 도시, 지역사회가 부과하던 각종 법제도적 제약과 사회경제적, 문화적 장벽을 극복하고, 사해동포주의와 세계시민주의 같은 전 인류의 이상을 실현해줄 새로운 공동체의 전형으로 소개되며 한때 각광받았다(McLuhan & Powers, 1989). 특히 오래전부터 인류의 꿈으로만 거론되던 동양의 대동(大同)사상, 서양의 유토피아 등과 철학적으로 맥을 같이함으로써 더욱 많은 사람의 이목을 집중시켰다.

그러나 20세기 이후 지금까지 전개된 세계화의 양상은 하나의 세계정부 아래 통치되는 하나의 생활권, 하나의 경제권, 하나의 문화권이란 구호가 얼마나 공허한지를 여실히 보여주었다. 세계화의 주요 세력들은 평화적으로 공존, 번영하는 하나 된 지구 공동체를 만드는 데 이바지하기는커녕, 신자유주의 이념과 결합하여 무한경쟁, 이기주의, 물질만능주의, 불평등, 빈곤, 착취, 사회갈등, 환경오염 같은 부정적이고 파괴적 결과를 양산하는 데 깊숙이 관여하였다(구동회, 이정록, 노혜정, 임수진, 2010). 더욱이 이 와중에 중재 역할을 해야 했을 국민국가는 세계화의 결과 예의 강력한 주권을 잠식당함으로써 엘리트들의 일방적 지배와 통제를 허락하고 정당화하는 기제로 작동하였다(King, 2018). 지구촌의 일원이 되기는커녕 착취와 박탈, 주변화, 소외 등 스트레스에 일상적으로 노출된 사람들은 시장이나 국가 같은 기존 조직들이 자신을 보호해줄 것이란 믿음을 철회하였다. 대신 작은 공동체, 구체적으로 도시 혹은 그보다 작은 규모의 지역사회를 기반으로 한 소규모 대면 집단에 기대어 그로부터 두터운 신뢰와 애정을 쌓고 이를 통해 불안의 시대에 안정적이고 확실한 삶을 도모하는 방식으로 위기에 집단 대응을 모색하기 시작하였다(박재동, 김이준수, 2015; Diers, 2004; 田村明, 1987/2005).

지구촌은 지금껏 공동체의 좋은 전형이 되지 못하였다. 앞으로도 그럴 가능성은 희박하다. 공동체의 장소적 속성을 부정한 극단적 세계화 이론 그리고 이 이론에 의해 제기된 지구촌 개념은 인류의 오랜 꿈이었던 동양의 대동사상, 서양의 유토피아와 철학적으로 맞닿아 있으며, 현대적으로 사해동포주의, 세계시민사회 이론과 밀접히 관련되어 한때 유망한 기대를 자아냈던 것이 사실이다. 그렇지만 지구촌은 현실 세계에서 기술적으로 구현할 수 없을 뿐 아니라 내용적으로도 기존의 국지적 공동체들을 파괴할 수 있는 비인간적 요소를 다량 포함한다는 것이 지금까지 인류 역사가 보여준 교훈이다(Heywood, 2014, p.152).

8) 이념공동체

이념공동체란 하나의 이념을 공유하는 사람들의 무리를 가리킨다. 특별한 정치적 신념을 같이하는 사람들 혹은 종교적 소명이나 세계관을 같이하는 사람들로 구성되는 이념공동체의 대표적 사례를 우리는 공산주의 공동체, 민주주의 공동체, 기독교공동체 등에서 찾아볼 수 있다(민문홍, 2012; Tinder, 1980).

이념공동체는 주로 관념 수준에서 존재한다. 때문에 구성원 간 구체적 상호작용이 없을 수 있음은 물론 지리적 표식을 갖지 않는 경우도 흔하다. 사람들의 머릿속에 존재하는 이념공동체는 그래서 초국적이고 탈지역적이다. 사해동포주의나 세계시민주의를 주장하는 이들의 경우 자신들이 소속된 이념공동체의 지리적 범위 최대치를 지구 전체로 잡을 만큼 비현실적이다(Delanty, 2010, p.125).

그뿐만 아니라 이념공동체는 매우 이상적이다. 주요 교의를 역사상 단 한 번도 완전히 달성해본 적이 없는 경우가 대부분이다(류동민, 2012, p.249-250). 이념공동체는 그래서 유토피아적 속성을 강하게 내보인다. 그렇지만 이념공동체 구성원들은 언젠가 자신들이 추구하는 핵심 교의를 현실 세계에서 완전히 구현해낼 수 있을 것이라 낙관한다. 나아가 남들도 그러한 믿음에 동조하고 자신들의 신념에 동참할 것이라 굳게 믿는다(Kamenka, 1982).

이러한 믿음은 이념공동체를 때로 매우 폭력적 성향의 극단주의 집단으로 만들기도 한다. 미국의 사회학자 로버트 니스벳는 이러한 극단주의 집단을 절대공동체(total community)라 칭하며 그 대표적 사례를 파시즘, 나치즘, 종교적 근본주의 등에서 찾은 바 있다(Nisbet, 1953). 절대공동체는 현실 세계에서 좀처럼 이루어질 수 없는 이상적 가치를 '올바른 것'으로 상정하고 그에서 벗어나는 모든 것을 올바르지 못한 것으로 간주하여 부정, 억압, 통제하려 든다. 획일성과 흑백논리, 적대감을 자양분으로 삼는 절대공동체는 이해관계가 분화하고 다원적 세계관과 가치관, 행동체계가 공존하는 현대 사회에서 다양성과 포용성 가치를 부정하며 각종 정치적, 종교적, 도덕적 갈등과 충돌의 공급처 역할을 자처하고 있다. 동성애 이슈를 둘러싼 기독교공동체와 성소수자 공동체의 오랜 대립은 하나의 예라 할 수 있다.

4. 소결: 공동체에 대한 경험적 정의와 개념의 정리

전근대의 공동체는 지리적 영역, 공동의 유대, 사회적 상호작용이 하나로 결합한 상태를 유지하였다. 그러나 기술 발달, 분업화, 도시화, 산업화, 세계화, 인구 증가를 비롯한 각종 근대적 조건의 등장은 삼자의 견고한 결합을 끊어냈다. 특히 교통과 정보통신 기술의 발달은 예전에는 상상할 수조차 없었던 이동력을 사람들에게 부여하였다. 개인들은 이제 장소적 제약에 구애받지 않고 공동의 유대와 사회적 상호작용만 갖추면 언제 어디서든 공동체를 만들어낼 수 있는 상황에 직면하였다. 그 결과 근대의 공동체는 다양한 비장소적, 비대면적 관계망을 포괄하는 현상으로 질적 변화를 겪기 시작하였다. 나아가 일상적 상호작용 없이 공동의 유대만 존재하거나, 반대로 공동의 유대 없이 상시적 상호작용만 존재하는 집단 현상, 심지어 추상적 관념이나 유토피아적 가치지향 체계까지 공동체 현상의 하나로 포섭되어 이해되기 시작하였다. 마을이나 동네 같은 근린 외에 가족이나 친구 간의 끈끈한 사회적 관계, 인터넷 카페, 지자체 행정구획, 도시, 국가, 재외동포 연결망, 심지어 이념체계까지 모두 공동체의 일부로 간주되면서 이제 세상에는 공동체 아닌 것이 거의 없는 상황이 도래하였다.

공동체가 현실적으로 이처럼 다양한 현상을 포괄하는 우산 개념이 되었다면, 이를 경험적으로 포착하고 드러내는 방식도 이전보다 더욱 정교하게 발전했어야만 했다. 그러나 일부 연구자들은 근대적 조건의 등장과 변화를 명료히 이해하고 그에 관한 의견 일치를 이루기 전에, 자신들이 관심을 갖는 특정 현상을 공동체라 칭하고 성급히 분석 결과를 내놓았다. 그 결과 공동체를 주제로 한 연구들이 문헌에 다수 등장하는 성과가 만들어졌으나, 연구마다 실질적으로 거론하는 내용이 불일치하는 문제점이 발생하였다. 공동체의 실체는 매우 다양하고 따라서 이를 정확히 포착해 내기 위해선 정교한 경험적 정의와 연구자 간 일치된 접근 방식이 요구됨에도 그에 관한 고민의 결과가 문헌에 거의 반영되지 않았던 것이다.

이에 따라 공동체 용어는 현실을 정확하게 보여주기보다 그 어떤 것이든 모두 담아낼 수 있는 손오공 여의봉 같은 정체불명의 용어로 둔갑해 버렸다. 넓은 범위를 포괄하는 용어는 많은 것을 설명해 준다는 측면에서 장점이 있다. 그렇지만 다른 한편으로 신뢰도와 타당도에 흠이 가게 되어 사회과학 도구로서의 유용성이 떨어진다는 단점을 노출한다. 연구자 간에 불필요한 개념적 혼란을 일으키고 의견 불일치를 조장하는 사회과학 용어는 방법론적 측면에서도 바람직하지 못하다.

연구자 간 의견 불일치는 공동체의 경험적 3요소 중 지리적 영역 요소에 대한 견해 차이를 두고 주로 일어났다. 즉 공동체 현상을 포착하는 데 있어 장소성이 과연 어느 정도 중요한가를 둘러싸고 연구자마다 다른 견해를 보였다는 뜻이다. 이러한 시각 차이는 공동체 개념의 정밀한 확립을 어렵게 만드는 주된 원인으로 지목된다.

오늘날 많은 연구자는 공동체를 뚜렷한 물리적 경계를 가진 지리적 현상으로 보는 견해에 대해 부정적인 태도를 견지한다. 이들은 작금의 초이동시대에 장소적 제약으로 말미암아 공동체가 형성될 수 없다는 생각은 낡은 견해임을 역설하며, 공동체를 공동의 유대와 사회적 상호작용만 있으면 얼마든지 포착 가능한 탈장소적 현상으로 보아야 할 것을 주장한다(Wellman, 2001). 이러한 입장에 동의하는 공동체주의자 아미타이 에치오니는 공동체를 "특별한 가치, 규범, 의미, 역사 및 정체성을 공유하고 그에 헌신하는 상호 교차적이고 상호 배가적인 정서적 관계망 속 사람들"로 정의하였다(Etzioni, 1997, p.127). 아주 간략하게 말해, 특수한 문화(particular culture)로 규정한 에치오니의 공동체 개념에는 장소적 요소가 전혀 들어가 있지 아니하다.

한편 국내에서는 공동체를 뜻하는 영어 단어 'community'를 '지역사회'로 번역하는 경향이 오래전부터 있었다(김진석, 유동철, 2013). 이는 국내 관련 학계의 혼란을 외국보다 몇 배 가중한 주 원인으로 지목된다. Community를 지역사회로 번역하는 것은 현대적 맥락을 고려할 때 명백한 오역이다. 앞서 설명하였다시피 전근대 사회에서는 지리적 영역, 공동의 유대, 사회적 상호작용이 하나로 결합해 있었다. 그런 만큼 community, 즉 공동체는 지역사회와 동일시되었고 설령 그렇지 않은 경우라 할지라도 지역사회보다 작은 규모 안에서 존재하는 지리적 현상으로만 이해되었다. 그러나 교통과 정보통신 기술의 발달을 포함한 근대적 조건의 등장은 장소성에 대한 기존 관념을 뒤흔들었다. 그리고 이는 곧 'community=공동체=지역사회'라는 잘 알려진 등식을 해체하는 결과를 가져왔다. 이 말인 즉슨, 과거에는 공동체와 지역사회가 상호 필요충분조건을 즉각적으로 만족하였다면, 오늘날에는 양자 간에 그 어떠한 관계도 사전에 설정할 수 없을 만큼 상황이 바뀌었음을 뜻한다.

이러한 변화에도 불구하고 국내의 많은 연구자와 정책결정자는 community를 지역사회로 번역하는 관행을 지속하고 있다. 사회복지계가 'community welfare'를 '지역사회복지'로, 보건계가 'community care'를 '지역사회보호'로 번역하고 이를 통용시켜 온 것이 대표적이다. 이 같은 번역은 지역사회가 응당 공동체적 속성을 띨 것이라는 전제, 즉 공동체=지역사회라는 낡은 시각을 밑바탕에 깔고 있다는 점에서, 오역을 넘어 의미의 호도이자 교육 및 정책 효과의 과장을 용인하는 행태라 할 수 있다. 하루빨리 시정되어야 할 것이다.

결국, 현대 사회의 공동체 현상을 정밀하게 포착하고 확실하게 드러내기 위해서는 개념의 재정립이 필요하다는 결론에 도달하게 된다. 아래에서는 현대 사회 공동체 현상의 복잡성 그리고 그와 같은 복잡성을 해결하기 위한 선배 연구자들의 노력을 참고하여, 공동체의 개념 정의를 둘러싼 소모적 논란을 최소화할 수 있는 간단하고도 현실적인 방법을 몇 가지 소개하고자 한다.

먼저 만약 순수하게 특정 물리적 공간의 장소적 속성을 강조하고자 한다면, 공동체라는 용어의 사용을 삼가고 대신 지역사회라는 말을 쓸 것을 제안한다. 그리고 만약 특정 물리적 공간을 점유하는 일부 구성원 간의 상호작용과 그 과정 혹은 결과로서 발현되는 공동의 유대 및 친밀감을 포착하고자 한다면, 지역사회라는 용어 대신 지역공동체라는 말을 사용할 것을 제안한다.

지역사회는 공동의 유대나 사회적 상호작용 여부에 상관없이 지리적 영역 측면에서만 그 범위가 파악되고 존재 여부가 결정된다.

현실적으로, 지역사회는 인구 규모나 지정학적 특성 등을 면밀히 반영하여 만든 국가 행정집행 체계의 소구획과 동일시되는 경우가 가장 흔하다. 실제로 지역사회의 범위를 읍면동 수준에서 획정하는 관행이 우리나라 사회과학계에도 널리 퍼져있다. 그렇지만 지역사회가 항상 국가 행정구획으로만 포착, 이해되는 것은 아니다. 때로 해당 지역 내 주민들의 출퇴근 범위나 통학 범위, 물건 구매 범위, 주된 경제 활동과 산업 기반, 다수 집단의 인구사회학적 특성 등을 기준으로 지역사회의 범위가 확인되고 존재 여부가 결정되기도 한다(예: 직장인들이 많이 사는 원룸촌, 대학생들이 많이 몰린 캠퍼스타운, 소비 중심지로서의 쇼핑타운, 농업이 주된 산업기반인 농촌, 이민자 밀집 거주지역 등등). 다양한 방식으로 지역사회를 포착하는 것이 가능하지만, 어찌 되었든 핵심은 성원 간 공동의 유대감이나 사회적 상호작용이 있든 없든 상관없이 그러한 요소들의 영향력을 배제한 상태에서 어떤 물리적 공간의 점유와 관련된 지리적 현상을 거론할 때 우리는 지역사회라는 용어를 사용할 수 있다는 점이다. 이런 측면에서 지역사회(locality)는 지리적 생활권을 같이하는 주민들로 구성된 사회경제적 단위라고 간단히 정의할 수 있겠다.

그런데 지리적 생활권을 같이 한다는 이유만으로 지역사회 주민들이 항상 공동체를 구성하거나 공동체적 삶의 양식을 따르거나 특수한 문화를 일구는 것은 아니다. 이웃에게 간단한 인사말 건네는 것조차 꺼리고 노인 고독사가 횡행하는 각박한 오늘의 세태를 감안하면, '지역사회=공동체'라는 등식은 현실과 동떨어진 관념임이 분명하다. 그렇지만 이러한 각박함 속에서도 우리는 여전히 친밀한 지인끼리 어울리고 뭉치며 삶의 다양한 이슈에 대해 공동으로 대처하는 동질적 집단의 존재를 지역사회 내부에서 드물지 않게 목격한다. 만약 연구자가 이처럼 지역사회 구성원들이 지속적으로 상호작용을 하면서 공동의 유대감을 형성, 유지하고 이를 바탕으로 소속감과 정체성을 다지는 공동체의 전형적 양상을 포착하고자 하는 상황이라면, 지역사회라는 용어 대신, '공동체' 앞에 '지역'이라는 접사를 붙여 지역공동체(local community)라는 말로써 주어진 현상을 좀 더 정밀하게 표현하고 드러낼 필요가 있다.

그렇다면 근린(neighborhood)은 지역사회인가 지역공동체인가? 앞서 제시한 설명과 기준에 따르면, 근린은 지역공동체로 분류되는 것이 합당하다. 근린은 우리말로 흔히 마을 또는 동네로 일컬어진다. 마을은 최근 십수 년간 중앙정부와 지방정부의 지역사회 재건정책 대상으로 급속히 편입됨에 따라(예: 국토교통부 도시재생 뉴딜사업, 서울시 마을만들기 사업 등) 원래의 의미에 다소 오염이 간 상태이긴 하나, 본래 정주지를 같이하는 지인 간의 긴밀하고 정서적인 관계망을 뜻하는 단어였다. 마을 사람들은 지근거리에서 비교적 오랫동안 일상생활을 함께 영위한다. 때문에 사소한 일로 갈등을 겪는 경우가 많다. 그러나 싸우는 만큼 정도 든다고 서로에게 강한 애착과 정감을 느끼며, 마을 사람들 역시 이러한 복잡미묘한 감정의 허물없는 교환을 자연스러운 일상으로 받아들인다. 또한, 취미나 체육 활동을 함께 하고, 육아, 자녀 교육, 치안 등의 문제에 공동으로 대응해야 하는 때가 많아 구조적으로 정주지를 같이하는 데 따른 이해관계를 다수 공유한다.

이런 관점에서 마을을 단순히 지리적으로 생활권을 같이하는 정주지 인근의 사람들 혹은 국가 행정집행 체계의 말단 소구획 주민들의 집합으로 보는 시각은 합당하지 않다. 마을은 지도 위 동그라미로 표시될 수 있는 지리적, 행정적 단위가 아닌, 그 이상의 독특한 속성을 지닌 운명공동체이다. 운명공동체로서 마을이 갖는 고유한 속성이란, 정주지를 같이하는 데 따른 이해관계의 공유, 가치체계와 행동체계의 동질성, 일상적 상호작용에 따른 상대에 대한 깊은 이해 및 정서적 애착의 형성, 협력적이고 연대적인 가치의 체화, 정주지 현안에 대한 관심 및 참여, 주인의식 등을 포괄한다. 마을, 다시 말해 근린은 오래전부터 이와 같은 속성을 가진 사람들로 구성된 지역사회의 작은 단위로 이해되었고 또 사회적으로 그렇게 통용되었다. 따라서 근린은 지역사회가 아닌 지역공동체로 분류하는 것이 합당하다.

그런데 경험적 측면에서 근린의 범위와 존재 여부를 결정하는 데 있어 앞서 제시한 근린의 속성들을 활용하는 것은 생각만큼 쉽지가 않다. 지역사회 내 특정 구역 주민들을 대상으로 이해관계의 공유 수준, 가치체계 및 행동체계의 동질성 수준, 상호 이해 및 정서적 애착의 강도, 연대적 가치의 체화 수준, 참여 및 주인의식 수준 등을 측정하고 이를 바탕으로 근린의 범위와 존재 여부를 결정하는 게 불가능한 것은 아니지만, 근린을 구성하는 하위 요인은 이것 말고도 상당히 많고 다양한 만큼 요소 간 중첩이 일어날 수 있고, 나아가 실제 측정 시 여러 요소 가운데 무엇을 넣고 무엇을 뺄지 결정하기 현실적으로 쉽지 않다는 이유 때문이다.

이러한 어려움을 간파한 영국의 지리학자 질 밸런타인은 근린을 구성하는 핵심 하위 요소를 근접성, 영역, 사회적 동질성, 시간 등 네 가지로 추출하고, 각 요소를 중심으로 근린을 포착한 후 네 가지 요소가 모두 존재하면 근린이 존재하고 한 가지라도 존재하지 않으면 근린이 존재하지 않는 것으로 이해하는 방법론적 가이드라인을 제시하였다(Valentine, 2001). 여기서 근접성이란 지역사회 구성원이 얼마나 가까운 공간 안에 모여 있는가와 관련된 물리적 조밀성을, 영역은 지역사회가 물리적 경계를 갖고 있는지, 만약 그렇다면 그 경계가 얼마나 분명한지와 관련된 지리적 고정성과 폐쇄성을, 사회적 동질성은 지역사회 구성원이 공동의 유대를 바탕으로 얼마나 통일된 하나 됨을 나타내는지와 관련된 집단적 일체성을, 마지막으로 시간이란 지역사회 구성원이 얼마나 오랫동안 하나의 집단에서 성원 자격을 유지하며 꾸준히 상호작용을 해왔는가와 관련된 관계의 지속성을 각각 의미한다.

이 책에서는 밸런타인의 논의를 이어받아 근린의 하위 구성 요소를 ① 장소, ② 물리적 경계, ③ 지리적 근접, ④ 공동의 유대, ⑤ 사회경제적 경계, ⑥ 지속적 상호작용, ⑦ 시간적 근접의 총 일곱 가지 측면에서 좀 더 세밀하게 제시하고자 한다. 구체적으로, 장소란 지역사회 혹은 그보다 작은 지역사회 내 특정 정주 구역을, 물리적 경계는 이 정주 구역이 얼마나 뚜렷한 경계를 가졌는지와 관련된 지리적 고정성과 폐쇄성을, 지리적 근접은 친밀한 관계를 발전시키는 데 필요한 대면접촉과 그와 관련된 물리적 조밀성을, 공동의 유대는 주민을 하나로 묶어주는 연대와 협력의 근간을, 사회경제적 경계는 정주 구역 내 주민들과 그 외 주민들을 구분해줄 수 있는 특수한 사회

경제적, 정치적, 문화적, 인구학적 특징을, 지속적 상호작용은 주민 간 의사소통 및 교류가 얼마나 반복적이고 일상적인지와 관련된 관계의 지속성을, 마지막으로 시간적 근접이란 정주 구역 내 주민 간 의사소통과 교류가 얼마나 즉각적이고 동시적으로 이루어지는가와 관련된 관계의 실시간성을 의미한다. 연구자는 각 하위 구성 요소를 기본으로 상황에 맞게 조작적 정의를 시도하고, 측정 결과 모든 요인이 빠짐없이 존재하는 것으로 확인되면 근린이 존재하는 것으로 판단할 수 있다. 만약 근린이 존재한다면 그것은 앞서 제시한 다양한 근린의 고유한 속성 역시 존재함을 의미한다.

한편 공동의 유대와 사회적 상호작용 요소만 중요하고 지리적 영역 요소는 중요 고려 대상이 아니라면, 연구자는 지역이라는 접사를 배제하고 오로지 '공동체'라는 용어만을 단독 사용하는 것이 바람직하다. 현대 사회에서 공동체는 특정 장소 안에 담지될 수도 있고 그렇지 않을 수도 있다. 오늘날 상당히 많은 공동체 현상이 이처럼 장소성을 필수 요건으로 삼고 있지 않은 만큼, 연구자는 자신이 관찰하는 공동체 현상이 지리적 영역화를 필수적으로 동반하는지부터 먼저 살펴야 할 것이다. 만약 반드시 동반하지 않는 것으로 판단되면, 공동체 앞에 지역과 관련된 접사를 빼고 간단히 공동체(community)라는 말로써 주어진 현상을 표현하는 것이 좋겠다.

일찍이 네트워크 이론가 배리 웰먼은 공동체를 "사교, 지지, 정보, 소속감, 그리고 사회적 정체성을 제공하는 개인 간 유대의 연결망"으로 정의하였다(Wellman, 2001, p.228). 이 정의에는 장소적 요소가 언급되지 않는다. 웰먼은 오늘날 원거리에 있는 사람들 사이에 형성된 사회적 관계와 그 관계의 연결망들이 과거 지역공동체가 해오던 각종 역할과 기능을 상당 부분 대신하고 있다는 점에 주목하여, 공동체를 특정 장소에 고정되거나 폐쇄된 단일 실체로 간주하는 견해가 잘못된 접근임을 강조하였다. 웰먼의 이러한 주장은 공동체를 네트워크, 좀 더 구체적으로 개인의 자발적 선택에 따라 가입과 탈퇴가 비교적 자유롭게 허용되는 복수의 느슨히 연결된 네트워크로 봐야 한다는 논리로 확대 발전하였다. 그리고 이 논리는 후배 연구자들에 의해 계승되어 공동체의 탈장소성, 나아가 다중 소속감, 다중 정체성 같은 기존 공동체 연구에서는 볼 수 없던 참신한 주제들에 관한 탐구를 촉발하는 계기가 되었다(이종윤, 홍장선, 윤주현, 2013).

액체 근대성(liquid modernity) 개념을 창시한 사회학자 지그문트 바우만 역시 후기 근대 공동체를 복수의 비정형적 네트워크로 봐야 한다는 견해에 동의하였다. 바우만은 후기 근대의 변화된 양상은 공동체 공간을 사람들의 아련한 기억과 애착이 담긴 장소 혹은 단수의 고정된 정체성이 통용되는 획일적 장소로 이해하는 것을 어렵게 만들었다고 주장하였다. 그는 후기 근대의 공동체 공간은 기억과 정체성을 반영하는 장소(place)가 아닌, 유동적이고 비고정적인 위치(location) 차원에서 이해하는 것이 적절하다고 역설하면서, 공동체의 물리적 경계를 포함한 모든 형태의 경계—정치적, 사회적, 상징적, 언어적 경계 등—를 특정지으려는 시도는 현대 사회의 위기와 불확실성을 더욱 가중한다는 측면에서 불필요할 뿐 아니라 위험한 것이라고 지적하였다(Bauman, 2008, p.120-121).

웰먼을 포함한 여러 학자의 연구는 공동체를 경험적으로 포착하는 데 있어 지리적 영역 요소가 필수 불가결한 것이 아니라는 주장에 무게를 실어줌으로써 다양한 탈장소적 집단 현상을 공동체적 관점에서 이해할 수 있는 새로운 전기를 마련해 주었다. 그러나 이는 공동체 개념이 포괄하는 현상의 범위를 과도하게 확장함으로써, 연구자 간에 개념을 둘러싼 불필요한 혼란과 의견 불일치를 야기한 측면이 분명 있다. 따라서 소모적 논란을 줄이기 위하여 필요한 경우 연구자는 공동체라는 단어 앞에 적절한 용어를 접사로서 적극 사용하고, 이를 통해 연구에서 조명하고자 하는 공동체의 주요 측면이 무엇인지 그 내용과 의미를 명확히 드러낼 필요가 있다. 앞서 이미 소개한 근접성 없는 공동체라든가, 포개진 공동체, 유한책임의 공동체, 가상공동체, 이민자공동체, 시민공동체, 지구공동체 등은 선배 연구자들이 자신이 포착하고자 하는 공동체 현상의 특정 면면을 혼란 없이 분명하게 제시하고자 마련한 용어적 장치라 할 수 있다.

제2장. 규범적 정의

1. 이상적 공동체를 규정한 사상들

'...이다(is)'라는 존재의 관점이 아닌 '...이어야 한다(ought to)'라는 당위의 관점에서 공동체를 떠올리면 무엇이 생각나는가. 공동체의 당위성에 대해 깊이 생각해본 적이 없다고 할지라도 아마 다음과 같은 "무릇 공동체라 하면 ○○ 해야 한다"라는 식의 진술들을 머릿속에 그리게 될 것이다: 개인의 이해관계보다 공공선이 먼저다, 개인의 권리보다 사회적 책무가 더 중요하다, 개인의 독립성보다 연대와 협력이 우선시되어야 한다, 집단의 공동선 증진을 위하여 개인이 희생하고 헌신하는 것은 마땅하다, 권위는 존중되어야 한다, 전통은 지켜 나가야 할 소중한 유산이다, 등등.

위 진술들은 모두 공동체의 규범적 특징을 예시한다. 특히 공동체주의적 관점에서 공동체가 무릇 어때야 하는지와 관련된 당위적 지침을 보여준다. 이번 장의 목적은 이처럼 공동체가 응당 어떠한 모습을 가져야 하는지와 관련된 내용, 구체적으로 말해 공동체주의적 관점에서 공동체의 규범적 정의를 알아보는 데 있다. 이를 위하여 아래에서는 공동체의 핵심 가치를 살펴볼 것이다. 가치(value)란 좋은 것(the good), 바람직한 것에 대한 믿음을 뜻한다. 그리고 이와 더불어, 그러한 가치를 구현하는 데 필요한 행위와 사고의 판단 기준, 즉 공동체주의적 규범(norm)에 관해 알아볼 것이다.

그런데 공동체에서 가장 중요한 가치가 무엇인지, 그러한 가치를 무엇을 기준으로 가치 있다고 판단할 것인지, 나아가 공동체에서 가치 있다고 여겨지는 것을 누구에게 어떻게 얼마만큼 배분해 주어야 할지에 대하여 고민하고 이를 체계적으로 정리한 사상이 오로지 공동체주의만 있었던 것은 아니다. 오래전부터 다양한 철학사상이 공동체의 가치규범적 전형을 경쟁적으로 제시하여 왔고, 첨예한 견해 차를 보이며 관련 논쟁에 뛰어들어 왔다. 이에, 공동체주의의 가치 규범을 살피기에 앞서 공동체 관련 논쟁에서 가장 두드러졌던 세 가지 철학사상, 구체적으로 공리주의, 고전적 자유주의, 사회주의의 핵심 교의를 먼저 검토하고자 한다. 이후 공동체주의의 주요 내용을 정치적 자유주의와 대비하여 살펴보겠다.

1) 공리주의

공리주의(utilitarianism)를 대표하는 영국의 철학자 제러미 벤담(1748~1832)은 1776년 발표한 *A Fragment on Government*『정부론 단편』의 서문에서, 인간 행위의 옳고 그름을 판단하는 유일한 척도가 최대다수의 최대행복 원칙에 있음을 천명하였다. 그는 고통은 악이고 쾌락만이 유일한 선임을 밝히면서, 결과적으로 최대한 많은 사람에게 최대한 많은 쾌락을 제공하는 행위가 가장 도덕적이고 정의로운 것임을 역설하였다. 즉 공리성(utility)을 가치판단과 정의의 기준으로 삼았던 것인데, 이와 같은 견해는 최대다수 최대행복 원칙을 근간으로 입법과 행정 등 각종 제도를 재정립할 수 있다는 공리주의적 세계관으로 이어졌다.

사실 벤담이 그의 공리주의적 세계관에서 좋은 공동체, 바람직한 공동체의 모습을 직접 언급한 적은 없다. 사실 그는 공동체 혹은 사회란 허구에 불과하다고 보았다. 그가 상정한 것은 오로지 자기 자신의 쾌락을 극대화하고자 움직이는 개인과 그러한 개인들이 느끼는 쾌락의 총합으로 나타나는 합산적 사회뿐이었다(강준호, 2019). 그렇지만 공리주의적 세계관의 논리를 따라가다 보면, 어떤 행위를 했을 때 개인들이 느끼는 쾌락의 총합이 고통의 총합보다 크면 그 행위는 관련된 개인들의 전체, 즉 공동체에 대하여 일반적으로 옳은 행위로 평가되고, 반대로 고통의 총합이 더 크면 그 행위는 공동체에 대하여 일반적으로 그른 행위로 평가된다는 결론에 도달한다. 이런 측면에서, 공리주의 역시 좋은 공동체, 바람직한 공동체란 무엇인지 고민하고 그에 답하고자 노력한 철학사상 중 하나였다는 점을 유추해볼 수 있다.

공리주의적 세계관은 최대다수 최대행복이라는 단순 원칙에 근거하여 개인의 행위를 규율하고자 하였다. 그런 만큼 공동체 내 도덕적 가치판단과 정의 구현에 매우 단순하면서도 효율적인 기준을 제시하였다는 평가를 받는다. 그렇지만 오늘날 공리주의를 공공연하게 옹호하는 자는 거의 찾아볼 수 없다. 공리주의는 여러 이유로 비판의 대상이 되었는데, 대표적으로 개인들의 행복 총량이 늘어날 수만 있다면 행위의 과정, 의도, 동기, 직관 등은 무시되어도 상관없다는 공리주의식 정의관이 특히 많은 공격 대상이 되었다(피세진, 2017).

개인들의 행복 총량이 늘어날 수 있다면 그것이 공동체 내 소수집단의 희생을 요구할지라도, 특정 가치의 경시를 가져온다고 할지라도 얼마든지 정당화될 수 있다는 논리는 특히 칸트나 롤스와 같은 의무론적 정의론자들에 의하여 강력하게 비판받았다. 의무론적 정의론자들은 옳음(the right)은 좋음(the good)과 무관한 개념이 아니며, 옳음은 좋음의 더 기초적인 개념으로서 좋음에 우선한다는 점을 분명히 하였다(목광수, 2017). 이를 공리주의에 대한 비판과 결부 지어 설명하면, 어떤 행동은 비록 선, 즉 쾌락을 극대화하지 않는다고 할지라도 옳을 수 있으며, 인간은 그러한 옳은 행동에 의미를 부여하고 기꺼이 헌신하기도 한다. 쾌락을 극대화하지 않음에도 옳은 행동의 예를 우리는 인간의 자유, 다른 사람과 차별받지 않을 평등권, 인간의 존엄성과 여기서 파생되는 복지권, 교육권 등 인류 보편적 인권과 관련된 분야에서 찾아볼 수 있다.

2) 고전적 자유주의

고전적 자유주의(classical liberalism)는 개인의 자유를 최상의 가치로 삼는 자유주의의 분파로서, 경제적 자유에 중점을 두면서 국가간섭 최소화, 법치주의, 시민의 자유계약 등을 골자로 하는 사회철학적 관점이자 정치 이데올로기이다(이근식, 2006). 16세기부터 19세기 초까지의 자유주의를 보통 고전적 자유주의로 분류하는데, 이

기간의 자유주의를 '고전적'이라는 부르는 까닭은, 이후 등장한 자유주의가 민주주의, 사회주의 등과 결합하면서 혹은 공화주의와 노선 차이를 분명히 밝히면서 사회적 자유주의, 정치적 자유주의, 신자유주의 등 여러 분파로 갈라졌기 때문이다.

서구 근대 발전에 이바지한 고전적 자유주의는 자연법사상, 공리주의, 사회진화론 등 당대 여러 사상의 영향을 받으며 체계화하였다. 그렇지만 그 핵심 교의는 애덤 스미스가 옹호한 경제사상에 근거를 둔다. 이 경제사상을 우리는 흔히 경제적 자유주의라 일컫는다. 여기서는 애덤 스미스의 경제적 자유주의를 중심으로 고전적 자유주의의 내용을 살펴보고, 그가 규정한 좋은 공동체, 바람직한 공동체에 대하여 알아본다.

근대 자본주의의 토대를 마련한 스코틀랜드 출신 정치경제학자 애덤 스미스(1723~1790)는 1776년 출간한 *An Inquiry into the Nature and Causes of the Wealth of Nations* 『국부론』으로 잘 알려진 저자이다. 이 책에서 스미스는 각 개인의 사익 추구와 공공복지가 과연 조화 가능한 것인지를 집중적으로 따졌다. 스미스 이전의 홉스와 같은 철학자들은 그것이 불가능하다고 보았다. 그래서 그들은 사익 추구에 따른 폐해를 절대 권력으로 통제할 것을 주장하거나, 아니면 인간에게는 자비심 혹은 양심이란 것이 있으므로 설사 절대 권력이 없더라도 이기심을 다스리며 사회 안정과 통합을 달성하는 것이 얼마든지 가능하다는 도덕론을 펼쳤다(김만권, 2001).

그러나 스미스는 여전히 이기심에 의하여 추동되는 개인을 분석의 기본 단위로 삼았고, 그러한 개인들의 사익 추구를 인간의 본성으로 여겼다. 그리하여 그는 다음과 같은 매우 근본적인 질문을 던졌다: "만약 모든 개인이 순전히 이기심에 의해 움직인다면 사회는 과연 제대로 돌아갈 수 있을까?" 이 질문에 대하여 스미스는 "공익을 추구하려는 의도도 없고 자신이 공익에 얼마나 기여하는지조차 모르는 이, 오직 자신의 이익만을 도모하는 이는 그 과정에서 보이지 않는 손에 의하여 의도하지 않았던 부수적 결실을 얻게 된다"라고 답함으로써 사익 추구와 공익 달성의 딜레마를 해결하였다. 여기서 보이지 않는 손(invisible hand)이란 시장의 가격기구를 의미하는데, 이 메타포를 통해 스미스가 전달하고자 한 바는 아래와 같다.

인간은 본래 이기적인 존재이다. 이기적 개인들은 외부의 억압(예: 정부의 개입 혹은 독과점 기업의 담합) 없이 그대로 내버려 두면 자신들의 처지를 개선하기 위하여 시장을 형성하고 각자에게 필요한 재화들을 거래한다. 이때 시장 내부에는 가격기구가 등장하여 작동을 개시한다. 가격기구는 눈에 보이지는 않지만 마치 전지전능한 신의 손처럼 가장 효율적인 방식으로 사회의 희소자원을 적재적소에 배분한다. 즉 수요와 공급이 완벽히 일치하도록 조정하는 임무를 수행한다. 구체적으로, 최저가격을 제시하는 생산자에게는 최적의 이윤을, 최적 가격을 지불하는 소비자에게는 최대의 만족을 제공함으로써 상호 가장 이익이 되는 결과를 도출해낸다. 이는 관여된 모든 이의 후생을 증진하고 국가의 생산성과 부를 증가시킴으로써 사회 전반의 효용을 향상하는 힘으로 작용한다(이근식, 2018).

스미스는 모든 개인이 각자의 이기심에 따라 사익을 추구하면 보이지 않는 손에 의해 그러한 활동들이 자동으로 조절되면서 설령 개인적 차원에서 의도하지 않았다 할지라도 사회적 차원에서 가장 효율적인 결과, 즉 사회 전반의 후생 증가가 일어날 수 있다고 주장하였다. 이러한 논리를 따라가 보면 스미스가 그린 좋은 공동체, 바람직한 공동체란 결국 자신의 처지를 개선하고자 자유롭게 재화를 거래하고 경쟁하는 이기적 개인들로 구성된 시장경제 체제였다는 점을 우리는 곧 알게 된다. 스미스에게 있어 희소자원을 가장 효율적으로 배분할 수 있는 사회시스템은 오로지 시장뿐이었다. 효율성을 담보하는 시장을 규범 그 자체로 본 것이다. 그리하여 스미스는 시장 질서의 핵심축을 이루는 자유와 경쟁을 공동체 최고의 가치이자 덕목으로 삼고 이를 굳게 장려하였다.

그런데 여기서 한 가지 유의해야 할 점이 있다. 스미스는 가격 결정이 어떤 특정 소수가 아닌 참여자 전원에 의해 이루어지는 일종의 완전경쟁 시장을 이상적 시장의 전형으로 보았다는 점이 바로 그것이다. 스미스가 가격기구, 즉 보이지 않는 손을 보이지 않는다고 표현한 까닭은, 가격 결정에 무수히 많은 사람이 참여하여 누가 실질적으로 그것에 결정적 영향을 끼쳤는지 알 수 없음을 강조하기 위함이었지, 정부나 대기업 같은 특정 단체나 이익집단이 밀실에서 비밀스럽게 가격을 임의대로 조정하는 무법천지 같은 정글 자본주의를 옹호하기 위함이 아니었다. 스미스는 시장에 그와 같은 왜곡이 발생하면 자원배분에 효율성이 떨어지며 사회 전반의 후생 수준이 감퇴한다고 보았다. 따라서 그는 시장의 원활한 작동을 위해 국가 개입과 규제를 최소화고 기업의 담합행위를 법으로 엄격히 금지할 것을 요구하였다(신중섭, 2013).

3) 사회주의

사익을 추구하는 이기적 개인들의 자유로운 경쟁이 사회 전반의 효율성을 높이고 공익을 증진하며 궁극적으로 좋은 공동체를 만드는 데 이바지할 것이라 본 아담 스미스의 예측은 그러나 19세기 중반을 지나면서 점차 현실과 부합하지 못하는 모습을 보였다. 자유시장 경제를 근간으로 성장한 자본주의가 부의 극단적 독점, 노동 착취, 상품 물신주의, 금권정치 등 다양한 문제점을 노출하며 폭주한 것이다. 특히 소외(alienation) 현상을 가중한 것이 가장 큰 문제였다. 소외란 인간의 노동이 자아실현을 목적으로 하기보다 사회적 제도와 생산을 위한 수단으로 이용되어 노동자가 자신의 노동력과 노동 결과물을 통제하지 못하고 그것에 얽매이고 종속되는 목적 전치 현상을 가리킨다. 이러한 소외가 심화하면서 사람들은 노동을 통해 기쁨과 행복을 느끼기는커녕 육체적 괴롭힘, 정신적 황폐와 같은 불행과 고통을 경험하였다. 또한 자아실현을 이루고 내재한 자기 역량을 발휘하기는커녕 정반대로 자신의 주체성을 부정당하고 종속성을 강요받는 냉혹한 현실에 직면하였다. 이기적 욕망에 기초한 시장 자본주의가 이처럼 인간 소외를 비롯한 다양한 비인간적 문제점을 양산함에 따라, 19세기 중반 이후 이를 비판하고 자성하는 목소리가 사회 곳곳에서 대두되었다. 사회주의는 이러한 시대적 배경 속에서 세력을 넓히며 체계화하였다(장석준, 2013).

사회주의(socialism)에는 많은 변형태가 존재한다. 잘 알려진 공산주의나 사회민주주의 역시 사회주의의 변형태로 분류된다. 많은 분파가 존재하는 만큼 이를 포괄하는 하나의 통일된 정의를 제시하기란 어렵다. 그렇지만 사회주의 계열의 이념은 모두 앞서 언급한 자본주의의 병폐, 특히 노동 소외에 따른 인간 본성의 부정 문제를 우려하고, 이를 해결하고자 생산수단의 사회적 소유 그리고 그것의 민주적 통제로 특징되는 경제 및 사회체제의 재편을 요구한다는 공통점을 갖는다(강대석, 2018). 물론 자본주의의 대안을 제시하는 방법론에 있어 분파마다 조금씩 견해를 달리하는 것이 사실이다. 예컨대 사회화의 방식과 관련하여 어떤 분파는 생산수단의 국유화를 주장하는 반면, 다른 분파는 노동조합에 귀속을, 또 다른 분파는 시민소액주주운동의 전개를 주장한다. 이처럼 스펙트럼이 넓고 다양하지만, 사회주의 계열의 이념은 기본적으로 생산도구, 원료, 건물, 토지 등을 포함한 생산수단을 소수 엘리트 자본가가 아닌 다수의 노동자 소유하에 놓고, 인민 다수가 그것의 사용처와 사용 방식을 민주적으로 통제할 수 있는 환경의 조성을 주문한다는 점에서 일치된 견해를 보인다.

생산수단의 사회화와 그에 대한 인민 다수의 민주적 통제를 주장하는 사회주의자들의 궁극적 지향은 지배적 계급구조가 철폐된 사회, 즉 단 하나의 무산계급만이 존재하는 평등사회의 구현에 있다. 평등은 사회주의를 다른 이념과 구분해 주는 중요한 규범적 준거로서, 사회주의자들은 그 분파가 무엇이든 평등주의, 특히 생산관계에 있어 주종관계가 없는 평등주의를 도덕적 가치판단과 정의의 척도로 삼는 특징을 나타낸다. 생산관계에서의 평등을 좋고 나쁨을 가르는 제일 기준으로 삼는 만큼 사회주의자들은 자유, 경쟁, 사익, 이윤,

욕망과 같은 개인주의적 가치보다 연대, 협력, 단결, 공존, 우애와 같은 집합주의적 가치를 우선시한다. 그리고 그러한 가치를 실현하고자 유산계급으로 구성된 노동조합을 결성하고, 그 안에서 더불어 일하고(共働) 더불어 살며(共生) 더불어 자립하는(共育) 평등한 노동공동체 구축에 힘쓸 것을 주장한다.

요컨대 사회주의적 세계관에서는 평등한 생산관계를 골자로 하는 노동공동체를 이상적 공동체의 전형으로 지목한다. 그리고 그러한 이상적 공동체를 실현하기 위하여 그 과정에서 무산계급 간 우애적 협동과 동지적 신뢰관계 같은 집단 중심의 가치를 장려하고 촉구한다. 이러한 점 때문에 일각에서 간혹 사회주의를 공동체주의와 동일시하거나 혼동하는 예도 있는데, 이는 명백히 잘못된 것이다. 공동체주의가 협력, 연대, 상생과 같은 집합주의적 가치를 중시하고 구성원에게 그것의 준수를 요구하는 것은 사실이나, 그 까닭은 개인의 정체성과 행위의 도덕적 판단 기준이 집단의 정체성과 특수주의적 가치에 놓여 있다고 생각하기 때문이지, 사회주의와 같이 생산수단의 사적 소유 철폐와 인민 다수의 통제를 위해 그와 같은 가치들이 반드시 요구된다고 생각하기 때문이 아니다. 사회주의의 핵심은 생산관계에서의 평등 달성에 있다. 이를 위해 사회주의는 경제(하부구조)와 사회(상부구조) 체제의 재편을 촉구한다. 무산계급 내 우애적 협동과 동지적 신뢰 관계를 포함한 협동과 연대의 가치들은 이 와중에 필요에 의하여 지지되고 옹호되며 추구되는 것이다. 사회주의와 공동체주의가 지향하는 가치는 같거나 비슷하지만, 그러한 유사성을 보이게 된 이유나 배경, 맥락, 최종 목적 등은 상이하다(Etzioni, 2013).

2. 자유주의와 공동체주의

지금까지 우리는 이상적 공동체의 당위성을 규정한 철학사상들을 공리주의, 고전적 자유주의, 사회주의 세 가지로 추리고 각 사상의 핵심 교의를 살펴보았다. 물론 이상적 공동체의 당위성을 규정한 철학사상은 이 외에도 많다. 그런데도 우리가 여기서 공리주의, 고전적 자유주의, 사회주의만을 살핀 까닭은, 이 세 가지 사상이 공동체의 가치규범과 관련하여 가장 선명한 견해를 갖고 있고, 그런 만큼 상호 비교가 용이하다고 판단하였기 때문이다.

그런데 여기서 한 가지 뭔가 이상한 점을 눈치챈 독자가 있을 법하다. 우리가 일반적으로 당위의 관점에서 공동체를 생각하였을 때 가장 먼저 떠올리는 규범적 가치는 효용, 효율, 평등이라기보다 협동, 참여, 헌신, 희생, 책임, 의무, 전통, 권위 같은 것인데, 지금까지 우리는 살핀 사상 가운데 사회주의를 제외하고는 이러한 가치를 특별히 언급한 사상이 없었다는 점이 바로 그것이다.

상기 언급된 가치규범을 중심으로 공동체의 당위성을 살피기 시작한 데에는 20세기 후반 서구 지성사를 수놓은 정치적 자유주의와 공동체주의 간 논쟁이 중요한 계기로 작용하였다. 이에, 아래에서는 공동체의 가치규범에 관한 논의를 촉발한 이들의 논쟁을 각 진영의 핵심 견해와 쟁점 사안을 중심으로 살펴보기로 한다.

1) 정치적 자유주의

자유주의는 개인의 자유를 최상의 정치적, 사회적 가치로 삼는 사회철학적 관점이자 이데올로기이다. 사회주의만큼은 아니더라도 자유주의에는 다양한 분파가 존재한다. 이러한 다양성에도 불구하고 자유주의 계열의 이념은 모두 개인의 자유를 무엇과도 바꿀 수 없는 최상의 가치로 손꼽으면서, 자유 수호에 필수적인 인권, 법치주의, 권력분립을 통한 권력 통제, 자유로운 경제 활동 같은 아이디어들을 — 정도의 차이만 있을 뿐 대체로 — 지지한다는 공통분모를 갖는다(김만권, 2001).

이 가운데 미국의 철학자 존 롤스(1921~2002)가 집대성한 정치적 자유주의(political liberalism)는 서로 다른 존재 조건과 관점을 지닌 다양한 개인의 자유를 보장하는 가운데, 어떻게 하면 그들이 모여 이룬 정치체제의 안정성과 지속가능성 문제를 해결할 수 있는가에 대한 답을 자유주의 사유체계를 기반으로 제시한 철학사상으로 평가된다. 롤스는 1971년 발표한 *A Theory of Justice*『정의론』에서 사회적, 경제적 불평등으로 인한 갈등을 어떻게 해결할 것인가를 고민하고 이를 자유주의적 정의관을 통해 풀어내었다(Rawls, 1971/2001). 이후 롤스는 그 연장선상에서, 합당하지만 상호 대립하고 상충하는 교리들을 가진 자유롭고 평등한 시민들로 구성된 다원주의 사회 속에서 어떻게 하면 서로 다른 가치의 충돌에 따른 정치적 불안정성과 지속가능성 문제를 해결할 것인가를 고민하였다. 1993년 발표한 *Political Liberalism*『정치적 자유주의』는 그 고민의 결과를 담고 있다(Rawls, 1993/2003).

롤스는 오늘날 민주사회의 시민들이 각자 종교적, 철학적, 도덕적으로 합당한 포괄적 교리(comprehensive doctrines)를 내면화하고 그것이 지향하는 신념에 따라 행동한다고 보았다. 자유롭고 평등한 시민들로 구성된 민주사회에서 이는 언뜻 아무 문제를 일으키지 않는 것처럼 보일 수 있다. 그렇지만 롤스는 그와 같은 다원주의가 수많은 합당한 포괄적 교리 사이의 입증 불가능한 차이로 말미암아 심각한 충돌과 사회갈등의 원인이 될 수 있다고 보았다(ibid., p.xvi-xvii). 무엇보다 정치체제의 불안정성과 불확실성을 가속하여 자유민주주의를 표방한 국가를 무법국가(outlaw states) 혹은 그에 준하는 비자유주의적 사회로 만들 위험성을 내포한다고 우려하였다(Rawls, 1971/2001, p.26). 그렇다면 다원주의가 제기하는 도전 속에서 개인의 자유를 보장하면서도 그들이 모여 이룬 정치체제의 안정성과 지속가능성을 확보할 방안은 무엇인가.

이에 대한 답을 찾기 위해 롤스는 『정의론』에서 그가 주창한 공정으로서의 정의 제1원칙, 즉 모든 개인은 자신이 좋다고 생각하는 가치, 즉 선(the good)에 대한 관념을 자유롭게 추구할 권리를 평등하게 가진다는 이른바 '평등한 자유의 원칙(principle of equal liberty)'에서부터 논리를 전개해 나갔다(ibid., p.81). 그 누구도 한 개인이 가치 있다고 생각하는 선에 대한 관념에 개입하거나 특정 선 관념을 강요해서는 안 된다는 평등한 자유의 원칙은, 자유민주주의 국가가 특정한 종교나 철학, 도덕과 관련해 편파적이거나 특수주의적인 입장을 가져서는 안 되며, 엄격하게 가치중립적 태도를 견지하면서 모든 개인에게 평등하게 선 관념을 추구할 권리를 온전히 보장해야 함을 의미한다. 다시 말해, 특정한 선 관념을 선택, 추구, 수정할 권한과 능력은 오로지 개인에게 달려있고, 이 세상의 모든 개인은 그와 같은 권리를 평등하게 부여받고 태어났음을 강조하는 것이었다. 롤스에 따르면, 현대 다원주의 사회의 정치적 안정성과 지속가능성은 국가가 이와 같은 개인들의 선 관념 선택, 추구, 수정에 대해 왈가왈부하지 않고 가치중립적 태도를 유지하면서 이를 분명히 보장해줄 때 비로소 가능한 것이라고 하였다. 현실적으로 이는 사상의 자유, 양심의 자유, 언론집회의 자유, 선거의 자유, 공직 및 개인 재산을 소지할 자유 등 일반적으로 입헌 민주주의의 헌법상 기본권에 해당하는 가장 기본적인 자유를 모든 개인에게 차별 없이 보장해 준다는 것을 의미한다.

그런데 만약 현존하는 모든 가치에 대해 국가가 무조건 중립적인 태도를 유지한다면 과연 정치체제로서 그 국가는 안정적이고 지속가능한 발전과 번영을 구가할 수 있을까. 롤스는 이에 대해 회의적인 견해를 나타내었다. 만약 어떤 한 국가가 표면적으로 다원주의를 옹호한다고 할지라도, 도덕적으로 정당한 합의를 도출하는 방법과 내용을 정초하지 못한다면 결국 어떤 시점에 다다랐을 때 특정 교리를 임의로 취사선택하거나 아니면 나머지 교리를 임의로 배제하는 방식으로 중요한 의사결정을 내릴 수밖에 없으며, 이는 결국 앞서 언급한 정의의 제1원칙, 즉 평등한 자유의 원칙에 대한 중차대한 위반을 낳는다. 그렇다면 우리는 해당 국가가 다양한 교리를 아우르는 동시에 안정적이고 지속적으로 발전할 수 있을 것으로 장담할 수 없다는 게 롤스의 주장이었다.

롤스는 다원주의 사회 속에서 합의 가능한 정치적 결사의 조건을 찾고자 고민한 자유주의자였다. 자유주의의 신봉자였던 만큼 다양한 포괄적 교리 간 경합과 그에 대한 정치 권력의 중립성을 강조하였던 것은 분명한 사실이다. 그러나 다원주의를 수용하는 한, 각각의 포괄적 교리 간 입증 불가능한 불일치의 존재를 인정해야 한다는 것 역시 롤스의 기본 입장이었다. 문제는 어떻게 하면 단일한 정치적 진리라는 개념을 배제하면서도, 동시에 각자의 논리 구조 속에서 합당하나 여전히 상호 대립하고 상충하는 포괄적 교리들을 아우르는 도덕적으로 정당한 사회적 합의에 도달할 수 있을까 하는 고민에 있었다.

롤스는 이에 대해, 서로 다른 포괄적 교리들이 만나는 지점에서 중첩적 합의(overlapping consensus)를 끌어냄으로써 그 고민을 해결할 수 있다고 하였다(Rawls, 1993/2003, p.8). 중첩적 합의란 어떤 한 사회의 정치적 정의의 원칙이 그 사회 내에 존재하는 모든 합당한 포괄적 교리로부터 중첩적으로 동의를 받아야 한다는 발상을 가리킨다. 우리는 설사 다원주의 사회에 존재하는 가치관 전반에 대해 포괄적 합의에 이르지는 못한다 할지라도, 정의, 자유, 평화, 평등과 같은 인간 세상의 핵심적 가치에 대해 중첩적으로 합의를 도출해낼 수 있다. 롤스는 중첩적 합의를 도출하는 것이 불가능하지 않으며, 상이한 포괄적 교리를 가진 다양한 집단을 설득하는 공적 토론 과정에서 그와 같은 합의에 다다를 수 있다고 보았다. 그리고 그러한 합의가 이루어질 때, 그 고정점으로부터 정치체제의 안정성과 지속가능성을 담보하는 다양한 이슈에 대해 집단 간 열린 토론을 할 수 있고, 모두가 수긍할 수 있는 대안을 검토, 제시할 수 있다고 주장하였다. 이는 단순히 헌법상에 명기된 기본권의 골격에 대한 합의를 넘어, 자유롭고 평등하지만 심각하게 분열된 다원주의 사회에 질서 정연함(well-ordered)을 심어주고, 이를 상당 기간 유지해줄 통합적이고 안정적인 정치제도의 토대 마련을 의미하는 것이었다(Rawls, 1971/2001, p.463).

그렇다면 중첩적 합의를 어떻게 도출할 수 있는가. 시민은 어떻게 합당한 정치적 정의관을 갖게 될 수 있는가. 롤스는 이 문제를 공정으로서의 정의 제2원칙인 '차등의 원칙(difference principle)'에 기대어 풀어나갔다(ibid., p.95). 다양한 교리를 내면화한 사회 구성원들이 특정 선 관념을 추구하기로 합의하였을 때, 모든 구성원이 백퍼센트 만족할 만한 결과를 도출해 내기란 사실상 불가능하며, 누군가의 선 관념은 특정 선 관념을 추구하는 가운데 일정 부분 훼손당하기 마련이다. 차등의 원칙이란, 결국 사회에 존재하는 무수히 많은 선 관념을 추구하는 개인들의 권리에 차등을 둘 수 있어야 한다는 원칙을 뜻한다. 즉 사회적, 경제적으로 불평등한 상황을 정당화하는 경우에 대한 조건을 제시한 원칙이라 할 수 있다.

그렇다면 불평등은 어떨 때 정당화될 수 있는가. 롤스는 이와 관련해 두 가지 하위 원칙을 제시하였다(ibid., p.103). 첫 번째는 '기회균등의 원칙(principle of equal opportunity)'이다. 이는 사회 구성원들이 특정 선 관념을 추구하기로 합의함에 따라 일부 사회적 약자들이 선호하는 선 관념 추구권에 제약, 즉 불평등이 발생하는 경우라 할지라도, 다수가 선택한 바로 그 특정 선 관념을 추구하는 데 있어서만큼은 사회 구성원 누구도 기회 불평등으로 인해 피해를 보아서는 안 되고, 모든 이가 그 특정 선 관념을 추구할 기회를 공평무사하게 부여받아야 한다는 것을 의미한다. 만약 다수가 선택하지 않은 선 관념을 선호하고 이를 추구하였다는 전력(past record)을 이유로 다수가 선택한 특정 선 관념을 추구할 기회마저 부정당한다면, 이는 특정 선 관념의 선택에 따라 발생한 불평등을 정당화하기 어려운 상황으로 규정할 수 있다.

두 번째는 '최소수혜 최대이익 원칙(principle of the greatest benefit of the least advantaged persons)'이다. 이것은 사회적, 경제적 불평등은 그것이 발생하기 이전—롤스는 이때를 무지의 장막(veil of ignorance)으로 특징지어지는 원초적 상태(original position)라고 규정하였다(ibid., p.155)—에 최소수혜자에게 제공할 보상의 최대 수준을 미리 정하고, 실제 그와 같은 불평등이 발생하였을 때 약속한 만큼의 보상을 그들에게 제공해줌으로써 최소수혜자를 포함한 모든 사회 구성원의 처지가 개선될 수 있는 경우에만, 그리고 오로지 그러한 경우에만 정당하다는 조건을 의미한다. 사회 구성원들이 특정 선 관념을 추구하기로 합의하는 순간, 그것이 아무리 대의를 위한다고 해도 누군가의 선 관념 추구권은 필연적으로 제약당하기 마련이다. 롤스는 선 관념 추구권에 제한을 받는 이와 같은 사회적 약자들을 사회적 계약에 따른 최소수혜자로 보고, 이들이 그와 같은 계약을 체결하기 이전에 만약 자신이 최소수혜자가 된다면 응당 받아야 한다고 생각한 보상의 최대치를 설정한 후 실제로 그들이 최소수혜자가 되었을 때 이를 제공해줄 수 있다면, 우리는 선 관념 추구권에 대한 제약, 즉 사회 구성원 간 불평등을 용인할 수 있는 최소한의 여건을 비로소 갖추게 되는 것이라고 주장하였다.

롤스에 따르면 중첩적 합의란 이처럼 정의의 원칙을 공론의 장에서 공개적 토론을 통해 차근차근 따를 때 도출할 수 있는 것이다. 그런데 여기서 한 가지 유의할 점이 있다. 정의의 원칙에는 축차적 우선성(lexical priority)이 작용하며, 이것이 지켜지지 않는다면 우리는 중첩적 합의를 도출할 수 없고, 설령 도출한다고 할지라도 그것은 정의롭지 않다는 사실이다(ibid., p.192). 축차적 우선성을 강조하는 롤스의 정의관을 그래서 절차론적 정의관(procedural justice)이라 부르기도 한다.

이를 좀 더 구체적으로 설명하면, 먼저 기회균등의 원칙은 최소수혜 최대이익 원칙에 축차적으로 우선한다. 이는 다수가 합의한 특정 선 관념을 추구하는 데 있어 최소수혜자에게 최대이익을 제공함으로써 만약 기회균등의 원칙에 훼손이 가해진다면 불평등은 용인될 수 없으며, 따라서 최소수혜자에게 최대이익을 제공하는 부분을 재고해야 한다는 것을 의미한다. 다음으로 평등한 자유의 원칙(정의의 제1원칙)은 차등의 원칙(정의의 제2원칙)에 축차적으로 우선한다. 이는 제1원칙에 의해 규정되는 인간의 기본적 자유와 권리는 제2원칙에 의해 발생하는 어떠한 사회적, 경제적 이익과도 교환될 수 없다는 것, 즉 자유는 최상의 가치로서 그 어떤 것과도 맞바꿀 수 없다는 것을 의미한다. 물론 롤스는 더 큰 자유를 얻을 수 있는 매우 예외적인 경우를 상정함으로써 제1원칙에 규정된 기본적 자유와 권리에 제한을 가할 수 있는 상황을 제시하였다. 그러나 이는 말 그대로 예외적인 경우에 한할 뿐, 일반적인 것은 아니다. 롤스는 제2원칙에 따라 어떤 합의를 도출하는 데 성공하였다 할지라도 제1원칙이 위반되었다면 그 합의는 다양한 포괄적 교리를 아우르는 중첩적 합의와는 거리가 먼 것임을 역설하였다.

롤스의 절차론적 정의관의 구체적인 예로, 정부가 다음과 같은 정책을 편다고 가정해 보자. "노숙자들에게 한 달에 20만 원씩 줄 테니 도시 미관을 위해 거리에 함부로 다니지 말라." 노숙자의 거주 이동 자유를 제한하는 이 정책은 롤스의 제2 차등의 원칙 중 최소수혜 최대이익 원칙을 충족시킨다. 그러나 기본적 자유를 평등하게 보장해야 한다는 제1원칙을 위반한다. 이러한 경우 롤스는 제1원칙이 위반되었으므로 해당 정책은 정의롭지 못하다고 단호하게 배격한다. 제1원칙이 보장되지 않은 상태에서는 개인들이 그 어떠한 자유로운 중첩적 합의를 통해 공동체의 의사를 결정한들, 정의의 절차적 요건을 갖추었다고 말할 수 없기 때문이다.

롤스는 다원주의 사회의 시민들이 앞서 설명한 합당한 정치적 정의관을 내면화하고 이를 실천할 때 비로소 중첩적 합의를 도출할 수 있다고 보았다. 중첩적 합의를 도출한다는 것은 시민들이 자신이 속한 다원주의 사회의 근본적인 정치 이슈에 대해 공적 토론을 진행할 수 있고 그에 관한 합당한 방안을 숙고하며 해결책을 제시하는 기반을 다진다는 것, 즉 상존하는 차이와 그에 따른 혼란을 극복하고 질서 정연한 민주사회의 틀을 마련한다는 것을 의미한다. 물론 롤스는 자신이 제시한 정치적 정의관에 정초한 질서 정연한 민주사회가 모든 문제를 다루고 해결할 수는 없다는 점을 인정하였다. 그러나 헌법의 본질적 요건과 기본적 정의의 문제에 관련된 대부분의 경우에서 합당한 해결을 이루어낼 수 있을 것으로 기대하였다(ibid., p.238).

다원주의를 인정하는 가운데 자유로운 시민들 간 중첩적 합의를 통해 안정적이고 지속가능한 정치체제의 가능성을 모색한 롤스의 정치적 자유주의는 특정 선 관념, 즉 좋음에 대한 선호를 무한정 허용하기보다는 정의, 즉 옳음의 범위를 정한 후 그 안에서 시민들이 좋음을 추구하도록 허용한다. 이런 점에서 그의 자유주의는 좋음(the good)에 대한 옳음(the right)의 우선성을 강조한 윤리관에 기초하였다고 평가할 수 있다(ibid., p.214). 이는 아리스토텔레스로부터 이어져 내려온 목적론적 윤리관을 거부하고 칸트의 의무론적 윤리관을 채택한 것으로 볼 수 있는데, 이는 아래에서 거론할 샌델 등 공동체주의들과 확연히 대비되는 부분이라 할 수 있다. 즉 공동체주의자들은 특정한 좋음을 미덕으로 간주하고, 시민이 그와 같은 미덕을 공동체 내부의 끊임없는 교육과 참여 활동을 통해 배양하고 체화하며 이를 다시 공동체의 번영과 발전을 위해 환원할 것을 주장했다는 점에서 자유주의자들과 대비된다(이종은, 2016).

요약하면, 롤스의 정치적 자유주의가 최종적으로 지향하는 종착점은 질서 정연한 민주사회였다. 질서 정연한 민주사회란 정의에 대한 합리적 견해를 모든 개인이 자발적 합의를 통해 수용하고, 그에 따라 실현된 정의의 원리가 헌법을 넘어 민주주의의 모든 공적 기본구조에 온전히 구현된 사회를 가리킨다. 이와 같은 질서 정연한 민주사회는 자기완결적 체계로서 어떤 구체적 목표나 특수한 이해관계를 가지지 않는다는 측면에서 결사체와 구분된다. 뿐만 아니라 종교적, 철학적, 도덕적인 포괄적 교리들에 의해 지배되지 않는다는 측면에서 공동체와도 구분된다(Rawls, 1971/2001, p.477). 특히 공동체는 정서적 애착, 충성심, 동료애, 책임감 같은 힘에 의존하여 특수주의적 가치를 실현하고 이를 바탕으로 전일적 통합을 이룩하려는 열망으로 추동되는데, 롤스는 공동체주의가 표방하는 이와 같은 전일성에 대한 열망을 근대 민주주의 사회의 중심 원리와 상치되는 정치적 낭만주의로 규정하고 경계하였다(황경식, 2018).

롤스의 정치적 자유주의를 높이 평가할 수 있는 부분은 그것이 자유를 그 어떤 것으로도 규정하지 않았다는 점에 있다. 자유의 내용과 방향을 특정 짓는 것은 매우 위험하다. 자유란 내용과 방향이 특정되는 순간 자칫 그 속성을 잃어버릴 수 있기 때문이다. 롤스는 "자유란 바로 이것이다"라고 규정짓는 것을 삼가고, 그 대신 개인들은 자신이 가치 있다고 생각하는 선을 자유롭게 추구할 권한과 능력을 동등하게 갖고 있음을 선언함으로써 자유에 대한 개인의 평등한 권리를 역설하였다(이종은, 2016).

물론 롤스의 정치적 자유주의를 높이 평가하는 까닭은 여기에 그치지 않는다. 그는 자유를 무엇과도 바꿀 수 없는 제일의 가치로 상정하면서도(Rawls, 1971/2001, p.259), 평등한 자유로운 개인들로 구성된 다원주의 사회를 질서 정연하게 규제하는 정의의 원칙을 선험적으로 규정되는 것이 아닌, 사회 구성원들의 이성적 합의에 따라 도출될 수 있는 합리적 결과물로 열어 놓았다(ibid., p.267). 즉 이성적 대화와 평등한 존중의 규범에 따른 공적 토론을 합당한 정의관의 필요조건으로 설정함으로써, 불일치 속에 공존과 안정을 도모하는 방법과 조건을 제시하였다. 이를 통해 확립된 정의관은 특정한 포괄적 교리들을 취사선택하거나 임의로 배제하지 않는다. 오로지 합의된 정의관의 본질적 요소와 충돌되는 것으로 밝혀진 교리들만을 배제할 뿐이다. 이렇듯 개인들이 모여 이룬 정치공동체의 의사결정 과정에 걸쳐 자유라는 가치를 온전히 확립하고자 한 롤스의 시도는 충분히 높이 평가할 만하다(이창희, 2017).

2) 공동체주의

좋음과 행복에 대한 다양한 견해의 출현에서 비롯하는 이성적 불일치의 다원주의 속에서, 정치적 자유주의는 자유롭고 평등한 개인들이 모여 이룬 정치체제에 안정과 통합을 가져올 수 있는 합당한 조건을 제시하였다는 점에서 긍정적 반향을 불러일으켰다. 특히 로크의 사회계약론적 전통의 연장선상에서 개인들 간 동의에 기반을 둔 정의로운 정치제도와 공적 기본 구조의 틀을 마련하는 데 기여함으로써 자유주의 사유체계와 철학 수준을 한 단계 끌어올렸다는 평가를 끌어냈다(이종은, 2016).

그러나 정치적 자유주의는 1970년대 이후 공동체주의(communitarianism) 진영 철학자들의 비판에 직면하였다. 공동체주의자로 분류되는 철학자는 대표적으로 맥킨타이어, 샌델, 테일러, 왈쩌, 바버 등이 있다. 이들은 세부 사항에서는 견해를 달리하지만, 자유주의가 지나치게 개인의 자율성과 분리성에만 초점을 맞추었으며, 그 결과 인간의 삶에서 공동체가 가지는 중요성을 간과하였음을 개탄하였다는 점, 그리하여 자유주의 사유체계에 대한 부정 혹은 그것이 가진 영향력으로부터의 단절을 추구하고 그에 대한 대안으로서 공동체주의를 제시하였다는 점에서 공통적이었다.

이번 절에서는 이러한 공동체주의가 무엇인지, 공동체주의가 왜 다시금 이상적 사회의 규범적 대안으로 주목받는지, 공동체주의가 지향하는 인간 사회의 모습이 무엇인지를 살펴보고자 한다. 이를 위해 아래에서는 먼저 자유주의, 특히 롤스의 정치적 자유주의의 기본 견해와 내용을 그것의 인간관, 문화관, 도덕관, 국가관을 중심으로 다시 한번 짚어보고, 각 꼭지에 대한 공동체주의의 비판 요지를 알아본다(Bell, 2001; Mulhall & Swift, 1996/2011).

먼저 자유주의의 인간관이다. 자유주의의 인간관은 한마디로 무연고적 자아(unencumbered self, 無緣故的 自我)로 요약된다. 무연고적 자아란 개인은 오로지 자신의 이해관계에만 관심을 가질 뿐이며 타인에 대해서는 무관심하다는 것, 다시 말해 개인은 그가 속한 사회와 아무 상관이 없으며 그에 선행하는 독립된 원자적 존재라는 생각을 함축한다. 자유주의에 따르면 개인은 특정 사회나 소속된 공동체에 아무런 영향을 받지 않는다. 그렇지만 자신의 가치관과 인생의 목적, 즉 선 관념을 스스로 형성, 변경, 추구할 수 있는 도덕적 능력과 이성, 판단 능력을 본래적으로 갖고 태어난 존재로 간주된다. 자유주의는 사회란 이러한 능력을 갖춘 개인 간 계약의 산물이라는 견해를 견지하면서, 개인을 사회와 고립된 주체적이고 독립된 존재로 묘사할 것을 강조한다.

다음은 자유주의의 문화관이다. 자유주의의 문화관은 한마디로 보편주의(universalism)로 요약된다. 자유주의는 무지의 장막으로 특징지어지는 원초적 상황 속 개인들은 본질적으로 상호 무관심하고 상호 무관련한 존재라는 점을 분명히 한다. 구체적으로, 개인은 무지의 장막을 걷고 세상에 나오기 전까지 자신을 제외한 타인이 어떤 선 관념을 소유할지, 자신이 소속될 사회가 어떤 선 관념을 선호할지, 심지어 자기 자신이 어떤 선 관념을 선호하는 사람으로 태어날지 아무런 정보나 지식도 갖추지 못한 채 완전히 획일적인 무지 상태에 놓여있을 것으로 가정된다. 따라서 자유주의적 세계관에 따르면, 합리적 인간이라면 이 같은 상황 속에서 누구나 자신의 이익 극대화를 위해 행동할 것이고, 그 결과 정의의 제1원칙(평등한 자유의 원칙)과 제2원칙(차등의 원칙)에 합의하게 될 것이라고 한다. 여기서 주안점은, 이렇게 합의된 정의의 원칙은 특정 형태의 사회를 미리 상정하지 않은 상태에서 도출된 것이기 때문에, 실제 현실 사회가 어떠한 모습을 띠는가에 관계없이, 가령 A라는 선 관념을 B나 C라는 선 관념보다 우위에 놓든 아니면 그 반대의 모습을 띠든 상관없이, 모든 사회에 적용 가능한 보편타당한 원리로서 모든 이로부터 도덕적 정당화를 끌어낼 수 있으며 그 위상을 확립할 수 있다는 부분이다. 자유주의의 문화관을 보편주의적이라 부르는 까닭은 바로 이와 같은 입장, 즉 동서고금을 막론하고 어떠한 사회든 개인 간 합의를 통해 자유주의적 정의관을 도출하는 것이 가능하고, 그렇게 도출된 정의의 원칙이 사회의 기본 작동 원리로서 해당 사회의 문화, 전통, 고유의 가치체계와 관계없이 보편타당하게 적용될 수 있다는 견해 때문이다.

한편 자유주의의 도덕관은 주관주의를 준용한다. 도덕적 주관주의(moral subjectivism)는 가치 있는 삶이란 무엇이고 인생의 목적은 어디에 있는가와 같은 질문에 대하여, 좋은 것(the good)을 선택하고 추구할 권리가 온전히 개인에게 달려 있다는 것, 즉 좋음에 대한 설정은 개인의 자율에 달려 있으며, 사회는 이를 최대한 존중해야 한다는 생각을 가리킨다. 무연고적 자아는 원초적 상황에서 어떠한 선 관념이 자신에게 최선의 결과를 가져다줄지 예상하지 못한다. 애당초 어떠한 사회에 소속될 것인지 알지 못하므로 최선의 결과와 관련된 사회적 기준 자체를 가늠하지 못한다. 따라서 자유주의적 세계관에서 모두가 동의하는 가장 합리적 사회계약이란, 내가 아닌 다른 누군가의 임의적 취사선택이나 자의적 기준에 따라 좋은 것과 나쁜 것이 가려지는 상황이 제거된 상태, 달리 말해 선 관념을 선택하고 추구할 권리가 온전히 당사자에게만 부여되어 있고, 그와 같은 권리를 모든 개인이 평등하게 보장받으면서, 동시에 선택된 특정 선 관념에 대해 어느 누구도 가치 있다 없다 여부를 평가하거나 평가받지 않는 불간섭의 상태라 할 수 있다.

마지막으로 자유주의의 국가관이다. 자유주의의 국가관은 반(反)완전주의(anti-perfectionism) 혹은 중립성(neutrality)으로 요약된다. 앞서 자유주의는 도덕적 주관주의를 준용한다고 하였다. 이는 모든 개인이 자신에게 가장 좋은 삶이 무엇인지 사고하고 판단할 수 있는 이성적 능력을 가졌고, 따라서 좋은 삶에 대한 설정은 개인 각자의 자율에 맡겨야 하며, 그와 같은 자율을 최대한 보장해 주어야 한다는 발상을 가리킨다. 이 논리를 좀 더 확대 해석하면, 국가는 개인이 선택하고 추구하는 선 관념에 개입하지 않고 중립을 지켜야 한다는 것으로 이해할 수 있다. 만약 국가가 특정 선 관념을 완전주의적 이상의 관점에서 개인에게 강요하고 가르치려 든다면, 개인의 효용은 필연적으로 훼손될 수밖에 없다. 앞서 말했다시피 자신에게 가장 좋은 삶이 무엇인지 가장 잘 생각하고 가장 올바르게 판단을 내릴 수 있는 것은 본인 자신 외에 그 누구도 아니기 때문이다. 중립적 국가관은 따라서 국가가 다양한 선 관념 중 어떤 것이 다른 것보다 더 낫다는 판단을 내릴 기준을 제시하려는 완전주의적 열망(perfectionist aspiration)을 포기하고, 그저 개인들이 자유롭게 선택하고 행위할 수 있게끔 사회의 기본 틀을 만들어 제공하는 데 집중해야 함을 적시한다. 이는 구체적으로 평등한 자유의 원칙과 차등의 원칙으로 요약되는 정의로운 사회 구현에 국가가 중립자의 위치에서 노력해야 한다는 불관여에 대한 요청으로 나타난다.

요약하면, 정치적 자유주의는 무연고적 자아, 보편주의, 도덕적 주관주의, 국가의 중립성이라는 아이디어들을 사유체계 이면에 전제한다. 흥미로운 사실은, 자유주의에 대한 공동체주의의 공격은 바로 이 자유주의의 핵심 전제에 대한 비판에서부터 시작한다는 점이다. 공동체주의자들은 자유주의 사유체계 근간에 깔린 인간관, 문화관, 도덕관, 국가관에 다음과 같은 질문을 던진다.

첫째, 자아는 사회에 선행하는가. 자유주의가 언급하는 이른바 근본 없는 자아 혹은 탈사회적 자아란 과연 가능한 것이며, 실제로 존재하는 것인가. 자유주의자들은 그렇다고 답한다. 그러나 공동체주의자들은 이에 대해 다음과 같이 응답한다. 사회적 존재로서 인간은 출생과 동시에 특정 공동체의 구성원 자격을 획득한다. 이후에도 몇 개의 중요한 공동체에 원하든 원하지 아니하든 소속된다. 몇 개의 주요 공동체에 필연적으로 소속된다는 것은 그것이 규정하는 특수한 가치규범에 의해 각 개인의 운명이 속박되고 정체성의 방향이 결정되며 소속감의 내용이 채워진다는 것을 함축한다.

그렇다면 공동체는 어떠한 방식으로 개인들을 공동체로 포섭하는가. 이에 대해 공동체주의자들은 학교 교육이나 자기 의사를 표시할 수 있는 공식적 기회 혹은 사회적 논쟁이나 토론과 같은 합리적 경로를 통해 개인들을 포섭한다고 말한다. 그렇지만 그보다 더 빈번하고 근본적인 방식은 타인과의 도덕적 대화, 종교적 세뇌, 카리스마적 정치인의 리더십, 감정적 설득, 가정교육이나 훈육과 같은 사회화이며, 공동체는 이러한 비합리적 방식을 의도적 혹은 비의도적으로 사용하며 개인들을 교묘하게 그 속으로 끌고 들어간다고 주장한다(Arthur & Bailey, 2002; Bellah et al., 1985).

인간을 단순한 사회적 존재를 넘어 공동체의 이야기 속에 둘러싸인 서사적(narrative) 존재로 본 알래스데어 맥킨타이어는 다음과 같이 말하였다: "우리는 누구나 특정한 사회적 정체성을 지닌 사람으로서 자신을 둘러싼 환경을 이해한다. 나는 누군가의 아들이거나 딸, 또는 사촌이거나 삼촌이다. 나는 이 도시나 저 도시의 시민이며, 이 조합 아니면 저 조합의 회원이다. 나는 이 친족, 저 부족, 이 나라에 속한다. 따라서 나에게 이로운 것은 그러한 역할과 관련된 사람들에게도 이로워야 한다. 이처럼 나는 내 가족, 내 도시, 내 부족, 내 나라의 과거에서 다양한 빚, 유산, 적절한 기대와 의무를 물려받는다, 이는 내 삶의 기정사실이며 도덕의 출발점이다. 또한 내 삶에 도덕적 특수성을 부여하는 것이기도 하다."(MacIntyre, 1981, p.204-205) 비슷한 맥락에서 그는 "나는 과거를 안고 태어났다. 그럼에도 불구하고 개인주의적 방식으로 나 자신을 과거와 분리하려 한다면, 그것은 현재의 관계를 변형시키려는 시도로써 도덕적으로 천박하다"라고 하였다(ibid., p.221). 이는 일부 백인 미국인들이 노예제의 부정적 영향에 대하여 "나는 한 번도 흑인 노예를 소유한 적이 없으니 흑인들이 현재 겪는 고통에 대해 아무 책임이 없다"라고 말하거나, 일부 독일 젊은이가 "자신은 1945년 이후에 태어났으니 나치가 유대인에게 어떠한 일을 저질렀든 현재의 자신과는 도덕적으로 연관성이 없다"라고 생각하는 것을 그가 힐난한 까닭을 잘 설명해 준다.

정체성과 소속감을 포함하여 개개인의 지적, 사회적 조건의 상당 부분이 그가 속한 공동체의 가치규범에 의해 좌지우지된다는 맥킨타이어의 서사적 자아(narrative self) 관점에서 보면, 우리는 자아의 무근본성이나 자아 간 상호 무관련성, 무관심 따위의 자유주의식 주장을 함부로 할 수 없게 된다. 아무런 목적 없이, 공동체가 부여한 의무나 도덕적 깊이 없이, 익명의 개인으로 표류하는 자아상을 상정할 수 없게 된다. 자아가 사회에 선행하는 것이 아니라 반대로 사회가 자아에 선행하기 때문이다. 자아(정체성)의 기원과 내용을 개인이 아닌 공동체에서 찾는 공동체주의자들은 그래서 자유주의자들에게 아래와 같이 반문한다. 자신의 삶에 의미와 가치를 부여하는 특수한 목적들 혹은 가치나 선 관념으로부터 독립되어 자유롭게 자신이 좋아하는 것을 선택할 줄 아는 '유령'과도 같은 존재는 도대체 누구냐고(MacIntyre, 1982).

개인은 사회라는 하나의 뿌리에서 뻗어나온 작은 가지와 같은 생명이다. 그런 만큼 깊은 상호 관련성과 의존성을 갖는 배태적(embedded) 존재로 보는 시각이 합당하다. 무엇보다, 이러한 시각은 개인이 자신을 둘러싼 세계에 더욱 겸손하고 책임감 있는 자세를 갖게 한다는 측면에서 보다 바람직한 인간관이라 할 수 있다. 자아의 착근성(embeddedness)을 주장하는 공동체주의자들은 따라서 자유주의의 무연고적 자아 개념을 부정하고 그에 반대되는 연고적 자아(encumbered self, 緣故的 自我), 즉 사회적으로 구성된 자아 개념의 채택을 촉구한다. 뿌리 없이 떠도는 유령 같은 무정형의 자아 대신, 믿고 의지하며 안주할 공동체에 견고하게 소속된 뿌리박힌 자아상을 강조하면서 자아정체성에 대한 공동체적 이해를 주문한다.

둘째, 한 사회의 문화나 관행, 전통, 가치체계를 가리지 않고 적용될 수 있는 보편타당한 정의의 원칙이 존재하는가. 이에 대해 자유주의자들은 자유주의적 정의관이 바로 그러한 보편타당한 원칙임을 주장하며 실제로 존재한다고 대답한다. 이들은 특정한 선 관념(포괄적 교리)에 기초하여 도출되지 않았다는 점 그리고 원초적 상황에 놓인 합리적 개인들은 모두 마땅히 동의할 것이라는 점을 논거로 자유주의적 정의관을 보편타당한 가치규범으로 규정한다. 그러나 공동체주의자들은 한 사회의 조직 방식과 작동 원리는 그 사회 고유의 문화, 관행, 전통, 권위, 가치체계에 따라 얼마든지 달라질 수 있음을 주장하며, 상기 질문에 반대 견해를 뚜렷이 밝힌다.

공동체주의자들에 따르면, 한 사회 정의의 원칙은 그 사회의 역사적 경험 속에서 다른 사회의 그것과 현저히 다른 내용과 형식을 띠고 도출될 수 있다. 그리고 그와 같은 특이성은 해당 사회가 가진 서사적 맥락 속에서—설사 외부인은 언뜻 이해할 수 없다 할지라도—도덕적으로 정당화될 수 있고 구성원 대부분에 의해 수용될 수 있다. 이는 달리 표현하면 특정 공동체나 전통에서 지지를 받거나 공유되는 가치는 저마다 다를 수 있고, 그런 만큼 옳고 그름을 가리는 기준 역시 공동체마다, 전통마다 얼마든지 달리 설정되고 받아들여질 수 있다는 것을 의미한다(Spicker, 1994).

공동체주의자들은 모든 사회에 보편적으로 적용 가능한 가치규범은 없다고 단언한다. 공동체주의자들에 따르면, 자유주의적 정의관조차 보편적 가치규범이 아니며, 특정한 역사적 시점에 특별한 종류의 사회에서 도출된 여러 규범 중 하나에 지나지 않는다고 한다. 이들은 문화의 상대성을 강조한다. 그리하여 보편주의적 문화관 대신 특수주의적 문화관(particularistic conception of cultures)의 채택을 역설한다. 특수주의적 문화관이란 인간은 자신이 소속된 공동체가 선호하는 특정 선 관념에 구속되고 그것이 요구하는 사회적 책임과 도덕적 요구에 무관할 수 없는 배태적 존재이기 때문에, 특정 사회가 보유한 가치, 규범, 의무를 아무것도 아닌 것처럼 취급하는 자유주의적 문화관은 바람직하지도 않고 가능하지도 않다는 생각을 내포한다. 일례로, 한국 땅에서 한국인 부모 사이에서 태어났다면 그 한국인은 한민족 공동체가 요청하는 다양한 가치와 책임, 도덕적 요구에서 결코 자유로울 수 없다. 내가 피하고 싶다고 피할 수 있는 게 아니라는 뜻이다. 이는 출신 민족뿐 아니라 다양한 집단적 상황, 예컨대 출신 국가, 출신 지역, 인종, 성별, 종교, 성적 지향, 사상, 정치적 의견 등 생각할 수 있는 모든 가능한 상황에 적용된다. 특수주의적 문화관은 따라서 모든 사회에 적용될 수 있는 유일무이한 정의의 원칙이 존재한다는 환상을 버리고, 특정 집단의 도덕규범을 도출하고 정당화하는 데 그 집단만이 갖는 고유의 역사와 전통, 권위, 문화적으로 각인된 도덕적 맥락을 종합적으로 고려하는 상대주의적 관점을 취할 것을 주문한다. 이는 좋음(the good)이 옳음(the right)에 우선하며, 한 사회의 정의는 그 사회에서 지지받는 공동선과 무관하지 않다는 공동체주의자들의 입장을 분명히 전달한다(목광수, 2017).

셋째, 좋음에 대한 판단은 전적으로 개인에게 달려 있는가. 이에 대해 자유주의자들은 선 관념을 선택하고 추구할 권한과 능력은 당사자만이 가질 뿐이며, 외부의 누구도 그와 같은 개인의 자율을 침해할 수 없다고 대답한다. 이들은 선 관념의 선택과 판단을 개인적 선호에 따른 자의적 표현의 범주에 집어넣는 것이 마땅하다(the right)고 주장한다. 이에 반해 공동체주의자들은 자유주의의 도덕적 주관주의가 극단적 주정주의(emotivism)로 치달을 수밖에 없다고 비판하면서(MacIntyre, 1981), 공동체 속에서 타인과 어울려 사는 개인은 공동체 고유의 문화와 전통, 권위, 가치체계에 노출되고 영향받으며 구속되는 배태적 존재이므로, 좋음에 관한 판단은 개인의 관점보다 공동체의 관점에서 이루어지게 된다고 주장한다(Cohen, 2000).

여기서의 주안점은, 개인은 공동체가 제시하는 바람직한 삶에 대해 생각보다 훨씬 더 객관적으로 잘 알고 있다는 사실이다. 비유를 통해 설명하면, 자유주의자들은 예술가의 삶과 농부의 삶을 비교하면서 둘 중 무엇이 더 가치 있는 삶인지 판단할 수 없다는 말만을 반복하는데, 이러한 논리라면 예술가의 삶과—가령—노름꾼의 삶을 비교했을 때 우리는 둘 중 무엇이 더 가치 있는 삶인지 결코 판단할 수 없게 되고 만다. 그렇지만 현실적으로 우리는 우리가 소속된 공동체가 추구하는 가치와 동료 구성원들에 의하여 지지되는 선 관념에 비추어 예술가의 삶과 노름꾼의 삶 중 무엇이 더 가치 있는 삶인지 정확히 판단할 수 있다. 이는 무엇이 좋은 것이고 바람직한 삶인지 개인은 공동체적 삶을 사는 과정에서 객관적으로 정확히 파악할 수 있다는 것을 함의한다.

그러나 객관적으로 모두가 동의할 수 있는 공동체의 도덕적 가치, 즉 선 관념은 저절로 파악되는 것이 아니다. 인간의 자유의지와 이성을 믿는 합리적 자유주의자들이 말하듯, 논리적으로 따져 파악할 성질의 것도 아니다. 그것은 구성원들을 대상으로 한 공동체 차원의 오랜 실천적 학습과 교육, 참여, 그리고 사회적 토의와 숙고라는 지속적 환류 과정에서 체득될 수 있는 것이다(곽영근, 2018). 따라서—가정 내에서의 훈육이나 공식적 학교 교육, 종교와 같이 이미 충분히 제도화된 실천을 제외하고는—비교적 어려운 집합적 과제라 할 수 있는데, 그럼에도 불구하고 공동체주의자들은 공동체의 특수한 선 관념을 개인들에게 체화하고 이를 객관적으로 파악하게 만드는 노력이 중요함을 역설한다. 그 까닭은, 그렇게 파악된 도덕관을 준용하여 개인들은 자신의 행위와 생각을 조절하고 공동선과 대의를 위해 헌신하며 타인과의 유대 및 통합에 대한 의지를 다질 수 있기 때문이다(곽영근, 2018). 또한 공동체가 바람직하다고 생각하는 덕과 인격의 배양에 전력을 기울임으로써 한층 성숙한 인간으로 도약할 기회를 누릴 수 있기 때문이다. 공동체가 부여하는 특수한 도덕규범의 객관적 수용과 체화는 공동체 안에서 타인과 함께 한층 고양된 가치를 공동으로 추구하면서 사회적으로 의미 있는 삶을 살 수 있게 하는 원동력이 된다(조주현, 2018).

넷째, 개인의 자유로운 행위나 사고가 초래하는 결과에 대해 사회가 베풀 수 있는 관용의 한계는 어디까지인가. 이에 대해 도덕적 주관주의를 옹호하는 자유주의자들은 정의의 원칙이 지켜지는 한 개인이 어떠한 가치를 선호하든, 어떠한 인생의 목적을 우선순위에 놓든, 사회는 그 선택과 판단에 관여할 수 없으며 관여해서도 안 된다는 불간섭, 즉 최대 관용의 입장을 견지한다. 이는 반완전주의 혹은 국가의 중립성이라는 용어에 잘 각인돼 나타나는데, 이와 관련하여 공동체주의자들은 그것이 겉으로는 그럴듯해 보이지만 경합하는 선 관념 사이에서 중립을 지키는 일은 생각만큼 쉽지 않으며, 현실적으로도 정치적 냉소주의, 타인에 대한 무관심, 지역사회 현안에 대한 무책임 같은 부정적 효과를 불러일으킨다고 신랄하게 비판한다(김영기, 2005).

공동체주의자들은 선 관념을 자유롭게 선택하고 추구할 권리를 사람들에게 평등하게 나누어 주는 방식으로 사회의 기본 틀만 잘 잡아주기만 하면 모든 개인이 자연스럽게 공동선을 형성하고 대의를 위해 헌신하며 타인과 유대, 협동할 것이라 믿는 것은 순진한 발상이라고 단언한다. 아무런 연고 없이 표류하는 자아들을 하나의 도덕적 고리로 묶어줄 국가의 개입과 간섭이 부재한 상황에서, 개인들은 자신이 소속된 공동체의 의지에 부합하기보다 그에 반하는 무책임하고 부도덕한 행동을 선택할 확률이 더 높기 때문이다. 설사 그렇지 않다고 할지라도, 개인들은 보다 고양된 형태의 공유적 가치를 추구하기보다는 자유라는 이름 아래 보장된 사적 영역으로 도망가 그 안에서 소유권적 개인주의로 대변되는 사적 이해관계를 탐닉하면서 준법적 이기주의자(準法的 利己主義者)의 길을 택할 가능성이 더 높기 때문이다(이승환, 2018).

자유주의적 세계관은 원칙적으로 개인의 선 관념 선택과 추구에 있어 최대한의 자유를 보장한다. 따라서 자유주의적 개인은 자신이 선호하는 선 관념에 대해 누군가 왈가왈부하는 것을 용납하지 않는다. 마찬가지로 자신 역시 타인의 선 관념에 대해 왈가왈부함을 삼간다. 그런데 공동체주의자들은 개인의 자유를 지상 최대의 가치로 삼는 자유주의의 이와 같은 불관여, 불간섭, 무관심, 관용적 입장이 잘못되었음을 지적한다. 누군가는 공동체 차원에서 좋고 나쁨에 대한 기준을 제시해줄 수 있어야 하는데, 특정 가치의 옳고 그름을 판단하는 역할을 부정하고, 심판자가 되어야 할 자들이 되레 중립을 강조함으로써 공동의 의미지평(horizons of significance)을 구축해야 할 의무를 방기하고 공동체를 무규범과 무도덕의 혼란 속에 빠뜨려놓는다고 비판한다(김영기, 2005; Talyor, 1991).

현실적으로도 중립의 자세를 취하는 것은 불가능하며 사례를 찾아보기도 힘들다. 오늘날 그 어떤 나라도 도박, 매춘, 마약과 같은 사회악의 창궐을 흔쾌히 허락하지 않는다. 동서고금을 막론하고 모든 국가와 사회는 특정 선 관념을 지지, 장려해 왔고, 다른 한편으로 또 다른 특정 선 관념을 위축, 배제하고자 노력해 왔다. 만약 국가가 엄정중립의 자유주의적 입장만을 견지해 왔다면, 오늘날 우리는 오로지 개인의 판단과 선택에 따라 자원과 재화를 배분하는 시장 메커니즘 외에 그 어떠한 도덕적 윤리체계, 관습, 전통도 발전시키지 못하였을 것이다.

이런 측면에서 공동체주의자들은 '이것도 좋고 저것도 좋다', '네가 원하는 것은 무엇이든 허한다', '나는 너에게 상관 안 한다, 그러니 너도 나에게 상관하지 말라' 식의 중립적 국가관은 바람직하지 않을 뿐만 아니라 현실적으로도 존재하지 않는 세계관임을 분명하게 밝힌다. 대신, 모든 인간은 각자가 속한 공동체 고유의 문화와 전통, 권위, 가치체계에 의해 심오하게 영향받는 배태적 존재라는 인식을 바탕으로, 각 공동체와 전통마다 선호되거나 지지받는 가치가 반드시 존재하기 마련이며, 그러한 가치는 공동체마다 전통마다 다를 수 있고, 이에 따라 개인은 어떤 행위나 생각에 있어 무엇이 옳고 무엇이 그른가에 관해 소속 공동체로부터 끊임없이 크고 작은 지침과 기준을 전달받는다는 점을 강조한다. 이는 좋음에 대한 선택과 판단은 공동체와 무관하게 이루어질 수 없으며, 소속 공동체의 서사적 맥락 속에서 전통적 사고와 문화, 권위적 지혜의 양상을 띠며 개인에게서 발현된다는 점을 함축적으로 의미한다(Spicker, 1994).

역사적으로 자유주의자들은 선 관념 선택과 추구에서 철저히 중립을 지키며 개인의 평등한 권리와 자유의 보장을 위한 공정한 제도적 장치 마련에 골몰하였다. 그 결과 간섭이 부재한 상태(lack of interference), 우리가 흔히 소극적 자유(negative freedom)라 부르는 자유주의적 자유를 쟁취하는 데 유례없는 성공을 거두었다. 그러나 공동체주의자들은 오늘날 자유주의의적 자유가 오용되었고, 그 결과 극단적 형태의 불관여, 불간섭, 무관심, 관용적 태도만이 남았음을 개탄한다. 문제의 핵심은, 적지 않은 사람들이 자신이 소속된 공동체 안에서 벌어지는 중대 사건과 현상, 현안에 대해 최소 윤리의 자세로 일관하면서 방관자 혹은 준법적 이기주의자의 삶에 안주하였고, 이에 설사 권력자로부터 직접적 간섭을 받지는 않게 되었을지언정 권력자의 자의에 따른 은밀한 지배를 피하지 못하게 되었다는 불행한 현실이다(이승환, 2018).

자유주의자들과는 대조적으로 공동체주의자들은 자유를 간섭의 부재가 아닌 예속의 부재(a lack of subordination)로 이해한다. 따라서 이들은 진정한 자유를 만끽하기 위하여—간섭으로 이해될 수밖에 없는 자유주의자들의 집요한 공격에도 불구하고—예속에서 해방될 수 있는 다양한 공동체적 참여와 통합의 방정식을 제시한다(Pettit, 1997/2012; Skinner, 1992). 구체적으로, 개인들에게 공동체 내부의 다양한 정치적, 사회적 의사형성 및 결정과정에 적극적으로 참여할 것을 주문한다. 책임감을 갖고 공동체 현안에 관심을 보이고, 도덕규범 및 법제도를 형성하는 공론장으로 나가 공동체 주요 사안에 관한 토론에 임하며, 필요하면 공동선과 대의를 위해 희생하고 헌신할 것을 요구한다. 나아가 자신이 속한 공동체와 유대, 협력하여 하나 될 것을 촉구한다. 공동체 구성원으로서 자기 의지를 적극적으로 표현하고 정치에 참여하며 능동적으로 타인과 연대함으로써, 권력자의 자의에 따른 지배를 경계하고 그 누구에게도 예속되지 않는 주체적 삶을 살며, 이를 통해 진정한 적극적 자유(positive freedom)—혹은 비지배 자유(non-domination)를 만끽하라고 간섭한다(Pettit, 2014/2019).

여기서 주안점은, 공동체 내부에서의—간섭에 따른—통합과 참여 활동을 통해 개인들은 자기 자신에게 가장 좋고 바람직한 것을 비로소 정확히 파악할 수 있고, 그와 동시에 공동체 내부에서 통용되고 지지되는 특수한 선 관념에 대한 자기 영향력을 확대할 수 있다는 사실이다. 공동체의 도덕규범과 법제도 형성에 주인의식을 갖고 활약함으로써, 좋음을 논의하고 바람직한 삶의 지침과 기준을 규정하는 공동체의 공론장에서 자기 목소리를 덧칠할 수 있다. 그리고 이 과정에서 진정으로 자유로운 자기통치의 지배자로 거듭날 수 있다. 공동체주의자들에 따르면, 이러한 간섭은 구성원들의 동의와 참여에 의한 결과이기 때문에 자유의 침해나 전제(專制)가 아니며 되레 최상의 자유로 해석되어 마땅하다(Barber, 1984, p.152).

그런데 이와 같은 공동체 통합과 참여에 관련한 미덕을 개인이 저절로 체득하여 발휘하기란 매우 어려운 일이다. 유대와 협력, 헌신과 희생, 관심과 참여, 책임감과 같은 덕성을 생득적으로 갖고 태어나는 사람은 매우 드물기 때문이다. 책을 보고 달달 외우고 공부해서 실천에 옮길 수 있는 성질의 것도 아니다. 이와 같은 시민적 덕성은 공동체 내부에서 통용되는 도덕규범 그리고 그에 근거하여 만들어진 법제도에 오랜 시간 노출되는 몰입적 사회화(immersed socialization)를 거치고 나서야 비로소 개인의 사고와 행동체계에 각인, 발현될 수 있는 훈육과 교육의 산물이다(곽영근, 2018; 조주현, 2018; Bellah et al., 1985). 단기적으로 자유를 훼손하는 간섭으로 비추어질 수 있음에도 불구하고, 공동체주의자들이 통합과 참여의 시민적 덕성을 기르고 공동체에 의해 지지되는 올바른 선 관념을 내면화하는 교육을 시행할 것을 부르짖는 까닭은 바로 이 때문이다. 즉 최대 윤리의 실현을 통해서만이 인간은 자의적 권력으로부터 해방될 수 있고, 궁극적으로 타인과 더불어 진정한 비지배 자유를 도모할 수 있기 때문이다(Callan, 1997).

요약하면, 공동체주의와 자유주의는 인간관, 문화관, 도덕관, 국가관 등의 핵심 주제를 놓고 논쟁을 지속하여 왔다. 이 논쟁에서 자유주의자들은 무연고적 자아, 문화적 보편주의, 도덕적 주관주의, 국가의 중립성 개념을 바탕으로 옳음이 좋음에 우선함을 주장하였다. 반면 공동체주의자들은 연고적 자아, 문화적 특수주의, 도덕적 객관주의, 가치판단적 담론과 같은 정반대 개념들을 동원하며 옳음에 대한 좋음의 우선을 역설하였다.

물론 공동체주의자 간에도 이견은 존재한다. 예를 들어 테일러나 왈쩌가 공동체 내부에서 공유되는 정체성이나 특수한 문화에서 통용되는 의미체계에 주된 관심을 갖고 그것이 개인의 인식과 이해에 미치는 영향을 주로 분석하였다면, 이와 대조적으로 맥킨타이어나 샌델은 근대 이후 가속화된 도덕적 궁핍화에 우려를 표명하면서 공화주의로 거칠게 표현될 수 있는 아리스토텔레스적 공동체 전통의 부활—정의로운 공동체는 공동체적 덕을 소유한 시민들의 덕의 실천을 통해서만 이루어질 수 있다고 본 입장—을 고민하였다는 차이점을 거론해볼 수 있겠다(김상돈, 2014). 혹자는 공동체주의를 통합주의적 입장과 참여주의적 입장으로 나누기도 한다(Benhabib

1992, p.68-82). 통합주의적 공동체주의자들은 원자론적 개인주의와 그에 따른 무질서, 무규범을 극복하기 위하여 시민 종교나 예의범절 혹은 도덕적 인격 함양에 기여하는 우애 및 연대 의식의 복원과 재정립을 강조한다. 이에 비해 참여주의적 공동체주의자들은 문화나 의식 차원에서의 가치관 전환보다는 직접민주주의의 제도적 기반 확충과 이를 통한 정치사회적 참여의 확대 그리고 그에 따른 교육적 효과의 체감 확산을 통한 현대 사회 개인들의 자폐적 성향 극복을 고민한다.

사상적 기반, 주된 관심의 대상, 실천적 해법 측면에서 공동체주의 진영 내부에 존재하는 의견 차이에도 불구하고, 1980년대 이후 본격적으로 등장한 일단의 철학자들은 인간이 사회적 존재이며 자신이 소속된 공동체의 전통과 관습에 깊게 뿌리박힌 착근적 존재란 인식을 공통으로 가졌다. 이들은 인간이란 도덕적 유대로 결합한 공동체 안에서 정체성을 부여받고 바람직한 역할을 요구받는 배태적 존재라는 점을 분명하게 밝히면서, 자신들과 반대 견해를 보인 자유주의를 철학적, 정치적으로 비판하는 작업을 전개하였다. 비판의 초점은 인간과 사회에 대한 자유주의의 철학적 개념화가 지나치게 추상적이고 원자론적이며, 자유주의 철학에 기반을 두고 만들어진 정치체계와 경제체계가 윤리적 규범의 근거를 개인의 주관적 내면세계와 자율적 선택 영역에서 과도하게 찾음으로써 공동의 의미지평 상실에 따른 도덕적 황폐화를 초래하였으며, 그 결과 개인의 자유와 권리만 강조되는 이기주의가 도래하였고 인간 삶의 기반을 제공하는 공동체적 유대가 와해하였으며, 심리적 불안, 정치적 소외, 사회

경제적 불평등 같은 문제가 연쇄적으로 파급되었다는 분석에 있었다(유홍림, 1997).

무엇보다 공동체주의자들은 극단적 개인주의에 기인하는 무규범과 무질서의 혼란에도 불구하고 많은 사람이 자유와 권리의 보장에만 집착하면서 희생과 헌신, 책임감이 요구되는 공동체적 공론장에서 철수해 버리고, 사적 영역으로 도망가 그 안에서 소유권적 개인주의에 탐닉하는 작금의 이기주의를 개탄하였다. 이들은 공동체 안에서 타인과 조화롭게 어울리는 통합적 삶, 공동체 내 주요 의사결정 과정(도덕규범 및 법제도 형성)에 참여하는 실천적 삶을 통해서만이 인간은 행복을 느낄 수 있고 자아실현을 이룰 수 있다고 믿었다. 때문에 아무런 목적(정체성)도 없고 인격도 없으며 도덕적 깊이마저 결여한 익명의 상호 무관심한 개인들이 공동선을 무시하고 사적 이해관계만을 좇으며 무분별하게 표류해도, 원칙적으로 자유가 침해되지 않고 권리만 보장된다면 그들이 어떠한 삶의 방식을 선택하든 어떤 논리를 동원하여 자신의 삶을 정당화하든 별다른 관여나 제재를 가하지 않는 자유주의적 세계관을 우려의 시선으로 바라보았다.

근대의 막바지에 들어 터져 나오기 시작한 공동체주의의 이와 같은 유감은 소극적 자유의 보호막 아래에서 개인들에게 탕아—또는 잘해봤자 준법적 이기주의자—의 삶을 무분별하게 허락한 자유주의의 사유체계에 대한 통렬한 비판으로 평가될 수 있다(이승환, 2018). 그리하여 오늘날 공동체주의자들은 자유주의가 초래한 도덕적 피폐를 극복하고자 소극적 자유의 보호막 안에서 삶의 목적과 가치관을 상실하고 표류하는 이기적 자아들을 자발적 연대와 협력에 기초한 가치공동체 안으로 귀속시켜야 함을 주장하였다(Pettit, 1997/2012). 정처 없이 표류하는 무정형의 개인들을 가치공동체에 귀속시키고 이에 착근시킴으로써, 공동선을 위한 유대와 헌신, 책임감과 같은 도덕적 가치를 함양하도록 인도하고, 이를 바탕으로 타인과 조화롭게 어울려 살 줄 아는 사람, 자기 삶을 주체적으로 책임질 줄 아는 사람, 그러면서도 '우리'의 문제를 다 같이 머리 맞대 해결할 줄 아는 인격자를 양성할 것을 역설하였다. 이는 사회 구성원들에게 최소 윤리가 아닌 최대 윤리를 권고하는 것이자, 윤리적 하한선에 머무는 준법적 이기주의자가 아닌 인격적, 사회적으로 최대한도의 고양을 추구하는 유덕자(virtuous person)를 이상적 인간상으로 제시한 것이라 말할 수 있다(Honohan, 2003). 공동체주의가 사회의 가치규범적 담론의 지배적 언어를 개인의 권리, 자율성, 중립성 같은 것에서부터 유대와 협력, 헌신과 희생, 관심과 참여, 책임감과 의무, 전통과 권위, 덕성과 미덕의 함양 같은 언어로 전환할 것을 주장한 것은 바로 이러한 맥락에서이다.

3. 소결: 공동체의 규범적 요소와 의미

1) 요약과 비판

공동체주의는 근대 개인주의의 보편화에 따른 윤리적 토대의 상실, 구체적으로 자본주의적 고도 산업화에 따른 도덕적 공동체 와해와 이기주의 팽배에 의한 원자화, 그로부터 파급된 정치적, 심리적 공황, 사회경제적 불평등 같은 어두운 현실을 극복하기 위해 제시된 이론이자 실천이다. 공동체주의자들은 공동체를 “보다 통합된, 보다 상호 의존적인, 그리고 개인의 삶에 의미를 부여하는, 정서적으로 풍요로운 장”으로 재개념화하면서(Fowler, 1991, p.161), 이를 이론과 정치적 실천의 제 영역에서 복원하고자 노력하였다. 공동체주의자들은 특히 인간의 행복한 삶을 위해, 개인의 권리나 자유보다 강하고 두터운 공동체를 우선시하는 입장을 분명히 나타내었다. 이들은 자아정체성에 대한 공동체적 이해를 도모하고 공동체적 유대와 응집력의 복원을 주장하는 한편, 공동체적 삶에 대한 정서적 갈망에 호소함으로써 학계뿐 아니라 일반 대중으로부터도 상당한 반향을 불러일으켰다. 또한 대중민주주의의 수동성과 익명성을 지양하고, 시민들의 적극적 참여 및 도덕규범(법제도)에 대한 헌신을 정치의 주요 덕목으로 상정해야 한다고 주장하였다(Kornhauser, 1959). 민주주의에 대한 이 같은 공화주의적 재해석과 정치 참여 및 도덕교육에 대한 강조는 공동체주의를 자유주의와 사회주의(혹은 국가주의)의 한계를 극복하는 새로운 정치적 대안으로 인식하게 만드는 데 이바지하였다.

지금까지 설명한 공동체주의의 주요 개념과 논지를 고려하면, 이제 공동체의 당위적 속성의 전모를 어느 정도 파악했으리라 생각한다. ‘…이다’의 존재적 관점이 아닌 ‘…이어야 한다’의 당위적 관점에서 공동체주의는 개인보다 집단을, 원자(atom)보다 총체(holist)를, 혼란보다 질서를, 보편주의보다 특수주의를, 주관주의보다 객관주의를, 가치중립적 방임보다 가치판단적 담론을, 옳음보다 좋음을 우선시한다. 그리고 이러한 가치를 추구하는 과정에서 필수적으로 요구되는 행위와 판단의 평가 기준, 즉 핵심 규범으로서 유대, 협력, 조화, 헌신, 희생, 관심, 참여, 책임, 의무, 전통과 권위에 대한 존경, 시민적 덕성의 함양 등을 제시한다. 공동체주의의 이 같은 가치규범은 공리주의가 효용을, 고전적 자유주의가 효율을, 사회주의가 평등을, 정치적 자유주의가 자유와 권리를 최고의 가치로 꼽으며 이를 실현해 주는 사회를 이상적 공동체로 규정한다는 점과 대비시켜 생각하면, 그 특징이 뚜렷하다.

철학 이론이자 정치적, 도덕적 실천의 방법으로서 공동체주의는 개인에게 삶의 의미와 목적을 제공하고 정체성과 소속감을 부여하며 사회통합과 참여의 장을 마련해 준다. 그리고 이를 통해 사회적 결속을 증진하고 개인의 심리를 안정시켜 주는 효과를 끌어낸다. 이런 측면에서 긍정적 평가를 받기에 충분하다. 그러나 공동체주의를 우려의 시선을 바라보는 이들도 있다. 공동체주의에 대한 비판은 주로 자유주의적 성향을 지닌 사상가들에 의해 이루어져 왔으며, 그 외에 마르크스주의나 페미니즘 성향의 사상가들도 공동체주의의 부정적 측면을 조명하였다. 아래에서는 이들의 비판을 소개하고, 그에 대한 공동체주의자들의 대응을 살피도록 한다.

먼저 공동체주의의 특수주의적 가치관이 정의롭지 못한 선택을 초래할 수 있다는 자유주의의 비판이다. 공동체주의는 특정 집단의 도덕규범을 도출하고 정당화하는 데 그 집단만이 가진 고유의 역사와 전통, 권위, 문화적으로 각인된 도덕적 맥락 등을 종합적으로 고려해야 한다는 특수주의적 관점을 고수한다. 이러한 상대적 관점에 내재한 문제는, 특정 공동체나 전통에서 지지받거나 공유되는 특수주의적 가치가 보편타당성을 결여했을 때 우리는 때로 정의롭지 못한 선택을 할 수도 있다는 사실이다.

이해를 돕기 위해 홀로코스트 생존자들이 모여 사는 지역에서 신나치주의자들이 인종차별적 가두행진과 연설을 하는 경우와 인종차별을 공공연하게 옹호하는 지역에서 민권운동가들이 가두행진과 연설을 하는 경우, 두 가지 시나리오를 가정해 보자. 공동체주의자들의 입장을 액면 그대로 받아들이면 우리는 신나치주의자들과 민권운동가들의 시도가 모두 잘못됐고 따라서 둘 다 금지해야 한다는 결론에 도달하게 된다. 이러한 결론 이면에는 홀로코스트 생존자들이 모여 사는 지역에서 지지되는 가치는 인종차별 반대이고, 인종차별을 공공연하게 옹호하는 지역에서 지지되는 가치는 인종차별 찬성이기 때문에, 외지인들이 들어와서 해당 공동체만의 특수주의적 가치를 부정하고 이를 훼손하는 행위는, 지역 주민 입장에서 봤을 때 실제 내용이 어떠하든 — 인종차별 반대든 찬성이든 — 나름의 전통과 권위를 파괴하고 통합과 조화를 흩뜨린다는 측면에서 용납되기 어렵다는 생각이 깔려있다. 이와 같은 양비론에 대하여 자유주의자들은 인종차별적 행위란 보편타당한 인권 사상에 비추어 명백히 잘못된 것임을 주장한다. 즉 모든 인간은 평등하다는 보편적 인권 관념에 비추어 신나치주의자들의 시위 금지는 타당하지만, 민권운동가들의 시위 금지 결정은 타당하지 않다는 것이다. 이처럼 자유주의는 특수주의적 가치에 대한 존중을 이유로 그보다 더 본질적인 보편적 가치의 훼손을 용인하는 공동체주의를 강력히 성토한다(Sandel &

Anne, 1998, p.xv).

비슷한 예로 우리는 오늘날 한국 사회에서 넘쳐나는 각종 혐오성 발언을 생각해볼 수 있다(예: 혐오 대상을 벌레에 빗대 만든 XX충 같은 단어). 특정 공동체가 쏟아내는 혐오성 발언에 대하여 자유주의자들은 이유나 배경이 어찌 되었든 혐오란 개인의 자유로운 영혼을 말살시킨다는 이유를 들어 반대한다. 이에 반해 공동체주의자들은 공동체마다 지지되고 선호되는 가치와 선 관념은 달라서 외부자들이 어떤 보편적 잣대를 들이대며 특정 공동체 내부의 가치규범에 대해 가타부타하는 것은 바람직하지 않다고 주장한다. 문제는, 공동체주의를 이렇게 기계적으로 해석하면 특정 공동체에서 쏟아져 나오는 혐오성 발언을 외부자의 시선에서 혐오라고 단정 짓거나 단죄할 수 없으며 그 자체로 받아들여야 하는 모순에 빠진다는 점이다. 공동체주의자 샌델은 공동체주의에 내재한 이러한 문제점, 즉 보편타당성을 결여함으로써 정의롭지 못한 잘못된 선택을 내리며 이를 정당화할 수 있는 가능성을 "나쁜 공동체가 나쁜 인성을 육성할 수 있다"라고 표현함으로써, 자유주의의 비판에 타당한 부분이 있음을 인정하였다(Sandel, 1998, p.321).

이러한 비판에 대해 최근의 공동체주의자들은 어떤 본질적인 도덕적 가치나 선 관념이 공동체 내부에 얼마든지 형성될 수 있다고 대응한다. 물론 그러한 근본적 가치와 선이 선험적으로 주어지거나 인간의 합리적 이성에 의해 파악될 수 있는 것은 아니다. 공동체주의자들은 무엇이 대의이고 무엇이 공동선이며 바람직한 삶이란 무엇인지 등에 관해 공동체 내부에서 끊임없이 도덕적, 종교적으로 대화하고 숙고하며 환류함으로써, 종국적으로 공동체들의 공동체(a community of communities)에서 버팀목이 될 보다 근본적 가치와 선 관념을 찾을 수 있다고 말한다(Etzioni, 1996a). 즉 모든 공동체의 모든 구성원이 정의로운 삶을 정의하는 참여와 통합의 대(大) 공론장으로 나와 다 같이 머리를 맞대 숙의하는 과정 속에서 극단적인 특수주의적 가치들이 배제되고, 모두가 납득할 근본적 가치와 선이 도출될 수 있다고 주장한다. 공동체주의자들은 이러한 참여와 통합의 도덕적, 종교적 공론장 — 가치판단적 담론의 공간 — 이 관련된 논의를 철저히 배제하는 자유주의의 원초적 상황 하의 합리적 계약 테이블 — 가치중립적 공론장 — 보다 우수하다고 말한다(Etzioni, 1996b). 흥미로운 사실은, 둘은 이론적으로는 내용이 정반대지만 현실적으로 과정과 결과에 있어 거의 동일한 모습을 띤다는 점이다.

이와 관련한 사례를 우리는 최근의 대체복무제와 관련한 사회적 논의에서 찾아볼 수 있다. 오래전부터 국방의 의무를 국민의 신성한 의무로 생각한 대다수 국가공동체 구성원은 대체복무를 절대 허용할 수 없다는 견해를 고수하였다. 반면 국방의 의무를 거부하고 양심적 병역거부를 선택한 소수의 종교공동체 구성원들 그리고 일부 인권공동체 전문가 및 그에 동조한 시민연대는 대체복무를 허용해야 한다는 입장을 바꾸지 않았다. 수십 년에 걸친 논란 속에서 각 공동체 간 이해관계의 심각한 충돌이 있었고, 이로 인해 우리 사회는 대체복무와 관련해 상당한 갈등을 겪었다. 그러나 그 와중에도 각 공동체의 구성원들은 통합과 참여의 공론장으로 나와 애국심과 개인의 자유, 종교적 가치 사이의 접점을 찾기 위해 머리를 맞대 토론하기를 꺼리지 않았다. 결국, 전부는 아니지만 상당수가 동의하는 어떤 공동의 가치—집총하지 않아도 애국할 수 있다는 생각—를 도출하였으며, 그에 입각한 현실적 대안—현역복무기간의 두 배 수준에서 교정시설 합숙 형태로 대체복무제 허용—을 제시하는 데까지 성공하였다(대체역법, 2020). 물론 모든 공적 토론에서 이와 같은 성공 사례를 발견할 수 있는 것은 아니다. 예컨대 낙태, 동성애, 사형제처럼 입장이 첨예하게 갈리는 이슈와 관련하여 우리 사회에는 이해관계가 얽힌 크고 작은 공동체들이 너무나 많이 존재하며, 아직 이들의 분열된 이해관계를 아우르는 더 큰 공동체, 공동체들의 공동체는 출현하지 못한 상태이다.

한편 마르크스주의와 페미니즘—맥락과 배경은 완전히 다르지만—역시 내용적으로 자유주의자와 비슷한 이유를 거론하며 공동체주의를 비판한다(Frazer, 1999). 비판의 핵심은, 설사 어떤 심각한 사회구조적 모순이나 분열, 갈등이 공동체를 정면으로 관통한다 할지라도(예: 자본주의의 노동력 착취, 가부장제의 여성 억압 등) 공동체 내부적으로 오랫동안 지지되고 선호되어 온 특수주의적 가치가 그와 같은 모순, 분열, 갈등의 지속과 관련성을 가진다면, 공동체주의는 이를 수면 위로 드러내기보다 오히려 감추려 들고 구성원들에게 함구할 것을 요청한다는 데 맞추어져 있다. 이들에게 있어 공동체주의가 추구하는 공동체란 현실 영합적이고 고식적이며 보수적인 사회의 기성 틀에 지나지 않는다. 실존하는 사회경제적 불평등과 수탈 관계, 억압적 착취 구조를 근본적으로 재편하거나 그 책임자들을 문책할 생각은 하지 않고, "가능한 많은 계층을 아우르는 폭넓은 연대를 형성해야 한다"라든가, "사회적 책임이나 윤리의식을 굳건히 다지고 확산해야 한다", "전통을 부정하기보다 계승, 발전해야 한다"와 같은 이른바 사회적인 것(le social)에 대한 감정적 구호(파토스)와 윤리적 호소(에토스)에만 의존함으로써 구조적 모순의 실질적 해결이란 문제의 핵심을 비켜 나가려고만 한다고 일갈한다(Greschner, 1989, p.140).

이러한 문제점을 일찍이 간파한 지그문트 바우만 같은 후기 근대주의자들은, 공동체주의가 현대 자본사회의 다양한 사회경제적 문제의 치료제가 될 수 없으며 전통적 좌파의 정치적 대안도 될 수 없다는 것을 분명하게 밝혔다(Bauman, 2002, p.85). 비슷한 맥락에서 아이리스 영, 매릴린 프리드만 같은 여성학자들도 공동체주의가 준거점으로 삼는 현존 공동체 대부분이 '사악한(wicked)' 가부장적 지배와 복속을 영속화하는 위계들(예: 가족, 지역사회, 학교, 회사 등)을 근간으로 삼고 있으며, 그런 만큼 현존 질서 자체가 인간의 사회적 관계와 공동체적 삶을 옥죄는 문제적 패러다임(troubling paradigms)일 가능성이 농후함에도, 공동체주의자들은 이러한 패러다임을 극복하려 하기보다 그것에서부터 시작하여 문제를 해결할 것을 주문함으로써 실제로는 아무것도 하지 않는 구태를 반복한다고 비판하였다(Friedman, 1989, p.279; Young, 1986).

이러한 비판에 대해 최근의 공동체주의자들은 앞서 언급하였던 가치판단적 담론 공간의 의미와 기능을 재고하는 방식으로 대응할 수 있다고 말한다. 이들은 참여와 통합의 공론장에서 가능한 모든 도덕적, 종교적 논의를 수행하고, 그 와중에 더 근본적인 가치와 선을 찾기 위한 노력에 더 많은 사람이 동참하고 또 그 결과에 동의할 수만 있다면, 마르크스주의자나 페미니스트들이 우려하는 사회구조적 모순과 억압의 기제를 제어할 방안을 종국적으로 찾아내는 것이 불가능하지만은 않다고 낙관한다(Cunningham, 1991). 공동체주의는 특히 공론장에 참여하여 자기 의견을 능동적으로 표시하고, 이를 통해 공동체가 추구하는 선 관념 체계에 수동적으로 영향을 받기보다는 적극적으로 영향력을 발휘하는 시민적 덕성의 함양과 발현을 중시한다. 공동체주의자들에 따르면, 이와 같은 정치관은 시민의 자기통치를 지향한다는 측면에서 마르크스주의나 페미니즘 같은 갈등이론과 상충하는 바가 적다. 오히려 주체의 역량강화, 자기결정권, 평등한 인간관계, 지방분권화 같은 개념을 지지하는 한편, 자기통치 능력을 위축시키는 신자유주의적 경쟁체제, 지역사회를 파괴하는 전 지구화, 남성 중심적 가부장제 같은 논리들을 반대한다는 측면에서 여타 갈등이론과 유사점을 많이 공유한다고 이들은 항변한다(Etzioni, 1997, p.127-128).

공동체주의에 쏟아지는 또 다른 비판은 공동체가 억압과 배제의 논리로 작동할 수 있다는 점이다. 공동체주의는 특수한 공동선 관념을 공동체 내부에서 도출하는 것이 가능하며, 그러한 공동선 관념을 구성원들이 객관적으로 정확히 파악하는 것 역시 가능하다는 가정을 전제로 논의를 전개한다. 우리가 문제 삼을 수 있는 부분은 바로 이 지점에 있다. 첫째, 과연 모든 구성원이 동의하는 공동선 관념이라는 것이 실제로 존재하느냐 하는 의문이다. 둘째, 설령 어떤 특정 선 관념에 공동체 구성원이 모두 동의를 표시하였다 할지라도, '내'

가 이해하는 바와 '너'가 이해하는 바, '그'와 '그녀', '우리'가 이해하는 바가 전부 완벽히 같을 수 있느냐 하는 의문이다.

공동체주의자들은 구성원 간 투명한 의사소통을 통해 공동체를 가로지르는 간주관성(inter-subjectivity)을 확보할 수 있다고 낙관한다. 그리고 이를 바탕으로 전일적 조화와 통합을 꾀할 수 있음을 피력한다. 그러나 세계를 이해하는 인간의 감각기관은 불완전하다. 더욱이 직접적 대면소통의 여건을 갖춘 경우보다 갖추지 못한 경우가 현실적으로 훨씬 많고, 이를 보완할 목적으로 사용하는 매개적 의사소통 방식(예: 전화, 편지, 인터넷 등등) 역시 흠결로 가득 찬 경우가 대부분이다. 이런 측면에서 투명한 간주관성이란 허구에 불과하다. 간주관성이 허구라면, 공동체의 전일적 조화와 통일이란 것도 거짓일 수 있음을 우리는 합리적으로 의심해볼 수 있다(Young, 1990, p.259).

전일적 조화와 통일이 현실적으로 불가능에 가까운 목표임에도, 공동체주의자들은 그것이 쉽게 가능하다는 전제 아래 그에 대한 열망을 접지 않는다. 총체성에 대한 열망은 우리 사회의 자유주의와 다원주의에 심각한 위협을 제기한다. 그 까닭은, 전일적 조화와 통일에 대한 열망이 믿음의 형태로 지속되는 한, 공동체적 유대를 저해하는 자, 집단적 통합을 반대하는 자, 공동의 특수주의적 가치에 반대 의견을 내놓는 자를 공격할 경향성이 커지기 때문이다. 공동체와 융합되길 거부하는 다양하고 이질적인 외래종을 불순분자로 낙인찍고, 오로지 '우리'와 똑같은 모습을 띤—똑같은 모습을 띠도록 강요받아 어쩔 수 없이 똑같은 척하는—동질적 집단 구성원과만 끼리끼리 어울리면서 '그들'을 공격하는 행태는 공동체 내부적으로 억압의 논리, 외부적으로 배제의 논리로 이어질 수 있다. 나아가 종국적으로 개인은 사라지고 집단만이 유일한 목표이자 실재로 남는 전체주의(totalitarianism)로까지 비화할 수 있다(Frazer, 1999).

오늘날 세계는 가히 문화 다원주의 사회이다. 상당수의 국가, 도시 정부, 지역 정부가 성별, 인종, 출신 국가, 민족, 지역, 종교, 성적 지향, 장애, 나이, 용모, 신체 조건, 사상, 정치적 의견 등에서 다양한 삶의 조건과 양식, 선호가 존재할 수 있음을 인정하고 이를 헌법에 명시하고 있다. 나아가 이를 기초로 소수자에 대한 각종 법제도적 보호장치를 마련함은 물론 소수집단을 우대하는 정책을 펼치고 있다.

문화 다원주의에 입각한 소수자 우대정책과 관련하여, 공동체 구성원들이 하나의 선 관념을 공유해야 한다고 믿는 공동체주의자들은 어떠한 입장을 가질까. 공동체주의자들 사이에도 분파가 나뉘기 때문에 단정을 지을 수는 없지만, 통합(intégration)을 강조하는 입장에 선 일부 공화주의 계열의 공동체주의자들은 소수자 우대정책을 공공연하게 반대한다(이상형, 2013). 이들은 소수집단 우대정책(예: 미국의 대입 소수인종 우대정책, 우리나라의 대입 기회 균형 혹은 지역인재 전형시행 의무화 정책 등)의 효과성에 의문을 품는다. 그러한 정책은 소수집단에 대한 편견과 불평등을 줄이기보다 소수집단에 부과된 낙인을 강화하고 집단 간 긴장을 높이며 소수집단 학생들의 자존감을 훼손한다고 평가한다. 나아가 자신도 '행운'을 누려야 할 사람이라 느끼는 주류집단 소속 학생들의 불만을 유발한다고 본다(예: 2020년 초 일어난 인천국제공항공사 채용 이슈). 이처럼 다른 집단에 대한 역차별 논란과 함께 우대 기준을 둘러싼 대립과 갈등을 초래하는 소수집단 우대정책은 사회통합을 저해한다는 측면에서 부적절하고 위험하다는 것이 일부 공동체주의자들의 입장이다(Simon & Sala Pala, 2010).

물론 모든 공동체주의자가 소수집단 우대정책과 같은 사회적 약자 배려 정책을 반대하는 것은 아니다. 공동체주의의 본질에는 나눔, 희생과 같은 연대와 협력의 가치가 놓여있다. 때문에 사회적 약자를 보듬는 것을 중요한 도덕적 의무로 간주하는 공동체주의자들이 많은 것 또한 사실이다(Talyor, 1991). 따라서 소수집단 우대정책 같은 사회적 약자 배려 정책을 공동체주의와 무조건 대립하는 것으로 보는 시각은 분명 잘못되었다.

그렇지만 여기서 한 가지 우리가 주의해서 해석해야 할 부분이 있다. 공동체주의는 사회적 약자를 보듬는 도덕적 의무의 주체 및 대상을 내집단 구성원으로만 엄격히 제한한다는 사실이 바로 그것이다. 즉 연대와 협력, 희생과 헌신, 책임과 의무 같은 도덕적 가치규범의 실천 주체뿐 아니라 혜택의 대상까지 모두 공동체 내부 구성원으로 못 박는다는 것이다. 이는 내집단 성원 자격을 갖추지 못한 자, 즉 '우리'와 같은 선 관념을 공유하지 않았다고 생각되는 외집단 성원—혹은 내집단 성원 가운데 불순불자들—에 대해서는 공동체주의가 포용과 통합의 논리 대신 배제와 차별, 박해의 논리를 적용하며 태도를 달리할 수 있음을 의미한다. 앞서 언급한 예시를 계속 사용하여 이를 다시 설명하면, 흑인 미국인을 '우리' 백인 미국인과 동일한 내집단으로 인정하는 공동체에서는 소수집단 우대정책이 포용적으로 지지될 것이나, 흑인 미국인을 '우리'와 이질적인 외집단으로 인식하는 공동체에서는 해당 정책이 배타적 반대에 부닥칠 것이라는 얘기이다.

이처럼 공동체주의는 공동체의 경계를 어떻게 설정할 것인가, 즉 누구를 내부자로 규정하고 누구를 외부자로 규정할 것인가와 관련하여 의견이 분분히 갈릴 수 있고, 그 결과에 따라 '매우 포용적(통합적)'일 수 있음과 동시에 '매우 배타적(분열적)'일 수 있는 진폭이 큰 이론임을 우리는 주의해서 해석해야 할 것이다(Frazer, 1999). 따뜻함과 차가움을 둘 다 가진 공동체주의의 이 같은 양면성에 관해서는 공동체의 공공성에 대한 후술에서 다시 다루도록 한다.

한편 공동체주의는 공동선 관념을 중심으로 한 집단적 통합을 지나치게 강조함으로써 비판받을 뿐 아니라, 공동선 관념의 실천, 즉 시민적 덕성의 발현을 지나치게 강조함으로써 비판의 대상이 되기도 한다. 앞서 공동체주의란 타인과 더불어 사는 가운데 자의적 권력의 예속에서 벗어나 진정한 자유를 도모하는 것을 목적으로 하며, 이를 위해 구성원 개개인의 적극적 정치 참여와 공동체를 위한 희생 및 헌신의 규범을 강조하는 실천적 이론이라고 설명하였다. 그런데 이러한 도덕적 실천력과 시민적 덕성을 생득적으로 갖고 태어나는 사람은 드물다. 공동체의 미덕을 내면화하고 자발적으로 실천하는 인격자로 거듭나기 위해서는 어렸을 때부터 가정과 학교의 도덕적 가르침을 받고 공동체적 유대감을 직접 체감함으로써 자연스럽게 이웃과 동료를 사랑하는 감정과 덕을 익히는 과정이 필수적으로 요구된다. 공동체주의가 공동체의 정치적, 사회적 의사결정 및 법제도화 과정에 적극적으로 주인의식을 갖고 참여할 것을 독려하는 한편,

가정, 학교, 교회와 같은 사회화기관의 도덕 및 시민교육의 중요성을 강조하는 것은 바로 이 때문이다(Arthur & Bailey, 2002; Bellah et al., 1985; Callan, 1997).

그런데 문제는 때로 이러한 관여가 지나쳐서 개인의 사적 영역을 침범하고 권리를 박탈하는 온정주의(paternalism)로까지 이어질 수도 있다는 점이다(Heberer, 2009). 온정주의란 권위주의적 가장이 자식을 보호한다는 명분 아래 자식의 사생활에 일일이 관여하고 간섭하는 행태를 가리킨다. 공동체가 온정주의로 흐를 때, 구성원들은 자기결정권을 행사할 수 없다. 개인의 의사는 묵살되고 공동체 내부적으로 통용되는 도덕규범과 정의의 원칙에 따라 개인의 복지, 행복, 욕구, 흥미, 관심사의 내용이 좌지우지된다. 때문에 구성원들의 개성과 자율은 사라지고 오로지 집단의 의지와 목표만이 도드라지게 남는다. 집단적 통합을 지나치게 강조하는 공동체주의가 억압과 배제의 논리로 발전하면서 전체주의로 귀결하듯이, 도덕적 가치와 시민적 덕성의 함양 및 발현을 과도하게 강조하는 공동체주의는 온정주의로 흐르면서 부지불식간에 전체주의로 돌변할 수 있다고 자유 지상주의자들은 비판하기도 한다.

공동체주의의 온정주의와 관련하여 가장 많이 언급되는 사례가 바로 애국심이다. 국가를 하나의 공동체로 보았을 때, 우리는 어렸을 때부터 우리가 소속된 국가공동체에 애국하는 것이야말로 최고의 미덕이자 가치라는 말을 정말 많이 들었다. 부모님으로부터, 선생님으로부터, 그리고 각종 매체와 다양한 소통 경로를 통해 애국심을 발휘하는 것은 국가공동체의 일원으로서 마땅히 따라야 할 도리

이자 의무라고 교육받았다. 그 결과 많은 이가 알게 모르게 국산 제품을 사야 한다는 강박관념, 흔히 '국뽕'이라 불리는 생각을 내면화하게 되었다. 그런데 우리 중 누군가에게 있어서는 제품 구매 행위란 단순히 개인의 경제적 선택이자 선호의 표시로만 이해될 수 있다. 이렇게 생각하는 우리 중의 그 누군가에게, 국산 제품의 질이 외제보다 훨씬 떨어지는데도 애국심에만 기대어 국산 제품을 사라고 말한다면, 그것이야말로 국가공동체의 지나친 관여이자 미덕이라는 이름 아래 자행되는 불합리한 강요, 강제라 할 것이다.

공동체를 떠올렸을 때 흔히 연상되는 따뜻한 사랑과 인정, 배려, 우애란 것도 사실 좋게 말해서 관심과 애정의 표현이지, 야박하게 표현하면 불편하고 귀찮은 간섭에 지나지 않는다. 유교적 전통에 따라 집단주의 문화가 강력히 발달한 한국은 이러한 간섭을 아직도 주변에서 쉽게 찾아볼 수 있는 여러 동양권 국가 중 하나이다. 일각에서는 우리나라의 크고 작은 공동체에서 발견되는 그와 같은 흔한 간섭주의를 "오지랖을 떤다", "질척거린다"라는 일상용어로 담아내며 자조하기도 한다. 한국의 오지랖 문화, 질척거리는 문화는 "옆집 밥숟가락, 젓가락 개수까지 잘 알고 있다"라는 옛말에도 잘 드러나는데, 오늘날 많은 이는 이 문구를 산업화 이후 사라진 이웃 간 왕래와 소통을 개탄하는 데 사용하기보다, 집단생활에서 경험하는 타인에 대한 지나친 참견과 무리한 요구, 비현실적인 기대, 그에 따른 인간관계의 피로감을 묘사할 때 더욱 자주 사용하고 있는 편이다(이준영, 2017, p.27).

공동체에 내재한 온정주의 또는 집단주의에 대한 이 같은 반감은 우리나라를 비롯해 유교적 문화가 강한 동양권 국가들에서 흔히 발견되는 현상으로, 공동체주의가 아시아에 본격적으로 소개된 1990년 당시 미국이나 유럽과 달리 그것이 왜 신선한 철학 이론으로 받아들여지지 않았는지, 왜 아시아 학자들이 시큰둥하게 반응하며 개인주의가 발달한 서구 사회에서나 적합한 이론으로 치부했는지를 잘 설명해 준다(정호근, 1999). 참고로 유교의 영향으로 인하여 서구식 공동체주의 사상이 들어오기 훨씬 이전부터 공동체주의라 불릴 만한 강한 집단주의 문화가 굳건히 자리 잡은 동양식 공동체주의를 원조와 구분하기 위해, 일부 서양학자들은 이를 '권위주의적 공동체주의'로 명명한 바 있다(Bell, 1997). 권위주의적 공동체주의는 사회의 질서 유지와 조화를 위하여 개인의 권리나 정치적 자유를 제한하는 것은 불가피하다는 입장을 기조로, 가족과 친지 간 유대, 전통과 권위(국가)에 대한 충성, 근면, 성실, 극기와 같은 가치를 강조한다 것을 특징으로 삼는다(Heberer, 2009).

요컨대 집단적 통합을 지나치게 강조하며 억압과 배제의 논리로 작동할 때, 그리고 공동선 구현이라는 핑계로 개인의 사적 영역에 지나치게 간섭할 때, 공동체주의는 전체주의로 비화할 여지가 있다. 그런데 그럴 수 있다는 가능성만을 놓고 '공동체주의=전체주의'라는 공식을 확증하는 것은 잘못되었다. 이는 공동체주의에 대한 오해이며, 극단적 상황만을 가정해 의미를 악의적으로 매도하는 처사이다. 물론 공동체주의를 현실에서 운용하다 보면 전체주의와의 경계가 다소 모호해지는 상황이 벌어질 수 있고, 앞에서 살핀 몇몇 사례에서처럼 변질의 가능성도 안고 있다. 그렇지만 철학적, 이론적으로 공동체주의는 민주주의의 최대 적이라 불리는 전체주의와 중첩되는 바가 없다.

전체주의는 집단을 위해 개인이 무조건 희생해야 한다는 상하 종속적 인간관을 전제로 한다. 또한 집단이 살아야 개인도 살 수 있다는 선후관계 논리를 신봉한다. 따라서 집단의 의지에 반하는 개인의 모습을 상상할 수 없다. 집단의 의사결정 과정에 참여하거나 자기 의견을 표명하는 경우도 마찬가지로 상상할 수 없다. 전체주의 하에서 개인은 집단의 번영과 발전을 위해 사용, 교체되는 부속품이자 통제의 대상으로 대접받을 뿐이다(Arendt, 1951).

반면 공동체주의는 역사적, 사회적 맥락 속에 위치한 개인에 초점을 맞춘다. 인간은 동굴에 들어가 혼자임을 즐기는 고독한 존재가 아니라 타인과 더불어 조화롭게 어울릴 때 행복을 느끼는 사회적 존재라는 가정 아래, 자의적 권력의 예속에서 벗어나 진정한 자유를 도모하기 위하여 개인들로 하여금 집단의 대소사 결정에 밀착되어 주인의식을 갖고 행동할 것을 주문한다. 즉 소속 집단의 정치적, 사회적 공론장에 능동적으로 참여하고 이를 통해 도덕규범 및 법제도를 포함한 집단의 의지와 목적에 개인의 의사를 적극적으로 투영할 것을 독려한다. 나아가 이 과정에서 도출된 공동선을 위하여 헌신하는, 책임감 있고 도덕적으로 고양된 유덕자를 바람직한 인간상으로 제시한다(Honohan, 2003). 공동체주의가 이처럼 자기 목소리를 적극적으로 드러내는 가운데 타인과 더불어 조화로운 삶을 사는 방법을 고민하는 이론임을 직시한다면, 공동체주의를 전체주의로 매도하는 것이 얼마나 우스꽝스러운 일인지 금세 깨달을 수 있다. 이는 마치 개인주의를 이기주의와 동급으로 여기는 것만큼이나 극단적인 몰이해이다. 공동체주의는 참여를 통해 조화롭고 질서 있는 정치적, 도덕적 공동체 형성을 고민한다는 측면에서 오히려 공화주의와 닮은꼴이며, 어떻게 하면 국민의 힘을 국가공동체 형성에 온전히 쏟아부을까를 고민하는 민주주의와도 높은 친화성을 드러낸다(이상형, 2015; Barber, 1984; Pettit, 1997/2012).

공동체주의가 전체주의와 구분되는 사상임이 명백함에도 불구하고 일각에서 둘을 혼동하는 까닭은 무엇일까. 아마도 역사적으로 많은 사람이 전체주의가 공동체의 이익을 명분으로 집단의 폭력과 광기를 합리화하는 모습을 여러 차례 목격하였기 때문일 것이다. 우리는 히틀러, 무솔리니 같은 독재자에 의한 피지배 경험을 통해 공동체주의의 탈을 쓴 전체주의가 어떻게 권력자의 입맛에 맞춰 공동체의 미덕과 공동선의 내용을 멋대로 재단하는지, 어떻게 개인의 권리와 자유의지를 탄압하고 인류 보편의 양심에 테러를 가하는지 잘 알게 되었다. 실제로 그 피해의 트라우마가 너무 강력했던 탓일까, 집단을 위하여 개인을 소거해 버리는 전체주의를 공동체주의와 잘못 동일시하고 그에 알레르기 반응을 보이는 사람들이 적지 않게 존재하는 것이 사실이다(정태연, 2010).

굳이 히틀러나 무솔리니 같은 과거의 파시스트들을 거론하지 않더라도, 우리는 오늘날 한국 사회 곳곳에서 특정 공동체의 이익을 앞세워 개인을 억압하고 차별하는 폭력적 모습을 쉽게 목격할 수 있다. 님비즘으로 대변되는 지역이기주의는 대표적인 사례이고, 이 외에도 종교, 인종, 민족, 성별, 성적 지향 등 각종 동질화 요인에 근거를 둔 수많은 근본주의적 흐름으로부터 공동체의 폭력성을 쉽게 목격할 수 있다. 특히 최근 우리 사회를 뒤덮는 혐오의 파고 속에서 믿거(믿고 거르기), 언금(언급 금지) 같은 패거리 문화의 팽배를 온라인 커뮤니티에서 쉽게 관찰할 수 있는데, 이는 모두 자신이 속한 특정 공동체의 단결을 앞세워 이질적이고 다양한 외부인들을 배제하는 한편, 내부의 순결과 동질성을 다지기 위해 동료 구성원의 자유로운 의사표현을 억압하는 전체주의 성향의 집단이기주의로 평가할 수 있다. 공동체의 이익이란 명분 아래 폭력적이고 공격적인 행동이나 언사를 마다치 않는 수많은 집단이기주의자를 보고 있자면, 사람들이 공동체주의를 전체주의와 헷갈리는 것은 어찌 보면 당연한 결과라 할 수 있다.

한편 전체주의와 밀접한 관계에 놓여있는 국가사회주의에 대한 혐오, 우리가 흔히 레드콤플렉스라는 말로 에둘러 표현하는 전통적 좌파에 대한 반감 때문에 역사적, 이론적, 철학적으로 그와 무관한 공동체주의까지 도매금으로 비난받는 일도 발생한다. 19세기부터 20세기 전 세계를 피로 물들인 국가사회주의가 최종적으로 추구하던 사회상은 공산주의 사회였다. 공산주의 사회란 생산수단을 포함한 모든 사적 소유가 철폐되고 공유재산제를 통해 무계급사회를 실현하는 것을 특징으로 하는 평등한 공동체 사회를 가리킨다. 공산주의는 공동체적 삶을 이상향으로 삼는다. 즉 타인과 더불어 사는 조화 속에서 자기 자신의 주체성을 발휘할 수 있는 삶의 조건에 대해 고민한다. 역사적으로 공산주의는 그러한 조건을 노동 활동에서 찾았다. 구체적으로, 능력에 따라 생산하고 필요에 따라 분배하는 평등하고 자유로운 노동공동체 내 경제 활동에서 조화와 주체적 삶의 가능성을 찾았다(강대석, 2018). 문제는, 공산주의적 공동체 이상을 실현하기 위해서는 중간 단계로서 프롤레타리아 일당독재가 불가피하다는 점이었다. 이는 결국 폭력혁명을 동반한 국가사회주의로 이어졌고, 그 와중에 전 세계적으로 엄청나게 많은 사람이 죽고 다치는 일이 발생하였다. 사회주의 혁명의 광풍이 가라앉은 20세기 중반 이후, 자유민주주의 진영에서는 그 여파로 레드콤플렉스, 즉 좁게는 전통적 좌파, 넓게는 진보 이념에 대한 광범위한 거부감이 생겨났다. 그리고 이 과정에서 'communal(공유적, 공산적, 공동체적)'과 연상되는 모든 단어에 대한 비이성적 공포가 유포되었다. 웃기게 들릴 수 있지만, 그 이후 'communism(공산주의)'과 발음이 비슷하다는 이유로 서구 사회 일각에서는 심적으로는 공동체주의를 지지하면서도 스스로 'communitarian(공동체주의자)'으로 불리길 꺼리는 사람들이 정계, 심지어 학계에도 적지 않게 생겨났다.

우리나라의 경우 이 레드콤플렉스뿐만 아니라 앞서 말했던 유교의 집단주의 문화에 대한 오랜 피로감 때문에 공동체주의가 정확히 무엇인지 모르고 무턱대고 반발하는 사람들이 더러 있지 않나 생각한다. 공동체주의가 개인보다 집단을 우선시하는 이론이 아님에도 불구하고, 공동체라는 단어가 갖는 미묘한 집단주의와의 연상작용, 즉 강제, 강요, 간섭의 전조 때문에 무턱대고 공동체주의를 거부하는 심리가 퍼지지 않았나 하는 추측이다(염승준, 2018).

공동체주의와 전체주의의 혼동은 사상가들의 학술적 나태에서도 일부 기인한다. 철학에서는 예로부터 사회존재론적 차원에서 원자론

(atomism)과 총체론(holism) 간에 논쟁이 있어 왔다. 그리고 정치적 차원에서는 개인주의(individualism)와 집단주의(collectivism)를 양 극단으로 하는 스펙트럼이 존재해 왔다. 문제는, 공동체주의자들이 사회존재론적 차원에서 총체론의 입장을 견지한다고 해서 그것이 곧 정치적 측면에서 집단주의를 옹호하는 게 아님에도 불구하고, 일각에서 '총체론=집단주의'라는 단순화된 등식을 개발하여 이에 근거해 공동체주의를 공격하는 논리—공동체주의는 총체론을 지지한다=집단주의를 추구한다=전체주의로 비화한다—로 오용함으로써 공동체주의 개념을 호도하고 있다는 점이다(Taylor, 1985, p.190-191). 똑같은 상황이 자유주의자들에게도 적용되고 있는데, 대표적으로 '자유주의는 원자론을 지지한다=개인주의를 추구한다=극단적 이기주의로 귀결된다'라는 논리를 거론할 수 있다.

앞서 살펴보았듯 공동체주의는 뿌리 없는 무정형의 귀신과도 같은 무연고적 인간관을 배격한다. 대신, 현재의 나는 과거 우리의 소산이라는 역사적 인식, 즉 연고적 인간관을 기본 전제로, 어떻게 하면 한 개인이 다른 개인들과 더불어 그 안에서 조화롭게 잘 살 수 있는가를 고민한다(MacIntyre, 1982). 이처럼 자아를 하나의 뿌리에 착근한 작은 낱 잎 같은 존재로 본다는 측면에서 공동체주의가 원자론을 배격하고 총체론을 지지한다는 점은 분명한 사실이다.

그런데 수많은 사람과 얽혀 살다 보면, 애초 그들이 나와 비슷한 부분을 아무리 많이 가지고 있다고 할지라도 때로 나만의 독특한 의지나 목표가 그들의 다수 의견에 묻히는 상황이 발생할 수 있다. 이러한 상황을 방지하기 위하여, 즉 타인의 의지나 집단의 목표에 따라 개인의 개성이 예속되는 상황을 최소화하고 그리하여 진정한 개인의 자유를 도모하기 위하여, 공동체주의는 개인이 소속된 집단에서 공동적으로 추구되고 지지되는 가치, 즉 공동선에 개인이 단순히 영향을 받는 상황만을 가정하지 않는다. 즉 정반대로 공동선에 개인이 영향을 미치는 상황도 상정한다. 공동체 도덕규범의 헌신과 법규칙 준수를 강조하는 한편, 공동체 현안에 관심을 기울이고, 집단의 의사형성 및 결정과정에 참여하는 등 공동선 도출과 관련된 시민적 덕성 함양을 역설하는 까닭은 바로 이러한 맥락에서이다(Pettit, 2014/2019).

나와 비슷한 사람들의 무리와 어울려 사는 가운데 어떻게 하면 그들로부터 예속되지 않고 조화롭게 자유를 추구할 수 있을지 고민한다는 측면에서, 정치적으로 공동체주의는 개인주의와 집단주의 어딘가에서 균형을 맞춘다고 평가할 수 있다. 그리고 그런 만큼 공동체주의=집단주의(나아가 전체주의) 도식은 명백히 틀렸다고 말할 수 있다. 이러한 오류는 공동체주의를 둘러싼 논쟁의 차원을 구분하지 않은 학술적 나태에서 일부 기인한다. 즉 공동체주의의 사회존재론적 차원을 언급하는 것인지 아니면 정치적 입장의 차원을 언급하는 것인지 분명하게 구분하지 않은 상태에서 둘을 혼용함으로써 빚어진 오해란 뜻이다. 이러한 오류를 바로잡기 위해서는 논쟁의 차원을 명확히 구분하고, 그 사회적 맥락에 대한 보다 구체적 이해를 도모할 필요가 있다.

2) 공동체의 공공성과 반응적 공동체주의

공동체의 규범적 정의를 내리는 제2장을 마무리하기 전에, 마지막으로 한 가지 앞에서 해결하지 않고 넘긴 사안을 다시 짚고 넘어가고자 한다. 앞에서 모든 공동체는 내부적으로 지지하고 추구하는 가치, 즉 공동선을 갖고 있다고 말하였다. 덧붙여 이러한 공동선을 공유하는 내집단 구성원들에 대해서는 따뜻한 측면, 다시 말해 통합적이고 포용적인 태도를 보이지만, 그렇지 않은 외집단 구성원들에 대해서는 차가운 측면, 다시 말해 배타적이고 분열적인 자세를 견지한다고 언급하였다(Frazer, 1999). 그렇다면 여기서 한 가지 의문을 제기해볼 수 있다. 공동체는 과연 공공적인가. 그렇다면 얼마만큼의 공공성을 가지는가. 공동체의 확대는 공공성의 확산을 동반하는가.

공동체의 본질적인 규범적 요소, 즉 유대, 협력, 조화, 헌신, 희생, 관심, 참여, 책임, 의무 같은 가치지향을 고려하면 공동체는 분명 공공성을 내포하는 것으로 여겨진다. 그리고 그와 같은 공동체의 확대는 공공성의 확산을 가져온다고 일견 생각된다. 그러나 공동체의 따뜻한 측면, 즉 통합적이고 포용적인 속성은 오로지 내집단 구성원에게만 적용될 뿐이며 외집단 구성원들에게 오히려 배타적이고 분열적인 속성이 적용된다는 앞의 설명을 고려하면, 우리는 공동체의 공공성이라는 것도 결국 내집단 구성원에게만 선별적으로 발현되는 반쪽짜리 가치가 아닌가 하는 의심을 합리적으로 해볼 수 있다. 즉 공동체 경계 내부에서는 공동체가 공공적이며 공동체 강화가 공공성 확대를 가져온다는 논리가 통용될 수 있겠으나, 공동체 경계 바

같에 위치한 이들의 관점에서 보았을 때는 공동체가 공공적이라기보다 오히려 공공성을 훼손, 위축하는 반사회적 힘으로 작용할 수 있다는 의구심을 합당하게 제기할 수 있다는 뜻이다. 이러한 의문은 공동체주의를 권위주의 혹은 전체주의의 씨앗으로서 비판적으로 평가하는 이들의 문제 제기와 일정 부분 궤를 같이한다.

공동체가 공공적이냐 그렇지 않으냐를 논하려면 먼저 공공성 개념에 대해 살펴보아야 한다. 사전적으로 한 개인이나 특정 이해관계 단체가 아닌 일반 사회 구성원 전체에 두루 관련되는 성질을 뜻하는 공공성(公共性)은, 얼핏 공화주의를 상징하는 개념처럼 보인다. 그렇지만 이 개념은 애초에 개인의 자유를 최상의 가치로 보는 자유주의에서 파생한 개념이다(Pocock, 1981). 자유주의자들은 개인의 자유와 권리가 절대적으로 보존되는 공간을 사적 영역으로 간주하였다. 그리고 그 외의 모든 영역을 공적 영역으로 규정하였다. 사적 영역은 개인의 자유로운 행동과 생각이 존중되고 보장받는 불가침의 공간이다. 따라서 그 성격은 제각각이고 다양하며 하나로 수렴되지 않는 특징을 나타낸다. 반면 공적 영역은 개인 간 계약이 이루어지고 합의가 만들어지는 공간이다. 때로 가치에 대한 판단이 내려지고 그와 관련된 실천이 감행되기도 한다. 많은 이가 관련되어 있고 상호 영향을 주고받는 열린 공간인 만큼, 공적 영역은 특별한 성격을 띠기 마련이다. 공적 영역이 갖는 이와 같은 특별한 성격을 우리는 공공성이라 부른다.

이러한 공공성은 크게 세 가지 요소로 구성된다(조대엽, 2014, p.148). 첫째, 공민성(公民性)이다. 공민성은 시민 개개인이 공적 영역의 주체로서 추구하는 민주적 성취 수준을 가리킨다. 일반적으로 참여민주주의 혹은 숙의민주주의처럼 의사형성 및 결정과정에 구성원이 다양하게 관여하는 사회를 우리는 공민성 수준이 높은 사회로 간주한다. 둘째, 공익성(公益性)이다. 공익성은 물적 자원의 공유 정도, 즉 한 사회의 물적 자원이 어떠한 수준에서 공유되는가를 의미한다. 보통 보편적 복지나 고용 안정성처럼 사회적 자원 활용에 따른 이익이 특정 개인이나 집단이 아닌 불특정 다수에게 넓게 돌아가는 사회를 우리는 공익성 수준이 높은 사회로 간주한다. 셋째, 공개성(公開性)이다. 공개성은 의사형성 및 결정과정의 개방성 및 투명성을 의미한다. 집단의 의사결정이 정해진 절차에 의거하여 이루어짐을 넘어, 의사소통 전부가 구성원들의 충분한 상호 이해 및 정보 숙지에 기반을 두고 이루어지는 사회를 우리는 공개성 수준이 높은 사회로 간주한다.

이렇게 보았을 때 공공성은 ① 보다 많은 사람이 인정하는 주체—주로 국가. 그러나 시민사회, 때로 시장이 될 수도 있음—가 주도하면서, ② 절차적 과정의 민주적 정당성이 확보된 상태에서, ③ 불특정 다수에게 이익을 발생시키는 일반 사회 전체의 어떤 성질을 의미한다고 볼 수 있겠다. 따라서 폭넓은 지지를 받지 못하는 특정 개인 혹은 집단이 주도하고, 독단적, 폐쇄적으로 결정하여, 일부에게만 이익이 되는 결과를 유도하는 것은 공공성이 없는 것, 즉 사사성(私事性)의 영역에 속하는 것이라고 말할 수 있다(김욱진, 2019, p.97).

공민성, 공익성, 공개성을 특징으로 하는 공공성은 애초에 국가의 성격 그 자체로 이해되었다. 개인의 권리와 자유를 무제한으로 허용하였더니, 예상과 달리 개인 간 계약이 체결되고 합의가 이루어지며 가치판단 및 실행이 이루어지는 공적 영역에서 소수의 사인이 이익을 독점하고(반공익성) 권력과 기회를 연장하며(반공민성) 밀실에서 부정부패를 저지르는(반공개성) 일이 빈발하였다. 이에 사람들은 사인의 자유를 제한하고 권리와 함께 책임을 부여하는 일단의 정치조직을 상정하고 이를 통해 무질서와 혼란을 극복하고자 하였다. 이 역할을 수행한 조직이 바로 국가였다. 국가 이외에 사인의 자유를 제한하고 개인에게 책임을 부여함으로써 공공성을 실현하고자 한 정치조직은 적어도 근대 자유주의 사상 초창기까지만 해도 존재하지 않았다. 즉 국가는 공공성을 구현하려는 의지와 그것을 효과적으로 실현할 수 있는 자원 및 능력을 소유한 유일한 주체로 이해되었다. 이러한 생각은 차츰 발전하여 '사적 영역=개인 혹은 시장', '공적 영역=국가'의 이분법적 시각으로 굳어졌고, 결과적으로 공적 영역이 갖는 속성으로서의 공공성은 국가의 성격과 동일시되기에 이르렀다(조대엽, 2015).

그러나 사적 영역=사인 또는 시장, 공적 영역=국가의 이분법은 어느 순간부터 회자된 공동체의 성격을 제대로 담아내지 못하였다. 만약 사적 영역이 개인 혹은 시장에 조응하고, 공적 영역이 국가에 조응한다면, 개인도 아니고 시장도 아니며 국가도 아니지만 그럼에도 불구하고 엄존하는 각종 공동체는 도대체 어느 영역에 속하느냐는 질문에 기존의 이분법은 명쾌한 설명을 제시하지 못하였던 것이다. 이와 같은 문제점에 대응하기 위하여 일부 학자들은 공동체적(communal) 영역이라는 새로운 차원을 상정함으로써 기존의 이분법을 극복하고자 하였다. 그리고 또 다른 학자들은 국가도 아니고 시장도 아니지만 그럼에도 불구하고 여전히 공공성을 최고의 가치로 추구하는 시민사회, 즉 제3의 섹터 개념을 창출하여 존재하는 모든 공동체적인 것을 제3섹터의 일부로 포함시키고자 하였다(주성수, 2020).

그런데 공동체를 제3섹터의 일부로 간주하는 데에는 문제의 여지가 있다. 국가를 제1섹터, 시장을 제2섹터라 하였을 때, 일반적으로 시민사회라 불리는 제3섹터는 제2섹터에 대한 제1섹터의 규제 및 감시 실패를 최소화하고 이를 바탕으로 공공성을 최대한 구현하는 것으로부터 존재의 의미를 찾는데, 공동체의 경우 일반적인 시민 행위 주체들과 달리 본질적으로 공공성을 구현하고자 노력하는 존재인지 아니면 그 반대의 속성, 즉 특수주의적 가치를 추구하는 존재인지 확실하게 말하기 어려운 측면을 갖고 있기 때문이다(Goldman, 2013, p.106).

현실적으로 국가의 경우 공공성 달성에 미흡함을 보이는 사례가 더 많이 발견된다. 그렇지만 국가는 본질적으로 공공성을 위해 노력한다는 점, 따라서—최소한 자신의 영토적 경계 안에서만큼은—공공성 확대를 추구하는 존재라는 점에서만큼은 이론의 여지가 없다. 이와 대조적으로 공동체는 앞서 살펴보았듯이 뚜렷한 양면성을 가진다. 먼저 공동체는 유대, 협력, 조화, 헌신, 희생, 관심, 참여, 책임, 의무 같은 가치를 지향한다. 그런 만큼 공민성, 공익성, 공개성으로 특정 지워지는 공공성을 증진하는 데 최적화된 인간 조직임을 어렵지 않게 유추할 수 있다. 그렇지만 공동체는 내부적으로 통용되는 특수한 선 관념을 함께 지지하는 내집단 구성원에게만 공공성을 담보한다. 때문에 공동선을 공유하지 않는 외집단 구성원들에게 있어 공동체란 참여, 혜택, 투명한 의사소통의 토대라기보다 박탈, 배제, 차별, 억압, 비밀, 폐쇄의 기제로 체현될 가능성이 다분하다. 이는 공동체의 확대가 내부적으로는 공공성의 확산과 강화를 가져올 수 있지만, 외부적으로는 오히려 공공성을 위축, 쇠퇴시키는 힘으로 작용할 여지가 크다는 점을 시사한다(Frazer, 1999). 공동체를 제3섹터, 즉 시민사회와 등치시켜서는 안 되는 까닭이 여기에 있다.

공동체가 공공성을 증진할 수 있지만 반대로 그것을 훼손하는 반사회성을 띨 수 있다는 지적에 대해 최근의 공동체주의자들은 반응적 공동체주의(responsive communitarianism)라는 새로운 이론적, 실천적 틀을 통해 돌파구를 찾는 양상이다(Etzioni, 1998). 반응적 공동체주의자들은 기본적으로 이전의 공동체주의자들과 마찬가지로 보편주의 대신 특수주의를 옹호한다. 즉 모든 사회를 관통하는 하나의 보편적 가치규범이 존재한다는 생각을 지양하고, 대신 비양립적 가치와 규범, 욕구를 가진 문화적으로 다양한 복수의 집단으로 구성된 특수주의 사회를 전제로 논의를 전개한다. 그러나 그와 동시에 특수주의적 사회관에 대한 무분별한 옹호를 경계한다. 그러한 태도는 우리만이 옳다는 권위주의, 우리의 이해관계가 너희의 이해관계보다 우선시한다는 집단이기주의, 나아가 우리를 위해 너희들이 희생해야 한다는 전체주의로 비화할 수 있다고 믿기 때문이다. 이러한 상황이 지속하는 한 공동체는 공공성을 담보하는 주체가 될 수 없다.

반응적 공동체주의자들은 복수의 가치를 기계적으로 품는 단순한 특수주의적 사회관을 뛰어넘어 통합과 포용이 최대한 실현되는 사회, 즉 소속 공동체의 성격이나 종류에 상관없이 참여, 혜택, 의사소통의 투명성이라는 공공 가치들이 구성원 모두에게 최대로 구현되는 사회를 좋은 사회의 전범으로 상정한다. 공공성의 확장성에 대한 이 같은 강조는 공동체의 협애적 가치를 기계적으로 옹호하는—그리하여 권위주의, 집단이기주의, 전체주의의 씨앗을 잉태한다는 혐의를 종종 받곤 하는—기존 공동체주의자들과 반응적 공동체주의자들을 구분 지어주는 주요 기준이 된다(Etzioni, 2011).

반응적 공동체주의자들에게 있어 공공성이 최대한도로 실현되는 좋은 사회란 주어진 맥락에 따라 개인적 가치와 공동체적 가치 사이의 균형을 맞추는 개방적 사회를 의미한다. 구체적으로, 자유와 질서, 권리와 책무, 자아와 사회, 부분과 전체와 같은 양극단의 대립된 가치 중 어느 하나를 일방적으로 우선시하고 선후관계를 고착화하는 것이 아닌, 각자가 처한 역사적 상황에 따라 융통성 있게 둘의 조화를 추구하면서 때로는 (보편주의인) 개인적 가치에, 때로는 (특수주의인) 공동체적 가치에 방점을 찍어가며 공동체의 선 관념을 탄력적으로 편집, 수정, 혁신하고 이를 통해 포용성과 통합성의 범위를 지속적으로 넓혀가는 수많은 반응적(responsive) 공동체의 사회를 좋은 사회의 전범으로 상정한다(Etzioni, 1996b).

특수한 선 관념에 대한 교조주의를 지양하고 당대의 사회상과 서사적 맥락에 따라 공동체의 내용, 과정, 결과에 개연성을 십분 허용하는 반응적 공동체는 그래서 사회 안에 존재하는 또 다른 수많은 반응적 공동체와 수시로 연합하고 협력할 힘과 의지를 갖는다. 무엇보다 이러한 힘과 의지는 사회에 존재하는 모든 공동체의 관계를 적대에서 공존으로, 승자독식에서 공생으로 돌려세움으로써 포용과 통합이 최대한도로 실현되는 사회, 다시 말해 소속 공동체의 성격이나 유형과 상관없이 참여, 혜택, 의사소통의 개방성 같은 공공적 가치들이 전 사회적 차원에서 최대한도로 실현되는 좋은 사회를 만드는 데 기여한다.

구성원 간 숙고와 환류를 통해 얻은 공동체의 새로운 가치규범들을 내부 구성원이 무조건 수용하도록 강요하지 않는 것 역시 반응적 공동체주의의 주요 특징 중 하나이다. 반응적 공동체주의자들은 공동체의 선 관념이 기본적으로 내부의 독자적 역사와 문화에서 기원하는 것은 맞지만, 구성원들의 자발적이고 계승적인 숙고 및 환류에 의하여 얼마든지 변할 가능성을 지녔다고 생각한다. 따라서 그저 잠정적으로 정해져 있을 뿐인 공동체의 가치나 목적을 무조건 강제하는 것은 무의미하고 불필요하다고 생각한다. 그뿐만 아니라 대부분의 경우 구성원들의 다양하고 이질적인 생각, 의견, 욕구를 억누름으로써 상황에 따라 공동체의 선 관념을 기민하게 수정, 편집하는 공동체 내부의 역량에 악영향을 초래한다고 믿는다. 이는 공동체의 통합과 포용성 수준을 떨어뜨리고 경직성을 높이며, 결과적으로 공공성을 저해하는 또 다른 원인이 된다.

따라서 반응적 공동체주의자들은 공동체의 특정한 선 관념을 구성원들에게 무조건적으로 강요하기보다 자발적으로 내면화하여 실천에 옮길 수 있는 방법을 강구해야 한다고 역설한다. 반응적 공동체주의자들이 가족, 학교, 교회, 지역사회와 같은 1차 사회화기관의 역할을 특히 강조하는 까닭은 바로 이 때문이다(Arthur & Bailey, 2002; Bellah et al., 1985). 1차 사회화기관의 도덕교육이 원활하게 이루어질 때 공동체 구성원들은 주요 가치규범들을 결정짓는 공동체의 도덕적 대화장에 누가 뭐라 하지 않아도 자발적으로 참여하고, 그 안에서 타인과 어울리고 숙고하면서 공동체의 선 관념에 변화를 가하는 작업에 능동적으로 임하게 된다. 이는 간섭받지 않을 자유와 개인의 재량권을 최대한 존중해 주는 가운데, 공동의 이슈에 관여하고 목소리를 높일 수 있게끔 개인들을 내적으로 동기화함으로써 공동체 내부의 통합과 포용 수준을 높이고 궁극적으로 공공성 수준을 높이는 힘으로 작용하게 된다.

내부적으로 높은 수준의 공공성을 달성하지 못한 공동체는 집단 구성원들의 목소리와 의견, 욕구를 쉽게 무시한다. 내부의 다양성을 억압하는 공동체는 외부의 이질성에 대해서도 마찬가지로 대응한다. 환류와 수정의 가능성에 배타적 태도로 일관하는 폐쇄적 공동체는 권위주의와 집단이기주의를 거쳐 전체주의로 귀결한다. 반응적 공동체주의는 그 과정에서 일어나는 참여의 실종, 이익의 독점, 의사소통과 정보의 왜곡, 즉 공공성의 증발을 경계한다. 그리하여 공공성을 담보하기 위한 실질적 조치로서, 공동체주의의 긍정적인 요소를 유지하되 자유주의적 가치를 수용하는 절충안을 제시한다. 즉 자유와 질서, 권리와 책무, 자아와 사회, 부분과 전체의 균형을 맞춤으로써 개인과 공동체가 다 같이 어울려 잘살 수 있는 사회를 만들자고 호소한다(이종수, 2010, p.14).

오늘날 세계는 넘쳐나는 '권리의 정치(politics of rights)'에 직면해 있다. 개인 권리의 정치는 그 자체로 문제가 있다고 말할 수 없다. 그렇지만 수많은 개인이 저마다 자기 이해관계를 부르짖으며

‘내’ 권리만 내세울 때 세계는 자칫 혼돈에 빠져들 수 있다. 이는 극단으로 치달은 자유주의와 다원주의가 오히려 개인의 권리를 중대하게 침해할 수 있으므로 일련의 제약이 필요하다는 점을 시사한다(이상형, 2013, p.106).

반응적 공동체주의는 이와 같은 문제의식에서부터 출발한다. 반응적 공동체주의는 개인의 권리를 부정하지 아니한다. 개인 권리가 중요함을 인정하는 가운데, 오로지 ‘내’ 관점에서만 그것을 좇다 보면 상당한 폐단이 발생할 수 있으므로 ‘남’과 함께 더불어 개인적 권리를 좇고 동시에 이를 주위 사람들과 함께 나눠 가질 방안에 대해 고민하자는 것이 반응적 공동체주의의 기본 입장이다. 즉 부당한 억압이나 간섭으로부터 개인을 보호해줄 수 있는 자유주의의 장점을 수용하면서, 가치관과 정체성을 공유하는 성원들이 자발적으로 모여 만든 다양한 형태의 ‘더불어 사는’ 공동체와 공동체적 삶을 장려하자는 일종의 절충론이 반응적 공동체주의의 핵심 주장인 것이다. 개인의 자율성과 권리를 보장함과 동시에 공동체가 갖는 미덕과 공동선에 대한 충성심을 중시하는 제3의 길을 제시하기 때문에 혹자는 반응적 공동체주의를 자유주의적 공동체주의라는 모순적 용어로 명명하기도 한다. 자유주의적 공동체주의란 말은 자유주의와 공동체주의의 공존 또는 정비례 관계—자유주의가 굳건하면 공동체주의도 성숙하며, 공동체주의가 굳건하면 자유주의도 성숙한다는 양시론—를 강조할 때 흔히 사용된다(이상형, 2013; 이종수, 2010).

이러한 반응적 공동체주의는 어떤 특정 공동체가 무조건 옳다는 주장 역시 경계한다. 반응적 공동체주의는 복수의 이질적 정체성이 상호 공존하는 '공동체들의 공동체(a community of communities)'를 만들고자 한다. 다양한 공동체가 갖는 독특하고 개성 있는 가치와 규범들을 지속적인 대화와 숙고 과정을 통해 계승적으로 수정, 편집, 혁신함으로써 모두가 자유로울 수 있는, 고도의 공공성을 자랑하는 '큰 공동체'를 구축하는 일이 반응적 공동체주의의 최종 목표인 것이다(Etzioni, 1996a).

제II부

공동체를 어떻게 이해할 것인가?

제II부에서는 공동체에 관한 다양한 이론과 연구 결과를 다섯 가지 유형으로 분류하여 제시한다. 구체적으로, 유형론적 접근, 인간생태론적 접근, 체계론적 접근, 갈등론적 접근, 도시계획론적 접근으로 나누어 살펴본다. 각 접근 방식을 대표하는 주요 학자들의 업적과 성과를 요약하고, 공동체 이해에 관한 함의점을 찾는다.

제3장. 유형론적 접근

제3장에서는 공동체에 대한 유형론적(typological) 접근 방식을 알아본다. 공동체를 유형론적으로 접근한다는 것은 특정한 성격과 내용을 갖는 인간 조직을 공동체의 이념형(ideal type)으로 설정하고, 그것의 대척점 혹은 비교점에 놓인 인간 조직(들)을 공동체의 또 다른 이념형(들)으로 설정한 후, 이들을 비교 분석하고 그 결과를 바탕으로 무엇이 공동체이고 무엇이 공동체가 아닌지를 논하면서 공동체에 대한 이해를 도모한다는 것을 의미한다(Nisbet, 1966, p.71).

유형론적 이해는 퇴니스, 베버, 뒤르켕, 짐멜과 같은 사회학의 대가들에 의하여 정립되었다. 이들 고전 사회학자들은 서로 다른 연구 주제와 방법론을 채택하였다. 그렇지만 18세기 이후 서구 유럽을 휩쓴 거시 사회적 변화, 우리가 흔히 근대성의 확장이라 일컫는 구조 변화를 목격하고 그 과정에서 인간의 미시적 조직, 특히 친밀하고 일차적인 유대 관계의 형식과 내용에 급진적 변화가 발생하였음을 인식, 그 원인을 파악하고자 애썼다는 공통점을 지닌다(강대기, 1994, p.8; Lyon & Driskell, 2011, p.17).

물론 위에 언급한 초기 사회학자들 가운데 공동체를 직접 언급하고 주된 연구 주제로 삼은 인물은 퇴니스와 베버뿐이었다. 공동체라는 용어는 당시 기준으로 생소한 단어였다. 이는 공동체에 관한 뒤르켕과 짐멜의 이론이 후대 연구자들의 해석에 따라 만들어진 결과물임을 뜻한다. 그럼에도 불구하고 사회학의 초창기 거장들은 근대화를 기점으로 인간 조직 형성의 원리와 내용, 방법에 근본적인 변화가 발생하였다는 데 공통으로 주목하였다. 그리하여 전근대와 근대의 사회적 조건을 각기 독립된 하나의 이념형으로 상정하고 그에 조응하는 인간 조직의 성질 및 원리를 비교 분석함으로써 사회의 변화 양상을 포착하고자 애썼다. 나아가 전근대와 근대 사회의 특징을 제시하고 미래에 대한 예측을 시도하였다.

인간 조직의 내용과 형식에서의 변화 양상을 유형화라는 하나의 방법론을 통해 비교 분석한 고전 사회학자들의 접근 방식은 이후 공동체 연구에 시사하는 바가 컸다. 특히 근대화 이전에는 공동의 유대를 바탕으로 지속적으로 상호작용하는 결합으로서의 공동체가 존재하였으나, 근대화 이후에는 그와 같은 결합이 형해화하고 반공동체적 사회관계가 일반화되었다는 이른바 상실론적(community lost) 시각을 공동체 연구의 주류 관점으로 자리 잡게 만드는 데 기여하였다(Tinder, 1980). 유형론적 이분법이 안착하면서, 이후 공동체 연구는 한동안 현대 사회 공동체 상실에 맞서 공동체 재건의 필요성과 방법론을 탐구하는 데 초점이 맞추어졌다.

아래에서는 공동체에 관한 유형론적 이해를 대표하는 고전 사회학자인 퇴니스, 베버, 뒤르켕, 짐멜의 대표작을 소개하는 데 지면을 할애한다. 소개에 앞서 한 가지 유의 사항을 언급하면, 제3장의 목표는 초기 사회학자들의 연구 결과 학습에 있다기보다 이들의 연구가 탈근대 혹은 후기 근대 공동체 이해에 주는 함의점을 모색하는 데 있다는 점이다. 여기서 소개하는 고전 사회학자들은 모두 근대 이행기 서구 유럽의 변화에 관심을 가졌던 인물들이다. 따라서 오늘날 우리가 현재 경험 중인 근대성 해체와 같은 이슈에 관하여 이들의 연구가 특별히 말해주는 바는 거의 없다. 더욱이 시공간의 제약에서 벗어난 현대 공동체의 복잡성과 다원성을 고려하면, 사회학 고전으로부터 현시대 공동체 연구자들이 얻을 수 있는 바는 제한적이다.

그런데도 우리가 세계를 이해하는 초기 사회학자들의 유형론적 접근 방식을 살피는 까닭은, 그것이 전근대와 근대 공동체에 대한 지식 창출에만 그치지 않고 탈근대 혹은 후기 근대 공동체의 특징적 성격과 내용에 대한 우리의 이해에 기여할 것이라 믿기 때문이다. 전근대와 근대의 구성 요소 및 원리에 대한 유형화는 그 연장선에 있는 탈근대 혹은 후기 근대의 유형화에 도움을 줄 것이다. 나아가 그와 같은 유형론적 사고의 숙달은 과거, 현재, 미래의 공동체에 대한 이해를 심화시켜 줄 것은 물론, 그에 대처하고 준비하는 방법의 정교화에도 이바지할 것이다.

1. 페르디난트 퇴니스—게마인샤프트와 게젤샤프트

서구 유럽의 변동을 유형론적 관점에서 분석한 고전적 사회학자 중 한 명은 페르디난트 퇴니스(1855~1936)이다. 퇴니스는 독립된 분과로 자리 잡고 있던 19세기 후반 독일 사회학계에 공동체라는 개념을 최초로 도입하여 체계화한 인물로서, 1855년 독일의 슈레비주 홀스타인이라는 작은 마을의 부유한 농가의 차남으로 태어났다.

홀스타인은 원래 독일의 조용한 농촌 마을이었다. 그러나 산업화의 진전에 따라 여느 유럽 마을과 마찬가지로 19세기 중반 이후 급격한 도시화를 경험하였다. 퇴니스는 바로 이 시기, 즉 자신이 나고 자란 작은 농촌 마을의 대변혁 시기에 유년기를 보냈다. 그뿐만 아니라 맏형이 영국을 상대로 무역상 일을 하였는데, 덕분에 영국의 주요 상업도시를 방문하며 농촌과 도시의 생활상을 국내외적으로 동시에 목격하는 귀중한 경험을 여러 차례 가졌다(강대기, 1994; Salomon, 1973).

이러한 개인적 경험은 자연발생적 유럽의 농촌 마을이 도대체 어떤 이유로, 어떤 과정을 거쳐 작금의 대규모 산업도시로 변모하였는지 젊은 사회학도 퇴니스의 호기심을 자극하는 기폭제가 되었다. 이후 퇴니스는 튜빙겐 대학에 진학하였고, 그곳에서 박사학위를 취득한 후 약 7년간 독일 킬 대학과 고향 집을 오가며 자신의 지적 호기심에 답하는 저술 활동에 몰두하였다. 그 결과가 바로 1887년 그의 나이 28세에 출간한 *Gemeinschaft und Gesellschaft*이었다. 책명은 애초 우리말로 『공동사회와 이익사회』로 옮겨졌는데, 이후 번역상의 오류가 있었음이 인정되어 현재는 『공동체와 결사체』로 번역되고 있다(전병재, 2002).

이 책에서 퇴니스는 모든 사회적 현상이 인간의 행위로써 표출되며, 인간의 행위는 인간 내면의 의지(wille, will)에서 발동한다는 전제에서부터 논의를 전개하였다. 특히 그는 인간의 의지를 자연적 의지(wesenwille, essential will)와 합리적 의지(kürwille, arbitrary will)로 나누고, 자연적 의지에 근거한 사회적 결속을 게마인샤프트(gemeinschaft, community), 합리적 의지에 근거한 사회적 결합을 게젤샤프트(gesellschaft, association)로 명명하였다(Tönnies, 1887/1978).

자연적 의지는 자연 상태 속 인간의 보편적 정서, 즉 시공을 초월한 인간의 기본적 욕구를 의미한다. 자연적 의지가 돋보이는 개인은 감정적이고 전통적인 사고방식을 따르며 타인과의 유대 관계를 중시한다. 이와 대조적으로 합리적 의지는 인위적이고 인공적인 상태 속에서 발전하는 인간 의식을 의미한다. 합리적 의지가 돋보이는 개인은 신중하고 목적적이며 미래지향적이다. 또한, 감정에 기복이 적고 개인주의적 성향이 강하다(Parsons, 1973).

자연적 의지에 근거한 게마인샤프트는 가족, 친족, 혈족과 같이 자연발생적이고 친밀한 애정(affection) 관계로 얽힌 집단에서 주로 관찰된다. 구성원들은 동질적이고, 강한 결속력과 순응성, 비타산성을 보인다. '나=너=우리'의 전일성 공식이 통용되기 때문에 어떤 사안에 대해 만장일치 합의를 도출해 내는 것이 일반적이다. 구성원의 행위는 전통, 관습, 종교적 가르침, 웃어른의 말씀 같은 비공식적 도덕규범에 의해 통제되며, 노동 분업은 성별, 연령과 같은 자연적 기준에 따라 최소한의 수준에서만 수행된다. 사회적 지위는 개인의 선택이나 의지, 능력과 관계없이 생득적으로 얻어지며, 사람들은 그에 따른 신분 질서를 숙명으로 받아들인다. 출생과 동시에 구성원 자격이 부여되기 때문에 집단에서 탈퇴가 어렵고, 반대로 특별한 기준을 만족시키지 않는 한 가입도 어렵다. 그러나 일단 한 번 구성원으로 인정받으면 주변의 조건 없는 희생과 도움을 기대할 수 있다. 게마인샤프트의 현실적 전형을 우리는 산업화와 도시화가 진전되기 이전 자연발생적으로 형성, 유지되던 농촌 부락에서 흔히 찾아볼 수 있다. 현재의 전형으로는 미국의 아미시 마을이나 하시딕 커뮤니티를 거론할 수 있겠다(강대기, 1994).

이와 대조적으로 합리적 의지에 기초한 게젤샤프트는 국가, 기업, 정당, 이익단체 등 자연발생적인 것과는 거리가 멀고, 특정한 이해관계 달성을 위하여 인위적으로 뭉친 결사체에서 주로 관찰된다. 이해관계가 결합의 주요 동력으로 작용하는 만큼 가입의 문턱이 상대적으로 낮고 탈퇴도 상대적으로 쉽다. 이해관계가 달성되는 순간 해체될 가능성도 높다. 여기서 이해관계란 생득적으로 주어진 본래적 가치가 아닌, 개인의 의지와 선택에 따라 후천적으로 추구되는 수단적 가치를 가리킨다. 이 말인즉슨, 돈이나 권력처럼 일반적으로 추구되는 희소가치를 비롯하여 그 외 도구적 성격을 갖는 모든 목적과 목표들이 게젤샤프트의 결합 원동력이 될 수 있다는 것을 뜻한다. 예를 들어, 만약 누군가가 친목이라는 지극히 도구적인 목적 때문에 집단을 의도적으로 형성하고 그로부터 정신적 위안을 얻었다면, 그 집단은 개인의 이해관계 추구가 결합의 주된 원동력이었다는 측면에서 아무리 친밀하고 정서적인 일차집단의 속성을 지닌다고 할지라도 게마인샤프트가 아닌 게젤샤프트로 봐야 한다는 것이다(Parsons, 1973).

게젤샤프트에서는 구성원 간 노동 분업이 철저히 이루어진다. 구성원은 매우 이질적 배경의 집단 풀(pool)에서 개방적으로 수급된다. 사회적 지위는 개인의 능력에 따라 후천적으로 획득되며, 개별적 업적과 성과가 중시되기 때문에 계층 이동이 활발히 일어난다. 사회적 행위와 관계는 계약, 조약, 협정과 같이 명문화된 법규와 경찰, 군대 등 제도화된 사회통제 기제에 의해 관리된다. 게젤샤프트는 자본주의가 발달한 오늘날 현대 사회 대부분 집단의 사회결합 유형으로 흔히 목격된다(강대기, 1994).

퇴니스는 19세기 말 서구 유럽의 농촌과 도시에 존재한 수많은 사회적 결합의 면면을 위와 같이 두 개의 이념형으로 구분하고, 산업화와 도시화라는 거시 사회적 구조 변화가 중세 유럽의 게마인샤프트적 사회결합을 게젤샤프트적 사회결합으로 변환, 대체시켰다고 주장하였다. 이런 측면에서 퇴니스의 유형론적 공동체관의 이면에는 사회변동론적 관점이 내포되어 있다고 평가할 수 있다.

여기서 한 가지 주목해야 할 사항은, 퇴니스는 현대 사회에 등장한 게젤샤프트를 진정한 의미의 이상적(desirable) 인간 사회로 상정하지 않았다는 점이다. 게젤샤프트를 인간의 자연적 의지에 반하는 인위적이고 인공적인 사회결합으로 간주한 퇴니스는 게마인샤프트만을 진정한 의미의 인간 사회라 여겼다. 또한, 게마인샤프트로 되돌아가는 것이야말로 인간 본연의 의지의 발로라는 측면에서 인간 사회의 종착지라 생각하였다. 그래서 그는 자본주의의 발흥에 따라 사회적 결합의 양상이 게마인샤프트에서 게젤샤프트로 — 설령 피치 못하게 — 대체된다고 할지라도, 자본주의의 피안에 게마인샤프트가 있음을 꿈꾸었고 이를 실현하기 위해 노력해야 함을 강조하였다(Adair-Toteff, 1995). 이는 퇴니스가 개인적으로는 보수적인 인물이었음에도 불구하고 대외적 활동에 있어서만큼은 노조 활동과 협동조합을 비롯한 다양한 진보적이고 사회주의적인 사회운동에 많은 관심을 두고 적극적으로 참여한 이유를 설명해 준다.

그러나 다른 한편으로 퇴니스는 자본주의적 산업화, 도시화, 교통 및 정보통신 기술의 발달로 대변되는 당시 서구 유럽 근대화의 비가역성을 누구보다 잘 알고 있었다. 따라서 게마인샤프트로 돌아가는 것이 현실적으로 불가능하다는 점을 받아들였다. 그래서 그는 게마인샤프트를 지난날의 추억 내지는 실낙원(paradise lost)으로 바라보면서, 게마인샤프트적 사회결합을 낭만화하고 동경하는 모습을 짙게 내비치었다. 게마인샤프트적 사회결합에 대한 퇴니스의 이 같은 관념적이고 정서적인 접근은 공동체를 일종의 가치지향 내지는 목적으로 이해하게 만듦으로써, 가치적 측면을 배제하고 구조와 기능의 측면에서만 공동체를 접근하고자 한 일부 후대 사회학자들 사이에 개념적 혼란을 만들어 내는 원인이 되기도 하였다(강대기, 1994, p.5).

마지막으로, 퇴니스는 경험적 측면에서 게마인샤프트가 자연발생적인 농촌 부락에서, 반대로 게젤샤프트가 인공적 도시에서 주로 발견된다고 봄으로써, 농촌과 도시를 상반된 성질의 인간 조직으로 간주하였다. 이러한 이분적 시각은 게마인샤프트를 이상적 사회결합으로, 게젤샤프트를 이상적이지 않은 사회결합으로 판단한 그의 가치평가와 합쳐져, 이후 지역공동체를 도시 안에 위치하지만 도시의 목적이나 존재가치를 공유하지 않음으로 인해 도시로부터 소외당하는 억압의 공간으로 이해하게 만드는 계기가 되었다. 나아가 지역공동체 주민들의 삶이 도시적 맥락에서 전개되는 한, 인간 본성의 파괴와 기본적 욕구 충족의 부정을 피하기 어렵다는 반도시적이고 반문명적인 정서 형성에도 영향을 미쳤다(Wirth, 1938). 이는 한편으로는 농촌민과 대조되는 도시민의 삶을 분열적이고 퇴폐적으로 간주하는 사회병리학적 관점으로, 다른 한편으로는 도시의 생활환경과 조건의 개선, 개혁을 통해 인간 본성에 충실한 공동체 복원에 힘써야 한다는 도시 지역공동체 재건의 관점으로 각기 구체화하였다(강대기, 1994).

2. 막스 베버 — 실질적 합리성과 형식적 합리성

독일의 사회학자 막스 베버(1864~1920)는 퇴니스, 짐멜과 더불어 현대 독일 사회학의 창시자로 간주된다. 그는 사회학뿐 아니라 법학, 정치학, 경제학, 종교학, 역사학 등 사회과학 제 분야에서 뛰어난 업적을 남겼다. 또한 예리한 현실 감각을 바탕으로 당시 다른 유럽 국가들보다 상대적으로 뒤처져 있던 독일 사회와 정치를 비판하고 근대화하는 데 힘썼다(Ritzer, 2004/2006, p.36).

사실 베버는 퇴니스의 게마인샤프트-게젤샤프트 분석에 직접적으로 응답한 『경제와 사회 — 공동체들』을 제외하고는 공동체에 대해 딱히 따로 언급한 적이 없다(Ritzer, 2004/2006, p.200). 그런데도 우리가 여기서 베버를 살피는 까닭은, 그가 제기한 점진적 합리화 개념이 퇴니스의 게마인샤프트-게젤샤프트 분석에 내재한 유형론적 공동체관과 상당한 친화성을 갖기 때문이다.

막스 베버의 주요 저서로는 *Die protestantische Ethik und der Geist des Kapitalismus*(1904-1905) 『프로테스탄트 윤리와 자본주의

정신』, *Wirtschaft und Gesellschaft*(1922) 『경제와 사회』, Gesammelte Aufsätze zur Religionssoziologie(1921) 『종교사회학』 등이 있다. 이외에도 그는 수많은 저서와 논문들을 발표하였는데, 이 모든 저작물을 관통하는 한 가지 테마가 있다. 18세기부터 오랜 근대화 과정을 거치면서 유럽 사회가 점진적으로 합리화되었다는 통찰이 바로 그것이다. 베버에 의하면, 유럽 사회 합리성의 점증은 비슷한 시기 전 세계 다른 지역 어디에서도 유례를 찾아볼 수 없을 만큼의 문화적 탈미신화(entzauberung)와 사회적 합리화(rationalisierung)를 가져왔다. 여기서 문화적 탈미신화란 중세의 미신적 사고에서 벗어나 이성적 사고를 하는 경향의 확대를, 사회적 합리화란 주어진 목적에 가장 적합한 수단을 선택하는 경향의 확대를 의미한다(김덕영, 2012, p.667).

베버는 근대 유럽 사회에 자본주의가 만개하고 관료주의가 확립되며 과학과 기술이 비약적으로 발전하는 등 인간 삶의 제 영역이 이전보다 훨씬 더 예측 가능하고 통제 가능하며 효율화한 이면에는 문화적 탈미신화와 사회적 합리화로 요약되는 합리성의 점증이 놓여 있다고 주장하였다. 그러는 한편 베버는 합리성의 점증이 결과적으로 비합리성의 심화를 동반함으로써 인간 소외를 초래하였음에 주목하였다. 즉 삶의 제 영역에서 합리성이 증가함에 따라 삶의 편의가 증대하고 자의적 권력으로부터 해방된 이른바 자율적 근대형 인간이 출현하였으나, 이 과정에서 인간이 제도와 조직에 복속되고 인간의 존재론적 의미와 가치가 수단보다 못한 것으로 전락하는 등 심각한 목적 전치 현상이 발생하였으며, 그 결과 비효율성이 증대하고 자율성이 위축되는 등 현실은 예전보다 못하게, 비합리적으로 변질되었음을 비판한 것이다(전성우, 2013, p.65).

합리성의 증가가 합리성의 훼손을 가져왔다는 논리는 모순적이다. 그러나 베버가 합리성을 하나의 유형으로 규정하지 않고 형식적 합리성과 실질적 합리성으로 나누어 접근하였음을 안다면, 이 말이 역설적 비유이었음을 곧 깨닫게 된다. 이를 위해 먼저 합리성 개념과 밀접히 연관된 사회적 행위에 대한 베버의 개념화부터 살펴보자.

베버는 인간의 사회적 행위를 감정적(affektuell), 전통적(traditionell), 합목적적(zweckrational), 가치합리적(wertrational) 행위로 분류하고, 합리적 행위를 합목적적 행위와 가치합리적 행위로 한정하였다. 베버는 합리적인 것과 비합리적인 것을 다음의 두 기준으로 가렸다. 첫째, 논리성이 분명하고 일관성이 있으며 모호한 것들이 완전히 제거된 가치체계가 합리적이다. 둘째, 모든 지식을 동원하여 최적이라고 판단된 방법을 통하여 달성된 목적이 합리적이다(Ritzer, 2004/2006, p.189-193).

이런 측면에서, 감정적 상태의 즉각적 욕구를 충족하려는 수단으로 취해지는 감정적 행위(예: 열정, 분노 등)는 특별한 성찰 없는 생리적 반응에 가깝다는 측면에서 비합리적이다. 습관적으로 이루어지는 전통적 행위 역시, 설사 그것이 유의미한 결과를 가져온다고 할지라도 의식적 숙고에 기반을 두기보다 관성에 가깝다는 측면에서 비합리적이다. 반면 어떤 목적을 달성하기 위해 요구되는 구체적 수단과 능력을 충분히 감안한 상태에서 취해지는 합목적적 행위는 목적 달성의 효율성이 중시된다는 측면에서 합리적이며, 현실적 결과에 개의치 않고 특수한 가치 자체에 대한 자기의식적 확신에 근거하여 취해지는 가치합리적 행위는 목적 달성의 효과성이 중시된다는 측면에서 합리적이다. 베버가 점진적 합리화 개념을 통해 말하고자 하였던 바는 사회적 행위의 중심이 근대에 접어들어 감정적, 전통적 행위에서 합목적적, 가치합리적 행위로 이동하게 되었다는 데 있었다. 따라서 아래에서는 주로 합목적적이고 가치합리적인 행위에 대해 살펴보고 그것이 합리성 개념과 어떻게 관련되는지를 짚어본다.

합목적적 행위에서는 어떤 목적을 달성하기 위해 어떤 수단을 채택할 것인가가 우선 고려 대상이 된다. 따라서 합목적적 행위의 관점에서는 가치합리적 행위가 매우 불합리하게 보이는 경우가 더러 생긴다. 행위자가 현실적 결과에 개의치 않고 특정한 의무, 명예, 종교적 소명감, 충성심 등 대의명분에 의거하여 자신을 희생하거나 무조건적으로 헌신하는 경우, 그 행위는 가치합리적 행위의 관점에서는 합당할 수 있으나 합목적적 행위의 관점에서는 수단과 목적의 정합성을 고려하지 않은 다분히 근시안적인 비합리적 행위로 해석될 여지가 다분하기 때문이다. 비근한 예를 우리는 불이 난 집에 노모가 갇혀있는 상황에서 찾을 수 있다. 이러한 상황에서 자식은 노모를 구하기 위해 불이 활활 타오르는 집 안으로 무작정 뛰어들어야 할까. 만약 누군가 그렇게 한다면 그는 가치합리적 행위자임이 분명하다. 그러나 합목적적 행위자라 할 수는 없다. 합목적적 행위자라면 불 속으로 즉각 뛰어들기보다 소방시설을 찾거나 119에 전화를 거는 방식으로 대응할 것이기 때문이다.

이처럼 목적 자체에만 초점을 맞추고 그것을 달성하는 데 필요한 수단이나 능력과의 정합성을 고려하지 않는 효과성 중심의 행위에 내재한 합리성 유형을 베버는 실질적 합리성(materiale rationalität)

이라 불렀다. 반면 단순히 목적이 아니라 그것의 달성에 요구되는 수단과 능력, 목적의 정합성을 우선으로 고려하는 효율성 중심의 행위에 내재한 합리성 유형을 형식적 합리성(formale rationalität)이라 불렀다(Kalberg, 1980).

합리성을 위와 같이 두 가지 이념형으로 나눈 베버는 전근대와 근대의 유럽을 비교하였다. 또한 근대의 유럽을 다른 지역 문명국과도 비교하였다. 베버에 따르면, 근대 유럽이 전근대 유럽뿐 아니라 비슷한 시기 중국이나 인도 등 발달한 문명국가들에 비해 훨씬 일찍 근대화를 시작하고 또 성공할 수 있었던 까닭은, 경제, 행정, 군사, 기술, 과학, 문화, 종교 등 사회 제 분야에 걸쳐 형식적 합리성이 유독 근대 유럽에서 극단적으로 추구되었기 때문이다.

근대 유럽에서 형식적 합리성이 극단적으로 추구되었다는 하나의 논거를 베버는 중국의 자본주의 발전 및 정착 과정에 대한 역사적 비교 분석을 통해 제시하였다. 『프로테스탄트 윤리와 자본주의』, 『유교와 도교』, 『힌두교와 불교』, 『종교사회학』 등에서 베버는 인구 팽창, 귀금속 유통 증대, 화폐경제의 확산 같은 경제적 조건이 비슷한 시기 유럽과 유사한 수준에서 구현되었음에도 왜 중국에서는 자본주의가 발달하지 않았는가를 물었다. 이에 대해 베버는 이윤 창출과 축적이라는 자본주의의 궁극적 목적 달성에 요구되는 다양한 도구적 장치가 근대 유럽에서는 성공적으로 고안되어 정착되었으나, 중국에서는 그렇지 못했다는 점이 차이를 만든 요인 중 하나라고 설명하였다(전성우, 2013, p.415).

구체적으로, 근대 유럽의 자본주의는 일터와 가정의 분리, 즉 공사 개념을 발전시켰다. 덕분에 경제 활동은 합리적 시민계층에 의해 수행되었고, 사사로운 이해관계가 기업 경영을 망치는 족벌 경영이 억제되었다. 숙련도에 따라 임금을 차등 지급하는 제도를 안착시켰고, 발전 가능성이 큰 미숙련 노동자에게는 기업 내부의 훈련 과정을 거칠 기회를 줌으로써 숙련 노동자 풀을 양성하는 체계를 갖추었다. 뿐만 아니라 노동자들이 사측에 가지는 불만을 기업의 복지 제공을 통해 무마하는 한편, 노동조합 활동을 법적으로 용인하고 제도화하여 적절한 수준에서 노동자들을 통제하였다. 또한 과학적 지식을 활용하여 자본회계를 관리하였고, 노동과정을 분업화, 표준화, 공장화하였으며, 이를 통해 생산의 효율성을 극대화하였다. 요컨대 근대 유럽의 자본주의가 중국의 맹아적 자본주의와 질적으로 달랐던 점은 경제적 조건의 차이가 아닌 형식적 합리성의 구현 수준에 있었다는 것이 베버 주장의 핵심이었다.

물론 널리 알려졌다시피 베버는 위와 같은 합리적 자본주의의 출현을 가능케 한 근원적 요인으로 유럽 개신교의 예정론과 소명 의식을 지목하였다. 절제, 금욕, 검소, 시간 엄수, 정직 등의 종교적 가치들이 불합리한 욕망을 자제하고 지속적으로 이윤을 추구할 수 있는 토대를 마련하게 함으로써 근대 유럽의 자본주의를 발흥케 한 정신적 원동력이 되었다고 그는 보았다. 그뿐만 아니라 근대 유럽의 특수한 정치적 조건, 구체적으로 절대왕정으로 대표되는 강력한 국가 개입, 국가와 시민 계급(부르주아지)의 협력에 의한 식민지 건설, 전쟁 등의 조건이 역사적으로 맞아떨어지며 근대 유럽에 자본주의가 발흥하게 된 배경을 구성하였다고 분석하였다. 따라서 어느 한 가지 요인을 결정적으로 지목했다기보다 개연적이고 다차원적인 설명을 시도하였다는 점에 유의해야 한다(ibid., p.354).

형식적 합리성이 지배하는 사회에서는 목적 달성에 필요한 행위의 효율성이 과도하게 강조될 수 있다. 그리고 이러한 상황에서는 실질적 합리성이 훼손될 수 있다. 예컨대 근대 유럽의 자본주의는 노동력 관리와 노동자 통제에 있어 최고 수준의 합리성을 달성함으로써 발흥하였지만, 이는 노동자의 자율성 상실, 즉 자본가에 대한 예속이라는 사회적 관계의 실질적 비합리성을 대가로 얻은 결과에 불과하다. 비슷한 예를 관료주의에서도 찾을 수 있다. 관료주의는 본래 업무의 효율성을 높이기 위해 직책별로 직위와 직무를 나눠놓은 제도이다. 그렇지만 위계에 의한 계급화가 아무리 업무 효율성을 높인다 할지라도, 이는 상급자에 대한 하급자의 복종, 개인의 창의력 및 재량권에 대한 제한을 비용으로 지불하여 얻은 결과라는 측면에서 비인간적 요소를 포함한다. 뿐만 아니라 관료제하에서는 노동자들이 자신의 업무만 중시하는 칸막이 행정, 즉 분절화 행태를 보임으로써 원활한 소통이 일어나지 않는 경우도 빈번하다. 효율성을 위하여 만들어진 조직이 비능률성을 조장하는 상황인 셈이다(Ritzer, 2004/2006, p.182). 베버는 근대 자본주의와 관료주의에서 발견되는 이와 같은 모순을 "자연적 관계의 역전"이라고 비꼬며, 근대성에 본질적으로 내재한 인간성 말살 현상을 경계하였다(Sayer, 2002, p.83).

요약하면, 베버는 형식적 합리성의 점증에 따라 근대 유럽인들의 삶의 편의가 제고되었으나, 그 와중에 중심에 있어야 할 실질적 합리성이 구축(驅逐)됨으로써 인간 소외가 가속화된 현실을 비판하였다(윤평중, 1992, p.22-24). 베버는 합리성 자체가 목적이 되어 인간이 어떻게 살아가야 하는지, 무엇을 위해 살아가야 하는지 등의 근본적 질문들이 경시되고 만 작금의 현실을 개탄하였고, 이를 이제 인간은 "쇠 우리(stahlhartes gehäuse)" 속에 살게 되었다는 비유를 통해 비판하였다(Sayer, 2002, p.2). 그러나 다른 한편으로 근대화와 산업화를 역류시킬 수 없는 것과 마찬가지로, 형식적 합리성의 확산과 그에 따른 목적 전치, 인간 소외 현상 역시 불가피하며 막기 어렵다고 생각하였다. 이는 베버가 서양의 근대성을 체념적 자세로 수용하고 미래를 비관한 이유를 설명한다.

한편 일각에서는 베버가 현대 사회를 우려의 시선을 바라본 것이 아니라고 주장하기도 한다(임의영, 2016, p.159). 독일어 stahlhartes gehäuse를 영어 iron cage로 옮긴 인물은 구조기능주의자 탈코트 파슨스였는데, 만약 stahlhartes gehäuse를 iron cage가 아닌 steel ball, 즉 강철구 혹은 강철 외피로 번역한다면, 이는 현대인이 쇠 우리에 갇혀 절망에 빠진다는 뉘앙스가 아닌, 합목적성에 충실한 단단한 강철구의 빈 속을 가치합리성이란 값진 내용물로 꽉 채워 넣는다는 뉘앙스를 풍기게 되며, 이러한 뉘앙스라면 베버가 근대성을 비관하고 미래를 암울하게 예측했다는 해석은 오도라는 것이다. 그러나 강철구 비유를 지지하는 자들이 주장하듯 베버가 근대성을 낙관했다고 보는 데에는 무리가 따른다. 왜냐하면 베버의 저작물들을 전체적으로 살펴보았을 때, 그가 근대의 합리성 자체에 절망했다기보다 합리성에 의해 구현된 고도의 산업화, 기술화, 전문화 등 사회 변화의 양상들이 과연 어떤 의미를 지니며 또 무엇을 위한 것인지 객관적으로 증명해낼 수 없다는 무력감에 — 비관과 절망이라기보다는 다소간의 — 체념적 태도를 보인 것이 곳곳에서 감지되기 때문이다(이문수, 2019).

베버의 점진적 합리화 이론은 전근대와 근대 사회의 조건을 유형화하고 그에 조응하는 사회적 결합을 각기 게마인샤프트와 게젤샤프트로 명명한 후 양자의 특징을 비교 분석한 퇴니스의 유형론적 공동체관과 매우 흡사한 방식으로 공동체를 이해한다. 퇴니스는 근대화에 따라 게마인샤프트적 사회결합이 게젤샤프트적 사회결합으로 질적으로 변화하였으며, 이 와중에 친밀하고 정서적인 일차적 유대관계가 형해화하였다고 주장하였다. 베버 역시 이와 유사한 입장을 보였다. 그는 최근 번역되어 나온 Wirtschaft und Gesellschaft — Gemeinschaften 『경제와 사회 — 공동체들』에서, 베버는 유럽 사회가 합리화를 통해 점진적으로 근대화를 달성하는 와중에 사회결합의 주된 양상이 게마인샤프트에서 게젤샤프트로 바뀌었다고 보았다. 무엇보다 이 과정에서 게젤샤프트의 합리성이 비합리적 성질의 것으로 변질하였고, 이에 따라 인간이 수단화되고 제도, 문화, 관습으로부터 소외되었으며, 나아가 삶의 편의나 효용성 제고라는 외용과 달리 내막을 살펴보면 이전보다 오히려 훨씬 더 삭막하고 팍팍한 모습으로 삶의 질과 인간관계가 악화하였다고 분석하였다. 근대의 등장과 함께 찾아온 게젤샤프트적 사회관계가 인간을 속박에서 해방해 주기는커녕 오히려 쇠 우리 속에 밀어 넣음으로써 인간 소외를 가중한 현실을 비판한 것이다(Weber, 2007/2009).

이분적이고 사회변동론적이면서 동시에 암울한 공동체관을 가졌다는 점에서 퇴니스와 베버는 공통적이지만, 둘은 차이점도 보인다.

먼저 퇴니스가 게마인샤프트과 게젤샤프트를 각각 자연적 의지와 합리적 의지에 의거해 조직된 사회결합으로 간주한 것과 달리, 베버는 게마인샤프트를 실질적 합리성에 바탕을 둔 사회결합으로, 게젤샤프트를 형식적 합리성에 바탕을 둔 사회결합으로 간주했다는 점을 거론할 수 있겠다. 또한 게마인샤프트와 게젤샤프트의 역사적 실재에 대한 입장에서도 둘은 차이를 나타낸다. 구체적으로, 퇴니스는 중세의 게마인샤프트가 근대의 게젤샤프트로 역사적으로 대체된다고 본 데 반해, 베버는 게마인샤프트와 게젤샤프트가 모든 역사 과정의 기본 모형을 구성한다고 보았다. 베버는 합리성의 질적 측면에서 게마인샤프트가 게젤샤프트와 이념형 상으로는 확연히 비교될지언정, 현실적으로는 대체관계에 놓여있지 않다고 주장하였다. 이념형이 아닌 역사적 실재로서 게마인샤프트는 순수하게 합목적적인 사회관계 속에서도 얼마든지 구성, 유지될 수 있다고 본 것이다. 공동체와 결사체의 관계에 대한 이 같은 유연하면서도 비결정적인 입장은 베버가 『경제와 사회 – 공동체들』에서 게마인샤프트와 게젤샤프트 용어를 원형 그대로가 아닌 vergemeinschaftung(공동체화)과 vergesellschaftung(결사체화)으로 동명사화하여 사용했다는 데에서도 잘 드러난다. 이러한 입장은 훗날 연구자들에게 공동체와 결사체의 복잡한 혼재 및 착종(entangling, 錯綜) 관계를 탐구하는 단초를 제공하였다.

3. 에밀 뒤르켕 – 기계적 연대와 유기적 연대

베버가 합리성 개념을 토대로 근대 사회의 인간 소외 문제를 다루었다면, 독일 가문 출신의 프랑스 사회학자 에밀 뒤르켕(1858~1917)은 분화 개념을 중심으로 근대 사회의 통합과 질서 문제를 다루었다. 뒤르켕은 마르크스, 베버와 함께 사회학의 3대 거두로 거론된다(Morrison, 2006).

뒤르켕은 그의 대표 초기 저작인 *De la Division du Travail Social*(1893) 『사회분업론』에서 근대를 특징짓는 대표적인 사회 현상으로 분화(la différenciation sociale)를 지목하였다. 그는 사회를 일종의 도덕적 집합체로 간주하였다. 사회란 각자도생하는 개인들이 모여 이루어진 단순한 덩어리가 아니라, 개인의 존재와는 무관하게 존재하는 정신적 실체이자 집합적 의식으로서, 사람들은 규범, 신념, 가치를 아우르는 도덕을 통해 사회에 결합되고 통합과 안정을 찾는다고 하였다. 문제는, 근대에 접어들어 사회 분화가 가속화하면서 기존의 도덕적 토대가 사람들을 결속하는 힘을 상실하였고, 그로 인해 이전에는 볼 수 없었던 심각한 병리 현상들이 속출하게 되었다는 점이었다. 그리하여 뒤르켕은 해체되어 가는 근대 사회를 강한 응집력을 갖는 정상적 질서로 복원시키기 위하여 개인들을 재조직화할 새로운 도덕적 토대의 구축을 고민하였다. 후기 저작으로 갈수록 뒤르켕이 새로운 시대에 적합한 보편적 도덕교육을 강조하고, 사회 결속을 강화하기 위해 학교, 법, 종교, 직업윤리 등 사회화 및 사회통제 제도의 재정립을 역설한 것은 바로 이 때문이었다(Ritzer, 2004/2006, p.23).

퇴니스나 베버와 달리, 뒤르켕이 공동체를 자신의 주된 연구 주제로 다룬 적은 없다. 그러나 뒤르켕 역시 그의 유명한 기계적 연대-유기적 연대 개념을 통해 유형론적이고 사회변동론적인 공동체관을 간접적으로 내비치었다. 물론 퇴니스의 『공동체와 결사체』를 접한 뒤르켕이 그의 암울한 공동체관을 비판하고 이에 다시 퇴니스가 대응하는 과정에서 뒤르켕 역시 공동체 용어를 사용한 적은 있다(박영신, 2008, p.13; Aldous, Durkheim, & Tönnies, 1972). 때문에 그의 공동체관이 어떤 내용을 갖는지 유추하는 데 큰 어려움은 없다. 그렇지만 뒤르켕의 주 관심사는 여전히 사회통합에 있었다. 그는 '사회질서란 어떻게 가능한가'를 사회학의 중심 문제로 설정하였고, 사람들을 사회에 통합시킴으로써 근대 사회에 질서를 가져올 수 있다는 낙관을 버리지 않았다(김태수, 2008). 이와 같은 뒤르켕의 사상적 입장을 감안하여, 아래에서는 사회통합과 질서에 영향을 미치는 분화 개념을 중심으로 뒤르켕의 사회학을 살피고자 한다. 다음으로, 분화 이전과 분화 이후의 연대 양상의 변화를 짚어보고, 공동체에 관한 뒤르켕의 입장을 정리하는 방식으로 논의를 마무리하고자 한다.

자신의 박사학위 논문을 정리하여 발간한 『사회분업론』에서 뒤르켕은 근대 사회에 접어들어 사회 전 영역에 걸쳐 분화가 일어났음에 주목하였다. 그는 이를 기계적 연대에서 유기적 연대로의 이행으로 명명하였다. 뒤르켕에 의하면 이 이행은 근대화와 산업화가 촉발하였으나, 그로부터 파생된 결과는 다시 사회의 구조 자체를 바꾸는 구속적 힘으로 작용하게 되었다(Ritzer, 2004/2006, p.112). 기계적 연대와 유기적 연대의 내용을 이해하기 위해서는 먼저 뒤르켕의 연대 개념부터 살펴보아야 한다.

연대(solidarité)란 사람들 간에 형성된 사회적 관계의 일종으로, 연결에 따라 발현되는 특별한 집합적 속성을 가리키고자 할 때 주로 사용된다(Ritzer, 2004/2006, p.120). 따라서 연대 개념의 관점에서 사회란 단순히 개인들이 뭉쳐있는 덩어리를 가리킨다기보다, 여러 사람이 긴밀히 통합되고 연결됨에 따라 개인을 뛰어넘는 새로운 속성이 발현된 독립된 실체를 의미한다고 해석하는 것이 타당하다.

이처럼 사회를 개인의 존재와는 무관하게 존재하는 사회적 실재로 보는 입장은, 사회계약론에서 드러나는 개인주의적 시각과 명백히 상반된다. 계약론자들은 사회를 구속되지 않은 독립된 개인들의 자발적 선택에 따른 합리적 계약의 산물로 본다. 개인은 오로지 계약에 의해서만 타인과 연결될 뿐 그 존재 자체는 자족적이라는 것이다. 그러나 뒤르켐은 사회란 개인들의 단순 합이 아닌 그 이상이며, 특히 특수한 발현적 속성(emergent properties)을 가진다는 사회 실재론적 입장에서 계약론자들의 파편적 사회관을 비판하였다.

계약론의 사회관에 대한 뒤르켐의 비판은 그가 사용한 '계약의 비계약적 요소'라는 말에 잘 드러난다. 이에 따르면, 만약 어떠한 계약이 순수하게 합리적이라면 그 계약은 결코 일어날 수 없다고 한다. 왜냐하면 계약을 어기고 속임수를 쓰는 것이 더 합리적이기 때문이다. 모든 개인이 이렇게 생각한다면 세계는 의심하는 고립된 개인들로 가득 찰 것이며, 사회는 이루어질 수 없을 것이다. 그러나 현실적으로 사회는 존재한다. 뒤르켐은 따라서 합리적 계약 이전에 상호 불신하는 개인들을 이어주는 매우 비합리적인 무언가가 있을 것으로 가정하였다. 그는 이를 전계약적 연대(solidarité précontractuelle)라 부르며, 사회는 바로 이 특수한 연대에 기초하기에 가능하다고 주장하였다(Collins & Morris, 1992/2014, p.30).

쉽게 말해 연대가 있어야 사회가 있고, 사회가 있어야 계약도 있다는 논리인 것이다. 이 논리에 따르면, 계약론자들이 주장하는 합리적 계약은 사회의 토대가 될 수 없으며, 오히려 비합리적인 연대가 사회의 기반을 이룬다고 볼 수 있다. 뒤르켕은 그와 같은 기반, 즉 합리적 계약 이전에 불신하는 사람들을 이어주는 비합리적 연대의 근원을 도덕에서 찾았다. 도덕이란 사회의 기반이자 필수 요소로서, 사회가 존속하기 위해 하루라도 없어서는 안 될 필수재와 같은 것이라 하였다.

고립된 개인들을 하나의 사회 속에서 통합되어 안정적으로 살아가도록 이끌어 주는 조직적인 힘, 즉 연대의 근원을 도덕에서 찾은 뒤르켕은, 근대에 접어들며 연대의 양상이 변화하였다는 사실에 주목하였다. 그는 이를 기계적 연대와 유기적 연대라는 이분법적이고 변동론적인 유형화를 통해 포착하였다.

각각을 살펴보면, 먼저 기계적 연대(solidarité mécanique)를 기반으로 조직화된 사회는 소규모의 단순 사회로서, 미분화를 가장 큰 특징으로 한다. 미분화되었기 때문에 사회 성원들의 삶의 조건은 동질적이고, 개별적인 삶의 양상은 독자적, 환절적(環節的), 비의존적으로 전개된다. 그러나 삶의 조건이 동질적이기 때문에 구성원들은 대부분 유사한 경험을 공유하며, 따라서 개별적인 삶의 궤적이 설사 독자적, 비의존적, 환절적으로 나타난다고 할지라도 전체적으로는 높은 공통성을 띠게 된다. 그뿐만 아니라 공통적인 감정과 믿음을 표준화하고 공유하며, 그것의 제일성(齊一性)을 전통, 관습, 관행의 규범적 형태로 강조한다. 나아가 표준에서 벗어나는 일탈 행위를 형법과 같은 억압적 제재 방식을 통해 엄히 처벌한다. 요컨대 기계적 연대는 미분화된 단순 사회의 통합 기반으로서, 구성원 간 차이가 적고 동질성 수준이 높으며 처벌적 형법에 의해 결속을 유지하는 특징을 보인다(장승혁, 2014, p.67).

이와 대조적으로 유기적 연대(solidarité organique)는 고도로 분업화된 사회체계 속에서 형성되는 이질적 개인 간 비인격적 상호 의존과 그에 입각한 통합 기반을 가리킨다. 산업화와 도시화는 노동 분업의 증가를 가져왔다. 그리고 그에 따른 직무의 전문화와 사회적 차이의 증가는 기존의 기계적 연대를 깨뜨릴 만한 이질성과 비인격성을 초래하였다. 기계적 연대의 관점에서 보았을 때 이러한 변화는 곧 사회의 해체로 이어져야 마땅하였다. 뒤르켕 역시 그러한 가능성을 간과하지 않았다. 이는 그가 아노미적 분업과 같은 개념을 통해 확인한 바이기도 하다(Ritzer, 2004/2006, p.118). 급격하고 과도한 분업화 및 전문화는 사람들로 하여금 자신이 수행하는 업무가 다른 사람들과 상호 긴밀하게 연결되어 있음을 망각하게 만듦으로써 외부와 벽을 쌓고 자기 전문 분야에 스스로 고립되는 상황을 연출할 수 있다. 뒤르켕은 그와 같은 가능성을 충분히 인식하고 경계하였다.

그러나 뒤르켕은 고도의 분업화와 전문화에도 불구하고 우려했던 사회해체가 현실 세계에서 전면적으로 발생하지는 않았음에 주목하였다. 붕괴의 조짐이 있었으나 급증하는 이질성과 비인격성 속에서도 복잡한 사회는 그럭저럭 유지되었고, 기계적 연대가 무너진 상태에서도 통합과 질서가 어느 정도 잡혀 나갔다. 미증유의 현실을 목격한 뒤르켕은 무엇이 새로운 사회의 '접착제'와 '윤활유'로 작동하는지, 왜 사회는 해체되지 않고 연결을 유지하는지 물었다. 이에 대해 뒤르켕은 사회가 붕괴하지 않고 유지되는 것은 유기적 연대가 새로운 사회의 접착제, 나아가 윤활유 역할을 하기 때문이라 답하면서, 신사회의 조직력(organizing force)을 기계적 연대가 아닌 유기적 연대에서 찾았다(정영애, 2004).

뒤르켕은 분업화와 전문화가 진행될수록 의식의 유사성이 약화하고 상호 이질성이 증대하지만, 이는 개인 간의 기능적 상호 의존성을 강화하면서 유기적 연대의 출현을 촉진한다고 분석하였다. 즉 분화가 가속될수록 생존이라는 기능적 목적을 위하여 개인은 미지의 낯선 타인들에게 의존해야 하는 상황에 더 자주 직면하게 되며, 비인격적 상호 의존의 중요성과 유효성을 인식하는 개인이 많아질수록 그 결과로 오히려 이전보다 높은 수준의 세련된 사회통합과 질서가 등장한다는 것이다(장승혁, 2014, p.68).

뒤르켕은 기능적 이유로 행해지는 바로 이 비대면적 협동을 새로운 사회의 도덕적 기반, 즉 사회 속에 통합되어 안정되게 살아가도록 이끌어 주는 연대의 근원적 힘으로 간주하였다. 이런 측면에서 뒤르켕에 있어 분화의 종착지는 도덕이 파괴된 무질서한 사회가 아니라, 전혀 다른 종류의 도덕을 갖는 질서 정연한 사회였다고 할 수 있다(Durkeim, 1893/2012).

그런데 문제는, 근대 산업사회가 추구해야 할 사회적 결합의 이상적 기반이 유기적 연대라는 점에는 의문의 여지가 없었으나, 사회가 지나치게 빠르게 변화하고 과도하게 분화함으로 말미암아 기존의 기계적 연대에 입각하여 사회에 통합되어 있던 많은 사람이 가치관의 혼란을 경험하고 통제 불능의 무규범 상태에 빠지게 되었으며, 이에 따라 다양한 사회병리 현상이 봇물 터지듯 터져 나왔다는 점이었다. 뒤르켕은 근대적 이행 과정에서 발생하는 이러한 위기와 불안을 그의 또 다른 대표 저서 *Le Suicide*『자살론』에서 아노미(anomie)란 용어를 통해 개념화하면서, 분화에 따라 복잡성이 증가하면 이질적이고 비인격적인 개인들을 묶어줄 새로운 도덕적 기반이 필요하지만, 사회가 그 요구에 기민하게 따라가지 못하면 결국 분화의 종착지는 통합이 아닌 파국이라는 점을 분명히 밝혔다(Durkeim, 1897/2019).

파국을 막고 사람들을 사회 속에 잘 통합시켜 원만히 생활하도록 돕기 위하여 뒤르켕은 도덕교육을 강조하였다. 물론 새로운 사회의 도덕교육은 사회의 통합 방식이 기계적 연대에서 유기적 연대로 바뀐 만큼 이전과는 달라야 했다. 따라서 뒤르켕은 근대 도덕교육의 목적을 전통 사회에서와 마찬가지로 단순히 규칙을 준수하도록 강제하는 데 두어서는 안 되고, 일상생활, 특히 경제적 활동을 하는 가운데 자신이 소속된 직업집단에 애착을 갖고 그 안에서 타인과 조화롭게 어울려 살며, 이런 와중에 상호 의존적 협력의 필요성을 깨닫고 자발적으로 그와 관련된 규범을 좇는 자율적 도덕성의 배양에 두어야 한다고 주장하였다. 뒤르켕이 근대 사회통합 방식의 변화 원인을 분화, 특히 경제적 영역에서의 분업과 전문화에서 찾았음을 감안하면, 전문 직업집단을 중심으로 한 직업윤리의 재정립으로부터 새로운 사회의 도덕교육 가능성을 모색하였다는 점은 매우 논리적인 귀결이라 할 수 있다(Durkeim, 1957/1998).

앞서 언급했다시피 공동체는 뒤르켐의 주요 관심사가 아니었다. 그렇지만 퇴니스와의 논쟁에서 그는 게마인샤프트와 게젤샤프트를 직접적으로 언급하였고, 이를 통해 그의 공동체관을 드러낸 바 있다(박영신, 2008, p.13; Aldous, Durkheim, & Tönnies, 1972). 게마인샤프트를 유일한 이상적 인간 조직으로 본 퇴니스는 미래 어느 시점에 게젤샤프트적 사회결합이 게마인샤프트를 대체할 것이며, 실제로 그 시점이 오면 더는 이전과 같은 단결, 협동, 조화, 일치, 협력, 통일의 관계를 인간 사회조직에서 찾아볼 수 없게 될 것이라 비관하였다. 이러한 비관적 전망 이면에는 게마인샤프트를 인간적이고 자연적인—그래서 바람직한—사회결합으로, 게젤샤프트를 인공적이고 비인간적이며 소외적인—그래서 바람직하지 못한—사회결합으로 보는 암울한 이분법적 공동체관이 깔려있다.

반면 뒤르켐은 전근대의 기계적 연대보다 근대의 유기적 연대를 보다 바람직한 사회통합 방식으로 간주하였다. 여기서 바람직하다는 것은 둘 중 무엇이 우월하고 열등함을 의미한다기보다, 고도로 분업화되고 전문화된 오늘날 복잡한 산업사회 양상을 고려했을 때 사람들을 사회에 통합시키고 안정화시키는 방식은 기계적 연대보다 유기적 연대가 훨씬 효과적이고 효율적이라는 것을 의미한다. 따라서 현대 사회를 주어진 것(the given)으로 보았을 때, 그것의 현실적인 결합 방식을 마냥 부정적 태도로 바라본 퇴니스의 암울한 공동체관은 뒤르켐의 입장에서는 받아들이기 힘든 세계관이었다(강대기, 1994, p.6).

뒤르켕은 근대 사회에서도 얼마든지 단결, 협동, 조화, 일치, 협력, 통일의 사회적 관계, 즉 연대를 만들어낼 수 있다고 주장하였다. 그는 분업화와 전문화를 동반하는 급속한 근대적 산업화 과정에서 일시적으로 기존의 도덕적 기반이 해체되고 이로 말미암아 사회적 혼란과 위기가 찾아올 수 있음을 인정하였다. 그러나 그는 근대 산업사회가 증폭시키는 복잡성과 불확실성에도 불구하고 생존이라는 기능적 필요 때문에 사람들은 비인격적 상호 의존의 중요성을 점차 인식할 것이며, 이는 종국적으로 전근대, 전산업 사회와는 전혀 다른 방식으로 통합을 달성하는 데 기여할 것이라 전망하였다. 일사불란을 전혀 떠올릴 수 없을 만큼의 혼돈 속에서도 사람들은 새로운 도덕적 질서를 만들어낼 것이고, 새로운 규칙과 규범에 따라 유기적으로 얽히고설키면서 사회 속에 안정적으로 통합되어 질서 정연한 삶을 살 것이라 낙관하였다.

이 모든 것을 가능케 하는 것이 바로 뒤르켕이 주목한 유기적 연대라는 새로운 사회결합 방식이었다. 유기적 연대는 해체와 붕괴의 위험 사회 속 이질적 개인들을 상호 의존적 협력 관계로 맺어주고 신뢰할 수 있는 사이로 발전시킴으로써 조화와 균형을 가져다준다. 뒤르켕은 이것이 불확실하고 불안정한 근대 사회 속에서도—퇴니스 왈, 곧 사라질 것이라던—공동체를 여전히 생동감 있고 활력 있게 형성, 유지해 주는 도덕적 힘으로 작용한다고 긍정적으로 전망하였다.

4. 게오르그 짐멜—둔감함과 자유, 평준화와 개성

게오르그 짐멜(1858~1918)은 베버, 퇴니스와 함께 19세기 말 독일 사회학의 창립을 주도한 인물이다. 짐멜은 다양한 영역에서 연구와 저술 활동을 펼쳤다. 따라서 어느 한 부분만 꼬집어 그의 업적을 설명하기란 쉽지 않다. 그렇지만 그는 기본적으로 사회의 총체적 구조와 본질, 의미를 연역적 방식으로 추론하기보다, 돈, 유행, 식사, 이방인, 장신구, 비밀, 소집단 관계 같은 일상적이고 피상적이며 단편적인 현실들을 반실증주의적 방식으로 연구하는 일관성을 보였다(Ritzer, 2004/2006, p.42).

오늘날 사람들은 짐멜을 형식사회학(formale soziologie, 形式社會學)의 창시자로 부른다. 그 까닭은, 그가 사회학을 사회의 보편학문으로 파악하는 입장을 거부하고, 다수의 개인 사이에서 벌어지는 다양한 상호작용의—내용이 아닌—형식을 연구하는 특수 과학으로 규정하였기 때문이다. 여기서 상호작용의 내용이란 개인들이 상호작용하는 이유와 근거를, 형식이란 사회적 상호작용의 반복성, 규칙성, 고정성, 지속성 등의 구조적 성격을 의미한다. 짐멜은 후자만이 사회학의 관심 대상이 되어야 함을 분명하게 밝혔다. 전자를 연구 대상으로 삼는 한 사회학은 철학, 윤리학, 미학, 정치학, 문학 등과 구별되는 개별 학문으로서의 고유성을 잃는다고 생각하였기 때문이다(Ritzer, 2004/2006, p.225).

상호작용의 형식을 사회학의 주 연구 대상으로 못 박은 짐멜은 당대 여러 사상가와 마찬가지로 근대 사회의 등장에 큰 관심을 보였다. 그는 특히 근대화에 의한 평준화 경향과 소외, 그에 대한 개인의 저항이 주요 사회문제로 대두된 현실에 주목하였다. 그렇기에 그는 근대 사회에 대한 사회학적 분석은 삶의 개인적 속성과 초개인적 속성 사이에 성립되는 등식을 파악하고, 개인의 인격이 외부의 힘과 조우하여 갈등, 화해하는 적응 양상을 살피는 데 집중되어야 함을 주장하였다(Simmel, 1903/2005, p.35).

개인적 체험과 그것을 구성하는 외부의 힘, 그리고 양자 간 상호작용의 결과 개인의 삶에 구현되는 초개인적 속성을 살피기에 가장 적합한 사례로 짐멜은 근대 대도시를 선정하였다. 그리고 대도시에 거주하는 현대인이 자신을 둘러싼 외부의 힘을 체험하고 그에 적응하는 과정과 결과를 분석하였다. 1903년 초판 발행한 *Die Grosstädte und das Geistesleben* 『대도시와 정신적 삶』은 바로 그 성과물이었다.

이 책에서 짐멜은 시골과 소도시의 정서적이고 감정적인 애착 관계는 정신의 무의식 층에 뿌리를 박고 있으며, 꾸준하고 지속적인 습관을 통해 가장 잘 발전한다고 하였다. 그러나 이와 달리 대도시인은 변화무쌍하고 바쁜 일상 속에서 수많은 내외적 자극에 시달리며, 그로 인해 만성적인 신경과민 상태에 휩싸이게 된다고 하였다. 그리고 바로 이 신경과민 때문에 대도시인은 자극에 감정적으로 대응하기보다 이성적 태도로 만사에 차분함을 보인다고 분석하였다. 만약 쏟아지는 수많은 자극에 모두 열렬히 감정적으로 대응한다면 하루하루 버텨내는 것조차 어려운 일이 되고 말 것이기 때문이다. 짐멜은 대도시에서 특징적으로 발견되는 외적 힘으로서의 이성의 지배와 지적 분위기는 바로 이러한 요인, 즉 대도시민이 경험하는 엄청난 자극 그리고 그에 따른 만성적인 신경과민에서 기인한다고 분석하였다(ibid., p.36).

짐멜은 대도시의 또 다른 특징을 화폐경제에서 찾았다. 대도시에서는 상업적 활동이 다양하고 집중적으로 발생한다. 따라서 자급자족이나 물물거래를 주로 하는 농촌이나 소도시와 달리 상업적 거래의 매개 수단인 화폐에 커다란 중요성이 부여된다. 화폐란 기본적으로 교환의 수단이다. 그러나 짐멜은 화폐를 단순한 교환수단이 아닌, 존재하는 모든 객체를 대상화하고 평준화하는 추상적 성질로 파악하였다. 대상이 갖는 질적 특성과 개체성을 양화하고, 그렇게 측정된 가치를 동일 기준에서 비교 가능하도록 만드는 보편적 도구로서 화폐를 이해한 것이다(ibid., p.37).

여기서 주안점은, 대상이 갖는 유일성과 고유성에 무관심한 화폐의 속성으로 말미암아 화폐경제가 발달한 대도시 현대인은 화폐경제가 미발달한 농촌이나 소도시 현대인 혹은 전근대인과 비교하여 매우 독특한 체험을 한다는 사실이었다. 예를 들어 사회적 관계의 경우, 대도시민은 주변 사람들과 인격적 관계를 맺기보다 교환적 관계를 주로 맺는다. 독특한 개성과 인격을 지닌 인간 대 인간으로 만나 상호작용하는 것이 아닌, 얼마의 교환가치를 지닌 물건 대 물건으로 만나 상호작용한다. 상대방이 얼마나 독특한 개성을 가졌는지 혹은 얼마나 고상한 인품을 가졌는지, 영혼은 얼마나 맑고 깨끗한지 따위는 중요한 사안이 못 된다. 그러한 인간적 고민은 양화될 수도, 측정될 수도 없다. 즉 교환가치를 갖지 못하기 때문에 사람들의 고려 대상에서 제외된다. 화폐경제하 인간관계에서 중시되는 것은 오로지 상대방의 교환가치가 어느 정도 되느냐, 즉 얼마나 돈이 되느냐에 달려 있을 뿐이다.

가치평준화, 질적 가치 소멸, 비인격성 등 개인적 체험에 각인된 화폐경제의 초개인적 속성들을 짐멜은 그의 또 다른 대표적 *Philosophie des Geldes*『돈의 철학』에서 다음과 같이 묘사하였다. "… 우유배달부, 사채업자, 노점상인의 사례를 살펴보자. 그들은 우리와 오로지 돈을 매개로 연결될 뿐이며, 그 외의 모든 것들은 아무런 의미를 갖지 않는다. 우리는 배달해 주는 사람이나, 돈을 빌려주는 자, 그리고 노점상의 생활고라든가 인품에 이끌려 그들과 인간관계를 맺는 것이 아니다. 그들의 개인 사정이야 어떻든 상관없이 그저 우유를 배달해 주니까, 또 돈을 빌릴 수 있으니까, 그리고 물건 몇 개를 구매해야 하니까 어쩔 수 없이 관계를 맺을 뿐이다. 그리고 그 관계는 지극히 단편적인 관계에서 끝나고 만다…."(Simmel, 1900/2013)

대상의 고유성과 유일성을 단순한 수량 문제로 평준화시키는 대도시의 화폐경제는 대도시의 또 다른 특징인 이성의 지배, 지적 분위기와 결합하면서 무의식과 전통에 기초한 정서적 애착 관계를 소거시킨다. 대신 그 빈자리에 상호 급부에 대한 객관적 계산에 기초한 합리적 관계를 채워 넣는다. 종국적으로 이러한 관계의 체험은 대도시 현대인의 삶에 정확성, 계산 가능성, 치밀성 같은 초개인적 속성을 각인시키고, 그것을 삶의 주된 형식으로 자리 잡게 만든다. 짐멜은 화폐경제와 이성의 지배로 초래된 대도시적 삶의 특징적 형식이 종국적으로 삶의 내용에도 반드시 영향을 끼친다고 하였다(Ritzer, 2004/2006, p.234).

한편 대도시의 독특한 환경과 문화 속에서 현대인은 시큰둥함(blasé)이라는 또 다른 삶의 형식을 발전시킨다. 시큰둥함은 대도시의 오만 가지 자극에 생기 있게 반응하지 못하는 데 따른 결과로서, 사물의 차이에 대한 마비 증세를 동반한다. 여기서 마비란 차이를 인지 못 하는 것이 아닌, 인지하되 공허한 것으로 받아넘기는 냉소적, 비몰입적, 무감동한 태도를 가리킨다. 쾌락이 지속하면 무감각해지듯이, 극도의 자극을 받아 만사에 싫증과 귀찮음을 느끼는—그에 따라 더 큰 자극을 찾아 헤매는 중독적인—권태 현상을 보이게 된다. 뿐만 아니라 대도시인은 속내 감추기(reserviertheit)라는 삶의 형식도 발전시킨다. 이는 사람과 접촉할 때마다 매번 진실한 대응을 하기 어려움에 따라 나타나는 일종의 적응 양상으로, 짐멜은 속내 감추기란 정확히 말해 무관심이 아니며 대도시의 낯선 것에 대한 은밀한 반감과 관련된다고 하였다. 잠재적 또는 실재적 적대감의 발현 전 단계로서, 미지의 낯선 타자에게 적당한 거리를 두면서 회피하려는 태도라는 것이다(Simmel, 1903/2005, p.41-43).

시큰둥함, 냉소, 권태, 속내 감추기, 반감, 회피와 같은 부정적 태도는 모두 대도시에서 발견되는 삶의 규칙적 형식이다. 『돈의 철학』에서 짐멜은 이러한 인간의 부정적 심리가 도시를 냉혹하고 이기적인 사회로 변모시킬 것이라 예언하였다. 그러나 3년 후 발간한 『대도시와 정신적 삶』에서 짐멜은 자신의 예언을 뒤집으며, 그와 같은 대도시의 생활 태도가 다른 한편으로 개인에게 일정한 자유와 개성을 보장해줄 것이라는 다소 완화된 입장을 내비치었다. 이는 그가 대도시를 갈등과 긴장의 장소로만 보던 일방적 시각에서, 조화와 타협의 공간으로 보는 양가적 시각으로 인식을 전환하였음을 보여주는 증거라 할 수 있다.

시골이나 소도시, 고대 폴리스(polis)처럼 물리적으로 크기가 작은 집단이나 조직에서는 자유롭게 살고자 하여도 서로서로 감시하고 규율하며 내적 통일성을 강조하는 문화가 존재한다. 때문에 개인의 독립은 현실적으로 불가능하다. 이와 달리 근대 대도시처럼 물리적으로 크기가 큰 집단이나 조직에서는 시큰둥함, 냉소, 권태, 속내 감추기, 반감, 회피와 같은 삶의 양식들이 지배한다. 따라서 규모가 작은 사회에서 일반적으로 발견되는 감시, 규율, 내부 결속의 문화는 약화하고, 대신 상호 무관심과 무관여의 데면데면한 환경이 조성된다. 이는 외로움과 공허, 불안과 불확실의 감정을 초래한다. 그렇지만 그와 동시에 익명성과 사생활을 보장하고 구성원 간 연대 책임을 면제해줌으로써 전통과 관행의 구속으로부터 개인을 해방하고 자립할 수 있도록 돕는다. 이런 측면에서 짐멜은 근대 대도시인의 상호 무관심하고 무관여적인 태도, 그에 따른 공허와 외로움, 불안과 불확실의 감정을 자유의 또 다른 이면이라고 공언하였다. 짐멜은 자유가 정서적 안정이나 심리적 편안 같은 긍정적 심리와만 관련되지 않으며, 외로움, 불안 따위의 부정적 심리와도 깊은 연관성을 가진다고 보았다(ibid., p.45).

대도시는 자유의 본거지임과 동시에 개성과 유혹의 장소이기도 하다. 짐멜은 사회경제적 분업이 고도로 발달한 대도시에서 사람들은 자신의 성과를 전문화하지 않으면 안 되는 필연성에 직면한다고 보았다. 그리고 이러한 심리적 압박은 대중의 욕구를 세련되고 풍부하게 분화시키는 원동력이 된다고 하였다. 차이의 감수성에 고무된 개인들은 어떤 식으로든 다른 사람들과 구별되는 존재가 되고자 노력한다. 그러나 대도시에서의 만남은 짧고 덧없으며, 무엇보다 비인격적이다. 따라서 대중 사이에서 주목받는 존재가 되기 위하여 사람들은 인격의 고상한 배양보다 인격의 시각화에 애쓴다(ibid., p.55-57).

짐멜은 대도시에서 흔히 목격되는 유별남, 변덕스러움, 멋 부리기 등 특유한 과장 섞인 행동의 원인을 이처럼 개성을 추구하고자 하는 욕망에서 찾았다. 물론 대도시에서 장려되는 개성이란 것도 사실 알고 보면 주관 정신(인간 주체들의 정신적 발달)에 대한 객관 정신(시장경제, 과학기술, 관료주의 등에 구현된 근대적 정신의 총합)의 압도적 우위 속에서 굴복하지 않기 위한 인간 주체들의 안쓰러운 몸짓, 즉 사라져 가는 '개인적인 것들'을 구제하기 위한 극단적인 '개인 특성의 짜내기'라는 측면에서(ibid., p.51), 짐멜은 개성 있는 존재가 되고자 하는 대도시의 충동을 그저 긍정적으로만 묘사하는 것을 경계하였다(박정균, 2018, p.9-18).

요약하면, 짐멜은 대도시의 특징을 자극과 신경과민, 그에 대한 적응 결과로서 둔감함으로 특정하였다. 자극에 즉각적으로 반응함을 자제함으로써 대도시인은 만사에 차분히 대처하는 습성을 발달시키며, 이는 대도시에 이성적이고 지적인 분위기를 가져오는 계기가 된다. 또한 화폐경제가 발달한 대도시에서는 평준화, 질적 가치 소멸과 같은 화폐의 기본 속성이 사람들의 인간관계와 심리 상태에 심오한 영향을 미치는 힘으로 작동한다. 대도시인은 화폐를 거래하듯 주변 사람과 비인격적 관계를 맺고, 정확성, 계산 가능성, 치밀성이 강조되는 삶의 양식에 젖어든다. 한편 대도시인은 다양한 자극 속에서 시큰둥하고 소극적이며 비몰입적인 태도를 발전시킨다. 만사에 무감동한 권태를 느끼고, 서로에게 무관심하고 무관여하는 익명성 속에서 사생활을 만끽하며, 때로 더 큰 자극을 좇아 일탈을 감행한다. 이러한 대도시의 환경은 대도시인에게 자유와 자립을 부여하지만, 다른 한편으로 외로움, 허무. 불안, 불확실의 부정적 감정을 유발하는 원인이 되기도 한다. 대도시인은 또한 존재에 대한 불안, 성과에 대한 압박 등으로 말미암아 개성 표현에 집착한다. 이는 먼지 같은 존재로 변해버린 개인들에게 인격을 불어넣는다는 측면에서 긍정적이나, 남의 이목을 끌기 위해 개인적인 것을 과장한다는 측면에서 부정적이다.

짐멜은 『대도시와 정신적 삶』에서 대도시 외 인간 조직의 조건이나 정신적 삶을 직접적으로 언급하지 않았다. 그러나 고대 그리스의 폴리스, 근대 유럽의 시골, 소도시 등을 근대 대도시와의 비교 목적에서 수차례 언급하였고, 이를 통해 우리는 짐멜이 대도시 외 인간 조직의 조건과 정신적 삶에 대해 어떠한 생각을 가졌는지 유추할 수 있다.

짐멜에 따르면, 시골과 소도시에서는 강렬한 자극이 드물다. 따라서 사람들은 높은 민감도를 갖고 어떤 사건에 즉각적이고 비이성적으로 반응한다. 또한 시골이나 소도시의 경제적 기반은 자급자족 또는 물물교환이다. 따라서 재화와 서비스에는 유일성과 고유성이 부여되고, 그에 입각한 경제적 관계의 지속은 사람들에게 전인격성, 부정확성, 느슨함, 안정성, 정성적 평가라는 독특한 삶의 형식을 부여한다. 한편 시골과 소도시 사람들은 작은 자극에도 흥분하고 정서적으로 고양된다. 또한 인간관계에 쉽게 몰입하며, 사람들을 솔직하고 친근하게 대한다. 그러는 한편 서로를 감시하고 규율하며 강한 내부 결속력을 다지는 문화에 젖어 있고, 그런 만큼 내부적으로 공개성, 무한책임성, 상호 의존성, 동질적 성격을 강하게 드러낸다. 이와 동시에 개인들의 삶은 다양한 책무로 번잡하며, 전통과 관행의 유지 명목으로 자유와 개성 추구는 억제된다(Simmel, 1903/2005, p.45).

뒤르켕과 마찬가지로 짐멜 역시 공동체를 자신의 주된 연구 주제로 삼은 적은 없다. 그러나 『대도시와 정신적 삶』에서 보인 그의 도시 분석은 그가 가진 공동체관의 단면을 엿보게 해주기에 충분하다. 기본적으로 짐멜의 공동체관은 퇴니스, 베버의 이분법적 공동체관과 흡사하다. 짐멜은 시골과 소도시의 인간관계를 전인격적이고 본질적이며 감정에 충실한 것으로 보았다. 그래서 다소 무료하고 답답할지라도 시골과 소도시 사람들은 친근함과 유사성을 근간으로 전통과 관습에 충실한 안정적 삶을 살 수 있다고 생각하였다. 이와 대조적으로 짐멜은 대도시의 인간관계를 비인격적이고 피상적이며 계산적인 것으로 보았다. 그래서 설사 변화무쌍하고 파격적이며 흥미롭더라도 대도시의 조건은 사람들을 끊임없는 불안과 불확실성 속으로 밀어 넣으며 신경쇠약에 걸리기 쉬운 환경을 구성한다고 주장하였다. 시골과 소도시, 대도시에 대한 짐멜의 이 같은 대비적 평가는 게마인샤프트를 인간적이고 자연적인—그래서 바람직한—사회결합으로, 게젤샤프트를 인공적이고 비인간적이며 소외적인—그래서 바람직하지 못한—사회결합으로 간주한 퇴니스 또는 베버의 암울한 이분법적 공동체관과 유사하다.

그러나 짐멜이 시골과 소도시의 삶을 마냥 긍정적으로, 대도시의 삶을 마냥 부정적으로 묘사한 것은 아니었다. 그는 동질성과 안정, 내부 규율을 중시하는 시골과 소도시에서는 전통과 질서가 강조되기 때문에 사람들의 자유와 개성이 쉽게 억압될 수 있다며 비판하였다. 반대로 둔감함과 무관심이 삶의 지배적 형식으로 대두되는 대도시에서는 익명성이 보장되고 연대 책임이 면피되는 까닭에 인간 소외와 가치평준화 경향 속에서도 제한적이나마 자유와 독립을 추구할 수 있고 대체 불가능한 개별적 가치를 유지할 수 있다고 긍정적으로 평가하였다(ibid., p.45).

대도시에서 개인은 익명성을 보장받고 각종 연대 책임에서 면제된다. 상호 무관심과 무관여가 일반적이기 때문에 전인격적 관계맺음에 대한 강박이 존재하지도 않는다. 따라서 전근대 사회에서는 불가능하였던 집단주의 문화에 대한 저항과 일탈이 종종 시도된다. 이 같은 특별한 삶의 형식은 근대 대도시가 형성되기 이전까지는 불가능한 일이었다. 사람들은 자신이 거주하는 지역사회—즉 공동체—안에서 타인과 하나 됨(sameness)을 끊임없이 강요받았다. 같음이 강조되고, 다름은 처벌, 억압, 배제되던 전통 시골 마을 또는 소도시에서 개인은 유일의 정체성을 강요받았다. 그러나 근대 대도시가 등장함에 따라 이제 개인들은 보편화된 둔감함과 무관심 속에서 전에 없던 자유를 누리게 되었고, 개성을 드러내게 되었다. 짐멜이 20세기 초 유럽 대도시에서 목격하였던 것은 바로 이 같은 새로운 현실, 즉 복수의 공동체에 소속됨이 가능해졌고, 이에 따라 다양한 정체성을 임의로 갈아 끼울 수 있는 근대 사회의 등장이었다(김기탁, 2016, p.64).

짐멜은 전통적 의미의 공동체가 근대 대도시에서 사라져 버릴 것으로 생각했던 것 같다. 이런 측면에서 짐멜의 공동체관은 게마인샤프트가 게젤샤프트로 대체될 것으로 본 퇴니스의 공동체관과 흡사하다. 그러나 짐멜은 설사 전통적 의미의 공동체가 근대 대도시에서 사라질지언정, 근대 대도시를 사는 현대인이 게젤샤프트의 특징이라 할 수 있는 인간 소외와 정체성 상실, 소속감 혼란 등의 문제를 전적으로 경험하지는 않을 것으로 생각하였던 것 같다. 대도시의 조건(예: 화폐경제, 지적 분위기), 그러한 조건 아래 개인들이 겪는 체험(예: 시큰둥함, 속내감추기, 회피 등), 개인적 삶에 구현된 초개인적 속성(예: 비인격성, 가치평준화, 정확성, 치밀함 등)은 한편으로 불확실과 불안정을 키우지만, 다른 한편으로 독립적이고 개성 있는 삶을 살 토대를 마련해 준다고 믿었기 때문이다. 대도시의 삶과 대도시인의 심리 상태 및 사회적 관계를 긍정과 부정의 시선으로 바라본 짐멜의 이 같은 양가적 입장은 유기적 연대라는 새로운 사회결합 방식을 통해 불확실하고 불안정한 근대 사회 속에서 안정적 공동체 질서를 만들어낼 수 있다고 전망한 뒤르켕의 낙관적 공동체관과도 확연히 비교된다.

5. 소결: 근대성의 확장과 변화하는 공동체

1) 요약과 평가

지금까지 공동체를 유형론적 관점에서 이해한 고전 사회학자들의 업적을 살펴보았다. 이를 요약하면, 먼저 퇴니스는 공동체를 전통과 감정에 입각한 자연발생적인 인간 조직으로, 결사체를 이성과 계약에 입각한 인위적인 인간 조직으로 이념형화하였다. 덧붙여, 공동체를 인간 본성에 가깝다는 측면에서 바람직한 사회결합으로, 결사체를 인위적이라는 측면에서 바람직하지 못한 사회결합으로 간주하였다. 무엇보다, 근대화에 따라 바람직하지 못한 인간 조직인 결사체가 바람직한 인간 조직인 공동체를 대체할 것이라 예상함으로써 미래를 비관하였다.

베버 역시 퇴니스와 마찬가지로 암울한 공동체관을 가졌다. 그러나 공동체가 종국적으로 결사체로 대체되어 소멸할 것으로 예상한 퇴니스와 달리, 베버는 공동체와 결사체가 이념형 상으로만 구분될 뿐 역사적으로는 공존 가능함을 지적하며 퇴니스와 견해차를 내보였다. 그렇지만 베버 역시 사회결합의 주된 방식이 공동체에서 결사체로 이행하면서 인간 소외가 증가하고 인간성이 말살됨을 우려하였다. 즉 정도의 차이만 있었을 뿐 베버 역시 퇴니스와 마찬가지로 근대성의 확장과 함께 전통적 의미의 공동체가 약화, 해체되고 합리적 계약관계가 이를 대신하면서 비인간화가 심화하고 심리적 불안 및 불확실성이 확산하는 현실을 경계하였다. 퇴니스와 베버의 암울하고 비관적인 공동체관은 이후 사회학계에 계승되어, 공동체가 형해화하고 반공동체적 사회관계가 일반화되었다는 이른바 공동체 상실론(community lost)이 20세기 중반까지 공동체 연구의 주류로 자리 잡게 만드는 데 기여하였다.

뒤르켕은 직접적으로 공동체를 연구하지 않았다. 그러나 퇴니스와의 논쟁에서 자신의 낙관적 공동체관을 간접적으로 드러내었다. 퇴니스, 베버와 마찬가지로 뒤르켕은 근대화에 따른 사회적 혼란과 불안정, 불확실에 우려를 표명하였다. 그러나 그는 희망의 끈을 놓지 않았다. 그는 근대화에 따라 기존의 기계적 연대에 의한 사회결합이 흐트러지고 그 결과 사회통합과 질서에 균열이 생긴 것은 맞지만, 그것이 전면적이고 즉각적인 사회 붕괴를 초래하지는 않는다고 보았다. 뒤르켕은 고도의 분업화 속에서 사람들은 생존을 위하여 밀접한 상호 의존성을 깨닫게 될 것이고, 이 과정에서 촉발된 유기적 연대에 의한 사회결합은 종국적으로 절묘한 형태의 질서 정연한 사회를 안착시키는 데 기여할 것이라 예상하였다. 인간관계의 균열 속에서, 역설적이게도, 인간관계의 재통합을 촉진하는 새로운 도덕적 질서의 등장을 예상한 뒤르켕의 낙관은 근대 사회에서도 얼마든지 끈끈한 인간관계와 소통, 우정이 존재할 수 있다는 견해로 이어짐으로써, 이후 사회학계에 공동체 상실론에 대한 반론으로서 공동체 보존론(community saved)의 이론적 토대 마련에 일조하였다. 공동체 보존론이란 공동체란 형해화한 적이 없으며 근대성이 고도로 발현된 현대 대도시 환경 속에서도—전근대 사회의 그것과는 형태나 범위를 달리하며—계속 유지되어 왔다는 입장, 설령 과거 어느 한 시점에서 형해화하였을지라도 다시 언제든 회복할 수 있다는 입장을 의미한다.

퇴니스, 베버의 공동체관에 비관이, 뒤르켕의 공동체관에 낙관이 들어가 있다면, 짐멜의 공동체관에는 비관과 낙관이 둘 다 들어가 있다. 짐멜은 근대화에 따라 친숙함과 유사성, 전통에 입각한 일차적 인간관계가 사라지고 객관적 계산과 합리성에 입각한 이차적 사회관계가 대신 들어선다고 주장하였다. 이는 사회적 관계에서의 소외를 가중하고 외로움, 공허, 불안, 불확실 같은 부정적 심리 상태를 양산하는 원인이 된다. 이런 측면에서 짐멜은 근대 대도시에서 전통적 공동체가 사라질 것이라는 퇴니스, 베버의 비관적 공동체관을 일부 공유하였다. 그러는 한편 짐멜은 대도시의 다양한 조건과 그것이 개인의 삶에 각인시키는 특별한 초개인적 속성에 주목하였고, 이러한 속성은 대도시인이 독립성과 개체성을 추구할 수 있는 기회를 창출한다고 주장하였다. 나아가 이를 통해 근대 대도시를 오로지 부정적 의미의 공간으로 해석하기보다, 창조적이고 파격적인 관계가 시도되고 진솔하고 자유로운 정신이 구가하는 긍정적 공간으로 이해하고자 노력하였다. 대도시에 대한 짐멜의 이 같은 양가적 평가는 근대 도시의 비인간적 조건 아래에서 갈등과 함께 화해를 모색하는 개인들의 다채로운 인간적 적응 양상을 조명함으로써, 이후 현대 사회의 각종 비정형적이고 불규칙한 공동체들을 설명하는 프레임, 즉 공동체 확장론(community liberated)의 단초를 마련해 주었다.

2) 근대 공동체를 둘러싼 거시 구조적 환경 변화

19세기 말부터 20세기 초는 사회학의 성립기였다. 당시 학자들은 예외 없이 근대성의 등장과 확산에 많은 관심을 보였다. 그리고 그것이 공동의 유대와 친숙한 연결을 포함하는 전통적 인간 조직, 즉 공동체에 미치는 영향에 주목하였다. 초기 사회학자들은 공동체 변화의 구체적 양상이나 미래 전망 등에 대해 각기 다른 입장을 가졌다. 그렇지만 근대 사회에 들어 전통적 사회결합에 불가역적 변화가 찾아왔다는 사실, 즉 전근대 사회에서 경험한 것과 같은 공통된 연결과 친숙한 관계맺음에 균열이 발생하였고, 그 결과 예의 안정적이고 연속적인 정체성 및 소속감이 더는 똑같이 유지될 수 없게 되었다는 데 있어서만큼은 의견을 같이하였다.

전통적 공동체에 근본적 변화를 초래한 근대적 조건과 관련해서는 이미 앞에서 여러 차례 언급하였다. 점진적 합리화, 사회 분화, 개인주의, 자유주의, 기술 혁신, 세계화 등이 바로 그것이다. 그러나 전근대적 공동체의 유대와 연결, 정체성과 소속감 등에 급진적 변화를 초래한 근대적 조건과 관련하여 아직 설명하지 못한 부분이 남아 있다. 아래에서는 이를 ① 자본주의적 산업화와 이촌향도, ② 포디스트 축적체제와 대중사회, ③ 인구학적 변화와 분화라는 세 개의 꼭지로 나누어 좀 더 자세히 살펴보고자 한다.

먼저 자본주의적 산업화와 이촌향도(離村向都) 현상이다(Lyon & Driskell, 2011, p.26-27). 자본주의적 생산양식이 등장하기 이전에 사람들은 주로 농업에 종사하였다. 자본주의 이전 봉건시대에 농업은 상업화하지 않았다. 사람들은 성주에게 세금을 납부하거나 부역을 하기 위한 목적 외에 주로 가족과 친지 부양을 위하여 소규모로 농사를 지었고, 자급자족의 비율이 높았다. 그러나 18세기 이후 자본주의가 지배적 생산양식으로 역사의 전면에 등장하면서 자본은 차츰 기존의 농촌공동체 구성원들을 효율적으로 이용해야 할 필요성에 직면하였다. 자본주의는 더 많은 이윤을 창출하기 위하여 외부 자원의 결집이 용이한 도시를 건축해야 했다. 또한 공장을 짓고, 과거 토지에 얽매여 쉽게 이동할 수 없었던 농노 신분의 중세 농촌민들을 공장이 위치한 도시로 이주시켜 그 안에서 노동집약적 생산활동을 수행하도록 유도하여야 했다. 그 결과 수많은 농노가—외견상 자발적으로—자본가들에게 노동력을 제공하고 그 대가로 임금을 받는 노동 계약을 체결하였고, 많은 이가 도시로 이주하였다(Huberman, 1936/2000, p.43).

수세대에 걸쳐 정착해 살던 농촌의 고향 마을을 떠나 공장이 위치한 도시로 이주한 임금노동자들은 당연히 서로를 잘 알지 못하였다. 출신 지역이 다르고 억양도 다르고 먹는 음식도 달랐으며 관심사도 달랐다. 여러 마을에 퍼져 살며 서로 거의 어울리지 않던 농노들이 도시라는 낯선 장소에 신분을 달리하여 매우 짧은 시간 안에 집결하였기 때문에 공통분모가 있을 리 만무하였다. 뿐만 아니라 이들은 모두 이동성을 갖춘 임금노동자였다. 즉 임금을 더 많이 주는 공장으로 언제든 옮겨갈 수 있는 유목민적 성격을 강하게 지닌 계층이었다. 자신의 노동력에 더 비싼 값을 쳐주는 공장과 도시를 좇아 부유하였던 만큼 임금노동자들 사이에 응집력과 애향심이 생길 리 만무하였다.

공동의 유대와 친숙한 인간관계를 둘러싼 이 같은 급격한 상황 변화는 농촌 마을의 근간을 이루던 공동체적 가치규범과 전통, 관습을 송두리째 흔들어 놓았다. 무엇보다 안정적이고 연속적인 성격이 강하였던 "나는 어디에 소속된 존재인가"와 같은 정체성 관련 문제의 기원과 내용을 불분명하고 불확실한 성질의 것으로 바꾸어 놓았다. 전통적 공동체에 상당한 변화가 찾아온 배경에는 바로 이와 같은 근대적 조건의 변화, 즉 자본주의적 산업화와 그에 따른 도시화, 이촌향도 현상 등이 놓여 있다.

산업화와 이촌향도가 전통적인 공동체에 변화를 가하였다는 설명은 근대 유럽뿐 아니라 우리나라에도 적용된다. 우리나라는 한국전쟁 이후 1960년대부터 최근에 이르기까지 단기간에 고도성장을 이룩하였다. 이는 흔히 돌진적 산업화라는 말로 표현되기도 하는데, 이 압축성장 과정에서 수많은 젊은이가 굶주림을 피하고자, 먹고살기 위해, 성공하고자 상경하여 자신의 인적 자본을 노동시장에 다투어 값싸게 내놓았다. 그러나 갑작스러운 환경 변화와 이질적 개인들의 대도시 집중은 이들이 시골 마을에서 가졌던 전통적 가치와 규범, 관습, 관행을 새로운 거주지에서 유지하기 어렵게 만들었고, 이전의 소속감과 정체성을 낯설고 불편한 외투 같은 것으로 바꾸어 놓았다. 이뿐만이 아니었다. 많은 이주민이 임금노동자 신분으로 여기저기 거처를 옮겨 다니는 불안정한 삶을 살면서 이전과 같은 진득한 애향심을 지니기 어려워졌다. 당연히 이웃사촌이나 동네 사람들 간 정(情)이라는 말도 흘러간 옛 향수로 여겨지게 되었고, 담 하나를 사이에 두고 서로에게 무관심하거나 인사조차 하지 않는 관행이 익숙한 광경으로 굳어졌다. 자본주의적 산업화와 도시화, 이촌향도의 과정을 거치면서 산업자본은 이윤추구의 확실한 토대를 마련할 수 있었다. 그렇지만 기존의 전통적인 시골 마을공동체와 그 구성원들은 동질감과 친숙함 대신 이전에는 느껴보지 못한 이질감과 낯섦을 경험하게 되었고, 안정감과 연속성 대신 불안감과 불확실의 심리 상태를 발전시키게 되었다(윤근섭, 1993; 이명호, 2016).

물론 자본주의가 자리를 잡은 이후 대도시 안에서도—이전과 같은 마을공동체는 아닐지라도—전통적 의미의 공동체가 재현될 기회가 있었다(신희주, 2017, p.19). 그러나 자본주의에서는 기본적으로 개인주의와 자유주의가 강조된다. 개인의 사적 이해관계가 특정 공동체의 공적 가치보다 우선시되고, 다수의 보이지 않은 손들 모여 거래하는 시장 메커니즘이 그 밖의 분배 체계보다 선호된다(정성훈, 2011). 이 말인즉슨, 만약 어떤 공동체의 특정한 공적 가치가 보편적 가치인 개인의 자유로운 이해관계 추구에 우선시되는 움직임이 감지된다면, 그것은 이내 비판의 대상이 되어 처벌된다는 것을 뜻한다. 실제로 우리는 압축적 산업화가 종료된 현재 시점에서도 자본주의의 핵심 가치인 개인 간 노동력의 자유로운 거래를 불공정 계약으로 보고 임금 상승이나 복지급여 확대를 꾀하는 노동공동체(예: 노동조합)나 복지공동체(예: 빈민옹호단체, 노숙자인권단체 등)의 공정화 노력에 대해 자본가 계급이 즉각적으로 이데올로기 공격을 가하고 시장의 처벌 기제를 동원하여 제압하는 현상을 쉽게 목격할 수 있다.

자본주의는 개별 인간의 사적 이해관계 실현, 즉 소유욕에 기초한 사회구조를 가진다. 따라서 보편적인 소유욕을 초월하여 특정 공동선의 구현을 목표로 하는 공동체가 좀처럼 형성되기 어려운 환경을 조성한다. 설사 공동체가 형성되었다 할지라도 광범위한 지지를 얻으며 오랜 기간 지속하기 어려운 것이 현실이다.

공동체에 적대적인 자본주의의 구조적 특성을 일찍이 간파한 헝가리의 정치경제학자 칼 폴라니는 그의 저서 *The Great Transformation* 『거대한 전환』에서, 자본주의를 공동체를 파괴하는 사탄의 맷돌(Satanic mills)에 비유하였다(Polanyi, 1944/2009, p.161). 이 책에서 폴라니는 근대 자본주의 시장경제가 역사적으로 상품화될 수 없거나 상품화되어서는 안 되는 것들, 예컨대 노동력이나 토지, 주택, 의료와 같이 시장 논리가 아닌 사회적 유대나 집합적 연대의 논리에 입각하여 공급되어야 할 재화와 서비스를—국가와의 결탁하에—상품화(commodification)하는 방향으로 발전하였다고 분석하였다. 시장 자본주의자들은 이 같은 시장의 탈사회화가 이상적이고 효율적인 질서 수립에 이바지할 것이라 믿었다. 그러나 그들의 교조적 믿음과 달리 실상은, 폴라니에 따르면, 불평등, 실업, 저성장, 환경파괴와 같은 파멸로 귀결하였다(ibid., p.507).

특히 폴라니는 근대 자본주의 시장경제가 노동하는 인간을 그저 기업의 비용으로 간주하거나 수익의 대상으로 삼음으로써 기존의 공동체적 관계와 유대적 연결을 파괴하였고, 탐욕적 승자독식의 이기주의적 사회관, 오로지 이윤만을 최우선 가치로 삼는 경제주의적 인간관을 확산하였다고 비판하였다. 다시 말해 인간 본성에 내재한 조화로운 어울림과 상호 지지에 대한 욕망, 즉 공동체성을 마치 맷돌처럼 분쇄하여 사회를 원자화하였다고 비판한 것이다.

그러나 폴라니는 미래에 대한 낙관을 저버리지 않았다. 그는 시장의 폭주가 사람들에게 무한경쟁에 대한 피로를 유발하고, 사회적 유대와 집합적 연대를 중시하는 개인들의 반작용을 초래함으로써 애초 의도한 바대로 굴러가지 못할 것이라고 예상하였다. 시장의 탈주에 따른 사회의 자기보호 기제 작동, 그에 따른 사회의 대시장 지배권 재획득 및 공동체성 회복 등의 변화를 폴라니는 '거대한 국면 전환'이라고 명명하였다(ibid., p.566).

거대한 전환에 대한 폴라니의 예측은 20세기 중반까지의 역사에서 노동자들의 태업과 파업, 노동공동체 설립, 사회민주주의의 등장, 뉴딜 질서의 수립, 파시즘의 득세 등을 통해 적중되는 듯 보였다. 그러나 이후 세계 역사는 그의 예상을 뒤집는 방향으로 전개되었다. 특히 1970년대 이후 영국의 대처리즘, 미국의 레이거니즘 등으로 격화된 신자유주의의 부상은 자본주의적 시장경제가 사회적 관계나 통제에서 분리된 독립적 영역일 뿐 아니라, 심지어 사회와 공동체 전반을 통제하는 지도적 영역이자 원리의 지위를 다시금 획득하였다는 것을 극명하게 보여주었다.

우리나라에서는 신자유주의가 1997년 IMF 위기 이후 본격적으로 확산하였다. 이후 현재까지 우리는 극단적 구조조정과 비정규직 확산 및 정당화를 일상적으로 경험하고 있다. 뿐만 아니라 외모를 보험의 대상으로 간주하거나, 기상정보 같은 공공재마저 수익의 원천으로 삼는 파생상품이 증권시장에 등장함을 흔하게 목도하고 있다. 만물의 상품화가 묵시론적으로 추구되는 가운데, 시장경제 논리에 반하는 작은 움직임조차 자본의 공격을 받고 좌초되는 경우가 비일비재하게 발생하고 있다. 개인들은 승자독식의 논리를 강요당하고 있으며, 무한경쟁과 각자도생을 바람직한 가치로 장려받고 있다. 혹자는 신자유주의와 그것이 초래한 작금의 시장제일주의적 상황 그리고 공동체적 유대와 사회적 연대의 파괴를 '거대한 재전환' 혹은 '역전환'으로 명명한다(이정구, 2009, p.322).

폴라니의 예측은 20세기 말 신자유주의의 등장으로 빗나갔다. 그러나 역설적이게도, 예측의 실패는 시장 자본주의에 대한 그의 이해의 적합성을 보여준다. 자본주의적 시장경제는 사회에 의해 적절히 통제되지 않는 한 끊임없이 사회적 관계를 해치고 공동의 유대와 친밀한 연결에 대한 인간적 욕망, 즉 공동체성을 파괴하는 방향으로 발전한다는 것이 다시 한번 역사적으로 증명되었기 때문이다. 물론 폴라니의 논리대로라면, 신자유주의가 초래한 위기에 대한 시대적 반응으로 사회는 자기보호 운동을 재개할 것으로 예상된다. 사람들의 삶과 관계성을 중층적으로 복원하고 보호하기 위한 움직임을 우리는 오늘날 사회적 기업, 협동조합 등을 포함하는 사회적 경제와 공유경제 운동, 마을만들기 운동 같은 공동체 회복 운동에서 부분적으로 감지할 수 있다(진희선, 송재룡, 2013).

전통적 공동체에 변화를 초래한 또 다른 근대적 조건은 포디스트 축적체제와 대중사회이다. 근대 자본주의는 이윤 창출을 위하여 노동 탄압을 이어갔다. 당연히 이는 노동의 반발을 불러일으켰고 시장에 불안 요소로 작용하였다. 이와 더불어 20세기 초 자본주의 축적체제에 대공황 등의 심각한 균열이 생겨났다. 위기를 느낀 자본은 해결책으로 대량생산-대량소비라는 새로운 축적체제를 수립하였다. 새로운 축적체제는 미국의 포드사가 1931년 도입한 자동차 생산라인에서 기인하여 포디즘(Fordism)이라고도 불린다(Amin, 1994).

포디즘의 핵심은 20세기 초 자본주의를 덮친 이윤율 하락을 막기 위하여 테일러리즘(Taylorism)으로 대변되는 업무 효율화를 이룩하고 단순 업무의 반복을 통해 상품을 대량으로 생산, 출하하는 데 있었다. 그런데 대량생산이 이루어짐에 따라 노동자들은 컨베이어 벨트 옆에서 마치 기계부품처럼 소모되는 문제점이 발생하였다. 노동 강도가 세지고 자본의 노동 통제가 심해진 것이다. 이는 당연히 노동자 계급의 불만과 저항을 초래하였다. 이에 자본은 대량생산에 따른 강화된 노동 강도와 통제를 정당화하고 이윤 창출의 안정화를 꾀하기 위하여 유례없이 높은 임금과 복지급여를 보장하였다. 노동자들이 고임금과 고수준 복지를 받는다는 것은 높은 소비 능력을 바탕으로 대량소비를 할 능력을 갖추게 됨을 의미하였으며, 노동자 계급의 구매력 확대는 선순환 구조를 일으키며 대량생산을 가능케 하여 자본주의 축적체계가 안정적으로 유지될 토대 마련에 기여하였다 (Jessop, 2005).

20세기 초중반의 포디즘에 우리가 주목해야 하는 까닭은 그것이 전통적 공동체의 특수성을 파괴하는 한편 사회 전반에 보편성을 강요하는 사회경제적 힘으로 작용하였기 때문이다. 새로운 축적체제는 대량생산과 대량소비를 관리감독하는 주체를 필요로 하였다. 완전고용, 재정팽창, 사회안전망 구축, 구매력(수요) 확대, 노동조합과의 정치적 협상 등을 포괄하는 이 관리감독 업무를 포디스트 축적체제에서는 국민국가(nation state)가 주도적으로 담당하였는데, 국민국가는 위에 언급한 다양한 조절적 개입을 효율적으로 수행하기 위하여 중앙집권화된 관료주의 시스템을 발전시켰다. 중앙집권화된 국가관료주의는 특히 상품의 대량생산에 적합한 공장 노동력을 양산해야만 하였다. 또한 대량소비를 유도하기 위하여 국민의 생활과 문화양식을 전반적으로 재조정해야만 하였다. 이러한 필요성은 전국적으로 평등하고 보편적인 대중교육과 일률적이고 획일화된 대중문화 시스템의 확립 및 그것의 산업적 육성으로 이어졌다(Jessop, 1996).

포디스트 축적체제에서 벌어진 중앙집권화된 국가관료주의의 하향식 대중교육과 대중문화 확산은 공동체 역사에 중대한 변곡점으로 기록되었다. 이전까지만 하여도 전통적 공동체들은 중앙의 영향에서 비교적 독립적으로 각자의 개성과 욕구를 가졌고 저마다 독특한 삶의 방식을 추구하며 나름의 전통을 이어갔는데, 포디즘이 새로운 조절 양식으로 역사의 전면에 등장하면서부터 관료주의적 국가가 중앙의 강력한 힘을 바탕으로 전 국민의 가치관과 삶의 양식을 동질화하는 데 앞장서기 시작하였기 때문이다. 즉 중앙 권력의 비대화는 비중앙 공동체들의 독자성과 특수성을 형해화하는 데 기여하였다(Moulaert, Swyngedouw, & Wilson, 1988).

이를 좀 더 구체적으로 설명하면, 포디스트 국가의 국민은 전국 어느 행정구역에 살든 똑같은 교복을 입고 회색 페인트로 칠해진 똑같은 학교 건물로 등교하여 그곳에서 각자의 배경이나 삶의 발자취에 상관없이 공장 노동자가 되기에 적합한 교육을 일률적으로 받았다. 졸업 이후에는 관료주의 시스템의 공장에 취직하여 재량권 없이 정해진 일을 무료하게 반복 수행하였으며, 퇴근 후에는 전국 어디에 가든 똑같이 생긴 프랜차이즈 상점과 대형매장에서 똑같은 물품을 구매하는 소비패턴을 보였다. 집에 돌아와서는 똑같은 텔레비전과 라디오 프로그램을 보고 들으며 여가생활을 즐겼고, 노동력 재생산에 매진하였다. 전 국민 동질화 프로젝트가 대규모로, 전국적으로 전개되면서 개인들은 이제 어느 공동체 소속인가에 상관없이 매우 엇비슷한 삶의 방식을 영위하게 되었다. 특정 공동체가 가진 독특한 정체성이나 문화, 전통, 가치규범은 희미해졌으며, 전국의 수많은 작은 지역과 집단은 대량생산과 대량소비라는 축적체제 구축에 몰입된 중앙의 강력한 힘에 압도되어 몰개성화하였다. 공동체적 특수성을 발휘하거나 집단적 정체성을 유지, 발전시키는 것이 매우 어려운 대중사회(mass society)가 도래한 것이다(Procter, 2004/2006, p.195).

개성 있던 전통적 공동체들이 대중사회의 도래와 함께 평준화하면서 한때 지역사회에 생동감을 불어넣었던 다양한 시민적 결사와 정치적 참여 행위도 차츰 줄어들었다. 정치는 중앙의 소수 엘리트 집단에 의해 좌지우지되었고, 중앙에서 결정되어 하달된 정책들은 지방 지역사회에 결정적인 영향력을 행사하였다. 중앙의 힘이 비대해지면서 비중앙 지역사회에는 소통하지 않고 공적인 이슈에 관심을 두지 않으며 문제도 불만도 제기하지 않는, 정치사회적으로 소극적이고 무력한 인구도 늘었다. 공론의 장에서 증발하여 지극히 사적인 영역으로 도피해 버린, 무관심하고 무관여적인 익명의 대중이 양산되기 시작하였다. 시민적 결사와 집단적 연대의 힘이 약화하는 한편, 사회와 고립된 나 홀로족이 늘었다는 것은 공동체의 해체, 소멸을 의미하는데, 이러한 현상은 대중사회가 도래한 20세기 중반 이후 도드라졌다. 벨라, 퍼트남, 에치오니 같은 보수주의 진영의 학자들은 이러한 공동체 해체와 소멸에 심각한 우려를 표명하면서, 그 대안으로 사회적 자본 구축과 공동체주의를 제시하였다(Bellah et al., 1985; Putnam, 2000).

전통적 공동체에 변화를 초래한 마지막 근대적 조건은 인구학적 변화와 사회 분화이다. 근대 의학과 의료기술, 위생 행정 및 위생 관념의 발달은 출산율을 높이고 사망률을 떨어뜨려 인구의 폭발적 증가를 가져왔다. 인구의 크기만 증가한 것이 아니고 많은 사람이 한정된 대도시에 밀집함으로써 인구밀도와 이질성 역시 대폭 증가하였다. 인구 크기, 밀도, 이질성 같은 인구학적 요인들이 도시라는 제한된 장소 안에서 증폭될 때 도시는 사회경제적, 공간적으로 분화한다. 사회적, 경제적, 정치적, 문화적, 종교적, 인종적, 혈통적으로 강력한 동질성을 유지하며 지리적으로 근접한 장소에 몰려 살던 사람들이 대도시로 몰려들어 분화하면, 공동의 유대와 친밀한 관계맺음의 양상에는 질적 변화가 일어날 수밖에 없다(Lyon & Driskell, 2011, p.26).

일부 인간생태학자들은 이러한 변화가 공동체 소멸과 해체로 이어진다고 보았다. 이들은 공동체란 비매개적 대면접촉을 통해 인격적 의사소통을 하고 이해관계 혹은 생활양식의 동질성을 구성원 각자가 직접 가시적으로 확인할 수 있을 때 비로소 출현 가능하다고 여겼다. 이러한 조건에 가장 유리한 환경은 당연히 인구 규모가 작고 밀도가 낮으며 사회경제적 동질성이 큰 마을이나 동네 같은 작은 지역사회이다. 도시는 비매개적 대면접촉, 인격적 관계맺음, 동질성의 가시적 확인을 하기에는 규모가 너무 크고 사회적 긴장이 강하며 이질성이 심하다(Oliver, 2000). 이처럼 도시 환경에서는 공동체가 번영하거나 영속하기 힘들다는 부정적 시각을 가진 인간생태학자들은 근대 도시의 발전과 팽창이 전통적 공동체의 유대와 결속을 해체함으로써 개인의 소속감과 정체성을 해치고, 청소년 비행, 자살, 마약, 매춘, 도박과 같은 각종 사회병리 현상을 초래한다고 우려하였다(Kasarda & Janowitz, 1974).

요약하면, 공동체에 대한 유형론적 접근의 핵심은 근대 사회에 접어들어 어떤 식으로든 공동체가 변화하였다는 인식에 있다. 연구자에 따라 공동체가 해체되었다고 본 경우도 있고 공동체가 존속되었다고 본 경우도 있다. 견해 차이가 다소간 있지만, 핵심은 전근대에서 근대로 이행하는 과정에서 다양한 사회경제적, 정치적, 문화적 변화들 — 점진적 합리화, 사회 분화, 개인주의, 자유주의, 기술 혁신, 세계화, 자본주의적 산업화, 이촌향도, 포디스트 축적체제, 대중사회, 인구학적 변화 등 — 이 발생하였고, 이러한 근대적 구조 변화의 결과 공동의 유대와 친숙한 관계맺음이 이루어지던 정주지로서의 전통적 공동체는 질적, 양적으로 이전과는 완연히 다른 성질의 인간 조직으로 변모하였다는 데 있다.

3) 거시 구조적 환경의 새로운 변화

이처럼 유형론적 접근 방식은 공동체를 둘러싼 거시 환경을 전근대와 근대로 나누고 각각에 조응하는 공동체와 반(反)공동체의 이념형을 상정하는 방식, 즉 이분법적(dichotomous) 시각으로 공동체를 이해한다는 것이 특징이다. 그런데 20세기 중후반에 들어 이러한 이분법적 시각으로 공동체를 이해하는 것이 어렵게 되었다. 복지국가(포디스트 축적체제)의 와해, 금융자본주의의 등장, 환경문제, 정치적 열정의 쇠퇴, 사생활과 친밀성 영역에서 발생한 새로운 문제들, 양극화와 신빈곤의 등장, 냉전의 해체와 자유주의의 잠정적 승리, 이데올로기적 동원력의 약화, 개인화의 심화와 노동시장 유연화, 가상적 현실의 등장 등등 공동체를 둘러싼 거시 환경적 조건에 다시 한번 근본적 변화가 찾아왔기 때문이다(Hutchison & Gottdiener, 2010, p.188).

이러한 구조적 거시 환경의 변화는 한편으로 이성 중심주의(logos-centrism)에 대한 회의, 탈중심적 사고, 효율성, 기능성, 표준화에 대한 비판 등 근대의 철저한 해체를 앞세운 탈근대주의(postmodernism)를 촉발하는 계기가 되었다(전경갑, 2004, p.352-358). 중요한 점은, 이러한 탈근대주의로 말미암아 공동체를 이해하는 데 있어 기존의 이분법적 유형론의 시각이 더는 유효하지 않게 되었다는 사실이다(하용삼, 2017).

이뿐만이 아니다. 최근에는 탈근대를 넘어 후기 근대(late modern)에 조응하는 새로운 공동체상을 정립해야 한다는 논리마저 제기되는 상황이다. 이러한 논리는 초기 근대(early modern) 결사체가 비등하는 과정에서 안정적이고 연속적인 정체성의 근원으로서 전통적 공동체가 해체되었고, 그 결과 세계가 더욱 불안해지고 불확실해졌다는 인식, 나아가 무한경쟁과 각자도생이 지배적인 사회 분위기로 자리 잡은 가운데 친근하고 조화로운 어울림에 대한 사람들의 관심이 부활하는 현실, 다시 말해 위험사회(risikogesellschaft) 속에 새로운 사회적인 것(le social) 혹은 사회성(socialité)에 대한 후기 근대인들의 열망이 다시금 불타오르고 있다는 데서 동력을 얻고 있다(Maffesoli, 1988/2017, p.183; Wilkinson, 2001).

근대 사회는 전통의 속박에서 인간을 해방하였다. 사람들은 자유를 가져다준 근대적 조건에 환호하였다. 그러나 자유가 극단적으로 추구되는 가운데 세계의 불확실과 그에 대한 불안감은 커졌고, 오히려 새로운 형태의 권위와 규율, 통제가 가해져 인간 소외가 가중되었다. 자유를 얻은 대가로 사람들은 오랫동안 자신들이 속한 전통적 공동체가 주던 안전함과 친숙함—당연히 받아들이던 것—을 상당

부분 잃어버렸다(Bauman, 2000/2009, p.32; Sennett, 1998, p.138).

전통 사회에서 사람들은 서사적, 사회적 역할을 그저 부여받았다. 그렇지만 탈전통사회의 개인들은 이제 자기 자신을 주체적으로 창조해 나가야 한다는 강요를 받으며 기존에는 생각지도 못한 불확실성에 노출되었다. 집단에 의하여 보호된 안정적 일상이 차츰 침식되자 사람들은 이제 근대적 조건과 기회를 무조건 옹호하기보다 인간 가치의 필수 불가결한 요소인 안전함과 친숙함—즉, 삶의 내용과 양식—을 되찾는 데 성찰적으로 골몰하기 시작하였다. 설사 자유를 조금 구속당하더라도 주어진 위기(manufactured risk)를 공동으로 헤쳐나갈 수 있는 새로운—보다 정확히 말하면, 잊힌—방법을 찾는 생활정치(life-politics) 작업에 뛰어들었다(Giddens, 1991/2001, p.343). 이것이 작금의 공동체에 대한 후기 근대인들의 새로운 열광으로 나타났다고 설명할 수 있다(Giddens, 1994, p.124).

불안과 불확실의 시대에 공동체는 안정을 되찾을 수 있는 보금자리가 되어준다. 또한 세계를 두려움 없이 마주할 역량의 배양체가 되어준다. 이런 측면에서 공동체는 분명 다가올 미래의 유력한 대안이 될 수 있다.

그런데 단순히 공동체가 모든 문제의 해결책이 될 수 있다고 믿어버리고 그것을 무작정 추구하기에는 한 가지 미해결 문제가 남아있다. 우리가 바라는 공동체의 미래가 전근대의 전통적 공동체와 내용과 형식 면에서 과연 같을 수 있겠느냐 하는 문제가 바로 그것이다. 설령 같을 수 있다 할지라도 만약 우리가 추구하는 미래가 전근대 공동체와 내용과 형식 면에서 다를 바 없다면, 그것은 과거로의 회귀라는 측면에서 바람직하지 않지 않나는 의문을 제기해볼 수도 있다.

유형론적 측면에서 전근대와 근대의 조건에 조응하는 공동체의 이념형이 각기 존재한다면, 탈근대적 조건 또는 후기 근대적 조건에 조응하는 공동체의 이념형도 존재할 것이다. 그리고 그 이념형은 오늘날 사회의 독특한 거시 환경을 감안하였을 때, 분명 전근대나 근대의 공동체 이념형과는 내용과 형식 면에서 현저히 다른 모습을 띨 것이다.

만약 오늘날 사회에 조응하는 새로운 공동체상이 존재한다면 그것은 어떠한 성격을 가질까. 내용과 형식은 어떠할까. 이에 대해 논의를 이어 나가려면 먼저 탈근대 혹은 후기 근대의 특징과 양상에 대해 살펴볼 필요가 있다. 이에 관해서는 이 책의 제IV부에서 자세히 다루도록 한다.

제4장. 인간생태론적 접근

인간생태학이란 무엇인가. 인간생태학이란 간단하게 말해 인간과 환경의 관계를 연구하는 학문이다. 좀 더 구체적으로, 인간과 인간을 둘러싼 환경에 개인과 집단이 적응하는 과정 및 결과를 공부하는 학문이다.

인간생태학은 1920년대 미국의 도시사회학자이자 시카고대학교 교수 로버트 파크(1864~1944)에 의하여 정립되었다. 그는 사회과학 분야에 자연과학의 생태학 이론을 최초로 접목한 인물로서, 침입, 경쟁, 지배, 계승과 같은 생태적 과정 개념을 바탕으로 도시의 형성, 발전, 변화 및 쇠퇴를 연구하였다. 파크의 인간생태학은 대학 동료이자 제자인 어니스트 버제스와 1922년 공저한 *Introduction to the Science of Sociology*『사회학 입문』에 핵심 내용이 제시되어 있고, 더 깊이 있는 논의와 구체적 사례들은 3년 후 1925년 로데릭 맥킨지 등과 공저한 *The City*『도시』에 담겨있다.

파크의 인간생태학은 도시에 관한 과학적 분석과 설명의 이론적 토대를 마련하였을 뿐 아니라 사회학의 기초 관점 중 하나로 발전하여 이후 시카고학파를 탄생시키는 데 기여하였다. 아래에서는 인간생태학의 주요 내용과 특징, 공동체 연구에 미치는 함의 등을 파크의 생태적 과정과 자연지역 그리고 그의 동료이자 제자인 루이스 워스(1897~1952)의 생태적 3요인과 생활양식으로서의 도시성 개념을 중심으로 살펴보도록 한다.

1. 로버트 파크－생태적 과정과 자연지역

인간생태학은 애초 자연과학의 생물학, 특히 동식물생태학에서 출발하였다. 따라서 인간생태학의 기본 개념을 알기 위해서는 동식물생태학에 대한 이해가 선행되어야 한다.

19세기 생물학자들은 생물계 내 다양한 종(種) 간 상호 관계와 공동 작용에 큰 관심을 가졌다. 이러한 관심은 모든 생명체가 상호 연결되어 있다는 인식, 다시 말해 얼핏 외형, 충동, 행태가 달라 보이고 생존을 위하여 경쟁 관계에 놓여있는 것 같지만, 사실 지구상에 존재하는 모든 생명체는 긴밀한 상호 의존적 관계를 형성한다는 인식에서부터 출발하였다. 모든 종이 상호 연결되어 있고 상호 의존적이라는 인식은 근대 생물학의 근간으로서, 이러한 인식은 지구상의 다양한 종 간에 생명의 거대한 체계인 이른바 생활망(a web of life)이 형성되어 있다는 영국의 생물학자 찰스 다윈의 설명에 근거한다(황희연, 2002, p.33).

다윈과 19세기의 생물학자들은 공동의 서식지 내에서 발생하는 종들과 그들 간의 상호 연결성 및 상호 의존성을 생존경쟁의 산물로 설명하였다. 다윈은 *On the Origin of Species*(1859) 『종의 기원』에서 생물은 더 많은 먹이와 더 좋은 서식 환경을 차지하기 위하여 경쟁한다는 생존경쟁(生存競爭) 개념을 제시하였다. 생존경쟁은 생물과 생물을 둘러싼 환경과의 투쟁이며, 이종 간의 복잡한 관계들을 포함한다. 다윈은 생존경쟁 결과 주어진 환경에 가장 적합하게 적응한 종과 개체만이 살아남는다는 자연선택(自然選擇) 개념을 제시하였는데, 이는 동식물 세계는 물론 인간 사회에서도 생활환경에 더 잘 적응하는 개인이나 집단이 생존경쟁에서 승리자가 됨을 시사함으로써 훗날 자연선택 개념을 인간 집단에 적용할 수 있는 논리적 근거를 마련하였다. 실제로 종의 기원이 출판된 후 5년이 지난 1864년 사회학자 허버트 스펜서(Herbert Spencer)는 *The Principles of Biology* 『생물학 원리』에서 다윈의 자연선택 개념을 적자생존(survival of the fittest) 개념으로 치환함으로써 인간의 사회적 생존경쟁의 원리를 사회과학에 접목시켰다(황희연, 2002, p.40).

생존경쟁의 결과 생태계에는 질서와 규칙이 부여되고 균형상태가 찾아온다. 수많은 종과 개체가 생존을 위하여 경쟁하는 과정에서 주어진 환경에 적응하는 쪽과 그렇지 못하는 쪽이 나뉘는데, 이는 단일 종 또는 개체의 측면에서는 번영 혹은 멸망의 문제로 받아들여지지만, 전체 자연의 관점에서는 주어진 환경에 대한 최적의 상호 적응을 의미한다. 살아남은 것 간의 상호 관계와 상호 의존, 정확히 표현하자면 공리적(功利的) 결속은 증가하고, 경쟁은—새로운 종의 침입에 따른 경쟁이 발생기 전까지 일시적이나마—감소한다. 특정 지역은 그것을 가장 효율적으로 활용할 줄 아는 종에게 넘어가며, 최적의 서식 환경에 정착한 개개 종의 개체들은 경쟁적 협력(competitive cooperation)을 성공적으로 수행한 대가로 동질성(identity)과 통일성

(integrity)을 띠는 군집 단위, 즉 공동체(community)를 형성하여 각자 그곳에서 생태적 우위(niche)를 누리며 한동안 번영한다. 이처럼 다윈은 생존을 위한 경쟁이 결과적으로 생태계에 유기체의 수와 공간적 분포 및 기능을 조절하고 자연의 균형을 유지하는 힘으로 작용한다고 보았다. 이런 측면에서 그는 생존경쟁을 자연에 질서와 규칙을 부여하는 능동적 생명 원리라 하였다(ibid., p.45).

다윈의 이론에 근거하여 자연의 조화로운 균형과 질서 이면의 제 현상을 생존경쟁과 환경에의 적응으로 해석한 19세기 동식물생태학은 인간 세계 역시 마찬가지 원리를 통하여 설명될 수 있다는 생각으로 발전하였다. 파크의 인간생태론은 이러한 생각에서부터 시작하였다.

기본적으로 파크는 자연 세계의 동식물들이 유기체인 것처럼 인간 세계에 존재하는 모든 사회조직체 역시 유기체적 성격을 띠며, 발생하여 성장하고 죽음을 맞는 생애를 갖는다고 보았다. 그의 유기체적 사고방식은 특히 인간 세계의 창조물이자 주요 정주 공간으로서의 도시에 집중적으로 적용되었다. 그는 유기체로서의 사회조직체 개념에 입각하여 도시 역시 유기체라고 생각했으며, 이에 근거하여 도시의 형성, 성장, 변화, 소멸이 수많은 인간 개인과 집단의 침입, 경쟁, 지배, 계승이라는 생태적 과정의 산물이자 경쟁적 협력 관계의 공간적 표현이라는 사실을 유추하였다(ibid., p.59).

특히 그는 도시 내 인간 개인과 집단의 생존을 위한 활동이 유사한 속성과 목적을 갖는 최소한의 단위를 근간으로 이루어진다고 보았다. 그는 이 단위를 공동체라 불렀는데, 파크에 의하면 도시 내 인간공동체는 생존경쟁 과정에서 협동에 대한 기능적 요구에 따라 형성, 번영, 소멸하는 유기체와 같은 것이다. 이런 측면에서 파크의 인간공동체 개념은 대단히 생물적(biotic)이라 할 수 있다. 여기서 생물적이라 함은 인간은 자신의 생존을 위하여 경쟁하는 본능을 가진 존재로서, 만약 이들이 공동체를 만들어 협동하고 결속하게 되었다면 그것은 심리적이거나 도덕적인 관계에 대한 욕구가 아닌, 순전히 기능적이고 공리적인 이유에 기인한다는 것을 의미한다(황희연, 1997, p.95).

파크는 수많은 인간 개인과 집단이 생존을 위하여 각자가 속한 공동체를 근간으로 경쟁하고 협력하는 과정에서 애초 균질상태에 놓여있던 도시의 기능(활용)들이 분화한다고 보았다. 뿐만 아니라, 분화된 기능들이 질서 정연하게 공간적으로 전개되고, 그 결과 상이한 성격과 목적을 지닌 수많은 공동체가 도시 내 상이한 적소(niches)에 분포하면서 평형상태에 놓여있던 도시의 구조(외형) 역시 변화한다고 하였다. 도시의 이 같은 동태적 기능 분화와 구조 변화를 파크는 생태적 과정(ecological processes)이라는 동식물생태학의 기초개념에 의거하여 설명하였다(ibid., p.96). 아래에서는 도시의 형성, 성장, 변화, 쇠퇴를 설명, 예측하는 역동적 분석틀로서의 생태적 과정 개념에 대해 자세히 알아보도록 한다.

1) 생태적 과정

파크에 따르면 인간을 포함한 모든 유기체는 자신의 서식지에서 먹이를 가장 많이 담고 있는 장소를 차지하기 위하여 다른 유기체들과 생존경쟁을 펼친다. 물론 인간 세계에서 먹이란 더 나은 직장, 더 좋은 주택, 더 우수한 교육, 문화, 복지, 여가시설, 맑고 깨끗한 공기 등 자연 자원 같은 희소자원을, 서식 장소란 그와 같은 희소자원을 가능한 한 많이 담고 있는 도시 내 공간, 구체적으로 주택지, 상업지, 공업지 등등의 지역을 가리킨다. 그런데 동식물 세계를 보면 서식지의 자연환경은 균질하지 않으며, 그에 따라 먹이 역시 서식지 전역에 골고루 분포되어 있지 않다는 것을 알 수 있다(황희연, 2002, p.59).

예를 들어 설명하면, 하나의 서식지 안에도 어둡고 축축한 지역이 있는 반면 밝고 건조한 지역이 있고, 토양이 비옥한 토사 지역이 있는 반면 모래, 자갈로만 구성된 척박한 암반 지역이 있다. 어둡고 축축한 지역에는 습기로 생존하는 이끼와 이끼를 포식하는 동식물들이 생태적 우위를 누리며 번성한다. 반면 밝고 건조한 지역에는 소량의 수분만으로도 장기간 생존할 수 있는 선인장이나 낙타 같은 특별한 동식물들이 생태적 우위를 누리며 번성한다. 토양이 비옥한 지역과 척박한 지역에서도 마찬가지로 주어진 서식 환경에 걸맞은 조건을 갖춘 동식물들이 각자 선호하는 먹이를 포식하며 해당 장소에서 번성한다. 요컨대 동식물 세계의 서식 환경과 먹이 분포는 불균등하며, 이와 같은 불균등성은 동식물들의 기능적, 공간적 분화 및 특화에 직접적인 영향을 미친다. 여기서 기능적 특화란 남들보다 조금이라도 우세한 생존 능력을 갖춘 동식물은 그 장점을 살려 자신이 가장 잘 잡아먹을 수 있는 먹이를 포식하며 살아간다는 것, 그리고 공간적 특화란 모든 동식물은 자신의 생존 능력을 가장 잘 발휘할 수 있는 최적의 서식 장소로 물리적으로 이동해 나간다는 것을 의미한다(황희연, 1997, p.96).

동식물 세계에서 서식지의 자연환경이 각기 다르고 먹이도 서식지 전역에 골고루 분포되어 있지 아니하듯, 인간 세계에서도 도시의 환경이 각기 다르며 희소자원은 도시 전역에 균등하게 분포되어 있지 않다. 우리나라 수도 서울의 희소자원 중 하나인 주택을 예로 들어 이를 살펴보자. 서울시의 경우 사람들의 수요가 많고 매매가격도 높으며 실제로 질도 좋은 주택, 즉 좋은 주택은 보통 강남지역에 몰려있다. 반대로 낡고 불량한 주택은 주로 구도심이나 강북지역에 몰려있다. 그런데 사람들은 모두 좋은 주택에서 살고자 하는 욕구가 있다. 그렇지만 좋은 주택의 물량은 정해져 있으며 지리적으로도 강남에 몰려있다. 따라서 좋은 주택이라는 희소자원을 차지하기 위한 서울 시민들의 경쟁은 불가피하다.

여타 희소자원들, 예컨대 좋은 직장, 교육, 복지, 편의, 문화시설, 맑은 공기 등 자연 자원 역시 이와 마찬가지이다. 도시의 환경은 다르며 사람들이 중요하다고 생각하는 자원들은 공간적으로 불균등하게 분포되어 있다. 따라서 좀 더 좋은 환경, 즉 자신에게 가치 있는 자원들을 더 많이 담고 있는 도시 공간을 차지하기 위한 인간 개체 간 그리고 인간 집단 간 생존경쟁은 불가피하다.

이 같은 경쟁은 파크에 따르면 매우 자연적인 현상으로서, 경쟁의 결과는 첫째, 균형상태, 즉 안정적이고 질서 정연한 협력 관계에 놓여있던 이전 도시 공간의 불균형 상태로의 돌입이고, 둘째, 동식물 세계에서 볼 수 있듯 승자의 패자의 나뉨이며, 셋째, 그에 따른 인간 개인과 집단들의 기능적, 공간적 분화 및 특화이다. 여기서 기능적 특화란, 앞의 서울시 주택 예시를 이어 설명하면, 좋은 주택을 감당할 여력을 지닌 사람(승자)은 좋은 주택을 구매하고, 여력이 부족한 사람들(패자)은 그보다 덜 좋은 주택을 구매하는 한편, 다른 희소자원, 가령 좋은 직장을 구할 수 있는 능력을 십분 발휘하여 그 영역에서 승자가 된다는 것, 즉 일종의 분업 체계를 이룬다는 것을 의미한다. 그리고 공간적 특화란 좋은 주택을 구매할 능력을 갖춘 사람들은 좋은 주택이 몰린 지역으로 이동하고, 좋은 직장을 구할 능력을 갖춘 사람들은 좋은 직장이 몰린 지역으로 이동하는 것, 다시 말해 각자 자신의 조건에 가장 적합한 지역으로 진출하여 그곳에서 생태적 우위를 누리는 지배자로 번성함을 뜻한다. 하나의 연속된 과정으로 일어나는 인간생태계의 기능적, 공간적 분화와 특화는 현실적으로 도시 전역의 토지이용(누가, 어떤 토지를, 어떻게 이용하는가)과 지가분포(이용되는 토지의 경제적 가치는 어떠한가) 패턴을 결정짓는 일차적 요인으로 작동한다(황희연, 2002, p.64).

요컨대 파크는 생존경쟁의 결과 인간의 주요 정주지로서의 모든 도시지역은 그것을 가장 효율적으로 이용할 수 있는 개체에게 넘어가는 기능적, 공간적 분화 및 특화 현상을 경험한다고 하였다. 또한 이와 같은 현상은 유사한 속성(동질감)과 목적(희소자원의 확보)을 지닌 최소한의 사회적 단위, 즉 공동체를 근간으로 이루어지며, 이는 자연의 섭리로서 기존 공동체와 상이한 성격을 갖는 새로운 공동체가 외부에서 침입해 오는 한 끊임없이 발생하는 것이라 하였다. 나아가 도시는 그로 말미암아 균형과 불균형을 오가며 형성, 발전, 변화 및 쇠퇴, 소멸을 반복한다고 하였다(Park, 1952, p.151-152).

도시의 공동체 생태계는 본질적으로 안정(적응)을 추구하지만, 생존경쟁에 따라 주기적으로 기능적, 구조적 변화에 직면한다고 파악한 파크의 견해는 그가 제시한 생태적 과정 개념에 명확히 나타나 있다. 이를 도식으로 정리하면 아래와 같다(Hutter, 2015, p.96).

[표 4-1] 생태적 과정

○ 도시 공간(서식지)의 균형 상태(경쟁적 협력, 공생관계)
⇒ 새로운 공동체(이종)의 유입(침입) 혹은 사회적 격변(화산폭발, 가뭄 등)의 발생
⇒ 균형의 파괴, 공동체(종족) 간 생존을 위한 투쟁 격화
⇒ 특정 도시 공간(서식환경)에 적합한 공동체(종족)의 지배력(우위) 확대
⇒ 기존 도시 공간(서식환경)에서 기존 공동체(종족)의 약화 또는 퇴각(물리적 이동), 소멸
⇒ 새로운 공동체(종족)의 기존 도시 공간 점유(계승)
⇒ 해당 도시 공간을 비롯한 도시 전반의 기능(용도) 및 구조(외형) 변화
⇒ 경쟁의 감소, 새로운 공동체(종족)를 둘러싼 안정적 질서(생태계) 수립
⇒ 도시 공간(서식지)의 새로운 균형 상태(경쟁적 협력, 공생관계)

생태적 과정은 희소자원을 담고 있는 특정 지역을 차지하기 위한 인간 개체와 집단들의 생존경쟁과 협력적 상호의존 관계를 잘 보여준다. 위에서 우리는 이 과정을 대략적으로 살펴보았다. 그러나 파크를 비롯하여 맥켄지, 버제스 등 20세기 초 주요 인간생태학자들이 사용한 침입, 지배, 계승, 집중, 분산, 집심, 분심, 분리 같은 생태학 용어를 통한 설명을 시도하지는 않았다. 아래에서는 도시의 생태적 과정에 대한 이해도를 높이기 위하여 각 용어의 의미와 내용을 살펴보도록 한다(권희완, 1993, p.251).

먼저 침입(invasion)은 새로운 개체의 유입을 의미한다. 침입은 특정 희소자원을 담고 있는 지역을 차지하기 위한 생존경쟁에서부터 시작되며, 해당 지역 내 침입 개체 수의 급속한 증가로 나타난다. 또한 일반적으로 단독 개체 차원에서 일어나기보다 비슷한 속성(동질감)과 목적(희소자원의 획득)을 가진 집단, 즉 공동체 차원에서 일어난다. 따라서 침입은 기존 공동체의 변화와 소멸, 새로운 공동체의 형성과 발전을 포함하는 도시공동체 동학에 있어 매우 중요한 역할을 수행하는 요소라 할 수 있다(황희연, 2002, p.70).

침입은 다양한 방식으로 이루어진다. 그렇지만 일반적으로 토지이용의 변화로 귀결되는 침입과 점유자의 인구사회학적 성격 변화를 동반하는 침입 두 가지로 분류된다. 전자는 거주지가 상업지나 공업지로 변화하는 것과 같이 토지의 용도가 바뀌는 것을, 후자는 상업지 내 구매 패턴이나 주거지 내 인종 구성이 변화하는 것과 같이 특정 지역 거주자 집단의 주된 인구사회학적 특징이 바뀌는 것을 의미한다. 무엇이 되었든 침입의 결과는 지가(地價) 변화를 동반한다.

침입 초기 단계에서 특정 지역의 선점자들은 침입자들의 등장으로 말미암아 자신들의 기능적, 구조적 평형상태가 흔들림, 즉 이전에 누리고 있던 자원과 공간의 침탈을 경험한다. 따라서 선점자들은 침입에 강력하게 저항하는데, 이 저항은 침입자들로 하여금 교두보(point of entry) 확보라는 대응을 자연스럽게 끌어낸다. 침입자들은 보통 물리적 이동이 가장 편리한 지점에 교두보를 확보하는 경향을 나타낸다. 따라서 초기 단계에서 침입자들은 도시의 상업 중심지 근처나 저밀도 주거지 근처를 최초 정착지로 택하곤 한다.

이때 흔히 나타나는 현상이 집중(concentration)이다. 집중은 희소자원의 획득이라는 공리적 이유 때문에 특정 지역으로 사람들이 계속 모이고, 그에 따라 해당 지역의 인구밀도가 증가하는 경향을 의미한다. 다른 말로 구심화 과정(centripetal process)이고도 한다(ibid., p.72).

침입이 한창 진행되면 일부 침입자들은 높은 인구밀도를 피하여 도시의 간선도로를 따라 밖으로 뻗어 나가는 변형된 행동 패턴을 나타내기도 한다. 이와 함께 경쟁에서 패배한 일부 선점자들은 원래의 정주지에서 벗어나—정확히 말하면 밀려나—새로운 장소로 이동하여 그곳에서 새롭게 생존을 도모한다. 이처럼 시간이 지남에 따라 희소자원의 획득이라는 공리적 이유 때문에 인구가 특정 지역에서 다른 지역으로 계속해서 빠지고, 그에 따라 해당 지역의 인구밀도가 감소하는 경향을 분산(deconcentration)이라 한다. 분산은 집중과 반대되는 현상으로 원심화 과정(centrifugal process)이라고도 부른다(ibid., p.75).

새로운 지역으로 침입이 진행되는 과정에서 침입자들과 현 점유자들 간 경쟁이 치열해진다. 그리하여 경쟁에서 승리하기 위한 한 가지 방편으로 비슷한 성격과 목적을 지닌 자들끼리 밀집하여 집단적으로 행동하는 모습을 나타낸다. 이는 공리적 이유로 결속된 공동체를 탄생시키는 계기가 되며, 이후 양자 간 경쟁은 대체로 이 공동체 차원의 대치로 전개된다.

침입자들의 공동체가 되었건 원 점유자들의 공동체가 되었건 공동체 간 경쟁이 격화되면 상대를 이기기 위하여 각 공동체는 자신이 가진 능력을 적극적으로 활용한다. 여기서 주목해야 할 점은, 모든 생태적 환경에는 자연의 법칙에 따라 하나 또는 그 이상의 우점종(dominant species)이 항시 존재한다는 사실이다. 이는 자연 세계의 경우 가령 숲의 우점종은 나무이고 대초원의 우점종은 풀이듯이, 인간 세계의 도시에도 주어진 환경에 상대적으로 가장 잘 적응할 수 있는 개체와 집단이 반드시 존재한다는 것을 의미한다. 주어진 생태계 내에서 특별한 공동체가 다른 공동체보다 생존경쟁 및 적응 능력에서 앞서는 현상을 지배(dominance)라 한다(ibid., p.76).

침입자들의 공동체가 주어진 도시 공간 안에서 지배력을 확보하면 침입자들은 원 점유자들을 대체한다. 이 과정에서 특정 지역이 유지하고 있던 균형이 깨지고 이전과는 다른 균형체계가 들어선다. 이를 계승 혹은 천이(succession, 遷移)라 한다(ibid., p.77).

계승은 경쟁 상대를 밀어내기 위한 다양한 생태적 조직의 등장과 토지이용 방식의 변화를 동반한다. 예를 들면, 어떤 한 주거지역에서 특정 구조물 형태(예: 고층아파트)가 지배적 건축 방식으로서 우위를 갖게 되면, 그와 경쟁 관계에 놓여있던 기타 구조물 형태(예: 단독주택)가 상대적으로 열세에 놓여 외곽으로 밀려 나가고, 해당 주거지역은 아파트 밀집지역으로 용도 변경이 이루어지면서 차츰 아파트 거주자들이 단독주택 거주자들을 대체하게 되는 식이다. 이와 더불어 아파트 거주민에게 적합한 상업 시설과 기타 소비문화, 휴게 시설들도 연속적으로 해당 지역에 들어선다.

특정 지역에서 특정 공동체가 지배력을 확보하면 해당 지역은 이제 그 공동체가 추구하는 자원을 집중적으로 생산, 유통, 분배하는 방향으로 특화한다. 즉 기능적 전문화를 달성하게 된다. 특정 지역이 기능적 전문화를 달성한 정도가 커질수록, 해당 지역 내부의 동질성은 커지고 외부와의 이질성이 부각된다. 이처럼 한 지역 내 토지이용 방식이나 주민들의 인구학적 성격 측면에서 동질성이 증대하고 반대로 배후지와의 차별성이 커지는 현상을 분리(segregation)라 한다(ibid., p.74). 구체적으로, 분리는 토지이용의 혼재(예: 주상복합)가 감소함을 의미하며, 단일의 직업 유형이나 민족 집단, 사회경제적 계층의 비율이 증가하는 것을 의미하기도 한다. 우리나라의 사례를 들어 설명하면, 전자는 서울 인사동이나 전주 한옥마을 같은 관광특구에서, 후자는 인천 차이나타운 같은 이민자 집단거주지(엔클레이브, enclave)에서 실제 사례를 찾아볼 수 있다. 서구에서는 게토(ghetto)라 일컬어지는 저소득 소수인종 밀집지역이 분리 현상의 대표적 사례로 흔히 언급된다.

기능적 특화에 대해 좀 더 언급하자면, 일반적으로 모든 대도시에는 최고의 토지 가치를 지닌 두 가지 부류의 기능지역이 존재한다. 하나는 상업지역이고 다른 하나는 금융지역이다. 이들 기능지역은 상업공동체와 금융공동체가 여타 공동체에 대하여 지배력을 획득하고 분리됨으로써 형성된 경쟁의 공간적 표현 결과라 할 수 있다. 이 외에도 대부분의 도시에는 공업지역, 주택지역 등 다양한 기능지역이 존재한다. 그러나 사실 현대 사회 거의 모든 산업도시는 상업이나 금융이 다른 영역에 대하여 생태적 우위성을 차지하기 때문에 상업지역과 금융지역이 도시 공간을 지배하며 가장 비싼 지가의 지역—외형상 정중앙—에 들어서는 것이 현실이다.

어떤 도시에는 하나의 중심지에 다양한 기능이 몰리기도 한다. 이처럼 단일 중심점에 복수의 기능이 몰려있는 경향을 집심(centralization)이라 한다. 집심이 두드러지면 사람들은 설사 중심점이 위치한 지역의 공동체 구성원이 아닐지라도 해당 지역을 자주 방문하며, 이로써 집중 현상을 높인다(ibid., p.77).

집심과 집중이 동시에 발휘되면 매우 많은 사람이 한꺼번에 특정 지역에 몰린다. 그리고 이는 자연스럽게 해당 지역의 인구밀도와 함께 토지이용의 효율을 높인다. 토지이용이 효율화된다 함은 구체적으로 말해 작은 면적에 여러 기능—생산, 분배, 소비, 교육, 통제, 참여, 복지 등—을 갖춘 조직과 구조물이 촘촘히 들어서고, 그 결과 마천루가 들어서며 지가도 치솟는다는 것을 의미한다. 오늘날 대부분의 대도시 중심지를 보면 고층 건물이 숲을 이루고 각 건물은 하나의 용도로만 사용되기보다 상업, 행정, 주거, 문화, 휴식 기능을 복합적으로 수행하며 지대 역시 주변 지역보다 월등히 비싸게 책정된 것을 흔히 목격할 수 있다. 이는 중심지가 집심과 집중을 동시에 겪기 때문에 발생하는 현상이라 할 수 있다.

이와 대조적으로 어떤 경우에는 여러 기능이 여러 중심점에서 나뉘어 수행되기도 한다. 이를 분심(decentralization)이라 한다. 분심은 오늘날 대부분의 거대 도심권에서 쉽게 볼 수 있는 생태적 현상으로, 하나의 중심지가 다수의 기능을 복합적으로 수행할 수 없는 기능적, 구조적 한계 때문에 발생하는 결과라 할 수 있다(ibid., 79).

분심은 집심이 심화할 때 특히 두드러진다. 왜냐하면 집심이 일어나면 인구밀도와 함께 지가가 치솟는데, 높은 지대를 감당할 수 있는 사람은 소수이고 대부분의 사람은 인근 또는 외곽 지역으로 분산, 즉 밀려 나갈 수밖에 없기 때문이다. 타 지역으로 분산된 인구를 수용하려면 이들이 밀려난 지역에 필요한 기능을 갖춘 공간을 새롭게 마련해야 한다. 이러한 필요성에 따른 공간적 결과와 관련되는 것이 바로 분심이다.

분산을 동반한 분심은 경쟁에서 패배한 자들을 새로운 지역으로 유입시킨다. 새로운 지역으로 유입된 자들은 패자에서 침입자로 신분을 전환하여 원 점유자들과 생존을 위한 경쟁에 재돌입한다. 이는 위에서 언급하였던 집중, 집심, 분리, 분산, 분심 현상들을 차례로 일으키며 침입을 당한 지역의 기능적, 구조적 균형을 무너뜨린다. 그리고 결과적으로 경쟁에서 승리한 개인과 집단에—이들이 생태적 지배력을 획득한 경우에 한하여—해당 지역의 계승을 허락한다. 파크에 따르면, 이 같은 생태적 과정, 즉 인간공동체 간 경쟁에 의한 침입과 계승, 그에 따른 도시생태계 균형의 파열과 회복은 하나의 순환체계를 이루며 끊임없이 반복되며, 도시에 점진적 변화를 가져오는 근본적 힘으로 작동한다(Park, 1952, p.151-152).

생태적 과정은 인간 개인이나 그가 속한 일개 공동체의 측면에서 보았을 때는 생존을 위협하는 위험 요인이다. 그렇지만 거대 도시생태계의 관점에서는 특정 도시 공간을 가장 잘 사용할 줄 아는 자들에게 해당 공간의 기능적, 물리적 점유를 허락하는 효율적인 자원배분 메커니즘이다. 이 말인즉슨, 현재의 도시 공간은 결과론적으로 보았을 때 모든 개인과 집단의 생존에 가장 적합한 도시생태계 내 처소(niche)들의 최적의 조합이다. 설령 경쟁 때문에 강제로 떠밀려 현재의 공간으로 좌천된 것이라 할지라도, 이는 전체 도시생태계의 관점에서 보았을 때 제기된 위협에 대한 가장 합리적 대응이자 선택이었다는 측면에서, 현재의 균형상태는 경쟁이 만들어낸 최고의 상호 적응으로 해석해야 함을 의미한다(황희연, 2002, p.27).

2) 자연지역

파크는 주어진 환경에 마주한 인간 개인과 집단들이 각자 원하는 희소자원을 차지하고자 경쟁하는 와중에 가장 적합한 능력을 갖춘 개인과 집단에 특정 도시지역이 넘어가고 그에 따라 도시의 균형상태가 변화하는 양상에 관심을 가졌다. 특히 그는 도시의 변화를 생존경쟁에 따라 촉발되는 생태적 과정 개념에 의거하여 동태적으로 설명함으로써 도시를 생물적 질서를 따르는 자연의 일부, 즉 유기체로 간주하는 관점을 사회과학에 도입하였다. 여기서 자연이란 계획되거나 합리적인 것과는 반대되는 개념으로서, 의식적으로 노력하지 않아도 저절로 존재하거나 발생하는 모든 것을 가리킨다.

도시를 자연의 일부로 이해한 파크는 살아있는 유기체가 그러하듯 도시의 변화가 필연적으로 분화를 동반한다고 보았다. 그는 분화를 특정 기능의 충족에 특화된 작은 지역들로 도시 공간이 잘게 나뉘는 현상으로 이해하였다. 무엇보다, 분화의 원인과 과정, 결과가 생태적 과정이라는 보편적 자연법칙을 따른다고 보았다. 따라서 분화의 결과 형성된 도시 내 수많은 작은 구획을 자연지역(natural areas)으로 명명할 수 있다고 주장하였다(Park, 1952, p.198).

도시에는 다양한 자연지역이 존재한다. 경제 활동 측면에서는 상업지역, 중공업지역, 경공업지역 등이 존재하고, 소득수준 측면에서는 상류층 주거지, 노동자 주거지, 빈민촌 등이 존재한다. 인종 또는 민족 집단 측면에서는 백인 밀집지역, 흑인 밀집지역, 이민자 밀집 지역(예: 미국 LA 코리아타운) 등이 존재하고, 그 밖에 여러 인구사회학적, 문화적 측면에서는 동성애자 주거지(예: 미국 샌프란시스코의 카스트로 거리)라든가 집창촌(예: 네덜란드 암스테르담의 드 발렌) 같은 자연지역도 존재한다. 파크에 따르면 이들은 모두 특별한 희소자원을 획득하고자 다양한 인간 개인과 집단이 경쟁하는 와중에 승패가 갈리며 자연스럽게 형성된 도시 내 최소한의 지리적 단위로서, 그 존재 자체가 고도의 효율적 공간 활용을 의미하며 몇 가지 기능에 특화되어 있다는 점을 특징으로 삼는다(Mesch, 2010, p.864)

자연지역의 경계는 일차적으로 주위 지형지물에 의하여 결정된다. 지형지물은 바다, 강, 언덕, 산, 호수 같은 자연경관을 비롯하여 철도, 고속도로, 공원, 운동장 같은 인공적 장벽을 아우른다. 도시는 애초부터 이러한 다양한 지형지물에 의하여 수많은 반고립 상태의 작은 영역으로 나뉘어 있으며, 인간 개체와 집단 간 경쟁은 이러한 작은 영역들을 최초의 조건으로 삼아 시작되어 자연지역의 형성으로 귀착된다. 이미 형성된 자연지역들의 추가적 분화 역시 주어진 환경에 의하여 강력히 영향받음은 물론이다(ibid., p.864).

한편 도시에는 자연지역 뿐 아니라 자치구, 학교지구, 경찰관할지구, 위생지구 같은 행정지역들이 존재한다. 행정지역은 정부가 행정상 편의를 위하여 도시의 특정 인구집단이나 지역을 동일 단위로 구획함으로써 만들어진다. 인위적으로 만들어진 것인 만큼 생존을 위한 경쟁 과정에서 주어진 물리적 환경의 영향을 받아가며 자연스럽게 형성되는 자연지역과는 명백히 구분된다(ibid., p.864).

행정지역과 자연지역은 겹칠 수 있다. 그러나 실제로는 그렇지 않은 경우가 더 많으며, 이러한 불일치는 도시 내 지역 갈등의 주요 원인이 되곤 한다. 비근한 예로 사회혼합(social mix)이라는 정책적 목표 아래 시행되는 부촌지역 내 임대주택 건립을 거론할 수 있다. 정책의 정당성이나 필요성을 차치하고, 파크와 같은 인간생태론자들은 정부 주도의 사회혼합 주택정책에 대해 그것이 자연지역의 효율적 공간 활용을 저해하고 도시생태계의 안정적이고 질서 정연한 경쟁적 협력 관계를 해친다는 이유로 반대 견해를 분명히 나타낸다. 인위적으로 형성된 지역이 자연적으로 형성된 지역과 불일치함으로써 발생하는 명시적, 묵시적 비용과 사회적 갈등, 긴장을 우려한 데 따른 반대인 것이다.

자연지역은 도시 내 최소한의 지리적 단위로서 몇 가지 기능에 특화되어 있다. 따라서 점유자들의 인구사회학적 특징이나 토지이용 방식에 있어 주변 자연지역과 뚜렷이 분리되는 경향을 나타낸다. 이는 자연지역이 내부적으로 동질성이 크고 외부적으로 이질성이 돋보이는 지리적 단위임을 시사한다.

그런데 자연지역의 동질성이란 어떤 추상적 가치나 이념, 신념, 목표의 공유에 기인하지 않는다. 그것은 특정한 희소자원을 많이 담고 있는 토지의 획득 그리고 이를 통한 개인의 생존 및 번영이라는 매우 구체적이고 실용적인 목적을 공유하는 데에서 일차적으로 기인한다. 이 말인즉슨, 만약 자연지역 내부에 어떤 공생적 상호의존 관계가 감지되었다면 우리는 그러한 관계를 심리적이거나 도덕적인 접촉에 대한 숭고한 지향이 아닌, 순전히 기능적이고 공리적인 이유에 기인하는 생물적 욕구 차원에서 해석해야 한다는 것을 뜻한다 (ibid., p.864).

생존경쟁의 메커니즘은 개인들에게 경쟁 관계에 놓인 상대방을 제거하라는 개별 과업만을 제시하지 않는다. 그것은 나와 비슷한 속성과 목적을 갖는 자들을 찾아내 이들과 협업관계를 형성하고 공동의 적을 제거하는 집합적 과업도 요구한다. 이와 같은 사례를 우리는 이민자들의 정착 과정에서 찾아볼 수 있다. 외국으로 이민을 떠났을 때 많은 경우 이민자들은 동포가 몰려 사는 지역에 거처를 마련한다. 그리고 이를 거점 삼아 동포들의 소개를 받아 첫 일자리를 찾으며 아이를 교육하고 새로운 사회에서 적응을 도모한다. 이 과정에서 이민자들은 생존을 위하여 개인적으로 분투하고 동포들과 경쟁한다. 그러나 다른 한편으로 오로지 같은 나라 사람이라는 이유로 — 일면식이 있을 수도 있고 없을 수도 있는 — 동족끼리 힘을 합쳐 도시 내 특정 구획 안에 자신들만의 고유한 영토를 마련하고(예: 이민자 엔클레이브) 공동으로 생존을 도모하며 이질적 인종 및 민족 집단들과 경쟁한다.

파크는 생존을 위한 이와 같은 결속이 다분히 생물적인 속성을 띤다고 보았다. 즉 어떤 차원 높은 도덕이나 윤리가 아닌, 순전히 생존경쟁에서 이기기 위한 기능적 요구 때문에 우리는 특정 지역을 거점으로 누군가와 상호 의존적 관계를 맺는다고 보았다. 이런 측면에서 그는 자연지역에서 관찰되는 공동체를 생물적 질서(biotic order)를 따르는 공리적 결속이라고 정의하였다. 즉 자연지역이란 비슷한 속성(동질성)과 목적(희소자원의 획득)을 가진 공리적 결속체가 특별한 희소자원을 담고 있는 토지에 침입하여 그곳에서 지배력을 획득하기 위하여 기존 결속체와 경쟁 관계에 돌입하고, 이에 따라 집중, 분산, 집심, 분심, 분리, 계승 등을 포함한 일련의 생태적 과정이 촉발됨으로써 형성되는, 말 그대로 자연적인 도시 공간이라고 규정한 것이다(ibid., p.862).

자연지역에서 관찰되는 상호 의존적 인간관계를 공리적 결속으로 보았다는 측면에서 파크의 공동체관은 기본적으로 생물적이었다. 그러나 파크가 인간공동체를 그저 생물적 질서를 따르는 자연의 일부로만 간주한 것은 아니었다. 그는 자연지역에 들어선 인간공동체가 기본적으로 기능적 관계에 대한 생물적 욕구에 기반을 두고 있는 것은 맞지만, 시간이 지나면서 차츰 공리적 결속으로서의 생물적 공동체를 뛰어넘는 어떤 도덕적 질서(moral order)가 등장하여 해당 공동체의 생물적 속성과 긴장 관계에 돌입하고 나아가 그것을 조절하고 제한하는 힘으로 비화한다고 보았다. 이는 파크가 인간공동체를 생물적 질서를 따르는 유기체(organism)로 보는 관점을 고수하면서도 다른 한편으로 도덕적 질서를 따르는 사회(society)로 간주하였다는 것, 즉 인간공동체를 기능적 관계(하부구조)와 함께 심리적, 도덕적 관계(상부구조)에 의해 구성되는 이중적 실체로 파악했음을 의미한다(ibid., p.863).

파크는 인간이 생존경쟁에서의 승리에만 관심을 갖는 동물이 아니라고 보았다. 물론 그러한 동물적 관심이 인간의 행태 전반에 결정적 영향을 미치는 요인으로 작용하긴 하나, 인간은 이성적으로 사고하고 의사소통의 조율을 통해 집단적 합의를 도출하며 때로 자연의 본성과 어긋나는 방향으로 행동하는, 즉 자신의 이익과는 반대되는 선택을 하고 공익적 판단을 내리는 한편 타인의 고통에 공감하고 가여움을 느끼는—보다 정확히 말하면 그렇게 되도록 강제되고 통제받는—사회적 존재라는 것이 그의 기본 인간관이었다(황희연, 2002, p.79).

이러한 이중적 인간관의 맥락에서 파크는 자연지역 안에서 관찰되는 공동체적 인간관계가 오로지 생물적 질서만을 따르는 것은 아니라고 주장하였다. 물론 자연지역의 형성 초기에는 생존경쟁에서의 승리라는 공리적 목적 달성에 방점이 찍힌 협력적 관계가 압도적으로 많이 출현한다. 그렇지만 시간이 지나면서 차츰—자연 상태에서는 볼 수 없는—의사소통과 합의, 공감의식에 기반을 둔 이타적 행동과 공공성 지향의 집단적 행동들이 등장하고, 이것이 계약 혹은 관습에 따라 반복되면서—마찬가지로 자연 상태에서는 발견될 수 없는—어떤 도덕적 질서가 수립된다. 여기서 도덕적 질서란 자연지역의 점유자들이 생존을 위하여 동일 지역 내 구성원들과 의사소통하고 합의를 만들어 가는 과정에서 내부적으로 잉태되어 공유되는 독특한 문화적, 정치적 가치규범 체계를 가리킨다. 구체적으로, 자신이 소속된 집단—여기서는 자연지역—에 대한 헌신과 희생, 구성원들에 대한 책임감, 의무감, 협동의식을 비롯하여 전통과 권위에 대한 존중, 관습의 준수 같은 가치규범을 의미한다(ibid., p.79-80).

도덕적 질서는 생물적 질서만큼 근본적이지는 않지만 인간공동체의 과정과 결과에 심오한 영향을 미친다. 특히 생존경쟁에서의 승리에 매몰된 인간의 자연적 본성을 유의미하게 통제한다. 무엇보다, 도덕적 질서가 구축되면 그 영향권 아래 놓인 사람들 사이에 자연

상태에서는 좀처럼 발견되지 않는 특별한 문화적, 정치적 동질성이 형성된다. 이 동질성은 동물적 행태에 익숙한 사람들에게 사회적 일치와 단결의 필요성을 일깨워주고, 실제로도 통합과 연대를 이끄는 구속적 힘으로 작용한다. 근원적으로 생물적 속성을 띠는 인간공동체가 이처럼 도덕적 질서가 만들어낸 동질성에 의하여 조정될 때, 자연지역의 점유자들은 단순한 기능적 상호의존 관계를 넘어 집단 정체성과 소속감을 공유하는 문화적(정치적) 공동체의 일원으로 재탄생한다(Jackson, 1984).

요약하면, 자연지역에는 생물적 공동체와 문화적(정치적) 공동체가 공존한다. 생물적 공동체는 생존경쟁에서 어떻게 하면 승리할지 궁리하는 과정에서 자연스럽게 생겨난다. 이와 달리 문화적 공동체는 인간이 여타 동식물과 달리 이성적으로 사고하고 의사소통을 통해 합의를 도출할 줄 알기 때문에, 나아가 독특한 관습과 전통, 신념체계를 발달시키고 이를 준수하는 데 압박감을 느끼는 사회적 존재이기 때문에 만들어진다. 따라서 가만히 놓아두면 저절로 생기는 생물적 공동체와 달리, 문화적 공동체의 형성과 유지에는 다양한 인위적 노력이 수반된다. 구체적으로, 문화적 공동체는 구성원들에게 고유의 가치와 규범을 가르치고 내면화하도록 유도한다. 또한 세대 간 전승이 이루어질 수 있도록 가치규범 체계의 제도화를 꾀하며, 규칙에서 어긋난 일탈자에 대해서는 제재도 가한다(예: 일상적 비난에서부터 법적 처벌까지). 문화적 공동체 차원에서 시도되는 이와 같은 다양한 인위적 노력은 도시 공간 내 형성된 각 자연지역을 도덕적으로 고립시키는 데 기여한다.

어떤 한 문화적(정치적) 공동체의 도덕적 고립(moral isolation)이 강화되면, 그것을 담지한 자연지역은 특정 가치규범의 물리적 상징성을 획득한다(Park, 1972, p.112). 특별한 가치규범의 물리적 표식을 획득한 자연지역의 수가 늘고 이들 간 지리적 경계가 뚜렷해지면, 도시의 경관은 소규모의 이질적이지만 독특하고 개성 있는 문화들의 결합체, 즉 모자이크 형태의 거대한 문화 지대로 거듭난다.

생물적 질서에 이끌려 형성된 자연지역들이 시간이 지나면서 점차 뚜렷한 문화적(정치적) 특색을 획득함으로써, 전체적으로 보았을 때 하나의 예쁜 모자이크 천처럼 균형 잡힌 문화 지대로 거듭난 사례를 우리는 행정특화도시를 제외한 대부분의 보통 도시에서 찾아볼 수 있다(황희연, 2002, p.355). 우리나라 서울시를 예로 들어 설명하면, 보세의류와 클럽 등 젊은이들의 밤 문화로 특색이 뚜렷한 홍대, 전통과 현대의 신구문화가 어우러진 인사동, 연극 공연으로 유명한 대학로, 다양한 인종과 민족, 이국적 모습이 공존하는 이태원, 개성 있는 카페와 의류상점, 건물이 돋보이는 가로수길, 명문 고등학교와 학원가로 북적이는 대치동 등등을 거론할 수 있다. 물론 이 지역들이 애초 자연적으로 형성된 것인가란 질문과 관련하여 답하기 어려운 부분이 있음은 사실이다. 그러나 이런 복잡한 질문은 차치하고 순수하게 파크의 인간생태론적 관점에서만 본다면, 상기 지역들은 애초 자연지역으로 출발하였으나 이후 문화적(정치적) 특색을 획득하였고, 이로써 사람들의 머릿속에 오랫동안 지속하는 안정적 이미지를 창출하는 데 성공한 사례들이라고 분석할 수 있다.

예를 들어 이태원의 경우, 비슷한 속성과 목적을 가진 일단의 무리(예: 이민자들)가 생존(예: 에스닉푸드 식당 사업)하기 좋은 적소를 찾아 헤매던 중(즉, 한국인들과 경쟁하던 중) 우연히 서울의 작은 구획(예: 이태원)에 안착하였고, 그곳에서 생태적 우위(즉, 정통 에스닉푸드를 만들 수 있는 능력)를 바탕으로 우세종으로 번성하면서(즉, 열세종인 한국인들로부터 이태원을 계승하면서) 차츰 타 지역과는 구분되는 문화적 특색과 개성을 발달시켜 현재에 이르렀다고 볼 수 있다. 초창기 이태원 지역에는 공리적 결속, 즉 생물적 공동체가 주로 목격되었을 것이다. 그러나 시간이 지나면서 외국인들이 많이 모인 이태원만의 독특한 개성과 전통이 형성되었을 것이고, 이들 간에 공리적 결속을 뛰어넘는 심리적 유대 관계가 형성되었을 것이다. 생존경쟁에서의 승리라는 본능을 통제하는 도덕적 질서는 구성원들에게 이태원이라 불리는 지역 주민들을 대상으로 협력, 헌신, 희생, 관심, 참여, 책임 같은 덕성을 심어 주었을 것이고, 그로부터 일탈한 자들에 대해서 일말의 제재를 가하기 시작하였을 것이다. 이태원 외국인들 사이에는 기능적 관계를 뛰어넘는 도덕적 유대가 등장하였을 것이고, 이는 이들 간에 생물적 이유로는 설명하기 힘든 특별한 단합, 즉 문화적 공동체를 만드는 데 기여하였을 것이다. 만약 파크가 한국의 서울 이태원을 방문하였다면, 이러한 생태학적 분석을 내놓았을 거라 짐작된다.

특정 자연지역을 둘러싸고 문화적(정치적) 공동체가 형성되면 그것이 고취하는 이미지는 이내 도시민 전체로 확산된다. 가령, 외지인에게 이태원은 이국적 문화, 홍대는 클럽 문화, 가로수길은 카페, 대치동은 공부 따위의 상징으로 되뇌어지는 식이다. 해당 지역을 점유하는 주민과 상인 당사자 역시 그와 같은 도시 공간의 상징을 내면화하고 이에 기반하여 자신들의 소속감과 정체성을 다진다. 여기서 주안점은, 이러한 심리적, 문화적, 도덕적 기제는 동식물 세계에서는 좀처럼 볼 수 없는, 지역에 기반을 둔 사회적 일치와 단결, 통합의 구속적 힘으로 작용하며, 해당 지역 내 공동체 형성과 유지에 강력한 영향력을 발휘한다는 점이다.

문화적(정치적) 공동체는 전통, 관습, 제도 등의 이름으로 고유의 가치규범을 유지하고 후세대에 전승한다. 그러나 문화적 공동체를 담지하는 자연지역을 추동하는 근본적 힘은 사실상 도덕적 질서가 아닌 생물적 질서이다(Park, 1952, p.251). 이 말인즉슨, 문화적 공동체가 만개하여 이미 상당한 안정성을 확보한 상태라 할지라도, 그것이 들어선 자연지역은 근본적으로 자연세계의 일부인 까닭에 생태적 과정이라는 자연법칙의 주기적 작동이 가져오는 파급효과에서 벗어날 수 없다는 뜻이다. 여기서 자연법칙의 작동이란 침입, 경쟁, 지배, 계승을 포함하는 생태적 과정의 새로운 회차(new episode) 시작을, 파급효과란 생태적 과정의 촉발로 말미암아 기존의 도덕적 질서가 붕괴하고 해당 자연지역 내 문화적(정치적) 동질성이 깨지는 무질서의 도래를 의미한다. 인간 사회가 아무리 발전한다 한들, 인간이 인공지능 로봇이 아닌 한 인간이 모여 만들어진 사회는 생태적 범주로서의 성격을 절대 벗어날 수 없다는 점을 우리는 잊어서는 안 된다. 사실, 인간생태학의 한계와 가능성은 바로 여기에 있다고 말할 수 있다.

문화 지대의 현 상태(status quo)가 설사 매우 질서 정연한 균형상태에 놓여 있다고 하더라도, 새로운 이종 개체와 집단들이 특정 지역 내 희소자원을 좇아 침투하는 일은 인간의 사회적 의지와는 관련 없이 벌어지는 자연현상이다. 즉 침입은 주기적으로 발생하는 자연 법칙이다. 이종의 유입이 격화하면 기존의 문화적(정치적) 공동체가 상부구조 차원에서 아무리 견고함을 달성하였다 할지라도 하부구조 차원에서 생태적 우위를 점하지 못한 상황인 한 급속히 형해화하는 것이 당연하다. 최근 가로수길, 이태원, 홍대를 비롯한 서울 유명 지역에 거대 상업자본이 침투하여 원주민과 영세사업자를 밀어내는 현상, 흔히 젠트리피케이션(gentrification)이라 불리는 지역사회의 변화도 이런 측면에서 설명될 수 있다. 거대 자본을 우세종, 원주민과 영세자영업자를 열세종이라고 보았을 때, 우세종이 열세종을 밀어내면 이전에 열세종을 중심으로 만들어진 지역적 특색과 개성은 파괴되고 구성원들은 중심을 잃고 뿔뿔이 흩어진다(Patrick, 2014).

이론적으로, 도덕적 질서의 붕괴와 문화적 공동체의 와해란 특정 자연지역 구성원들을 하나로 묶어주던 가치규범이 약화하고 구성원들의 소속감과 정체성이 흔들린다는 것, 그리하여 내부적으로 한때 공고한 동질성을 자랑하던 자연지역이 이질적 요소로 가득 찬 무질서 상태로 돌입하게 됨을 의미한다(Mesch, 2010, p.864). 파크에 따르면 이러한 무질서는 기본적으로 모든 자연지역에서 예외 없이 발생한다. 그러나 경험적으로 봤을 때 이민자 밀집지역, 블루칼라 주택지역, 경공업지대 등이 위치한 도시 내 점이지대(transition area, 漸移地帶)에서 특히 많이 나타난다. 이러한 지역들의 공통점은 점유자들의 주거 불안정성이 높고 사회경제적 지위가 낮으며 인구사회학적 이질성 및 경제적 기능의 혼재성 정도가 크다는 것이다. 이 같은 특징은 지역 내부의 공식적, 비공식적 사회통제 기제가 제대로 작동하지 못함을 시사하며, 따라서 비행, 범죄, 마약, 매춘, 빈곤, 도박, 정신병 같은 각종 사회병리의 창궐을 초래한다.

도시 내 사회병리 현상의 발생 원인을 도덕질서 붕괴에서 찾은 파크의 견해는 19세기 사회학자 에밀 뒤르켕의 영향을 강하게 받은 것으로 보인다. 뒤르켕은 『자살론』(1897/2019)에서 자살을 하나의 사회적 사실로 규정하면서, 사회통합 수준이 낮을 때에는 이기적 자살이, 사회 규제 수준이 낮을 때에는 아노미(무규범)적 자살이 나타난다고 분석하였다. 그는 자살률을 낮추는 방법으로 도덕교육, 직업윤리, 종교 등을 강조하였으며 이를 통해 새로운 사회에 적합한 결속과 연대 방식을 발전시켜야 한다고 주장하였다.

요컨대 파크가 인간공동체를 지배하는 도덕적 질서에 대해 적지 않은 관심을 보인 것은 사실이었다. 그렇지만 그는 인간공동체의 과정과 결과에 근본적 영향을 미치는 힘은 도덕적 질서라기보다 생물적 질서라는 생각을 고수하였다(Park, 1952, p.251). 이러한 믿음은 문화적(정치적) 공동체의 와해에 따른 사회병리 현상의 원인 및 해결 방안에 대한 파크의 관심이 그의 후기 저작으로 갈수록 사그라지게 한 원인으로 지목된다(황희연, 1997, p.97). 파크는 생존경쟁에서 살아남기 위한 인간 개체와 집단들의 경쟁적 협력 관계가 자연지역을 단위로 인간의 주요 정주지로서의 도시에서 공간적으로 표현되는 양상 및 결과에 줄곧 관심을 보였고, 그와 같은 관심은 갈수록 커져 그의 후기 저작은 대부분 도시의 형성, 발전, 변화, 쇠퇴에 관한 기능적, 구조적 분석으로 채워지게 되었다.

3) 도시공간 구조에 관한 기타 생태학 이론들

희소자원과 토지 획득을 둘러싼 인간 개체 및 집단 간 경쟁이 도시를 구조적, 기능적으로 분화시키고 그 결과가 현재와 같은 도시의 토지이용 및 인구집단의 공간적 분포로 나타났다고 본 파크의 견해는 그의 책 『도시』(1925)에 잘 제시되어 있다. 그는 이 책을 버제스, 맥킨지와 공저하였는데, 여기서 버제스는 파크의 인간생태론적 관점을 미국 시카고에 적용함으로써 오늘날 잘 알려진 동심원이론을 제안하였다. 버제스는 동심원이론을 통하여 도시의 형성, 성장, 변화, 발달, 쇠퇴의 동학에 관한 일반 법칙을 찾고자 하였다(Gottdiener & Hutchison, 2010, p.62).

도시에는 인종, 계층, 직능 등 다양한 측면에서 이질적 집단들이 공존한다. 이들 집단은 각자 자신에게 가장 가치 있는 자원을 담고 있는 도시 내 구역을 차지하기 위하여 경쟁을 벌인다. 버제스에 따르면, 이와 같은 경쟁은 각 집단을 도시 곳곳에 효율적으로 분산 배치하는 결과를 가져온다. 여기서 효율적이라 함은 각 집단이 자신의 이해관계를 가장 잘 구현할 수 있으면서 동시에 해당 구역 점유에 따른 지대를 부담 없이 감당할 수 있는 최적의 조합임을 의미한다. 모든 가능한 경우의 수 가운데 더는 좋은 결과를 가져오는 수를 찾을 수 없음을 뜻하는, 경제학의 파레토 최적(Pareto optimum) 같은 개념이라 이해하면 무리가 없을 것이다.

버제스는 이질적 인간 집단들이 도시 곳곳에 분산 배치되면서 도시 내부의 물리적 구조가 결정된다고 보았다. 그는 도시의 내부 구조가 [그림 4-1]과 같이 폭이 일정치 않은 다섯 개의 동심원을 그리며 분화한다고 설명하였다(남영우, 2015, p.282).

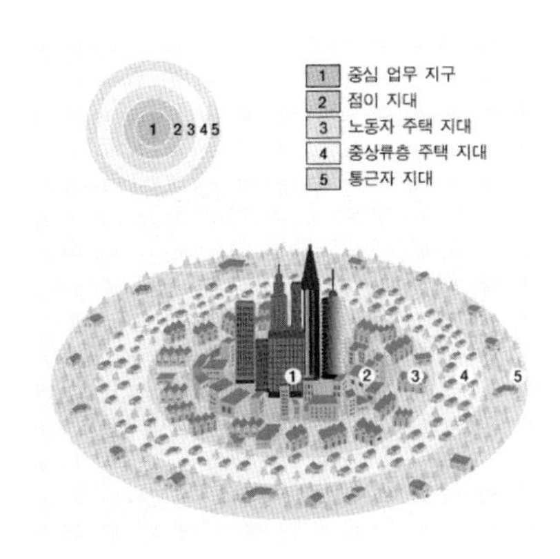

[그림 4-1] 버제스의 동심원이론

첫 번째 원(제1구역)은 중심업무 지구(central business district)이다. 중심업무 지구에는 사무소, 쇼핑가, 극장가, 은행, 호텔 등이 밀집해 있다. 금융, 상업, 행정, 교통 등 여러 기능이 집중된 만큼 인구 밀도가 높고 사람들의 왕래가 잦으며 제한된 공간을 효율적으로 활용하기 위해 마천루가 형성돼 있다는 특징을 갖는다. 도시에서 입지가 가장 좋은 곳이며, 따라서 물리적으로 도시의 정중앙에 자리 잡고 있고 지대도 가장 높다.

두 번째 원(제2구역)은 상업, 주택, 경공업 기능이 혼재된 점이지대이다. 점이지대는 본래 부유한 계층이 주거하던 장소다. 그러나 중심업무 지구의 확대로 인하여 부유한 계층이 더 좋은 주거 환경을 찾아 외곽지로 떠나고, 그 빈자리에 숙박업, 경공업, 이민자 집단 등이 들어오면서 상업, (경)공업, 주거가 모두 가능한 저소득층 주거지역으로 바뀌었다는 특징을 갖는다. 점이지대의 토지 소유주들은 대부분 현 시가보다 미래가치를 보고 땅과 건물을 사들였다. 때문에 부동산을 엄격하게 관리하기보다 방치하는 경우가 더러 있다. 건물과 땅의 방치는 지가를 하락시키며, 낮은 지대만 감당할 수 있는 최저소득계층이나 이민자들을 유인하는 요인이 된다. 한편 최저소득계층과 이민자들의 주거 불안정성은 매우 높다. 이들은 출퇴근이 편한 지역에 살려는 욕구가 강하며, 비자가 비율이 높아 자가 소유자들에 비해 지역애착도도 떨어지는 편이다. 이는 종합했을 때 점이지대의 인구사회학적 구성은 이질적이고 주거 안정성은 낮으며, 따라서 공식적, 비공식적 사회통제 기제가 잘 작동하지 않아 범죄 등 각종 사회문화적 병리 현상에 노출될 가능성이 도시 전역을 통틀어 가장 높다는 점을 시사한다.

점이지대를 벗어날수록 점차 사회경제적 지위가 높은 계층의 주거지가 나타난다. 가장 먼저 노동자 주택지구가 나타난다. 세 번째 원(제3지대)이 위치한 노동자 주택지구는 점이지대의 공장에서 일하지만 그곳의 열악한 주거 환경을 꺼려 출퇴근이 상대적으로 용이한 인근에 블루칼라 노동자들이 집중적으로 정착함으로써 만들어진다. 네 번째 원(제4지대)은 중상류층 주택지구이며 여기에는 중산층 주택과 고급 아파트가 형성되어 있다. 도시의 교통 인프라가 고도로 발달하는 경우 대개 이곳에 상점들이 집중적으로 형성되며 부도심으로 발전하기도 한다. 마지막 다섯 번째 원(제5지대)은 통근지대로, 중심업무 지구까지 고속도로로 30분에서 1시간 정도 걸리는 교외에 위치하며 장거리 통근이 가능한 최상위계층이 주로 거주한다.

파크와 마찬가지로 버제스 역시 도시의 구조가 공간적으로 위에 묘사한 대로 독특하게 분화하는 까닭을 가장 좋은 환경을 차지하려는 인간의 자연적이고 동물적인 본능에서 찾았다. 즉 교통이 편리한 도심은 도시의 가장 중요한 기능이 대거 몰려 중심업무 지구가 만들어지는 것이 당연하고, 생계유지가 가장 큰 관심사인 저소득층은 통근의 편의를 고려하여 일자리가 많이 몰린 도심 근처에 거처를 마련하는 것이 당연하며, 고소득층은 상대적으로 시간과 돈, 접근성에 있어 여유로운 만큼 도시적 생활의 편리함과 함께 전원적 경관의 혜택을 누릴 수 있는 최외곽 교외에 입지하는 것이 당연하다는 생태적 접근을 시도하였다(ibid., p.289).

도시의 기능적, 구조적 분화에 대한 파크의 인간생태론적 접근은 이후 호이트의 선형이론, 해리스와 울만의 다핵이론 등으로 계승, 발전되었다. 호이트는 도시의 내부 동학 및 공간 분화와 관련하여 버제스와 동일한 시각을 견지하였다. 그러나 한 가지 중대한 차이점이 있었다. 도시가 동심원을 그리며 방사선 형태로 팽창하는 것이 아니라 주요 수송로를 따라 [그림 4-2]와 같이 부채꼴로 펼쳐지며 분화한다는 설명이 바로 그것이었다(ibid., p.325). 즉 도시는 전체적으로 원형으로 형성, 성장, 발전, 변화하지만, 그 중심으로부터 방사상으로 교통로가 뻗어있는 한 인구 증가에 따른 주택지들은 이 교통로들을 따라 확대되는 경향이 있다고 본 것이다. 호이트는 도심에서 외부로 뻗은 간선도로를 따라 가장 먼저 중심업무 지구와 고급주택 지구가 부채꼴로 등장하고, 이후 그 주변에 저소득층 주택지구와 중산층 주택지구가 발달하는 식으로 도시가 성장, 변화한다고 분석함으로써 도시의 동심원적 성장 패턴이 교통로라는 지형지물에 의하여 왜곡, 조정되는 현상을 이론화하였다.

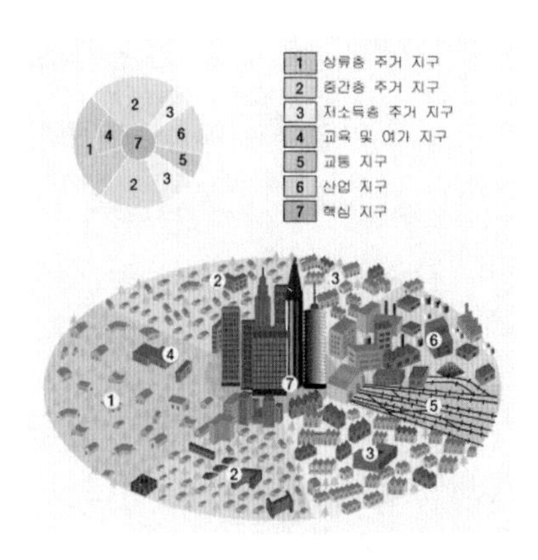

[그림 4-2] 호이트의 선형이론

마지막으로 해리스와 울만의 다핵이론이 있다. 버제스의 동심원이론과 호이트의 선형이론은 도시의 구조가 단일의 중심핵, 즉 도심을 중심으로 형성되는 것으로 파악하였다. 그러나 해리스와 울만은 중심핵에 모든 기능이 집중한다는 것은 물리적으로 불가능할 뿐 아니라 도시 내부에는 도시 기능을 분리하여 입지하려는 힘이 작동하기 때문에 도시 경관에 수 개의 핵이 형성된다고 보는 것이 훨씬 타당하다고 주장하였다. 그리하여 이들은 도시 구조가 수 개의 핵심지를 중심으로 형성된다는 주장, 즉 도시 내부는 다핵심 구조로 파악될 수 있다는 이론을 제기하였다(ibid., p.350).

도시의 기능은 다음과 같은 네 가지 상황에서 분리되어 입지하는 경향을 나타낸다. 첫째, 특정 요건을 필요로 하는 기능이 그러한 요건을 중심지보다 외곽지에서 더 잘 찾는 경우, 둘째, 특정 기능이 중심지보다 외곽지에 집적함으로써 더 큰 이익을 얻는 경우, 셋째, 특정 기능이 중심지에 집적함으로써 오히려 불이익이 발생하는 경우, 넷째, 특정 기능의 충족과 관련된 활동이 중심부의 높은 지대를 감당할 능력이 없는 경우이다.

다핵이론을 도식으로 나타내면 [그림 4-3]과 같다. 먼저, 1번에는 철도, 버스 등 대중교통 접근성이 좋아야 하는 중심업무 지구가 들어선다. 2번에는 중심업무 지구와 가까우면서 노동자들의 출퇴근도 편해야 하는 경공업과 도매업 지역이 들어선다. 바로 옆 3번에는 경공업과 도매업을 떠받드는 임금노동자를 포함한 저소득층이 살 공간이 들어서고, 4번에는 저소득층보다 여유가 있는 중산층의 주거지역이 형성된다. 차례로 5번에는 교외의 자연경관을 즐기고 싶어 하는 고소득층의 주거지역이 만들어진다. 일반적으로 고급주택 지역은 배수가 양호한 고지대 그리고 소음, 악취, 매연 등 각종 공해와 철도로부터 멀리 떨어진 곳에 입지한다. 이와 반대로 저급주택 지역은 3번처럼 도시 내 공장 인근이나 철도 연변의 저지대에 형성되기 쉽다. 한편 4번과 5번 사이의 7번에는 부도심이 들어서는데, 부도심은 중심업무 지구가 수행하는 기능 일부를 떠맡아 수행한다. 주요 주거지에서 멀찍이 떨어져 있는 6번과 9번에는 공해를 일으키는 중공업과 신공업 지구가 각기 들어선다. 도심과는 상당히 거리가 있지만 부도심으로부터 근접한 8번에는 교외의 신주택지구가 만들어진다. 다핵이론은 이처럼 대도시 주변의 다양한 근교화 양상을 정교하게 보여주는데, 이는 자동차 보급과 근교철도 개선을 반영한 결과이다.

해리스와 울만은 도시의 규모가 커질수록 1~9번과 같은 핵심지의 수가 많아지고 전문화 정도도 높아진다고 하였다. 따라서 다핵이론은 도시 경계 안 곳곳에 부심을 갖는 오늘날 복잡한 거대 도시의 특징을 생태학적 관점에서 설명하는 데 상대적으로 더 적합한 이론이라 할 수 있다(ibid., p.356).

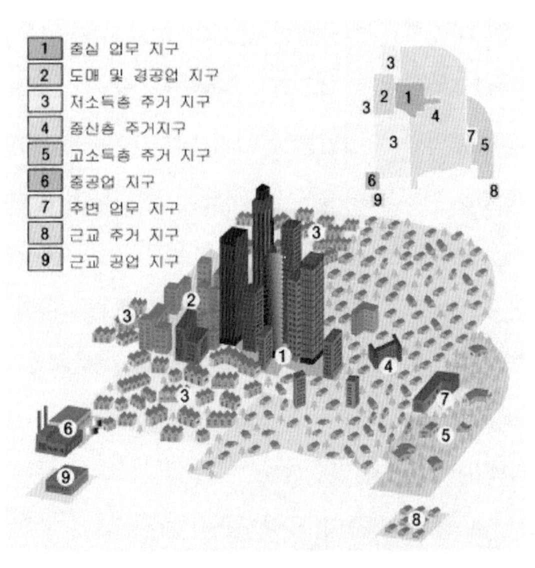

[그림 4-3] 해리스와 울만의 다핵이론

2. 루이스 워스 — 생활양식으로서의 도시성

사회학자들은 사회학의 전 역사에 걸쳐 도시라는 단어가 갖는 의미에 대한 논쟁을 지속하였다. 수많은 논쟁 중 하나는 도시와 그보다 작은 지역사회의 관계를 파악하는 것과 관련되었다. 도시 내 거대한 인구의 집중을 확인하고 분석하는 것은 상대적으로 쉬운 반면, 도시민들의 사회적 상호작용의 형태나 심리, 정서 상태를 그들이 거주하는 작은 지역사회와 연관 지어 이론화하기란 매우 어려운 일이니만큼 논쟁이 치열하였다.

미국의 도시사회학은 1920년대와 1930년대 시카고대학에서 행해진 일련의 인간생태학 연구를 바탕으로 기반이 마련되었다. 미국의 도시사회학이 시카고를 배경으로 정립된 까닭은, 20세기 초 시카고는 미국의 그 어떤 도시보다 빠르게 성장하였고 그에 따라 상당한 물질적 부를 누렸지만, 사회병리 현상이 만연하여 이전까지 유럽의 전유물로만 생각되었던 슬럼이 심각한 도시 문제로 대두되었기 때문이다. 뿐만 아니라 급속한 도시화와 산업기술의 발달은 자연의 파괴, 도로의 팽창, 인구와 시설물의 분포 및 형태 등 물리적인 부분에 집중적으로 변화를 가하였다. 이러한 변화는 도시 문제와 도시적 현상에 대한 분석에서 물리적 측면에 집중하는 분위기를 만드는 한편, 사회병리 현상에 대한 구체적 해결 방안을 제시하는 실천적 학문에 대한 필요성을 낳았다. 미국의 도시사회학이 인간생태학을 필두로 시카고에서 시작된 것은 이러한 시대적 배경을 뒤로 한다(장세훈, 2011).

그러나 1940년대에 이르면서 시카고학파의 인간생태학은 심각한 비판—이에 대해서는 아래에서 자세히 다룬다—에 직면하였다. 그 결과 1960년대에 이르러 도시학 분야에서 인간생태학은 거의 사라지는 지경에 이르렀다. 부침에도 불구하고, 인간생태학은 20세기 후반 신고전생태학과 사회문화생태학, 사회지역분석 등으로 갱신하며 명맥을 유지하였고, 최근에는 환경과 인간과의 협력적 상호 의존에 관한 관심이 부활함에 따라 학술적 의미가 재조명받고 있다(황희연, 2002, p.431).

시카고대학교 사회학과 교수이자 파크의 제자인 루이스 워스는 20세기 중반 인간생태학이 심각한 도전에 직면할 당시 미국 도시사회학에 괄목할 만한 업적을 남김으로써 이후 생태학의 학문적 부활에 징검다리 역할을 하였다. 도시에 관한 그의 이론은 1938년 *American Journal of Sociology*에 게재한 "Urbanism as a Way of Life" 「생활양식으로서의 도시성」에 간결하게 서술되어 있다. 이 논문에서 워스는 특정 지역 내 인구의 생태적 3요인, 구체적으로 인구 규모(size), 밀도(density), 이질성(heterogeneity)이 증대하면 농촌과 대조되는 도시 특유의 생활양식이 야기된다는 주장을 펼쳤다. 이 특유의 생활양식은 퍼스낼리티, 사회적 관계, 행동양식, 사회조직 등 여러 방면에서 나타나는데, 워스는 그 총체를 도시성(urbanism)이라 불렀고, 도시화(urbanization)란 곧 이 도시성의 증진을 의미한다고 하였다(Wirth, 1938). 아래에서는 생태학자 루이스 워스의 도시이론과 공동체관을 인구의 생태적 3요인과 도시성 개념과의 관련성을 중심으로 살펴보도록 한다.

1) 인구의 생태적 3요인과 생활양식으로서의 도시성

앞에서 우리는 인간생태론의 핵심 논리가 침입, 경쟁, 지배, 계승, 이동을 포함하는 생태적 과정의 주기적 반복으로부터 인간의 정주지인 도시가 형성, 성장, 발전, 쇠퇴하는 데 있다는 점을 살펴보았다. 그렇다면 도시의 기능적, 구조적 분화와 변화를 초래하는 생태적 과정은 어떠한 조건에서 가장 두드러지게 나타나는가? 이 질문에 대해 파크는 희소자원을 담고 있는 특정 토지를 경쟁적으로 차지하기 위한 인간의 본성이 통제되지 않고 발현될 때라 답하였다. 이는 파크가 도시의 토지이용 방식 및 인구집단의 공간적 분포를 추동하는 근본 힘을 인간의 본성에서 찾았음을 함의한다.

그러나 모든 생태학자가 도시의 현 상태를 분석하는 데 생존경쟁에서의 승리라는 동물적 본능을 주요 변수로 간주하진 않았다. 일부 생태학자는 생물적 설명에 과도하게 의존하는 데 거부감을 가졌고, 따라서 생물적 본성과는 관련이 적은 객관적 생태 요소를 찾아 이를 근거로 도시의 동학을 설명하고자 하였다. 워스 역시 이러한 입장에 선 도시생태학자 중 하나였다. 워스는 인간의 본능이 발현된 결과물로 도시를 본 파크와 달리, 주어진 생태적 요인들에 대한 객관적 반응물로서 도시를 이해하고자 애썼다. 이로써 그는 자신이 도시에 관한 동태 분석에 있어 생물학적 입장이 아닌 사회학적 입장에 섰음을 분명히 드러내었다.

워스에게 도시의 객관적 생태 요인이란 인구의 규모, 밀도, 이질성을 의미하였다. 워스는 취락적 공동생활을 영위하는 특정 지역 내 인구집단의 크기가 커지고 밀도가 높아지며 여기에 덧붙여 사회경제적, 인구학적 이질성까지 강화되면, 해당 지역 내에서는 필연적으로 도시화가 진행된다고 보았다. 쉽게 말해, 인구 규모, 밀도, 이질성이라는 삼박자가 갖추어지면 그곳이 어디가 되었든 도시로 성장, 변화, 발전한다는 것이 그의 주장의 핵심이었다. 이는 만약 어떤 한 도시의 인구 규모와 밀도, 이질성이 약화하면 해당 도시는 쇠퇴하여 궁극적으로 소멸한다는 역 논리로까지 이어졌다. 도시를 생태적 인구 3요인의 증가 측면에서 바라보았던 만큼 워스에게 도시란 “사회적으로 이질적인 개체들이 비교적 많이 조밀하게 그리고 영속적으로 거주하는 정주지”로 정의되었다(이종열, 1998, p.81).

워스의 도시이론은 미국 시카고를 배경으로 만들어졌다. 그러나 워스의 목적은 특정 도시의 동학을 밝혀내는 데 있지 아니하였다. 그의 접근은 모든 도시와 지역사회에 보편적으로 적용 가능한 일반법칙을 발견하는 데 초점이 맞추어져 있었다. 보편적 도시이론의 발견에 대한 워스의 열정은 그가 평소 인간생태학을 사회과학의 한 분과가 아닌, 사회생활을 과학적으로 연구하는 필수적 과정과 방법 그리고 이론의 종합적 체계로서, 사회과학의 기초가 되는 일반 학문으로 간주해야 한다는 지론을 갖고 있었음을 감안하면 보다 잘 이해가 갈 것이다.

다시 그의 도시이론으로 돌아와서, 워스는 특정 지역 내 인구의 크기, 밀도, 이질성이라는 생태적 3요인에 의해 일단 도시가 형성되면 반드시 생활양식으로의 도시성이 출현한다고 주장하였다. 그는 생활양식으로서의 도시성을 “도시의 독특한 생활양식을 구성하는 집합적 속성"(Wirth, 1938, p.7)으로 정의하였는데, 사실 이 개념은 게오르그 짐멜의 사회학 이론에 기댄 바가 크다. 『돈의 철학』, 『대도시와 정신적 삶』 등을 저작한 독일의 사회학자 짐멜은 특히 수(數)가 사회관계에 미치는 영향에 많은 관심을 나타내었다. 그는 과대 접촉, 빠른 속도 같은 숫자와 관련된 도시의 특수한 양상들이 정주민들의 퍼스낼리티와 사회적 관계, 행태에 심오한 영향을 미친다고 주장하였다. 특히 타인과의 관계에서 개인이 감성적 반응이 아닌 이성적 반응을 하게 만들고, 관여하는 모든 행위에 대하여 비용과 보상이라는 타산적 태도를 갖게 한다고 하였다(Gottdiener & Hutchison, 2010, p.56).

짐멜의 영향을 받은 워스 역시 비슷한 생각을 가졌다. 먼저 인구 규모와 도시성의 관련성에 대하여, 워스는 수의 증가가 본질적으로 개체적 변이와 잠재적 분화를 동반한다고 보았다. 이는 만약 특정 지역 내 인구 규모가 커지면 해당 지역 구성원들의 개인적 기질, 직업, 문화생활, 아이디어 등 그 안의 모든 요소가 촌락 주민의 그것보다 훨씬 복잡하게 분화한다는 것을 의미하였다(ibid., p.57).

인구 규모의 증가는 구성원 간 역할 관계의 분절화와 이차적 관계 형성에도 깊은 영향을 끼친다. 사람의 수가 많아지면 한 개인이 다수의 사람과 일차적 관계를 맺기가 불가능해진다. 때문에 개인 간 접촉은 비인간적, 피상적, 일시적, 분절적으로 전개될 수밖에 없다. 이는 많은 사람이 모이면 타인과 관계맺음에 있어 타산적이고 합리적이며 자기중심적 심리 상태가 발현된다는 것을 암시한다.

인간생태론으로 시작한 시카고학파의 도시이론은 명시적이지는 않더라도 줄곧 소규모의 전통적 지역사회, 즉 농촌에서의 사회생활을 논의의 배경 또는 기준으로 삼았다. 시카고학파의 다른 도시사회학자들과 마찬가지로 워스 역시 농촌과 도시 대비의 논리를 즐겨 원용하였다. 특히 그는 도시에는 이차적, 분절적 역할 관계가 만들어져 있는 반면, 농촌에는 일차적, 전인격적 관계가 풍성하게 만들어져 있음을 암암리에 표시함으로써 농촌을 낭만화하고 반대로 도시를 비관하는 모습을 공공연하게 드러내었다.

수는 사회심리적 측면에서의 변화뿐 아니라 사회조직의 특성에도 심대한 변화를 초래한다. 이와 관련하여 워스는 인구 규모가 커지면 사람들이 간접적 매체를 통해 의사소통을 하며 권위 의식을 버리고 자기 자신에게 집중하는 경향을 발전시키게 된다고 하였다. 이는 도시와 달리 소규모의 전통적 촌락공동체에서는 대면적 의사소통이 가능하다는 점을 시사한다.

도시는 시민들이 직접 참여하는 회합을 하기에는 사람의 숫자가 너무 많다. 따라서 민주사회의 대규모 도시들은 선거와 대의민주제를 발전시킨다. 대규모 인구는 대표의 위임을 통하여 개인들의 이익을 규합하며, 간접적 경로를 통하여 의사소통을 주고받는다. 따라서 도시에서는 대표를 통하여 이익이 효력을 발휘하는 것이 당연한 것으로 여겨진다. 개인의 목소리는 공허한 것이 되기 쉽고, 대표를 통한 목소리는 구성원 수와 비례하여 영향력을 발휘한다.

개인적이고 직접적인 목소리보다 간접적이고 매개적이며 이차적 관계가 사회조직의 주를 이루면서 도시에는 단편적 인간관계가 보편화한다. 도시인들은 농촌민들보다 접촉하는 사람의 숫자 자체는 더 많을 수 있다. 그렇지만 한 개인을 전인격적으로 조우하는 경우는 드물며, 이해관계에 근거한 단편적 역할의 수행자로 서로를 대할 뿐이다. 그렇지만 도시민들은 자신들의 복잡다단한 생활 욕구를 충족해야 할 필요성을 여전히 가지고 있다. 때문에 농촌민보다 타인에게 더욱 의존하는 모양새를 나타낸다. 그리하여 공식적 조직에 더 많이 가입하고 모임에 더 많이 참여하는 행태를 보인다. 그러나 이 경우에조차 특정 개인에게 사적으로 의존하는 경향은 덜하다.

요컨대 많은 사람이 모인 도시의 사회적 심리와 조직 생활은 일차적 접촉이 아닌 이차적 접촉으로 특징지어진다. 이는 도시민들의 만남이 대체로 비대면적이며, 대면적인 경우라 할지라도 비정의적(非情意的)이고 추상적이며 단편적임을 시사한다. 또한 타인의 고통에 무관심하고 그들의 불평과 평가에 면역성을 갖추고 있음을 암시한다. 도시 생활의 이 같은 피상성, 익명성, 전위성(轉位性)은 도시민들을 지적이고 정치적(精緻的)이며 합리적으로 생각하고 행동하게끔 변화시킨다. 나아가 자칫 감정적일 수 있는 면식 관계들을 효용성의 측면에서 재조정한다. 그 결과 개인들은 근친 집단들의 개인적이고 감정적이며 전통적인, 때로는 비합리적인 통제로부터 해방을 만끽한다. 그렇지만 소규모의 전통적 촌락공동체에서 누렸던 것과 같은 안정적이고 확실한 정체성과 소속감을 상실하며, 그에 따라 불안과 불확실의 심리 상태를 상시적으로 갖게 된다. 이는 도시에 정신병이나 범죄, 비행, 일탈 등의 사회병리 현상이 만연하는 까닭을 설명해 준다.

다음으로 인구밀도와 도시성의 관련성에 대하여, 워스는 일정한 지리적 경계 안에 많은 사람이 몰리는 집중 현상을 인구밀도의 증가로 정의하면서, 이를 미지의 낯선 타자와의 접촉 증가 측면에서 이해하였다. 인구밀도가 높아지면 낯선 타인들과 물리적 접촉은 잦아진다. 그렇지만 만나는 사람 모두와 감정적, 정서적으로 연결되기란 사실상 불가능하며 설사 가능하다 할지라도 여간 피곤한 일이 아니다. 따라서 끊임없이 조우하는 미지의 타자들과 개인적, 사회적으로 거리를 두고자 노력하게 된다. 이러한 대응은 사람들 속에서 침묵하고 고독감을 느끼는 것을 일상적 현상으로 치환한다. 또한 상호 불신과 오해가 풀리지 않고 쌓일 경우 불필요한 마찰과 불화로 이어지기까지 한다. 사회적 갈등과 긴장 수준이 필요 이상으로 높아지면서, 인구밀도가 높은 곳에서는 차츰 무한경쟁, 세력 부식, 상호 착취의 사회심리가 발전한다(ibid., p.57).

인구밀도와 규모는 서로 결합하여 도시 내 사회 및 공간 조직의 양상에 심오한 영향을 끼친다. 특히 제한된 지리적 경계 안에서 대규모 인구를 부양해야 하는 필요성으로 인하여 도시 내 업종과 업무들의 극적 분화와 전문화를 촉진한다. 업종과 업무뿐 아니라 도시 공간의 구조적, 기능적 분화 및 전문화까지 촉진한다. 분화가 진행되면 도시의 모든 공간은 사회경제적 지위, 인종, 종교, 문화, 자연자원 등에서 특색을 갖는 고유한 구획들로 분리된다. 이와 더불어 일터와 직장의 분리도 가속화된다. 직주분리가 발생하면 도시민들은 주거지에 기반을 둔 정서적, 감정적 유대가 빠진 상태에서 일터에서 말 그대로 일만 하는 여건을 갖추게 되어 더욱더 경쟁적이고 상호 착취적 심리 상태를 발전시킨다.

마지막으로 인구 이질성과 도시성의 관련성에 대하여, 워스는 특정 지역에 정주하는 인구의 사회경제적, 인구학적 다양성이 강화되면 상이한 전통, 관습, 개성을 가진 사람들이 한데 뭉침에 따라 상대주의적 관점과 상이성을 용인하는 태도가 출현한다고 하였다. 그리고 이에 따라 기존의 신분제도와 계층 간 경계가 허물어진다고 하였다. 워스는 이를 도시의 분업화와 관련지어 설명하였다. 구체적으로, 도시민들은 각자 이질적 공간에서 이질적 업무를 분담 수행한다. 때문에 또 다른 공간에서 또 다른 업무를 분담 수행하는 타인들의 삶에 대하여 아는 바가 별로 없고, 알려고도 하지 않는 습성을 갖게 된다. 이러한 칸막이 심리는 자기 분야에서 능력만 발휘하면 얼마든지 상향 이동을 이룩할 수 있는 합리적 도시 분위기와 합쳐지면서, 기존에 하나의 집단이나 조직, 단체에 — 출생과 함께 거의 자동적으로 — 소속됨으로써 부여받은 정체성의 약화를 초래한다. 도시민들은 다양성과 전문성 속에서 복수의 집단과 조직, 단체에 가입하며, 이를 통해 소속감과 정체성을 여러 개로 쪼개 가지는 것을 자연스러운 선택으로 여기게 된다(ibid., p.57).

도시의 이질성은 불합리한 전통과 관습을 폐지하고 신분제도를 타파하는 데 기여한다. 그러나 사람들을 하나로 묶어주던 소속감과 정체성, 충성심을 저해하고 기존 가치규범 체계에 동요를 일으킴으로써 사회질서와 통제체계를 이완, 붕괴하는 힘으로 작용한다. 이질성이 높은 도시 환경에서 사람들이 특히 더 심각한 무규범 상태에 놓이며 각종 사회병리적 현상을 경험하는 것은 바로 이 때문이다. 반대로 농촌에서는 전통과 관습, 권위가 사람들의 자유로운 선택과 권리를 저해하나, 구성원 간 동질성이 강하기 때문에 그들의 소속감과 정체성, 충성심은 안정적으로 유지되는 경향이 뚜렷하다. 또한 사회통합과 규제 역시 강력히 유지되기 때문에 주어진 가치규범 체계에서 동요하거나 일탈을 감행하는 경우, 즉 아노미는 거의 발생하지 않게 된다.

요약하면, 워스는 인구의 규모, 밀도, 이질성이라는 생태적 압력요인이 등장하면 그 영향을 받은 지역 내에 생활양식으로서의 도시성이 반드시 출현한다고 하였다. 그가 제시한 도시성 개념에는 다음의 요소들이 포함된다: 인격적 연대를 대신하는 개인 간 경쟁의 격화, 전통이나 관습과 대치되는 법률제도 등 공식적 통제기구의 발달, 사회적 접촉의 비인격화와 익명성의 증대, 직업의 분화와 전문화, 직장과 가정의 분리, 사회 여러 세력 간의 투쟁과 상호 착취의 전개, 사회계층의 분화와 계층 간 이동의 증대, 유동적 대중의 형성과 몰개성화, 획일화 및 인격적 관계에 대치되는 화폐적 결합 관계의 진전, 대의제의 발달과 근대적 정치 선전 기술의 발달 등(이종열, 1998, p.82-83).

이렇게 보았을 때 생활양식으로서의 도시성이란 게오르그 짐멜의 도시이론과 내용적으로 일치하는 부분이 많아 보인다. 짐멜은 대도시인들이 좁은 장소에서 육체적, 정신적으로 부대끼면서 살아가기 때문에 냉소주의적이고 비몰입적이며 시큰둥한 태도를 보이는 한편 쉽게 권태를 느끼고 새로운 자극을 찾아 헤매는 불안한 존재로 묘사하였다. 이와 동시에, 보장된 익명성을 바탕으로 자유를 만끽하고 전통, 인습, 감정에 얽매지 않고 합리적으로 사고하고 행동하는 이성적 존재로 묘사함으로써 농촌 사람과는 구분되는 대도시민만의 독특한 정신상태, 사고방식, 인간관계, 사회적 행태가 존재함을 강조하였다(Levine, Carter, & Gorman, 1976).

짐멜과 워스의 도시이론은 흡사하지만 차이점도 있다. 첫째, 짐멜은 대도시인들의 독특한 사고방식과 인간관계, 정신상태가 화폐경제에서 비롯된다고 본 데 반해, 워스는 그 근본 원인이 도시 정주 인구의 규모, 밀도, 이질성 등 생태학적 요인에 기인한다고 보았다. 둘째, 짐멜은 대도시에서 발견되는 인간의 정신상태와 사회행태를 양가적 입장에서 균형적으로 평가한 데 반해, 워스는 도시민들의 심리와 사회적 상호작용이 농촌 사람들에 비하여 파편화되고 분절화되는 양상에 더욱 주목함으로써 도시성이 수반하는 부정적인 측면을 부각시켰다. 둘의 차이는, 가령 짐멜과 워스 둘 다 대도시에서 흔히 발견되는 비인격성과 익명성을 비판하였으나, 짐멜이 비인격성과 익명성을 자유의 이면으로 긍정 평가한 것과 달리, 워스는 그것이 무한경쟁과 세력 부식, 상호 착취와 기만, 편견으로 이어진다고 힐난하며 한쪽에 치우친 평가만 제시하였다는 데에서 잘 확인된다.

도시성 개념을 통해 살펴볼 수 있는 워스의 공동체관은 대체로 암담하고 황폐하였다. 그는 도시민을 동질적 근친 집단과의 개인적, 감정적 애착, 통제에서 벗어난 아노미적 존재로 간주하였다. 고립되고 소외된 원자로 부유하는 도시민에 대한 워스의 부정적 묘사는 도시의 또 다른 특징인 사회적 상향 이동과 그것이 초래하는 주거 불안정성과 결합하여, 하나의 장소에 좀처럼 오랫동안 머물지 못할 뿐 아니라 서로 잘 어울리지도 못함을 뜻하는 "도시민은 좀처럼 이웃사촌이 되지 못한다(only rarely is he truly a neighbor)"라는 유명한 문장을 낳기도 하였다(Wirth, 1938, p.17).

사실 워스의 스승이자 선배인 파크와 버제스는 이처럼 냉혹한 도시공동체관을 갖고 있지 아니하였다. 이들은 생태적 과정의 촉발에 따라 자연지역이 형성되면 그곳의 인간관계가 초기에는 공리적 결속 형태를 띨 수 있지만, 차츰 의사소통과 합의를 이루고 공감대를 형성해 나가는 과정에서 비슷한 가치와 규범을 공유하게 되고, 그 결과 문화적, 정치적 동질성이 확보되면서 자연지역이 도덕적 질서에 의해 조정될 수 있다는 가능성을 열어 놓았다. 즉 생존경쟁을 위하여 각개전투하는 자연지역 구성원들을 하나로 일치단결시켜 줄 정체성과 소속감의 근원으로서 공동체성의 여지를 남겨놓았다. 도시 내 지역사회 내부에 자연적 경쟁 본능을 초월하는 사회적 존재로서 인간 고유의 정서적 연대, 애착, 지속적 상호작용이 등장하여 인간 심리와 사회관계에 심오한 영향을 미칠 수 있다는 생각은 지역신문사 조사를 통해 도시공동체가—부분적으로—살아 있음을 입증한 야노비치 같은 신진 인간생태론자들에 의해서도 폭넓게 지지된 바 있다(Janowitz, 1951).

워스는 선배, 동료 학자들의 이와 같은 긍정적—최소한 양가적—도시공동체관을 수용하길 거부하였다. 그는 도시를 원자화된 개인과 이기적 자아에 의하여 범해지는 각종 사회문제의 집합소로 간주함으로써, 도시에 공동체가 없거나 있어도 매우 약하고 분절되어 있다는 생각을 공식화하였다(Mesch, 2010, p.864). 그러는 한편, 문화적, 정치적 공동체에 의하여 조정, 통제되지 않는 도시를 정신분열, 자살, 범죄, 무질서 등 다양한 사회심리적 불안의 보류지로 봄으로써 도시에 관한 병리적 시각을 일반화하는 데 기여하였다. 워스의 병리적 도시관은 이후 수십 년간 미국 도시사회학계에서 인간의 심리와 사회관계의 양태를 설명하는 도시이론 중 단일 관점으로서 가장 인기 있는 이론으로 각광받았으며, 그의 황폐한 도시공동체관은 교외나 시골에 대한—대부분 오도된—낭만적 시각을 확대, 재생산하는 데 오랫동안 막강한 영향력을 발휘하였다(Berry & Kasardra, 1977, p.55).

2) 워스의 도시이론 비판

워스의 도시이론에서 제시된 인과관계는 명확하였다. 그는 특정 지역 안에 인구 규모, 밀도, 이질성이라는 환경적 속성이 부여되면 해당 지역 안에 도시성이라는 전통 촌락과는 대비되는 특수한 생활양식이 발현된다고 봄으로써 인간생태적 조건이 사회심리와 사회조직에 인과적 영향을 미친다는 입장을 분명히 드러내었다. 이러한 측면에서 우리는 워스의 도시이론이 환경결정론적이면서 동시에 도시 내 농촌의 이분법적 도식에 근거해 있다고 말할 수 있는데, 후발 학자들은 이를 강하게 비판하였다(권희완, 1993, p.250).

예컨대 소버그는 인구학적 생태 요인과 도시성의 인과적 관련성에 의문을 표시하였다(Sjöberg, 1960, p.32). 그는 특정 지역 내 인구 규모가 크고 밀도가 높으며 이질적 성격이 강하다고 하여 해당 지역이 반드시 워스가 언급하였던 것 같은 도시성을 필연적으로 발전시키지는 않는다고 주장하였다. 소버그는 도시적 생활양식의 출현에는 인구학적 생태 요인보다 사회체제적 요인이 더욱 중요하다고 지적하면서, 특히 체제로서의 산업도시주의를 촉발한 정치사회적 맥락에 집중해야 함을 강조하였다.

소버그는 또한 워스의 도시이론이 경험적으로 근거가 부족하다는 점을 공격하였다. 예컨대 워스는 도시성을 세속성과 등치하여 이해하였는데, 소버그에 따르면 워스가 자신의 도시이론을 도출하는 데 모델로 삼은 시카고가 사실 종교인 비율로만 따지면 다른 도시보다 특출나게 더 세속적이라고 볼 근거가 없음에도 시카고를 세속적 도시, 즉 도시적 생활양식이 돋보이는 도시로 단정함으로써 실증적 근거를 결여한 이론을 제안하였다고 비판하였다. 뿐만 아니라 소버그는 워스의 도시이론이 유럽과 아시아의 오래된 전산업(preindustrial) 도시들을 이해하는 데 적합성이 떨어진다고 비판하였다. 인구 규모, 밀도, 이질성이 높음에도 불구하고 유럽이나 아시아의 여러 거대 구도시는 강력한 엘리트, 엄격한 신분 질서, 계층 체계 등 도시성과는 반대되는 속성들로 가득 차 있는데, 워스의 도시이론은 이와 같은 미국 이외의 도시 현실을 제대로 반영하지 못하여 일반화 정도가 떨어짐을 지적한 것이다.

허버트 갠즈 역시 워스의 세 가지 인구학적 생태 요인에 의해서만 도시성이 촉발되지 않음을 비판하였다(Gans, 1962a). 그는 도시적 생활양식이란 사람의 유형, 정책의 유형, 기존 근린 생활시설의 유형 등 다차원적으로 결정되는 것이라고 주장하면서, 특히 사람의 유형에 주목하였다. 구체적으로, 갠즈는 도시공동체 주민들의 특징적 생활양식은 지역사회의 구조적, 생태적 요인 때문에 출현하는 것이 아닌, 그러한 생활양식을 이미 가지고 있는 개인과 집단들이 해당 지역에 몰려든 결과 발현된 구성효과(compositional effect)란 입장을 견지하면서 워스의 인과성 설정이 잘못되었다고 비판하였다. 갠즈의 논리에 따르면, 워스가 말한 도시성이란 인종, 연령, 성, 계층, 교육 수준 등 주민들의 개인적 배경 변수들을 통제하면 농촌 또는 교외에서 흔히 볼 수 있는 일반적 생활양식과 아무런 차이를 나타내지 않는 것에 불과하다고 하였다.

한편 갠즈는 대도시 내에 이질성과 그에 따른 사회적 해체, 원자화 현상만이 존재하는 것이 아니고 비교적 동질적이고 유대감이 강한 집단들이 견고하게 존재함을 보여줌으로써 워스의 도시성 개념에 깃든 황폐한 도시공동체관을 반박하였다. 이는 보스턴 시내 이탈리아 이민자 밀집주거지에 관한 저서 *The Urban Villagers*『도시의 촌락민』에 잘 나타나 있다(Gans, 1962b). 이후 갠즈는 뉴저지주 윌링보로라는 교외 지역에 들어가 2년여간 직접 거주하면서 참여관찰한 바를 정리하여 *The Levittowners*『레빗마을사람』을 출판하였다(Gans, 1967). 여기서 그는 워스의 도시공동체관이 과거지향적이며, 특히 현대 대도시의 상당 부분을 차지하고 있는 교외에 대한 분석을 빠뜨림으로써 불완전한 이론에 머물러 있다고 비판하였다.

갠즈에 의하면 교외(suburbs)는 도시화된 지역이지만 워스가 언급한 이차적 관계로 특징지을 수 없는 독특한 사회관계 유형이 만들어져 있는 지역이라 하였다. 그는 교외의 생활양식이 사회관계 측면에서—가족이나 친족 사이에서나 발견될 법한—특별히 친밀한 일차적 관계의 형태를 띠지는 않지만, 그렇다고 하여—완전히 미지의 낯선 이방인들 사이에서나 발견될 법한—매우 익명적이거나 비인격적인 이차적 관계의 형태를 띠지도 않는다는 여러 증거를 제시하였다. 갠즈는 이와 같은 어중간한 형태의 사회관계 유형을 유사일차적(quasi-primary) 관계라 명명하면서, 이것이 교외에서 주로 발견된다고 설명하였다(ibid., p.104). 유사일차적 관계가 교외에서 많이 발견되는 까닭은 교외가 문화적, 인종적, 사회경제적 측면에서 비교적 동질적이고 또 지리적으로도 꽤 고립된 곳이기 때문이다. 갠즈는 유사일차적 관계로 말미암아 교외 주민들은 완벽하지는 않더라도 이웃과 높은 수준의 유대감을 바탕으로 밀접하고 친근한 상호작용을 유지하며, 따라서 교외 지역에는 전통적 촌락공동체와 같은 모습은 아닐지라도 분명 마을이라는 근린공동체가 들어서 있다는 점을 강조하였다.

이처럼 갠즈는 유사일차적 관계라는 개념을 통하여 게마인샤프트(공동체)와 게젤샤프트(결사체)로 양분된 이분법적 공동체관에 새로운 차원을 덧붙였으며, 이를 통하여 대도시가 단 하나의 생활양식(게젤샤프트)으로 설명될 수 있다는 워스의 단편적 도시관, 나아가 도시와 공동체가 공존할 수 없다는 비관적 공동체관이 잘못된 일반화임을 지적하였다. 갠즈는 워스의 비인간적이고 분절적이며 피상적, 일시적인 도시적 생활양식 이론은 원칙적으로 도시 내부의 특정 지역에만 적용되는 것에 불과하며, 대도시 전체에 해당되지는 않는다고 비판하였다(ibid., 99).

마지막으로 워스의 도시이론은 하위문화 관점에서도 비판받는다. 하위문화 이론을 정립한 피셔에 따르면(Fischer, 1982), 하위문화란 사회의 지배적 주류문화와 다르게 특정한 사회계층이나 집단 내에서만 독특하게 나타나는 문화를 가리킨다(예: 동성애문화). 하위문화는 농촌이나 소규모 촌락보다 대도시에서 주로 나타난다. 대도시가 하위문화 형성에 특히 유리한 까닭은, 특이한 특성이나 선호를 가진 사람들의 수가 그 자체로는 통계적으로 별 의미가 없을 만큼 작다 할지라도 대도시의 인구 규모란 이들끼리 교류하고 의지하며 관계를 발전시킬 기회를 만들 수 있을 만큼 절대적 측면에서 매우 크기 때문이다. 더욱이 익명성, 비인격성, 무관심으로 특징지어지는 대도시의 분위기는 특이한 특성이나 선호, 관심사를 가진 도시민들에게 주류집단 구성원들의 눈치를 보지 않고 마음껏 자신들의 생각을 드러내고 행동할 수 있는 자유를 최대한 부여한다. 자유로운 의사표시는 서로를 알아채고 끼리끼리 뭉쳐 한곳에 정착할 수 있는 기회로 발전한다.

피셔는 이처럼 상대적 숫자 측면에서는 매우 작지만, 하위문화를 형성할 만큼 충분한 사람들이 한데 뭉쳐있는 현상을 임계대중(critical mass)이라는 용어를 통해 포착하고, 도시의 규모가 크면 클수록 임계대중이 더 많이 나타나고 다양한 형태의 하위문화가 등장할 가능성도 더욱 커진다고 주장하였다(Fisher, 1975, p.1331). 여기서 주안점은, 하위문화 구성원들은 주류사회와 대외적으로 거리를 유지하고 그로부터 배제, 차별받을지언정, 내부적으로만큼은 풍성하고 유익한 관계와 네트워킹을 일구면서 소속 집단에 안정적으로 통합되어 있다는 점이다. 피셔의 하위문화 이론은 도시의 규모가 크고 밀도가 높으며 이질성이 높으면 공동체라 불릴 만한 사회적 결속과 유대, 사회적 상호작용 대부분이 사라지고 만다는 워스의 도시이론과 분명히 상치된다.

3. 소결: 도시생태계와 공동체의 동학

20세기 들어와 사회학자들은 기존 사회학 분야에 팽배해 있던 까다로운 형이상학과 사회진화론의 단순성이 가져온 표현의 진부함으로 인하여 좀처럼 침체에서 벗어나지 못하였다. 이에 복잡한 사회조직체 속에 내재한 질서를 새로운 방식으로 찾고자 하였다. 특히 파크를 비롯한 미국의 사회학자들은 철학과 결별하고 과학과 밀착하려 들었고, 그런 그들에게 생물학 모델은 사회학을 인도할 확실한 희망으로 여겨졌다(황희연, 2002, p.432).

파크를 비롯한 미국의 사회학자들은 동식물학의 생태이론을 적극적으로 차용하였다. 이들은 생태학적 관점에 의거하여 도시 거주민의 물리적 위치와 도시 근린의 상이한 공간 분포를 분석하였다. 이들의 논리는 간단명료하였다: 도시란 생태적 우위를 바탕으로 주어진 환경에 개인들이 반응함에 따라 만들어지는 사회유기체이다. 이러한 명쾌한 논리는, 각자에게 이득이 되는 희소자원을 차지하기 위한 인간 개체와 집단들의 본능적 경쟁 속에서 도시가 형성, 변화, 발전, 쇠퇴함을 적시한 유의미한 사회학적 진전이었다.

도시에 대한 인간생태학자들의 분석은 물리적 측면에 상당 부분 할애되었다. 또한 구체적이고 직관적이었다. 예컨대 인간생태학은 대도시가 강기슭과 비옥한 토양 인근에서 발달하는 경향이 있다고 보았는데, 이와 같은 분석은 평범한 사람들도 단번에 이해할 만큼 평이하였다. 또한 도시가 경쟁, 침입, 지배 및 계승을 포함한 생태적 과정을 거쳐 자연지역들의 모자이크로 질서 정연하게 표현되고, 이후 그 기능적, 구조적 테두리 안에서 일말의 문화적, 정치적 동질성이 발현되어 도덕적 안정이 이루어진다는 논리는 인위적 개입이나 계획 없이도 도시 공간이 효율적으로 조직될 수 있음을 의미하는 것이었다. 때문에 시장의 보이지 않는 손을 신뢰하고 큰 정부를 불신하던 당시 미국인의 정서와도 잘 부합하는 이론이었다. 인간생태학은 이러한 사회 분위기, 그리고 구체적 이론과 실질적 해결책을 요구하던 당시의 시대적 요구 속에서 부흥하였다(장세훈, 2011).

그러나 일부 사회학자들이 지나치게 생물학에 심취하고 그에 얽매이게 되면서 인간생태학에는 많은 비판이 가해졌다. 특히 가장 격렬한 비판이 가해졌던 부분은 생물적 수준과 도덕적 수준에서 존재하는 인간공동체의 구분과 관련된 문제였다. 이것은 인간생태학에 관한 본질적이고 위협적인 문제 제기였는데, 이는 인간생태학이 개념적, 이론적 차원에서는 인간공동체에 생물적 수준과 도덕적 수준이 존재하며 따라서 둘을 엄격히 분리하여 접근해야 한다고 강조했음에도 불구하고 분석적, 경험적 차원에서는 양자가 어떻게 구분될 수 있는지, 정말로 구분이 가능한지, 무엇이 인간공동체의 내용을 우선적으로 결정하는지 등을 의미 있게 보여주지 못한 데서 기인한다고 설명할 수 있다(Best, 2003, p.111).

인간공동체의 생물적 수준과 도덕적 수준의 구분 실패는 인간생태학자들이 지역사회의 공간적 조직을 결정하는 데 중요한 영향을 끼치는 문화적, 정치적 가치와 규범을 자신들의 이론 체계 안에 제대로 반영하지 못하였음을 시사한다. 이와 관련하여 월터 피어리의 미국 보스턴 도심지 토지이용에 관한 사례 연구를 참조할 만하다.

여러 차례 언급하였듯 인간생태론은 가치 있는 자원을 담은 구획이 도시 내에 한정적으로만 존재하고, 따라서 희소자원을 많이 담은 우월 구획을 차지하기 위한 인간 개체 및 집단 간 경쟁(갈등)은 불가피하며, 경쟁의 결과 가장 강력한 생태적 우위를 보인 개인과 집단에 해당 구획이 넘어가는 것은 당연하다는 주장을 기본 논리로 삼는다. 보편타당한 자연법칙처럼 작동하는 이 같은 공간 배분 메커니즘은 현실적으로 말해 경제적으로 부유하고 정치적으로 영향력 있는 개인과 집단에 도시의 중심지가 순차적으로 넘어감을 의미한다. 그러나 현실을 자세히 들여다보면 도시의 공간적 분화와 조직이 인간생태론자들의 주장처럼 경쟁의 논리, 힘의 논리, 시장의 논리에 의해서만 결정되는 것이 아님을 곧 알게 된다. 피어리는 이를 미국 보스턴의 도심지 토지이용에 관한 사례 분석을 통해 밝혀내었다.

입지결정 인자로서 경제적 부나 정치적 권력 같은 요인에 집중한 시카고학파 사회학자들과 달리, 피어리는 정서와 상징이 생태적 변수로 도입되어야 함을 주장하였다(Firey, 1945). 보스턴 중심가의 땅값에 대한 사례 연구에서 그는 도심지 내 일정 반경 대부분의 지역은 역사적으로 여러 차례의 침입과 계승을 경험하였고, 이에 따라 해당 지역의 특색과 개성 역시 여러 차례 변화를 겪었으나, 어떤 지역은 그러한 변화를 겪지 않고 단일 특색을 오랫동안 유지하였다는 데 주목하였다. 피어리는 총 세 개의 지역을 후자의 사례로 제시하였다. 첫 번째는 상류계층 주거지역으로서 200년 가까이 특색을 유지해온 비이컨 힐, 두 번째는 보스턴 건설 이래 역사적 성지와 도시 공원 역할을 수행해온 보스턴 코몬, 세 번째는 노스 앤드로 알려진 이탈리아 이민자 집단거주지이자 하류층 거주지였다.

먼저 비이컨 힐에 대하여, 피어리는 비이컨 힐이 값싼 임대주택 지역인 웨스트 앤드와 인접해 있음에도 불구하고 상류층이 선호하는 거주지역으로 고유의 지역 특색을 150여 년 넘게 유지해 왔다고 설명하였다. 기존 인간생태학의 예측대로라면 상류층은 하류층의 침입을 피하여 다른 장소로 이동하고 비이컨 힐은 하류층에 의하여 계승되었어야 했다. 그러나 비이컨 힐의 상류층들은 잔류를 고집하였다. 피어리는 그 이유를 몇몇 보스턴 명문 가문 사이에 전해지고 공유되는 다양한 정서적 기억과 의미에서 찾음으로써 입지결정 인자로서 정서와 상징의 유의성을 입증하였다.

공간적 상징의 유의성을 드러내는 또 다른 사례로 피아리는 보스턴 코몬을 거론하였다. 보스턴 코몬은 시 정중앙에 위치한 지역으로 경제적 효용 가치가 높고 그런 만큼 지가도 높게 책정되었다. 개발에 따른 예상 환수이익이 높음에도 불구하고 보스턴 코몬은 개발되지 않고 보존되었다. 피어리는 그 까닭을 그곳이 19세기 보스턴의 국회의사당 터였다는 역사적 사실에서 찾았다. 즉 많은 사람에게 역사적 의미와 상징성을 가지며, 말로 설명하기 힘든 기억과 자부심, 신성성의 근원 역할을 하였기 때문에 개발론자들의 끊임없는 시도에도 불구하고 보스턴 코몬은 원래의 모습을 그대로 간직하며 잔존할 수 있었다고 설명한 것이다.

마지막으로, 노스 앤드는 오랜 세월에 걸쳐 이탈리아 이민자 1세대의 비율이 높게 유지된 이민자 집단거주지이다. 기존 인간생태론자들은 특정 소수민족 집단거주지의 존속 이유를 그곳이 도시 내 특별한 생태적 우위를 점한 장소라는 논리를 통해 설명하였다. 즉 공간적 위치 측면에서 소수민족이 생존하기 유리한 특별한 이점을 갖기 때문에 특정 소수민족 집단거주지가 존속한다고 본 것인데, 피어리는 이러한 공리적, 경제학적 설명을 거부하고 노스 앤드의 존속 이유를 그곳이 아니면 소수민족 집단 구성원들의 고유한 전통 가치가 수용되거나 실천될 곳이 도시 내 다른 지역에 없기 때문에, 나아가 오로지 그곳에서만 이민자들이 사회에 참여할 수 있고 정치적 의사표시를 할 수 있기 때문이라고 설명함으로써 정치적, 심리학적 설명을 시도하였다. 이러한 설명은 도시의 공간 조직에 영향을 미치는 근본 힘을 생물적 질서가 아닌 도덕적 질서에서 찾은 것이란 측면에서 기존 인간생태론의 논리와는 상당히 다르다고 할 수 있다.

세 개의 사례에서 드러난 피어리의 의도는 분명하였다. 즉 그는 기존 인간생태학자들이 도시의 토지이용 패턴을 자연적 과정의 산물로 본 것이 오류임을 지적하고 싶었던 것이다. 피어리는 도시의 토지이용은 문화적, 정치적 요구에 따라 결정되며, 이는 특정 공동체의 정서 및 상징과 밀접히 연관된다고 보았다. 피어리는 기존 인간생태학자들이 문화적, 정치적 요인을 간과하였음을 비판하면서 오늘날 도시 현상은 생물 및 생태적 산물인 동시에 문화적, 정치적 산물이기도 함을 역설하였다.

피어리의 연구는 20세기 중반 미국 보스턴시를 사례로 분석한 것이었으나, 오늘날 우리나라 서울 한복판 노른자 땅 위에 떡 하니 자리를 잡고 서 있는 광화문, 경복궁 같은 궁궐 문화재들의 보존 이유, 나아가 경제적 측면에서만 따졌을 때 좀 더 효용 가치를 높일 수 있어 보이는 서울시 곳곳의 건축물이나 부지가 왜 지역 주민들의 강한 반발에 부딪혀 재개발이 좌초되거나 보류되는지를 잘 설명해 준다는 측면에서 여전히 유효하다고 말할 수 있다(박예진, 2011, p.49).

자본주의 사회라 하더라도 토지이용 패턴이 개인들의 자유로운 경쟁만으로 결정되는 것은 아니다. 오늘날 우리 사회에는 감정, 기억, 향수를 바탕으로 특별한 문화적, 상징적 가치를 추구하는 다양한 세력이 존재한다. 뿐만 아니라 도시 미관이나 정치적 안정, 사회 질서 등을 도모하는 정부 단체 및 정치세력들이 다수 존재한다(Logan, Molotch, Fainstein, & Campbell, 2013). 도시생태계 현황에 지대한 영향을 미치며 상이한 가치를 추구하는 이 다양한 세력은 온갖 수단과 방법을 동원하여 자기 목표를 관철하고자 노력한다. 여기서 주안점은, 그 과정이 전혀 자연적이지 않다는 사실이다. 대부분 다분히 합리적이고 의도적이며 정치적인 계획을 동반한다. 우리는 그러한 사례를 임대주택, 신도시 건설과 같은 각종 정부 시책과 설계에서 찾아볼 수 있다. 토지이용 과정에서는 특수한 가치가 의도적으로 추구될 수 있고, 정부의 영향력, 기타 집단의 정치 논리가 결정적 요인으로 작용하기도 한다. 이뿐만이 아니다. 종종 인간적 실수와 감정, 기억이 개입됨으로써 비합리적이고 비효율적인 방식 및 과정을 통하여 토지이용이 결정되기도 한다(지주형, 2016). 이는 개인들의 생존, 이익, 안보에 아무런 도움이 되지 않고 따라서 자연의 섭리 관점에서 보았을 때 전혀 중요한 요소로 고려될 수 없을 법한 비생물적, 비생태적 요인들이 복합적으로 작용하며 도시의 구조와 기능을 결정한다는 점을 강력히 시사한다.

현재 우리가 사는 도시생태계가 경제적 이득이나 각자의 공리적 목적을 실현하려는 개인들의 자유로운 경쟁의 결과라는 시각은 과장되었다. 물론 그러한 시각이 완전히 잘못된 것이라고는 할 수 없다. 여기서 말하고자 바는 다만 경제적 이득이나 공리적 목적이 중요한 요인이지만 유일한 것이 아니며, 그것만으로는 도시생태계의 현황을 온전히 설명할 수 없다는 사실이다(안창모, 2010).

인간생태론에 가해지는 또 다른 비판은 갈등론 쪽에서 제기된다. 인간생태론은 기본적으로 도시를 적자생존의 논리, 즉 상대적으로 힘이 강한 쪽이 힘이 약한 쪽을 밀어내고 도시의 특정 구획을 차지하는 자연법칙이 지배하는 공간으로 이해한다. 이와 같은 접근은 다윈주의의 관점에서 사회를 설명하는 최초의 시도였다는 점에서 의의가 크다. 그러나 적자생존 논리에 따라 경쟁에서 패배할 것이 자명한 자들, 즉 애초부터 경쟁력이 약한 집단의 구성원들이 어떻게 힘, 즉 권력을 획득하여 강한 자들과의 경쟁에서 살아남고 나아가 그들이 부여한 질서를 극복하여 최종적으로—자연에 역행하는—승자가 될 수 있는가에 대하여 말해주는 바가 거의 없다는 점에서 한계도 분명하다. 비판의 핵심은, 인간생태론이 사람들 사이에 존재하는 힘, 즉 권력의 차이를 주어진 상수로 간주함으로써 불평등하게 구조화된 사회적 관계를 전복시키는 데 관심을 갖지 않고 심지어 이를 방조한다는 지적에 있다(Gottdiener, 1994, p.25-69).

불평등한 권력관계를 도외시하고 변화를 추구하지 않는 것은 인간생태학이 기본적으로 인간을 주어진 환경에 영향을 받으며 적응해 가는 유한한 존재로 규정하기 때문에 발생하는 이론의 본질적 속성 문제라 할 수 있다. 물론 인간생태론자들도 환경의 변화를 통해 인간의 적응 양상에 변화를 가할 수 있다고 인정하기는 한다. 그러나 인간생태론의 틀에서 환경의 변화란 물리적, 자연적 조건에 대한 테크노크라트적 개입을 의미할 뿐, 사람들 사이에 존재하는 힘의 인공적 우열, 즉 구조적으로 부여된 상하 수직적 사회관계의 균열을 의미하지는 않는다. 인간생태론자들은 힘의 우열을 자연적으로 주어진 것으로 보기 때문에 이를 바꾸기란 불가능하다고 생각하며, 설사 가능하다 하더라도 자연의 질서를 교란함으로써 조화를 깨고 효율을 해치는 일이라 생각하여 꺼린다(Butler, 2003, p.78).

예를 들어 설명해 보자. 우리나라 수도 서울에서 가장 집값이 비싼 곳은 강남의 대치동과 반포이다. 이곳의 터무니없이 높게 책정된 집값에 대하여, 인간생태론자들은 이 지역 안에 다른 지역보다 훨씬 가치 있는 자원, 가령 교육 자원이 훨씬 많이 담겨있고, 이것이 일종의 생태 요인으로 작용하면서 전국에서 자식 교육에 관심을 많이 가진 경제적으로 여유 있는 부모들을 유인하였으며, 그들이 선별적으로 유입되면서 서로 외곽 지역으로 밀려나지 않기 위해 경쟁하는 가운데 지대가 높게 책정되는 결과가 도출되었다는 식으로 설명한다. 여기서 주안점은, 돈 많고 힘 있는 부모가 자식 교육을 위하여 대치동과 반포로 몰려듦에 따라 지대가 올라가며, 높은 집값을 감당할 수 있는 자들은 잔존하고 반대로 감당할 수 없는 자들은 도태되는 것이 자연스러운 현상으로 간주된다는 점이다. 이처럼 자연의 법칙에 따라 대치동과 반포의 집값이 높게 책정되었다는 관점을 견지하면, 집값을 의도적으로 낮추려 하거나 다른 지역과 형평성을 맞추기 위하여 해당 지역에 세금을 추가적으로 부과하는 따위의 개입, 나아가 이를 통해 승자라 할 수 있는 해당 지역 주민들의 사회경제적 우위에 처벌을 가하고 기존의 우열 관계에 균열을 내려는 시도는 대단히 부자연스럽고 비효율적인 행위로 평가될 수 있다.

그렇지만 다른 관점, 즉 집값의 엄청난 지역 간 격차에 무엇인가 불평등한 요소가 내재되어 있다는 갈등론적 관점에서 이 현상을 바라본다면, 인간생태론에는 만족스럽지 못한 부분이 놓여 있음을 곧 알게 된다. 갈등론자의 질문은 다음과 같다: 왜 대치동과 반포에는 애당초 가치 있는 교육 자원이 많이 몰려 있는가? 왜 강북지역에는 양질의 교육 자원이 부족한가?

현상(status quo) 이전에 존재하는 인간 개인 간, 인간 집단 간 이와 같은 본질적 격차에 대하여 인간생태론은 명확한 답을 제시하지 못한다. 인간생태론은, 동식물들이 서식지 내 비옥한 토양으로 몰려드는 것이 자연스러운 현상인 것처럼, 돈 있고 힘 있는 사람들이 더욱 좋은 교육환경 아래서 자식들을 키우고 공부시키려 경쟁하는 것은 당연하다는 논리만을 되풀이한다. 그럼으로써, 왜 애당초 특정 지역에는 특별한 희소자원이 특히 더 많이 집중되어 있는지, 그러한 불평등한 공간 구조가 어디서부터 비롯하는지, 왜 지속하는지, 이를 좀 더 공평한 방향으로 바꾸기 위하여 무엇을 해야 하는지 등의 이슈들에 대해서는 함구한다. 불평등한 권력 구조를 주어진 상수로 받아들이고 그에 순응하는 수동적 인간상을 가정하는 인간생태학의 기본 세계관은 현 체제의 부당함에 문제를 제기하고 이를 바꾸어 가고자 노력하는 주체적 인간(agency)과 인간 조직, 제도의 가능성을 닫아 버렸다는 측면에서 비판을 피할 수 없다. 비판론자들은 그래서 인간생태론을 공간물신론(spatial fetishism) 혹은 지리적 결정론(geographical determinism)의 오류에 빠진 이론이라고 힐난한다(Butler, 2003, p.15).

갈등론자들은 강남의 높은 집값을 사회경제적 불평등의 공간적 현시 차원에서 분석한다. 예컨대 최은영(2006)은 강남의 높은 집값이 각종 사회경제적, 문화적, 교육적 희소자원들이 타 지역보다 이 지역에 훨씬 많이 집중되었음을 반영하며, 이 같은 과잉 집중은 애당초 신흥 엘리트계층의 주거 안정이라는 정책적 편향성을 갖고 해당 지역을 개발한 정치 권력의 의지에 기인한다고 분석하였다. 강남개발이 특정 계층에게 편파적이었다는 관점에서 보면, 이 지역의 집값이 비싼 것은 처음부터 지금까지 의도가 불순하고 과정이 공정치 못한 게임의 결과였다고 말할 수 있다. 전혀 자연적이지 않다는 뜻이다. 지역 간 집값 격차를 제거하기 위하여 공간적 불평등으로 현시화된 사회경제적 불평등의 계획적 완화, 수정, 도착 노력이 요구된다고 강조하는 갈등론자들의 주장 이면에는 이와 같은 논리가 깔려있다.

인간과 동식물은 분명 다르다. 동식물 세계에는 적자생존 논리를 무리 없이 적용할 수 있다. 그렇지만 인간 세계는 애당초 자연 상태와는 거리가 멀다. 가령 인간 세계에만 존재하는 빈곤을 두고 우리는 그것이 올곧이 자연 상태에서 빚어진 결과라 말할 수 있는가. 물론 한 개인이 가난한 까닭의 일부는 나태나 실수 같은, 순전히 본인의 잘못에서 기인하는 바가 있다. 그러나 본인의 잘못과는 관련 없이 오로지 구조의 문제 때문에 가난해질 수도 있는 일이다. 자본주의 사회에 주기적으로 찾아오는 불황이나 실업 같은 것이 그 예이다. 만약 구조의 피해자인 빈민을 적자생존 논리에 따라 도시 변두리의 싸구려 노후주택 지역에 격리한 채 유의미한 생활기회에서 배제한다면 이는 자유주의적 정의의 관점에서 옳지 못한 일이다. 그런데 인간생태론은 불평등하게 구조화된 사회적 관계에서 파생된 다양한 도시 문제—빈곤, 범죄, 비행, 슬럼의 형성, 정신병 등—를 생태적 우위와 열세에 따른 자연적 도태의 관점에서만 이해함으로써 분명 정의롭지 못한 사회 현상을 도시의 주기적 성장과 발달 과정에서 빚어지는 부수적 병리 현상, 다시 말해 유기체가 생존 과정에서 필연적으로 겪기 마련인 일상적 사건 정도로 치부해 버린다. 이 같은 접근은 사람들 사이에 존재하는 불평등한 권력 차이가 도시 공간에서 벌어지는 다양한 문제의 근본 원인임을 망각하게 만들며, 그러한 권력 차이를 역전하려는 일체의 노력을 불필요하고 부자연스러운 시도로 격하한다.

인간을 둘러싼 환경을 물리적, 자연적 조건으로만 좁게 해석하고 사회적 관계를 아우르지 않는 한 인간생태학은 도시의 다양한 문제를 해결하는 데 근본적으로 한계를 가질 수밖에 없다. 도시공동체를 연구하는 학자들이 진정으로 관심을 가져야 할 것은 따라서, 첫째, 생존경쟁과 생태적 우위가 아닌, 도시민 사이에 존재하는 불평등한—착취적—사회관계가 도시 공간의 이용 패턴과 지가분포 패턴을 결정지을 수 있다는 인식을 정립하고, 둘째, 어떻게 하면 애초부터 경쟁력이 약한 공동체의 구성원들이 서로 힘을 합쳐 경쟁력이 강한 공동체의 구성원들과 대등한 관계를 맺을 수 있을지 권력 구조의 재편 및 역전에 관한 실질적 방법을 강구하는 데 있다고 할 것이다.

마지막으로 인간생태론에 대한 비판 중 눈여겨보아야 할 사안은 생태학적 오류에 관한 내용이다. 이 비판은 생태학적 연구들이 생태적 상관관계와 개인적 상관관계를 엄격히 구분해야 함에도 생태적 상관관계를 개인적 상관관계에 대한 증거로 종종 사용한다는 지적을 요지로 한다. 예를 들어 외국인 근로자가 많이 거주하는 어떤 한 동네의 범죄율이 여타 지역보다 매우 높게 나타났다고 가정해 보자. 이러한 결과를 토대로 누군가가 만약 외국인 근로자는 한국인 근로자보다 범죄를 저지를 가능성이 크다는 결론을 내린다면 이것은 온당한 평가일까? 아니다. 틀린 결론이다. 왜냐하면 외국인 근로자들이 많이 몰린 지역의 범죄율이 높은 것과 외국인 근로자 개인의 범죄 가능성이 높은 것은 별개의 사안이므로 둘을 구분해서 접근해야 함에도 불구하고, 위 진술은 그렇게 하지 않고 전자를 기준으로 후자를 합쳐버렸기 때문이다. 이처럼 어떤 한 집단 또는 그 집단이 정주하는 지역을 관찰하여 얻은 결론을 소속 개인에 대한 평가에 적용하는 것을 우리는 생태학적 오류(ecological fallacy)라고 한다(김욱진, 2015, p.227). 생태학적 오류의 또 다른 일례로, 특정 지역에서 보수정당이 우세한 득표율을 보인다는 점을 근거로 그 지역에 사는 개인들이 모두 보수적 정치색을 지닐 것이라 예단하는 것을 거론할 수 있다.

인간생태론은 생태학적 오류를 범하기 쉽다. 왜냐하면 인간생태론은 일차적으로 도시 공간을 구조적, 기능적 분화 및 특화를 달성한 자연지역 차원에서 파악하기 때문이다. 자연지역의 개별 거주자들은 각자의 생활양식, 사고방식, 사회적 관계 등을 소속 지역의 특색과 요구에 따라 최대한 조정하는 순응적 존재로 묘사되며, 생물적 공동체의 일원으로서 생존을 위해 협력하는 과정에서 내부적으로 동질성을 발전시키는 것으로 간주된다. 한편 생물적 공동체는 시간이 지나면서 차츰 도덕적 공동체로 변모하는데, 도덕적 공동체 내에 형성된 문화적, 정치적 동질성은 구성원들의 심리 상태와 사회적 관계에 특별한 색깔을 공통적으로 덧칠하며, 그들의 생각과 행동을 통제하는 구속적 힘을 발휘한다. 중요한 점은, 인간생태론자들은 이러한 구속적 힘의 특색을 잘 파악하면 특정 지역 구성원 개개인의 정신상태, 사고방식, 인간관계, 사회적 행태의 면면을 단번에 알아차릴 수 있고, 그 양상이 어떨지 정확히 예측할 수 있다고까지 단언한다는 사실이다.

이처럼 인간생태론은 개인의 특성보다 개인이 소속된 집단의 특징 또는 집단이 정착한 지역 고유의 특색에 더 많은 관심을 보인다. 집단 또는 지역의 특성과 개별 거주자의 사회, 경제, 인구학적 특성은 엄연히 다르다. 그렇지만 인간생태론은 이론의 주된 관심 대상 자체가 집단 또는 지역에 맞춰져 있는 까닭에 집단 또는 집단이 정주한 지역을 관찰하여 얻은 결론을 소속 개인에 대한 평가에 적용할 가능성이 그만큼 크다고 할 수 있다.

인간생태론이 생태적 오류에 빠질 가능성이 크다는 지적에 대하여, 일부 인간생태론자들은 개별주의화의 오류가 더 큰 문제라는 식으로 반론을 제기한다(ibid., p.227). 개별주의화의 오류(individualistic fallacy)란 제비 한 마리가 날아온다고 하여 봄이 오는 것은 아니라는 속담을 통해 쉽게 이해할 수 있다. 구체적으로, 생태적 오류와는 정반대로 개인적 상관관계를 생태적 상관관계에 대한 증거로 사용하는 것을 의미한다. 예를 들어, 누군가가 보수정당을 지지하는 가난한 유권자를 서울 강남지역에서 발견하였고 이러한 관찰을 근거로 강남의 가난한 유권자는 모두 보수정당을 지지한다는 결론을 내렸다면, 그는 개별주의화의 오류를 범하고 있는 것이라 할 수 있다. 또 다른 일례로, 어떤 한 지역의 고소득자와 저소득자 한 명씩을 조사하여 고소득자는 건강이 좋고 반대로 저소득자는 건강이 나빴다는 결과를 얻었다고 가정해 보자. 이러한 결과를 토대로 만약 누군가가 해당 지역의 이환율은 소득에 반비례한다는 결론을 도출하였다면, 그는 마찬가지로 개별주의화의 오류를 범하고 있는 것이라 할 수 있다. 왜냐하면 특정 지역의 이환율은 개인소득과 같은 개인적 요인보다는 오히려 해당 지역 내 병원시설 확보율, 굴뚝공장 준설율, 국가보건정책 정비수준 같은 생태적 요인과 더 높은 상관성을 지닐 수 있기 때문이다. 개별주의화의 오류가 위험한 까닭은, 생태적 요인에 기인하는 어떤 결과를 개인적 요인에 기인하는 것으로 치환하여 이해함으로써 희생자를 비난할 여지를 높이기 때문이다. 예컨대 개인의 건강이 나쁜 까닭은 사실 지역사회 안에 폐수를 내뿜는 공장이 준설되어 있기 때문일 수 있는데, 개별주의화의 오류 프레임에 걸리면 그러한 생태적 요인 효과는 망각하고 개인의 생활습관이나 식습관이 나쁘므로 건강이 안 좋다는 식으로 문제의 원인을 특정 개인에게 돌릴 수 있다.

개별주의화의 오류가 문제가 되는 것은 분명한 사실이다. 그러나 이와 상관없이 인간생태론은 정반대의 생태학적 오류를 범할 가능성을 항상 안고 있다. 생태학적 오류는 지역사회나 공동체 내부에 존재하는 다양한 목소리와 의견, 특히 소수자 집단의 고유성과 독자성을 외면하고 나아가 그들을 억압, 차별, 배제하는 전체주의를 용인하는 작업에 악용될 수 있다. 그런 만큼 지역사회와 공동체를 연구하는 학자들은 특정 집단이나 지역에 대한 일반화를 꾀할 때 소속 개체 단독의 독립적 특징을 놓치지 않도록 각별히 주의를 기울여야 할 것이다.

인간생태론은 이 외에도 다양한 비판을 받아왔다. 그래서 오늘날 사회과학자들 가운데 명시적으로 스스로 인간생태론자임을 드러내는 경우는 흔치 않다. 그러나 도시사회학과 지리학에 인간생태학이 남긴 족적이 워낙 강력했던 만큼, 인간생태론의 유산은 사회과학 전반에서 아직도 뚜렷이 찾을 수 있다.

인간생태학이 현재의 사회과학, 특히 공동체 연구에 남긴 유산 중 가장 주목할 만한 것은 지리적 영역, 즉 장소성에 대한 강조이다. 한때 공동체를 연구하는 학자들 사이에서는 지리적 조건이 공동체를 이해하는 데 더는 중요한 요소가 되지 못한다는 생각이 대세를 이루었던 적이 있다. 이는 기술 및 정보통신 기술의 발달로 인하여 대면접촉이 없이도 공동의 유대와 지속적 상호작용이 얼마든지 가능하다는 믿음이 광범위하게 퍼졌던 데 기인한다. 앞의 제3장에서 언급하였던 공동체 확장론은 그러한 믿음을 반영한다.

그러나 공동체 연구가 무르익으면서 물리적 토대를 갖추지 못한 공동체의 지속성과 유효성에 대한 의문이 제기되었다. 실제 대면접촉을 가능케 하는 물리적 토대 없이 과연 공동체가 만들어질 수 있는가. 설사 만들어진다고 하더라도 얼마나 지속할 수 있는가. 만들어졌다 사라지기를 반복하는 불규칙적이고 비전형적인 인간 집단을 공동체라고 부르는 것이 온당한가. 눈으로 보고 손으로 만질 수 없는 추상적 결속, 지리적 테두리 없는 모임으로부터 사람들이 소속감을 찾고 정체성을 느끼는 일이 과연 가능한가. 이와 같은 질문들이 꼬리에 꼬리를 물고 이어지면서 최근에는 공동체를 이해하는 데 있어 장소성을 긍정적으로 재해석해야 한다는 의견이 다시 상당한 비중을 차지하게 되었다(신희주, 2017; 이종수, 2015).

이처럼 최근 사회과학계의 동향은 공동체의 물리적 토대가 중요하다는 쪽으로 수렴하고 있으나, 인간생태론은 처음부터 공동체를 포착, 분석하는 데 있어 지리적 조건을 항상 결부시켜왔다. 공동체=지역사회 등식은 인간생태론이 한편으로는 자연지역을 최소 단위로 삼는 도시의 물리적 공간 구조에 관심을 쏟으면서, 다른 한편으로는 도시의 형성, 성장, 발전, 쇠퇴의 전 과정을 생존경쟁에서의 승리를 위한 인간 개체와 집단 간 협동 차원에서 이해하였기 때문에 가능하였다. 모든 공동체 현상은 물리적 토대 혹은 지리적 조건과 불가분의 관계를 맺는다는 전제를 단 한 번도 버린 적이 없던 인간생태론의 이 같은 기본 입장은 단순한 지역사회에 관한 연구 혹은 공동체에 관한 연구를 뛰어넘어, 양자를 합친 이른바 지역공동체의 형성과 유지, 재생에 관한 조사 연구에 앞으로 많은 시사점을 제공해 주리라 생각한다.

다음으로 인간생태론이 오늘날 사회과학계에 남긴 족적 중 하나로 지역효과(place effect)라는 개념을 거론할 수 있다. 지역효과란 하위 분석단위인 개인에 대한 상위 분석단위인 지역사회 혹은 도시의 독립적 효과를 지칭하는 개념으로서, 개인 수준의 종속변수(예: 주관적 건강 상태)를 설명하는 데 있어 개인 수준의 설명가능한 모든 요인(예: 성별, 연령, 소득, 교육 수준 등)을 통제한 후에도 상위 수준인 지역사회나 도시 관련 요인들(예: 지역 내 병원시설확보율, 공원조성면적, 인구의 남녀비율, 고소득자비율, 고학력자비율, 종교인비율 등)이 개인 수준의 종속변수를 유의미하게 설명해줄 수 있을 때 관찰되는 효과로 정의된다(김형용, 2010, p.61). 이러한 지역효과는 통상 구성효과, 맥락효과, 집합효과로 구분된다(김욱진, 2015, p.229).

구성효과(compositional effect)는 어떤 한 지역에 사는 개인들의 행동적, 심리적 결과가 집단적 수준에서 특별한 모습을 나타낸다면, 그것은 그 지역에 애당초 그와 같은 행동적, 심리적 모습을 띠는 개인들이 많이 몰려 살고 있기 때문이라고 보는 것과 관련된 개념이다. 예컨대 A 지역과 B 지역의 심장병 발생률이 유의미하게 다르게 나타났다고 가정해 보자. 이유를 조사해 보았더니 A는 은퇴 노인이 다수 인구를 차지하는 지역이고 B는 대학생이 다수 인구를 차지하는 지역인 것으로 드러났다고 하자. 이처럼 지역 자체가 발생시키는 특별한 효과라기보다는 특별한 속성을 가진 개인들이 특정 지역에 많이 몰려 있음으로써 발생하는 지역효과를 구성효과라 부른다. 이 구성효과 개념은 갠즈가 워스의 부정적 도시관을 비판할 때 거론한 바 있다.

다음으로 맥락효과(contextual effect)란 어떤 한 지역에 사는 개인들의 행동적, 심리적 결과가 집단적 수준에서 특별한 모습을 나타내는데, 그 이유가 해당 지역이 자체적으로 갖는 독특하고 고유한 특성 때문이라고 보는 것과 관련된 개념이다. 예를 들어 만약 A 지역과 B 지역의 폐질환 유병률에 유의미한 차이가 있는 것으로 나타났고, 그 이유를 조사해 보았더니 A 지역에는 탄소 발생 굴뚝공장이 여러 개 준설되어 있고 반대로 B 지역에는 삼림이 울창한 것으로 드러났다면, 이는 각 지역에 거주하는 개인들의 특성 차이라기보다는 지역 자체가 가진 특성 차이 때문에 나타난 결과라 할 수 있다. 이러한 지역효과를 맥락효과라 부른다.

마지막으로 집합효과(collective effect)란 특정 지역에 몰려있는 개인들의 물리적 근접성으로 말미암아 비슷한 행동과 생각이 발현된다는 것과 관련된 개념이다. 예를 들어 A와 B 지역 청소년 흡연율에 유의미가 차이가 나타났고, 그 이유를 조사해 보았더니 A 지역에 사는 청소년들 사이에 담배와 관련된 또래압력이 B보다 상대적으로 강한 것으로 드러났다면, 이는 집합효과의 결과라고 볼 수 있다. 즉 가까운 곳에 몰려있고, 그 물리적 근접성으로 말미암아 무리의 구성원이 서로 비슷한 행동과 생각을 발전시킴으로써 어떤 행동이나 심리 상태에 지역적 차이가 발생하게 되었다면, 이러한 지역효과를 집합효과라 부를 수 있다는 얘기이다.

지역효과를 연구하는 학자들은 대체로 인간생태학의 영향을 직간접적으로 받았다고 볼 수 있다. 인간생태학은 기본적으로 개인적 요인보다 개인을 둘러싼 생태적 요인, 예를 들면 인구의 크기, 밀도, 이질성이라든지 아니면 지역사회의 자연적, 물리적 조건 혹은 거시사회적 요인에 초점을 맞추어 인간 개체들이 그와 같은 외부 환경에 어떻게 적응해 나가는지에 주된 관심을 보인다. 이와 같은 접근은,

개인적 수준에서는 동일한 특성을 지녔다 할지라도 주거지역이나 사회적 환경에 따라 상이한 개인적 결과가 야기될 수 있다고 보는 근래 지역효과 연구자들과 조사의 방향성이나 의도 측면에서 상당히 궤를 같이한다고 볼 수 있다.

인간생태론의 학술적 전통 아래 지역효과를 연구하는 사회과학자들이 최근 점차 많아지고 있다. 그리고 이들 상당수가 지역이나 도시 수준에 존재하는 환경적 생태 요인들이 개인의 심리 상태, 건강 상태, 기타 행동 특성에 미치는 층위 간 영향 관계에 많은 관심을 보이고 있다. 예를 들어 김태형 외(2012)는 개인의 주관적 건강 상태에 영향을 미치는 중요한 개인적 요인은 학력과 혼인 상태인데, 이때 지역사회 소득 불평등도는 그 정적 영향 관계를 부적으로 조절한다는 사실을 밝힘으로써 지역효과의 존재를 증명하였다. 비슷한 맥락에서, 김욱진(2013) 역시 개인의 식품 미보장 상태에 소득수준이 유의미한 부적 영향을 미치는데, 이때 지역사회 전반의 참여적 속성은 그 부적 영향 관계를 정적으로 조절한다는 사실을 밝힘으로써 지역의 거시 생태 요인이 개인의 미시 행태에 미치는 층위 간 효과를 입증하였다.

지역사회나 도시의 물리적, 자연적, 사회적 조건이 개인의 행태와 심리에 영향을 심오한 미친다는 인간생태론의 기본 아이디어는 근래 도시 정책에서도 적극적으로 구현되고 있다. 지역사회의 어둡고 칙칙한 골목길 곳곳에 파스텔톤의 밝은색 페인트칠을 하고 가로등을 설치함으로써 범죄율 감소를 꾀하는 자치구들이 최근 서울시에 차츰 늘고 있는데(예: 서울시 관악구 행운동 등), 이러한 도시 정책의 근간에는 인간이란 생존을 위하여 주어진 환경에 끊임없이 적응을 도모하는 존재라는 인간생태론의 기본 세계관이 깔려있다. 환경을 바꾸어 주면 인간의 생각과 행동이 바뀔 것이라는 정책은 대체로 이러한 세계관에서 출발하였다고 보면 된다.

인간생태학은 인간이 주어진 환경에 적응을 도모하는 동물이라는 관점, 그리고 생존경쟁에서의 승리라는 공리적 목적을 달성하기 위하여 나와 비슷한 사람들과 협력 관계를 맺는다는 관점에서부터 출발하였다. 인간생태학은 인간이 공동체를 형성하게끔 만드는 힘의 근원을 바로 이 경쟁적 협력 관계에서 찾았으며, 복수의 인간공동체들이 생존을 위하여 저마다 주어진 환경에서 생태적 우위를 누리고자 노력하는 과정에서 인간 정주지인 도시가 형성, 성장, 발전, 변화, 쇠퇴한다고 설명하였다. 무엇보다 인간생태론자들은 이 모든 것을 자연적이고 생물적인 현상이라고 보았으며, 따라서 도시란 비계획적이고 비의도적인 산물이라는 입장을 굳게 견지하였다.

그러나 다소간의 시간이 지나면서 생물적 수준에서만 존재하던 인간공동체에는 도덕과 규범, 전통과 권위가 생겨나고, 사람들 사이에 차츰 문화적, 정치적 동질성이 형성되면서 생물적 질서와는 구분되는 도덕적 질서가 인간공동체 한쪽에 등장한다. 이 도덕적 질서는 사람 간의 관계를 기능적, 공리적 측면에서뿐 아니라 심리적, 도덕적 측면에서 규정하는 발현적 힘으로 작용한다. 그런데 여기서 문제는, 인간공동체의 도덕적 질서란 생물적 질서가 주기적으로 가져오는 혼란, 즉 침입과 경쟁, 지배, 계승이라는 생태적 과정의 규칙적 작동으로 말미암아 안정적으로 오래 유지되지 못하고 계속해서 흔들리는 운명에 처하고 만다는 점이다. 이런 이유로 인간생태론자들은 도덕적 질서에 붕괴에 따른 사회적 혼란을 관심 있게 연구하였으며, 이는 파크를 비롯한 대부분의 인간생태론자들이 빈곤, 범죄, 비행, 정신병 같은 사회병리적 현상을 주의 깊게 관찰하는 계기가 되었다.

그러나 인간생태론자들은 각종 사회문제를 도시의 성장과 발전 과정에서 어쩔 수 없이 일어나는 자연의 일부 현상으로만 간주하였고, 이러한 현상 유지적이고 보수적인 입장은 착취적이고 수탈적인 사회관계가 각종 도시 문제의 원인이라 주장한 신마르크스주의자들의 비난을 자초하게 되었다. 인간생태론은 그리하여 신마르크스주의가 득세한 1960년대 이후 사회과학계에서 크게 위축되었으며, 1970년대에는 사회학의 주된 연구 주제가 지역사회에서 대중사회로, 인간공동체보다 사회체계로 옮아감에 따라 예의 지위를 더욱 잃고 말았다(Ritzer, 2004/2006, p.281). 그러나 1990년대 말 이후 중앙보다 지방을, 중심보다 주변을, 세계화보다 세방화(glocalization)를 지향하는 움직임이 사회 전반에서 새로 태동함에 따라, 그리고 특히 우리나라에서는 2000년대 후반 들어 마을 중심의 공동체 부흥운동과 도시재생 운동이 전국적으로 전개됨에 따라, 공동체와 지역사회를 결부시켜 도시 현상을 분석한 인간생태론이 새롭게 재해석되고 있는 양상이다(김주영, 허선영, 문태헌, 2017).

제5장. 체계론적 접근

이번 장에서는 공동체에 대한 체계론적 이해를 살펴본다. 체계이론은 공동체를 부분과 전체로 구성된 다층적 산물이자, 이들 간의 기능적 상호작용의 장(field)으로 이해하는 것을 특징으로 한다. 체계(system) 개념은 에밀 뒤르켕의 업적에서 그 기원을 찾을 수 있다. 그렇지만 이 용어가 사회과학계에 널리 퍼진 데에는 오스트리아 출신 생물학자 루드윅 본 버틀란피(1901~1971)의 공이 컸다. 그는 1968년 출간한 *General System Theory: Foundations, Development, Applications*『일반체계론』에서 생물 유기체뿐 아니라 무생물, 기계, 사회조직에까지 체계 개념이 광범위하게 적용될 수 있음을 보여줌으로써 이 이론을 거대이론(grand theory)의 반열에 올리는 데 일조하였다. 체계이론은 러시아의 발달심리학자 유리 브론펜브레너(1917~2005)의 생태체계이론을 거치면서 사회과학의 기초 이론으로서 입지를 굳혔다.

이번 장에서는 체계이론의 핵심 내용을 버틀란피의 일반체계이론, 브론펜브레너의 생태체계이론을 중심으로 살펴보고, 공동체 현상을 이해하는 데 있어 체계이론이 어떠한 새로운 시각을 연구자들에게 제공하였는지 알아본다. 이와 더불어 체계이론의 관점에서 공동체의 기능 및 지역사회와 도시의 관계를 탐색한 미국의 사회학자 로랜드 워런의 연구결과를 살펴보고, 체계이론이 공동체 연구에 던지는 함의를 고찰한다.

1. 루드윅 본 버틀란피 ― 일반체계이론

일반체계이론은 특정한 자연현상이나 사회문제의 발생 원인, 결과를 이해하거나 그것의 즉각적, 국지적 해결을 꾀하는 작은 이론이 아니다. 일반체계이론은 모든 물리적, 생물적, 심리적, 사회적, 문화적 현상 이면에 깔린 대상과 환경의 상호작용에 관한 거대이론(grand theory)이다. 특히 어떤 현상이 지금과 같은 안정상태를 유지하게 된 배경을 이해하고 이를 토대로 대상과 환경 간 상호작용을 질적, 양적으로 개선하는 데 초점을 맞춘 일종의 메타이론(meta theory)이다. 여기서 메타이론이라 함은 이론의 이론이라는 것을 뜻한다. 즉 구체적 현상을 연구 대상으로 삼기보다, 구체적 현상을 연구 대상으로 삼는 여러 분과의 작은 이론들이 특정 현상에 관한 정보를 추출, 조직화하여 이를 이해하는 근본 원리를 밝히는 데 초점을 맞춘 이론이라는 것이다(Von Bertalanffy, 1968/1990, p.36).

사실 일반체계이론에 일반(general)이라는 수식어를 붙이는 까닭도 알고 보면 그것이 특정 현상에 집중하기보다 여러 현상에서 공통적으로 나타나는 특징을 파악하는 데 초점을 맞추기 때문이다. 일반체계이론은 상이한 분야의 상이한 현상이라 할지라도 모든 현상 이면에는 어떤 구조적 유사성 혹은 동일성이 존재한다고 본다. 이 구조동일성, 다른 말로 유질동상(isomorphism, 類質同像)으로 말미암아 일반체계이론의 틀 안에서는 비슷한 개념과 모형, 법칙들이 전혀 상이한 분야에서 나타날 수 있으며, 어떤 한 분야에서 이미 잘 발달된 이론적 구조가 무지의 전혀 다른 분야에 원용될 수 있다고 여겨진다(ibid., p.80, p.94). 예를 들면, 인구학에서는 일반적으로 인구가 지수법칙에 따라 기하급수적으로 늘어난다고 본다. 그러나 주거공간과 식량이 정해져 있다면 획득 가능한 자원의 제약 및 개인 간 경쟁의 심화에 따라 인구 규모는 어느 선에서 안정상태에 접근하게 된다. 인구학에서는 이와 같은 체계적 현상을 인구 증가의 법칙으로 소개하지만, 우리는 이와 매우 유사한 원리나 개념을 기타 학문 분과에서도 쉽게 찾아볼 수 있다. 경제학에서의 파레토 최적(Pareto optimum), 생물학에서의 생존경쟁 등이 바로 그것이다.

메타이론으로서 일반체계이론이 일차적 관심을 갖는 주제는 특정 대상과 그 대상을 둘러싼 주위 환경과의 상호작용이다. 일반체계이론은 모든 대상이 — 단순한 세포이든, 복잡한 인간의 신체나 정신, 추상적 개념이든, 인간이 소속된 공동체, 도시, 또는 국가를 포함한 사회조직체이든, 아니면 하다못해 숲이나 바다와 같은 자연이든 상관없이 — 고립된 존재가 아니며, 자신을 둘러싼 다양한 수준의 환경들과 끊임없이 상호작용하는 열린 존재임을 강조한다. 이를 인간 세계에 적용해 보면, 인간이란 일종의 상황 속 존재(person-in-environment)로서 자신을 둘러싼 복잡한 환경으로부터 중단 없이 영향을 받고 또 반대로 영향을 미치면서 상호 교류하는 역동적 존재라는 점을 시사한다. 따라서 일반체계이론의 틀에서는 만약 인간 세계에 어떤 문제가 발생하였다면 이는 인간과 환경 간 상호작용에 장애가 생겼음을 의미하며, 이 장애 요인을 제거하여 인간과 환경 간 적합도(goodness of fit)를 높이는 것이야말로 사회과학 분과 이론들의 궁극적 목적인 것으로 간주된다. 이러한 생각들은 추후 브론펜브레너의 생태체계이론에서 좀 더 세련되게 계승, 발전되었다(ibid., p.87).

일반체계이론은 루드윅 본 버틀란피에 의하여 집대성되었다. 버틀란피는 1901년 오스트리아에서 태어나 교육받았으며, 이후 이론생물학자로서 영국, 캐나다, 미국 등 여러 나라를 돌며 연구를 수행하였다. 버틀란피는 20세기 초 생물학에 널리 퍼져있던 물리주의(physicalism)에 불만을 품었다(ibid., p.44). 생물학에서 물리주의란 모든 생물적 현상은 물리적 기원을 가지며 물리적 요소에 의해서만 온전히 설명될 수 있다는 견해를 가리킨다. 예컨대 어떤 유기체가 고통을 느꼈을 때 이를 오로지 신경세포의 자극으로만 이해하고 그 외 요인들, 예컨대 도덕적 고뇌와 같은 요인들이 일으키는 복잡한 감정의 면면을 간과한다면 그는 생물 현상을 기계적 모형 속에서 다루는 물리주의자라 할 수 있다. 버틀란피는 물리주의가 일방향적 인과모형(one-directional causality model)에 의존하여 주어진 현상을 파악한다는 점을 특히 비판하였다. 일방향적 인과모형은 현상의 원인과 결과를 직선적(linear)으로 파악하며, 주위 환경과 쌍방향적이고 다차원적이며 지속적인 상호작용을 거치면서 성장, 변화하는 생물 현상에 대한 종합적 통찰을 방해한다는 것이다.

버틀란피는 환원주의(reductionism)에 대해서도 의문을 품었다(ibid., p.39). 생물학에서 환원주의란 전체를 전체로 이해하지 않고 다수의 부분으로 쪼개어 분석하는 경향을 가리킨다. 예컨대 고양이라는 생물체를 분석한다고 하였을 때 누군가가 고양이를 먼저 머리, 몸통, 다리, 꼬리로 나누고, 머리는 두피와 두개골, 뇌로 나누며, 뇌는 대뇌, 소뇌, 뇌간 등으로 쪼갤 수 있을 때까지 쪼갠 후 그렇게 쪼개진 부분들을 재구성함으로써 전체를 이해할 수 있다고 주장한다면, 그는 환원주의자라 할 수 있다. 환원주의는 전체는 부분의 합과 같다는 방법론적 개체주의(methodological individualism)를 표방하는데, 20세기 초중반까지만 하더라도 이러한 방법론적 개체주의가 생물학을 지배하였다. 그리하여 생물 현상을 환원주의적 관점에서 분석하는 경향이 일반적이었다. 그러나 이론생물학자로서 버틀란피는 전체를 부분으로 쪼개 분석하는 환원주의가 유기체의 성장과 변화를 설명하는 데 적합하지 않다고 생각하였다. 왜냐하면 유기체의 부분들은 상호작용하면서 진화하며 다른 부분들과 인과성을 정확하게 알기 어려운 복잡한 관계를 맺는 가운데 성장, 변화하는데, 환원주의자들은 유기체의 그와 같은 생성적 진화(emergent evolution)와 전체성(wholeness)을 간과하고 그저 부분들로 쪼개어 각자를 고립되게 분석함으로써 전체의 형태와 성질을 이해할 수 있다고 보았기 때문이다. 기존 생물학 이론이 틀렸다고 생각한 버틀란피는 당시 철학과 심리학 등에서 제기된 반론, 즉 전체는 부분의 합보다 클 수 있다는 형이상학적 전일론(metaphysical holism)을 차용하였고, 결국 유기체의 부분들이 모여 만들어진 전체는 부분들이 개별적으로 존재하였을 때 가지고 있지 않던 새로운 발현적 속성(emergent properties)을 갖게 된다는 주장을 생물학에 접목하였다.

버틀란피는 20세기 초 생물학의 주류였던 물리주의와 환원주의를 비판하는 한편, 그 대안으로 비물리주의와 전일론을 제안하였다(ibid., p.48). 비물리주의란 손으로 만질 수 있거나 눈으로 볼 수 있는 구체적 개별 물질보다, 현상 이면의 일련의 요소들이 상호 간에 맺는 관련성, 즉 비가시적 상호작용이 더욱 중요하다고 보는 입장이다. 그리고 전일론이란 현상 이면의 일련의 요소 간 관련성이 중요한 만큼 각 요소가 가진 개별적 특징이나 성질보다, 관계맺음에 따라 새롭게 발생하는 전체 수준의 특별한 발현적 속성 또는 생성적 특질을 알아내는 게 더욱 중요하다고 보는 구성주의적 입장이다.

비물리주의와 전일론으로 무장한 버틀란피는 기존 생물학 이론들과 작별을 고하고 체계의 관점에서 생물 현상을 분석하였다. 체계란 간단히 말해 부분들로 이루어진 전체를 가리킨다. 이는 체계가 전체이면서 동시에 또 다른 전체의 부분일 수 있음, 즉 양면성을 가진다는 것(holon)을 뜻한다. 그의 체계이론에 따르면, 체계 내 각 부분은 상호 의존적이다. 또한, 전체 및 외부 환경과 끊임없이 자원과 에너지를 교류한다. 부분들은 전체의 존속과 발전이라는 공통된 목적을 공유하며, 목적 달성을 위하여 각자 특화된 기능을 수행한다. 따라서 각 부분은 인접한 또 다른 부분들과 경계를 유지하며, 이 과정에서 고유의 정체성을 발전시킨다. 여기서 주안점은, 부분들이 고유의 기능을 수행하며 나름의 정체성을 발전시킨다는 점 때문에 각 부분을 아무리 세세히 조명한다 하더라도 전체의 면모를 완전히 알 수 있는 것은 아니라는 점이다. 부분끼리의 긴밀한 상호작용은 응집력 높은 새로운 실체의 출현을 조장한다. 때문에 전체를 온전히 파악하려면 부분을 초월하는 전체의 고유한 속성에 대한 통찰이 요구된다.

부분과 전체의 상호작용 그리고 그에 따른 전체 수준에서의 고유한 발현적 속성 출현에 주목한 버틀란피는 자신의 논리를 좀 더 세련되게 설명하기 위하여 이른바 체계과정(systemic process)이라는 개념을 고안하였다(ibid., p.54). 체계과정이란 모든 체계는 존속과 번영이라는 목적 달성을 위하여 외부 환경에서 자원을 끌어오고 이를 내부적으로 소화하여 어떤 결과물을 외부 환경으로 환원한다는 것, 그리고 환원의 결과 체계의 목적이 달성되지 않은 것으로 판명나면 목적이 달성될 때까지 위에 언급된 과정을 계속해서 수정, 조정하는 관리 작업을 내부적으로 발동시킨다는 것, 그리하여 궁극적으로 체계는 자신을 둘러싼 복잡한 상호작용의 망을 혼돈과 무질서로부터 보호하고 성장과 발전, 안정으로 나아가려는 경향성을 발전시킨다는 생각 등을 포함한다.

이러한 아이디어들은 버틀란피의 이론 틀 안에서 투입, 처리, 산출, 환류, 항상성, 안정상태, 침투, 경계, 엔트로피, 넥엔트로피, 개방체계, 폐쇄체계 등 다양한 용어로 표현되었다(ibid., p.139). [그림 5-1]은 이를 도식으로 보여준다. 여기서 한 가지 염두에 두어야 할 점은, 버틀란피의 초기 저작물에서는 상기 도식이 세포 등 생물적 현상을 설명하고 이해하는 데 제한적으로 사용되었다면, 후기 저작물로 갈수록 상술한 유질동상 개념의 확대 적용에 따라 물리, 심리, 사회, 문화 현상을 포함한 제 세계 현상을 설명, 이해하는 데 광범위하게 사용되었다는 점이다(Von Bertalanffy, 1975).

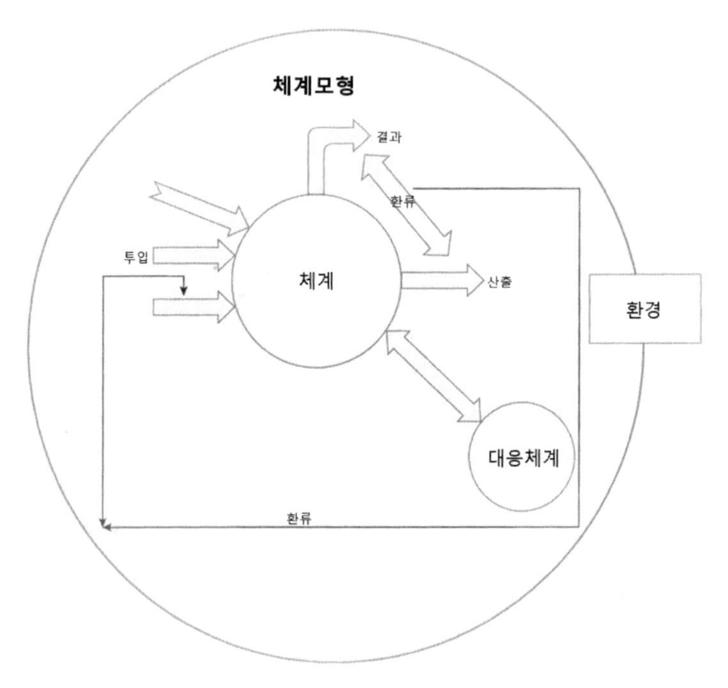

[그림 5-1] 일반체계이론 모형

오늘날 지역사회, 공동체, 도시 간의 상호작용을 설명하고 분석하는 연구자들 사이에서 가장 많이 쓰이는 이론은 버틀란피의 일반체계이론이다(조성숙, 2012). 그 까닭은 아마도 그 내용이 매우 쉽고 간명하며 직관적이기 때문인 듯하다. 아래에서는 이러한 일반체계이론의 주요 개념과 논리를 좀 더 자세히 알아보도록 한다.

1) 일반체계이론의 주요 개념과 내용

버틀란피는 살아있는 것이든 죽어있는 것이든 이 세상에 존재하는 모든 사물은 체계로 간주될 수 있다고 믿었다. 여기서 체계란 상호 의존적 부분들로 구성된 전체를 가리킨다. 각 부분은 전체의 존속과 성장을 위하여 긴밀한 관련성을 맺는다. 부분들의 관계가 지속되어 안정화하면 체계 내의 복잡한 상호작용들은 하나의 유형으로 고착되어 구조를 형성한다. 당연한 말이지만, 체계의 상호작용이 구조화되는 까닭은 그것이 체계의 존속과 성장에 있어 기능적이기 때문이다. 즉 체계의 구조는 특수한 기능을 수행하는 데 적합하므로 만들어지고 유지되는 것이다(Von Bertalanffy, 1968/1990, p.66).

일단 만들어진 체계의 구조는 다른 체계의 구조와 차별성을 띤다. 이 말인즉슨, 어떤 한 체계의 구조 그리고 그것이 수행하는 기능은 다른 체계의 구조 및 그것이 수행하는 기능과 구분된다는 뜻이다. 버틀란피는 체계 간에 존재하는 이 같은 구조적, 기능적 차이를 경계(boundary)라는 용어로 풀어내었다. 경계는 각 체계에 고유성과 독자성을 부여하며 다른 체계 및 환경과의 차이점을 알려준다. 그리고 이를 통해 해당 체계의 정체성을 부각한다(ibid., p.54).

어떤 체계는 뚜렷한 경계를 가진다. 그렇지만 어떤 체계는 반대로 불분명한 경계를 가진다. 물론 대부분 체계의 경계는 그 중간 어느 지점인가에 놓여 있다. 사람을 예로 들어 설명해 보자. 사람을 체계라 하였을 때 우리는 이 체계가 머리, 몸통, 팔다리, 오장육부, 뼈, 피 등의 작은 부분들로 이루어진 전체라고 생각해볼 수 있다. 각 부분은 전체의 생존을 위하여 긴밀한 관계를 유지하며 빈번한 상호작용을 주고받는다. 신체 각 부분의 상호작용은 출생 직후에는 복잡하고 불투명한 측면을 많이 내비친다. 그러나 이후 점차 안정화된다. 즉 태아 단계에서는 명확한 구조와 기능이 분화되지 않은 채 모든 것이 하나로 뭉뚱그려 있지만, 출생 이후 성장하면서 우리 신체는 차츰 눈·코·입이 뚜렷해지고 뼈가 단단해지며 성체로서 제 모습을 찾게 된다. 구조와 기능이 정교하게 분화(differentiation)하는 것이다. 이때 체계로서의 사람을 다른 체계, 즉 다른 사람 및 환경과 구분해 주는 구조적, 기능적 표식 역할을 하는 것이 바로 피부이다. 우리 몸의 각 부분은 피부라는 외형적 틀을 넘어 외부 체계와 섞이지 않는다. 섞이기를 거부할 뿐 아니라, 섞여서도 안 된다. 만약 섞이는 경우가 발생한다면 우리는 하나의 유기체로서 독자성과 고유성을 상실하고 환경에 흡수될 것이고, 궁극적으로 소멸하고 말 것이다(ibid., p.145).

우리 몸은 이처럼 구조적, 기능적으로 뚜렷한 경계를 갖는다. 그렇지만 사람은 하나의 체계로서 외부 체계 및 환경과 끊임없이 긴밀한 관련성을 맺으며 상호작용한다. 이 말인즉슨, 모든 인간은 피부라는 고정적이고 확실한 경계를 관리, 조율함으로써 환경에 흡수됨을 막고 자신의 고유한 정체성을 유지하지만, 그와 동시에 자신이 소속된 더 큰 전체 체계의 성장과 존속을 도모하는 위계적 위치에 놓여있기 때문에(holon) 그 안에서 작은 부분들을 형성하고 있는 또 다른 체계들—주위 사람, 집단, 조직을 포함한 전체 환경—과 다양한 방식으로 상호작용하며, 이 과정에서 자신이 쌓아놓은 경계를 일정 수준 푸는 활동도 병행한다는 것을 의미한다.

체계로서의 사람이 외부 체계 및 환경과 마주하여 자신의 경계를 이완, 개방하는 경우는 오감을 바탕으로 외부의 자극과 정보를 수집하여 뇌로 전달하고 그에 대한 판단을 내려 반응하는 순간에 가장 명시적으로 드러난다. 그러나 경계의 이완과 개방이 오로지 오감을 바탕으로 해서만 이루어지는 것은 아니다. 때로 진균, 원생동물, 세균, 바이러스처럼 사람의 피부 안팎을 비교적 자유롭게 드나드는 미생물을 매개체 삼아 경계의 이완과 개방을 허용할 때도 많다. 버틀란피는 체계가 외부의 이질적 체계 또는 환경과 상호작용하는 가운데 필요에 따라 자신의 경계를 이완, 개방하거나 외부 물질이 투과하도록 허용하는 현상을 침투성(permeability)이라 하였다(ibid., p.141).

한편 체계를 구성하는 부분 간 상호 교류가 성숙하고 소통이 안정화되면, 체계 내 부분과 부분, 부분과 전체, 전체와 또 다른 전체 간 상호작용을 관장하는 일련의 규칙이 등장한다. 일반체계이론은 이러한 규칙을 상호작용에 관한 규범(norms of interactions)이란 말로 개념화한다. 규범은 체계 안팎의 상호 관계 및 소통에 질서와 안정을 부여하고 이를 통해 체계의 지속력을 제고한다. 무엇보다, 체계 내부의 상호작용 유형과 체계 외부의 상호작용 유형을 구분하는 준칙(rules)을 제시함으로써 체계의 경계를 설정하고 유지(boundary setting and maintenance)하는 데 기여한다(ibid., p.131).

하나의 예로 가족체계를 상정해 보자. 현재 우리 사회는 혼인신고를 하지 않은 남녀의 동거관계(domestic partnership)나 동성 간의 시민적 결합(civil union)을 가족의 형태로 인정하지 않고 있다. 이는 오로지 양성 간 결혼과 출산이라는 법적, 관습적, 도덕적 준칙에 의거한 친족 간 상호작용 유형만을 가족으로 수용하고, 그 밖의 모든 상호작용 유형은 가족의 범주에서 제외하는 우리 사회 가족체계 관련 규범 때문에 빚어진 현상이다(조은희, 2020).

또 다른 예로 공동체를 생각해 보자. 우리 사회에는 수많은 공동체가 각기 하나의 체계로서 존재한다. 이 가운데 어떤 공동체는 특정 장소의 공동 점유를 준칙으로 삼아 같은 지리적 영역에 거주하면 내부자, 거주하지 않으면 외부자로 분류한다. 체계의 경계를 결정하는 규범을 이처럼 특정 장소의 공동 점유에서 독점적으로 찾는 공동체를 우리는 지역사회라 부른다. 이와 대조적으로 어떤 공동체는 체계의 경계 설정과 관련된 규범을 장소의 공동 점유뿐 아니라 유대의식의 집단적 공유에서 찾기도 한다. 여기에 해당하는 대표적 사례가 이민자 집단거주지, 즉 에스닉 엔클레이브(ethnic enclave)이다. 에스닉 엔클레이브는 민족적 정체성을 함께하는 사람들이 특정한 지리적 영역 안에 집중적으로 거주함에 따라 형성되는 공동체의 한 유형이다. 에스닉 엔클레이브의 집단 응집력은 매우 강하며, 내부 구성원 간 상호 부조와 지지 체계는 견고하다. 그런 만큼 에스닉 엔클레이브의 일원이 되기 위해서는 까다로운 자격 조건을 만족해야 한다. 그렇지만 일단 그 조건을 만족하여 집단의 경계 안에 들어가는 것이 허용되면, 해당 구성원은 공동체 내부의 각종 자원의 활용 및 동원에 있어 다른 민족 집단 구성원들이나 지역사회 주민들은 맛볼 수 없는, 그리고 개인적 신분으로는 상상하기 힘든 혜택을 누리게 된다(Waldinger, 1993).

요컨대 모든 체계는 경계를 갖는다. 체계는 경계 설정과 유지를 통하여 외부와의 구별을 시도하고 정체성을 확보한다. 그렇지만 체계가 경계 안에만 오롯이 고립된 것은 아니다. 체계는 더 큰 체계의 일부로서(holon), 그것의 존속과 성장을 위하여 자신의 경계 바깥에 놓인 다양하고 수많은 체계와 지속적으로 상호작용한다. 버틀란피는 이질적 외부 체계 및 환경과 상호작용하는 가운데 체계가 필요로 하는 자원을 받아들이는 현상을 투입(input)이라 하였다. 이와 함께, 더 큰 체계에 의하여 부과된 기능적 역할을 수행하고 나아가 체계 스스로도 존속, 성장하기 위하여 투입된 외부 자원을 내부적으로 활용하는 과정을 처리(throughput) 혹은 변환(conversion)이라 하였다. 또한, 변환된 자원 혹은 처리하고 남은 자원을 외부 환경으로 환원하는 작업을 산출(output)이라 하였다(Von Bertalanffy, 1968/1990, p.155).

투입, 변화, 산출의 과정에서 체계가 다루는 자원들은 유형적(tangible)인 것도 있고 무형적(intangible)인 것도 있다. 유형 자원이란 말 그대로 눈으로 보고 손으로 만질 수 있는 물자로서, 사회체계의 경우 현금, 증권과 같은 재무적 자원 그리고 음식, 집 등의 물리적 자원으로 나누어 볼 수 있다. 유형 자원은 체계의 존속과 성장에 얼마나 도움이 되는지 즉각적으로 알게 해준다는 측면에서 가치 측정과 평가가 수월하다는 장점이 있다. 이와 달리 무형 자원은 눈으로 보거나 손으로 만질 수 없다. 따라서 쉽게 측정하거나 즉각적으로 효과를 판단하기 어렵다. 그렇지만 체계의 존속과 성장에 절대적으로 필요한 소재임은 분명하다. 사회체계에서는 정보, 지식, 노하우, 평판, 인간관계 등이 유형 자원의 대표적 사례로 거론된다.

유형 자원이 되었든 무형 자원이 되었든 체계는 스스로 존속, 성장하기 위하여, 그리고 더 큰 체계에 의하여 부과된 역할과 기능을 수행하기 위하여 외부 환경과 교류하고 그로부터 필요한 자원을 적절히 끌어오고 또 내보내야 한다. 만약 자원을 교환하지 못하거나 교환하길 거부하면 체계는 생존할 수 없다. 따라서 체계는 독자적 단위로서 고유의 정체성을 확립하는 임무, 즉 경계 설정 및 유지와 관련된 노력을 경주하는 동시에, 경계를 이완하고 개방하는 임무, 즉 체계의 침투성을 조절함으로써 외부 환경과 자원을 교환하는 일에도 많은 관심을 기울인다.

버틀란피는 경계의 침투성 정도에 따라 체계를 개방체계(open system)와 폐쇄체계(closed system)로 구분하였다(ibid., p.156). 여기에 덧붙여, 체계이론의 후발주자들은 고립체계(isolated system) 개념을 개발하여 유형을 세분화하였다(Mele, Pels, & Polese, 2010, p.127). 먼저 개방체계는 외부 환경과의 경계가 뚜렷하면서 동시에 외부 환경과 자원을 활발히 교환하는 반투과적(semipermeable) 상호작용적 체계이다. 개방체계의 완벽한 실제 사례는 생물유기체이다. 바이러스 등 매우 특별한 경우를 제외하면 모든 생물유기체는 자기 정체성을 비교적 견고하게 유지하는 가운데 외부 환경에서 에너지를 확보하여 동력으로 사용하고, 쓰다 남은 동력을 다시 외부 환경으로 회환하는 체계과정을 유연하게 작동시킨다. 경계 안팎으로 침투성이 돋보인다는 측면에서 생물유기체는 개방체계의 속성을 가장 잘 보여준다.

이와 반대로 고립체계는 외부 환경과 아무 자원도 교환하지 않는, 다시 말해 침투성이 제로인 무(無) 상호작용 체계이다. 흔히 끓는 물을 집어넣은 보온병을 고립체계의 실례로 종종 거론하는데, 사실 고립체계는 현실에서는 찾아볼 수 없고 이론상으로만 존재한다. 그 까닭은 우주의 그 어떠한 것도 주위 환경과 조금의 물질(matter)이나 에너지(energy), 정보도 교환하지 않은 채 밀폐된 상태에서 최초 등장한 모습 그대로 불변하지는 않기 때문이다. 앞서 얘기한 보온병 안의 끓는 물이란 것도 결국 시간이 지나면 병 밖으로 열을 내보내어 차갑게 식는다는 것이 상식이다. 일반체계이론에 따르면 삼라만상은 주위 환경과 물질, 에너지, 또는 정보를 어떤 식으로든 주고받으며 형성, 성장, 발전, 변화, 쇠퇴, 소멸한다.

한편 폐쇄체계는 고립체계와 어감상 유사성이 높지만 뚜렷이 구분된다. 고립체계의 경우 외부 환경과의 경계 설정이 완벽한 나머지 그 어떠한 자원도 경계 안팎으로 드나들지 않는 것이 특징이라면, 폐쇄체계는 외부 환경과의 경계가 경직적이되 완전히 닫혀있진 않아 미약하나마 자원의 출입이 이루어진다는 것이 특징이다. 제한적 수준이지만 침투성이 어느 정도 관찰되는 일종의 저(低) 상호작용 체계라는 것이다. 여기서 주안점은, 폐쇄체계에서는 자원의 입출입이 일어나긴 하지만 어느 한쪽으로 치우쳐져 있다는 점이다. 즉 투입이 산출을 초과하든가 아니면 반대로 산출이 투입을 초과하든가 하는 불균형 상태가 만들어져 있고, 심지어 이 불균형이 지속적으로 악화한다는 것이다. 체계가 스스로의 존속과 성장을 도모하고 나아가 더 큰 체계에 의하여 부과된 기능적 역할을 적절히 수행하기 위해서는 외부에서 새로운 자원을 충분히 공급받고 이를 내부적으로 잘 처리하여 외부로 다시 원활하게 회환할 수 있어야 한다. 그런데 폐쇄체계에서는 경계가 경직적으로 설정, 유지되는 까닭에 자원의 신규 공급이 차단되어 있거나 아니면 산출이 잘 이루어지지 않는 경우가 대부분이다. 자원의 신규 공급이 차단되면 체계는 기존에 보유한 자원에 의존할 수밖에 없다. 기존 자원의 과잉 사용은 체계 내 유용한 에너지의 고갈을 초래하며, 종국적으로 체계의 붕괴, 소멸을 촉진한다. 마찬가지로, 산출이 잘 안 되면 체계는 처리된 자원을 내부에 축적한다. 누적된 것들이 체계의 수용 한계치를 넘어가면 결국 체계는 폭발하여 소멸한다.

모든 공동체가 다 그런 것은 아니지만, 인간 세계의 일부 공동체는 폐쇄체계의 속성을 다분히 갖고 있다. 이에 해당하는 사례를 우리는 일부 종교공동체, 민족공동체, 정치공동체(이데올로기), 빗장주택단지(gated community) 등에서 찾아볼 수 있다(Blakely & Snyder, 1997). 폐쇄적 공동체는 순혈주의를 강조한다. 때문에 외부인이나 이질적 공동체와의 교류가 매우 제한적이다. 또한 구성원 간 동질성 수준이 대단히 높다. 구성원 자격은 부모에 의하여 생득적으로 혹은 어린 시절의 사회화 과정에서 자연스럽게 부여되며, 외부인의 성원 자격 획득 가능성은 매우 낮다. 물론 폐쇄적 공동체도 나름의 장점이 있다. 안전한 주거 환경에서의 안락한 거주, 나와 관심사 및 취미가 같은 비슷한 부류의 사람들과의 안락한 일상생활 영위, 의견과 이해관계의 일치에 따른 삶의 중요한 이슈들에 대한 효율적 완수, 갈등의 빠른 해결 등이 바로 그것이다. 그렇지만 내부의 다양성이 부족한 까닭에 외부의 새로운 도전이나 유례없는 위협에 집단적으로 대처하는 능력이 떨어진다. 또한 만장일치를 강요하는 분위기 때문에 개인들은 독자적 의견이나 목소리를 낼 수 없으며, 규범 준수에 대한 압박감, 일탈에 대한 처벌의 두려움 등 각종 부정적 감정에 사로잡혀 있다. 그래서 폐쇄적 공동체는 일인 독재사회의 특징으로 종종 일컬어진다(Sznajd-Weron & Sznajd, 2010). 요컨대 폐쇄적 공동체는 외부로부터 혁신적 정보나 기술, 인재 등 자원을 충분히 공급받지 못하고 오로지 낡은 내부자원에만 의존한다. 때문에 장기적으로 존속하기가 어렵다. 체계이론가들은 따라서 공동체가 장기적으로 존속하고 꾸준히 성장하려면 외부 공동체와 다양한 사회적 관계를 맺고 이를 구조화하는 일이 중요하다고 강조한다.

버틀란피는 체계가 경계를 경직되게 설정, 유지함으로써 자원의 원활한 출입이 제한되고 그 결과 체계에 유용한 자원보다 유용하지 않은 자원이 더 많아지는 현상, 그리하여 체계 내에 서서히 무질서와 혼돈이 확산되는 현상을 엔트로피(entropy)란 용어로 개념화하였다(Von Bertalanffy, 1968/1990, p.149). 자연과학의 체계이론가들은 엔트로피를 통상 체계 내 물질(matter)의 출입이 차단된 상태에서 유용한 에너지(energy)가 고갈된 정도로 정의한다. 예를 들면, 물(물질)이 가득 채워진 주전자(체계)를 추가 급수 없이 불(에너지) 위에 올려놓으면 주전자 안의 물은 열을 흡수해 수증기가 되어 날아가 없어지는데(유용한 에너지의 고갈), 이를 엔트로피의 증가로 보는 식이다. 그러나 사회과학의 영역에서는 물질의 출입이 완전하게 차단된 상황을 가정하기 어렵다. 뿐만 아니라 자연 세계에서와 같이 물질과 에너지의 차이를 명확하게 구분하기도 쉽지 않다. 따라서 사회과학의 체계이론가들은 물질 출입 완전 차단 가정이나 물질, 에너지 같은 용어의 구분 사용 대신, 자원의 출입이 어느 한쪽으로 치우친 상태, 즉 외부와의 교류가 감소하고 체계과정이 부실해짐에 따라 어떤 현상이 이전의 안정상태(steady state)를 버티지 못하고 무질서해지고 쇠락, 붕괴, 소멸하는 상황으로 엔트로피를 정의한다.

한편 엔트로피의 개념을 뒤집으면 자원의 출입이 원활한 상태, 즉 외부 체계 및 환경과의 교류가 증가하고 체계과정이 강화되는 상태를 상정할 수 있다. 버틀란피는 이러한 정반대 상태를 부적 엔트로피 또는 넥엔트로피(negentropy)라 하였다(ibid., p.159). 자연과학의 체계이론가들은 넥엔트로피를 통상 체계 외부로부터 유용한 에너지가 유입됨에 따라 체계 내부의 유용하지 않은 에너지가 감소한 정도로 정의한다. 넥엔트로피가 증가하면 체계는 안정상태를 달성하고 성장, 발전한다.

일반체계이론에는 동반상승 작용(synergy)이라는 용어도 종종 등장한다. 동반상승 작용은 체계의 상호작용이 내외부적으로 활성화됨에 따라 그에 관여한 모든 체계 내부에 유용한 에너지의 총량이 증가한 정도로 정의될 수 있다. 동반상승 작용은 외부 체계 및 환경과 상호작용이 활발한 침투성 높은 체계들 사이에서만 발견된다. 때문에 폐쇄체계나 고립체계에는 적용되지 않고 오로지 개방체계에만 적용되는 개념이다(ibid., p.160).

체계가 외부 자원을 받아들여(투입) 내부적으로 중요한 일에 자원을 활용하고(처리 또는 전환) 그 결과물을 다시 외부 체계 및 환경으로 되돌려 보내는(산출) 까닭은 어떤 목적(goal)을 달성하기 위함이다. 체계의 목적은 크게 두 가지이다. 첫째는 체계 자신의 존속과 성장이고, 둘째는 자신이 속한 더 큰 체계의 존속과 성장이다. 체계는 이 두 목적을 달성하기 위하여 다양한 수준에 놓인 체계들과 상호 교류하고 작용한다. 그 과정은 앞서 언급한 투입-처리-산출을 포함한다.

산출이 완료되면 체계는 사전에 세워둔 목적이 얼마나 달성되었는가를 효율성, 효과성, 적합성 등 여러 측면에서 사정, 평가한다. 즉 체계과정의 전반적 성과 또는 결과(outcome)를 분석한다. 그리고 분석 결과를 바탕으로 무엇이 잘 되었고 잘못되었는가를 재차 분석한 후, 만약 산출과 결과가 일치하지 않는 정도가 큰 것으로 판단되면 개선 방안을 도출하여 체계의 목적을 재조정한다. 체계는 재조정된 목적에 따라 체계 안팎에서 자신이 관여해온 상호작용의 패턴을 수정하고, 새로운 투입-처리-산출의 체계과정을 구성한 후 이를 체계 운영에 적용한다. 이처럼 체계의 목적, 산출, 성과 등을 종합적으로 고려하여 체계가 기존의 작동 기제를 바꾸고 이를 통해 주위 환경에 계속적으로 적응해 나가는 과정을 버틀란피는 환류(feedback)라 하였다(ibid., p.161).

환류는 크게 두 가지로 나뉜다. 하나는 부적 환류(negative feedback), 다른 하나는 정적 환류(positive feedback)이다. 부적 환류는 체계 내 부분들의 상호작용 패턴과 체계과정을 미세하게 조정함으로써 체계 전체를 안정화하는 효과를 발생시킨다. 쉽게 말해, 변화(불안정)보다 안정(질서)을 추구하는 환류이다. 사람의 몸을 예로 들어 설명해 보자. 우리 인간은 밥을 먹으면 혈액 속 포도당 농도가 올라가면서 혈당수치가 올라감을 경험한다. 혈당수치가 올라가면 이 사실을 전달받은 우리 몸의 일부분인 뇌는 내분비 대사작용을 조정하여 인슐린을 분비하라고 우리 몸의 또 다른 부분인 췌장에 명령을 내린다. 췌장이 분비한 인슐린은 혈액 속 포도당을 몸속 세포 곳곳으로 보내 소비시켜 없애 버리는 역할을 한다. 그리고 남은 포도당을 글리코겐이나 지방으로 전환해 예비 에너지원으로 저장하도록 만든다. 혈액 속 포도당 농도가 떨어지면 혈당은 정상으로 회복한다. 정상혈당은 인간 몸이 목표로 삼는 바(goal)이다. 이처럼 혈당수치를 목표치로 되돌리는 몸속 기제는 뇌, 췌장, 혈액 등 체계 내 작은 부분들의 상호작용 패턴과 체계과정만을 미세하게 변화시키고 체계 자체, 즉 몸은 원래 상태(정상혈당)로 복귀시키는 효과를 발생시킨다는 측면에서 부적 환류의 좋은 사례라 할 수 있다. 부적 환류의 또 다른 예시는, 목표 온도를 섭씨 25도로 맞춰놓고 실내 온도가 그보다 높아지거나 낮아지면 자동으로 에어컨 또는 히터 기능이 켜지도록 프로그래밍한 건물의 냉난방 시스템에서도 찾아볼 수 있다.

이와 반대로 정적 환류는 체계 내외부적으로 급진적이고 불연속적인 자극을 주고 그에 대한 반응을 증폭시켜 체계가 이전의 균형상태에서 이탈하도록 유도한다. 쉽게 말해, 안정(질서)보다 변화(불안정)를 추구하는 환류이다. 열병에 대한 우리 몸의 면역반응이 정적 환류의 좋은 예시이다. 독감 바이러스가 우리 몸으로 들어오면 우리 몸의 면역체계는 인터페론 통증효과를 일부러 발생시킨다. 인터페론은 독감 바이러스가 체내에서 분열하는 것을 막는 항바이러스 호르몬인데, 생성되는 곳이 주로 체세포이다. 때문에 온몸의 근육이 쑤시고 아픈 통증이 생긴다. 운동 능력을 상실하고 꼼짝도 못 한 채 드러눕게 되는 것이다. 뿐만 아니라 독감에 걸리면 우리 몸은 일부러 열효과를 발생시킨다. 이는 근육조직에서 당분을 태워 열을 만들고 그 열로 바이러스를 태워 죽이기 위한 면역반응이다. 또한 분비효과도 발생시킨다. 독감에 걸리면 콧물과 가래가 나오는데, 이 역시 몸속 독소와 노폐물, 바이러스를 외부로 내보내기 위한 면역반응의 일환이다. 이와 같은 반응은 모두 균형상태에 놓여있던 인간의 몸을 아프게 한다. 식은땀을 흘리게 하고 기침과 가래를 내뱉게 만든다. 이처럼 정적 환류는 급진적이고 불연속적인 자극(예: 인터페론 분비, 발열, 분비물 증가 등)을 야기하고 그에 대한 반응을 증폭시켜 체계를 안정상태에서 불안정상태로 바꾸어 놓는다. 때문에 정적 환류는 엔트로피가 증가하는 상황에서 발견되는 것이며, 그런 만큼 정적 환류가 어느 시점에서 중단되지 않으면 체계는 무질서와 혼란을 극복하지 못하고 머지않아 쇠퇴와 소멸을 맞이하게 된다.

정적 환류가 되었든 부적 환류가 되었든, 체계는 투입-처리-산출-환류로 이어지는 전 과정에서 끊임없이 변화를 모색하고 주위 환경에 적응하고자 노력한다. 그와 동시에 스스로 경계를 유지하고 이를 바탕으로 정체성을 확보하기 위하여 노력한다. 변화와 동시에 유지를 추구하는 체계의 양가적 특성을 감안하면, 우리는 체계가 진화적 존재라는 데 이의를 달지 않을 것이다. 진화란 옛것을 바탕으로 조금씩 새로움을 추구하는 의지의 표현이다.

체계를 진화적 존재로 보는 시각 이면에는 변화와 유지가 결코 상반된 개념이 아니라는 논리가 깔려있다. 어떠한 체계든 완전한 변화나 완전한 현상 유지 상태로 존재하지 않는다는 뜻이다. 만약 어떤 한 체계가 완전한 변화를 도모한다면, 그 체계는 경계 설정과 유지 임무에 실패하여 결국 아무런 실체도 없이 환경에 흡수되어 종말을 고할 것이다. 반대로 만약 어떤 체계가 완전한 현상 유지를 도모한다면, 그 체계는 외부와 아무 교류도 하지 않음으로 인하여 내부의 유용한 자원의 고갈을 경험할 것이다. 그리고 이는 엔트로피의 증가로 이어져 결국 해당 체계의 붕괴, 소멸을 촉진할 것이다. 자연과 인간 사회에 실존하는 대부분의 체계는 따라서 완전한 변화도 완전한 현상 유지도 아닌, 양자의 중간 어딘가에서 입지를 다지는 것이 일반적이다. 이 말인즉슨, 체계는 항상 자신의 일정 부분들을 변화시키고자 노력하는 한편으로, 기존의 상호작용 유형이나 체계적 과정을 가능한 한 유지하고자 한다는 것, 즉 진화를 꾀한다는 것을 의미한다(ibid., p.186).

변화와 유지를 동시에 추구하는 체계의 진화는 균형(equilibrium), 항상성(homeostasis), 안정상태(steady state) 세 개의 개념으로 좀 더 세밀하게 분류할 수 있다(ibid., p.171). 먼저 균형은 체계가 외부체계 및 환경과 교류를 거의 하지 않는 상태를 가리킨다. 상호작용은 대부분 체계 내 부분 간에만 이루어지고, 그마저도 고정된 구조에 바탕을 둔다. 때문에 균형상태에 놓인 체계는 내외부적으로 상호작용의 유형이나 체계과정에 큰 변화를 경험하지 않는다. 이러한 균형은 폐쇄체계의 특징이며, 균형의 지속은 체계의 성장과 발달에 장애물로 작용한다. 사회체계의 경우 균형상태는 주로 권위주의적 관료조직이나 최상위 엘리트계층 같은 폐쇄적 사회조직에서 주로 발견된다.

이와 대조적으로, 항상성은 외부 체계 및 환경과 지속적으로 상호작용하는 가운데 균형을 달성하려는 체계의 속성이다. 이는 항상성이 일정한 수준의 개방체계를 전제로 한다는 점을 시사한다. 그렇지만 항상성 개념은 유지보다 변화를 우선시하지는 않는다. 그 반대로, 이 개념에는 변화보다 유지—좀 더 정확히 말하면, 원래 상태로의 회귀—가 더 중요하다는 생각이 훨씬 강하게 담겨있다. 즉 체계 안팎의 상호작용 유형이나 체계과정에 유의미한 구조적 변화를 가하는 것은 체계에 이롭지 않으며, 체계의 목적 달성을 위하여 사전에 계획된 범위 안에서만 변화를 허락하고 체계의 일관성을 유지하는 일에 집중하는 게 바람직하다는 생각이 더 많이 반영되어 있다. 이런 이유 때문에 항상성을 앞에서 설명한 정적 균형과 구분하여 역동적 균형(dynamic equilibrium)이란 말로 달리 표현하기도 한다.

항상성은 체계의 상호작용 패턴과 체계과정의 작동을 적절한 수준에서 통제한다. 이로써 자칫 무질서와 혼돈에 빠질 수 있는 체계를 보호하고 원래의 상태로 복귀시킨다. 항상성의 원리를 가장 잘 보여주는 사례는 인간의 체온조절 기제이다. 우리 몸은 항상 섭씨 36.5도를 유지한다. 그렇지만 때로 주위 환경에 따라 대략 ±2~3도 정도는 자율적으로 변화한다. 이러한 변화의 폭을 항상성의 범위라 한다. 항상성의 범위는 체계가 일관성을 유지하는 과정에서 허용되는 변화의 정도로 정의된다.

항상성의 또 다른 예는 도시생태계의 인구 성장에서 찾아볼 수 있다. 모든 도시는 도시화 과정에서 급속히 팽창한다. 그러나 어느 순간부터 인구 성장의 속도가 둔화하며 결국 성장률은—해당 도시가 완전히 소멸하지 않는 한—영으로 수렴한다. 물론 단기적으로 도시의 인구 성장률은 등락을 거듭할 수 있다. 그러나 도시의 물리적 경계선, 행정적, 경제적, 사회문화적 역량 등을 감안하면 도시가 수용할 수 있는 이상적 인구 규모는 어느 선에서 정해져 있다. 도시의 인구 규모가 단기적으로 등락하더라도 장기적으로는 결국 바람직한 수준으로 수렴한다는 것은 도시를 하나의 체계로 이해할 경우 항상성 개념에 의해 효과적으로 설명될 수 있다.

한편 안정상태란 환경과의 교류뿐 아니라 환경에 적응하기 위하여 체계가 내부 구조를 변화시키는 상태를 가리킨다. 주로 개방체계에서 관찰되는 안정상태는 항상성에 비하여 더욱 역동적인 상황을 전제한다. 즉 항상성이 체계의 일관성을 유지하기 위하여 일정한 범위 안에서 변화를 허용하는 개념이라면, 안정상태는 외부 환경과 교류하고 그에 적응하기 위하여 체계 자체의 변화를 도모하는 개념이다. 또한 항상성이 사전에 정해진 목표 상태로 회귀함(reversibility)을 강조하는 원리라면, 안정상태는 이와 달리 목표란 상황에 따라 얼마든 재조정되고 수정될 수 있음을 인정하고 기존의 목표로 회귀하는 것은 불가능하다는 불가역성(irreversibility)을 수용하는 원리이다. 이런 측면에서 항상성은 초기 조건에 크게 영향을 받는 반면, 안정상태는 초기 조건에 별다른 영향을 받지 않는다고 볼 수 있겠다.

체계가 안정적으로 존속하려면 항상성의 원리를 구현할 수 있어야 한다. 그러나 오로지 항상성의 원리만을 따른다면 체계는 그저 일정한 범위 안에서만 제한적으로 행동할 수밖에 없다. 또한 시간이 흘러 외부 환경적 조건에 중대한 변화가 찾아오고 이에 따라 기존에 설정한 체계의 목표나 경계가 기존의 유용성을 잃어버렸다 할지라도, 체계는 이를 과감히 버리지 못하고 그에 얽매게 된다. 이런 교착상태에서 체계에 요구되는 가장 이상적 대응은 스스로 변화를 도모하는 것이다. 환경과의 교류방식뿐 아니라 체계과정 전반을 점검하고 기존 체계가 갖고 있던 상호작용의 규범 및 이에 근거해 만들어진 체계의 구조적 틀을 필요하다면 과감히 바꿀 수 있어야 한다. 그럼에도 계속해서 항상성의 원리만을 고집한다면 체계는 달라진 환경의 요구를 수용하지 못함에 따라 내부적으로 역기능(malfunction)의 증가를 경험하고 결국 파국을 맞이하게 될 것이다. 이렇게 보면, 먼 옛날 공룡의 멸종도 결국 빙하기라는 환경 변화에 기민하게 대처하지 못하고 항상성의 범위 안에서 안주하다가 안정상태에 이르지 못한 데 따른 결과라고 볼 수 있겠다.

이상에서 버틀란피의 일반체계이론의 주요 개념과 내용을 살펴보았다. 일반체계이론은 세상에 존재하는 모든 물리적, 생물적, 심리적, 사회적, 문화적 현상의 이면에 유질동상의 속성이 존재한다는 가정 아래, 대상과 환경 간 상호작용 양상 및 방식의 근본 원리를 파헤치는 데 집중하였다. 무엇보다 이 이론은 이전까지 과학계에 만연한 단선적 인과론과 환원주의적 세계관을 배격하고, 만물이 순환적 인과론에 따라 이해될 수 있음을 강조하였다. 이를 통해 모든 현상은 — 최소한 잠재적으로나마 — 고립된 진공상태에 놓여있지 않고, 현상을 둘러싼 다양한 수준의 환경들과 끊임없이 교류하는, 역동적이고 열린 상호작용적 존재라는 인식을 각인하는 데 기여하였다.

그러나 일반체계이론은 설명적이거나 예측적이라기보다 해설적이고 추상적이며 모호하다는 비판을 받았다(Strauss, 2002). 이는 문제 발생의 원인을 분명히 지목하지 않는 순환론적 인과론을 채택한 데 따른 결과이다. 예컨대 "상호작용은 왜 존재하고 왜 발생하는가"란 질문에 일반체계이론은 "체계가 존속하고 성장하기 위해서"라 답하는데, 이는 목적론적 오류를 범하는 것일 뿐 아니라 현상의 발생 원인에 대한 구체적 지목을 회피한다는 측면에서 비과학적이라 할 수 있다. 목적론적 사고에 근거한 동어반복 문제를 해결하지 않는 한 일반체계이론은 구체적 문제나 증상의 발생 원인을 정확히 설명할 수 없으며, 현상의 향후 변화 방향과 결과를 예측하는 이론으로서 효용성이 떨어질 수밖에 없다. 이와 같은 비판은 결국 일반체계이론이 현상에 대한 종합적이고 전체적인 통찰을 제공하는 데는 탁월하나, 언제, 어디서, 무엇을, 어떻게 해야 하는지, 즉 어떠한 개입을 하고 어떠한 계획을 세워야 하는지에 대해 현장 실천가나 실무자에게 구체적 지침을 제공해 주는 데에는 서툴다는 것을 함의한다. 낮은 현실 적용력은 일반체계이론이 다양한 범위의 현상을 포괄적으로 설명하고자 고차원의 추상적이고 철학적인 언어에 의존한 데 따른 결과여서 사실 어쩔 수 없는 측면도 있다.

뿐만 아니라 일반체계이론은 상호작용의 내용이나 유형을 명확히 규정짓지 않은 채 모든 상호작용은 바람직하다는 가정을 너무 쉽게 하였다는 비판도 받는다. 즉 체계가 존속, 성장하려면 외부와의 자원 교류가 필수적이고 만약 그렇게 하지 않으면 결국 체계는 쇠락, 소멸할 것이라며 상호작용의 중요성을 역설하였지만, 정작 체계의 존속과 성장에 방해 인자로 작용할 수 있는 상호작용의 존재 가능성에 대해서는 특별히 언급한 바 없다는 비판이다. 현실적으로 어떤 상호작용 유형은 의도와는 정반대의 역효과를 낳을 수 있다. 인종차별이 심한 사회적 환경에서 외부 활동을 많이 하는 이민자가 그렇지 않은 이민자보다 신체적, 심리적 건강 상태가 오히려 나쁜 경우가 부정적 상호작용의 대표적 예시이다(김욱진, 2014). 이와 같은 약점을 없애기 위하여 일반체계이론은 체계에 도움이 되는 상호작용의 유형을 명확히 정의하고 그 종류를 유형화하는 작업을 할 필요가 있다.

이 외에도 일반체계이론의 한계는 여러 측면에서 논의될 수 있다. 체계가 수행하는 특정한 역할이나 기능이 체계의 존속 및 성장에 별 도움이 안 되거나 아니면 오히려 그것을 방해할 수 있음에도 불구하고 왜 유지되는가에 대해 별다른 언급을 하지 않았다는 비판, 복잡한 감정, 기억, 영혼과 같은 비합리적이고 실체가 불분명한 요소들에 의하여 크게 영향을 받는 인간과 인간 세계의 특성과 조화되기 어려운 부분이 많다는 비판 등등이 그것이다(Friedman & Allen, 2011). 그러나 이러한 한계에도 불구하고 일반체계이론은 세계의 제 현상을 이해하는 데 있어 다양한 변인 간 상호작용을 강조하고 이를 종합적, 전체론적 관점에서 이해, 분석할 기초 틀을 마련해 주었다는 점에서 의의가 있다. 특히 인간과 인간 세계와 관련하여 개인의 행동이 오로지 개인 자신만의 독립적이고 고립된 문제가 아닌, 개인이 관계하고 교류하는 다양한 수준에 존재하는 체계들, 예컨대 가족, 지역사회, 공동체, 도시, 국가와의 역동적 상호작용의 결과이자 과정이라는 시각을 사회과학계에 확립시켰다는 점에서 일반체계이론의 인식론적 기여는 크다고 할 수 있다.

2. 유리 브론펜브레너 — 생태체계이론

브론펜브레너는 생태체계 개념을 확립하고 이를 인간의 성장과 발달을 이해하는 데 활용한 심리학자이다. 러시아 태생인 그는 신경병리학자인 아버지를 따라 미국으로 이민 후, 어린 시절 대부분을 발달장애인 생활시설에서 보냈다. 이 시설은 크기가 3,000에이커로 컸으며, 농장형태로 이루어져서 장애인들은 그곳에서 평생 일하며 자급자족하였다. 어린 시절 폐쇄적인 장애인 시설에서의 오랜 거주는 브론펜브레너가 인간의 발달과 환경의 영향에 대하여 심사숙고하는 계기가 되었다. 그리고 이후 대학에 진학하여 심리학, 특히 발달심리학을 전공하는 데 결정적인 영향을 끼쳤다(Brendtro, 2006).

아동기에 특히 많은 관심을 가졌던 브론펜브레너는 버틀란피의 일반체계이론이 인간(체계)의 발달과 환경의 상호 연계성을 설명하는 데 유용한 틀이 될 수 있다고 믿었다. 그렇지만 시간적 요인을 고려하지 않음으로써 역사, 문화, 전통 등의 변화가 발생시키는 효과를 모형에 충분히 반영하지 않았다고 비판하였다. 또한 환경이란 본질적으로 개인별로 다르게 구현될 수 있고 다르게 체감될 수 있음에도 불구하고, 다시 말해 인간은 자신의 주위 환경과 경험을 선택하고 수정하며 창조할 수 있음에도 불구하고, 일반체계이론은 그와 같은 환경의 고유성과 개인의 주체성을 진지하게 다루지 않았다고 비판하였다. 뿐만 아니라 인간을 둘러싼 환경은 자연의 유기체나 기계와 달리 그 효과를 완전히 차단할 수 있는 성질의 것이 아님에도 불구하고, 일반체계이론은 마치 그러한 실험실적 통제와 조작이 가능하다는 뉘앙스를 풍김으로써 인간과 인간을 둘러싼 환경 간 상호작용의 복잡다단성을 의도와 달리 단순화하고 기계화하였다고 비판하였다(Ceci, 2006).

일반체계이론의 한계를 극복하고 체계로서의 인간 발달 및 인간과 환경의 상호 연계성을 좀 더 세밀하게 파악하기 위하여 브론펜브레너는 생태적 환경(ecological environment) 개념을 제시하였다. *The Ecology of Human Development*『인간 발달의 생태학』에서 브론펜브레너는 생태적 환경을 러시아 인형 세트의 은유로써 설명하였다(Bronfenbrenner, 1979/1995, p.3). 즉 어떤 구조가 다음 더 큰 구조 속에 끼워져 들어가 있는 겹구조(nested structure)로 생태적 환경을 정의하였다. 이 환경에는 서로 직간접적으로 영향을 미치는 상호 의존적 층이 다섯 개 배열되어 있다. 구체적으로, 발달하는 인간(developing person)을 위시하여 가장 안쪽부터 바깥쪽까지 미시체계(microsystem), 중간체계(mesosystem), 외체계(exosystem), 거시체계(macrosystem), 시간체계(chronosystem)가 놓여 있다고 하였다. 다양한 수준의 상호 의존적 체계들이 개인을 둘러싸고 그의 생활과 삶에 직간접적으로 영향을 미친다는 본 브론펜브레너의 생태체계이론은 상황 속 인간(person-in-environment)을 강조하는 이론적 관점의 대표 격이라 할 수 있다.

먼저, 미시체계는 개인에게 직접적 영향을 미치는 즉각적인 생태환경을 가리킨다(ibid., p.164). 즉 일대일 대면접촉을 통하여 친숙한 대인관계를 형성하는 데 기여하는 일상적인 물리적, 사회적 환경이다. 아동의 경우 미시체계는 주로 가정, 학교, 또래집단, 이웃, 취미동아리, 교회 등을 거론할 수 있다. 브론펜브레너는 아동의 자아정체성 획득에 가장 중요한 역할을 하는 것은 바로 이 미시체계이며, 그런 만큼 개인의 일생에 있어 가장 진지하게 고려되어야 한다고 하였다. 의심할 여지 없이 아동기에 가장 중요한 미시체계는 가정이다. 그렇지만 청소년기에 접어들면 또래집단이 개인의 심리적 발달에 가장 결정적 영향을 미치는 미시체계로 전환된다. 이는 미시체계가 어느 하나로 고정되기보다는 시시각각 변화하는 유동성을 특징으로 한다는 점을 함의한다.

중간체계는 미시체계 간 연결 관계를 가리킨다(ibid., p.209). 즉 개인이 참여하는 복수의 직접적이고 일상적인 환경 간 상호작용에 따라 형성되는 관계를 뜻한다. 예를 들어 가정, 학교, 또래집단을 아동의 주요 미시체계라고 하였을 때, 가정에서의 경험과 학교에서의 경험 그리고 또래집단에서의 경험은 생물적, 물리적, 사회적, 문화적, 심리적 측면에서 중첩되는 부분을 갖는다. 나아가 서로 긴밀하게 상호작용하며 새로운 연결 관계를 만들어 낸다. 이 연결 관계는 아동에게 새로운 생태 환경으로 구체화하여 수용된다. 브론펜브레너는 개인을 둘러싼 두 개 이상의 이 같은 직접적, 일상적 환경의 결합 및 중복 과정에서 만들어지는 새로운 연결 관계를 중간체계라고 정의하였다. 이 정의에는, 어떤 하나의 미시체계에서 일어나는 사건이 다른 미시체계 속 개인의 행동이나 발달에 특별한 영향을 미칠 수 있으며, 따라서 개인의 행동이나 발달을 이해하기 위해서는 각 미시체계 내 다양한 사건을 하나의 고유한 맥락 속에서 통합적으로 다룰 필요가 있다는 내용이 함축되어 있다. 실제로 브론펜브레너는 학교에서 아이의 성적이나 적응 상태를 체계적으로 파악하고자 한다면,

그 아이가 소속된 또래집단에서의 수용도나 인기도, 가정 내에서 부모와의 관계, 부모의 양육 태도 등 상황을 종합적으로 고려하여 판단해야 한다고 하였다.

외체계는 개인과 직접적 관련성을 맺지 않으나 개인에게 영향을 미치는 사회적 구조로서의 환경을 의미한다(ibid., p.237). 아동의 경우 부모의 직장, 형제자매의 학교, 이웃사촌과의 관계, 지역사회 아동 관련 단체나 조직 등이 외체계의 대표적 사례이다. 외체계는 당사자가 부재한 상황에서도 당사자의 발달에 큰 영향을 끼친다. 예컨대 가장인 아버지가 직장에서 스트레스를 받고 귀가한 후 자식에게 고함을 치는 방식으로 이를 해소하는 상황을 가정해 보자. 이 경우 아버지의 직장은 아이와 직접적, 일상적 관련성이 없으므로 미시체계가 아니며 따라서 중간체계도 아니다. 그럼에도 아이의 발달과 자아 형성에 중대한 영향을 미친다. 외체계는 이처럼 발달하는 개인을 포함하지는 않지만 해당 개인의 직접적, 일상적 환경들을 포함하거나 그에 영향을 미치는 형식적, 비형식적 사회구조를 가리킨다. 따라서 원칙적으로 대중매체나 각종 정치단체, 조직(예: 지방의회, 지방교육청 등), 교통수단, 종교단체, 시민단체, 기업체 등도 외체계로 분류될 수 있다. 개인은 비록 그와 같은 다양한 외체계의 의사결정 과정에 직접 참여하지 않지만, 외체계에서 결정되고 집행된 사항들은 중간체계와 미시체계를 거쳐 개인의 삶에 직간접적으로 영향을 미친다.

거시체계는 개인이 속한 사회의 가치규범과 그에 근거하여 만들어진 이념 및 제도 전반을 가리킨다(ibid., p.795). 쉽게 말해 한 사회가 보유한 규칙, 규범, 기대, 가치를 아우르는 사회구조적 맥락이다. 한 사회가 다른 사회와 구분되는 까닭은 이 거시체계가 다르기 때문이다. 매력적 외모의 기준이 무엇인지, 성별에 따라 적절한 행동이 무엇인지, 건강을 위한 일상적 식이요법은 무엇인지, 나이에 맞는 관혼상제나 복식은 무엇인지 등을 이면에서 규제하고 조정하는 것이 바로 이 거시체계이다. 실제로 브론펜브레너는 *Two Worlds of Childhood: U.S. and U.S.S.R.*『브론펜브레너가 본 미국과 소련의 아이들』에서, 미국에서 자란 아이와 소련에서 자란 아이가 행동면에서 많은 차이를 보이는 이유를 거시체계의 차이에서 찾았다(Bronfenbrenner, 1975/1991). 거시체계는 사회구조적 맥락 속에 놓여있기 때문에 전쟁, 조약, 선거, 입법, 시민운동, 혁명과 같은 역사적, 사회적, 문화적 사건이나 세력의 등장으로 주로 수정된다. 이 말인즉슨, 한 번 형성된 거시체계는—아래에서 설명할 시간체계의 작동에 따라—사회구조적 맥락에 특별한 수정이나 대체가 일어나기 전까지는 한 사회의 문화, 정치, 사회, 법률, 종교, 경제, 교육적 가치를 대변하고 그와 동시에 공공정책의 핵심을 구성함으로써 개인과 직접적 관련성을 갖지 않음에도 그 생각과 행동에 우회적이지만 근본적이고 중대한 변화를 초래한다는 것을 뜻한다.

마지막으로 시간체계는 개인과 영향을 주고받는 환경에 시간적 속성을 부여하는 다른 차원의 환경이다(Bronfenbrenner & Morris, 2006, p.795). 생태적 환경 속에 시간체계가 존재한다는 것은 개인을 둘러싼 모든 체계가 시간의 경과에 따라 변화하며, 따라서 개인 발달의 양상, 과정, 결과 및 그에 관한 의미와 해석이 시기별로 또는 시대별로 달라질 수 있음을 시사한다. 아동을 예로 들면, 부모의 이

혼이 아동에게 미치는 부정적 영향은 이혼 첫해 최고조에 달하고, 딸보다 아들에게 좀 더 심각하며, 이혼 후 평균 2년이 지나면 사그라지는 것으로 알려져 있다. 또한 대가족 문화가 강하였던 수십 년 전보다 개인의 선택이 존중받는 오늘날 그 부정적 효과가 덜한 것으로 알려져 있다. 이혼의 효과가 이처럼 아동 개인별로 다르고 시간의 경과에 따라 다르며 나아가 시기별, 시대별로 다르다는 것은 개인의 성장과 발달이 개인을 둘러싼 체계 간 횡단적 상호작용뿐 아니라 종단적 상호 연계에 의해서도 결정된다는 것, 다시 말해 인간을 둘러싼 생태적 환경은 과거, 현재, 미래의 시간적 연속체 속에서 작용한다는 것을 함의한다. 이런 측면에서 보면, 왜 브론펜브레너의 생태체계이론에 기존의 심리학 이론(예: 에릭슨의 심리발달이론)에서와 같은 인간 발달단계들이 제시되어 있지 아니한가가 분명해진다. 브론펜브레너는 기존 학자들과 달리 특정 연령의 특성이나 특수한 발달단계보다, 개인의 일생에 걸쳐 일어나는 개체 특이적인 인간-환경의 상호작용 및 연계에 주된 관심을 가졌다. 즉 개별 인간의 성장과 발달(D)을 시간(t)의 흐름에 따른 해당 개인(P)과 그를 둘러싼 고유한 환경(E)의 함수(Dt=f(Pt*Et))로 이해한 것이다. 그런 만큼 모든 상황과 사람에게 보편적으로 적용될 수 있는 인간 발달단계는 그의 이론 틀에서는 애당초 상정될 수 없었다.

브론펜브레너의 체계이론은 개인의 삶에 직간접적으로 영향을 미치는 다양한 사회적 조건을 제시하고 이들 간의 상호 연계성을 생태적 관점에서 정리함으로써 복잡한 인간 성장과 발달을 간명하게 설명하였다. 구체적으로 인간을 둘러싼 생태적 환경을, 발달하는 개인을 위시하여 가장 안쪽부터 바깥쪽까지 미시-중간-외-거시-시간체계로 구성된 겹구조(층)로 보고, 이들 간에 강력한 상호 의존성, 상호 호혜성 원리가 작동하는 것으로 가정하면서 각 체계에 생물적, 심리적, 사회적, 물리적, 역사적, 문화적 요인들을 수용할 여지를 주었다. 그리고 이를 단일 모형에서 한꺼번에 고려하였다. 이와 같은 종합적, 다층적 접근은 인간과 환경의 상호작용을 지금 바로 여기(here-and-now)의 단일 요인 차원에서 분석한 버틀란피의 일반체계 모형보다 진일보하였다는 평가를 끌어내었다(Friedman & Allen, 2011, p.17). 인간의 성장 및 발달의 원리와 관련된 생태체계이론의 가장 전형적인 분석 도식은 [그림 5-2]에 잘 표현되어 있다.

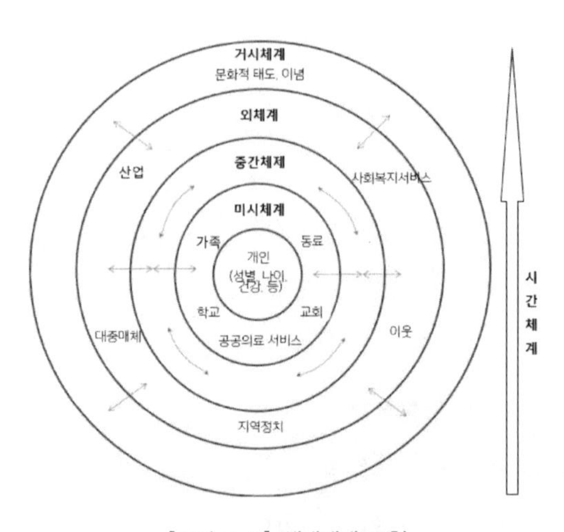

[그림 5-2] 생태체계 모형

브론펜브레너의 생태체계이론은 개인의 성장과 발달이 근거리 환경 요인뿐 아니라 원거리 환경 요인에 의하여 영향받는다고 보았다. 나아가 양자 간의 복잡한 수직적, 수평적 연결의 관계망 속에서 심화하는 복합물로 간주하였다. 이는—비록 명시적이지는 않았지만—체계와 체계를 수직적, 수평적으로 잇는 관계망 개념을 도입한 것으로서, 분석적 측면에서 매우 중요한 도약이었다고 말할 수 있다. 왜냐하면, 이를 계기로 한 개인의 삶을 이해하는 데 있어 오로지 그 개인—아니면 환경—에만 집중하던 편협한 이분적 시각에서 벗어나, 발달하는 개인을 위시하여 수직적으로는 가족, 집단, 조직, 지역사회, 국가, 문화, 정책을, 수평적으로는 같은 위상의 다른 기능을 담당하는 여러 환경적 요인을 총체적, 다층적으로 검토할 수 있는 분석틀이 마련되었기 때문이다(ibid., p.10). [그림 5-3]은 근거리 체계와 원거리 체계의 수평적, 수직적 연결에 관한 생태체계이론의 개념화를 예시한다.

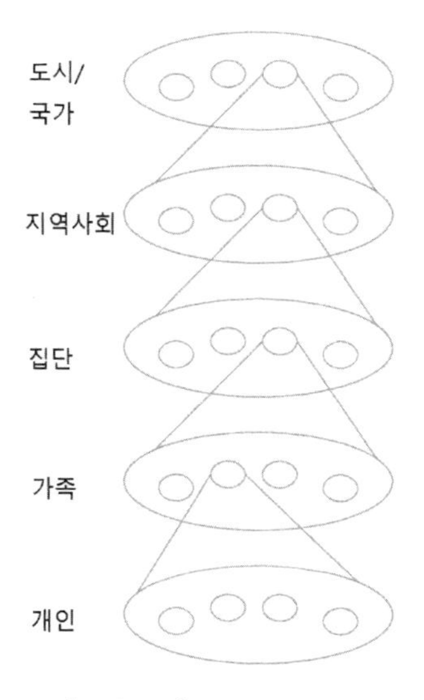

[그림 5-3] 체계의 수평적,
수직적 연결 관계

한편 생태체계이론은 어떤 현상이나 사건을 이해하기 데 있어 하나의 요인이나 체계가 아닌 다양한 요인과 체계의 동시 활용을 주장하였다. 그런 만큼, 이 이론은 한 개인의 행위가 초래하는 어떤 결과를 두고 그것을 오롯이 그 개인의 책임으로 전가하는 것은 옳지 않다는 입장을 지지하였다. 물론 모든 것을 환경의 책임으로 돌리는 것(생태학적 오류) 역시 잘못되었으나, 모든 것을 개인의 책임으로 돌리는 것(개별주의화의 오류)은 환경 속 개인의 관점에서 봤을 때 부당하다는 것이다. 현재의 균형상태를 개인과 환경의 복잡한 상호작용에서 비롯된 정상적이고 당연한 귀결로 본 생태체계이론은 이후 사회과학계에 강점 관점(strength perspective)을 출현시키는 데 일조하였다(ibid., p.19). 강점 관점은, 간략하게 말해, 개인이 현재 보유한 자원에 초점을 맞추어 주어진 환경에서의 최대 적응을 추구하는 이론적, 실천적 지향이다.

다양한 장점과 의의에도 불구하고 브론펜브레너의 생태체계이론은 순환적 인과론을 따르는 체계이론의 범주를 벗어나지 못하였다. 그리하여 어떠한 현상이나 사건이 왜, 언제, 어떻게, 어떠한 조건에서 발생하고 발생하지 않는지를 정확하게 설명하지 못한다는 한계를 가졌다. 현상이나 사건에 관한 기술이나 사후적 해설에는 탁월하나, 그것의 발생 원인이나 기제를 실증적으로 설명, 예측하는 부분에서는 여전히 취약하다는 것이다(양원석, 2017, p.41).

뿐만 아니라 규범적 측면에서도 다양한 수준에 존재하는 환경의 층들 가운데 어느 층에 개입하는 것이 올바르고 우선순위 측면에서 가장 중요한지에 대해서도 명확한 판단 기준을 제시하지 못하였다.

미시-중간-외-거시-시간체계는 상호 긴밀한 영향을 주고받는 관계이며 따라서 어느 한 체계에 대한 개입은 나머지 체계에 직간접적으로 영향을 미칠 것이라고 적시하였으나, 실제로 어떠한 수준에 어떻게 개입해야 하는가에 대해서는 규범적, 실천적으로 말해준 바가 없었다는 비판이다. 이는 생태체계이론의 현실 적용력이 일반체계이론보다 개선되었지만 여전히 불충분하다는 점을 함의한다.

한편 일부 비평가는 미시-중간-외-거시-시간체계가 등가성을 갖지 않을 수 있다는 점을 들어 브론펜브레너의 환경 속 인간 관점을 비판하였다(Christensen, 2016). 이들은 특히 물리적 거리와 상호작용의 강도가 비례하지 않을 수 있다는 사실에 주목하였다. 예를 들면, 물리적으로 가까운 위치에 놓인 미시체계(예: 가족)와 개인의 상호작용 강도는 낮고, 반대로 물리적으로 먼 위치에 놓인 외체계(예: 회사)와 개인의 상호작용 강도는 높을 수 있으며, 따라서 개인의 삶을 이해하는 데 있어 미시체계를 외체계와 등가적 위치에 놓고 분석하는 것은 타당하지 않음에도 불구하고 브론펜브레너는 이러한 가능성을 고려하지 않은 채 생태체계 모형을 그렸다는 것이다. 비평가들은 다양한 수준의 체계 간 비등가성을 모형에 반영하지 않은 브론펜브레너의 생태체계이론이 현실을 부정확하게 묘사한다고 비판하였다.

3. 로랜드 워런—체계적 연결고리의 수직적, 수평적 유형

워런은 공동체를 체계론적 관점으로 이해한 대표적 인물이다. 시간강사, 군인, 독립 연구자 신분으로 독일과 일본을 비롯하여 세계 여러 나라를 옮겨 다니며 다양한 주제에 관한 지식을 섭렵한 워런이 공동체에 관한 연구에 본격 착수한 것은 미국 브랜디즈대 사회복지학과 교수로 부임한 1964년부터이다. 그는 여기서 공동체 이론가로서 많은 저작물을 쏟아내었다. 미국사회학회는 이런 그의 공로를 인정하여 1982년 워런의 퇴임에 즈음하여 상패를 수여하였다.

공동체에 관한 로렌의 체계론적 이해는 그의 대표작 *The Community in America* 『미국의 공동체』에 잘 나타나 있다(Warren, 1963). 여기서 그는 공동체(community)를 지역사회(locality)와 동일시하던 기존의 공동체 개념이 오늘날 현실과 부합하지 않는다고 보고, 공동체에서 수행되는 기능에 주목하는 대안적 개념을 제시하였다. 이로써 공동체를 지역사회뿐 아니라 광역지역사회, 초광역지역사회, 국가, 나아가 초국가 수준에서 존재하는 다층적 실체로 보는 이론적 토대를 마련하였다. 이것이 중요한 전환점이 된 까닭은, 공동체를 위시하여 형성된 미시체계, 중간체계, 외체계, 거시체계의 기능을 중심으로 공동체의 성장, 발전, 생존을 설명함으로써 기존의 공동체 개념에 가해진 소규모 지역사회라는 물리적 제약을 풀어 버렸기 때문이다. 참고로 여기서 미시체계와 중간체계란 공동체를 둘러싼 근거리 환경 요인, 즉 지역사회 요소와 지역사회 요소 간 연결 관계를, 외체계와 거시체계란 공동체를 둘러싼 원거리 환경 요인, 즉 광역지역사회, 초광역지역사회, 국가, 초국가 수준에 존재하는 요소를 가리킨다. 아래에서는 공동체를 지역사회와 결부된 독립된 실체이자 초지역적(extra-locality) 힘에 영향받는 열린 체계로 이해한 로렌의 공동체 이론에 대해 자세히 살펴본다.

1) 전통적 공동체와 거대한 전환

워런은 1960년대까지 사회학계에서 일반적으로 통용되던 전통적인 공동체 개념들을 검토한 뒤, 인간의 군집 현상이 공동체라 불리기 위해서는 다음 요건을 충족해야 한다고 하였다. 첫째, 뚜렷한 지리적 경계를 가져야 한다. 둘째, 많은 인구가 그 경계 안에 상주하여야 한다. 셋째, 몇 가지 주요한 기능의 상시적 수행을 통하여 구성원들의 욕구를 충족시켜 주는 데 무리가 없어야 한다. 즉 자급자족의 능력을 갖추어야 한다. 넷째, 구성원 간 물리적 근접성과 독점적 상호작용에 기인하는 공동의 유대, 공통된 관심사, 유사 행동 패턴이 관찰되어야 한다(ibid., p.21).

20세기 초까지 인간의 공동체를 이해하는 데 있어 상기 조건을 활용하는 것은 별문제가 없었다. 그러나 20세기 중반에 접어들면서 점차 적용하기 어려운 부분들이 생겨났다. 전통적 공동체 개념에 균열이 발생한 것이다. 워런은 이러한 균열이 20세기 초부터 격화된 거대한 전환(great transformations)에 기인한다고 보았다. 이 거대한 전환은 여섯 가지 측면에서 살펴볼 수 있다(ibid., p.53).

첫째, 인구 규모가 수만, 수십만, 심지어 천만이 넘는 대도시(megacity)의 탄생이다. 대도시들은 여럿이 모여 다시 거대한 도시권(megalopolis)을 형성하였다. 대도시와 거대 도시권의 출현은 사람들의 생활 반경을 비약적으로 확장하였다. 나아가 상호작용의 주된 패턴을 직접적 대면접촉에서 간접적 비대면 원격접촉으로 바꾸어 놓았다.

둘째, 다양한 이익집단의 활동 증가이다. 과거에는 인접 지역 지인이나 이웃과 생활을 같이하는 데 따르는 이해관계를 중심으로 사람들의 주요 관심사와 현안이 만들어지고 논의, 해소, 처리되었다. 반면 오늘날에는 직장, 사업체, 기타 공적 조직과 같이 일상생활의 영위와는 별 관련 없는 극도로 전문화된 이해관계를 중심으로 이익집단들이 형성되고, 많은 사람이 이에 가입하여 충성심을 보이는 새로운 지역사회 활동 양상이 일반화되었다.

셋째, 사회 전반에 높은 수준의 전문화와 분업화가 달성되고 상호의존성이 커졌다. 과거에는 지리적으로 경계가 분명한 소규모 지역사회 경계 안에서 서로 도와가며 필요한 욕구들을 스스로 충족하였다면, 이제는 그러한 욕구를 지역사회 내부에서 직접 해결하기보다 외부의 전문적 도움을 통해 간접적으로 해결하는 경우가 늘었다. 지역사회 구성원들도 자기 자신이나 이웃을 위해서라기보다 지역사회 외부의 이방인들을 위하여, 즉 나와 직접적으로 이해관계가 없고 즉각적으로 상호작용하지 않는 자들의 욕구 충족을 위하여 특별한 활동을 수행하는 경우가 늘었다. 상호 의존성이 커진 결과 내부의 필요성과는 별 관련 없는 다양한 구조와 기능이 지역사회에 속속 생겨났다.

넷째, 중앙정부의 영향력 확대이다. 중앙정부는 행정의 효과를 극대화하고 집행의 편의성을 제고하고자 지방, 도시, 지역 정부에 다양한 방식과 경로를 통하여 영향력을 행사하였다. 중앙정부는 다양한 행정구역—치안, 경제, 교육, 사회, 문화, 보건, 복지 등등—을 신설하였고, 각 구획을 중심으로 운영 계획을 짜 집행의 효율성을 꾀하였다. 관료주의 이념과 기술의 발달은 그와 같은 하방적(from-top-to-bottom) 간섭을 실제로 가능케 하였다. 중앙의 세력 확대는 지방과 지역에 자연적으로 형성된 기존의 지리적 경계를 무너뜨렸다. 나아가 지방과 지역 내부 현안에 대한 고유의 정치적 통제력과 자치권을 약화시켰으며, 중앙과 지방, 지방과 지역, 지역과 지역 간에 놓여있던 심리적 경계도 허무는 효과를 발생시켰다.

다섯째, 국가 영역이 확대되는 한편으로 시장 영역도 급속도로 발달하였다. 이윤 창출에 방점이 찍힌 시장 원리가 사회 전반을 지배함에 따라 과거 지역사회 안에서 집합적으로 해결되던 사람들의 기본적인 욕구가 개인의 지급 능력에 따라 결정되는 경우가 늘었다. 지급 능력이 있어도 일부 욕구들은 지역사회 내부에서 해결되지 않고 외부 지역으로 나가야 해결되는 경우도 늘었다.

이러한 변화는 공동체에 대한 전통적 개념의 사용이 점차 부적절해지고 있음을 보여주는 증거였다. 기존의 공동체 개념은 분명한 지리적 경계, 인접성, 폐쇄성, 대면성, 공동의 유대, 자급자족 등 전형적인 소규모 지역사회를 전제로 만들어졌는데, 20세기 중반의 거대한 전환은 그러한 전통적 공동체 개념과 불일치하는 인간의 정주 공간 및 군집 현상을 대거 만들어 내고 이를 일반화한 것이다.

기존 공동체 개념의 이론적 부적절성은 무엇보다 자급자족을 전제할 수 없는 상황이 잦아진 것과 깊은 관련성을 가진다. 거대한 전환이 찾아오기 전 공동체들은 거의 예외 없이 그 경계 안에 산업체, 상점, 교회, 학교, 정부조직, 시민단체 등 일상적 삶을 영위하는 데 필요한 거의 모든 조직, 기구, 시설을 폐쇄적으로 담지하였다. 이는 어떤 한 개인이 설사 자신이 태어난 공동체의 경계 안에 머물며 평생을 산다 할지라도 자신의 욕구를 온전히 충족하며 편안하게 여생을 보낼 수 있을 것으로 예상되었음을 의미한다. 가히 공동체는 “삶의 총체적 골조(a total framework of living)”였던 것이다(ibid., p.10). 그러나 이와 같은 예상은 거대한 전환과 함께 타당성을 잃어버렸다. 예전에는 공동체를 외부 환경의 문화적, 사회경제적, 정치적 영향으로부터 독립된 고유의(sui generis) 존재로 간주하는 것이 틀리지 않는 사회구조적 조건이었다면, 이제는 앞서 언급한 거대한 변환으로 인하여 공동체를 자기담지적(self-contained) 구조와 기능의 전체(whole)로 간주할 수 없는 상황이 도래한 것이다. 사람들은 이제 교육, 여가, 경제, 종교, 복지, 인간관계, 자아실현 등 인간의 제 욕구를 충족하기 위하여 자신이 소속된 공동체 외부의 힘에 의존하는 경우가 잦아졌다.

기존 공동체 개념의 또 다른 이론적 부적절성은 첫 번째와 밀접하게 연관되는데, 바로 공동체의 물리적 경계와 범위가 복잡해졌다는 점이다. 과거 하나의 공동체는 그에 대응되는 작은 하나의 지리적 영역을 갖는 것으로 여겨졌다. 즉 하나의 공동체=하나의 소규모 지역사회라는 단순 공식이 통용되었고, 현실에서도 그에 어긋나는 경우를 찾기 어려웠다. 그러나 20세기 중반부터 수만, 수십만 명이 모인 도시(광역지역사회) 그리고 그러한 도시들이 여러 개가 모인 거대 도시권(초광역지역사회)에서 삶을 영위하기 시작하였다. 교통과 정보통신 기술의 발달에 따른 이동성 증가로 사람들의 생활 반경이 극적으로 확장되었다. 이에 따라 어떤 한 공동체가 지리적으로 더 큰 단위의 지역사회들 안에 겹쳐 들어간 경우라든가, 아니면 하나의 지리적 영역 안에 크기가 작은 공동체들이 여럿 포개져 들어간 경우처럼, 예전에는 흔치 않았던 모습들이 흔한 광경이 되어 버렸다. 즉 하나의 공동체=하나의 소규모 지역사회의 일대일 대응 공식이 깨지고, 공동체의 물리적 경계와 범위에 관한 인식에 혼란이 찾아온 것이다(ibid., p.123).

하나의 공동체가 여러 지역적 단위(지역사회, 광역지역사회, 초광역지역사회, 국가, 초국가)에 걸쳐 존재하는 상황은 물론, 하나의 지역적 단위 안에 복수의 공동체들이 들어가 있는 상황이 비일비재해진 새로운 현실은 공동체를 연구하는 학자들은 물론이거니와 보통 사람의 일상에도 혼란을 야기하였다. 예컨대 공동체가 규모가 아무리 크다 할지라도 지리적 경계가 비교적 분명하였던 예전에는 구성원들이 자신이 소속된 공동체의 경계가 어디서부터 어디까지인지, 또 자신이 소속되지 않은 공동체의 경계는 어디서부터 어디까지인지 뚜렷이 인지할 수 있었고 물리적으로도 그 범위를 지목하는 것이 가능하였다. 그러나 이제 그러한 구분이 어려워졌다. 사람들은 공동체의 성원 자격을 결정하는 일에서부터 가입과 탈퇴를 처리하는 일, 경계를 유지하는 일, 정체성을 찾거나 단련하는 일 등 예전에는 크게 중요하게 생각지 않던 일 처리에 어려움을 겪기 시작하였다. 심지어 낯선 동네나 마을에 갔을 때 그곳에 자신에게 위해를 가할 사람이 많은지 아니면 환영할 사람이 많은지를 판단하기도 어려운 일이 되고 말았다. 공동체의 경계나 범위에 관한 이 같은 혼란은 거대한 전환 이전에는 좀처럼 목격하기 어려운 현상이었다.

2) 공동체의 개념과 기능

현대 사회에서 기존의 공동체 개념은 학술적으로뿐 아니라 보통 사람들의 삶에도 혼란을 가져왔기에 부적합하였다. 이에 워런은 공동체 개념을 재정립해야 한다고 주장하였다. 그런데 여기서 주의해야 할 점은, 공동체 개념을 재정립하자는 것이 공동체 개념에서 지리적 영역 요소를 덜어내는 것을 의미하는 것은 아니었다는 점이다. 공동체의 지리적 경계가 모호해지고 물리적으로 다양한 범위에 걸쳐 존재하는 크고 작은 공동체들이 새롭게 많이 생긴 것은 사실이지만, 여전히 사람들의 삶과 행동은 근접성의 원리에 의하여 영향받기 때문에 이를 공동체 개념 정의에서 완전히 배제해서는 안 된다고 본 것이다.

아무리 교통과 정보통신 기술이 발달하고 전국의 일일생활권이 현실화하였다 할지라도, 사람들이 일상적으로 생활하는 거주환경의 지리적 반경은 일정 선상을 넘어가기 어렵다. 생활 반경을 같이하는 사람들이 어울려 살아가다 보면 일상생활을 공동으로 영위하는 데 필요한 사회적 구조와 기능이 특히 정주지를 중심으로 견고히 만들어진다. 이는 다시 정주지 구성원들 사이에 독특한 문화와 규범의 형성에 기여하며, 공동체 구축과 유지를 촉진하는 힘으로 작용한다. 이러한 역학을 감안하면 공동체를 이해하는 데 있어 영역성을 완전히 배제하는 것이 곤란하다는 것을 곧 알 수 있다.

위와 같은 논의를 바탕으로 워런은 공동체를 “지역사회 주민의 일상적 욕구 충족과 관련된 주요 기능들이 수행되는 사회적 단위 및 체계의 조합”으로 재정의하였다(ibid., p.137). 상기 정의는 기존의 공동체 개념과는 확연히 구분된다. 왜냐하면 공동체의 지리적 제약에 대한 강박에서 벗어나 기능에 집중함으로써 공동체의 물리적 토대를 지역사회뿐 아니라 광역지역사회, 초광역지역사회, 국가, 초국가로까지 확장할 이론적 근거를 마련하였기 때문이다.

이전의 공동체 개념은 공동체를 지역사회와 동일시하였다. 즉 공동체의 경계를 지리적으로 고정된 것으로 이해하였고, 그마저도 범위를 소규모 지역사회 경계 내부로 한정하였다. 그래서 기존의 공동체 분석은 주로 소규모 지역 내부의 조직, 시설, 기관 등을 중심으로 그 특징을 파악하는 데 초점이 맞추어졌다. 그런데 이와 달리 워런의 새로운 공동체 개념은 공동체에서 수행되는 요 기능을 중심으로 그 특징을 파악하였다. 이 같은 접근은 공동체를 위시하여 그것을 둘러싼 생태 환경이 미시체계(지역사회 요소)와 중간체계(지역사회 요소 간 연결 관계)뿐 아니라 외체계(광역지역사회 요소)와 거시체계(초광역지역사회 또는 국가, 초국가 요소)로 구성되며, 이 체계들에 의하여 공동체의 요 기능이 다층적으로 수행된다는 인식의 확립에 기여하였다. 이것이 의미 있는 기여로 간주되는 까닭은, 공동체의 기능을 수행하는 물리적 토대가 반드시 지역사회 내부에만 한정될 필요가 없고, 광역지역사회, 초광역지역사회, 국가, 나아가 초국가 수준으로까지 확장적으로 놓여있을 수 있다는 가능성이 받아들여진 계기가 되었기 때문이다. 워런의 개념 재정립 덕분에 이제 공동체는 기본적으로 지역사회이면서 동시에 다양한 수준에 존재하는 수많은 상하위 체계로부터 자원을 공급받아 스스로의 존속과 성장을 도모하고 또 그 반대로 상하위 체계들의 존속과 성장에 기여하는 존재, 즉 전체의 부분이자 부분들의 전체로서(holon) 다양한 역할을 수행하는 다층적이고 기능적인 실체로 인정받기 시작하였다.

그렇다면 공동체에서 수행되는 기능이란 무엇인가. 워런은 모든 공동체에서는 통상 다섯 가지 기능이 수행된다고 하였다. 이 기능은 생산-분배-소비, 사회화, 사회적 통제, 사회참여, 상호 부조 기능을 포함한다(ibid., p.10, p.170). 먼저 생산-분배-소비 기능이란 말 그대로 공동체 구성원들이 일상생활을 영위하는 데 필요로 하는 재화와 서비스를 생산, 분배, 소비하는 과정과 관련된 기능이다. 기업체나 산업체가 이 기능의 주요 수행 주체로 언급되는데, 이 외에도 각종 전문가집단, 종교집단, 교육기관, 정부조직체 등 공동체가 필요로 하는 재화 및 서비스의 생산, 분배, 소비의 담당 주체는 사실상 그 무엇이든 될 수 있다는 측면에서 해당 기능을 수행하는 사회적 단위는 무궁무진하다고 볼 수 있다.

다음으로 사회화 기능은 개별 구성원들이 공동체에 관한 일반적 지식, 가치, 행동 유형 등 타인과 어울려 살아가는 데 필요한 핵심적 정보를 습득하고 내면화하는 과정과 관련된다. 사회화 기능은 주로 어렸을 때 가족, 학교와 같은 사회적 단위에서 집중적으로 이루어진다. 그러나 성인이 된 이후에도 지속되며, 교회를 비롯하여 개인이 소속된 어느 단체나 조직, 집단에서라도 사회화는 진행된다.

사회통제 기능은 구성원들이 공동체가 설정한 규범과 가치, 역할 모형 등에 순응하도록 강제하는 과정과 관련된다. 모든 공동체는 사회적 통제를 위하여 법률과 규칙을 제정하고 이를 집행한다. 이로써 해당 공동체의 질서를 유지하고 사회의 해체 및 붕괴를 막는 기능을 수행한다. 일반적으로 경찰, 법원과 같은 공식적인 행정사법 정부조직이 사회통제를 담당하는 대표적 사회적 단위로 거론된다. 그러나 이 외에도 가족, 학교, 교회, 사회복지기관 및 시설 같은 단위들도 사회통제 기능을 담당하는 것으로 여겨진다.

사회참여 기능은 공동체 구성원들에게 다양한 집단적, 조직적 활동에 참여할 기회와 혜택을 제공하는 과정과 관련된다. 태생적으로 어울림에 대한 욕구가 있는 우리 인간은 사회참여를 통해 삶의 활력을 찾고 재충전한다. 또한 구성원 간 유대감과 신뢰를 쌓아 인간으로서 의미 있는 삶을 산다. 보통 교회 등 종교조직이라든가 봉사단체, 시민단체 등 자발적 결사체가 사회참여 기능을 수행하는 대표적인 사회적 단위로 알려져 있다. 그러나 사람들의 군집 현상이 일상적으로 지속하는 곳이라면 그곳이 어디이든 사회참여 기능이 수행된다. 이런 측면에서 친족집단, 친목집단, 취미단체, 회사, 정부조직 등도 사회참여 기능의 수행 주체라 할 수 있다.

마지막으로 상부상조 기능은 공동체 구성원들의 안녕과 복지를 위하여 서로 도움을 주고받는 과정과 관련된다. 이 기능은 전통적으로 사망, 사고, 질병과 같은 재난 발생 시 가족, 이웃, 친구와 같은 일차집단, 또는 종교단체, 자선단체 같은 이차집단에 의하여 독점적으로 수행되었다. 그러나 근래에는 사회 전반의 분업화 추세에 따라 해당 기능의 상당 부분이 민간과 공공의 전문 사회복지기관 및 시설로 이전되었다.

위에서 살펴본 것처럼, 공동체는 체계로서 자기 존속과 성장을 위하여 몇 가지 요 기능의 수행을 촉진한다. 여기서 주안점은, 공동체는 각 기능의 수행을 담당하는 사회적 단위들을 갖는데(예컨대, 사회화 기능을 담당하는 학교라는 단위 같은), 이 단위가 물리적으로 들어서는 위치(location)는 때로 지역사회 내부일 수도 있고, 때로 외부일 수도 있다는 사실이다. 공동체의 주요 기능을 수행하는 사회적 단위가 지역사회 내부에 입지하는(locating) 상황을 이해하는 것은 어렵지 않다. 전통적인 자급자족적 공동체를 상정하면 바로 이해가 간다. 문제는, 공동체의 주요 기능을 수행하는 사회적 단위가 지역사회 외부에 입지하는 경우이다. 워런은 이것이 어떻게 가능한지 의문을 제기하였고, 이에 답하는 과정에서 공동체를 뚜렷한 지리적 경계를 가진 폐쇄적 자급자족체로 본 전통적 접근 방식이 부적합함을 발견하였다(ibid., p.209). 공동체를 기능 중심으로 재해석하기로 한 데에는 위와 같은 문제의식이 놓여 있었다.

워런은 공동체의 주요 기능을 수행하는 사회적 단위가 지역사회 외부에 입지할 수 있는 가능성을 체계적 연결고리(systemic linkage)라는 개념을 통하여 설명하였다(ibid., p.163). 체계적 연결고리란 "최소 두 개 이상의 체계 내에 걸쳐 존재하면서 그 두 개 이상의 체계를 하나의 단일 단위로 묶는 과정"으로 정의할 수 있다(ibid., p.243). 체계적 연결고리는 수평적 유형(horizontal pattern)과 수직적 유형(vertical pattern)으로 나뉜다. 체계적 연결고리의 수평적 유형은 같은 수준에 존재하되 다른 기능을 수행하는 복수의 체계를 하나의 통일된 상호작용 단위로 묶는 과정이다. 이와 대조적으로 체계적 연결고리의 수직적 유형은 다른 수준에 존재하되 같은 기능을 수행하는 체계들을 하나의 통일된 상호작용의 단위로 묶는 과정이다.

이를 좀 더 구체적으로 살펴보자. 여기 어떤 공동체적 현상 또는 사건이 있다고 가정해 보자. 미시체계는 이 공동체적 현상이나 사건을 직접적이고 일상적으로 둘러싼 즉각적 환경을 의미한다. 즉각적 환경은 물리적 근접성을 가정한다. 때문에 공동체의 미시체계는 통상 지역사회 수준에 존재하는 개인, 가족, 집단, 제도, 시설, 문화, 가치 등 각종 근거리 요인을 아우르는 것으로 이해된다. 중간체계는 이 근거리 요인 간 연결에 의한 새로운 관계망을 가리킨다. 따라서 이 역시 지역사회 수준에 존재하는 것으로 간주된다. 이와 대조적으로 외체계와 거시체계는 공동체를 둘러싼 간접적이고 추상적이며 확장된(extended) 환경을 의미한다. 확장적 환경은 물리적 원격성(remoteness)를 가정한다. 따라서 공동체의 외체계와 거시체계는 통상 광역지역사회나 초광역지역사회 혹은 그보다 지리적 단위가 더 큰 국가나 초국가 수준에 존재하는 집단, 제도, 시설, 문화, 가치, 정책 등 다양한 원거리 요인을 아우르는 것으로 이해된다. 공동체를 둘러싼 생태적 환경을 이와 같이 가정하였을 때, 우리는 중간체계 내부에서 서로 다른 기능을 수행하는 복수의 미시체계를 묶어 하나의 상호작용 단위로 만드는 과정을 체계적 연결고리의 수평적 유형으로, 중간체계 내부의 미시체계들과 외부의 외체계, 거시체계 가운데 같은 기능을 수행하는 일련의 체계를 묶어 이 역시 또 다른 하나의 상호작용 단위로 만드는 과정을 체계적 연결고리의 수직적 유형으로 분류할 수 있다.

워런은 수많은 수평적, 수직적 유형의 체계적 연결고리가 공동체를 둘러싸고 복잡한 생태 환경을 구성한다고 보았다. 그리고 이 연결고리들이 공동체의 존속과 성장에 핵심적인 역할을 담당한다고 보았다(ibid., p.270). 그렇게 본 까닭은 첫째, 이 연결고리 덕분에 중간체계의 일부를 구성하는 미시체계는 다른 미시체계들과 특수하고 직접적인 관계를 맺지 않고도 — 예컨대, 개인적인 친분을 쌓지 않고도 — 그들과 간접적으로 상호작용하며 자기 존속과 성장에 필요한 핵심 자원을 확보할 수 있기 때문이다. 또한, 추상적이고 비가시적인 외체계나 거시체계들과 특별하고 직접적인 관계를 맺지 않더라도 그들과 간접적으로 상호작용하며 작은 체계가 살아남기 위하여 요구되는 중요 자원을 공급받고 생존과 성장을 도모할 수 있기 때문이다. 체계적 연결고리를 매개로 근거리에서 확보된 자원과 원거리에서 공급받은 자원은 모두 앞서 언급하였던 공동체의 다섯 가지 기능을 수행하는 데 투입(input)되고 처리(throughput)된다. 그 후 공동체를 둘러싼 생태 환경으로 배출(output)되고 장기적으로 환원(feedback)되어 공동체의 기능이 적절하게 달성되고, 이에 따라 역동적으로 변화하는 가운데 존속과 성장이 지속되는 안정상태 도달에 기여한다.

3) 오늘날 공동체 현상에 내재한 문제점

공동체의 개념을 재정의하고 그것이 수행하는 기능을 다섯 가지로 정리한 후 워런은 오늘날 공동체가 직면한 수많은 문제를 열거하였다. 워런은 오늘날 공동체는 미증유의 사회병리적 현상을 경험 중이라고 진단하였다. 그 리스트는 매우 긴데, 몇 가지만 예를 들면 도심 공동화, 슬럼, 노후주택, 실업, 공교육 붕괴, 청소년 비행, 범죄, 인종차별, 정신 건강, 노인문제, 지역경제 침체, 자원주의(voluntarism) 가치의 약화, 환경오염, 교통체증 등이다.

워런은 이러한 문제들을 해결하기 위하여 공동체의 성공적 존속과 성장에 핵심적인 자원의 확보를 어렵게 만드는 장애 요인부터 파악해야 한다고 주장하였다. 체계이론적 관점에서 보았을 때, 체계의 엔트로피 증가를 막으려면 외부 환경으로부터 새로운 물질과 에너지, 정보 등 유용한 자원들을 체계 내부로 신속하고 충분하게 확보하는 일이 요구된다. 이러한 투입 작용이 원활하게 이루어졌을 때야 비로소 체계는 처리, 산출, 환원이라는 나머지 체계과정을 무리 없이 진행함으로써 생존, 성장할 수 있다. 따라서 먼저 필수 자원의 확보를 어렵게 만드는 제약적 조건이 무엇인지 알아내야 한다는 논리였다.

오늘날 공동체가 직면한 다양한 문제를 해결하기 어렵게 만드는 근본적인 조건은, 앞서 언급하였던 거대한 전환을 계기로 공동체를 둘러싼 체계적 연결고리의 수직적 유형이 수평적 유형을 압도하고 과잉발달한 것과 관련된다(ibid., p.410). 이전에는 공동체를 위시하여 형성된 미시, 중간, 외, 거시체계가 구조적, 기능적으로 상호 고유의 영역을 침범하는 것을 삼갔다. 이는 세 가지 사항을 함축한다. 첫째, 직접적이고 일상적이며 즉각적인 환경을 구성하는 미시체계와 중간체계, 즉 지역사회 근거리 요소들을 중심으로 공동체가 수평적으로 견고하게 통합되어 있었다. 둘째, 간접적이고 추상적이며 확장적인 환경을 구성하는 외체계나 거시체계, 즉 광역지역사회 이상의 원거리 요소들이 지역사회 수준에 직접 침투하는 경우가 드물었다.

셋째, 공동체를 둘러싼 체계들이 서로 절묘한 경계를 유지하는 가운데 공동체는 다섯 가지 요 기능을 충실히—주로 지역사회 수준에 존재하는 사회적 단위들의 활동을 매개로—촉진하였고, 이로써 공동체는 온전한 자급자족 능력을 과시하였다.

그러던 와중에 20세기 들어 거대한 전환이 격화되면서 공동체 외부에 존재하던 다양한 광역지역사회, 초광역지역사회, 국가, 초국가적 원거리 요소들의 침투력이 상승하는 여건이 조성되었다. 이는 공동체를 둘러싸고 체계 간에 견고하게 유지되어 오던 경계를 무너뜨리는 결과를 가져왔다. 경계 유지의 와해란 구체적으로 체계적 연결고리의 수평적 유형의 축소 재편 그리고 수직적 유형의 과잉 발달을 의미하였다. 다시 말해, 미시체계 및 중간체계와 공동체의 직접 상호작용은 상대적으로 준 반면, 외체계 및 거시체계와 공동체의 직접 상호작용은 상대적으로 는 것이다(ibid., p.417).

이는 기존 공동체의 동학에 상당한 변화를 초래하였다. 구체적으로 설명하면, 첫째, 공동체의 성장, 발달, 존속을 위하여 그동안 공동체 주변의 미시체계와 중간체계가 담당해 오던 고유의 다섯 가지 기능 업무가 외체계와 거시체계로 대거 이전되었다. 둘째, 그 결과 미시체계와 중간체계가 공동체를 위하여 할 수 있는 일이 상당수 사라졌다. 셋째, 설사 완전히 사라지지 않았다 하더라도 외체계와 거시체계의 공동체 직접 침투, 그에 따른 공동체의 다섯 가지 기능 수행에 대한 지배권 확보가 이미 크게 진척되었기 때문에, 미시체계와 중간체계가 공동체를 위하여 해줄 수 있는 일의 효과성이 예전만 못하게 되었다. 즉 공동체에서 지역사회 근거리 요소들이 차지하는 비중과 중요성이 낮아지고 반대로 초지역사회 원거리 요소들이 차지하는 비중과 중요성은 높아졌다는 얘기이다.

위에 설명한 바를 몇 가지 예를 들어 좀 더 구체적으로 살펴보자. 오늘날 실업이나 인플레이션 같은 경제적 문제에 대하여 공동체의 미시체계나 중간체계 수준에서, 즉 지역사회 차원에서 대응할 만한 수단이 과연 있는가 생각해 보면 대부분 고개를 가로저을 것이다. 설사 있다 해도 얼마만큼 효과적일까 하는 질문을 받으면 거의 모두 예외 없이 회의적인 반응을 보일 것이다. 경제적 문제의 해결과 관련된 권한과 능력이 미시체계와 중간체계, 즉 지역사회 차원을 한참 벗어나 거의 압도적으로 외체계와 거시체계, 즉 광역지역사회, 초광역지역사회, 국가, 초국가 차원에서 활동하는 원거리 행위자들에 의하여 독점되고 있음을 우리는 이미 매우 잘 알고 있다.

실업이나 인플레이션 같은 공공연한 사회문제뿐 아니라 은밀하고 사적인 영역에 속하면서도 여전히 사회문제라 할 수 있는 현상, 예를 들면 가족해체 같은 문제에 대해서도 공동체의 근거리 차원에서 대응하기란 녹록지 않은 상황이 도래하였다. 왜냐하면 가족해체가 일어나는 진짜 원인이 공동체의 원거리 외체계나 거시체계 수준에 놓인 경우가 대부분이기 때문이다. 실례로 과거에는 결혼하면 남자가 돈을 벌고 여자가 살림하는 것이 일반적이었다. 그러나 오늘날 그와 같은 성별 역할 기대를 고집하면 가정에 분란이 발생하기 십상이다. 중요한 점은, 이러한 행동 패턴의 변화는 사회 전반의 문화적 가치와 규범의 변화 및 교체에 따른 결과로서(예: 가부장제의 약화, 페미니즘의 득세와 여성의 권익 증진 등) 특정 공동체의 근거리 요인과 별 관련성을 갖지 않는다는 사실이다. 쉽게 말해 옆집 남편은 안 그러는데 왜 당신은 그렇게 고리타분하냐는 식의 개인적 대응 혹은 특정 가정의 고유한 이력 때문에 가정불화가 일어나는 것이 아니라는 뜻이다. 공동체의 근거리 요인이 아닌 원거리 요인, 즉 외체계나 거시체계와의 체계적 연결고리의 형성 및 작용에 기인하여 가족 간 역할 갈등과 긴장이 생기는 것이므로 그 원인과 대책을 공동체의 근거리 환경에서만 찾는 것은 잘못된 접근법이라는 것이다.

체계적 연결고리의 수직적 유형 과잉 발달과 수평적 유형 위축의 효과는 공동체의 근거리 차원 대응과 해결책을 쓸모없게 만드는 것으로만 그치지 않는다. 수직적 유형의 과잉 발달이 가져오는 두 번째 문제는 공동체 고유의 자치 역량과 권한의 약화이다. 앞서 언급하였다시피, 체계적 연결고리의 수직적 유형의 과잉 발달은 공동체의 다섯 가지 요 기능이 공동체의 미시체계나 중간체계가 아닌 외체계나 거시체계에 의하여 수행되는 정도가 상대적으로 강해짐을 의미한다. 외체계와 거시체계는 수직적 연결고리를 구축하는 와중에 침투를 좀 더 원활하게 하고자 공동체에 가깝게 접근하여 물리적 기반을 마련한다. 예를 들면 전국적 유통망을 갖춘 대기업이 전국의 수많은 작은 마을에 프랜차이즈 빵집을 차린다거나, 초국적 운동용품 회사가 시골 어느 지역에 신발 제조 공장을 만드는 경우 등이 이에 해당한다. 이러한 물리적 기반들은 공동체의 근거리 반경 안에 입지한다. 따라서 외관상 미시체계 혹은 중간체계의 모습을 띠고 타 체계들과 상호작용한다. 그러나 실상은 수직적 연결고리에 의하여 만들어지고 유지된다—통제, 조정된다—는 측면에서 외체계 혹은 거시체계의 대행자(proxy)라고 볼 수 있다.

여기서 문제는, 외체계와 거시체계가 직접 구축한 공동체의 근거리 물리적 기반 단위들에 의하여 공동체의 요 기능이 충족되는 정도가 심해질수록 외부 환경에 대한 공동체의 의존성이 커지고, 외부 환경에 대한 의존성이 커질수록 외체계나 거시체계가 심어놓은 물리적 기반 단위들에 대한 공동체 내부의 통제력이 약화된다는 점이다(ibid., p.435). 통제력 약화란 뒤집어 말해 공동체의 독립성과 자주성의 훼손을 뜻한다. 외부의 힘이 강하고 그에 휘둘리는 일이 많아져서 내부에서 어떤 일이 발생하든 공동체가 주체적으로 자신만의 고유한 영향력을 행사하여 문제를 해결하기 어려운 상황이 잦아진다는 얘기이다.

예컨대 프랜차이즈 빵집이 마을에서 아무리 빵 가격을 두고 횡포를 부리고 지역사회 거주 종업원들을 착취하더라도 빵 소비와 관련된 마을의 시장기제가 대기업 프랜차이즈 빵집에 의존하는 방향으로 고착화되어 버린 상태라면, 다시 말해 전통적으로 이어져 오던 마을 빵집을 보존하거나 새로운 마을 빵집을 발굴하는 데 실패한 상태라면, 대기업 프랜차이즈 빵집의 횡포와 착취에 대항하여 주민들이 마을 차원에서 집단적으로 대응할 방법이 별로 없다. 외부적으로 독립성을 확보하지 못하였을 뿐 아니라 내부적으로도 통제력을 상실하였기 때문이다. 비슷한 맥락에서, 지역경제 발전에 기여하는 공로를 감안하여 세금을 감면해 달라고 요청하는 초국적 기업의 공공연한 위협에도 마찬가지 논리가 적용된다. 세금을 감면해 주지 않으면 다른 나라로 이전해 버리겠다고 협박해도 지역사회 수준에서 이를 제지하거나 처벌하기란 어렵다. 이 경우 지역사회는 고사하고, 협박의 주체가 초지역적인 다국적기업이라는 측면에서 지리적 제약으로부터 완전히 자유롭지 못한 국가조차 초국적 세력을 제압할 확실한 레버리지를 갖고 있지 못하는 한, 통제권 없음으로 인하여 울며 겨자 먹기로 그들의 요구에 응해 주어야 한다.

수직적 유형의 체계적 연결고리 과잉 발달이 초래하는 마지막 세 번째 문제는 공동체의식 및 공동체 특유의 정체성 약화이다(ibid., p.430). 구체적으로 말하면, 지역사회 주민들이 공동체 구성원으로서 내부적으로 소속감을 발달시키거나 이를 이웃 주민들과 공유하며 하나 됨을 느끼기보다, 자신이 사는 지역사회 바깥에 위치한 원격(remote) 집단, 단체, 조직과 더 강한 연대 의식을 느끼며 그로부터 소속감을 찾고 정체성을 다지는 경우가 늘어난다는 것이다. 이는 지역사회 현안에 무관심하고 냉담한 반응(it's nobody's business)을 보이는 개인의 증가를 의미한다는 측면에서 우려를 자아낸다.

그 누구도 자신의 지역사회 문제를 내부자원을 동원해 고유의 방식으로 풀어 나가려 들지 않고 독자적 문화나 사회경제적 차별성을 부각시키고자 집단적 노력을 경주하지 않음에 따라, 지역사회는 강력한 공동체의식이 역동적으로 살아있는 곳에서 볼 수 있는 것과는 정반대의 무력감이 만연하고 무색무취의 단조롭고 지루한 공간으로 전락하게 된다. 설상가상으로, 외체계와 거시체계가 공동체의 근거리에 이식한 물리적 첨병으로서의 시설 및 기관(예: 프랜차이즈, 대형마트, 중앙정부의 행정 대리기관으로서의 지방분소 등등)들이 지역사회 곳곳에 침투하여 이미 상당한 통제력을 발휘하고 영향력을 행사하는 상황이라면, 해당 지역사회는 비슷한 처지의 전국 수많은 지역사회와 정치, 경제, 문화, 사회, 이념, 정책, 관행, 제도 등 대부분의 사안에서 서로 크게 다를 것 없는 획일성을 띠게 된다(ibid., p.429). 실례로, 프랜차이즈 빵집을 들어갔을 때 우리는 그곳이 전국 어디에 있든 간에 실내장식부터 시작하여 메뉴 구성, 빵 맛, 서빙 방식, 결제 방식 등에서 다 똑같을 것이라고 기대한다. 상부에서 합리적이고 보편적이며 예측 가능한 지침을 정하여 전달하면 하부에서 이를 받아들여 그대로 구현하는 이른바 상의하달(top-to-bottom) 방식으로 가게가 운영되니만큼, 지역 빵집들이 자기 마을의 문화적 특색이나 독특한 개성을 구현할 것이라고 기대하기란 극히 어렵다.

이처럼 체계적 연결고리의 수직적 유형 과잉 발달은 공동체를 둘러싼 미시체계와 중간체계의 독특하고 견고한 경계 유지 노력을 무너뜨리고 이들을 동질화하는 효과를 발생시킨다. 워런은 과거 미국 사회를 수놓았던 지역사회 고유의 맛깔난 특색이 사라지고 난 결과가 작금의 — 당시 기준으로 20세기 중반 — 대중사회(mass society)라고 진단하였다(Lyon & Driskell, 2011, p.58). 여기서 대중사회란 지역사회 고유의 전통, 문화, 경관, 생태, 환경, 의료, 교육, 복지, 인프라 및 문제해결 방식이 부재하고 너 나 할 것 없이 무비판적으로 유행과 경향을 따르는 몰개성 사회를 뜻한다. 굳이 20세기 중반 미국의 대중사회를 언급하지 않더라도 오늘날 우리나라 지역사회나 도시의 풍경을 살펴보면, 그곳이 서울의 모처이든 부산의 모처이든 아니면 대전의 모처이든 상관없이 서로 그리 다를 바 없다는 것을 우리는 즉각적으로 예상할 수 있다. 역사적 전통과 문화적 특성을 무시한 중앙의 획일적 개발지상주의 속에서 지역의 고유한 특색을 기대할 수 없다는 뜻이다(김영정, 2006, p.11).

요약하면, 체계적 연결고리의 수직적 유형 비대는 기존에 미시체계와 중간체계(근거리 요소)가 수행하던 공동체의 다섯 가지 주요 기능을 외체계와 거시체계(원거리 요소)로 이전하였다. 이에 따라 공동체의 자생적 문제해결 역량이 저해되고, 공동체의 근거리에 입지한 기능적 사회 단위와 요소에 대한 통제력이 상실되었다. 나아가 구성원들의 독자적 정체성과 소속감이 약화됨으로써 공동체는 여타 공동체들과 특별한 차이가 없는 획일적인 중앙의 대리자(proxy) 혹은 대중사회의 일부(one of them)로 포섭, 편입되었다.

이처럼 워런은 오늘날 미국의 공동체들이 직면한 다양한 문제의 해결을 어렵게 만드는 근본 조건을 수직적 유형의 체계적 연결고리 과잉 발달에서 찾았다. 수직적 유형의 체계적 연결고리가 공동체의 근거리 반경으로 직접 침투하여 미시체계와 중간체계를 근간으로 만들어진 수평적 유형을 압도, 무력화함으로써 기존의 안정적인 공동체의 생태체계 — 지역사회를 바탕으로 외부 환경과 상호작용하며 필요한 자원을 확보하고 이를 공동체의 기능 수행에 투입하던 전통적인 체계과정 — 를 파괴하였다는 것이다.

수직적 유형의 체계적 연결고리가 공동체와 공동체를 둘러싼 미시 및 중간체계 간 상호작용에 과도히 개입하고 방해함에 따른 현실적 결과는 앞서 열거한 긴 리스트의 미증유 사회병리 현상들이다. 그리고 그 이론적 결과는 공동체의 불안정상태(unstable state)로의 돌입이다. 체계이론가로서 워런은 이 불안정상태를 안정상태(steady state)로 바꾸는 것이야말로 오늘날 미국 공동체가 직면한 다양한 사회적 문제와 위기, 병리 해결의 열쇠가 된다고 주장하였다. 참고로 다시 한번 말하지만, 버틀란피의 일반체계이론에서 안정상태란 주어진 환경에 맞추어 끊임없이 존속과 성장을 꾀하는 지속 변화의 상태를 의미하지, 일체의 변화를 거부하거나(균형) 이전 상태로 회귀를 꾀하는 것(항상성)과는 거리가 멀다(Warren, 1967).

그렇다면 어떻게 공동체의 불안정상태를 안정상태로 되돌릴 수 있는가. 체계적 연결고리의 수직적 유형이 수평적 유형을 압도하는 것을 방지하고, 양자 간에 균형 잡힌 경계 유지가 이루어질 수 있도록 이끄는 방안은 무엇인가. 공동체의 성장과 발전에 필요한 각종 자원을 근거리 수준에서 원활하게 확보하기 위하여 현장에서 할 일은 무엇인가.

워런은 이러한 현실적 질문들에 대하여 체계이론가로서 공동체 개발(community development)을 제안하였다(Warren, 1970). 공동체 개발이란 공동체의 원거리 행위자(예: 국가, 초국적기업 등)가 부과하는 부당한 요구나 억압을 극복하고 근거리 차원에서 일어나는 각종 사회문제를 해결하고자, 구성원들이 능동적으로 자신의 거주지를 중심으로 참여하는 과정을 가리킨다. 공동체 개발은 광역지역사회 이상의 지리적 단위에서 기인하지만 결과적으로 지역사회라는 일상적이고 즉각적인 생활환경으로 귀착되어 벌어지는 다양한 정치, 경제, 문화, 사회적 이슈에 대하여 공동체 구성원들이 주인의식을 갖고 관여하고, 당면한 문제와 욕구의 해결을 위하여 공동체의 근거리 자원을 발굴, 동원, 활용, 연계하는 것과 관련된 다양한 활동을 동반한다.

이 활동은 원거리 요소에 대한 의존성을 줄이고 구성원들의 직접 참여와 구성원 간 의사소통을 촉진함으로써 공동체의 근거리 요소 간 접근성을 제고하는 데 초점을 맞춘다. 또한 원거리 행위자의 침투가 현대 사회에서는 불가피하다는 현실적 한계를 감안하여 근거리 차원에서 할 수 있는 작은 일들을 찾아 그것부터 먼저 시작하고, 작은 성공에서 얻을 수 있는 성취감을 바탕으로 공동체에 만연한 패배주의를 극복하며 집합적 효능감(collective efficacy)과 임파워먼트(權能化)를 도모하는 것을 목적으로 한다. 나아가 지역사회 외부로 지향된 원격(remote) 정체성보다 지역사회 내부를 향한 근접(proximate) 정체성을 장려하는 데 집중한다. 워런은 공동체 개발에 내포된 이 모든 활동이 공동체의 근거리 요소, 즉 미시체계와 중간체계로 구성된 체계적 연결고리의 수평적 유형을 단련하고 다양화함으로써 지역사회를 복원하는 데 기여할 것이라고 믿었다. 또한 지역사회를 중심으로 하는 체계과정을 활성화함으로써 초지역사회적 세력에 의해 침탈, 부식된 지역사회의 독립성, 주체성, 자조 능력을 회복하는 데 이바지할 것이라고 믿었다.

정리하면, 워런은 체계이론에 근거하여 공동체의 동학을 분석한 도시사회학자였다. 그는 미시체계, 중간체계, 외체계, 거시체계, 투입, 처리, 산출, 환원, 체계적 연결고리, 경계 유지, 침투, 안정상태와 같은 전형적인 체계이론 용어를 이용하여 공동체의 존속과 성장(또는 쇠퇴 및 소멸) 원리를 규명하였고, 이로써 공동체에 대한 학술적, 실천적 이해의 지평을 넓히는 데 기여하였다. 특히 체계적 연결고리의 수직적 유형을 통한 원거리 외체계와 거시체계의 침투를 명백한 위협으로 간주하고, 그에 대항하여 공동체의 근거리 자원을 발굴, 이용, 연계하여 조직적으로 대응해야 한다는 논리를 전파하는 데 결정적으로 기여하였다. 이 논리는 체계적 연결고리의 수평적 유형의 강화, 즉 주민 중심의 지역사회 복원 및 활성화(local community restoration and revitalization)에 초점을 맞춘 공동체 개발의 중요성을 시민사회와 사회복지계에 알리는 계기가 되었다(Tamas, Whitehorse, & Almonte, 2000).

워런의 연구 이후, 학계와 실천계에서는 공동체 구성원 간 근거리 상호작용을 촉진하는 방법론에 대한 고민과 논의가 많아졌다(MacNair, 1996). 또한 공동체의 원거리 세력에 맞서 지역사회 고유의 정체성, 특수성, 자립 능력, 독립성을 다지는 일과 관련된 기술론도 발전하였다. 공동체 내부의 연결성 및 응집력 강화에 대한 이 같은 인식 제고는 국내 사회복지계를 둘러보면 이른바 지역사회조직화 사업이라는 이름으로 결실을 맺어 활발하게 전개되고 있는 상황임을 알 수 있다. 주민조직화, 자원개발 및 관리, 네트워크 구축 등으로 구성되는 지역사회조직화 사업은 지역사회 외부의 원거리 요소와의 수직적 연결고리 강화보다는 — 이미 과잉 발달해 있다는 점을 감안하여 — 내부 근거리 요소 간 수평적 연결고리 강화, 즉 지역사회 자원의 발굴과 활용 및 연계에 방점이 찍혀져 있다. 1990년대의 지방분권화 역시 이러한 문제의식에 대응한 결과로 해석할 수 있다.

4. 소결 — 상호작용의 체계적 장으로서의 공동체

체계이론은 공동체에 대한 다층적, 기능적 이해에 기여하였다. 구체적으로, 체계이론 덕분에 공동체는 이제 부분들로 구성된 전체 또는 더 큰 전체 중 일부로 이해되기 시작하였다. 또한 내부 요소들의 개별 특성으로 환원되지 않는 고유의 정체성을 바탕으로 여타 공동체들과 경계를 유지하는 가운데 외부 환경과 자원을 교환함으로써 존속과 성장을 도모하는 열린 존재로 인식되기 시작하였다. 무엇보다, 자원을 교환하는 과정에서 공동체 내외부에 존재하는 다양하고 크고 작은 체계와 상호 의존적 관계를 발달시키며, 관계의 연결망 속에서 자신에게 부여된 기능적 역할을 수행, 구조화함으로써 통합과 안정상태를 추구하면서도 변화를 도모하는 적극적, 동태적 존재라는 시각이 일반화되었다.

물론 체계이론이 공동체의 이상적 모습만 상정한 것은 아니었다. 체계이론은 침투성, 개방성, 환류, 기능적 정명, 안정상태와 같은 주요 개념들을 역으로 이용하여, 구성원들의 욕구를 억제하거나 불충분하게 충족시켜 주는 역기능적(dysfunctional) 혹은 기능불량(malfunctioning) 공동체에 관해서도 묘사하였다(Taylor & De La Sablonnière, 2013). 또한 경계 유지에 실패하여 정체성과 독자성을 상실하고 외부의 힘에 휘둘리는 공동체의 해체 및 붕괴 현상에 대해서도 경고하였다(Han, 2016). 이러한 문제점을 해결하고자 체계이론은 공동체의 역량강화를 주문하였는데, 현장에서 이는 공동체 개발, 지역사회조직화 사업 등의 형태로 구체화되었다(Tamas, Whitehorse, & Almonte,

2000). 모두 공동체를 둘러싼 체계적 연결고리, 특히 수평적 유형의 체계적 연결고리를 강화하고 체계과정을 활성화함으로써 공동체의 기능성을 극대화하며 통합과 안정상태를 달성하는 데 초점을 맞춘 현실적 노력으로 평가받는다.

공동체에 관한 다층적, 기능적 접근 외에 공동체 연구와 관련하여 체계이론이 기여한 가장 큰 공로는 공간에 대한 재정의이다. 구체적으로 말하면, 물리적, 지리적 공간(physical, geographical space)을 필요충분조건으로 삼던 기존의 공동체 정의에 수정을 가하고, 공동체의 공간을 기능적 측면에서도 함께 이해할 것을 촉구함으로써 (functional space) 공동체를 지역사회와 개념적으로 이격한 점이다. 체계이론이 등장하기 전 공동체 연구의 주류를 이룬 이론적 관점은 20세기 초중반의 인간생태학이었다. 앞서 설명하였다시피 인간생태학은 공동체와 지역사회를 불가분의 관계로 설정하였다. 그러나 인간생태학이 주류의 위치에서 퇴장하고 그 빈자리를 체계이론이 채우면서, 공동체는 지역사회와 개념적으로 분리된 것으로 이해되기 시작하였다. 대부분의 공동체가 지역사회를 근간으로 만들어지고 유지되는 것은 사실이나 공동체가 오로지 지역사회와 물리적, 지리적 경계를 같이하는 근거리 요소로만 구성되는 것은 아니며, 지역사회의 물리적, 지리적 경계 바깥에 놓인 원거리 요소로도 구성될 수 있다는 인식이 보편화된 것이다.

공동체를 지역사회와 초지역사회의 느슨한 결합체로 본다는 것은 공동체를 크고 작은 다양한 체계 간 상시적이고 지속적인 상호작용의 공간(field, 場)으로 본다는 것을 의미한다. 개념적 차원에서 이는 중요한 전환점으로 간주될 수 있는데, 그 까닭은 상호작용에 초점을 맞춤으로써 공동체 개념에서 물리적, 지리적 영역성, 특히 근거리 지역사회 요소를 완전히 배제할 가능성을 열어 놓았기 때문이다. 상호작용이란 본질적으로 물리적, 지리적 제약 없이 — 기능적 필요가 있는 한 — 언제 어디서든 일어날 수 있는 현상이다. 따라서 공동체를 상호작용의 장으로 이해하기 시작하였다는 것은 공동체 연구의 핵심이 이제 위치(location)가 아닌 관계(relation)에 있음을 천명한 것이라고 볼 수 있다(Rowe, 2005).

물리적, 지리적 영역성으로부터 이격된 공동체에 관한 연구는 이후 여러 학자의 수정과 보완을 거쳐 사회연결망 분석(social network analysis)으로 발전하였다. 사회연결망 이론은 체계이론에서 파생된 인간행동에 관한 이론적 관점 중 하나로서, 인간의 행동이 상호작용의 구조화된 틀에서 촉발된다는 사실에 주목한다. 이 이론은 사람들과 조직들이 또 다른 사람들 및 조직들과 어떠한 관계를 맺는지, 나아가 그와 같은 관계가 구조화되었을 때 그 구조화된 상호작용의 패턴으로부터 인간의 특정 행위가 어떻게, 얼마나 빈번히, 어떠한 강도로 촉발되는가에 주된 관심을 갖는다(김용학, 2016).

공동체를 사회연결망 이론의 관점에서 접근하는 학자들은 따라서 공동체의 가시적인 영역 현상보다 구성원들이 맺는 다양한 상호작용의 구조화된 패턴에 더 큰 관심을 보인다(오관석, 2009; 최준섭 외, 2018). 공동체 구성원들이 갖는 상호작용은 때로는 가시적이고 영역적인 특성을 나타내지만(예: 이웃과의 직접 대면소통), 때로는 비가시적이고 비영역적인 특성도 나타낸다(예: 외국에 사는 친구와의 간접 비대면접촉). 흥미로운 점은, 교통과 정보통신 기술이 발달한 현대 사회에 접어들어 인간관계의 비중 측면에서 후자가 전자를 압도하는 경우가 더 많아졌다는 사실이다. 많은 경우 공동체 구성원 간 상호작용이 비가시성과 비영역성을 근간으로 일어나고 있다는 것은, 공동체 개념에 지역사회를 필요충분조건으로 결부시키는 것이 그리 중요한 일이 아닐 수도 있음을 시사한다. 사회연결망 이론가들에게 있어 중요한 것은 공동체 구성원들이 공동체의 경계 안팎에 있는 사람 및 조직과 맺는 관계의 구조, 즉 상호작용의 패턴일 뿐이다. 그와 같은 패턴을 간파함으로써 인간의 행위가 어떠한 조건에서 어떻게 왜 발생하는지 또는 발생하지 않는지 그 기제를 설명, 예측할 수 있다는 것이 사회연결망적 관점에서 공동체를 분석하는 학자들의 기본 입장이다.

사회연결망 분석이 인기를 끄는 가운데, 일각에서는 물리적, 지리적 제약으로부터 자유로운 초이동적(hypermobile) 개인과 이들이 처한 상황에 관심을 기울이는 경향도 생겨났다. 프랑스의 인류학자 마흐크 오제는 이러한 움직임을 대표하는 인물 중 하나이다. 오제는 특정한 장소를 이용하는 공동체 구성원들 사이에서는 특수하고 지속적인 관계성, 역사성, 정체성이 형성, 유지, 보존된다고 보았다(Augé, 1995/2017, p.58). 그러나 근대를 지나 후기 근대가 무르익어 가면서 사람들은 전 지구적 차원에서 초이동성을 획득하였고, 이에 따라 관계성, 역사성, 정체성의 특성이 각인된 장소(lieux)보다 그와 같은 특성이 제거된 비장소(non-lieux)에 위치하는 경향이 커졌다고 하였다(ibid., p.94). 여기서 비장소란 동일한 기능을 가진 특색

없는 몰인간적 공간으로서, 다음과 같은 함의점을 갖는다: 첫째, 후기 근대 개인은 초이동성을 바탕으로 다수의 물리적, 지리적 장소에 접근하여 그곳에서 각기 다른 계약관계를 맺기 시작하였다. 둘째, 그런데 이 계약이란 개인이 기존에 소속된 공동체에서 집단적으로 공유되던 정체성, 역사성, 관계성과는 하등 관련 없이 체결된 것이 대부분이다. 셋째, 따라서 이제 사람들은 기존의 전통적인 사회적 실천과는 완전히 다른 형태의 상호작용을 주고받으며 삶을 영위하게 되었다. 비장소적 공간에서 이루어지는 새로운 상호작용은 정체성의 부재, 역사성의 부재, 관계성의 부재 속에서 이루어지는 만큼 불확실하고 불안정적이며 비인간적이고 덧없다는 후기 근대성을 특징으로 한다. 인간 내면의 삶이 각박해지고 빈곤해지며 공동체 전체에 대한 책임의식과 역사성이 붕괴하는 것 역시 특징이다. 오제는 도시 공간의 이 같은 비장소화가 물리적 이동 가능성이 높아지면서 심화한다고 지적하면서, 도시에 장소의 비율을 높이고 비장소의 창궐을 막아야 함을 주장하였다. 비장소의 대표적인 사례로 오제가 언급했던 것은 고속도로, 호텔방, 공항, 쇼핑몰 등이 있다.

이처럼 체계이론은 공동체 개념에서 영역성을 이격하는 시발점이 된 이론적 토대가 되었다. 그러나 그와 궤를 같이하는 논의는 체계이론과는 별개로 학계 곳곳에서 이미 오래전부터 시작되었다. 대표적으로 도시계획학자 멜빈 웨버의 업적을 거론할 수 있다(Webber, 1964). 일찍이 웨버는 서구의 여러 도시를 관찰하고 이를 토대로 도시와 도시 생활의 본질은 장소가 아닌 상호작용에 있다는 점을 역설하였다. 여기서 주안점은, 텔레메트릭스의 발달로 도시 생활의 바탕인 장소 개념에 현저한 변화가 찾아왔다는 점이다. 구체적으로 말하면, 사람 간의 일대일 대면접촉을 토대로 정보가 공유되고 활동이 공유되던 도시의 특정 영역, 즉 공동체가 반드시 일대일 대면접촉을 하지 않더라도 활발하게 만들어지고 유지될 수 있는 상황이 조성되었다는 점이다. 이 같은 상황 변화는 사람들이 거주하거나 일하는 장소에 대한 귀속 의식의 약화를 초래한 한편, 장소와는 무관한(place-free) 상호작용의 증대를 가져왔다. 베버는 이 같은 변화를 비장소적 도시 영역(non-place urban realm)의 출현이라는 말로 요약하였는데(ibid., p.80), 이는 지리적 영역에 제한받지 않는 공동체의 등장을 의미하는 것이었다. 지리적 영역에 제한받지 않는 공동체는 제1장에서 살펴본, 마찬가지로 웨버가 주조한, 근접성 없는 공동체(community without propinquity) 개념과도 일맥상통한다(Webber, 1963).

체계이론은 공동체를 부분과 전체로 구성된 다층적, 기능적 실체이자, 장소로부터 독립된 상호작용의 장으로 간주함으로써 공동체에 대한 우리 이해의 지평을 한 차원 높였다는 평가를 끌어낸다. 그렇지만 공동체 개념에서 장소가 갖는 유의성을 평가절하하는 한때의 학계 경향에 의도치 않게 일조하였다는 측면에서 비판받기도 한다. 또한, 공동체와 공동체를 둘러싼 생태체계의 존속 및 성장에 기여하는 한 해당 공동체는 자신에게 주어진 기능적 요건을 충실히, 무탈하게, 잘 달성하고 있다는 인식을 은연중에 유포함으로써, 설사 현 상태가 불평등한 권력관계에 따라 억지로 유지되고 있을지라도, 혹은 공동체를 구성하는 일부 구성원을 억압하고 차별한다 할지라도 이를 은폐하는 이론적 근거를 제공한다는 비판을 받기도 한다.

제6장. 갈등론적 접근

이번 장의 주제는 공동체에 대한 갈등론적, 정확히 말하면 마르크스주의적 접근이다. 갈등론적 접근의 핵심은 공동체와 자본주의가 적대적 관계에 놓여 있다는 인식, 즉 자본주의 발달이 공동체 위축과 파괴를 가져온다는 생각에 있다. 갈등론은 특히 자본주의의 물적 토대로서의 도시 공간에서 사람들이 더욱 경쟁적이고 소모적인 관계로 얽히고 서로를 적대시함으로써 소외와 단절을 경험할 가능성이 커진다고 본다(박영균, 2008). 이는 바람직하지 않은 상황이다. 갈등론적 접근은 따라서 자본주의 발달에 따라 파괴된 공동체의 복원에 집중한다. 구체적으로, 자본의 이윤추구 과정에서 제작된 도시 공간이 생산 혹은 소비의 전초지가 아닌, 어울림과 친밀, 상호 부조의 인간적 공동체들의 온상이 될 수 있도록 불평등한 도시의 사회적 관계를 재구조화하는 데 초점을 맞춘다.

이 같은 문제의식과 방향성은 현실적으로 다양한 방식으로 구체화할 수 있는데, 갈등론자들은 대체로 자본에 대한 노동의 힘을 강화하고 노동력을 탈상품화하며, 경제적 권력에 대한 사회적 권력의 강화가 필요하다는 데 동의한다(Wright, 2006). 불평등한 사회적 관계의 역전은 착취와 억압으로 왜곡된 자본주의 도시 공간을 해방할 것으로 기대된다. 즉 계급에 따라 분절화되고 고립된 도시의 업무공간, 주거공간, 여가공간 및 생활공간을 통합적이고 지속가능한 연대의 공동체 공간으로 탈바꿈시킬 것으로 기대된다. 이런 측면에서 자본주의적 도시는 공동체를 파괴하지만 그와 동시에 번영의 토대를 제공하는, 모순과 희망이 공존하는 공간으로 간주된다.

공동체에 대한 갈등론적 접근을 시도한 학자들은 카를 마르크스 이후 많았다. 그러나 이들 사상을 모두 다루기는 어렵다. 그러므로 여기서는 이론 정립에 기여한 주요 학자들—마누엘 카스텔, 데이비드 하비, 사스키아 사센, 닐 스미스, 마이크 데이비스—의 대표작 위주로 내용을 짚어본다. 그러나 그 전에 먼저 두 가지 용어—고전적 마르크스주의와 신마르크스주의—를 정리하고 넘어가도록 한다.

먼저 고전적 마르크스주의(classical Marxism)란 카를 마르크스와 그의 후원자이면서 동료였던 프리드리히 엥겔스의 저작물에 나타난 과학적 사회주의 혹은 공산주의 사상을 의미한다. 고전적 마르크스주의의 가장 큰 특징은 동서고금을 막론하고 인류의 역사를 경제적 이해관계를 둘러싼 계급 갈등의 역사로 이해하였다는 점이다. 마르크스는 계급관계에 내재한 갈등이 현대 사회에서 자본주의의 전복을 가져올 것이고, 사회주의를 거쳐 결국 공산 사회를 도래시키는 힘으로 작용할 것으로 예측하였다(Marx & Engels, 1848/2018).

마르크스는 전 세계 모든 지역에서 노동자가 주인이 되는 공산 사회를 꿈꾸었다. 즉 그는 범위에 있어 범세계적이고, 주체에 있어 노동자 단일 집단으로 구성된 하나의 공산주의 공동체를 이상향으로 추구하였다(강대석, 2018). 문제는, 그와 같은 공산적 공동체가 자본의 책략에 의하여 좌초되어 역사적으로 단 한 번도 구현된 적이 없다는 사실이었다. 이에 마르크스는 전 세계 노동자가 단결하여 자본을 노동의 발아래 굴복시키고, 그로써 능력에 따라 생산하고 필요에 따라 배분받는 진정한 공산적 공동체를 구현하는 것이 노동자, 농민, 지식인에게 주어진 책무라 선언하였다. 요컨대 마르크스에게 있어 공산적 공동체란 아직 도래한 적이 없지만 — 그래서 현재 시점에서는 유토피아로 여겨지지만 — 역사 발전의 맨 마지막 단계에 이르면 결국 목도될 최종 종착지였다(서영조, 2002).

한편 신마르크스주의(neo-Marxism)란 이탈리아의 그람시, 헝가리의 루카치 등 일단의 유럽 정치경제학자들이 1920년대에 주창한 마르크스주의의 분파를 가리킨다(이태건, 김선양, 이창대, 1995, p.103). 신마르크스주의는 1930~1950년대 호르크하이머, 아도르노, 마르쿠제 등 독일의 프랑크프루트 학파에 의하여 계승되었고, 1960년대 유럽과 미국의 신좌익 사상에 영향을 주었다. 신마르크스주의가 등장한 배경을 간단하게 살펴보면, 20세기 초반 고전적 마르크스주의는 최초의 논리적 사회주의라는 이유로 많은 명성을 얻었다. 그렇지만 자본주의의 문제들을 사회의 하부구조인 경제 부문에 국한하여 — 이른바 경제결정설에 입각하여 — 단조롭게 설명함으로써 상부구조인 사회나 정치 부문에 대해 제대로 설명하지 못한다는 비판을 받았다. 이에 상부구조, 특히 국가에 관한 사회 및 정치 이론을 정립하기 위한 노력이 다각도로 시도되었다. 이 가운데 현실 세계에서 세력화하는 데 성공한 대표적 사례가 스탈린의 마르크스-레닌주의이다. 그러나 마르크스-레닌주의는 평등을 과도하게 강조하였고 독재를 옹호하였으며, 자본가와 종교인을 박해하는 등 많은 문제점을 노출하였다. 마르크스-레닌주의는 결국 파시즘과 다를 바 없는 정치운동 기조로 전락하였다. 신마르크스주의는 이에 대한 반성과 비판에서 태동하였다.

신마르크스주의에 대한 정의와 주장은 학자별로 조금씩 다르다. 그렇지만 대체로 청년 마르크스의 제일 명제, 즉 휴머니즘에 초점을 맞추어 인간 소외와 인간 본질의 회복 문제에 큰 관심을 보였다는 점에서 대동소이하다. 또한 상부구조의 하부구조로부터의 상대적 자율성을 강조하였고, 현대 산업사회에서 노동자, 농민 계급은 자본주의 사회에 동화 또는 굴복되기 쉬운 구조적 위치에 놓여있기 때문에 그로부터 상대적으로 자유로운 지식인과 학생의 실천(praxis)이 중요하다는 것을 공통적으로 강조하였다. 마지막으로, 신마르크스주의자들은 자본주의적 생산양식의 모순이 가감 없이 드러나는 도시 공간과 이를 둘러싼 도시의 정치경제학 동학 분석에 많은 관심을 보였다는 점에서도 유사하다(ibid., p.136).

1. 카를 마르크스 — 계급의식의 배태지로서의 도시

갈등론을 체계적으로 정립한 인물은 카를 마르크스(1818~1883)이다. 마르크스는 인간이 삶을 영위하는 기본 생활 단위인 공동체가 본래 평등한 사회적 관계에 기반을 두었다고 생각하였다. 그러나 어느 순간에서부터인가 공동체가 지배계급과 피지배계급으로 분절하였고, 그때부터 줄곧 인간의 삶은 불행과 고통에서 벗어나지 못하게 되었다고 분석하였다. 마르크스는 따라서 본래 평등하였던 인간공동체가 왜, 언제, 어떻게, 어떠한 경로를 거쳐 지배계급과 피지배계급으로 나뉘어 현재와 같은 불평등한 모습으로 고착화되었는지, 나아가 모순적이고 부당한 인간공동체의 사회적 관계를 원상복구 하기 위하여 어떠한 노력을 기울여야 하는지 등의 문제에 큰 관심을 가졌다. 궁금증에 답하기 위하여 마르크스는 기존의 공산주의자들과 달리 철저하게 먹고사는 데 있어 필수적인 요소, 즉 생산과 노동의 문제에 천착하였다. 구체적으로, 생산력의 발전과 생산관계의 변화, 특히 생산관계에 있어 억압적이고 착취적인 사회구조화가 이루어진 배경 및 과정을 분석하는 데 집중하였다(Institute of Marxism-Leninism, 1973/2018).

마르크스의 사상은 *Das Kapital* 『자본론』에 집대성되어 있다(Marx, 1867, 1885, 1894/2015). 따라서 『자본론』을 집중적으로 살피는 것이 필요하다. 그러나 여기서 우리의 일차적인 목적은 생산양식이 사회 제도의 성격을 규정하며 정치와 사회적 사상 및 의식의 기초가 됨을 역설한 유물사관(materialist historiography, 唯物史觀)의 원리를 파악하고, 이를 바탕으로 자본주의가 인간공동체를 파괴하는 힘으로 작동한다는 논지를 이해하는 데 있다. 때문에 『자본론』을 참고하되, 간명하면서도 강력한 문체로 유물사관 원리를 설파한 *Manifest der Kommunistischen Partei* 『공산당 선언』을 중심으로 그의 이론과 주장을 살펴보도록 한다. 마르크스는 이 책을 엥겔스와 공저하였다.

마르크스는 인류 역사 발전의 토대를 경제적 생산활동과 그것을 둘러싼 계급 간 긴장 관계에서 찾았다(Marx & Engels, 1848/2018, p.13). 그리고 이를 자본주의 탄생과 붕괴에 관한 그의 비판적 분석의 정중앙에 위치시켰다. 경제적 생산활동과 이를 둘러싼 계급관계를 역사 발전의 토대로 보았다는 것, 그리고 이를 동서고금을 막론하고 어떠한 사회에서든 공통적이고 반복적으로 나타나는 현상으로 파악하였다는 것은 원시 공산제에서부터 노예제, 봉건제, 자본주의, 사회주의, 공산주의로 넘어가는 모든 역사적 과정을 하나의 일반적인 과학 법칙으로 설명, 예측할 수 있다고 보았음을 의미한다. 여기서 하나의 일반적인 과학 법칙이란 인류 역사를 통틀어 모든 인간은 일해서 먹고 살아왔다는 매우 단순하면서도 강력한 사실 명제를 가리킨다. 이 명제에 근거하여 역사 발전을 분석하는 입장을 유물사관이라 일컫는다. 유물사관은 문자 그대로 오로지 물질의 측면에서만 역사 발전을 분석한다는 의미를 담는다. 따라서 인간의 역사를 개개인의 의지나 의식과는 상관없는, 매우 자연사적인 과정으로 파악한다는 것이 특징이다. 이런 측면에서 혹자는 마르크스를 독일의 정치철학자 헤겔을 거꾸로 세웠다는 평가를 내리기도 한다. 헤겔은 인간 역사의 발전을 절대정신의 자기실현 과정으로 보았다.

유물사관에 의하면 인간의 경제적 생산활동은 생산양식(produktionsweise)으로, 생산양식은 다시 생산력(produktivkräfte)과 생산관계(produktionsverhältnisse)로 나뉘는 것으로 개념화된다. 먼저 생산도구 자체가 발달하지 않은 인류 최초의 생산양식 원시 공산 사회에서는 생산력이 매우 미미하였다. 잉여물 자체가 별로 없었고, 원하는 만큼 수렵 채취하고 필요한 만큼 소비하는 사회였다. 즉 누가 더 가지고 덜 가지고 하는 문제 때문에 싸우는 일이 없었고, 누구나 평등하게 일하고 평등하게 가져가던 그저 그런 사회였다. 이는 원시 공산 사회의 생산관계가 수평적이었고, 설혹 수직적 관계가 있었더라도 부족장이나 연장자를 존경하거나 예우하는 차원에서만 존재한 평등한 자연 공동체였음을 함의한다.

마르크스의 저작물을 살펴보면 그가 원시 공산제 사회를 가장 이상적 형태의 공동체로 간주하였음을 유추할 수 있다(박찬종, 2007). 그러나 그가 원시 공산 사회를 현실적인 대안으로 진지하게 고려한 것은 아니었다. 그는 그것을 일종의 지나간 유토피아로 생각하였다. 이는 마치 퇴니스가 게마인샤프트를 잃어버린 실낙원으로 간주하고 낭만화한 것과 흡사한 태도라고 할 수 있다.

원시 공산 사회에서는 씨족이나 부족 간에 전쟁이 발발하여도 패자가 노예가 되거나 승자가 주인이 되는 주종관계가 형성되지 않았다. 누군가를 노예로 만들려면 그 노예의 노동력을 재생산할 수 있는 수준 이상으로 많은 잉여생산물을 만들어낼 수 있어야 하는데, 원시 공산제에서의 개인은 아무리 노력을 해도 자신이 먹을 것 이상을 생산해 내는 게 어려운 상황에 있었기 때문이다. 즉 생산력 자체가 미미하였으므로 굳이 노예를 부릴 이유도, 필요도, 여력도 없었던 것이다. 따라서 원시 공산 사회에서 종종 있었던 전쟁의 결과란 그저 패자 집단을 살육하거나 그들을 기존 공동체의 일원으로 동화시켜 공존하는 것, 둘 중의 하나였다.

그러나 점차 인간 지성과 기술의 발달로 생산도구(예: 농토 자체, 쟁기, 삽, 달구지, 관개시설 등)의 효율성과 효과성이 개선되었다. 이에 사회의 생산력이 비약적으로 증대되었고, 잉여생산물이 쌓이기 시작하였다. 나아가 잉여물을 차지하기 위한 경쟁과 갈등 속에서 주기적으로 전쟁이 발발하였다. 무엇보다, 전쟁의 결과에 따라 누군가는 노예가 되고 누군가는 주인이 되는 주종관계, 즉 계급관계가 역사의 전면에 등장하였다. 수평적이었던 생산관계는 이때부터 수직적인 착취관계로 변화하였다. 한때 유토피아를 닮았던 인간 집단의 공동체성에 금이 가기 시작한 것은 이때부터였다. 계급사회라 할 수 있는 노예제 사회가 도래한 것이다.

노예제(slavery)에서 가장 대표적인 생산수단은 토지와 더불어 노예 그 자체였다. 노예는 생산수단으로서 인격적 대상이 아니었다. 마치 동물이나 물건처럼 매매의 대상으로 간주되었다. 그러나 이 같은 비인격적 처우는 당연히 노예들의 불만과 원한을 샀고, 주기적인 폭동을 초래하였다. 생산양식의 유지가 한계에 다다른 것이다. 결국 오랜 시간에 걸친 노예제 사회의 착취적이고 억압적인 생산관계는 노예제 사회의 붕괴를 가져왔다. 이에 따라 등장한 새로운 생산양식이 바로 봉건제다.

봉건제(feudalism) 사회의 생산력은 노예제 사회보다 더욱 발전하였다. 생산관계의 경우 주종관계가 유지되었으나, 이는 이전과 달리 주인-노예가 아닌 영주(lord)-농노(serf)의 관계로 대체되었다. 농노는 신분제적으로 평민이었다. 그러나 영주가 운영하는 장원(manor)에 구속되어 각종 공납과 부역을 해야 했다. 따라서 사실상 경제적, 사회적으로 예속 상태에 놓여 있었다고 할 수 있다. 그러나 그 외의 영역에서는 제한적이나마 자유를 누렸고, 반쯤은 인격적인 대우를 받았다. 노예의 경우는 생산수단 그 자체였다. 때문에 매매의 대상이었을 뿐만 아니라 노예 주인은 노예에 대한 생사여탈권마저 갖고 있었다. 그에 반해 농노는 자신들이 경작하는 토지 및 기타의 생산수단에 대하여 제한적이나마 일정한 권리, 즉 점유권을 갖고 있었다. 이 권리는 봉건영주조차도 임의로 탈취할 수는 없는 것이었다.

약간의 자유에도 불구하고 농노의 생활상은 여전히 비참하였다. 영주뿐 아니라 무사, 성직자 계급에조차 착취당하였다. 이에 일부 농노들이 장원을 탈출하여 그 누구의 소유도 아닌 지역에 정착하고, 그곳을 거점으로 중세 장원을 헤집고 다니며 물건을 만들어 파는 원거리 상업활동에 매진하였다. 이들 농노출신 상인 가운데 극소수가 이후 경제적으로 큰 성공을 거두었다. 그리고 막대한 부를 바탕으로 한때 자신들의 주인이었던 봉건영주와 경제적 흥정과 거래를 주고받는 영향력 있는 세력으로 성장하였다. 이들 성공한 상인계층이 바로 초기 자본가, 즉 부르주아지(bourgeoisie, 有産階級)이다. 그리고 이들이 정착한 장소가 추후 인류 역사상 최초로 등장한 자본주의적 상업도시들이다(Huberman, 1936/2000, p.215).

노예제하 노예가 그러하였듯이 봉건제하 초기 부르주아지는 봉건제의 착취적 생산관계에 상당한 불만을 품었다. 더 많은 이윤을 창출하려면 더 많은 노동력과 토지, 자원이 필요한데, 이 모든 생산수단을 봉건영주들이 독차지하고 있었기 때문이다. 실제로 폐쇄적인 영지(領地)에서 경제 활동을 하려면 원거리 상인들은 도로세나 통과세를 추가로 내야 하는 등 불평등한 대우를 감내해야 하였다.

부당함에 분노한 부르주아들은 점차 봉건제적 생산양식을 거부하고 도전을 감행하였다. 봉건영주의 통제력이 미치지 않는 농촌 지역에서 선대제(先貸制) 공업을 시도한다든지, 자신들의 터전인 도시지역에 공장을 지어 대규모 생산체제를 구축한다든지 하는 독자적 경제 활동을 시도하였다. 이러한 활동들은 때마침 대유행한 흑사병과 인클로저 운동과 맞물리면서 토지에서 이탈되어 부유하던 농노들을 싼값의 임금노동자로 대거 흡수하는 결과로 귀결되었다. 그리고 이는 부르주아지의 경제적 성공을 가중하는 개연적 요인으로 작용하였다. 상기 과정을 거치면서 차츰 부르주아는 영주와 맞먹는, 아니 영주보다 더 힘 있는 세력으로 부상하였고, 결국 그들을 압도하였다 (ibid., p.181).

부르주아의 힘이 세지면서 봉건제가 붕괴하고 새로운 생산양식 자본주의(capitalism)가 출현하였다. 자본주의 사회의 생산력은 이전에는 볼 수 없던 강력하고 효율적인 생산도구와 기술 발전 덕분에 비약적으로 커졌다. 잉여생산물도 유례없는 수준으로 쌓였다. 그러나 엄청난 잉여물은 자본가 계급의 반대편에 놓인 노동자 계급을 착취함으로써 만들어진 것으로, 모두 자본가 계급에 전유되었다. 당연히 노동자들은 노동 착취와 소외에 불만을 품었다. 그렇지만 그들은 자본주의의 착취적 생산관계에 저자세를 취하는 것 외에 그 어떠한 대안도 갖지 못하였다. 자본제하에서 노동자는 이론적으로 노예나 농노와 달리 신분적 예속으로부터 완전히 자유로운 존재로 가정되지만, 사실상 생산수단을 소유하고 있지 않기 때문에 아무리 불합리하더라도 자본가와 임금노동 계약을 맺지 않으면 생존할 수가 없는, 구조적으로 불리한 위치에 놓여 있음을 노동자들이 그 누구보다 더 잘 알았기 때문이었다. 특별한 생산수단을 소유하지 못한 노동자 계급은 먹고 살기 위하여 노동시장에서 자신의 노동력을 헐값에라도 판매하는 것 외에는 별다른 생계 대안을 갖지 못한다. 자본제하 노동자들이 자유로우면서도 자유롭지 못한, 착취적 수탈 관계에 놓여 있다는 언급은 바로 이와 같은 분석에 기반을 둔다(ibid., p.265).

마르크스는 수탈적 생산관계가 초기에는 자본주의 사회의 상부구조에 의하여 유지될 수 있다고 하였다. 여기서 상부구조(überbau)란 생산력 또는 생산관계를 의미하는 사회의 하부구조, 즉 물적 토대(basis)와 반대되는 개념으로서, 물적 토대 위에 형성된 정치적, 법률적 관계, 사회적 의식 형태, 구체적으로 말하면 국가를 포함하여 종교, 예술, 도덕, 철학과 같은 이데올로기적이고 제도적인 소산의 총체를 가리킨다(한상원, 2019). 마르크스와 엥겔스는 상부구조가 물적 토대의 진실을 은폐하는 기능을 담당하며, 따라서 허위의식(falsches bewubtsein) 체계로 간주할 수 있다고 보았다. 가장 간단한 예로, 자본주의 사회를 사는 우리는 대부분 근면 성실하게 일하는 것이 중요하다든지, 사회에 불만을 품지 않고 모든 것을 내 탓으로 돌리는 겸손한 태도가 중요하다 같은 생각을 학교에서, 매체에서, 사회 곳곳에서 항상 듣고 이를 내면화하고 있다. 사법과 종교 제도에서도 우리는 마찬가지 상황을 경험한다. 마르크스에 의하면 자발성을 가장한 이와 같은 순응적 규범들은 모두 자본주의의 하부구조를 유지, 강화하는 데 봉사하는 상부구조의 작동 결과로 해석된다.

그러나 상부구조는 자본주의의 물적 토대를 영원히 유지해 주지 못한다. 잠시 유지될 수는 있으나, 역사 발전의 거대한 일반 법칙에 따라 결국 자본주의 생산양식이 붕괴할 것이라 마르크스는 예견하였다. 노동자들이 허위의식을 자각하고 자신들의 이해관계가 부당하게 침해받는다는 문제점을 인식하면서 즉자적(an sich, 卽自的) 계급에서 대자적(für sich, 對自的) 계급으로 변화하며 계급투쟁에 대거 참여할 것이고, 이는 자본가 계급의 제거, 나아가 프롤레타리아트(proletariat, 無産階級) 독재의 실현으로 귀결되면서 사회주의 이행이 가속화될 것이라 예견하였다(한형식, 2010, p.76). 사회주의의 특징은, 제2장에서도 언급한 바 있지만, 생산수단의 사회화와 그에 대한 인민의 민주적 통제로 요약된다.

여기서 한 가지 유념할 사항은, 유물사관 원리에 따라 역사가 원시 공산제-노예제-봉건제-자본주의-사회주의로 발전할 것으로 마르크스가 예견한 것은 사실이나, 그가 이와 같은 단계적 이행을 불가피성이나 필연성을 전제로 예견하였던 것은 아니라는 점이다. 자본주의가 내재적 모순으로 나락으로 향하는 경향성을 보이는 것은 맞지만, 경향성 자체만으로 자동적으로 사회주의로 이행할 것을 낙관하고 아무런 행동도 도모하지 않는 것은 잘못되었음을 그는 분명히 밝혔다. 이런 측면에서 마르크스의 유물사관은 과학적 이론이면서 동시에 혁명을 의도하는 실천적(praxis) 운동 기조로 평가될 수 있다(ibid., p.44).

마르크스는 인간 사회의 생산양식이 사회주의를 거쳐 궁극적으로 공산주의로 이행할 것이라 예견하였다. 공산주의 사회에서는 생산수단이 공유화된다. 따라서 누가 누구를 지배하는 계급구조가 철폐되고, 모두가 평등한 입장에서 능력에 따라 생산하고 필요에 따라 분배받는 상황이 도래한다. 생산과 소비를 포함한 경제 활동은 자급자족 목적으로만 이루어지고, 사람들은 먹고사는 것 때문에 고통받거나 구속받지 않고 노동을 통해 기쁨을 느끼고 자아를 실현하며 해방과 자유를 만끽한다. 요약하면, 마르크스는 자본가 계급이 소멸하고 노동자 계급이 주체가 되는, 생산수단의 공동소유에 기반을 둔 자급자족적 공동체 조직을 공산주의 사회로 묘사하였고, 이를 인류 역사 발전의 최종 단계로 상정하였다(ibid., p.79).

마르크스의 공산적 공동체 개념에는 퇴니스의 게마인샤프트에서 볼 수 있는 요소들, 구체적으로 구성원 간 우애, 정서적 친밀, 평등한 사회관계, 투명한 의사소통, 전인격적 관계맺음, 신뢰, 상호 부조 의식 등이 공통적으로 포함된다. 이런 측면에서 이념형으로서 둘은 높은 유사성을 갖는다고 볼 수 있다(Megill, 1970). 그러나 사상적 기원이나 이면에 전제된 사회정치적, 경제적 원리에 있어 공산적 공동체는 게마인샤프트와 결을 달리한다. 때문에 둘을 동일 개념으로 다루는 데는 논란이 존재한다(Mahowald, 1973). 뿐만 아니라 퇴니스가 게마인샤프트를 인간의 유구한 역사에서 한때 존재하였으나 현재는 잃어버린, 영원히 돌아올 수 없는 실낙원으로 간주한 데 반해, 마르크스는 공산적 공동체를 유사 이래 구현된 적이 단 한 번도 없는, 그래서 앞으로 격렬한 계급투쟁을 통해 개척해 가야 할 미지의 영역으로 간주하였다. 그런 만큼 둘은 구분하여 이해하는 것이 바람직하다(Tilman, 2004).

자본주의의 운명에 대한 예리한 분석에도 불구하고, 인류의 실제 역사는 마르크스의 예상대로 전개되지 않았다. 왜 그렇게 되지 않았는지에 대해서는 여러 설명이 존재한다. 그러나 사회주의의 실패 원인을 다루는 것은 이 책의 범위를 벗어난다. 따라서 여기서는 고전적 마르크스주의의 시사점, 특히 유물사관이 갖는 시사점을 이 책의 주제인 공동체와 관련지어 탐색하는 수준에서 마르크스의 저작물들을 평가하는 데 집중한다.

공동체와 관련하여 마르크스의 유물사관이 던지는 첫 번째 시사점은, 인류 역사 초창기의 공동체에서는 인간관계가 평등하였으나, 생산력이 발전하고 생산관계에 주종관계가 생기면서 이전의 평등한 공동체가 형해화하고, 차츰 대립과 갈등, 억압과 착취, 소외와 불평등이 조장되는 방향으로 인간관계가 파편화하였다는 점이다. 원시공산 사회 구성원들은 수렵 채취를 해서 먹고살았다. 생활이 항상 쾌적하거나 항상 안락했던 것은 아니었으나, 주어진 시대의 기술력과 생산력을 고려하면 말 그대로 능력에 따라 생산(수렵 채취)하고 필요에 따라 분배받는 노동공동체를 일구어 살았다. 모든 개인은 평등하게 대접받았고, 사람들은 소속된 공동체에서 자신과 비슷한 무리와 어울리며 친밀감을 느꼈다. 일하면서 자아를 실현하고 행복을 만끽하는 자유로운 존재였다.

그러나 기술이 발달하고 생산력이 개선되며 잉여생산물이 축적되면서 이전에는 거의 다루어지지 않던, 누가 얼마나 더 소유해야 하는가 하는 문제가 중요한 이슈로 떠올랐다. 이 문제를 해결하는 과정에서 평등하고 자유로웠던 인간공동체에는 지배계급과 피지배계급이라는 주종관계가 생겨났다. 그리고 그로부터 얼마 지나지 않아 인간의 역사는 먹고사는 문제와 관련한 계급갈등과 투쟁으로 점철되었다. 공동체는 노동과 생산, 잉여물의 소유 및 소비 문제를 둘러싸고 파편화, 분절화하였고, 원시공동체에서 충만했던 평등성, 전일성, 간주관성, 각종 인간주의적 요소들은 멸렬하였다. 인간이 공동체의 테두리 안에서 노동을 통해 자아실현을 이루고 행복을 만끽하던 세상은 흘러간 옛이야기기가 되었다.

요약하면, 마르크스는 초기 인간 사회를 평등과 자유가 보장된 평화로운 공동체들의 세계로 이해하였다. 그러나 생산양식이 단계적으로 발전하는 과정에서 이들 공동체가 해체, 파괴되고, 인간 세계와 사회적 관계들의 양상이 대립, 갈등, 억압, 착취, 소외, 불평등으로 회색칠되었다고 분석하였다. 마르크스의 이 같은 유물론적 역사관은 이후 자본주의를 공동체 파괴의 주범으로 지목하고 자본주의적 생산양식을 비판적으로 고찰하는 갈등론적 시각의 이론적 시초가 되었다. 제4장에서 살펴본 인간생태론이 희소자원을 둘러싼 인간 개인과 집단 간의 치열한 생존경쟁에 주목하면서 공동체를 그 와중에 발현된 문화적, 정치적으로 동질적인 도덕적 질서로 규정한 것과 비교하면, 그리고 제5장에서 살펴본 체계이론이 공동체를 부분과 전체로 구성된 다층적이고 기능적인 상호작용의 장으로 이해한 것과 비교하면, 지금 살펴보고 있는 공동체에 대한 갈등론적 이해와 접근은 그 결이 완전히 다르다는 것을 금세 알게 된다.

공동체와 관련하여 마르크스의 유물사관이 던지는 두 번째 시사점은, 자본주의 생산양식의 물리적 현시라 할 수 있는 도시를 위기이자 기회의 공간으로 이해하고 그것을 노동자 계급에 유리하게 이용할 실마리를 제공하였다는 점이다(이갑영, 2012). 마르크스는 자본주의 생산양식이 심화하면서 자본은 더 많은 이윤 창출을 위하여 도시라는 특별한 생산기지를 만들고 이를 확대할 필요성에 직면한다고 보았다. 자본주의적 도시는 자본의 이윤 창출에 충실히 봉사할 목적으로 제작되었다. 그런 만큼 그 안에 들어선 공장들의 작업 환경이나 노동자 밀집주거지의 주거 환경은 대단히 열악하다고 보는 것이 일반적인 시각이다. 마르크스 역시 같은 생각을 가졌다. 그러나 그는 여기에 그치지 않고, 바로 그와 같은 열악한 도시적 환경에 놓여서야 비로소 노동자들은 자신들에게 부과된 허위의식을 극복하고 즉자적 계급에서 대자적 계급으로 변신하여 계급관계의 역전을 꾀하는 투사가 될 확률이 높아진다고 주장하였다. 많은 노동자가 자본가들의 착취에 대항하여 일어서려면 그들의 작업 환경이 열악해야 하고—그래야 적대감을 키우니까—공장과 집들이 빽빽이 몰려 있어야 하는데—그래야 불만과 적개심이 빠르게 동료 노동자들에게 전파되니까—이와 같은 혁명의 조건을 잘 갖춘 곳은 다름 아닌 자본주의 도시라는 논리였다.

요약하면, 마르크스는 도시를 자본주의의 모순과 억압이 집적된 공간이면서 그와 동시에 계급의식이 잉태되고 투쟁을 위한 조직, 전략, 전술, 전사가 양성되는 곳, 즉 자유와 해방이 약속되는 공산적 공동체의 배양지라고 보았다(박영균, 2009). 이런 측면에서 자본주의적 도시는 공동체를 해체하는 가운데 그것을 복원하고 강화하는 토대를 제공하는, 모순과 희망이 공존하는 생산양식 내의 특수한 공간이라고 평가할 수 있겠다.

자본주의 도시에 사회주의와 공산주의의 맹아가 내재함을 역설하였으나, 사실 도시는 마르크스의 주요 분석 대상이 아니었다. 그는 도시의 높은 인구밀도가 열악한 노동 환경과 얽힘으로써 노동자들의 적대적 계급의식이 자극된다고만 하였을 뿐, 자본주의의 발달, 성장, 쇠퇴 및 모순이 도시와 구체적으로 어떠한 관련성을 맺는지에 대해 자세히 언급한 적은 없었다. 자본주의 도시의 구체적 과정과 내용 그리고 자본주의 도시의 등장에 따라 위협받는 노동공동체의 해체 및 붕괴에 대한 심층 분석은 오히려 그의 동료이자 후원자였던 프리드리히 엥겔스가 주로 시도하였다.

엥겔스(1820~1895)는 독일에서 태어났는데, 그의 아버지는 매우 성공한 자본가였다. 아버지는 어린 엥겔스가 가업을 이어받길 원하였다. 그래서 빅토리아 여왕 당대 가장 큰 공업 도시이자 산업혁명의 심장이었던 잉글랜드의 맨체스터로 자기 아들을 우여곡절 끝에 유학 보내었다. 어린 엥겔스는 그곳에서 산업화한 자본주의 도시의 날것을 목격하였고, 자신이 보고 느낀 바를 *Die Lage der arbeitenden Klasse in England* 『영국 노동계급의 상황』으로 정리하여 출판하였다 (Engles, 1845/1988). 아버지의 뜻과는 정반대의 삶을 살았던 셈이다

이 책에서 엥겔스는 빅토리아시대 잉글랜드 노동자 계급의 생활상을 상세하게 정리하였다. 그러면서 그들이 거주하는 도시에 대하여 자세히 묘사하였다. 한 가지 흥미로운 점은, 그의 도시 묘사가 짐멜의 그것과 내용적으로 매우 유사하였다는 사실이다. 그러나 짐멜이 대도시민의 정신상태와 사회적 관계의 면면을 부정적으로 묘사함과 동시에 익명성이 주는 자유에 초점을 맞추어 긍정적으로 묘사하면서 양가적 태도를 보인 것과 달리, 엥겔스는 도시의 생활 조건이 그저 비참함과 부자연스러움, 소외, 곤궁을 증폭시킬 뿐이라며 오로지 부정적 측면만 부각하였다. 이런 측면에서 둘은 분명히 구분

된다고 말할 수 있겠다. 아래는 19세기 잉글랜드 맨체스터 노동자들의 도시적 삶에 대한 엥겔스의 소고를 일부 발췌한 것이다.

> 거리의 혼란은 불쾌하고 인간의 본성과도 어긋난다. 수십만의 모든 계급, 신분들은 모두 행복해지는 데 있어 동일한 성격, 세력, 이해관계를 가진 인간이 아니던가? 동일한 방법과 동일한 수단으로 행복을 추구하는 인간이 아니던가? 그런데 런던 사람들은 여전히 서로 공통된 특징이나 같이 할 수 있는 일들이 전혀 없는 것처럼 붐비는 거리를 그냥 스쳐 지나갈 뿐이다. 단 하나의 일치점이 있다면 다른 방향에서 오는 사람들과 부딪히지 않기 위하여 도로의 한쪽 길로 붙어서 걷는다는 것뿐이다. 어느 누구도 길거리에서 만나는 이웃에게 눈짓을 보낼 생각을 하지 않는다. 제한된 장소에 많은 사람이 몰리는 경향이 커질수록 각자의 야만적인 무관심, 사적 이해관계에의 몰두는 더욱 냉혹하고 불쾌한 것으로 변질된다. 아무리 개인의 고립과 협소한 이기주의가 우리 사회의 근본적이고 솔직한 생리라 할지라도 대도시의 인구집중 현상이 나타나는 바로 이곳에서만큼 그렇게 파렴치하고 뻔뻔스럽고 자기중심적인 모습을 띨 수는 없다. 개별적 원칙과 목적을 가진 원자 같은 존재로 인류가 해체되는 세계는 이곳에서 극단으로 치닫는다(Engels, 1845/1988, p.30-31).

2. 마누엘 카스텔—집합적 소비의 중심지로서의 도시

고전적 마르크스주의는 20세기 초반까지 최초의 논리적 사회주의 사상으로 명성을 얻었다. 그러나 이론적으로 확실한 사회정치적 설명체계를 갖지 못하다는 한계에 봉착하였다. 특히 상부구조로서의 국가의 역할을 충분히 설명하지 못한다는 비판을 받았다. 이에 마르크스-레닌주의, 마오쩌둥주의 같은 다양한 후속 마르크스주의가 잇따라 제창되었다(이태건, 김선양, 이창대, 1995, p.61). 신마르크스주의 역시 그중 하나였다.

1920년대 그람시 등에 의하여 체계화되고 1930년대 독일 프랑크푸르트학파에 계승되어 현재에 이르는 신마르크스주의는 1950년대까지만 해도 자본주의 도시에 큰 관심을 두지 않았다. 이들은 하부구조에 대한 상부구조의 상대적 자율성에 초점을 맞추어 국가관료주의, 인간소외, 탈인격화, 개인화 등의 현상에 주로 관심을 보였다. 그리고 자본주의 사회에서 나타나는 다양한 문제를 인본주의적 관점에서 해결해야 한다는 입장을 표방하였다. 이론과 실천의 통합, 지식과 학생의 역할 역시 신마르크스주의자들의 주요 연구 의제였다(ibid., p.136).

도시에 대한 신마르크스주의자들의 관심은 1960년대 이후 본격화하였다. 이전까지만 해도 산발적이고 불규칙적으로 불거진 사회문제들, 예컨대 교외화, 슬럼화, 빈곤, 도심 재개발, 철거민, 인종 폭동 같은 현상들이 높은 빈도로, 그것도 도시 — 서구 유럽과 미국의 대도시 — 를 중심으로 집중적으로 터져 나옴에 따라, 더는 도시 문제를 외면할 수 없는 상황에 놓인 것이다(ibid., p.138).

여기에 덧붙여, 인간생태학만으로는 1960년대 당시 도시가 처한 위기의 본질을 제대로 꿰뚫을 수 없다는 불만 역시 신마르크스주의를 도시 연구 분야로 끌고 온 계기가 되었다(Gottdiener, 1994, p.25-69). 구체적으로, 인간생태학적 관점만으로는 지금껏 균형상태를 잘 유지해 오던 서구 유럽과 미국의 대도시가 왜 갑자기 재정위기에 봉착하는지, 도시 내 특정 지역의 지가가 왜 폭락하는지, 왜 소수인종의 폭력적 소요가 늘어나는지, 왜 도시민의 생활 여건이 급작스럽게 나빠지는지 등을 제대로 설명할 수 없다는 문제의식이 대두되었다. 이 같은 문제의식은 1950년대까지 주류 도시이론으로 자리매김한 인간생태론에 대한 비판으로 이어졌다. 인간생태론은 도시에서 발생하는 다양한 사회문제의 본질을 침입, 경쟁, 지배, 계승이라는 자연적 생태 과정의 규칙적 작동, 그에 따른 도덕적 질서의 붕괴로 규정하였다. 쉽게 말해, 우리가 접하는 각종 사회문제를 도시의 성장과 발전 과정에서 발생하는 자연적 현상으로 이해한 것이다.

인간생태학자들의 이 같은 초연함은 자본주의 사회에서 나타나는 각종 문제의 본질을 경제적 이해관계를 둘러싼 계급 갈등 측면에서 조명하는 신마르크스주의자들의 입장과 대조된다. 신마르크스주의자들은 도시가 직면한 작금의 위기 상황이 자본주의 사회에 내재한 불평등한 사회적 관계에서 비롯된 것이라 생각하였다. 때문에 작금의 도시 문제를 자연현상의 일부로 간주하는 인간생태론은 얼토당토않다고 힐난하였다. 뿐만 아니라 일부 인간생태론자들의 경우 도시의 자연적 생태 과정에 개입함으로써, 즉 도시의 생태적 환경을 의도적으로 변화시키는 정책적 노력을 가함으로써 파괴된 공동체를 복원하고 상실한 사회적 관계와 심리적 안정 및 소속감을 되찾을 수 있다고 주장하였는데, 신마르크스주의자들은 이것이야말로 사회적 관계가 모든 위기의 본질이라는 점을 망각하고 문제의 원인을 엉뚱한 곳에서 찾는 행태라 비난하였다. 신마르크스주의자들은 환경을 변화시켜 공동체를 복원할 수 있다는 인간생태론을 지리적 결정론 혹은 공간물신론이라고 비난하며 격하하였다(Butler, 2003, p.15).

신마르크스주의자들은 인간공동체의 내용 및 과정이 도시의 공간적 환경에 의하여 결정될 수 있다는 것은 완전히 초점이 어긋나는 주장이라고 하였다. 이들은 공동체를 파괴하는 진짜 독립변수는 도시의 환경이 아닌 계급 간 수탈 관계라고 보았다. 때문에, 왜 인간관계가 파편화하는지, 왜 기술이 발달하고 이윤이 창출되며 부가 축적됨에도 인간이 자꾸 불행해지고 소외되는지 이유를 알고 싶다면, 공간에 대한 집착에서 벗어나 자본주의 사회의 불평등한 생산관계를 직접 분석해야 함을 역설하였다(Peet, 1977).

이와 같은 주장은 도시에 대한 신마르크스주의자들의 기본 시각이 어떠한지를 분명히 보여준다. 신마르크스주의자들은 도시를 자본주의 모순이 극대화된 공간, 인간을 억압하고 착취하고 소외시키는 갈등과 분열의 공간, 공동체를 해체하고 파괴하는 공간으로 이해하였다. 물론 이들이 도시를 무조건 부정적으로만 본 것은 결코 아니었다. 불평등한 사회적 관계를 역전하는 데 성공하면 도시 공간은 평등하고 자유로운 공동체들로 충만해질 것임을 예견하기도 하였다(박영균, 2009; 박찬종, 2007).

마누엘 카스텔(1942~)은 이러한 신마르크스주의 시각에서 도시를 분석한 선구적 인물이다. 스페인에서 태어나 프랑스에서 수학하고 미국 버클리대학, 남가주대학 등에서 교수로 재직한 카스텔은 1980년대 이후 테크놀로지, 커뮤니케이션, 네트워크, 정보화, 세계화 등의 이슈로 관심을 돌리면서 도시 연구에서 멀어졌다. 심지어 1990년대부터는 그의 이론적 토대였던 구조적 마르크스주의마저 포기하는 등 이론적 지향마저 바꾸었다. 그렇지만 1970년대까지만 하더라도 사회운동의 역할을 강조하는 신마르크스주의 도시사회학 이론의 핵심 발제자 중 하나로 큰 명성을 누렸다(장세훈, 1997, p.88).

도시에 대한 카스텔의 분석은 그의 초기 저작 *La Question Urbaine* 『도시 문제』에 잘 나타나 있다(Castells, 1972/1977). 이 책에서 카스텔은 도시를 집합적 소비(collective consumption)의 중심지로 묘사하였다. 여기서 집합적 소비란 노동력 재생산에 필수적으로 요구되는 주택, 교육, 의료, 돌봄, 여가, 교통 등과 관련된 시설, 서비스, 상품 중 공공부문에 의하여 제공되고 소비되는 부분을 가리킨다. 한편 노동력 재생산이란 의식주 및 여가 활동과 관련된 각종 시설, 서비스, 상품을 사용함으로써 이전의 생산단계에서 소모된 노동력을 재충전하고 앞으로의 생산활동에 대비토록 하는 일련의 과정을 의미한다(Castells, 1978, p.3).

카스텔이 도시를 집합적 소비의 중심지로 규정하였다는 것은 그가 도시를 그저 생산활동이 벌어지는 장소로만 이해하지 않았다는 것을 의미한다. 이전의 마르크스주의자들은 대부분 생산에 초점을 맞추어 도시를 분석하였다. 그러나 카스텔은 생산활동이 도시를 단위로 이루어지기보다 국가나 세계체제를 단위로 이루어지는 경향이 있고, 그에 반해 소비활동은 거의 예외 없이 개별 도시를 단위로 이루어지고 있음에 주목하여, 기존 마르크스주의자들과 달리 소비에 초점을 맞춰 자본주의의 모순과 도시의 관련성을 풀어내고자 하였다. 실제로 지방자치 전통이 강한 서구 유럽이나 미국을 가보면 공공주택, 공공 교통수단, 도로, 학교, 병원 등 각종 기반시설과 서비스를 주도적으로 공급, 관리하는 주체는 중앙정부라기보다 지방정부 또는 도시정부임을 확인할 수 있다(장세훈, 1997, p.90).

카스텔에 의하면, 후기 자본주의에 접어들어 자본과 노동이 도시에 집적하였고 이에 따라 일반적인 상품과 서비스의 생산 및 공급뿐 아니라 노동력 재생산에 필요한 각종 소비 관련 기능이 도시에 집중되었다고 한다. 여기서 주안점은, 노동력 재생산을 위한 각종 소비 활동이 과거에는 노동자 개인이나 가족 차원에서 개별적, 사적으로 이루어졌다면, 후기 자본주의에서는 도시에서 집중적, 공개적으로 이루어지기 시작하였다는 점이다. 카스텔은 특히 집합적 소비에 대한 수요가 후기 자본주의 도시에서 차츰 커지면서 이것을 누가 제공하고 누가 비용을 댈 것인지의 문제가 큰 관심사로 대두되었고, 이를 둘러싸고 자본가 계급, 노동자 계급, 국가(도시정부) 삼자가 긴장 관계에 돌입하는 경우가 빈번해지면서 후기 자본주의 도시가 급속하게 혼란으로 빠져들었다고 분석하였다(Castells, 1978, p.37). 아래에서는 집합적 소비의 중심지 도시에서 자본가 계급, 노동자 계급, 국가 삼자 간에 갈등이 발생하고 이를 해결하기 위한 노력이 결과적으로 어떻게 도시를 위기에 빠뜨리는지 살펴본다.

개별 자본가는 이윤의 창출을 최우선시하는 반면, 자신이 고용하는 노동자들의 소득과 복지에는 최소한도로만 투자하려는 이중적 성향을 갖는다. 생산을 통해 안정적으로 이윤을 창출하려면 노동력의 적절한 재생산이 필수적으로 요구되는데, 개별 자본가는 단기적으로 이윤율에 집착한 나머지 생산의 양과 질에 걸맞은 노동력 재생산에 그만큼의 투자를 하길 꺼린다. 개별 자본가의 이 같은 이기적 행태는 당연히 노동자들의 삶의 질 악화를 초래한다.

개별 자본가의 입장에서 보았을 때 노동력 재생산과 그에 드는 비용 부담은 명백히 불필요한 낭비 요소 혹은 수익성 측면에서 기피 대상이다. 그러나 이러한 근시안적 접근이 초래하는 노동자들의 삶의 질 악화는 장기적으로 자본주의 체제에 대한 불만, 나아가 체제 붕괴의 위험으로까지 발전한다. 따라서 개별 자본가의 입장을 떠나 전체 자본주의 체제의 유지라는 관점에서 노동자 계급에게 적절한 주택, 교육, 의료, 돌봄, 여가, 교통 등과 관련된 시설, 서비스, 상품의 양적 확충 및 질적 개선 노력은 매우 중요한 과제로 부각된다.

그러나 노동력 재생산은 여전히 상당한 비용을 요구하는 일이다. 따라서 개별 자본가는 좀처럼 이를 부담하려 들지 않는다. 카스텔에 의하면 후기 자본주의의 특징은 이 비용을 국가가 전적으로 책임진다는 데 있다(ibid., p.15). 국가가 집합적 소비의 공급 주체로 전면에 나서는 까닭은, 자본가 계급의 이해관계가 이윤의 더 많은 추구에, 노동자 계급의 이해관계가 안락한 생활과 노동력의 재생산에 있다면, 국가의 이해관계는 국가의 안정적 발전과 운영, 유지에 있기 때문이다. 개입하지 않으면 자본주의 생산양식에 의거해 형성되고 유지되는 국가는 붕괴한다. 따라서 스스로 생존에 대한 이해관계를 갖는 국가가 적극적으로 노동력 재생산에 드는 비용을 부담하는 것은 당연하다.

노동력 재생산을 위해 자본이 해야 할 일을 국가가 떠맡은 결과는 집합적 소비에 대한 국가의 책임 및 역할 강조 혹은 복지국가의 등장이다(Castels, 1972/1977, p.208). 오늘날 우리는 주택, 교육, 의료, 돌봄, 여가, 교통 등 노동력 재생산과 관련된 다양한 상품 및 용역을 공공재라는 이름으로 국가가 책임지고 공급하는 공공정책 집행을 상시 목격한다. 이는 현실적으로 정부 편제에 들어선 건설교통부,

보건복지부, 교육부, 문화관광부 등 여러 부처의 업무 목록을 상기하면 쉽게 이해가 갈 것이다.

카스텔은 국가의 적극적인 정책 집행과 현실 개입을 후기 자본주의 사회의 특징으로 묘사하면서, 노동력 재생산에 드는 비용을 국가가 부담하는 한편 그로부터 발생하는 수익은 개별 자본가가 챙겨가는—챙겨가도록 허용하는—자본주의의 구조적 경향성을 비용의 사회화(socialization of costs), 수익의 사유화(privatization of profits)라는 말로 요약하였다(ibid., p.415). 나아가 이와 같은 경향성이 도시에서 집중적으로 현시화한다고 진단하였다. 후기 자본주의 사회에서 생산활동은 자본이 집적된 도시에서 주로 일어나고 노동력 역시 도시에 몰리기 때문에, 노동력 재생산과 관련된 소비 기능 및 활동이 도시에서 주로 현시화하는 것은 당연하다. 집합적 소비가 도시에서 현시화한 결과를 우리는 임대주택, 공공병원, 공공학교, 사회서비스국, 버스 및 지하철 등 대중교통체계 등으로 경험한다.

그런데 여기에는 한 가지 문제가 숨겨져 있다. 국가의 개입은 자본가의 비용을 덜어냄으로써 단기적으로 이윤율 하락을 막고 자본주의를 위기에서 탈출시키는 데 효과적이지만, 장기적으로 국가의 재정 부담을 늘려 중앙과 지방정부의 부채를 늘리고 이들을 재정 파탄 위기로 내몰 수 있다는 사실이다. 더 큰 문제는 정부가 무한정 부채를 떠안을 수는 없다는 점이다. 정부는 기하급수적으로 늘어나는 부채를 줄여야 하고, 특이점이 지나면 결국 주택, 교육, 의료, 돌봄, 여가, 교통 등 노동력 재생산에 필요한 시설, 서비스, 상품의 확충 및 개선에 드는 비용을 최소화해야 한다. 이는 현실적으로 소득보장이나 복지 관련 정부 예산의 축소, 삭감으로 나타난다. 1970년대 미국 뉴욕시의 재정위기나 1980년대 각국 도시정부의 신자유주의 복지정책으로의 전환은 그 실례이다(Castells, 1978, p.175-176).

정부의 구조조정은 도시 노동자 계급의 삶의 질 악화라는 형태로 즉각 효과를 나타낸다. 주택, 교육, 의료, 돌봄, 여가, 교통을 포함하여 인간이라면 마땅히 누려야 할 부분에서의 권리를 행사하지 못하고 소외된 채 살아가는 사람들이 증가한다. 개인이나 가족 차원에서 개별적, 사적으로 해결되던 노동력 재생산이 도시를 단위로 집합적, 공개적으로 한동안 해결되다가, 다시금 개별적, 사적으로 해결되어야 하는 상황, 즉 각자도생, 무한경쟁의 시대가 다시 찾아온다는 뜻이다. 정당한 소비로부터 배제되고 노동으로부터 소외되며 관계로부터 단절된 사람들의 증가는, 마르크스주의 전통에 비추어 보면, 후기 자본주의 사회 내 평등하고 자유로운 공동체의 해체를 의미한다.

자본주의는 일정한 소비력을 갖춘 지배계급, 즉 자본가 계급의 욕구에 기민하게 반응한다. 이 말인즉슨, 자본주의 사회에서는 돈이 있어야 좋은 주택, 좋은 교육, 좋은 의료, 좋은 돌봄, 편한 여가와 쾌적한 교통수단을 누리며 잘 살 수 있다는 뜻이다. 자본과 결탁한 혹은 자본에 봉사하는 국가는 지배계급을 위한 배타적 시장을 편향되게 보조하는 한편, 사회적 약자, 즉 피지배 노동자 계급의 욕구를 충족시켜 주는 집합적 소비 시장에서는 소극적 자세로 일관한다. 소득을 보장하고 복지 수준을 제고하는 노력을 기울이는 듯하면서도 자본으로부터 충분한 세금을 거두어들이지 못하는 구조적 위치에 놓여있는 탓에 만성적 재정위기에 시달리며—생산활동의 최전선에서 일하는—노동자 계급의 욕구를 만족스럽게 충족시켜 주지 못한다는 얘기다.

정부가 우물쭈물하는 사이, 소비로부터 배제되고 노동으로부터 소외되며 관계로부터 단절된 사람들은 증가한다. 이에 따라 충족되지 못한 노동자 계급의 욕구도 쌓여만 간다. 그리고 그와 함께 그들의 불만이 누적된다. 여기서 주목해야 할 부분은, 이 불만이 자본가 계급을 향하기보다, 소득보장이나 복지 관련 정부 예산을 축소, 삭감하는 방식으로 위기를 탈출하려는 국가권력을 "거칠게(in an wild way)" 조준하여 폭격을 가한다는 점이다(Castells, 1972/1977, p.271). 카스텔은 후기 자본주의 도시의 각종 사회경제적 문제가 곧잘 정치화하고 이 과정에서 도시정부에 대한 공격적이고 폭력적인 집단행동이 쉬 발생하는 까닭을 위와 같은 배경에서 찾았다(ibid., p.376).

요약하면, 카스텔은 20세기 중반 서구 유럽과 미국의 도시 곳곳에서 목격되는 다양하고 저항적인 정치적 사회운동이 자본주의의 구조적 조건에서 기인한다고 분석하였다. 이 조건이란 노동력 재생산과 관련된 집합적 소비의 국가 책임 확대, 그에 따른 정부의 재정위기 확산, 이를 해결하려는 조치로써 전면적인 정부 구조조정, 그로부터 파급되는 도시 노동자의 생활 여건 악화, 정부가 제대로 일을 하지 못한다는 사람들의 정치적 불만 팽배를 아우른다. 소비가 '보통' 사람들의 기본적인 욕구를 충족시켜 주지 못하고 오로지 선택받은 지배계급의 이해관계를 위한 수단으로 전락함을 사람들이 깨달을 때, 그리고 무엇보다 생활 여건의 악화를 몸소 경험하는 사람들이 늘 때, 생산현장에서 노동자로서의 계급투쟁과는 별도로, 주거, 교육,

의료, 돌봄, 여가, 교통 등 삶의 기본적인 여건을 둘러싼 정치적 투쟁에 도시민들이 앞장선다. 카스텔은 바로 이 삶의 여건, 즉 집합적 소비를 둘러싼 갈등과 투쟁이 후기 자본주의 도시를 총체적 위기와 혼란의 도가니로 몰아넣는 직접적 힘으로 작용한다고 진단하였다.

카스텔의 도시사회학 이론은 국가 개입의 축소로 노동력 재생산에 위기가 초래되면 집합적 소비의 문제가 정치적 쟁점으로 대두된다는 점을 효과적으로 보여주었다. 이로써 그의 이론은 1960~1970년대 서구 유럽과 미국 도시정부의 만성 재정적자와 생활 여건 악화가 왜 발생하는지, 왜 도시에서 수많은 흑인인권운동, 여성운동, 학생운동, 지역주민 운동, 소비자운동이 터져 나오는지, 나아가 1980년대 접어들면서 왜 각국 정부가 신자유주의를 수용하고 이를 정책 형성과 집행에 반영하는지 등의 이유를 밝히는 데 일조하였다. 그러나 그의 이론은 중대한 한계점을 가진다. 훗날 그가 마르크스주의를 포기한 까닭은 어쩌면 이 한계점을 그 스스로 잘 알았기 때문일지도 모르겠다.

첫째, 그는 기존의 주류 도시사회학 이론(인간생태론 등)을 과학이 아닌 이데올로기로 폄하하였다. 여기서 이데올로기란 현실에 대한 왜곡된 인식, 즉 허위의식이라기보다 과학 이전의 인식, 그러니까 비이성적 사고체계를 가리킨다. 그런데 그 누구도 과학과 이데올로기를 준별해낼 인식론적 특권을 가지지 못한다. 또한 이에 대한 사회적, 학문적 합의를 도출해낼 수도 없다. 그런데도 도시사회학의 과학성 여부를 자의적으로 판단하고 규정하는 그의 연구 태도는 기존 도시 연구에 대한 이론적 테러리즘을 자행하는 인식론적 제국주의란 비판을 자아내기에 충분하였다(장세훈, 1997, p.89).

둘째, 카스텔은 후기 자본주의 도시의 위기와 혼란의 발생 원인을 설명하기 위하여 구조적 설명 틀을 이용하였는데 이것이 매우 교조주의적이었다. 앞에서도 언급하였다시피, 카스텔의 설명 틀에는 집합적 소비의 국가 책임 확대, 정부의 재정위기, 집합적 소비재의 공급 축소, 도시 노동자의 생활 여건 악화, 정부에 대한 불만 고조 등 구조적 요소가 대거 포함되어 있다. 카스텔의 구조주의는 도시를 자본주의와 분리된 것이 아닌 자본주의의 핵심으로 간주하여 거시적 사회구조 맥락에서 도시를 이해하는 데 도움을 준 것만큼은 분명하다. 그러나 복잡하고 구체적인 도시 현실을 구조주의 마르크스주의라는 추상적 이론 틀에 억지로 꿰어 맞춤으로써 '프로크루스테스 침대'와 같은 횡포를 부렸다는 비판을 자아내기에 충분하였다. 기실, 정부 정책 형성과 집행 과정에서 나타나는 정치란 복잡한 역학관계로 얽혀있는 것이 특징이다. 행위자들은 시시각각 전략적 판단을 바꿔가며 내리는 한편, 권력, 전통, 권위, 비이성적 감수성이라는 요인들 역시 나름의 논리에 따라 작동하며 정부의 결정에 직간접적으로 영향을 미친다. 현실 정치의 이와 같은 복잡성과 역동성을 감안하면, 『도시 문제』에 제시된 카스텔의 도시사회학 이론은 전형적인 이론의 과잉이자 교조주의라 할 수 있다(ibid., p.93).

셋째, 카스텔은 후기 자본주의 도시에서 불거지는 각종 사회운동을 어떻게 하면 하나의 힘으로 모아 도시 문제를 해결하는 데 활용할지를 고민하였다. 그러나 구조주의적 마르크스주의의 덫에 빠지고만 까닭에 실천의 중요성을 강조하였음에도 불구하고 구체적인 방법을 제시하지 못하였고, 심지어 스스로 실천의 결과를 비관하는 논리적 오류에 빠지고 말았다. 사실 카스텔이 기존의 주류 도시사회학과 결별을 고하고 새로운 이론을 주창하고 나선 것도 도시사회운동의 현황을 점검하고 그 방향을 모색하겠다는 실천적 의도가 컸기 때문이다. 여기서 실천이란, 국가 개입의 축소로 노동력 재생산의 위기가 초래되고 집합적 소비의 문제가 정치적 쟁점으로 대두되더라도 이와 같은 구조적 차원의 위기가 자동적으로 도시사회운동을 촉발하고 민생투쟁을 강화하는 결과를 가져오지는 않을 것이라는 판단, 따라서 지역 단위의 도시사회운동이 민생 문제로 표출된 자본주의 체제의 모순을 해소할지 여부는 운동 세력의 역량을 결집할 수 있는 정치적 조직화, 즉 사회운동 세력의 조직 역량에 달려 있다는 인식에 기반을 둔 사회운동을 의미한다(Castells, 1977, p.421).

이처럼 실천의 중요성을 강조하였음에도 카스텔은 스스로 구조주의적 설명 틀의 덫에 갇혀버림으로써 도시사회운동의 구체적 실천 전략이 어때야 하는지에 대해 설득력 있는 방안을 제시하지 못하였다. 지역 단위의 각종 도시사회운동 세력 간 연대뿐 아니라 노동운동을 포함한 전체 사회운동 세력과의 연대를 통해 운동 역량을 결집하여 자본주의 사회를 전면적으로 변혁하는 것이 도시 문제, 민생 문제를 해결할 수 있다는 말만 하였을 뿐, 구체적으로 무엇을, 어떻게, 언제, 누가 중심적으로 해야 하는지 그 방안에 대해서는 별다른 언급을 하지 않은 것이다. 심지어 그의 구조주의적 설명 틀 안에서는 인간을 실천의 주체(agency)로 보는 것이 논리적으로 성립되기조차 어렵다. 인간을 실천의 주체가 아닌 구조의 꼭두각시라 보는 구조주의 견해를 고수하는 한, 그가 강조한 운동 역량의 결집이라는 대안 역시 그 의미가 크게 퇴색할 수밖에 없다(장세훈, 1997, p.93).

이상과 같은 비판으로 카스텔의 도시 연구는 애초의 문제의식이 희석되고 논리적 일관성을 유지하기 어려운 상황에 직면하였다. 이에 카스텔은 1980년대 이후 구조주의 마르크스주의의 이론 틀을 벗어던졌다. 1990년대에 들어서는 정보화, 세계화 등으로 연구 주제마저 바꾸어 버렸다. 이렇게 본다면 그의 도시이론은 어쩌면 흘러간 옛 노래가 아닌가 하는 의구심이 들기까지 한다.

그러나 카스텔의 도시이론은 혼란과 위기에 빠진 현대 도시의 다양한 문제를 후기 자본주의 생산양식과 연관 지어 설명하고, 이를 통해 도시 정치의 동학을 이해할 수 있는 길을 엶으로써 그전까지 상아탑에 갇힌 주류 도시 연구자들을 충격에 빠뜨렸고, 그들이 다시금 현실에 눈을 돌리게 만드는 계기를 마련하였다. 나아가 현대 도시의 성격과 위상을 밝히려는 그의 학문적 시도는 급속한 도시화로 인해 역설적이게도 독자적인 연구 대상 및 연구 방법론을 찾지 못해 학문적 정체성의 위기를 맞고 있던 도시사회학에 새로운 도약의 가능성을 열어 주었다. 이런 측면에서 그의 도시사회학 이론이 갖는 한계와는 별도로, 그의 문제 제기는 의미 있는 것이었고 도시 연구에 던지는 함의점도 컸다고 평가할 수 있겠다.

마지막으로 그의 공동체관을 살펴보자. 사실 카스텔이 공동체를 직접 언급한 적은 없었다. 그러나 마르크스주의 전통에 서 있는 모든 학자는 자본주의의 성숙에 따라 평등하고 자유로운 인간공동체에 금이 간다는 적대적, 부정적 인식을 가진다는 점에서는 대동소이하며, 카스텔 역시 같은 생각을 가졌다는 측면에서 그의 공동체관이 어떠했는지 간접적으로 유추해볼 수 있다.

카스텔은 국가 개입의 축소로 노동력 재생산의 위기가 초래되고 집합적 소비를 사적으로 해결해야 하는 상황이 도래하면, 도시공동체가 각자도생, 무한경쟁하는 개인들의 난립으로 인하여 유지되기 어려울 것임을 자신의 이론에서 암시하였다. 그렇지만 그와 동시에 마르크스주의 전통에 서 있는 다른 모든 학자가 그러하듯, 도시를 오로지 공동체 파괴의 부정적 공간으로만 인식한 것은 아니었다. 그는 다음 저작인 *The City and the Grassroots*『도시와 풀뿌리 민중』에서, 후기 자본주의 도시가 평등하고 자유로운 인간공동체를 해체하고 파괴하는 방향으로 발전해온 것은 사실이나, 그와 동시에 새로운 공동체의 가능성이 도시 공간 어디에선가 움트고 있음을 암시하며 도시를 희망적 시선으로 바라보기도 하였다(Castells, 1982).

새로운 공동체에 대한 믿음은 카스텔이 집합적 소비의 공급 및 비용 주체를 둘러싼 갈등 자체만으로는 변화에 필요한 사회운동이 발생하지 않음을 지적하면서, 사회운동 촉발을 위해서는 잠재적 운동세력들의 역량을 하나로 결집할 수 있는 정치적 조직화가 중요함을 강조하였다는 부분에서 간파할 수 있다. 특히 그는 정치적 조직화의 성패가 도시 안팎에 퍼져있는 다양한 운동 세력 간 강력하고 폭넓은 연대—예컨대 도시 내 사회운동 세력 간 연대, 도시 간 사회운동 세력 간 연대, 사회운동 세력과 노동조합 간 연대 등등—에 달려 있다고 보았다. 이는 도시 문제로 표출된 자본주의 체제의 모순을 해소하기 위해서 첫째, 집합행동에 동참할 수 있는 이해관계를 공유하는 집단, 즉 공동체를 형성하는 일이 무엇보다 중요하고(예: 마을 주민조직, 소비자단체, 소수인종 인권단체, 여성단체, 학생조직 등등), 둘째, 그렇게 형성된 공동체들을 지리적, 내용적으로 아우를 수 있는 상위 수준의 공동체, 즉 공동의 공동체를 형성하는 노력이 필요하며, 셋째, 이를 바탕으로 도시공동체들의 해방적 움직임을 저지하려는 지배계급의 분절적 노력을 상쇄시키고 자본주의 모순을 극복, 역전시키는 일이 요구됨을 카스텔이 이미 날카롭게 인식하고 있었음을 보여주는 증거가 된다.

3. 데이비드 하비 — 자본주의 위기의 공간적 돌파구로서의 도시

카스텔 못지않게 새로운 도시관을 제시한 인물은 데이비드 하비(1935~)이다. 지리학자인 하비는 마르크스주의에 입각하여 도시문제에 천착하였다. 그는 특히 현대 도시에서 발생하는 다양한 사회공간적 위기 — 소득 감소, 부채 증가, 고용 불안, 불평등, 양극화, 교육보건의료복지 예산축소, 지리적 불균등발전 등 — 가 자본주의 경제의 구조적 위기와 밀접한 관련성을 가짐을 논증함으로써 20세기 말 비판지리학계의 거두로 명성을 얻었다. 하비는 80살이 넘은 최근까지도 자본주의 축적 과정과 도시화에 관한 저작들을 쏟아내고 있는데, 오늘의 그를 있게 만든 대표작은 1973년 *Social Justice and the City* 『사회정의와 도시』, 1982년 *The Limits to Capital* 『자본의 한계』 등 그가 40대 때 쓴 책들이다. 특히 『자본의 한계』는 마르크스

『자본론』의 한계를 극복한 걸작이라는 평가를 받는다.

하비의 도시이론을 이해하기 위해서는 먼저 마르크스가 『자본론』에서 설파한 자본주의 경제발전의 원리, 즉 자본축적의 확대재생산 원리에 대해 알아야 한다. 자본주의 경제발전의 핵심 원리는 임금노동자에 의한 가치와 잉여가치의 생산 및 실현이다. 자본주의 경제에서 잉여가치의 창출은 그 특유한 생산방식, 즉 노동자들이 임금으로 받는 것 이상으로 생산물을 생산해냄으로써 가능하다. 당연히, 임금으로 받는 것만큼의 노동력은 생산물에 투영된다(Marx, 1867/2015, p.118). 그러나 자본주의는 노동강도 강화, 임금 삭감 등을 통해 정당한 임금 이상의 가치를 생산해 내도록 유도한다. 물론 잉여가치는 노동력 착취 외에도 자본 간의 경쟁, 예컨대 신기술 개발, 독과점체제 구축 등을 통해서도 창출된다(Marx, 1894/2015, p.280-286).

생산된 잉여가치는 상품 그 자체에 내재한 것처럼 간주된다. 그리고 이는 시장에서 상품 판매를 통해 얻는 화폐 수입을 통하여 실현된다. 그런데 실현된 잉여가치는 노동자들에 의해 생산되었음에도 자본가에 의해 전유되고, 노동자들은 그에 대해 통제권을 가지지 못한 채 소외된다. 전유된 잉여가치 일부는 자본가 계급에 의하여 사치재로 소비되고 없어진다. 그렇지만 자본주의는 기본적으로 축적을 위한 축적을 목표로 하는 자기증식적 생산양식이다. 따라서 잉여가치는 자본축적의 확대재생산을 위한 자본순환 과정에 재투입된다(Marx, 1885/2015, p.367). 이 말인즉, 자본주의 경제가 지속되려면 가치와 잉여가치가 생산되어야 할 뿐 아니라, 생산된 가치와 잉여가치가 계속해서 재투자될 수 있어야 한다는 얘기이다.

하비에 의하면, 창출된 잉여가치를 흡수하여 자본축적을 확대재생산하는 과정은 자본의 순환 회로에서 이루어진다. 자본의 순환 회로에는 1차, 2차, 3차 총 세 가지 유형이 있다. 먼저 1차 순환 회로(the primary circuit of capital)는 직접적인 생산 및 소비 과정과 이를 통한 투자 과정을 의미한다. 가시적인 상품과 서비스를 생산하고, 노동자에게 임금을 제공하며, 생산된 상품과 서비스를 구매하고 소비하도록 하는 가운데 잉여가치가 계속해서 축적될 수 있도록 여건을 만들어 주는 과정이다. 흔히 실물경제라는 말을 많이 쓰는데, 이 실물경제가 돌아가는 배경이 되는 곳이 바로 이 1차 순환 회로이다(Harvey, 1982/1995, p.261).

여기서 주안점은, 1차 회로에서 자본이 순환하면 얼마 지나지 않아 반드시 위기가 찾아온다는 점이다. 이 위기란 잉여가치를 창출, 흡수, 재투자하는 작업이 한계에 부닥치는 상황을 의미한다. 흥미로운 점은, 이 같은 한계가 앞서 언급한 노동강도 강화, 임금 삭감, 신기술 개발, 독과점체제 구축과 같이 잉여가치를 창출하려는 자본의 책략 그 자체에 의해서 발생한다는 점이다(ibid., p.264-276).

구체적으로 설명하면, 자본가는 노동시간을 최대한 늘리고 임금을 최대한 삭감함으로써 잉여가치를 극대화한다. 이는 노동자들의 실질임금 하락으로 이어지고 소비를 위축시킨다. 소비가 충분히 이루어지지 않으면(유효수요 부족) 공장의 생산라인이 일부 멈춘다(생산설비의 불완전 가동). 그러면 재고가 쌓이고(과잉생산과 과소소비) 노동자들이 해고된다(노동력 유휴화). 일부 자본은 잉여가치는 고사하고 정당한 가치조차 화폐로 실현하지 못함으로써(자본 유휴화) 파산한다. 불황과 경기침체가 장기화하면서 실물경제가 악화일로로 치닫는다. 자본의 1차 순환 회로가 꽉 막히는 이른바 '돈'맥경화가 발생하는 순간이다.

신기술 개발이나 독과점체제 구축 같은 자본 간의 경쟁 역시 비슷한 효과를 발생시킨다. 상대를 제압하고자 자본가들은 신기술 개발에 몰두한다. 그런데 많은 돈을 들여 신기술을 개발하여도 얼마 지나지 않아 경쟁자들이 이를 모사하여 곧바로 시장에 도입한다. 상대를 밀어내기 위한 자본의 살벌한 노력은 그리하여 상품과 서비스의 과잉생산을 가져오고, 결국 총이윤은 신기술을 도입한 자와 그것을 카피한 자 모두에게 있어 감소한다. 물론 이 와중에 살아남은 자도 생긴다. 살아남은 기업은 단기적으로는 잉여가치를 창출할 수 있다. 그렇지만 장기적으로 파산한 기업들이 많아짐에 따라 유휴 노동력이 늘고 소비력이 하락하여 재고가 누적되는 불황에 직면한다. 뿐만 아니라 독과점이라는 안락한 환경 아래 신기술 개발이나 혁신의 의도 및 속도마저 누그러짐으로써, 자본주의 전체로 보았을 때 불황이 증폭된다. 잉여가치를 생산하기 위한 근시안적 접근이 장기적으로 자본주의의 축적체제 자체를 갈아먹는 이율배반적 상황이 찾아오는 것이다.

이처럼 자본주의 축적체제가 실물경제에서 생산된 잉여가치를 적기에 흡수하여 재투자하는 기본적인 작업을 제대로 수행하지 못하는 상황, 다시 말해 실물경제에서 생산된 잉여가치가 적절히 그리고 제때 화폐로 실현되지 않음으로써 발생하는 과잉축적의 위기를 하비는 공황의 제1차 국면(the first phase of crisis)이라 명명하였다. 하비에 따르면 공황의 제1차 국면은 단순히 공급과 수요의 불일치 또는 경기 순환 과정에서 반복되는 불황이나 일시적 침체가 아니라, 축적체제에 내재한 자본주의의 구조적, 본질적인 모순이라고 하였다 (ibid., p.274).

자본의 유기적 구성(가변자본에 대한 고정자본의 비율) 고도화에 따른 이윤율의 경향적 저하 법칙을 부정하고 대신 유효수요 부족, 과소소비, 과잉생산 등을 자본주의 위기의 근본 원인으로 지목하였다는 점을 제외하면, 사실 여기까지의 분석은 마르크스가 『자본론』에서 자본주의적 생산 과정을 묘사할 때에도 비슷하게 등장하는 내용이다(Marx, 1894/2015, p.254-255). 하비를 높이 평가하는 까닭은, 그가 이에 그치지 않고 추가적으로 자본주의가 그럼에도 불구하고 왜 붕괴하지 않고 지속하는가에 대한 설명을 도시화와 관련지어 제시하였기 때문이라 할 수 있다. 하비는 자본주의 지속의 해답을 찾기 위하여 자본의 2차 순환 회로라는 개념을 고안하였다(Harvey, 1982/1995, p.2879).

자본의 제2차 순환 회로(the secondary circuit of capital)란 도시 내 및 도시 간 건조환경(built environment)에의 투자 과정, 즉 도시화 과정을 의미한다. 본래 건조환경이란 인간의 건설 활동으로 인한 자연환경의 물리적 변화를 폭넓게 지칭하는 개념이다. 구체적으로, 가정의 화덕에서부터 장판, 벽지, 새시, 욕실, 가구, 가전제품, 주택, 공원, 도로, 항만, 수리시설, 전기시설, 최종적으로 거대한 도시에 이르기까지 인간에 의하여 인공적으로 창조된 크고 작은 건축·형태 전반을 아우른다. 하비는 이 가운데 특히 도시 내 그리고 도시 간 건조환경에 주목하였다(ibid., p.284).

하비는 도시의 건조환경을 고정자본(fixed capital)과 소비기금(consumption funds)으로 세분화하였다(ibid., p.310). 먼저 고정자본이란 생산자본 가운데 물리적으로 고정된 것, 예컨대 공장, 사무실, 도로, 교량, 항만, 공항 등등을 가리킨다. 그 외 생산자본은 모두 유동자본으로 분류되며, 연료나 원료같이 한번 쓰면 사라져 없어지는 생산소비재가 여기에 해당된다. 다음으로 소비기금이란 소비재이지만 직접 소비되어 사라지는(perishable) 것이 아닌, 직접적 소비를 가능케 하는 수단으로서 내구성(durable) 소비재를 가리킨다. 앞서 말한 부엌의 화덕, 가정의 붙박이 가전제품, 가구 등이 모두 건조환경을 구성하는 내구성 소비재이다. 그렇지만 하비는 이런 자잘한 소비재보다 주택, 아파트 단지, 공원, 백화점, 쇼핑몰, 야구장, 축구장 같은 집합적 소비재에 좀 더 주목하였다. 소비기금은 노동력이 충분하고 원활하게 재생산될 수 있는 환경을 조성하는 역할을 담당한다.

하비는 공황의 제1차 국면이 발생하면 과잉축적 위기를 해소하기 위하여 도시의 건조환경으로 유휴자본이 흘러들어 간다고 보았다. 도시의 건조환경, 즉 고정자본과 소비기금 부문에 자본이 흘러들어가면 직접적 생산과 소비 및 재투자와 관련된 자본의 1차 순환 회로가 활성화되면서 공황의 제1차 국면이 다소 진정된다. 즉 일반 상품 및 서비스의 생산-소비-재투자 과정이 진작되어 자본축적의 위기가 어느 정도 해소된다. 이처럼 도시의 건조환경으로 자본이 흘러들어 1차 순환 회로에서 발생한 자본축적의 위기가 일시적이나마 다소 해소됨과 동시에 고정자본과 소비기금이 제작되어 도시화가 진행되는 과정을 하비는 자본의 제2차 순환 회로라 명명하였다(ibid., p.293).

1차 순환 회로에서 잉여가치를 창출, 실현하지 못한 유휴자본이 2차 회로로 흘러들어 활로를 찾으면 도시화가 본격적으로 진행된다. 현실적으로 이는 도시 내 주거, 사무, 공업용 건축물의 건설(건축 부문) 그리고 도시 간을 연결해 주는 도로, 항만, 공항 등 사회간접자본 구축 및 확충(토목 부문)에 대한 투자 확대를 의미한다. 그런데 2차 회로에서의 자본순환은 1차 회로에서의 상품 및 서비스의 생산 또는 소비 과정과 달리 투자의 규모가 크고 회전이 길다는 특징이 있다. 따라서 2차 순환 회로에서 자본이 성공적으로 확대재생산되기 위해서는 특별한 조치가 요구된다. 이 같은 요구는 첫째, 자본주의 체제에서 신용체계에 기반을 둔 금융자본의 발달, 둘째, 부동산 경기부양책 등 국가의 정책적 지원, 두 가지 조건을 통하여 충족된다 (ibid., p.322).

신용체계(credit system)란 미래에 발생할 수입을 앞당겨 지출하기 위한 수단으로 의제적 자본(fictitious capital)을 만들고 이를 자본순환 회로에 투입하는 과정을 의미한다. 미실현된 가치를 시장에 융통시켜 유동성을 높이는 것이니만큼, 신용체계는 노동시간, 상품 생산 및 유통 기간, 자본의 회전 기간 등을 결정하는 일차적인 요인으로 작동하며, 자본축적에 필수적인 계기를 마련해 준다(ibid., p.364).

금융자본은 이러한 신용체계에 기반을 두고 형성, 발달한다. 금융자본은 기본적으로 실물경제의 생산 및 소비 부문에서 자본축적을 지원하는 것을 목적으로 한다. 이 말인즉슨, 자본의 1차 순환 회로에서 위기가 발생하면, 실물경제에서의 생산-소비를 촉진하고 잉여가치를 실현하기 위하여 신용체계에 기반을 둔 금융자본이 개입하여 위기를 해소하는 완충재 역할을 담당한다는 뜻이다. 현실적으로, 우리는 먹고살기 빠듯한 월급쟁이들이나 오늘내일이 간당간당한 영세자영업자들이나 중소제조업체들 가운데 상당수가 은행에 가서 가계대출이나 사업자대출을 받아 원래 계획한 수준보다 높은 소비 또는 생산을 하는 것을 왕왕 보곤 한다. 이 같은 신용대출은 자본순환 과정에서 부족한 자금을 조달함으로써 '돈'맥경화에 빠진 1차 순환 회로의 숨통을 틔는 데 기여한다.

신용체계에 기반을 둔 금융자본은 1차 순환 회로뿐 아니라 2차 순환 회로의 활성화에도 기여한다. 금융자본이 없다면 2차 순환 회로는 작동할 수 없고, 그렇다면 도시 건조환경을 통한 자본순환, 즉 도시화 과정도 일어날 수 없다. 일반적으로 도시 건조환경 부문에의 투자를 이끄는 세력을 우리는 부동산동맹이라 일컫는다. 도시의 부동산동맹은 부동산펀드, 리츠, 프로젝트 파이낸싱 등 이른바 부동산의 증권화(real estate securitization)를 매개로 미래에 발생할 지대수입을 노리고 시장에 뛰어드는 투기자본 그리고 개발 수익을 노리고 시장에 뛰어드는 모험적 건설토목자본 간에 강고한 연결고리를 만들어 낸다. 이 연결고리는 도시 건조환경 부문에의 투자를 일으키는 2차 순환 회로의 주요 촉진제로 작용한다(ibid., p.394).

실제로 요즘 경제신문을 읽다 보면 빌딩이나 상가 투자를 권유하는 개발업자들의 광고를 쉽게 접할 수 있는데, 그 내용을 자세히 들여다보면 투자자가 수중에 돈이 없어도 은행에서 대출만 받으면 빌딩도 살 수 있고 상가도 매입할 수 있는 등 부동산 투자를 잘할 수 있다는 메시지가 담겨 있음을 알게 된다. 이처럼 주머니에 돈이 없는데도 빚을 내서 빌딩, 상가, 아파트를 매입하고 땅을 사서 그 자리에 건물과 공장 등을 지으며 이를 통해 막대한 수입을 얻을 수 있다고 부추기는 세력(투기자본과 건설토목자본) 그리고 그러한 부추김에 넘어가 부채를 감수하고 부동산에 투자하는 세력(투자자), 나아가 이 세력들의 활동을 법, 제도, 사회적으로 보호하는 세력(국가)이 바로 부동산동맹이다. 부동산동맹은 미실현된 지대 수입과 개발 수익을 중심으로 이해관계를 공유하는 연합인 만큼, 신용체계에 기반을 둔 금융자본 시스템이 없었다면 애초 만들어지지 않는다.

그런데 여기서 한 가지 유념할 점은, 금융자본은 도시 건조환경에의 투자 과정을 활성화하는 데 중요한 역할을 담당하지만, 기본적으로 의제적 자본, 다시 말해 화폐가치로 즉시 실현되지 못하는 순전한 과잉자본 또는 일정한 투자 기회를 확보하지 못한 유휴자본의 성격을 지닌다는 사실이다. 무엇보다, 현란한 수학 공식과 난해한 법률 약관에 가려져 있지만 결국 본질은 '돈 놓고 돈 먹기'라 할 수 있는 금융자본의 투기적 자기증식 과정은 그 실체를 추적해 보면 결국 생산자본과 괴리된 경우가 대부분이다. 따라서 실물경제에서의 경기침체 또는 저성장 국면에서 외부의 충격에 매우 취약한 모습을 나타낸다(ibid., p.389).

금융시장의 취약성은 그와 직접 연동되어 발달하는 부동산시장 역시 쉽게 붕괴할 수 있음을 시사한다. 귀신에게 홀리듯 너도나도 부동산 투자에 몰리고 그에 따라 주택, 빌딩, 상가, 공장 및 기타 부동산 관련 시장이 활황을 띠고 가격이 천정부지로 뛰어오르며 이에 발맞추어 금융권에서 다양한 파생상품(derivatives)을 만들어 더 많은 투자자를 끌어모으고 판을 키우더라도, 이 같은 부동산의 금융화는 사실상 대부분 빚으로 쌓아 올린 신기루 같은 것이기 때문에 실물경제에 불황이 닥치면 어느 순간 이자와 원금을 포함한 부채 상환에 어려움을 겪는 경제주체들이 늘어나고, 결국 금융시장과 부동산 시장의 일시적, 동시적 붕괴로 이어질 수 있다는 말이다(ibid., p.418). 2007년 미국에서 발생하여 전 세계 경제를 충격에 몰아넣은 비우량 주택담보대출 사태(subprime mortgage crisis)가 여기에 딱 들어맞는 현실 사례이다.

한편 부동산이라는 것은 본래 수요의 변동성과 공급의 비탄력성으로 인하여 불균형적이고 불안정한 상태에 놓여있는 것으로 이해된다. 이 같은 상황에서 정부는 여러 수단을 동원하여 부동산 수요를 자극하고 공급을 확대하는 정책적 지원을 마다하지 않는다(ibid., p.405). 우리나라의 사례만 보더라도 지난 십여 년간 정부는 부동산 시장 활성화를 위하여 다양한 규제 강화 또는 완화 정책을 추진하여 왔다. 주택담보인정비율(LTV), 총부채상환비율(DTI), 총부채원리금 상환비율(DSR) 같은 정책 지표들을 조절하면서 수요와 공급을 맞추고자 한 것이 대표적이다. 역사적으로도 우리나라 중앙정부는 1980~1990년대 분당, 일산, 중동 등에서 1차 신도시 개발을, 2000년대 판교, 동탄, 위례 등에서 2차 신도시 개발을 추진한 바 있고, 지자체 차원에서도 뉴타운, 도시르네상스 같은 도심 재개발 및 정비 사업을 쏟아낸 바 있다. 최근에는 이러한 토목개발 사업이 도시재생 뉴딜사업이라는 이름으로 간판을 바꿔 달기는 했으나, 하비의 이론 틀 내에서 이는 모두 1차 순환 회로에서 실현되지 못한 과잉자본 또는 유휴자본을 2차 회로에서 흡수하여 잉여가치 창출 교착상태에 빠진 자본주의 축적체제를 위기에서 구출하려는 정부 측 노력으로 간략히 요약될 수 있다.

부동산에 관한 국가의 정책적 지원은 신용체계에 기반을 둔 금융자본과 조우하면서 거대한 부동산동맹(금융자본+투자자+개발업자 & 국가)을 탄생시킨다. 부동산동맹은 아파트 단지의 개발과 재개발, 고속도로와 고속전철의 확충 및 신설, 신공항 건설, 새로운 통신망 구축, 초국적 기업의 연구개발센터, 유통자본의 쇼핑몰, 재벌기업의 오피스빌딩, 산업단지, 그리고 대규모 경기장 및 전시관 등등을 조성하는 데 결정적으로 기여한다. 이 과정에서 실물경제가 일시적으로 살아나는 한편 도시 내 그리고 도시 간 설비투자와 건설투자가 확대되면서 전 사회와 전 국토의 도시화가 촉진된다. 이로써 도시의 건조환경은 누적된 잉여물의 집합소나 저장고라는 전통적인 역할을 넘어, 과소소비로 만들어진 유휴자본의 흡수를 통해 경제 위기를 해소하는 자본주의의 주요 수단으로 작동하게 된다. 그와 동시에 이제 스스로 자본순환의 기본 대상이 되어 잉여가치의 생산, 실현, 재투자의 첨두로 변신한다(최병두, 2016, p.531). 자본주의 발전과 도시화가 불가분의 관계라는 하비의 주장은 바로 이러한 맥락에서 나온 것이다.

그러나 부동산을 매개로 만들어진 다양한 파생상품과 파생상품을 재차 이용하여 만들어진 신금융상품들은 앞서 언급하였듯이 미래에 발생할 수입을 앞당겨 지출하는 수단으로서의 의제적 자본 그 이상 그 이하도 아니다. 실물경제의 생산자본과 괴리되어 있고, 따라서 부채를 상환하지 못하는 상황에 이르면 빚으로 얽히고설킨 채무관계는 차례로 심각한 타격을 입는다. 물론 그에 따른 금융시장과 부동산시장의 동요를 막기 위하여 정부가 대출규제 완화를 검토할 수는 있다. 그러나 이는 가계, 기업, 국가의 부채를 급속히 증가시키고 모든 경제주체를 빚더미 속에 밀어 넣는 자충수가 될 수 있기에 섣불리 선택할 수 있는 옵션이 못 된다(ibid., p.522).

결국, 부동산 경기를 통하여 일시적으로나마 살아난 실물경제는 경제주체들의 소비력 감소로 다시금 위기로 회귀한다. 부동산 경기 상승 국면의 저금리를 한껏 이용해 빚을 내 중도금과 잔금을 치른 가계주체들은 실물경기 둔화에 따른 정부의 금리인상 조치와 가계 수입 감소 속에서 채무이행 불능을 선언하며 아파트, 상가 등 부동산에 대한 수요를 거두어들인다. 이런 상황에서 투자자에게 저금리 대출상품을 판 금융기관들은 금리를 올리게 되는데, 이는 투자자들의 채무이행 불능 선언과 맞물려 대출금 회수불능 사태를 야기하고, 이 과정에서 금융기관, 나아가 그와 연동된 많은 기업이 연쇄적으로 부실화한다. 특히 각종 금융증권을 바탕으로 설비투자 및 건설투자를 진행한 개발업자들이 부채 더미 속에 자금을 제때 조달받지 못하여 약속한 부동산을 공급하지 못하고 파산을 선언하고 만다(Harvey, 1982/1995, p.484).

자본의 2차 순환 회로에 들이닥친 이 같은 '돈'맥경화를 정부가 잠시나마 해소해줄 수는 있다. 그러나 정부 역시 경기 활성화를 위하여 오랫동안 적자재정을 해왔고, 이와 더불어 전국적으로 사회간접자본 확충과 관련된 투자를 꾸준히 해온 까닭에 스스로 상당한 부채를 안고 있는 상황에 있다. 그렇다고 한쪽에 쌓아놓은 보유 외환을 마냥 풀 수도 없는 노릇이다. 결국 국가는 실물경제와 금융시장에서 비롯된 경제 위기의 충격을 완화할 수 있는 능력을 지니고 있음에도 불구하고 사회적 잉여를 배분하지 못하는 구조적 위치에 놓여 있음으로 말미암아 스스로 자본을 유휴화하는 위기의 가중 요인으로 작용한다. 2000년대 초반 저금리 기조를 줄곧 유지하던 미국 정부가 어느 순간 이를 포기함으로써 2007년 서브프라임 모기지 사태를 유발하였고, 이것이 이듬해 2008년 세계금융위기로 걷잡을 수 없이 비화한 경우가 이에 딱 맞는 현실 사례라 할 수 있다.

대기업 역시 비슷한 처지에 놓여있다. 대기업은 막대한 잉여금을 올리면서 이윤을 축적하지만 앞으로 언제든지 찾아올 수 있는 금융위기, 특히 유동성 위기에 대처하고자 잉여금을 재투자하지 않고 사내에 유보하는 경향을 보인다. 잔뜩 움츠린 채 시장을 관망하는 태도는 임금 등을 통해 근로자와 일반 국민에게 돌아가야 할 정당한 몫을 되돌려주지 않음으로써 가계의 소득 증가를 어렵게 한다. 뿐만 아니라 투자와 신기술 개발을 꺼리는 결과를 초래함으로써 실물경제에서의 자본순환을 더욱 위축시킨다. 국가와 마찬가지로 대기업 역시 사회적 잉여를 적시에 적절하게 배분하지 않음으로써 자본을 유휴화하고 자본주의를 위기에 빠뜨리는 또 다른 계기로 작동한다.

결국 도시는 건조환경만 잔뜩 지어진 채 이를 실제로 이용하는 경제주체 없이 빛 좋은 개살구처럼 텅텅 비게 되거나, 아니면 반대로 빚잔치 속에서 천정부지로 치솟은 부동산 가격을 감당하지 못한 수많은 실수요자가 도시의 외곽지로 밀려나는 공간적 배제 현상을 맞닥뜨리게 된다. 물론 발 없는 투기자본은 이미 한몫 단단히 잡고 도피할 준비를 완료하였거나 이미 도피하였을 터이다(ibid., p.507). 즉, 설령 도시화 과정을 통해 가계와 기업, 정부에 막대한 피해를 줬을지라도, 정작 자신은 국내의 다른 저평가된 도시지역 또는 미개발된 외국으로 도피하여 그곳에서 다시 도시화 과정을 일으키는 작업에 착수함으로써 자기보호와 자기증식의 계속적 토대를 마련하였을 것이라는 얘기이다(ibid., p.553). 이러한 사례를 우리는 한국 자본이 캄보디아에 건설한 캄코시티, 이라크에 건설 중인 비스마야 등에서 확인할 수 있다.

자본의 끝없는 공간적 조정(spatial fix)은 건조환경의 재편성, 즉 자본주의 물적 토대의 재편성을 가져온다. 구체적으로, 국내 다른 지역으로의 조정은 지리적 불균등발전을, 국외 다른 지역으로 조정은 제국주의적 팽창과 전쟁을 초래한다(ibid., p.575). 실제로 하비는 *The New Imperialism* 『신제국주의』에서 미국이 2000년대 초 벌인 '테러와의 전쟁'의 본질은 자본주의 축적 위기를 해소하기 위한 지리적 팽창과 공간의 재조직에 있음을 설파하였다(Harvey, 2003/2005).

핵심은, 더 많은 축적을 위하여 위기에 놓인 자본은 새로운 공간으로 끊임없이 돌파(fix, 調整)해 나간다는 사실이다(ibid., p.94). 그러나 새로운 곳에 가서도 앞에서 설명하였던 것과 똑같은 메커니즘을 거쳐서 똑같은 경제적 위기, 똑같은 사회 공간적 위기를 초래하며 자본주의는 점차 파멸을 향해 나아간다. 신용체계의 방만한 팽창, 정부와 기업의 복잡한 금융 셈법 및 대출 확대, 그에 따른 부채 폭증과 연쇄적인 금융 및 부동산 감가(devaluation)의 발생, 소외계층에 막대한 피해 전가 등을 포함하는 자본의 2차 순환 회로에서 발생하는 이 같은 위기를 하비는 공황의 제2차 그리고 제3차 국면(the second and the third phases of crisis)이라 명명하였다(Harvey, 1982/1995, p.429, p.557). 제2차 국면은 금융위기를, 제3차 국면은 부동산 위기를 각각 가리킨다.

상기 분석은 ① 자본의 1차 순환 회로에서 발생한 과소소비 및 과잉생산의 위기를 해소하고자 2차 순환 회로가 만들어지면 ② 유휴화된 자본이 여기로 흘러들어 도시의 건조환경 부문에 대규모 투자가 이루어져 전 사회, 전 국토의 도시화가 진행되지만, ③ 이는 결국 1차 회로에서의 위기가 본질적으로 해소되지 않은 상태에서 과잉축적된 자본이 2차 회로로 도피한 데 지나지 않으므로, 즉 공황의 1차 국면에 따른 파국이 공간적으로 조정되고 시간적으로 지연된 데 따른 결과에 불과하므로, ④ 자본은 2차 회로에서도 필연적으로 위기에 봉착하게 된다는 하비의 자본순환 이론의 뼈대를 잘 보여준다. 또한, ⑤ 도시의 건조환경은 그 자체가 경제적 성장의 동력이자 경제 위기를 해소하는 수단으로 작용하지만, 동시에 ⑥ 자본주의 경제적 위기의 공간적 현시이자 그 위기를 심화시키는 결정적 매체라는 하비의 비판적 도시관을 여실히 보여준다.

한편 하비는 도시화 과정에서 배제되는 소외계층의 삶에 대해서도 많은 관심을 보였다. 그는 특히 자본주의 도시화 과정에서 동반되는 공익사업 명분의 토지 민영화, 개인 토지의 강제 매수, 그를 통한 토지 소유 관계의 변화, 도시 서민의 주거지와 생계형 가게의 강제 철거, 젠트리피케이션 등에 많은 관심을 보였다(Harvey, 2005/2009, p.204-205). 이는 하비가 자본의 2차 순환 회로 작동에 따른 도시 공간의 재편 과정을 과잉축적으로 인한 경제적 위기 해결의 핵심적 수단으로 봄과 동시에 ⑦ 사회적 약자의 배제와 공적 공간의 사유화라는 탈취(dispossession)의 관점에서도 보았다는 것을 말해준다.

이와 관련하여, 하비는 탈취에 의한 축적(accumulation by dispossession)이라는 말을 즐겨 썼는데, 이는 자본주의가 과잉축적의 문제를 해소하고자 의도적으로 자신의 외부를 만들어 내고 이것을 다시 자신의 영역으로 끌어들여 결국 모두 자기 것으로 만들어 버리는 과정을 뜻한다. 구체적으로, 토지의 상품화와 사유화 및 소농 인구의 강제적 배제, 여러 형태의 소유권을 배타적인 사적 소유권으로 전환하는 일, 자연 자원을 포함한 자산의 전유를 위해 식민화, 신식민화, 제국화, 불공정무역, 고리대금, 국가부채, 나아가 신용체계 그 자체 등을 포괄한다(ibid., p.440). *A Brief History of Neo-Liberalism* 『신자유주의 – 간략한 역사』에서 하비는 이 탈취에 의한 축적 개념을 바탕으로, 도시재개발을 통한 자본 확대재생산의 이면에 도시 공간의 독점적 사유화와 이를 통한 자산 이득의 배타적 전유, 공동체적 도시 장소의 해체, 도시 서민의 사회 공간적 배제가 숨어 있음을 폭로하였다(ibid., p.144, p.194, p.223). 이러한 측면에서 하비의 도시화 이론에 있어 사회취약계층의 위기, 도시의 위기, 자본주의 위기는 사실상 같은 현상의 다른 면면이라고 말할 수 있겠다.

요약하면, 자본주의는 도시 공간의 금융화를 통하여 위기 탈출을 도모한다. 그러나 이 같은 팽창적 전략은 미봉책에 불과하여 실질적 수요의 한계라는 문제에 봉착하면 부동산거품의 붕괴, 즉 금융시스템에 의하여 만들어진 의제적 자본의 가치실현 불능 상태를 초래한다. 부동산시장과 이와 연동된 금융시장의 위기는 곧 자본주의의 위기를 뜻한다. 그런데 하비의 자본순환 이론에 따르면 자본주의는 이러한 위기에 대응한 또 다른 전략을 갖고 있다. 자본의 제3차 순환회로가 바로 그것이다.

자본의 3차 순환 회로(the tertiary circuit of capital)란 과학기술 및 사회문화 부문에의 투자 과정을 의미한다(최병두, 2016, p.517). 구체적으로, 1차와 2차 회로에서 과잉축적되어 유휴화된 자본 가운데 일부가 비물질적이고 사회문화적인 부문, 예컨대 과학, 기술, 교육, 보건, 의료, 복지, 이데올로기, 치안, 국방 등으로 흘러들어 그 안에서 상품화를 촉진하고 잉여가치를 창출, 실현하는 과정을 의미한다. 실제로 탈산업사회로의 전환 이후, 많은 기업이 기술, 지식, 정보, 디자인, 문화, 돌봄 등 이전에는 자본순환의 대상이 아니었던 비물질적이고 사회문화적인 부문에서의 생산활동을 통하여 축적의 전기를 새롭게 마련하고 있다. 뿐만 아니라 국가 역시 지식경제, 문화경제, 창조경제 등의 이름을 써가며 정책적으로 이를 지원하고 있다.

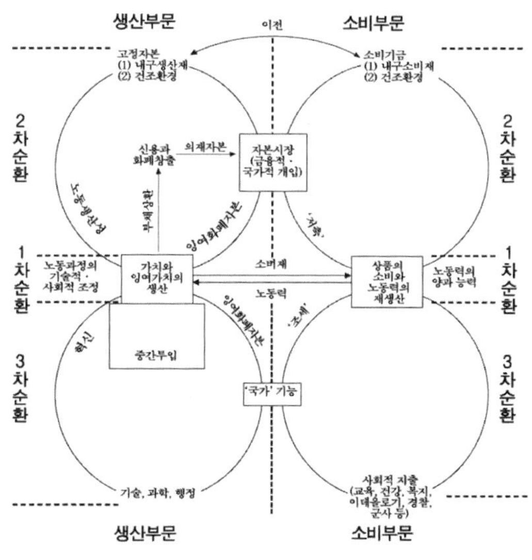

[그림 6-7] 하비의 자본순환 과정
(Harvey, 1982/1995, p.534)

사실 오늘날 대도시에서 생산의 기초가 되는 것은 자연으로부터 얻은 토지나 천연자원 등 물질적 요소라기보다는 인공적으로 만들어진 언어, 이미지, 지식, 코드, 습관, 관행 등 비물질적이고 사회문화적인 것들이 대부분이다(ibid., p.528). 지난 십여 년간 한국의 가요와 드라마 등 문화산업이 한류라는 이름으로 수출되어 전 세계적으로 고부가가치를 창출하고 있는 것이 대표적 사례이다. 그런데 여기서 한 가지 주목해야 할 점은, 비물질적이고 사회문화적인 요소들의 생산 및 소비가 제대로 이루어지기 위해서는 그에 조응하는 물적 토대가 반드시 마련되어 있어야 한다는 사실이다. 앞서 거론한 한류를 계속해서 예로 들면, 몇 년 전 서울 강남구 압구정동에서부터 청담동에 이르는 약 1㎞ 거리가 한류스타거리라는 이름으로 관광 상품화되었는데, 이 대로변에는 한류스타들에 관한 다양한 정보, 볼거리, 즐길 거리와 함께 그들의 단골식당, 단골가게, 트렌디한 카페 및 쇼핑센터들이 즐비하게 늘어서서 소비자들의 지갑을 열고 있다. 이는 상징과 이미지를 상품화하여 판매하는 신축적 방식에 있어서도 여전히 도시의 건조환경이 중요함을 보여주는 단적인 사례라 할 수 있다. 물론 이때의 건조환경이란 다양하고 화려한 장관(spectacle)이 적절히 가미된 연출물이어야 한다.

그러나 비물질적이고 사회문화적인 영역에서의 생산활동 역시 실수요가 전제되어야 지속적으로 잉여가치를 만들어낼 수 있다. 이 말인즉슨, 실물경제가 위축된 상황에서 자본이 3차 순환 회로로 투입되고 계속적으로 재투자된다는 것은 생각만큼 그리 쉽게 일어나는 일이 아니라는 얘기이다. 이는 2차 순환 회로와 마찬가지로 3차 순환 회로 역시 자본의 위기를 해소하는 데 일시적으로 도움을 줄 수는 있으나, 항구적이고 안정적인 자본축적의 조건은 될 수 없다는 점을 여실히 말해준다(ibid., p.529).

지금까지 하비의 자본순환 이론을 간략히 살펴보았다. 그의 자본순환 이론은 도시의 건조환경 투자에 초점이 맞춰져 있어서 사실상 도시이론이라 불려도 무방하다. 그의 이론은 학술적으로 크게 기여를 하였는데, 이는 무엇보다 현대 도시가 과거와 같이 그저 잉여물이 유통되거나 집중, 저장되는 장소를 뛰어넘어, 잉여가치의 생산 및 실현을 위한 핵심 수단이자 기제가 됨을 밝혀냈기 때문이다(최병두, 2016, p.531). 특히 잉여가치를 생산, 실현하는 데 있어 가장 중요한 역할을 담당한다는 바로 그 이유 때문에 자본주의에 내재한 구조적 경제 위기가 도시 공간에 투영되고 이것이 곧 도시 위기로 전치됨을 설파하였음은 하비 이론의 가장 큰 학술적 공로라 할 수 있다.

물론 도시의 위기는 과학기술 및 사회문화 부문에의 투자 등을 통하여 일시적, 부분적으로 다시 한번 조정(fix)될 수 있다. 그러나 생산자본과 괴리된 과잉자본의 본질적 한계로 말미암아 실물경제에서부터 비롯된 위기는 설사 비물질적이고 사회문화적 생산활동을 통해 잠시 회피될 수 있을지언정 본질적으로 해결될 수 없으며, 이는 도시를 더 큰 위기로 몰아넣는 계기가 되고 만다. 그런데도 국가와 기업은 이러한 위기 속에서 추가적 도시화가 불가피함을 주장하면서 상품화, 민영화, 금융화로 대변되는 신자유주의 전략을 계속해서 추진한다. 하비는 자본의 이 같은 전략 이면에 깔린 원리를 간파함으로써 축적을 위한 축적을 금과옥조로 삼는 자본주의 모순의 본질과 위기의 발생 원인을 폭로하였다(Harvey, 2005/2009, p.54, p.191).

이와 더불어 하비는 도시의 경제적 위기가 도시민들의 삶에 사회공간적 위기를 초래한다는 사실도 폭로하였다. 도시화가 진행되면 도시의 경관은 외형적으로 확대되고 정돈된 것처럼 보인다. 그렇지만 이윤 창출에 집착한 투기자본과 건설토목자본은 지대가 높은 도시 내부에서는 고밀화와 고층화를, 도시 주변에서는 난개발을 밀어붙여 높은 지대를 감당할 수 없는 대다수 서민을 외곽지역으로 몰아내 버린다. 또한 수익을 극대화하고자 지대가 최저점에 도달할 때까지 한껏 기다렸다가 뒤늦게 개발하는 시간차 투자 전략을 고수하기 때문에 몇몇 도시와 그 주변 지역들은 노후화, 황폐화하고 지역 불균등발전을 경험한다(Harvey, 1982/1995, p.545). 사회간접자본을 확충하기 위한 사업들도 국가의 재정 부족과 운영 비효율성 등을 명분으로 공격, 민영화해 버리고, 이를 통해 공적 공간에 대한 민간자본의 사적 통제와 운영을 당연시하는 분위기를 조성한다. 또한 도시 재개발을 촉진하기 위한 국가와 기업의 금융 운영 및 부동산 대출 확대는 모든 경제주체를 부채위기에 빠뜨리며 실물경제를 둔화시킨다. 실물경제가 악화하면 도시 서민들은 실업자가 되거나 비정규직 또는 저임금 근로의 덫에 빠진다. 경제력이 떨어짐에 따라 자신들이 거주하는 지역사회에서도 부동산시장을 관리, 개발, 운영할 권한을 인정받지 못하고, 사회의 주류에서 차츰 멀어지고 만다. 이로써 도시 공간은 소외, 불안, 공포, 혐오, 분노의 감정으로 가득 찬 위험의 공간—우리 책에서는 공동체 해체라고 표현될 만한 공간—으로 전락하고 만다. 하비가 20세기 후반 비판지리학계의 거두로 불리게 된 까닭은 바로 이러한 사회 공간적 위기를 자본주의 경제의 구조적 위기와 밀접히 관련된 것으로 볼 수 있는 이론적 토대를 마련하였기 때문이다.

물론 하비가 자본주의 도시를 그저 모순의 공간, 즉 평등하고 자유로운 유토피아적 인간공동체가 좌초되는 절망의 공간으로만 묘사한 것은 아니었다. 하비는 *Rebel Cities: From the Right to the City to the Urban Revolution*『반란의 도시—도시에 대한 권리에서 점령운동까지』에서 독일인 극작가 브레히트를 인용하여 "희망은 모순 속에 숨어 있음"을 강조하고, 공동체가 살아 숨 쉬는 희망의 도시 공간을 창출하는 것이 불가능하지 않음을 전망하였다(Harvey, 2013/2014, p.384). 오늘날 자본주의 도시는 자본축적의 기제에 포섭되고 신자유주의적 국가 전략이 관철되는 공간이 되었지만, 하비는 이러한 위기적 징후에 대항하는 시민의 조직적 저항이 이어지고 있고, 다양한 부문에서 이른바 도시권(the right to the city)을 향한 연대와 실천이 전개되고 있음(예: 2008년 금융위기 이후 미국의 월스트리트 점령 운동 등)에 희망의 도시가 불가능한 것이 아니라고 생각하였다(Harvey, 2008, p.23). 참고로 여기서 도시권이란 자본에 의하여 잠식된 도시 공간에서 인간적 삶—공동체 구성원으로서 적극적 자유를 누리는 삶—에 대한 요구, 구체적으로 말하면 공유재로서의 도시 건조환경을 생산한 노동자가 그것의 자유로운 이용과 민주적 관리를 요구할 수 있는 권리를 가리킨다. 도시권 개념에 바탕을 둔 도시 운동은 따라서 도시의 공적 공간이 사적으로 전유되지 않도록 자본을 감시하고 견제하며 그에 저항하는 집합적 실천의 형태를 띤다(Harvey, 2003/2005, p.154).

하비의 자본순환 이론은 이론적, 실천적으로 많은 시사점과 의의를 갖는다. 그러나 그러한 만큼 많은 논란을 불러일으켰다. 그중 하나는 이윤율 저하 경향성에 대한 그의 입장이다. 하비는 자본주의가 파멸을 향해 나아가는 궁극적 원인을 유효수요 부족, 과소소비, 금융화, 민영화 등에서 찾았다. 이는 정통 마르크스주의 진영 쪽 학자들 일부를 자극하였는데, 그 까닭은 그로써 마르크스주의에서 중요한 이론적 위치를 차지하는 이윤율 저하의 경향적 법칙을 법칙이 아닌 하나의 설명변수 정도로 격하하였기 때문이다.

마르크스 경제학에서 연간 이윤율(r)이란 불변자본(C)과 가변자본(V)으로 구성된 전체 자본 투자액 중 잉여가치액(S)이 차지하는 비율로서, 수식으로 $r=\frac{S}{C+V}=\frac{S/V}{\frac{C}{V}+1}$로 표현된다. 이때 S/V는 잉여가치율, C/V는 자본의 유기적 구성을 가리킨다. 잉여가치율은 장기적으로 일정하다. 그러나 자본의 유기적 구성은 사회가 존속하고 발전하는 한 계속 증가한다. 따라서 이윤율은 장기적으로 저하한다. 물론 장시간 노동, 임금 삭감, 신기술 개발, 저렴한 불변자본재 이용, 식민지 건설 등등의 조치를 통해 단기적으로 잉여가치율을 올려 이윤율 저하를 막을 수는 있다. 그러나 장기적으로 자본의 유기적 구성이 고도화됨을 막을 수는 없으며, 따라서 이윤율은 반드시 저하되고, 자본주의는 공황과 파멸을 맞게 된다(Marx, 1894/2015, p.254-255). 이처럼 중요한 이윤율 저하의 경향적 법칙을 하비는 "마르크스주의 내 우상과 같은 지위를 차지하고 있는 것"으로 격하하고 반대하는 입장을 분명히 하였다(Harvey, 2016). 대신 유효수요 부족, 과소소비, 금융화, 민영화 등 기타 요인들을 자본주의 위기의 궁극적 원인으로 찾았다. 이에 대하여 일부 마르크스주의자들은 하비의 주장이 틀렸음을 실증적 증거를 대며 반증하였고, 그로써 하비가 제시한 기타 요인들은 사실상 자본주의의 위기 국면에서 부차적 역할만 할 뿐임을 지적하였다(Kliman, 2015).

하비의 이론은 이 외에도 다양한 측면에서 공격받았다. 몇 가지 예를 들면, ① 하비의 이론 틀 안에서 자본의 3차 순환 회로는 매우 중요한 설명 요소로 간주됨에도 이 영역으로의 자본 흐름에 대하여, 특히 자본 흐름의 최종 결과에 대하여 언급한 바가 거의 없다는 점, 그래서 자본주의의 미래에 대하여 구체적으로 말해주는 바는 사실상 없다는 점, ② 이론이 지나치게 구조주의적 성향을 보인다는 점, 그래서 행위자들의 정치적 판단과 결정을 경제적 요인 이외의 요인들, 예컨대 사회적 관계, 담론, 전통, 관습, 기억 같은 비합리적이고 감성적인 요인들로 설명할 길이 없다는 점, ③ 탈취에 의한 축적 관점에서 전 세계적인 저항과 운동을 강조하였음에도 불구하고, 강조한 바에 비하면 정작 자본주의 생산의 핵심이라 할 수 있는 노동자 계급의 역할과 가능성에 대해서는 상대적으로 관심을 덜 보였고, 오히려 비노동자집단(예: 제3 세계 농민, 자원 약탈에 희생당하는 지역 주민, 삼림 훼손에 맞서는 원주민, 금융사기 피해자 등)을 사례 연구에 주로 등장시켰다는 점 등을 거론할 수 있다(이정구, 2016).

4. 사스키아 사센—주변화된 경제 중심지 세계도시

다음으로 소개할 학자는 세계화 경제학자 사스키아 사센이다. 사센은 세계화와 세계 경제의 구조 개편이 왜, 어떻게 특정 장소나 제도에 물질화되었는가를 연구한 것으로 지금의 명성을 얻었다. 특히 그녀는 전 지구적 규모에서 논의되던 기존의 세계화 담론을 넘어서서 국가와 그 하위 규모(sub-scales)에서 이루어지는 세계화 현상을 포착하고자 노력하였다. 또한 국민국가(nation-state) 규모에서 논의되던 노동자의 국제 이주 현상을 세계화 경제와 결부시키는 등 기존에 확립된 세계화 담론의 틀을 깨고 세계화 경제 논의를 새로운 관점에서 포착, 설명하고자 노력하였다(남기범, 2012).

세계화를 연구한 사센은 성장 배경부터가 세계적이었다. 5개 국어에 능통한 데에서 드러나듯, 그녀는 네덜란드에서 태어나 로마에서 청소년기를 보냈고 프랑스, 이태리, 아르헨티나에서 대학교육을 받았으며 미국에서 석박사학위를 마쳤다. 이러한 성장 배경 때문이었는지는 그녀는 자신의 첫 저서 *The Mobility of Labor and Capital*(1988)『노동과 자본의 이동성』에서 세계화 경제와 국제 이주 문제를 심도 깊게 다루어 학계의 이목을 끌었다. 이 책에서 사센은 국제 이주가 단지 원 국가의 빈곤이나 실업 때문에 발생하는 것이 아니라 이주국의 경제적, 군사적 개입으로 발생하게 된다는 사실을 입증하였다(송영일, 2008).

첫 책의 출간 이후 사센의 관심사는 국제 이주에서 세계화에 따른 금융시장과 도시 문제로 초점이 살짝 바뀌었다. 이는 1980년대 당시 비판사회학계의 학문적 지형, 구체적으로 월러스틴의 *The Modern World System*『근대세계체제』 출간 이후 1980년대 초까지 세계체제론과 신마르크스주의 이론이 도시적 관점에서 융합되지 못하고 각자의 길을 걷고 있던 상황에서 비롯되었다(Wallerstein, 1974/1999). 하비, 카스텔, 르페브르 등 신마르크스주의자들은 자본주의 생산 과정에서 발생하는 자본과 노동의 갈등, 자본순환에 따른 위기 등을 도시적 단위에서 설명하는 데 그치고 있었다. 마찬가지로 세계체제론적 접근법은 자본주의 모순과 갈등을 도시적 단위에서 분석하지 못하는 한계를 지니고 있었다.

이 두 가지 접근법을 통합하는 움직임은 1982년 존 프리드만이 세계도시 형성에 관한 아젠다를 띄우면서 시작되었고, 4년 후 “The world city hypothesis”「세계도시 가설」이라는 논문을 발표하면서 구체화되었다(Friedmann, 1986). 사센은 이러한 학계의 동향 속에서 세계화에 따른 도시의 공간적 변화 양상을 포착한 최초의 학자 중 한 명으로 활약하였다. 특히 그녀의 *The Global City: New York, London, Tokyo* 『세계도시 - 뉴욕, 런던, 도쿄』는 전 세계 십수 개국에 번역되어 호응을 얻었고, 이후 그녀는 명실상부 '세계적' 스타 교수로 발돋움하였다(송영일, 2008).

이 책에서 사센은 세계화 개념에 근거하여 세계도시가 무엇이고 왜 만들어지는지, 어떻게 유지, 발전하는지 등의 문제에 천착하였다. 특히 세계도시가 들어선 국민국가 내부의 주변 도시들과 세계도시 간 불평등 문제, 세계도시 내부의 양극화 문제 등에 대하여 집중적으로 파고들었다. 이를 통하여 그녀는 정보화를 동반하는 세계화가 가속화될수록 장소에 매몰된 도시는 소멸할 것이라(de-territorializing) 본 기존의 이론적 전망을 뒤집고, 역설적이게도 세계화가 진행될수록 — 전통적인 영토 기반 국민국가의 위축 및 신자유주의 국가의 등장 속에서 — 자본축적의 측면에서 전략적으로 중요한 몇몇 도시의 기능과 역할은 오히려 강조될 것이고(re-territorializing), 이에 따라 국가 간, 국가 내, 그리고 도시 간, 도시 내 불평등과 양극화가 심화하면서 빈민, 소수인종, 이민자를 포함한 취약계층의 삶과 그들이 소속된 공동체의 양상은 더욱 큰 위기에 빠질 것임을 예견하였다(남기범, 2012). 아래에서는 이와 같은 내용을 담는 사센의 세계도시 이론을 그녀가 제시한 일곱 가지 가설을 중심으로 살펴본다.

제1 가설: 상품, 자본, 정보, 사람, 아이디어가 전 지구적 규모에서 빠르게 이동, 회전, 확산하는 세계화가 진행될수록, 자본주의 경제의 생산활동은 국민국가의 영토적 경계 안에서 제한적으로 이루어지던 기존의 모습에서 탈피하여 전 지구화하는 양상을 보인다. 이때 경제적 생산활동이 국민국가의 영토적 경계를 넘어 지리적으로 확장되는 정도가 커질수록, 그것을 관리, 감독, 통제하는 중앙의 관제탑 기능의 필요성과 유의성도 커진다(Sassen, 1991, p.23).

제2 가설: 전 지구적으로 확산한 생산활동을 관리, 감독, 통제하는 중앙의 관제탑 기능은 대단히 복잡하고 불가예측적이다. 나라마다 법률체계, 회계규정, 금융기법, 사업 관행이 다르기 때문이다. 하나의 다국적기업이 이 모든 역할을 전부 관장하기란 불가능하다. 따라서 다국적기업들은 금융기관, 컨설팅 업체, 회계법인, 로펌, 부동산 중개회사, 광고기업 등 이른바 생산자서비스업체(producer service industrial firms)에 생산활동 및 기능의 상당 부분을 외주화(outsourcing)하는 방향으로 과부하를 해결한다(ibid., p.37).

제3 가설: 생산자서비스업체에 주요 생산활동과 기능을 외주화하면 할수록, 다국적기업의 본부(headquarter)는 최종적인 의사결정만 하면 되는 상황에 놓이게 된다. 특히 전 세계 어느 국가나 지역이든 상관없이 위치할 수 있는 초영토적 입지(trans-territorial location) 옵션을 갖게 된다(ibid., p.110).

제4 가설: 다국적기업의 경제적 생산활동과 기능을 측면에서 도와주는 생산자서비스업체들 역시 그들의 고객인 다국적기업의 본부와 마찬가지로 초영토적 입지 옵션을 갖게 될 것으로 예상된다. 오늘날 금융, 재무, 회계, 법무, 광고 서비스를 포함한 각종 기업 컨설팅은 고도로 발달한 정보통신 기술에 의존하여 이루어지므로 굳이 제한된 장소에 모여있을 이유가 없기 때문이다. 그러나 현실적으로 생산자서비스산업은 공간적으로 확산한 입지 패턴을 나타내지 않는다. 정반대로 특정 국민국가 영토 내, 그것도 제한된 도시지역 안에 지리적으로 모여드는 집적경제(agglomeration economies)의 입지 패턴을 나타낸다(ibid., p.122).

생산자서비스업체들이 다루는 정보는 대부분 전문가의 검증이 요구되는 고급의 2차 정보(the secondary information)이다. 때문에 정보의 수집, 해석, 재가공에 필요한 최고급 인력의 유치 및 관리 지원 그리고 비밀보장 등 보안 유지 업무를 위하여 지리적으로 서로 멀찍이 떨어져 있는 것보다 옹기종기 모여있는 것, 즉 일대일 대면접촉을 하고 그로써 스킨십을 가능한 한 많이 하는 것이 생산력 향상과 이윤 창출에 더 도움을 준다. 미국의 실리콘밸리를 떠올리면 이 말이 뜻하는 바를 쉽게 이해할 수 있다. 지리적으로 멀리 떨어져 있어도 무방한 최첨단 정보통신기업들—때로 경쟁적 관계에 놓여있는 기업들—이 실리콘밸리에 비좁게 모여있는 것은 동종업계 회사들과의 긴밀한 파트너십 및 고급 아이디어 교환을 통한 혁신적 협력 네트워크 구축에 목적이 있다.

사센에 따르면 생산자서비스업체들이 집적하는 장소는 전통적인 산업도시일 수도 있고 신흥 후기산업도시일 수도 있다. 역사적, 문화적 배경이 다를 수도 있다. 그러나 어디가 되었든 공통적으로 적용되는 조건은, 자본의 전 지구적 작동과 순환에 장애물이 없다는 점, 즉 도시정부 차원에서 친기업적(business-friendly) 경제정책이 집행되고 그와 관련된 인적 자본을 포함한 각종 사회 인프라가 잘 갖추어져 있다는 점이다(ibid., p.130). 이런 측면에서 다국적기업과 생산자서비스업체의 세계도시로의 집적은 도시 자체를 선택한 결과라기보다 세계도시가 보유한 최고의 경제적 기능과 고급 인재 그리고 둘 간의 상호작용에 따른 시너지 효과에 대한 기대의 결과라고 볼 수 있다.

제5 가설: 다국적기업의 전 지구적 경제 활동을 측면에서 도와주는 생산자서비스산업의 집적경제가 가속화하면 할수록, 그러한 활동이 벌어지는 전 세계 각지의 도시경제 간 직접 교류와 투자는 활성화되는 반면, 이들이 소속된 국민국가를 경유한 전통적 교류와 투자는 위축된다(ibid., p.171). 국민국가를 경유한 교류와 투자는 각종 규제로 인하여 생산비 절감에 도움이 되지 않기 때문에 자본은 가능한 한 국민국가의 통제와 감시를 피하는 방법을 고안해낸다. 생산자서비스업체들 역시 우회 방안을 찾아내어 다국적기업의 전 지구적 생산을 돕는다.

도시경제 간 직접 교류와 투자가 늘면 자연히 이들을 관통하는 초국적 연결망이 구축된다. 그리고 이 연결망을 통하여 이윤 창출에 도움이 되는 각종 정보와 자본, 물자, 인력, 아이디어 등이 실시간으로 흘러 다닌다. 북미, 유럽, 아시아, 남미, 아프리카, 오세아니아 육대륙의 세계도시들을 잇는 초국적 도시-대-도시 회로(city-to-city circuits)가 만들어지는 것이다. 대략 30~40개 정도의 도시를 하나로 잇는 초국적 회로가 만들어지는 데 따르는 한 가지 파급효과는, 세계도시의 경제 상황이 점차 자신이 소속 국민국가의 경제 여건에 종속되기보다 그로부터 이격(decoupling)되어 지구 반대편 다른 대륙, 다른 나라에 위치한, 또 다른 세계도시들과 그 네트워크(global cities network)에 의존하게 된다는 사실이다(ibid., p.172). 이 말인즉슨, 세계도시가 세계 경제의 전략적 장소로 등장하면서, 예컨대 뉴욕, 런던, 도쿄에서 이루어진 의사결정이 쿠알라룸푸르, 샌디에이고, 시드니와 같이 지리적으로 멀리 떨어진 지구 반대편 세계도시들의 고용, 임금, 소비를 비롯한 경제 상황 전반에 미치는 내부 파급력이 커지는 한편, 이에 대한 국민국가의 영향력이나 개입 범위는 감소하게 된다는 것을 뜻한다. 때로 세계도시 네트워크는 개별 세계도시가 소속된 국민국가의 경제 상황에 역행하는 일을 하도록 강요하기도 한다.

한편 사센은 30~40여 개의 세계도시가 모두 동일한 역할을 수행하는 것은 아님을 강조하였다. 세계도시 네트워크는 계층구조를 띤다. 구체적으로, 최고의 전문가집단과 정보통신 인프라를 갖춘 뉴욕, 런던, 도쿄, 프랑크푸르트 등 몇몇 세계도시는 일급(first-tier) 계층을, 그 밖의 다른 대부분의 세계도시, 예컨대 서울, 방콕, 뭄바이, 산티아고 등은 이급(second-tier)과 삼급(third-tier) 계층을 구성한다. 일급 세계도시들은 세계 경제의 중심지로서 경제적 생산활동의 최고, 최후, 최강 관제탑으로 기능하고, 이급, 삼급 세계도시들은 각자 소속된 국가 경제 내 외환을 관리하고 자국 자본을 세계 경제로 끌어들이는 임무를 수행함으로써 위계적이되 상호 보완적인 관계를 맺는다(ibid., p.195).

제6 가설: 세계도시 현상이 가속화할수록, 불평등이 심화한다(ibid., p.252). 불평등은 다차원적이고 연쇄적이다. 또한 구심력과 원심력을 동반한다. 여기서 다차원적이라 함은 불평등이 단순히 경제적 소득 측면에서만 발생하는 것이 아니라 취업, 주택, 교육, 생활기회 등 여러 방면에서 작동한다는 것을 의미한다. 또한 연쇄적이라 함은 세계화에 따른 소득 불평등이 직업 불평등, 주거 불평등, 인종 불평등, 지역 격차 등 다양한 파급효과를 낳는다는 것을 의미한다. 한편 구심력이란 자본, 정보, 물자, 사람, 아이디어가 세계도시로 집중하여 권력과 부가 축적되는 현상을, 원심력이란 그럼에도 불구하고 국토가 불균등하게 발전하고 세계도시 내부에 이중도시(dual city)가 형성되는 등 권력과 부가 편파적으로 배분되는 양극화(polarization)를 가리킨다.

이를 좀 더 자세히 살펴보면, 먼저 하나의 국민국가 안에는 초국적 도시-대-도시 회로에 연결된 세계도시와 그렇지 못한 주변 도시들이 존재한다. 회로에 연결된 세계도시로는 글로벌 자본이 직접 투하되고 정보, 물자, 인력, 아이디어가 실시간으로 출입을 반복하면서 막대한 권력과 부가 축적된다. 그러나 회로에 연결되지 못한 주변부 도시에서는 이러한 과정이 발생하지 않는다. 즉 권력과 부를 축적할 수 있는 기회가 상대적으로 적게 주어진다. 도시 간 양극화가 심화하는 것이다.

전통적으로 국민국가는 이 같은 편차를 조정하고 보완하는 역할을 담당하였다. 그렇지만 신자유주의와 결합한 세계화는 국민국가의 영토와 주권을 무력화하고 공공성 영역을 시장화, 사유화하는 방향으로 발전하였다. 세계도시 역시 비슷한 경제 논리에 따라 국민국가의 통제와 관리에서 벗어나 국가 경제의 여건이나 국민에 대한 공적 책무를 고려치 않고 독자적으로 생산활동을 전개하여 왔다. 이 말인즉슨, 세계화가 진행될수록 하나의 국민국가 안에 경제적으로 번영하는 지역(세계도시)이 생기는 반면, 경제적으로 쇠퇴하거나 이전보다 낙후되는 지역(주변 도시)도 생기며, 이러한 지리적 불균등발전에도 불구하고 국민국가가 이를 조정할 수 있는 개입 레버리지가 점차 사라진다는 것을 뜻한다(ibid., p.256).

불평등과 양극화는 하나의 국민국가 내 세계도시와 주변 도시뿐 아니라 하나의 세계도시 내에서도 광범위하게 발생한다(ibid., p.264). 일반적으로 세계도시 내부에는 신흥 생산자서비스산업과 기존의 전통적 재래산업(예: 제조업 등)이 공존한다. 그런데 세계도시 내부의 투자와 상거래는 주로 전자를 중심으로 펼쳐진다. 따라서 전자에서 창출되는 이윤이 후자를 압도한다. 쇠퇴하는 전통 재래산업에 종사하는 수많은 블루칼라 노동자는 차츰 해고되어 곤궁한 삶을 살고 빈민층으로 전락한다. 반면 신흥 생산자서비스산업에 종사하는 기업 컨설턴트, 변호사, 회계사, 펀드매니저, 회사 임원 등 전문직 종사자들은 막대한 연봉을 받으며 사회경제적 지위의 수직 상승을 경험한다.

이뿐만이 아니다. 세계도시 내부에 초국적 기업들이 집적한 도심과 전문직 종사자들이 몰려 사는 도심 주거지는 막대한 부동산 투자와 사회간접자본 투자를 받고 고급 오피스단지, 주상복합단지로 재개발된다. 그러나 전통적 재래산업이 집적한 점이지역이나 저소득층, 소수인종, 이민자 밀집주거지역은 투자를 받지 못하여 낙후되며 인종적 격리(racial segregation), 슬럼화, 황폐화를 경험한다. 일부 주민은 도시 미화라는 명목하에 기존 주거지에서 쫓겨나 도시 외곽에서 열악한 주거 상황에 맞닥뜨린다. 이들이 강제 철거 당한 도심에는 고급 빌라, 호화 주택, 고급 레스토랑, 특급 호텔, 최고급 부티크 등 새로운 건조환경이 들어서 도시의 장관을 연출한다(ibid., p.284).

요컨대 세계도시는 정보, 자본, 물자, 사람, 아이디어의 효율적 집중과 회전, 나아가 투하 및 재투하를 관리감독하는, 자본주의 경제의 최전선 관제탑으로 기능한다. 즉 전 지구화 시대 세계 경제의 핵심 결절(node)로서, 그것의 원활한 초국적 작동을 위한 기초 단위로 기능함으로써 세계 경제에 풍요를 가져오고 전 지구적 자본주의의 축적 기반을 다지는 핵심 기지로 거듭난다. 그렇지만 세계도시의 성공과 번영은 초국적 도시 회로에 연결되지 못한 수많은 주변 도시를 국민국가의 보호막에서 소외시키고 발전의 수혜로부터 배제한 데 따른 결과이다. 또한 세계도시 내부적으로도 사회경제적, 공간적 불평등 심화를 용인하고 취약계층의 복지를 묵과한 데 따른 성취이다. 이런 측면에서, 세계도시는 부를 창출하는 자본주의 경제발전의 본진인 동시에, 내외적으로 심각한 불평등이 상존하고 이것이 강화되는 모순의 공간이라 할 수 있다. 세계도시가 세계 경제의 중심지이되 주변화된 중심지라는 역설적 표현은 바로 이러한 이해에서 나왔다.

제7 가설: 세계도시 현상이 가속화할수록, 세계도시로 유입되는 이민자 수는 늘어난다(ibid., p.289). 세계도시로 유입된 이민자 가운데 일부는 고도로 훈련된 최고급 인재로서 생산자서비스업체에 종사하며 엄청난 연봉을 받는 신흥 상류층이다. 그러나 대부분은 모국에서조차 저학력, 미숙련 노동자의 삶을 살아온 빈민층이다. 또한 법적인 신분조차 보장받지 못하는 불법체류자들이 많다. 따라서 세계도시로 유입되었을 때 이들이 생존을 위하여 가장 흔하게 갖는 직업은, 때마침 쇠락 중인 전통적인 재래산업 분야의 블루칼라 직업이라기보다, 신흥 산업인 생산자서비스산업에서 일하는 전문직 종사자들의 고급스러운 소비 욕구를 충족시켜 주는 데 초점이 맞추어진 대인서비스업 분야 관련 날품일 가능성이 크다(ibid., p.294). 예를 들면 식당 종업원, 주차 관리원, 건물 관리인, 호텔 잡부, 손톱 관리사, 세탁물 관리사, 가사 도우미, 청소부, 가내수공업자 등이다. 물론 세계도시에 도착하기 전 본국에서도 이들은 비슷한 날품을 해왔다.

세계도시로 유입된 저학력, 미숙련 이민자 가운데 상당수가 상류층을 대상으로 하는 대인서비스 산업부문에 집중되어 일을 한다. 그렇지만 대인서비스에 대한 상류층의 수요는 한정되어 있다. 그럼에도 불구하고 이민자의 유입은 계속된다. 세계도시를 일종의 관문(gateway)으로 생각하여 목숨을 걸고 넘어오는 이민자들이 많기 때문에 불법체류자까지 합치면 세계도시로 유입되어 대인서비스 산업부문에 종사하는 이민자의 수는 수요를 훨씬 넘어선다.

값싼 이민자 노동력의 대인서비스 산업부문에의 과잉공급은 그들을 고용하는 영세사업자들로 하여금 비공식화(informalization) 전략을 채택하도록 유도한다(ibid., p.298). 원래대로라면 사업주는 공개채용을 통하여 근로자를 고용하고 법 규정에 따라 임금과 수당을 챙겨주며 관계 당국에 매출 관련 세금을 꼬박꼬박 내는 식으로 회사를 운영해야 한다. 그런데 소수인종 이민자들, 그것도 불법체류자 신분의 노동자들이 과잉공급되는 상황에서 많은 사업주는 그와 같은 합법적이고 일반적인 운영전략이 아닌 비공식화라는 파행적 운영전략을 채택한다. 이 전략은 첫째, 비공식적 경로를 통해 불법체류자 신분의 노동자를 암암리에 채용하여 이들에게 법정 최저 수준보다 낮은 임금을 주거나 노동시간을 늘리는 방식으로 생산비를 절감하고,

둘째, 공개적으로 채용한 공식적 근로자들에게는 회사가 통상적으로 제공하는 각종 근로복지 서비스나 수당 등을 합법적 또는 불법적으로 지급하지 아니하며, 셋째, 회사가 운영난에 직면할 때에는 손쉽게 노동자들을 해고하는 식으로 유연하게 노무를 관리하는 것, 즉 노동의 임시직화(casualization) 추구를 골자로 한다.

글로벌 금융시장의 중심지로서 세계도시에는 막대한 양의 자본이 수시로 드나든다. 그러한 가운데 엄청난 연봉을 쓸어 담아가는 전문직 종사자들의 고급스러운 라이프스타일은 세심하게 케어된다. 세계도시는 이들의 안락한 주거를 위하여 고급주택 단지를 개발하고, 편리한 생활을 위하여 더 많은 도메스틱 헬퍼, 웨이트리스, 네일 케어리스트, 호텔 벨보이, 발렛파킹 스태프를 공급한다. 그래서 세계도시는 화려한 도시 장관이 연출되는 곳, 세련되고 편리한 생활양식이 돋보이는 곳으로 소개된다.

그러나 이러한 볼만한 광경 반대편 다른 한쪽에서는 불법 고용, 임금 체불, 장시간 노동에 고통받는 미숙련 저임금 이민자들의 주변화된 비공식 노동시장이 엄존한다. 최저임금 이하를 받고 장시간 열악한 조건에서 일하는 저임 노동자들이 세계도시의 화려한 마천루 그리고 그 안에서 세계 경제의 성공을 위하여 불철주야 노력하는 상류층 전문직 종사자들과 공존한다. 그러나 상류층의 안락한 삶과 달리 세계도시 내 하류층의 삶은 소득과 직업적 측면에서뿐 아니라 건강, 안전, 환경, 교육, 보건, 의료, 법률적 배려 등 모든 측면에서 기준 이하이다. 그들의 주거지는 마천루에 가려 잘 보이지 않거나 도시 외곽으로 밀려나 있어 잘 보이지 않지만, 실상을 보면 열악하며 비참하다. 이런 측면에서 작금의 세계도시의 이중도시적 면모는 180여 년 전 엥겔스가 『영국 노동계급의 상황』을 통해 고발한 19세기 잉글랜드 신흥 산업도시 맨체스터의 극단적 양극화가 그리 다를 바 없다고 할 수 있다.

이제 사센의 일곱 개 세계도시 가설을 정리해 보자. 세계도시 가설은 특정 장소에 국한된 또 하나의 단순한 도시이론이 아니다. 가설은 세계화와 세계 경제의 구조 재편에 관한 자본주의 이론으로서, 복잡한 자본축적의 동학이 어떻게 도시라는 장소에서 현시화하는가를 집요하게 파고든 결과물이다.

세계도시의 형성 배경과 관련하여, 사센은 생산활동이 공간적으로 분산될수록 분산된 활동들을 조율하고 통제하는 중앙의 관제탑 기능이 요구되며, 이러한 기능을 지원하기 위하여 금융, 법률, 회계, 컨설팅, 광고, 부동산 중개 등 특화된 서비스를 제공하는 생산자서비스산업이 발달한다고 보았다. 그녀는 생산자서비스업체들의 성공은 대면접촉에 따른 정보교환 및 파트너십 달성 등 혁신적 환경을 조성하는 데 달려 있으며, 따라서 세계 경제 차원에서 집적경제를 달성하기 위한 대도시 환경 구축이 중요한 과제로 부각된다고 보았다. 이에 따라 전략적으로 중요한 30~40여 개의 세계도시가 출현하는데, 이들 도시는 총 세 개의 급수로 나뉜 위계적이고 협력적인 네트워크로 연결되면서 그 정점에 뉴욕, 런던, 도쿄 등이 위치한다고 지적하였다. 사센에 따르면, 후기산업사회 자본주의는 바로 이 위계적 세계도시 네트워크를 물적 토대 삼아 자본의 투하와 이윤율 회수를 효율적으로 달성하면서 새로운 성공적 축적 국면으로 나아가고 있다고 한다.

세계도시 네트워크의 형성 배경을 위와 같이 설명한 사센은 다음으로 개별 세계도시의 전개 양상을 분석하였다. 분석 결과, 세계 경제의 중심부라 할 수 있는 세계도시들에서 공통적으로 발견된 특징적 현상이 하나 있었다. 불평등과 양극화가 바로 그것이다. 사실 사센의 세계도시 이론은 글로벌 자본의 성장과 그에 따른 권력 및 부의 공간적 집중이 야기한 부정적 효과에 상당 부분 초점이 맞추어져 있다. 그 내용인즉슨, 세계도시의 화려함 이면에는 늘 대규모 이민자 노동자들의 희생이 깔려 있다는 사실이다. 이민자들은 세계도시 네트워크를 타고 특정 세계도시로 흘러들어 그곳에서 육체노동, 저임금, 장시간 근로 환경에서 종사하며 세계 경제의 발전에 보이지 않게 이바지한다. 그렇지만 일터에서 정당한 대우를 받거나 주거지에서 최소한의 교육, 보건, 의료, 법률 서비스를 제공받지는 못한다. 세계도시 안에 상류층 전문직 종사자 집단 외에, 이들과 성격을 완전히 달리하는 타자 집단이 존재하고, 두 집단 간에 경제적, 사회적, 지리적, 인종적, 정서적 분리가 심각한 수준에서 일어나고 있음을 목격한 사센은 이를 중심부의 주변화(peripheralization at the core)라 표현함으로써 세계도시의 이중도시적 면모를 폭로하였다(Sassen, 1982).

사센의 세계도시 이론은 학술적으로 큰 기여를 하였다. 무엇보다, 국제 이주, 도시경제, 도시경제 간 분업, 금융 및 생산자서비스업 성장, 제조업 쇠퇴, 정규직 고용시장 위축, 노동시장의 비공식화, 대인서비스산업 발달 등 개별적인 논리에 따라 움직이는 것으로 보이는 여러 도시 현상을 세계화와 세계 경제의 구조 개편이라는 하나의 관점 아래 묶어내고, 이를 다시 전혀 관련성이 없어 보이는 소득 불평등, 직업 불평등, 주거 불평등, 나아가 사회적, 인종적, 공간적, 정서적 격리 및 배제 현상—우리 책에서 공동체 해체 또는 파괴라 불릴 만한 현상—과 연결 지어 설명할 수 있는 틀을 마련해 주었다. 또한, 세계화가 진행될수록 전통적 국민국가의 영향력 감소 추세 속에 영토와 장소성의 의미 약화로 도시가 쇠퇴, 소멸할 것이라 본 기존의 이론적 전망을 뒤집고, 반대로 세계화가 가속화할수록 특정 세계도시의 전략적 중요성이 커지면서 오히려 도시의 기능과 역할이 강화되고 영토성과 장소성의 유의성도 부활할 것임을 다양하고 폭넓은 실증적 자료를 토대로 분석함으로써 그전까지 비물질화로 편향된 세계화 담론에 상당한 변화를 야기하였다(남기범, 2012).

뿐만 아니라 사센은 자신의 이론이 그저 학술적 차원의 설명과 예측에만 머무는 것을 경계하였다. 그녀는 전 세계 인구의 극소수에 불과한 엘리트 상류층만 세계화의 혜택을 계속적으로 받는 반면, 중산층은 더욱 어려워지고 빈곤층이 증가하는 불평등의 가속화를 특히 우려하였다. 그래서 이에 대한 통제의 필요성을 역설하였다. 그녀는 최근까지도 세계화가 초래하는 부정적 파급효과와 그에 대한 해결에 대하여 커다란 관심을 보였는데, 이 같은 관심은 *Expulsions: Brutality and Complexity in the Global Economy*『축출 자본주의』에 잘 드러나 있다(Sassen, 2014/2016).

이 책에서 사센은 복잡한 세계 경제의 작동이 낳은 잔혹한 현실로 축출 논리의 부상에 주목하였다. 여기서 말하는 축출(expulsion)이란 전 지구적 자본주의의 약탈적 동력이 많은 사람을 체제의 변두리로 밀어붙이는 데 그치지 않고 원래 자리로 되돌아오지 못하도록 아예 퇴출해 버리는 행위를 가리킨다(ibid., p.6). 교도소의 민영화, 외국자본의 국내 부동산 매입에 따른 토지 약탈, 식수 등 자연 자원의 상품화 등이 축출 논리의 작동을 보여주는 대표적 사례라 할 수 있다. 사센은 축출에 따라 점점 더 많은 사람이 노동자나 소비자로서의 가치를 잃고 사회적으로 배제되며 궁핍해지는 극단적 양상이 선진국, 후진국 가릴 것 없이 현 자본주의 체제 내에서 광범위하게 전개되고 있다고 진단하였다. 사센은 축출의 논리가 세계 경제의 신자유주의적(규제 완화, 관세 폐지 등), 전 지구적(세계도시, 아웃소싱 등) 작동과 밀접한 관련성이 있다고 주장하면서, 이를 제어하기 위하여 초국적 시민권을 바탕으로 한 국제기구 및 국가에 대한 민주주의적 요구 및 전환의 중요성을 강조하였다(ibid., p.256).

상당한 학술적 기여와 비판적 성찰에도 불구하고 사센의 세계도시 이론은 많은 비판을 받았다. 첫째, 그녀는 세계화로 인하여 지리적으로 분산된 경제 활동을 보다 효율적으로 통제하기 위하여 다국적 자본의 경제적 필요에 따라 세계도시가 출현하게 되었다고 설명하였는데, 이는 다분히 구조주의적이고 경제결정론적인 접근으로서, 세계도시의 형성에 중요한 영향을 미치는 수많은 행위자의 역할 그리고 특정 장소가 갖는 사회, 문화, 정치적 과정의 중요성, 나아가 역사적 특이성, 독자성을 모두 간과한 처사라는 비판을 받았다(유환종, 2000, p.120). 이 같은 비판은 후기구조주의 또는 구성주의 진영에 선 학자들에 의하여 주로 제기되었는데, 이들에 따르면 어떤 사회 현상이 발생하는 것은 단지 사회구조에 의하여 요구되는 기능적 필요에 의해서라기보다, 사람들이 세상을 바라보고 이해하는 방식, 그러한 이해를 바탕으로 한 사람들의 행동양식, 그리고 사회적 실천, 집합적 행위 등등이 복합적으로 결합하면서 비로소 가능해지는 것이라고 한다. 이러한 구성주의적 관점에서 보면, 세계도시의 등장이란 전 지구적 자본주의나 다국적 자본의 경제적, 기능적 필요에 따라 그 모습이 이미 결정되어 나타나는 것이 아닌, 다양한 사회, 정치, 경제, 문화적 이해관계와 목적, 가능성을 지닌 여러 사회적 실천과 정치적 프로젝트가 복잡하게 얽히고설키면서 인과관계를 잘 알기 어려운 형태로 발현되어 나타난 결과로 이해하는 것이 더욱 타당하다.

사센의 세계도시 이론에 대한 두 번째 비판은 첫 번째와 밀접히 연관되어 있다. 세계화와 지리적 규모(scale)에 대한 잘못된 인식이 바로 그것이다. 내용인즉슨, 사센은 이 세상의 모든 사회, 정치, 경제적 관계와 과정을 근본적으로 변화시키는 제일 추동체로 세계화를 지목하였는데, 이처럼 우리 삶의 양식 상당 부분이 전 지구적 규모(global scale)에서 조직, 형성, 작동되는 어떤 기제에 의하여 지배된다는 견해는 글로벌(global)과 로컬(local)을 이분법적으로 나누어 생각하는 잘못된 인식론에 바탕을 두고 있다는 비판이다. 여기서 글로벌-로컬 이분법이란, 우리가 일상적 삶을 사는 특정 지역이나 장소(예: 국가, 도시, 지역사회 등) 경계 바깥에 존재하는 낯선 것을 글로벌로, 안쪽에 존재하는 낯익은 것을 로컬로 구분하고, 그러한 구분을 바탕으로 세계화를 전 지구적 힘에 의하여 국가나 도시, 지역사회에 부과되는 외부의 압력으로 이해하는 사고 경향을 가리킨다. 이러한 이분법적 사고가 문제가 되는 까닭은, 글로벌 규모에서 활동하거나 조직되는 행위자 및 활동을 로컬 규모의 등가물에 비하여 항상 더 능동적이고 강력하며 영향력 있는 것으로, 반대로 로컬 규모의 행위자나 활동을 글로벌 규모의 등가물에 비하여 항상 더 수동적이고 미약한 것으로 인식하도록 은연중에 사람들을 의식화함으로써 패배감과 무력감을 심어줄 가능성이 있기 때문이다(박배균, 2005).

만약 이러한 글로벌-로컬 이분법적 사고의 관점을 견지한다면, 세계화라는 것도 결국 강력한 글로벌 규모의 행위자와 활동에 의하여 추동되는 일방적 상의하달(top-down) 현상이기 때문에 로컬 행위자나 로컬의 활동이 그 강력하고 능동적인 힘의 방향이나 세기를 바꿀 여지는 거의 없고, 심지어 불필요한 것으로까지 인식된다. 비판자들은 바로 이러한 부분, 즉 세계화를 이해하는 데 있어 지리적 단위에 관한 이분법적 사고를 고수함으로써—그것도 균형 잡힌 이분법이 아니라 한쪽으로 치우친 이분법—위에서부터 주어진 세계 자본의 기능적 필요와 파괴력에만 초점을 맞추고, 밑으로부터 올라와서 구성되는 다양한 사회, 문화, 정치적 과정 및 관계들과 그 관계들의 긍정적 가능성, 흔히 말하는 주체성(agency)에는 별다른 주의를 기울이지 않았다는 점, 그리하여 자본과 권력에 의한 일방적 포섭을 부각하고 반대로 세계도시를 대안과 희망, 저항의 공간으로 이해할 여지를 분석틀에서 제거 또는 협소하게 만들어 버렸다는 점을 사센 이론의 약점으로 지적하였다. 비판자들은 세계도시에 대한 보편주의적이고 일방주의적 이해를 폐기하고 다양성, 역사성, 특수성, 주체성을 부각할 수 있는 하나의 방편으로 지역사회, 도시, 대도시권, 국민국가, 초국가 행위자 간 상호 의존적 역할과 기능을 동시에 고려하는 다규모적

(multi-scalar) 접근 방식을 제안하였다(황진태, 박배균, 2012).

5. 닐 스미스 ― 불균등발전과 젠트리피케이션

지난 몇 년간 우리 사회에서는 젠트리피케이션이 화두로 떠올랐다. 젠트리피케이션이란 도심 주거지(또는 상업지)가 재개발되면서 기존의 낙후된 환경 때문에 도심을 떠났던 중상류층 주민(또는 대기업, 대형상점)들이 고급화된 도심지로 유입되고, 이로 인한 주거비(또는 임대료) 상승을 감당할 수 없는 원주민이나 세입자(또는 소상공임차인)들이 외곽으로 밀려나며, 그 결과 해당 지역의 인구사회학적, 경제적, 문화적, 정치적 특징 및 성격이 변화하는 도시 현상을 가리킨다(이삼수, 정광진, 2018). 젠트리피케이션은 원주민이나 세입자의 전치를 통하여 기존 지역공동체를 해체, 파괴한다는 측면에서 특히 많은 비판의 대상이 되어왔다.

젠트리피케이션이라는 용어를 주조한 인물은 잉글랜드의 사회학자 루스 글래스였다. 그녀는 *London: Aspects of Change*『런던 ― 변화의 양상』에서 런던 시내 노팅 힐과 이슬링턴이라는 두 블루칼라 밀집 거주지역을 조사대상으로 삼아, 유럽 이민자 출신의 선구적이고 모험을 좋아하는 기이한 성향의 중상류층이 해당 지역으로 유입되고, 그 결과 기존의 노동자 계급 주민들이 외곽지로 전치되는 현상에 주목하였다(Glass, 1964). 새로 유입된 중상류층 주민들은 마치 중세의 신사(the gentry)처럼 고급스럽고 우아한 보헤미안 라이프스타일을 즐겼는데, 이러한 독특한 계급적 취향 때문에 노팅 힐과 이슬링턴은 꽤 빨리 이전과 완연하게 다른 성향의 지역으로 재탄생하였다. 글래스는 이 같은 경제적, 사회적, 인구학적, 공간적 변화를 젠트리피케이션, 즉 신사화(gentrification)라는 단어로 포착하였다.

젠트리피케이션이란 단어를 주조한 인물은 글래스였으나 이를 마르크스주의에 입각하여 체계화하고 대중화한 인물은 닐 스미스였다. 여기서 마르크스주의에 입각한다 함은, 젠트리피케이션을 도시 건조환경의 물리적 변화와 사용을 둘러싼 기존 사용자(노동)와, 그들보다 더 높은 사회경제적 지위를 가진 새로운 사용자(자본) 간 대립과 갈등, 즉 도시 공간의 주인이 누구냐를 둘러싼 투쟁의 관점에서 바라본다는 것을 뜻한다(이선영, 2016, p.219).

스코틀랜드 출신의 지리학자 닐 스미스(1954~2012)는 세인트앤드루스대학을 졸업한 이후 미국의 존스홉킨스대학에서 데이비드 하비의 제자로 박사학위를 받았다. 스미스는 자신의 학위논문을 거의 수정하지 않고 1984년에 책으로 출간하였는데, 이것이 바로 오늘날 지리학의 고전 중 하나로 손꼽히는 *Uneven Development: Nature, Capital, and the Production of Space*『불균등발전—자연, 자본, 공간의 생산』이다(Smith, 2008). 그는 이 책에서 불균등발전론을 주창하였는데, 젠트리피케이션에 대한 그의 분석과 주장은 모두 이 이론에서 비롯되었다. 그런데 스미스의 젠트리피케이션 이론은 불균등발전론과 흔히 분리된 것으로 간주되고 있으며, 심지어 후자보다 더 널리 알려져 있다. 따라서 여기서는 스미스의 젠트리피케이션 이론에 대해 알아보기에 앞서, 그것이 근거로 삼는 불균등발전론의 주요 내용과 논리를 살펴보고자 한다.

1) 불균등발전론

스미스의 불균등발전론을 이해하기 위한 첫걸음은 자연의 생산 개념을 이해하는 데서부터 시작한다(최병두, 2009). 인간은 특수한 자연적 필요를 갖고 태어난다. 그리고 자연은 이러한 필요를 채워줄 다양한 수단을 제공한다. 이 두 명제를 합치면, 인간은 자신의 다양한 욕구를 해소하기 위하여 자연을 이용하여 필요한 물질을 생산하는 노동과정에 몰입한다는 논리가 도출된다. 자연을 가공하여 필요한 결과물을 만들어 내는 이 같은 의식적 과정을 스미스는 '자연의 생산'이라 불렀다. 여기서 주안점은, 스미스가 자연의 생산을 단순히 밀폐된 작업장 내의 물질적 사물의 생산으로만 제한적으로 이해하지 않았다는 사실이다. 그는 특수한 사회적 관계와 제도를 동반하는 노동 분업에 따라 자연이 인간 사회에 의하여 포섭되고 결합되어 생산, 유통, 소비되는 가운데 자연의 형식과 성질이 변화하는 양상 전반을 자연의 생산 개념 안에 포함시켰다. 이러한 정의에는 두 가지 사안이 함축되어 있다. 첫째, 자연의 생산 개념은 물질의 생산뿐 아니라 상징—사고, 개념, 이데올로기 등 제 의식—의 생산을 포함한다. 둘째, 자연과 인간의 관계는 인간 사회의 발전에 따라 변화한다, 즉 인간 발전을 반영한다. 이와 같은 자연의 생산 개념을 좀 더 정교하게 설명하기 위하여 스미스는 생산 일반, 교환을 위한 생산, 자본주의적 생산이라는 세 가지 역사적 구성개념을 제안하였다(Smith, 2008, p.54).

예로부터 인간은 다양한 욕구(예: 식욕)를 해결하고자 자연으로부터 물질(예: 쌀)을 생산하는 의식적 노동 활동에 매진해 왔다. 인간이 노동을 매개로 자연에서 필수재를 획득하고 가공하여 기본적인 생존을 도모하는 과정을 스미스는 '생산 일반'이라고 불렀다. 인류의 역사 초기에 있었던 이 생산 일반 단계에서 인간은 자연과 순수하게 사용가치의 관계를 맺었다. 즉 인간은 자신의 생존을 위하여 꼭 필요한 물질을 꼭 필요한 만큼 생산하고 그에 만족하였다. 잉여물은 원칙적으로 생산되지 않았고, 설령 생산되었더라도 그것은 자연적 가능성을 넘지 않는 선에서만 만들어졌다. 부족하지도 않고 넘치지도 않는, 말 그대로 신진대사가 이루어지듯 자연스럽게 생산이 이루어졌으며, 생산된 물품이 갖는 (사용)가치는 오롯이 노동을 한 자에 의하여 전유되었다.

그런데 차츰 자연적 필요가 아닌 사회적 필요가 생겨났다. 노동의 분업이 이루어지면서 자연의 가능성을 초과하는 잉여물이 발생하였다. 이 잉여를 해소하기 위하여 사람들은 교환을 시작하였는데, 노동 분업이 정교화, 복잡화, 고착화하면서 잉여물이 더욱 늘자 자연의 생산은 이제 생산 일반 단계에서 '교환을 위한 생산' 단계로 넘어가게 되었다. 스미스에 따르면, 잉여물의 발생은 인간 사회가 자연의 제약으로부터 해방되는 오랜 여정이 시작되는 계기가 되었다. 그러나 인간 사회의 해방과 더불어, 더 많은 발전을 위한 자연에 대한 통제가 차츰 사회적 통제로 이어지면서 사회 내부의 차별화가 유발되고 인구 대다수가 노예화되는 부정적 결과가 초래되었다(ibid., p.59).

교환을 위한 생산이 확산하면서 자연과 인간의 관계는 더는 사용가치의 관계에 머물지 않았다. 자연은 차츰 교환가치 실현을 위한 사회적 필요에 따라 생산되었다. 이와 더불어 교환가치의 실현을 뒷받침하는 특수한—억압적이고 착취적인—사회적 관계와 제도가 출현하였다. 이에 따라 인간은 점차 자신의 존재에 직접적으로 필요한 것 이상으로 더 많은 자연을 생산할 수 있는 발전된 사회적 조건을 갖추게 되었다. 사회적 잉여물은 '자본주의적 생산' 단계에 이르러 폭발적으로 늘었다(ibid., p.77).

자본주의적 생산 단계에서 자연은 자연적 필요와는 거리가 먼 사회적 필요, 구체적으로 자본의 이윤 논리에 따라 생산되었다. 더불어 인류 역사상 최초로 생산이 전 지구적 규모에서 이루어지기 시작하였다. 여기서 주안점은, 전 지구적 규모로 자연이 생산되면서 인간의 손이 닿지 않은 이른바 일차적 자연이라는 것은 이제 지구상에 거의 존재하지 않게 되었고, 자연 대부분이 인간의 의식적이고 사회적인 노동에 의해 변형된 이차적 자연으로 성질 변화를 겪게 되었다는 점이다. 이는 자본주의 체제 아래의 자연이란 인간 사회의 의식적 생산활동에 의하여 이미 가공될 만큼 가공되었기 때문에 순수하고 선차적이며 독창적인 자연이란 이제 사실상 없다고 보아도 무방하며, 일차적 자연과 이차적 자연의 구분 역시 의미를 잃게 되었다는 점을 시사한다. 나아가 자본주의 체제하의 사용가치란 것도 사실상 가공된 것일 수 있음을 시사한다.

스미스의 자연의 생산 개념은 자연과 인간의 관계를 사회의 발전 수준 및 조건과 연관 지어 보여주었다는 측면에서 유의미하다는 평가를 받는다. 물론 유사한 논의가 마르크스 자신 그리고 마르크스주의 진영 내 여러 선배 이론가에 의하여 이전에 여러 차례 제기된 바 있다(Marx, 1867/2015, p.235). 때문에 스미스의 자연의 생산 개념이 독창적인 것은 아니었다. 그런데도 스미스의 자연의 생산 개념을 유의미하다고 말하는 까닭은, 자연의 생산에 관한 이론을 공간의 생산과 결합하여 생각할 수 있는 근거를 마련해 주었기 때문이다.

스미스는 자연의 의미를 결정하는 것은 원칙적으로 시간과 공간의 특성에 관한 논의로 환원될 수 있다는 앨프리드 화이트헤드의 주장을 적극적으로 받아들여, 공간과 자연 간에 내재한 긴밀한 관련성을 포착하는 데 집중하였다(Smith, 2008, p.106) 즉 그는 공간이 자연으로부터 분리된 실체로 개념화될 수 없다면, 공간의 생산 역시 자연의 생산과 논리적으로 병행하는 것으로 보아야 함을 주장하였다. 이 같은 주장은 자연을 공간으로부터 분리하여 개념화할 수 없는 것처럼 공간을 자연으로부터 분리하여 개념화할 수 없다는 논거로 이어졌다. 스미스는 이와 같은 논거를 바탕으로 자연의 생산에 관한 고찰에서 공간의 생산에 관한 논제로 어렵지 않게 나아갈 수 있었다(ibid., p.112).

인류 역사 초기 단계에서 인간은 태초의 주어진 공간을 이용하여 필수적인 자연적 욕구들을 충족시켰다. 즉 공간의 '생산 일반' 단계에서 인간은 노동을 매개로 자신에게 꼭 필요한 만큼의 공간을 확보하고 그로부터 최대한의 만족을 느꼈다. 따라서 특별히 추가적인 공간을 생산할 동기나 기제를 갖지 아니하였다. 뿐만 아니라 이 단계의 인간은 특정한 공간에서 사용가치 이외의 다른 가치를 좀처럼 찾지 못하였다. 때문에 공간을 생산한 자의 노동은 장소 특수적인(place-specific) 속성을 내포하였다. 이는 생산 일반 단계에서 공간과 공간을 생산한 인간은 사용가치의 관계로 얽혀 있었고, 그런 만큼 인간이 공간으로부터 소외되거나 배제되는 일이 드물었음을 시사한다(ibid., p.113).

그러나 인간 역사의 발달 과정에서 노동의 추상화에 따라 교환가치 실현을 뒷받침하는 특수한 사회적 관계와 제도들이 출현하였다. 이는 A라는 공간을 생산한 자의 노동과 B라는 공간을 생산한 자의 노동이 양적으로 비교될 수 있고, 심지어 교환될 수 있음을 의미하는 변화였다. '교환을 위한 공간의 생산'이 시작된 것이다. 이 같은 경향은 '자본주의적 공간의 생산' 단계에 접어들어 더욱 강화되었다. 이 단계에서 공간은 이윤 창출 논리에 따라 생산되었고, 이에 따라 공간이 지닌 사용가치보다 교환가치가 중시되기 시작하였다. 이는 공간이 인간에게 사용가치를 지닌 구체적 장소로 인식되기보다 교환가치를 지닌 시장의 추상적 상품으로서, 일종의 매매 대상으로 인식되기 시작하였음을 의미한다. 공간의 상품화 가능성을 제기한 것인데, 스미스는 이로써 인간이 자신이 생산한 공간으로부터 소외되고 배제될 수 있음을 논증하였다(ibid., p.115).

앞서 언급하였다시피, 자연의 생산은 인간이 의식적 노동을 통하여 자연의 제약을 극복하고 해방을 추구하는 전기를 마련해 주었다. 그러나 잉여물이 축적되고 축적을 위한 축적 논리가 자리 잡으면서 사회적 통제가 심해졌고, 생산물의 소유를 둘러싼 불평등한 사회적 관계가 고착화하였다. 공간의 생산에도 마찬가지 논리, 즉 해방과 소외의 동시성 논리가 적용될 수 있다. 공간의 생산은 인간을 자연의 제약으로부터 해방하고 인간 사회를 발전시키는 계기로 작용하였다. 그러나 해방된 인간과 발전된 인간 사회는 더 큰 해방과 발전을 위하여 자연적으로 필요한 것 이상의 공간을 생산해야 한다는 축적 논리를 발달시켰고, 이에 따라 사용가치보다 교환가치, 즉 이윤의 창출을 위하여 사회 제 관계와 제도가 전면적으로 조정되는 식으로 공간 생산이 이루어졌다. 스미스는 전자를 절대적 공간(absolute space)의 생산, 후자를 상대적 공간(relative space)의 생산으로 개념화하면서, 공간(절대적 공간)의 생산은 인간 사회에 해방을 가져다주었으나, 자본주의 체제에서 생산된 공간은 교환가치의 실현, 즉 이윤 극대화에 방점이 찍힌 사회적 관계 및 제도로 가득 찬, 전혀 다른 성질의 공간(상대적 공간)을 동시에 형성하기 때문에 인간 소외가 같이 찾아오게 되었음을 지적하였다. 참고로 여기서 절대적 공간이란 인공적 사물이나 상징과 분리된 자연적 공간을, 상대적 공간이란 인공적 사물 및 상징과 복잡하게 얽혀있는—억압적이고 착취적인—사회적 공간을 가리킨다(ibid., p.93).

자연과 공간의 생산에 관한 논의를 마친 스미스는 불균등발전에 관한 논의로 나아갔다. 그는 불균등발전을 자본주의 체제 아래 공간 생산에 내재한 지리적 차별화(differentiation)와 균등화(equalization)의 변증법으로 정의하였다(ibid., p.133). 여기서 지리적 차별화란 자연적 차이에서 비롯된 노동 분업이 사회화되면서 건조환경이 특정 지역에 불균등하게 집중, 집적하는 경향을, 지리적 균등화란 노동 조건 및 생산력 발전 수준의 평준화와 함께, 보편화한 생산물 시장이 다양한 지리적 규모(scales)에서 확장, 팽창하는 경향을 가리킨다. 스미스에 따르면 자본주의의 공간 생산을 결정짓는 동인은 바로 이 지리적 차별화와 균등화를 향한 자본주의의 모순적 경향이며, 불균등발전은 이 모순이 도시의 경관에 각인된 결과라 할 수 있다.

지리적 차별화 경향은 노동 분업에서부터 출발한다. 그런데 노동 분업은 역사적으로 자연적 차이에서 기인한 경우가 대부분이었다. 자연적 조건의 차이에 따라 특정 지역에서 생산되는 생산물의 종류가 달라지고, 동일한 노동을 투입하더라도 생산량이나 잉여물의 양이 달라진다는 점을 감안하면 이 말이 뜻하는 바를 곧 이해할 수 있다. 중요한 사실은, 이 같은 자연적 조건의 차이가 지역 간 공간 분화의 기초가 된다는 점이다. 가령 A라는 지역은 종이가, B라는 지역은 쌀이 잘 생산되는 자연적 조건을 갖추고 있다고 가정해 보자. 그렇다면 각 지역의 특화 상품에 기반을 두고 분업 관계가 형성되는 것은 매우 자연스러운 결과라 할 수 있다. 그런데 경제가 발달하고 교환체계가 복잡화, 세분화, 고착화하면 이 같은 자연적 차이에 기반을 둔 노동 분업의 이점은 줄어든다. 노동과정의 사회적 조직화가 심화되면 초반의 자연적 차이는 하나의 개연적 요소로 치환되고, 노동과정의 조직화 가운데 도출된 특수한 사회적 관계와 제도가 체계적이고 구조적인 사회적 차이를 위한 새로운 기반을 구성한다. 그 결과 A 지역은 명실상부 공업 도시로 발전하고 반대로 B 지역은 작은 농촌 마을로 남는 차별화 현상이 발생한다. B 지역에는 자본이 거의 투하되지 않고 건조환경도 거의 지어지지 않지만, A 지역에는 상품, 서비스, 정보, 아이디어, 사람이 몰리면서 건조환경이 계속해서 집중, 집적한다. 자연적 차이에서 촉발된 공간적 분화가 사회화되면서 사회의 발전 수준 및 조건의 지리적 차별화가 진행되는 것이다.

자본주의 체제 아래 공간 생산은 차별화뿐 아니라 균등화 경향도 나타낸다. 균등화는 자본의 보편화 경향 및 그에 따른 다양한 규모에서의 지리적 결과로 나타난다. 자본의 보편화 경향과 관련하여 마르크스는, “생산물의 판매를 위하여 시장을 끊임없이 확장할 필요는 부르주아지를 지표면의 모든 부분으로 내몬다. 시장은 모든 곳으로 침투하여 모든 곳에서 안정되고 모든 곳에서 연계를 형성한다”라고 서술하였다. 나아가 자본은 “모든 생산영역과 노동 착취의 조건에서 균등성을 요구한다”라고 주장하였다. 스미스는 마르크스의 이와 같은 자본의 보편화 명제를 수용하여, 자본주의가 본질적으로 생산 및 노동 착취조건의 균등화, 나아가 생산력 발전 수준의 균등화를 향한 강한 경향성을 내비친다고 적시하였다(ibid., p.153). 보편성을 향한 자본의 강한 추동력은 사회의 발전 수준 및 조건과 관련된 지리적 균등화를 유발한다. 이 말인즉슨, 생산력의 증대 및 안정적 축적 기반 확보를 위하여 자본주의는 미(저)발전된 지역 내 건조환경에 투자와 재투자를 거듭한다는 뜻이다.

건조환경에 대한 투자와 재투자는 지리적 균등화를 향한 추동력이 고도로 집중된 독특한 공간적 규모들(절대적 공간들)이 자본주의 체제에서 끊임없이 창출된다는 것, 다시 말해 자본주의가 지역사회, 도시, 대도시권, 국민국가, 전 지구적 규모에서 계속해서 공간적 팽창과 확산을 추구한다는 것을 의미한다. 그런데 절대적 공간들이 생산되면 그에 조응하는 상대적 공간들도 동시에 창출된다. 상대적 공간에는 축적에 유리한 특수한 사회적 관계와 제도들이 들어차 있다. 이 사회적 관계와 제도의 핵심은, 생산력 증대와 안정적인 축적 기반 확보를 위하여 분업 또는 효율화라는 명목하에 자본주의 공간 내의 특정 지역을 다른 지역에 복속시키는 착취적 환경을 조성한다(차별화)는 것이다(ibid., p.167). 자본주의 체제에서 생산된 공간이 지리적 균등화와 함께 첨예한 지리적 차별화 및 재차별화 과정을 지속적으로 경험한다는 스미스의 주장은 위와 같은 맥락에서 비롯된다.

요약하면, 자본주의 체제에서 자본은 다양한 규모에서 전(前) 자본주의 지역으로 끊임없이 침투한다. 즉 미(저)발전된 지역 내 건조환경에 대한 투자 및 재투자를 계속적으로 전개함으로써 생산력 증대와 축적의 안정적 기반을 마련한다(지리적 균등화). 그러는 한편, 이미 자본의 영역으로 흡수된 지역들 가운데 더는 이윤을 창출할 수 없을 것으로 보이는 일부 지역에서는 감가(devaluation)를 유도하고, 현재보다 이윤을 더 많이 창출할 수 있을 것으로 보이는 일부 지역에서는 자본을 집중시켜 건조환경을 한 곳에 집적시키는(지리적 차별화) 상반된 과정을 진행한다. 여기서 주안점은, 자본주의 체제에서 공간 생산의 이 같은 변증법적 과정이 일회성으로 끝나지 않고 일정한 주기에 따라 반복한다는 점이다. 이처럼 공간적 균형이 맞추어질 듯하면서도 맞추어지지 않고 계속해서 균등화와 차별화 사이를 오가는 현상을 스미스는 자본주의에 내재한 시소운동(see-saw movement)이라 지칭하였다(ibid., p.176).

스미스는 자신의 지도교수 하비의 자본순환 이론에 기대어, 자본의 성공적 축적은 반드시 위기를 초래한다고 보았다. 축적의 위기 국면에서 탈출하려면 자본은 이윤율이 낮은 곳에서 높은 곳으로 이동해야 한다. 이 이동의 성공적 완수는 이윤율이 높은 지역에 발전을, 반대로 이윤율이 낮은 지역에 저발전을 유발한다. 그런데 발전이 찾아온 곳, 즉 건조환경에의 대규모 투자가 성공적으로 이루어진 곳은 장기적으로 과잉투자와 거품의 붕괴로 인하여 다시금 과잉축적의 위기에 봉착한다. 즉 사회의 발전과 그에 따른 경제적 조건의 상향 조정은 제 발목을 잡는 요인이 되어 그동안의 높은 이윤율을 상쇄시키는 부메랑이 되어 돌아온다. 이와 대조적으로 저발전된 곳, 즉 자본이 외면하여 건조환경에 대한 투자가 이루어지지 않았던 곳 또는 고정자본에 대한 감가가 의도적으로 시도되었던 곳은 낮은 지가와 저임금 등 그동안에 낮은 이윤율을 초래한 바로 그 조건 때문에 장기적으로 높은 이윤을 뽑아낼 수 있는 새로운 조건이 갖추어지고, 이에 따라 새로운 발전이 가능한 장소로 재탄생한다. 시소운동이란 이처럼 자본이 발전한 지역(A)에서 저발전한 지역(B)으로 이동하고, 그 후에 이제 저발전 지역이 된 첫 번째 지역(A)으로 다시 되돌아가는 과정이 주기적으로 반복하는 진자 현상을 가리킨다. 하비의 용어를 빌리면, 자본의 공간적 조정(spatial fix)의 반복이라 표현할 수 있다(ibid., p.196). 참고로 하비와 스미스의 공간적 조정 개념은 건조환경의 재편을 통해 미래의 자본순환을 원활히 하고자 한다는 점에서 시간적 조정(temporal fix) 혹은 시공간적 조정(spatio-temporal fix)으로 불리기도 한다(Jessop, 2006).

시소운동 개념은 자본주의의 사회 공간적 역동성이 어떻게 균등화와 차별화 경향을 통하여 끊임없이 불균등한 사회 공간적 전환을 이루어 내는지를 효과적으로 보여준다. 구체적으로, ① 자본축적 과정에서 위기에 처한 자본(유휴자본)이 미(저)발전된 지역으로 유입되어 보편적인 시장 논리(사용가치 대신 교환가치)가 통용되는 새로운 공간(절대적 공간)을 만들어 내면(지리적 균등화), ② 노동 분업을 효율적으로 조직화할 필요(사회적 필요)에 따라 공간(상대적 공간) 내 지역들의 발전 수준과 조건이 차별적으로 구현, 활성화되고(지리적 차별화), ③ 이 과정에서 뒷순위로 밀린 저발전 지역 내에 사용가치 논리가 다시금 통용되어 발전을 위한 새로운 조건이 갖추어지며, ④ 이러한 균등화 및 차별화 경향이 주기적으로 반복됨으로써 불균등한 공간의 생산 속에 자본주의가 어떻게 계속해서 발전하는지 그 역동성을 잘 보여준다. 이러한 측면에서 시소운동은 스미스의 불균등발전론의 핵심이라 할 수 있다(ibid., p.198-199).

스미스의 『불균등발전론—자연, 자본, 공간의 생산』은 공간의 생산이 왜 자본의 존립에 핵심적인지, 왜 자본주의 발전이 필연적으로 불균등한지를 마르크스에 대한 철저한 독해 그리고 자신의 지도교수 하비의 자본순환 이론의 적절한 활용을 통하여 통찰력 있게 설명해 냈다는 점에서 유의미하다는 평가를 받는다. 또한 그가 제시한 자연의 생산 개념, 자본의 시소운동 그리고 후술할 젠트리피케이션과 지대격차 개념 등은 그의 이론이 마르크스나 하비의 이론에 대한 단순한 답습이 아닌 선도적이고 독창적이라는 점을 잘 보여준다.

그러나 이러한 긍정적 평가가 그의 연구 업적의 무결점을 의미하는 것은 아니다. 그의 이론은 창의성만큼이나 많은 비판을 받는다(최병두, 2015, p.44-50). 먼저 자연의 생산 개념과 관련하여, 자연을 사회화하는 다른 과정들을 희생하면서 생산을 지나치게 강조하였다는 점, 자본과 자연의 변증법에서 자본에 과도한 우선성을 부여하였다는 점, 노동의 역할을 간과함으로써 노동자가 특정한 방법으로 특수한 공간을 생산할 수도 있음을 이론에 반영하지 못하였다는 점, 지구환경을 구성하는 다양한 유형의 요소와 생태계에 내재한 차이를 무시하고 자연을 마치 단일 요소로 이루어진 대상처럼 간주하였다는 점 등이 비판의 주요 내용으로 거론된다. 또한 규모(scale)와 관련하여, 규모의 개념을 자본주의의 공간 생산의 차원에만 국한시켜 이해함으로써 다양한 상황에서 불가예측적으로 전개되는 공간적 차별과 대립의 복잡한 양상을 오도하였다는 점, 권력이 공간을 가로질러 작동하는 메커니즘을 규명하고자 제시한 개념인 점핑 스케일(jumping scale)이 규모를 생산된 것이 아닌 마치 주어진 것처럼 보이게끔 했다는 비판 등이 거론된다. 마지막으로 자본의 시소운동 및 그에 따른 젠트리피케이션과 관련하여, 일부 학자들은 스미스가 지나치게 자본 중심으로만 젠트리피케이션을 설명함으로써 사람들의 문화적 선호나 생활 및 소비양식의 변화에 따른 도심 재개발을 이론에 반영하지 못하였다는 비판을 제기한다.

2) 불균등발전으로서의 도시 젠트리피케이션

앞서 설명하였듯 젠트리피케이션은 낙후된 구도심 지역이 활성화되어 중산층 이상의 계층이 유입되고 이에 따라 기존의 저소득층 원주민, 세입자, 소상공임차인 등이 전치되는 현상을 가리킨다. 이러한 젠트리피케이션을 보는 이론적 관점은 크게 두 가지로 나뉜다. 하나는 스미스로 대변되는 경제적 관점이고, 다른 하나는 데이비드 레이로 대변되는 사회문화적 관점이다(조명래, 2016, p.5).

지리학자인 레이는 논문 “Liberal ideology and the post-industrial city” 「자유 이데올로기와 후기산업도시」에서, 후기산업사회가 도래하면서 먹고사는 기본적인 문제보다 개성 있는 삶과 가치관의 표현을 중시하는 신중산층이 등장하였고, 이 신중산층의 사회문화적 특성과 동기, 특히 소비성향이 서구 유럽 및 미국의 젠트리피케이션을 이해하는 핵심 요소라고 주장하였다(Ley, 1980). 이를 좀 더 구체적으로 살펴보면, 1960년대 후반 후기산업사회로 접어들면서 서구의 도시와 산업 구조는 과거와 다른 모습으로 재편되었다. 제조업이 쇠퇴하고 고부가가치 첨단산업, 서비스업이 부상하면서 도시의 주류 구성원이 블루칼라 노동자에서 고소득 전문직 종사 화이트칼라로 교체되었다. 베이비붐 세대이자 여피(YUPPIE, young urban professionals+hippie)라 불린 이들 신중산층은 목가적 전원생활을 선호하며 근검절약을 실천한 부모 세대와 달리, 편리함과 문화적 다양성을 갖춘 도시 생활을 선호하고 여가를 중시하였다. 또한 각자의 개성을 반영한 감각적이고 심미적인 소비를 즐기는 자유주의적 성향을 지녔다. 그래서 교외화 추세 속에 도시를 떠난 부모 세대와 달리, 이들 신중산층은 도심으로 복귀하여 그곳의 주거공간을 자신들의 문화적 취향에 맞게 개조하는 작업에 몰두하였다. 주변 상권도 이들의 소비성향에 맞게 개편되었고, 신중산층은 자신들의 향상된 구매력을 바탕으로 도심에서 자유로운 소비생활을 만끽하였다. 이처럼 레이는 획일화된 삶을 거부하는 탈권위주의적 성향 그리고 소비를 통해 자유와 해방을 향유하는 이질적 개인들의 개별적 욕구들이 도시를 매개로 조우한 결과가 젠트리피케이션이라고 보았다. 이러한 접근은 그가 젠트리피케이션을 철저히 소비의 문제, 개인의 성향 문제, 즉 수요의 문제로 파악하였음을 의미한다.

후기산업사회 신중산층의 사회문화적 선호가 공간적으로 구현된 결과가 젠트리피케이션이라는 수요자 중심의 설명은 오늘날 도시를 물적 토대가 결여된 탈맥락화, 탈정치화된 공간으로 본다는 측면에서 비판을 자아내었다. 이러한 비판의 선봉에 섰던 인물이 닐 스미스였다. 그는 레이와 달리 공급자 중심에 서서, 젠트리피케이션을 사람들의 도시 회귀가 아닌 자본의 이동에 따른 결과로 진단하였다. 그는 젠트리피케이션이 신중산층의 심미적 라이프스타일을 위한 도심 재개발 이상의 의미를 지닌다는 점을 강조하였다. 특히 작금의 젠트리피케이션이 도시의 건조환경 개발을 통하여 이윤을 창출하는 새로운 투자 기회로서, 일종의 정치적 프로젝트로서 추진되고 있음에 착안, 젠트리피케이션을 도시적 규모에서 구현된 불균등발전의 한 가지 유형으로 이해하고자 노력하였다.

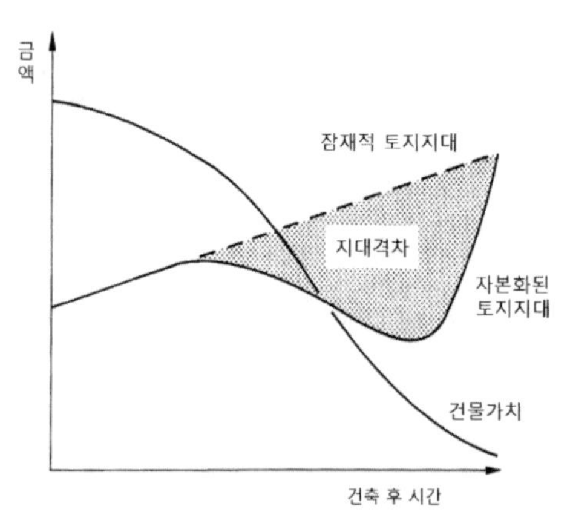

[그림 6-8] 지대격차
(Clark, 1995, p.1491)

불균등발전론의 틀에서, 젠트리피케이션은 교외화(균등화)와 도심의 쇠퇴(차별화), 그리고 뒤이은 교외화의 한계와 자본의 도심으로의 복귀(자본의 시소운동)로 간명하게 설명될 수 있다(Smith, 2008, p.199-200). 그런데 젠트리피케이션에 관한 분석에서 스미스가 불균등발전론에만 의존한 것은 아니었다. 그는 여기에 한 가지 중요한 개념을 덧붙였는데, 지대격차(rent gap) 개념이 바로 그것이다. 지대격차란 잠재적 토지지대 수준과 현재 토지이용에서 자본화된 실제 토지지대 간의 차이를 의미한다(Smith, 1979). 이를 좀 더 구체적으로 살펴보면, 특정 지역의 개발이 이루어진 시점에 가장 높았던 물리적 건조환경의 가치는 시간이 지나며 점차 하락한다. 이에 따라 개발 초기에 증가하던 실제 토지지대도 일정 시점 이후 떨어진다. 그러나 건조환경의 가치와 그에 따른 실제 토지지대가 하락할수록, 그것을 더 유용한 용도로 사용할 경우를 전제로 책정된 잠재적 토지지대는 계속해서 증가한다. 지대격차 개념의 핵심은, 만약 이 격차, 즉 잠재적 토지지대와 실제 토지지대 간 차이가 최대가 되는 시점에 자본이 재투자된다면 실제 토지지대는 다시 급속히 증가할 것이고, 결국 지대격차는 완전히 또는 부분적으로 사라질 것이라는 데 있다. 참고로 여기서 건조환경의 가치 하락은 자연적 쇠락뿐 아니라 의도적 방기에도 일부 원인이 있다. 구도심이 오랜 시간에 걸쳐 쇠퇴하는 까닭은 단순히 시간의 경과 때문이기도 하지만, 토지와 주택 소유자들이 향후 임대료 수익을 극대화하기 위하여 이들 지역이 쇠퇴하도록 그냥 내버려 두는 것도 하나의 이유이다.

스미스는 이러한 지대격차 개념을 바탕으로 불균등발전의 틀에서 젠트리피케이션을 설명하였다. 그에 따르면, 도시 차원에서 교외의 개발을 통한 자본의 지리적 원심화는 한편으로 교외 개발에 동반된 토지지대의 급속한 증가와 이에 따른 발전을 유도한다(균등화). 그러는 한편 이미 높은 토지지대 수준과 이로 인해 낮은 이윤율을 보이는 도심의 저발전을 초래한다(차별화). 이 과정에서 퇴락한 도심은 슬럼화하고 감가가 유발된다. 그러나 일정 시간이 흐르면 자본의 감가는 실제 토지지대의 수준을 억제하는 한편 잠재적 토지지대를 올리는 효과를 낳는다. 이에 따라 장기적으로 지대격차가 커지면서 결국 젠트리피케이션이 초래된다. 자본의 교외화로 저발전된 도심이 이제 다시 발전의 새로운 장소로 거듭나는 것이다(자본의 시소운동) (ibid., p.199-200).

이처럼 스미스는 젠트리피케이션을 공간의 생산에 내재한 힘의 불균등 관점에서 분석하였다. 때문에 일반적인 생산 과정에서와 마찬가지로 젠트리피케이션 과정에서도 계급 간 적대 관계가 드러난다고 보았다. 구체적으로, 스미스는 한때 교외로 떠난 중상류층(주류집단)이 현재의 젠트리피케이션을 정당화하기 위하여, 과거 이 지역에 거주한 이민자, 노숙자, 철거민, 빈민 등 하류층(비주류집단)이 도시를 절취하였고 따라서 법, 도덕, 사회적으로 타락한 하류층을 도시에서 추방하여 실지(失地)를 보복적으로 탈환하는 일이 불가피하다는 논리를 옹호한다는 점에 주목하였다(Smith, 1996/2019, p.91). 실제로 젠트리피케이션이 진행될 때 이민자, 노숙자, 철거민, 빈민의 범죄 연루 가능성에 대한 공포감이 조장되고, 그들을 위한 사회안전망이 복지 의존을 유발한다는 이유로 삭감, 철폐되며, 이에 대한 시민적 저항이 공권력에 의하여 무자비하게 진압, 처벌되는 일이 항시 동반된다. 이러한 잔혹성에 착안한 스미스는 젠트리피케이션이 진행되는 작금의 도시를 보복도시(revanchist city)라고 명명하였다(ibid., p.347). 그는 보복도시에서 하류층으로부터 도심을 빼앗겼다는 상실감에 근거하여 중상류층이 도시 소외계층을 타자화하고 전방위적으로 압박하여 사회 공간적, 경제적, 정치적으로 탈구시키는 현상을 포착한다. 그러면서 이러한 보복도시의 예로 노숙자 불관용 정책을 고수한 1990년대 뉴욕시, 무단점유금지(anti-squatting) 캠페인을 전개한 1970~1980년대 암스테르담시 등을 거론하였다(ibid., p.279).

도시 공간에서 소외계층을 소거하는 행위(cleansing)는 도시를 깨끗하고 아름답게 만들어 쾌적한 주거 및 업무 환경을 만든다는 대의명분 아래 정당화된다. 이때 주로 동원되는 용어가 개선(renewal), 재생(regeneration), 활성화(revitalization)와 같은 생물학적 단어들이다. 이러한 단어들은 죽은 세포가 있으면 그것을 떼어내고 젊고 새로운 세포로 대체하는 게 당연하다는 뉘앙스를 일반 대중의 의식 속에 은연중에 유포한다. 이로써 젠트리피케이션을 반대하는 소외계층을 '떼법'을 쓰는 자, 사회 발전과 진보를 막는 자들로 순식간에 비판의 대상이 되도록 만들어 버린다. 그렇지만 생물학적 은유는 젠트리피케이션이 갖는 파괴적이고 전치적인 의도를 마치 자연의 섭리상 어쩔 수 없는 일인 양 보이게 만드는 착시효과에 불과하다. 때문에 그 숨은 의도를 간파하는 것이 중요하다. 스미스는 젠트리피케이션 이면에 '우리', 즉 중상류층과 계급적, 인종적, 사회문화적으로 다른 '그들', 즉 하류층에 대한 주류사회의 심리적 불만, 적개심, 불안감이 놓여있고, 더 깊숙하게는 글로벌 자본과 그에 봉사할 중상류층 고급 인력을 유치하는 데 유리한 친기업적, 친시장적 환경을 조성하고자 하는 신자유주의의 자본축적 논리가 놓여 있다고 폭로하였다(Smith, 2002, p.445-446).

스미스의 젠트리피케이션 이론은 건조환경에 대한 자본의 투자 과정에서 발생하는 균등화(교외 개발)와 차별화(자본의 철수와 도심 쇠퇴), 그리고 다시 균등화(도심으로의 자본 복귀)의 시소운동, 즉 불균등발전이 도시 공간상에서 어떻게 전개되는가를 설득력 있게 예시하였다는 측면에서 의의가 크다. 특히 건조환경을 통한 자본순환 과정에서 발생하는 가치의 증식과 감가 현상을 지대격차라는 당시로써는 혁신적 개념을 통해 포착하고, 이로써 지리적 불균등발전에 관한 경험적 분석을 시도한 점은 그의 이론적 통찰력과 깊이를 보여준다. 무엇보다 젠트리피케이션을 통하여 도심으로 복귀하는 것은 교외의 우아한 신중산층이 아니라 보복적(revanchist) 자본임을 명확히 못 박음으로써, 기존에 주로 문화적 차원에서만 논의되던 젠트리피케이션을 자본의 시소운동 결과 나타나는 도시적 규모에서의 불균등발전의 한 유형으로 볼 수 있는 이론적 근거를 제시하였고, 나아가 젠트리피케이션을 도시 건조환경의 물리적 변화와 사용을 둘러싼 기존 사용자와(노동, 비주류집단) 새로운 사용자(자본, 주류집단) 간 대립과 갈등, 즉 도시 공간의 주인이 누구냐를 둘러싼 투쟁의 관점에서 바라볼 수 있도록 논의의 방향을 재정립한 점은 그의 이론의 비상함을 명징하게 보여준다.

그렇지만 지나치게 자본 중심으로만 젠트리피케이션을 설명함으로써 사람들의 선호와 소비 및 생활양식의 변화를 이론에 반영하지 못하였다는 점은 여전한 한계라 할 수 있다. 또한 도시적 규모에서는 불균등발전이 젠트리피케이션이라는 현상으로 명백히 나타나지만, 국민국가 규모에서는 그렇게 명백하지 않으며, 국제적 규모에서 지리적 시소운동이 작동하는 조짐은 거의 감지된 바 없음을 감안하면, 젠트리피케이션의 이론적 근거로서의 불균등발전론이 갖는 설명력도 결국 제한적이라는 비판이 제기된다.

이러한 비판에 대하여 스미스는 최근의 논문에서 중국과 사하라 이남 아프리카 등을 예시로 들며 적극적으로 해명을 시도하였다 (Smith, 2011, p.262-263). 구체적으로, 중국의 경우 과거의 미투자와 저개발은 오늘날 그 반대, 즉 자본주의적 투자와 개발, 재개발의 홍수를 위한 기회를 창출하였고, 사하라 이남 아프리카의 경우 최근까지도 미국을 위시한 지구적 금융자본에 의하여 철저히 패싱 당하였지만 중국 자본이 이 지역의 광물자원, 항만 건설, 토지이용, 공장 건설 등을 위하여 곳곳에 침투하면서 급속도로 경제 성장을 경험하고 있다는 점을 거론하며, 지리적 시소운동이 국민국가와 국제적 규모에서도 작동하고 있음은 분명한 사실이며 따라서 자신의 이론이 틀리지 않았음을 역설하였다.

이러한 해명과 더불어 스미스는 2000년대 들어 도시적 규모의 불균등발전이라 할 수 있는 젠트리피케이션이 전 지구적으로 확장되어 진행되는 새로운 현실에도 주목하였다. 젠트리피케이션은 과거 미국에서는 1980년대 공공주택의 민영화라는 명목으로, 유럽에서는 1990년대 도시 개선이라는 완곡한 표현 속에 뉴욕, 런던, 파리 등 제1 세계 전통적 산업 대도시에서 선별적으로 진행되었다. 그런데

2000년대 접어들어 젠트리피케이션은 신자유주의적 자본주의가 자리를 잡은 곳이라면 어디든 해당 도시의 역사적 맥락이나 배경을 가리지 않고—베이징, 상하이, 뭄바이, 서울을 비롯한 제3 세계 국가의 대도시에서부터, 펜실베니아주 랜캐스터 같은 1세계 내 중소도시에 이르기까지—무차별적으로 진행되고 있으며, 이에 따라 21세기 전 세계 도시의 경관이 급속히 재편되고 있고 계급 격차도 확산하고 있다(Smith, 2002, p.439). 스미스는 이러한 새로운 변화, 즉 젠트리피케이션의 전 지구적 확산을 특별히 지목하면서, 불균등발전이 자본주의 축적체제의 핵심을 담당한다는 자신의 주장이 여전히 유효함을 강조하였다.

한편 스미스는 젠트리피케이션이 전 지구적으로뿐만 아니라 하나의 도시 안에서도 점차 확산하고 있는 현상에 주목하였다. 1990년대까지만 해도 젠트리피케이션은 낙후된 도심 내 주택과 지역 상점 및 식당의 고급화에 초점을 맞춘 제한적 개조로 현시화하였다. 그러나 2000년대 이후 젠트리피케이션은 도심뿐 아니라 지대격차가 큰 곳이라면 어디든 가리지 않고 닥치는 대로 진행되고 있다. 여기서 주안점은, 과거의 젠트리피케이션이 주택, 상점, 식당의 단순 고급화에 초점이 맞추어졌다면, 최근의 젠트리피케이션은 일자리, 주택, 쇼핑, 먹을거리, 문화체육 활동, 깨끗한 자연환경 등을 하나의 완성된 세트 상품으로 구성하여 판매하는 데 집중된다는 점이다(ibid., p.443). 즉 중상류층을 위하여 생산, 소비, 주거, 휴양, 놀이, 자연이 하나로 통일된 복합단지를 구축하고 이를 실제로 선별적으로 제공한다는 측면에서, 작금의 젠트리피케이션은 제한적 개조에 치중한 과거와 달리 전면적 도시계획의 성격을 지니고 있다는 뜻이다. 이와 같은 종합적 도시계획의 주요 참여자는 물론 도시정부와 글로벌 자본이다. 그렇지만 중대형 건설업자, 상인, 부동산 중개업자 같은 해당 도시지역에 기반을 둔 개발론자들 역시 주요 참여자 집단을 구성한다. 이들은 젠트리피케이션이 일자리와 세금, 관광객을 끌어모을 수 있는 도시의 주요 성장동력이 됨을 특히 강조하며, 부동산 개발과 장소 마케팅을 통한 생산성 향상에 협력할 것을—협박조로—주문한다(ibid., p.446).

스미스의 젠트리피케이션 이론은 분명한 한계를 갖는다. 그렇지만 그의 이론을 적용하면 우리는 1960년대 미국의 대규모 교외화와 잇따른 1970년대의 도심 재개발, 1980년대의 주택 민영화, 1990년대의 도시 확산(urban sprawl), 2000년대의 전 지구적이고 전 도시적인 젠트리피케이션의 배경 및 원인을 손쉽게 이해할 수 있다. 또한 1970년대 후반부터 현재에 이르기까지 도시 개선이라는 핑계로 추진된 유럽 복지국가의 각종 도시재생과 활성화 사업들의 프로파간다적 속성도 단박에 간파할 수 있다. 우리나라의 경우 1970년대 서울 강남 개발과 1990년대 분당, 일산 등 신도시 개발, 나아가 최근의 2, 3기 신도시 개발을 비롯하여 도시재생 뉴딜사업까지, 도시 공간의 모든 지리적 조정 현상과 그에 수반되는 집단 간 갈등 현상이 마찬가지 논리에 의하여 분석, 이해될 수 있다(이선영, 2016, p.227).

다만 최근 신문이나 방송에서 회자되는 우리나라의 도심 젠트리피케이션은 서구의 경험과 조금 다른 부분이 있음을 유의해야 하는데, 그 내용인즉슨 첫째, 우리나라의 경우 주거공간보다는 주로 상업공간(예: 홍대, 가로수길, 경리단길, 성수동 등)에서 도심 젠트리피케이션이 진행되고 있다는 점, 둘째, 서구에서는 젠트리피케이션이 이루어진 도심이 원래 슬럼화된 게토(ghetto)였던 반면 우리나라 도심은 그러한 심각한 슬럼화를 겪은 적이 없다는 점이다(이선영, 최병두, 2018; 하성규, 2018). 후자의 특징은 우리나라의 대도시화 과정이 매우 급속히 진행됨에 따라 도심 재개발과 교외 신도시화 과정이 자본의 뚜렷한 시소운동이 아닌 경향적 시소운동 형태로 독특하게 진행되어 왔다는 점, 그리고 우리나라 도심의 경우 실제 토지지대보다 잠재적 토지지대의 폭등이 이끈 지대격차에 의하여 젠트리피케이션이 이루어지고 있다는 점을 반영한다.

한편 근래의 도시재생 뉴딜사업과 관련하여 정부는 주민 직접 참여, 마을 전통 및 특징의 계승, 기존 주택 재활용, 주민공용시설 신축 및 증·개축, 공동체 구축사업 동시 추진 등을 강조하면서 도시재생을 기존의 대규모 도시재개발과는 전혀 다른 속성의, 공공성이 돋보이는 소규모 도시 정비 사업으로 대대적으로 선전하고 있다(박신영, 2018). 그러나 스미스의 불균등발전론에 입각해서 보면 이 모든 선전은 결국 자본의 순환 흐름이 봉쇄된 데 따른 시공간적 조정의 목적을 갖는 것으로 이해될 수 있으며, 따라서 도시재생이라는 것도 대외적 선전과 달리 종국적으로 지대 상승, 원주민 전치, 공동체 파괴, 사회취약계층의 타자화, 공권력과의 물리적 충돌 등 다양한 부정적 결과를 야기할 것으로 예상된다. 이 말인즉슨, 소규모 도시 정비 사업으로 선전되는 작금의 도시재생 또는 도시 활성화 사업이 겉으로는 상당한 객관성을 담보한 듯 보이고 생물학적, 과학적 측면에서 정부의 당연한 조치로 포장되어 있으나, 그 본질은 축적의 위기를 극복하기 위한 자본의 시소운동에 있으며, 대규모 도시재개발, 신도시 개발, 도시 확산과 같은 기존의 불균등한 발전 현상과 전혀 다를 바 없는 결과를 초래할 것으로 예상된다는 뜻이다.

6. 마이크 데이비스—도시 공간의 무장화와 요새도시

마지막으로 소개할 갈등론자는 마이크 데이비스(1946~)이다. 데이비스는 1946년 미국 캘리포니아주 샌버너디노에서 태어났다. 20대 초반 데이비스는 캘리포니아의 리드칼리지라는 작은 대학에서 수학하였다. 그러나 졸업을 미룬 채 정육점 직원, 트럭 운전사 등 직업을 전전하며 생업전선에 뛰어들었다. 그러다가 우연한 기회에 트럭 운전사 파업에 휘말렸는데, 많은 운전사가 동료들의 정당한 파업을 비웃고 노조에 적개심마저 보이는 모습에 충격을 받아 퇴사하였다. 이후 그는 정육 노조의 장학금 지원을 받고 20대 후반 늦은 나이에 캘리포니아대학교 로스앤젤레스 캠퍼스에 입학하여 역사학을 전공하였다. 졸업 후 남가주건축연구원, 스토니브룩대학 등에서 강사 생활을 이어갔고, 캘리포니아대학 어바인 캠퍼스 역사학과에서 교수로 봉직하였다. 데이비스는 현재 캘리포니아대학 리버사이드 캠퍼스 창작문예과 석좌교수로 있다(최성일, 2011, p.209).

데이비스는 수많은 도발적 문제작을 선보였다. 여기서 그의 저서들을 도발적이라고 말하는 까닭은, 그가 대학에서 도시이론을 가르치고 역사학, 사회학 강의 및 저술 활동을 한 것에 그치지 않고, 현실 정치, 특히 노동운동, 좌파운동, 민권운동 분야에서 적극적으로 활동하였고, 그런 만큼 그의 저작들이 기존의 도시이론, 심지어 마르크스주의 진영 내부에서조차 상당히 급진적인 내용을 많이 담고 있기 때문이라 할 수 있다. 데이비스의 급진성은 그가 *New Left Review*의 편집위원이었고, *Socialist Review, The Nation, New Statesman* 등 저명 좌파 간행물의 고정필자라는 데서 간접적으로 알 수 있다.

한편 데이비스를 진보 진영의 주목받는 학자로 부상시키는 데 일조한 대표작은 *Prisoners of the American Dream: Politics and Economy in the History of the U.S. Working Class* 『미국의 꿈에 갇힌 사람들』이라는 책이다. 이 책에서 그는 아메리칸 드림이라는 이데올로기에 갇혀 계급의식을 발전시키지 못하고 좌초한 미국 노동자 계급의 역사를 미국 혁명기부터 레이건 정권기까지 꼼꼼하게 산문체로 서술하였다(Davis, 1986/1994). 이 외에도 데이비스는 *Monster at Our Door: The Global Threat of Avian Flu*(2005/2008) 『조류독감』, *In Praise of Barbarians: Essays against Empire*(2007/2008) 『제국에 반대하고 야만인을 예찬하다』 등 역사학, 사회학, 도시학, 생태학을 가로지르는 많은 다학제적이고 진보적인 작품을 통하여 국제 사회주의자이자 마르크스주의 환경주의자로서 자신의 정체성을 드러내었다. 여기서는 이 가운데 데이비스의 또 다른 대표작 *City of Quartz: Excavating the Future in Los Angeles*(1990) 『수정(水晶)의 도시』 일부 내용, 특히 요새도시(fortress city) 개념을 중심으로 그의 생각을 엿보도록 한다.

1) 요새도시

데이비스는 자신의 고향땅 미국 캘리포니아를 모든 연구 저서의 배경으로 삼았다. 이는 『수정의 도시』에서도 마찬가지였는데, 이 책에서 그는 특히 캘리포니아 로스앤젤레스시에 초점을 맞추었다. 데이비스에 따르면, 로스앤젤레스는 20세기 초까지만 해도 진보적 자유주의의 영향력 아래에 놓여 있었다. 그리하여 도시 빈민을 대하는 데 있어 시정부는 그저 처벌과 통제의 정책만 고집하지 않았고 최소한의 복지권을 인정해 주었으며, 이를 통하여 빈민을 주류사회에 공간적, 사회적, 정치경제적, 문화적으로 통합하는 당근과 채찍 정책을 구사하는 데 초점을 맞추었다(Davis, 1992, p.154).

그러나 20세기 후반 신자유주의가 도시정부의 정책 근간을 이루면서 이전의 개혁적 자유주의 도시 정책들은 사라지고, 그 빈자리를 처벌과 통제에 목적을 둔 정책들이 채우기 시작하였다. 신자유주의 정책의 핵심은 소수인종 빈민과 노숙자 등 이른바 하류계층(underclass)을 도시의 특정 구역 안에 격리하고 이들을 잠재적 범죄자로 단정하여 감시, 처벌하는 봉쇄에 있었다. 또한 하류계층을 대상으로는 민관합작으로 복지삭감 전쟁(workfare, not welfare)을 치르는 한편, 중상류층 백인 및 전문직 종사자들을 위해서는 살기 좋은 도시(livable city) 환경을 구축하기 위한 재개발을 진행하였고, 이로써 도시를 특정 집단에 편향된 공간으로 사유화, 영유화하는 움직임을 내비치었다(ibid., p.155). 물론 계급적, 인종적 차이에 기반을 둔 배제적, 차별적 도시재개발은 로스앤젤레스의 긴 역사를 통틀어 그 사례가 여럿 있었다. 그러나 데이비스에 따르면 20세기 후반 로스앤젤레스 도시재개발은 기존의 사례들과 구분되는 몇 가지 특징이 돋보였다. 요새도시 개념은 이 특징을 설명하는 과정에서 제시되었다.

첫째, 과거에는 도시 내 계급적, 인종적 차이가 그저 상징적 차원에서만 존재하는 것으로 간주되었다면, 20세기 후반 로스앤젤레스 도시재개발은 물리적 토대를 갖는 다양한 경계를 활용하여 기존의 상징적 차이를 가시적 차이로 변형하였고, 이를 통하여 계급 간, 인종 간 완전한 분리를 시도하기 시작하였다. 둘째, 실재 여부와 무관하게 빈민, 노숙자 등 하류계층을 위험한 타자(dangerous other)로 색칠하였고, 이들에 대한 공포심을 중상류층 백인과 전문직 종사자 등 주류사회에 유포함으로써 사회적 혼합의 가능성을 봉쇄하였다. 나아가 위험한 타자의 위협을 사전에 차단한다는 명목 아래 군사작전에서나 볼 수 있을 법한 신기술(예: 철조망 담장, 출입 보안시스템, 방범 출입문, 폐쇄회로 카메라, 사설 경찰 등등)을 동원하여 도시 공간을 무장화(militarization)하고 도시 내 다양한 집단 간 경계를 공고화하였다. 셋째, 위험하고 불결하므로 항상 감시, 통제되어야 대상으로 전락한 하류계층은 도시 공간의 잘 보이지 않는 귀퉁이 공포 지역에 격리되어 관리되었고, 반대로 중상류층 백인과 전문직 종사자들은 하류층이 야기하는 불쾌함에서 멀찍이 떨어진 안전하고 안락한 그들만의 요새에 자발적으로 유폐되어 도시의 편의시설과 환경을 향유하는 선택받은 신인류로 거듭났다(Davis, 1990, p.224).

이처럼 데이비스는 도시 공간이 '가진 자'들의 안락한 삶을 보장하기 위한 각종 보안 및 무장 장치들—방어와 멸균 시스템—로 뒤덮이고, 이 과정에서 노숙자, 빈민 등 '가지지 못한' 하류층이 특정 지역으로 쓸려 나가는 청소 현상을 요새도시라는 용어를 통하여 포착하였다. 요새도시의 주인들은 노숙인, 빈민 등을 해로운 바이러스, 즉 비인간(non-human)으로 간주한다. 따라서 비인간이 초래할 수 있는 감염으로부터 소중한 가족과 재산을 보호하고 혹시나 미래에 있을지 모르는 위협에 대비하고자 비인간들을 격리, 박멸하는 것이 시급하고 중차대한 일이라고 생각한다. 도시의 지배계급이 자신의 집과 일터를 비롯하여 쇼핑몰, 공원 등 거의 모든 문화 및 생활편의 시설을 정교한 전자 감시장치와 사설 경찰을 동원하여—매수한 공공 경찰은 물론이거니와—중세의 성처럼 완강한 방어막을 형성한 후 단단히 진지화하는 것은 바로 이 때문이다. 이 진지에 들어가려면 무엇보다 돈과 권력을 가지고 있어야 하고, 그것을 증명할 수 있는 가시적 부동산 재산과 멤버십 카드가 필수적이다(ibid., p.226).

이와 같은 요새도시 개념을 좀 더 자세히 설명하기 위하여 데이비스는 자신의 심층 관찰을 토대로 몇 개의 개념적 범주를 추출하였다. 공공공간의 사유화(privatization of public space), 금지된 도시(forbidden city), 비열한 거리(mean street), 감옥도시(carceral city) 등이 그것이다.

먼저 공공 공간의 사유화와 관련하여, 데이비스는 미국 조경건축의 아버지이자 뉴욕 센트럴공원의 디자이너 프레더릭 옴스테드의 도시계획(The Olmstead Plan)을 언급하였다(ibid., p.227). 1930년대 로스앤젤레스 시정부에 제안한 옴스테드의 도시계획 제안서를 보면, 그가 그저 멋들어진 공원 하나를 만들어 내는 데에만 관심을 가진 것이 아니었음을 알 수 있다. 그는 유럽에서는 볼 수 없는, 다양한 계급과 인종 집단이 어우러진 화합된 공간의 창출을 꿈꾸었다. 개혁주의자였던 옴스테드는 공원을 중심으로 놀이터, 학교, 해변, 숲, 대중교통이 통합된 공적 장소를 건축하고자 하였고, 이를 토대로 민주주의적 회합과 공화주의적 자치가 가능한 통합과 안정의 가장 미국적인 공간을 만들고자 하였다. 참고로 여기서 공공 공간이란 시민 일반에게 개방되고(공개성), 시민 일반에게 편익과 이익을 제공하며(공익성), 다양한 활동과 참여, 소통을 촉발하는(공민성) 공적인 공간을 의미한다. 이러한 공공 공간의 대표적 사례로 우리는 공원, 가로(街路), 공공도서관, 공공박물관, 공공미술관, 공연장, 공공운동장, 공공놀이터, 공중화장실 등을 떠올릴 수 있다. 공적 장소가 없는 곳에는 공동체도 없다는 말이 있듯이, 공공 공간은 공동체 현상에서 핵심적인 부분을 차지한다(Gottdiener, 1997, p.139).

그러나 옴스테드의 제안 이후 약 50년이 지난 20세기 말, 로스앤젤레스는 공공 공간의 확대가 아닌 정반대, 즉 공원, 가로, 도서관, 운동장, 화장실, 기타 공공을 위한 각종 문화편의시설의 소거 현상을 마주하게 되었다(ibid., p.227-228). 20세기 초 시정부가 세금을 걷어 공공시설과 장소의 확충 및 관리에 투자하였다면, 20세기 후반 시정부는 민간의 토목건축 개발업자들과 파트너십을 형성하여 그들에게 막대한 세금 혜택과 보조금을 주고 중상류층 백인과 전문직 종사자를 위한 도시재개발에 열중한 것이다. 그 결과, 한때 공공성이 보장된 도시의 많은 공간, 계급이나 인종에 상관없이 누구나 접근하여 원하는 만큼 사용하고 자유로이 편익을 취하던 마을의 공동 우물과 같은 공간들이 사라졌고 관리 소홀로 낙후되기 시작하였다. 재래시장,

[그림 6-3] 게리 골드윈 공공도서관

공원, 가로, 도서관, 운동장, 화장실 등 많은 공공 공간이 노후화로 훼손되었으나, 시정부는 이를 보수하거나 새로 개축하지 아니하고 방치하였다. 또한 스스로 젠트리피케이션의 옹호자, 나아가 추진 주체가 됨으로써 공공 공간의 축소 및 사유화를 직간접적으로 촉진하였다. 이에 따라 많은 공공 공간이 최신식 오피스와 고급 빌라, 웅장한 주상복합 쇼핑센터에 의하여 대체되었다. 무엇보다, 빈민과 노숙인 등 사회 하류층은 이전에는 당연히 접근할 수 있고 당연히 사용할 수 있다고 생각한 많은 것으로부터 급속히 배제됨을 경험하였다. 돈 없이 공공 공간에 물리적으로 접근하거나 이용하는 데 상당한 제약이 발생한 것이다. 여기서 주안점은, 공공성에 대한 이와 같은 훼손이 안전의 확보, 위험의 제거, 덜 매력적인 것들의 미장(beautification)이라는 구호와 함께 자본의 주도 그리고 시정부의 비호 아래 공공연하게 자행되었다는 점이다. 참고로 [그림 6-3]은 로스앤젤레스시에 있는 게리 골드윈 공공도서관 사진이다. 건물을 둘러싼 높은 철문과 담벼락,

딱딱한 디자인은 공개적이고 공익적이어야 할 도서관의 낮은 접근성과 폐쇄성을 명징하게 보여준다.

다음으로 금지된 도시와 관련하여, 데이비스는 20세기 초 로스앤젤레스 시정부의 도시계획 정책이 구시가지와 신시가지의 동시 개발을 추진하였고, 이를 통해 빈민과 노숙자를 도시의 낙후되고 외진 공간으로 무조건 몰아넣기보다 부분적이나마 개발된 공간으로 통합시켜 넣는 절충주의 입장을 취하였다고 보았다. 그러나 1990년대 이후의 도시 개발은 이와는 다른 길을 걸었다. 그는 20세기 후반 로스앤젤레스 도시재개발이 빈민, 노숙자 등 하류층과의 완벽한 분리를 추구하였고, 이 부분에 있어 민관이 일치되었다고 보았다. 여기서 분리란 기존의 모든 도시 형태 및 과정과의 단절이자 앞으로 일어날 모든 유형의 불쾌한 도시적 조우로부터의 단절을 의미한다. 그리고 하류층을 도시의 당연한 점유자로 인정하지 않겠다는 시정부의 의지를 내포한다. 다시 말해, 위험한 '저들' 하류층을 '우리'의 도시에서 축출하겠다는 뜻이다(ibid., p.228).

[그림 6-4] 로스앤젤레스시 고속도로 전경

금지된 도시의 분리는 물리적 분리에서부터 시작된다. 예컨대 하류층이 길거리에 보이는 것은 도시 외관상 아름답지 않을뿐더러 보안상으로도 좋지 않으므로 보행자 도로를 없애 버리고 자동차 위주의 도로를 만드는 식이다. [그림 6-4]를 보면 사람들이 걸어 다닐 수 없도록 도시 외관을 디자인하였음을 알 수 있다. 대중교통이 고장나면 유지보수를 미룸으로써 낙후를 조장하기도 한다. 중상류층은 대중교통 대신 자가용을 타고 직장으로 출근하고 퇴근 후 쇼핑센터, 고급 식당, 부티크를 들러 집으로 돌아온다. 중상류층이 자동차를 타는 이유는 위험한 하류층과 맞닥뜨리지 않기 위해서이다. 그렇지만 건물과 건물 사이를 이동하는 와중에 그들과 마주칠 가능성은 여전하다. 따라서 금지된 도시에서는 전자제어 시스템, 감시카메라, 사설 경찰 등에 의하여 출입이 엄격히 통제되는 폐쇄형 주차 공간들이 많이 만들어진다(ibid., p.235).

물리적 분리는 중상류층과 하류층 간 문화적, 사회적 상호작용의 단절을 초래한다. 로스앤젤레스 중심가의 진정한 르네상스기로 간주되는 1940년대, 이 지역에는 인종과 계급, 지위 고하를 막론하고 남녀노소 많은 사람이 한자리에 모여 시장에서 물건을 구매하고 밥을 사 먹고 함께 어울려 놀았다. 이질적 배경을 갖고 있었지만, 사회적 혼합이 잘 이루어지던 통합과 회합의 장소였다. 즉 공동체성이 풍부하게 관찰되는 곳이었다. 그러나 50여 년이 흘러 토목건축업자들이 신(新) 르네상스기라 부르는 1990년대 지금, 로스앤젤레스 중심가는 중상류 백인과 전문직 종사자들의 일, 소비, 놀이, 주거를 위한 폐쇄적 낙원으로 변질되었다. 이 낙원은 중상류층에게 불쾌함(unsavory:

냄새가 고약하고 보기에도 역겨워 불쾌하다는 뜻을 가짐)을 유발하는 거리의 위험한 비인간들을 도시의 한 모퉁이에 격리해 박멸하고, 이를 통해 도시를 말끔한 멸균 공간으로 만들고자 노력한 결과이다. 결국 도시는 '위험한 자들'에게는 금지되어야 할 곳이 되었고, 반대로 그들로부터 위협받는 '순진무구한 부유층'에게는 안전한 공간으로 무한정 허락되는 반쪽짜리 낙원으로 전락하였다. 부유층은 자신들에게만 허락된 이 낙원에 자발적으로 유폐된 칩거자라 할 수 있다.

마지막으로 비열한 거리와 감옥도시와 관련하여, 데이비스는 빈민과 노숙자를 잠재적 범죄자로 단정하고 그들을 적대시하는 정책이 20세기 후반 로스앤젤레스 시정의 특징이라고 하였다. 그는 이 가운데 특히 가로 정책에 주목하였다. 기본적으로 로스앤젤레스 가로 정책의 핵심은 빈민과 노숙자가 보행도로를 사용하기 불편하고 어렵게 만드는 데 있다. 보행의 불편성을 최대한 높이기 위하여 시정부는 다음과 같은 정책을 실제로 구상하고 집행하였다: 공원 사각지대에 누워있지 못하도록 공터 곳곳에 물뿌리개를 설치하고 누워있는 사람들에게 무작위로 물 뿌리기, 사람의 손이 닿지 않을 만큼 높은 곳에 쓰레기통 뚜껑을 달아놓고 기계장치로만 쓰레기를 수거하는 일명 요새화된 쓰레기통(fortified garbage) 설치, 버스정류소 간이 의자에 드러눕지 못하도록 의자의 재질을 딱딱한 것으로 바꾸고 너비를 좁게 줄이기, 무료 공중화장실 폐쇄, 노숙인 천막 불법 규정 및 강제 철거 등등(ibid., p.244).

[그림 6-5] 노숙자 퇴치용 공원 벤치

빈민과 노숙자를 적대시하는 로스앤젤레스 시정부의 정책 기조는 공공 경찰 기능을 강화하는 결과도 불러일으켰다. 물론 이는 대외적으로 예방적 차원에서 필수 불가결한 조치로 선전되었다. 그렇지만 진짜 목적은 중상류층 백인과 전문직 종사자들을 위한 쾌적한 도시 환경 조성에 있었다. 때문에 실상은 선제적이고 강한 경찰력의 진압으로 나타났다. 실제로 데이비스는 로스앤젤레스시 경찰(LAPD)이 샌 페르난도 밸리 내 12개 블록을 불법 마약과 갱 활동을 예방한다는 명목하에 바리케이드를 쳐 통째로 폐쇄하고 24시간 방범초소를 설치한 후, 경찰력을 투입하여 지역 주민들을 밀착 감시한 이례적인 치안 활동을 지목하였다. 해당 블록으로 들어가는 사람에게 수시로 신분증을 요구하고, 별다른 이유 없이 길거리를 전전하는 사람에게 "집으로 돌아가라"라는 방송을 퍼부으며, 귀가를 거부하면 체포, 구금한 전력을 거론한 것이다. 이 모든 행위에 대한 공식적인 명분은 불법 마약과 갱 활동 예방, 그리고 무엇보다 이를 통한 시민 안전의 확보였다. 그렇지만 실상은 이 지역의 통째 격리와 감시, 즉 감옥화(carceralization)에 있었다. 시민의 안전이라는 것도 빈민과 노숙자의 위협으로부터 중상류층 백인과 전문직 종사자를 구해냄을 의미하였다(ibid., p.250-254).

요약하면, 20세기 초까지만 하여도 로스앤젤레스시 외관과 건축양식, 시정은 자유주의적, 개혁적, 통합적 성향을 뚜렷이 나타내었다. 그렇지만 20세기 후반부터 급속하게 배타적이고 차별적인 속성으로 바뀌기 시작하였다. 이와 같은 전향은 한편으로는 보행자 도로를 없애고 고속도로, 폐쇄형 자동차 주차타워를 세우며 공중화장실과 공원의 문을 닫고 민영화하는 따위의 공공 공간 축소 및 사유화를 통하여, 다른 한편으로는 치안 확보라는 명분 아래 가난한 동네에 경찰력을 집중적으로 동원하고 대중교통 유지보수를 소홀히 하여 빈민과 노숙자를 특정 지역 안에 가두고 못 나오게 하는 봉쇄 격리를 통하여 교묘하게 이루어졌다.

도시의 공개적 광경에서 하류층을 삭제 소거하는 시정부의 청소작업과 함께, 중상류층은 하류층과의 불쾌한 조우를 피하고 소중한 재산과 가족을 지키기 위하여 자발적인 유폐를 감행하였다. 구체적으로, 보차분리(步車分離) 시스템을 구현하고 폐쇄형 무인 주차 공간을 설치하여 비열한 거리에 노출될 가능성을 최소화하였다. 높은 담장, 폐쇄회로 카메라, 사설 경찰 등을 동원하여 도시의 비이성에 위해를 당할 가능성도 줄였다. 이처럼 최신 보안기술을 활용하여 공고한 진지를 구축한 중상류층은 그렇게 만든 진지 내부를 쾌적한 주거 환경, 풍부한 문화 인프라, 우수한 교육 여건, 편리한 교통수단을 갖춘 지상낙원으로 요새화하는 데 몰두하였다. 인공수목, 인공 실개천로, 개별 산책로, 공원, 골프코스, 사설 운동장, 사설 수영장, 사설 도서관, 고급 부티크, 고급 식당 등은 이 요새화된 지상낙원에서 흔히 볼 수 있는 특징적인 내부 설비이다(ibid., p.257).

데이비스의 요새도시 개념은 공공 공간이 차츰 부유층 위주로 사유화되어 가는 작금의 전 세계 신자유주의 도시의 실상을 폭로한다는 점에서 의의가 있다. 오늘날 신자유주의 도시의 지배자인 부유층은 자신들의 거주지뿐 아니라 과거 공공이 함께 어울려 회합하던 모든 장소와 시설에서 빈민층과 접촉하지 않을 수 있는 특권을 누리게 되었다(Davis & Monk, 2008, p.3). 물론 비슷한 특권은 오래전부터 존재해 왔다. 그럼에도 데이비스가 작금의 요새도시 주인들의 특권을 특별히 비판적으로 언급한 까닭은, 과거와 달리 부자가 빈자와 단순히 접촉하지 않는 것을 넘어, 빈자를 한곳에 격리해 놓고 최첨단 보안기술을 이용하여 24시간 감시, 처벌할 수 있는 파놉티콘(panopticon)을 도시적 규모에서 구현한 것은 신자유주의 도시가 인류 역사상 처음이었기 때문이다. 하류층에 대한 감시, 통제, 처벌, 배제, 차별의 기제가 도시적 규모에서 실제로 작동되는 전 세계 수많은 감옥 같은 요새도시를 데이비스는 그것이 치장한 최첨단 기술력에 주목하여 하이테크 성(high-tech castle)이라는 말로 표현하기도 하였다(Davis, 2009, p.106). 실례로, 요새도시의 가장 극단적 형태를 우리는 남미 페루 리마의 수치의 장벽(wall of shame)을 통해 실감할 수 있다. 수치의 장벽은 리마시 남동쪽 부촌 주민들에 의하여 세워진 높이 3m, 길이 10km 콘크리트 장벽으로, 빈민촌과 부촌을 극적으로 나누는 한편 다양한 감시카메라로 출입을 제한하기 때문에 빈부의 장벽이라고도 불린다.

뿐만 아니라 데이비스의 요새도시 개념은 부유층이 빈민층과 평상시에 전혀 조우하지 못함으로써 사회적 냉담, 무관심, 무책임이 증가하는 현상 — 공동체의 증발 — 을 효과적으로 설명해 준다는 점에서도 높은 시사성을 가진다. 요새도시와 비슷한 개념인 벙커도시(bunker city) 개념을 제안한 에드워르 베르에 의하면, 벙커도시의 선택받은 사람들은 그들을 위하여 특별하게 정돈된 빌딩에서 업무시간을 보낸 후, 해가 지면 재빨리 자신과 같은 계층의 사람들이 모여 사는 벙커로 돌아가 다음 날 해가 돋을 때까지 나오지 않는다고 한다(Behr, 1996; 강준만, 2004에서 재인용). 여기서 주안점은, 벙커도시의 특권층은 이런 식으로 평생 외부인과 접촉은 물론 위협적 군중과의 조우 및 상호작용을 피함으로써 자신과 다른 배경을 지닌 하류층의 삶에 대해 철저히 무지하고 무관심하며 심지어 무대응할 수 있는 여건을 갖추게 된다는 점이다. 무지, 무관심, 무대응은 자연스레 무책임으로 이어진다. 이는 벙커도시의 주인들이 책임감을 갖고 관여하는 일이라고는 그저 요새화된 '내 집' 또는 근처 '앞마당'을 지키는 보안과 관련된 일뿐임을 말해준다. 그 밖의 장소에서 벌어지는 문제들은 자신과 아무 상관이 없는 일로만 여기기 때문에 전 사회적 차원에서 보았을 때 매우 무책임한 행동들이 일상적으로 일어나고 정당화된다(Sennett, 2000, p.181). 그리하여 요새도시와 요새도시 외부의 사회는 좁힐 수 없는 사회경제적, 문화적, 심리적 거리감 속에서 분열된다. 사회 전반의 공동체성도 심각하게 붕괴하고 만다. 이 같은 비극은 요새도시의 주인들이 대부분 범죄 문제에 극도로 거부감을 보이고 사형제도에 호의적 태도를 보이는 한편, 자신들의 물질적 이해관계나 부동산을 비롯한 재산 수호에 위해를 가할 수 있는 일체의 사회적 결정, 예컨대 빈민에 대한 원조나 공원 등 공공시설 수리에 드는 비용의 부담 등의 일에 철저히 반대 견해를 고수한다는 데에서 잘 확인된다(강준만, 2019, p.108).

데이비스는 경제, 정치, 사회, 환경 분야에서의 부조리를 폭로하는 데 강한 열의를 보였다. 또한 특유의 산문체 글쓰기로 갈채를 받았다. 그러나 대중적 성공에도 불구하고 그의 업적에 대해서는 많은 비판이 가해진다. 이는 데이비스의 연구 방법론 자체가 주류 실증주의가 아닌 비주류 역사주의와 비판주의였기 때문이기도 하지만, 그가 대학에 몸담고 있음에도 불구하고 엄격한 학술적 글쓰기보다는 신문사 기자와 같은 르포 형태의 글쓰기를 즐겼기 때문인 까닭도 있다. 르포 형태의 글쓰기를 즐기다 보니 때로 팩트를 조작하여 글을 쓴 적도 있었다(Stannard, 2004). 데이비스에 대한 비판은 우파 학자들뿐 아니라 좌파 학자들 사이에서도 가해졌다. 신디 카츠, 토마스 앤고티 등 좌파 지리학자들은 데이비스의 저서들이 기본적으로 도시를 미래가 없는 암울한 세상으로만 묘사하고 있다고, 즉 과도한 묵시록에 빠져 있다고 비판하였다(Angotti, 2006; Katz, 1993). 이들은 일찍이 마누엘 카스텔 등 초기 신도시사회학자들에 의하여 제기된 사회적 행위자들—빈민과 노동자계층 등—에 의한 도시 공간의 권력관계 재편 가능성이 데이비스의 저작에서는 전혀 찾아볼 수 없다는 점을 문제시하였다. 도시민들이 사회적 행위의 주체(agency)

가 아닌 그저 역할수행자(character)로만 묘사되고 있다는 비판과 관련하여, 데이비스는 자신이 개혁주의자(reformist)가 아님을 강조하며 반박하기도 하였다. 데이비스에 따르면 도시사회운동을 통한 점진적 개혁은 현대 자본주의 도시가 갖는 문제들에 대한 대증요법밖에 되지 않아 필패할 수밖에 없으며, 진정한 문제해결을 위해서는 자본주의 체제에 대한 본질적이고 급진적인 구조 변화만이 적합하다고 역설하였다(Davis, 2000).

2) 게이티드 커뮤니티

데이비스의 요새도시 개념은 이후 더욱 논의되어 게이티드 커뮤니티(gated community) 또는 빗장동네라는 느슨한 개념으로 재탄생되었다. 게이티드 커뮤니티란 공공 공간이 사유화되어 출입이 제한된 주거단지를 가리킨다(Blakely & Snyder, 1997, p.2). 구체적으로, 단지 입구의 출입문(gate)과 이를 통제하는 출입문 통제시스템 및 높은 담장에 의하여 주변 지역과 확연히 구별되는, 폐쇄적 영역성을 제공하는 주거 구획을 의미한다. 요새도시와 마찬가지로 게이티드 커뮤니티에는 주민들에게만 배타적으로 제공되는 다양한 생활편의 시설이 마련되어 있다. 몇 가지 예를 들면, 인공수목, 인공폭포, 개별 산책로, 수영장, 테니스코트, 미니골프장, 피트니스 시설, 도서관, 식당, 운동장, 클럽하우스 등이 전형적이다.

최근 진보 진영의 많은 학자가 게이티드 커뮤니티의 확산에 심각한 우려의 목소리를 내고 있다. 그 이유는, 게이티드 커뮤니티가 지역사회뿐 아니라 도시, 국가, 나아가 시민사회 차원에서 공공 공간의 사멸을 가속화하고, 사회적 소통과 혼합을 약화하며 결과적으로 민주주의의 위기를 촉발하는 중대한 사회위험 요소로 비화할 여지를 내포하기 때문이다(김희석, 이영성, 2020, p.13). 실제로 게이티드 커뮤니티와 관련하여 제기되는 가장 큰 비판은, 거시적 차원에서 어렵게 쌓아 올린 사회 전체의 사회적 자본에 훼손이 가해짐으로써 상호 신뢰와 호혜의 규범은 물론 사회조직의 기본 토대로서의 소셜 네트워킹이 소멸할 수 있다는 우려에 있다.

전체 사회의 사회적 자본을 갉아먹는 게이티드 커뮤니티 내부의 사회적 자본 현황은 그렇다면 어떠할까. 연구들에 따르면, 게이티드 커뮤니티 안의 사회적 자본은 일견 충분하고 공고해 보이지만 내부 사정은 전혀 그렇지 않다는 데 의견이 모인다. 게이티드 커뮤니티 구성원들은 보통 매우 유사한 사회경제적 지위를 갖고 있다. 그리고 이를 바탕으로 유사한 소비패턴, 생활기회, 주거문화, 직업 지위 등을 공유한다. 즉 계층적으로 매우 동질적인 집단이라 할 수 있다. 이처럼 동질적인 계층이 어떤 한 지역을 공동으로 점유하면 공동체적 속성도 자연스레 발현될 것으로 예상된다. 그러나 예상과 달리 게이티드 커뮤니티에 대한 인류학, 민속지학 현장조사 연구 결과를 보면 그 내부의 사회적 자본은 매우 빈약하다는 것을 확인할 수 있다. 그 까닭은, 게이티드 커뮤니티 구성원들의 거주지에 대한 상품화된 인식 때문이다(Blakely & Snyder, 1999, p.34-35).

게이티드 커뮤니티의 구성원들은 자신들이 거주하는 지역사회의 주택을 높은 부동산 가치를 가진 사유재산으로만 인식하는 경향이 뚜렷하다. 이는 다시 말해 자신들의 집을 재산 가치를 담보하고 증식시키는 교환수단 이상도 이하도 아닌, 그저 하나의 상품으로만 생각한다는 것을 뜻한다. 자신이 거주하는 주택을 사용가치를 가진 필수품이 아닌 교환가치를 가진 상품으로만 인식하는 주민이 다수를 차지하는 지역사회에서는 공동체성이 좀처럼 발현될 수 없다. 어떤 한 지역사회가 공동체적 속성을 발현하기 위해서는 그 안의 주민들이 서로 신뢰하고 호혜의 규범을 발휘하며 다소간의 희생을 감내해야 한다. 무엇보다, 주거지역 자체와 그 안에 존재하는 모든 사람과 사물, 장소에 대하여 강한 정서적 애착, 충성심, 연대 의식, 책임감 등의 감수성을 갖고 있어야 한다(나=너=우리=여기). 그런데 게이티드 커뮤니티에서는 주민들이 자신들이 거주하는 지역사회를 그저 비싼 부동산—투자한 만큼 앞으로 더 높은 가격을 받고 되팔아야 할 재산—이 위치한 일종의 시장으로 인식하는 성향이 뚜렷하다. 시장적 사고방식에 물들어 있기 때문에 나, 너, 우리, 여기를 하나의 강력한 유대적 관계망 속에 집어넣고 정서적으로 조망하기보다, 합리적 계약의 대상, 따라서 언제든지 사고팔 수 있는 물건으로만 거래한다. 게이티드 커뮤니티에서 공동체성이 좀처럼 발현되지 않는 까닭은 바로 이 때문, 즉 주택과 지역사회를 사는 곳(a place to live in), 즉 생활공간이 아닌, 사는 것(a thing to buy), 즉 구매하고 판매하는 대상으로 인식하는 상품화된 인식 때문이라 할 수 있다.

그렇다면 게이티드 커뮤니티에서 표면적으로 관찰되는 공동체성의 실체란 무엇인가. 연구자들은 게이티드 커뮤니티 구성원들 사이에서 발견되는 일정 수준의 응집력과 관계성은 실상 진정한 공동체적 특성과는 거리가 멀며, 그저 동류의식(consciousness of a kind)의 반영에 지나지 않는다고 주장한다. 즉 비슷한 소비패턴, 생활기회, 주거문화, 직업 지위 등을 공유하기 때문에 편안하게 어울리고 대화하며 관계를 맺는 것일 뿐, 연대, 협력, 단결, 책임, 공존, 우애와 같은 공동체적 가치나 규범에 기반을 둔 공동체로서의 속성을 드러내지 않는다는 것이다. 게이티드 커뮤니티 구성원들에게는 오히려 자유, 경쟁, 사익, 이윤, 욕망과 같은 개인주의적 가치규범이 갈채 받는다. 따라서 이러한 극도의 자유로운 개인들로 구성된 게이티드 커뮤니티는 자연발생적 공동체라 할 수 없다. 많은 사람이 오랫동안 희생하고 헌신하여 만든 인위적 공동체와도 거리가 멀다고 말할 수 있다. 그것은 그저 간편하게 상품 카탈로그를 보고 선택한 구매된 공동체(purchased community)에 지나지 않는다(강준만, 2019, p.105).

개인주의적 가치규범이 강조되는 만큼 게이티드 커뮤니티에서는 자유로운 욕망 추구나 이윤 창출 또는 경쟁 논리를 거스르는 외부의 모든 위협에 대한 거부감이 상당하다. 특히 재산 가치를 갉아먹을 수 있는 외부의 불안 요소에 대한 반발 심리가 두드러진다. 이와 같은 불안감은 커뮤니티 바깥에 놓인 미지의 위험한 타자들, 구체적으로 말해 더럽고 불결하며 일하지 않는 게으른 하류층과 그들이 끝내 저지르고 말 것인 심각한 범죄에 대항하여 빗장을 치는 행위(gating)로 나타난다. 요새도시에서는 이러한 거부감이 단순히 빗장치기로만 끝나지 않고 군사작전을 방불케 하는 강력한 통제와 격리, 감시와 처벌, 공격 행위로까지 나아간다. 그러나 이는 매우 극단적이고 암울한 사례라 할 수 있고, 우리가 현실 세계에서 흔하게 볼 수 있는 게이티드 커뮤니티에서는 통상 높은 담장과 철문, 출입문 통제시스템, 사설 경비, 폐쇄회로 티비 등으로 둘러싸인 산뜻한 생활 주거단지로 현시화한다. 그리고 이러한 선 긋기에 대한 명분으로 '범죄로부터 안전할 권리', '프라이버시', '안전한 생활환경의 조성', '우리 아이를 위하여' 등의 표어들이 항시 등장하여 폭넓게 수용된다. 일견 합리적인 듯 보이지만, 그 이면을 자세히 살펴보면 차별과 배제, 축출과 소거의 젠트리피케이션, 부유층만을 위한 사적 공간의 확장, 공공 공간의 축소 등 비인간적이고 비이성적인 도시 공간의 재구조화 및 욕망에 기초한 신자유주의적 자본 논리가 깔려 있다는 게 요새도시 개념을 주창한 데이비스 이하 게이티드 커뮤니티 현상에 주목한 많은 비판도시이론가의 한결같은 주장이다(Pow, 2009).

[그림 6-6] 게이티드 커뮤니티

이러한 게이티드 커뮤니티는 외국에서만 볼 수 있는 것이 아니다. 우리나라의 도시개발과 재개발의 역사 속에서 항상 함께해온 도시 현상이다. 1990년대 말부터 대형 건설업체들의 아파트 판매 전략 중 가장 중요한 항목으로 단지 내 출입에서부터 주동으로의 출입까지 다양한 출입문 통제시스템 및 관문들을 빠지지 않고 포함해 왔음을 떠올리면(예: 2000년대 초 완공된 강남구 도곡동의 타워팰리스), 게이티드 커뮤니티가 일견 우리나라 상황에서는 다소 생소한 외래적 현상으로 보일 수 있지만, 사실 도시개발과 재개발, 아파트 고급화 과정 등에서 자연스럽게 소개되어 널리 수용되어 왔다는 것을 금세 알아차릴 수 있다. 이와 관련하여, 인류학자 정헌목(2012, p.50)은 1990년대 말부터 건설업체들이 해외 사례를 그대로 보고 베껴 아파트 단지를 설계하였고, 완공된 아파트의 판매 과정에서 우리 집은 미지의 외부 위협으로부터 안전하다는 이미지, 그래서 비싼 것이고 그런 만큼 더욱 소중하다는 이미지를 성공적으로 창출하였다는 데 주목하였다. 이 성공은 중요한 사회적 전환점이 되었는데, 그 까닭은 안전, 안락, 고급, 높은 재산 가치를 엮어 강조한 아파트 건설업체들의 판매 전략은 그 익숙함과 자연스러움으로 인하여 그것이 갖는 빗장지르기(gating), 즉 사적 공간의 확장과 그에 따른 공공 공간의 축소라는 숨겨진 의미를 사람들이 쉬 인식하지 못하도록 만들었기 때문이라 할 수 있다.

한편 정현목에 따르면, 해외의 게이티드 커뮤니티와 우리나라의 게이티드 아파트 단지는 그 특징이 조금 다른데, 가장 큰 차이점은 국내 게이티드 아파트 단지는 부촌뿐 아니라 서민촌에서도 흔하게 지어지고 있고, 외부 공간과 완전히 단절되기보다 부분적으로 분리된 주거단지 형태로 개발되고 있다는 점이다(ibid., p.53). 그렇지만 이와 같은 차이에도 불구하고 정현목은 기존 도시 공간의 개발 및 재개발 과정에서 이질적 집단 구성원(예: 빈민)과의 접촉과 혼합을 거부하고, 높은 매매가를 부담할 수 있는 유사한 사회경제적 지위를 지닌 동질적 계급 집단이 자신들의 구미에 맞는 주거와 소비 행태를 추구하며, 무엇보다 재산 가치를 방어하기 위하여 담장을 두르고 빗장을 친 상태에서 특정 구획에 조밀하게 모여 산다는 점에서, 경제적 자본에 의한 공간 배제 및 차별의 원리가 한국 대부분의 아파트 단지 공간에도 동일하게 작동하고 있다고 주장하였다. 즉 한국의 아파트 단지를 해외 사례에서 볼 수 있는 게이티드 커뮤니티와 같은 도시 현상으로 보아도 무방하다고 주장하였다(ibid., p.51).

7. 소결: 자본주의와 공동체 파괴의 역사

공동체에 대한 갈등론적 접근의 핵심은 자본주의가 발전함에 따라 공동체는 파괴된다는 주장에 있다. 이러한 주장은 제3장에서 언급한 '사탄의 맷돌' 비유와 궤를 같이한다. 칼 폴라니는 『거대한 전환』에서 시장주의자들이 열광하는 자기 조정적이고 합리적이며 완전체로서의 자본주의 시장이 인간 본성에 내재한 어울림에 대한 욕구, 즉 공동체성을 해체한다고 경계하였다(Polanyi, 1944/2009, p.161). 산업혁명 이후 발달한 시장 자본주의가 어울리고자 하는 사람들의 욕구, 즉 집합적 연대와 소속감에 대한 자연스러운 욕망을 맷돌처럼 갈아 기존의 공동체를 원자화하고 많은 사람을 불행하게 만드는 현실을 사탄의 맷돌이라는 말에 빗대어 비판한 것이다.

자본주의의 역사를 공동체 파괴의 역사로 기록할 수 있도록 물꼬를 튼 갈등론자는 마르크스였다. 마르크스는 자신의 연구 동료이자 후원자인 엥겔스와 협업하여 완성한 과학적 공산주의 이론을 토대로, 자본주의 등장으로 인하여 봉건 농노들이 토지에서 유리되어 공장 지역으로 몰려들었고, 물자의 공급, 생산, 출하를 효율화하기 위하여 도시가 건설되었으며, 이로써 과거 농촌 지역에서 전통적인 공동체적 연대로 결합되어 있던 도시 임금노동자들이 서로가 서로에게 낯선 원자화된 삶을 살기 시작한 한편 극도의 소외를 경험하게 되었음을 설파하였다.

이러한 역사적 통찰은 이후 수많은 마르크스주의 추종자를 낳았다. 특히 자본주의적 도시화에 따른 기존 공동체 파괴에 대하여 비판적 입장에 선 연구자들을 양산하는 계기가 되었다. 도시의 재정위기 원인과 결과를 분석한 카스텔, 자본순환에 따른 건조환경 조성과정을 간파한 하비, 세계도시의 이중성을 묘사한 사센, 불균등발전과 젠트리피케이션의 동학을 통찰한 스미스, 무장화한 요새도시의 등장을 비관한 데이비스 등 신마르크스주의자들과 그들의 업적은 모두 이러한 맥락에서 이해될 수 있다. 이들은 각론에서는 연구의 대상이나 초점을 달리하였다. 그렇지만 모두 자본주의 체제하에 건조된 작금의 도시 공간이 사회취약계층을 포함한 원주민들의 특정 지역사회에 대한 사용가치를 훼손하는 방식으로 개발되어 왔고, 약탈한 사용가치를 교환가치로 전환한 후 해당 지역사회와 정서적, 도덕적, 역사적으로 아무 고리가 없는 외부 자본에 매매함으로써 공간적 양극화 – 부의 지리적 편중 - 를 극대화하는 방식으로 개발되어 왔다는 점에 의견을 같이하였다. 나아가 공간적 양극화에서 촉발된 사회 부조리가 경제적, 정치적, 인종적 양극화를 심화하였고, 이에 따라 사회취약계층 및 원주민들의 공동체가 와해하였다는 점에서도 의견을 공유하였다. 여기서 기존 공동체의 와해란 사회취약계층과 원주민들을 도심에서 물리적으로 배제, 격리, 소거, 축출하는 지역사회 해체를 의미한다. 동시에, 그 안에서 오랫동안 응축되어 온 정서적 연대, 역사적 기억, 도덕적 책임, 끈끈하고 안정된 사회연결망 등 공동체 집합적 역량의 소실을 가리킨다. 이번 장에서 살펴본 공간의 사유화, 공공성의 저하 등의 문제는 모두 이러한 맥락에서 이해될 수 있다. 심리적 측면에서, 자본주의에 의해 와해된 공동체 구성원들은 자신들을 위험에서 방어해줄 보호막의 상실로 인하여 불신, 분노, 불만을 느끼게 된다. 그러는 한편 생존을 위하여 무한경쟁에 뛰어들거나 경쟁의 낙오자가 되어 무력감과 불안감을 상시적으로 경험하게 된다.

이처럼 신마르크스주의자들은 자본주의 도시를 인간공동체를 파괴하는 모순과 갈등의 공간으로 묘사하였다. 그렇지만 일찍이 마르크스가 변증법적 유물사관을 적용하여 자본주의 체제가 극복되고 공산 사회(노동공동체)가 도래할 것으로 예측하였던 것처럼, 그의 추종자들 역시 자본주의 도시를 그저 불변의 암흑향(dystopia)으로만 그리지는 않았다. 신마르크스주의자들은 자본주의의 사회적 모순과 계급 갈등이 도시 공간에 압축된 만큼, 다른 곳이 아닌 문제의 정점이라 할 수 있는 도시 내부에서부터 그 모순과 갈등을 해결하기 위한 노력을 기울여야 한다고 주장하였다. 그리고 만약 그와 같은 노력이 성공한다면, 도시는 암흑향에서 이상향(utopia)으로 비약할 수 있다는 전망을 조심스럽게 내놓았다(박영균, 2009).

마르크스주의 전통에 선 갈등론자들은 자본주의 도시의 모순과 병폐를 해결하기 위한 다양한 대안을 모색하여 왔다. 대안은 여러 방식으로 분류, 정리될 수 있는데, 먼저 자본주의에 의하여 파괴된 공동체를 회복하는 주체로서 지역에 주목하는 입장과 중앙에 주목하는 입장으로 나누어 볼 수 있다.

전자는 주민 중심의 상향식 사회운동을 꾀하는 입장을 대변하며, 마을이 주체가 되어 자본주의적 도시화와 세계화가 만들어 내는 파괴적 결과에 대항해야 함을 강조한다(정헌목, 2016). 이 입장에서는 주민의 자발적 참여, 주도적 안건 상정, 자체적 문제해결 등 토착세력의 역량강화를 운동 성공의 최우선 요건으로 손꼽는다. 그러나 단일 지역과 토착세력 강화라는 국지적, 분절적, 내재적 접근 방식만으로 초국적 자본주의의 파괴적 힘에 효과적으로 대항할 수 있는지 의문이다. 쉽게 말해, 작은 마을 테두리 안에서 아무리 마음 잘 맞는 우리끼리 오순도순 잘 산다고 해도, 거악인 발 없는 전 지구적 자본 앞에서는 그 어떠한 내부의 자조적 노력도 의미가 없고 무용지물이 될 수밖에 없다는 뜻이다(최승호, 2009, p.253; DeFilippis, 2008).

이와 대조적으로, 후자는 중앙을 중심으로 문제를 해결하려는 입장을 나타낸다. 전 지구적으로 작동하는 자본주의에 맞서 싸우려면 중앙의 강력한 조직이 주체가 되어 주변의 다양한 군소 행위자를 아우르고 그들의 역량을 조절하며 이를 적재적소에 투입하는 하향식의 중앙집중형 접근법이 효과적이라는 것이다. 그러나 중앙의 상향식 콘트롤타워의 존재는 그것이 아무리 효과적일지라도 주변부 행위자들의 자체적 역량을 위축시켜 운동의 지속성을 약화할 수 있다는 점에서, 나아가 스스로 또 다른 억압과 통제의 기제가 될 수 있다는 점에서 그 가능성은 제한적이다(공석기, 2016).

마르크스주의 갈등론자들은 문제해결의 주체와 방향뿐 아니라 내용에 대해서도 많은 관심을 보인다. 이들은 자본주의의 해악이 본질적으로 시장에서 매매, 교환되는 상품의 생산 및 소비에 매몰된 데에서부터 시작된다는 점에 동의하고, 탈상품화를 통하여 시장의 임노동에 의존하지 않고서도 사회적 급부를 통해 인간다운 생활을 유지할 수 있는 가능성을 고민한다. 마르크스주의자들은 의식주 및 교육, 의료 등 생활의 기본적인 분야에서의 탈상품화가 제대로 실현될 수만 있다면, 전 세계 남녀노소 공히 시장이나 가족, 타인에 의존하지 않고 독립적으로 인간다운 삶을 영위할 수 있다고 주장한다. 여기서 독립적이며 인간다운 삶이란 나 홀로 파편화된 채 나앉아 있는 것이 아닌, 나와 비슷한 특징을 공유하는 우리와의 긴밀한 어울림을 통해 소속감과 정체성을 확인하고 이를 바탕으로 불확실한 세계에서 안전과 안정을 추구하려는 자연스러운 인간 욕망의 발현과 충족 과정을 의미한다. 이런 측면에서 마르크스주의들이 말하는 탈상품화란 거창한 것이 아닌, 상실된 인간성과 파괴된 공동체성의 회복 과정이자 결과로 이해할 수 있다(김형용, 2016).

한편 일부 마르크스주의자들은 기존의 자본 개념 — 생산 주체가 생산을 위해 동원하는 자원—을 탄력적으로 해석하여 자본을 경제적 자본이나 물리적 자본뿐 아니라 사회적 자본과 인적 자본 같은 비가시적이고 비물질적인 자원으로까지 세분화하여 이해하기도 한다. 이들은 기본적으로 자본주의 체제에서는 반드시 경제적 자본이 한편으로 쏠려 과잉축적되고, 반대로 자본이 결핍된 지역에서는 토착 공동체가 쇠약해진다고 본다. 이와 같은 편향을 바로잡기 위하여 마르크스주의자들은 일차적으로 한쪽으로 쏠린 경제적, 물리적 자본을 다른 한쪽으로 넘겨 균형을 잡아주는 작업을 진행해야 한다고 주장한다(DeFilippis, 2001). 이러한 주장은 현실적으로 우리나라 같은 경우 경제민주화 혹은 경제정의와 관련된 다양한 실천 그리고 사용가치 중심의 도시재생 사업들로 구체화하고 있다.

그러나 경제정의나 사용가치 중심의 도시재개발 노력만으로는 부족하며, 진정한 힘의 균형 및 공동체 복원을 위해서는 그와 동시에 사회적 자본과 인적 자본에 대한 투자가 병행되어야 함을 갈등론자들은 지적한다. 사회적 자본은 미지의 타자에 대한 신뢰, 상호 호혜의 규범 및 사회적 연결망을 확대, 확충함으로써 자본주의 체제하 위기계층의 공동체를 지켜주는 방어막 역할을 한다. 한편 인적 자본에 대한 투자(예: 공동체 리더십 발굴 및 시민교육 등)는 이미 만들어진 공동체의 지속가능한 발전을 위해 반드시 필요한 작업으로, 특히 지역에 기반을 둔 공동체 구성원들을 대상으로 했을 때 그 효과가 두드러진다(함철호, 2019, p.255).

제7장. 도시계획론적 접근

지금까지 공동체를 이해하는 사회학적 관점을 크게 네 가지—유형론, 생태론, 체계론, 갈등론—로 나누어 살펴보았다. 각 관점은 내용이 다 다르지만 한 가지 공통점이 있다. 공동체란 인간의 가시적이고 의도적인 개입의 결과 만들어진 것이 아닌, 처음부터 주어진 것, 즉 자연발생적으로 존재해온 어떤 것이란 시각이 바로 그것이다.

물론 인간을 유적 존재(類的 存在)로 규정한 마르크스는 이전의 역사적 상황(자본주의)에 기반을 두고 새로운 역사(공산주의)를 만들어 나가자고 주장함으로써 이상향(공산적 공동체)을 인위적으로 구현하자는 입장을 내비치었다(한형식, 2010, p.63). 이런 측면에서 카를 마르크스로 대변되는 갈등론이 인위적 공동체를 지지한다고 볼 여지가 없는 것은 아니라고 할 수 있다. 그렇지만 자본주의의 사적 소유 자체가 인위적으로 만들어진 유례없는 부자연스러운 소외를 가리키며, 이로 말미암아 인간공동체가 파괴되었음을 마르크스가 강력히 성토했다는 점을 감안하면, 마르크스주의에서 공동체란 본디 인간의 본성이 온전하게 발현되어 소외가 없어진 상태, 즉 유사 이전 원시공동체 일원이었던 인간이 마주한 자연 그대로의 상태를 함의한다는 점을 우리는 곧 알 수 있다(류동민, 2012, p.265).

갈등론에서는 이처럼 약간의 논란이 있을 수 있음을 유념하고, 다시 다음의 질문을 던져보자. 모든 공동체는 자연발생적일까? 그냥 처음부터 주어지기만 한 것일까? 예외는 없을까?

우리가 오늘날 알고 있는 공동체 가운데 일부는 인간의 합리적이고 의식적인, 주도면밀한 노력의 결과 만들어진 산물이다. 이처럼 사람의 인위적인 통제의 결과 탄생한 공동체를 우리는 계획된 공동체(planned communities)라 부른다.

계획공동체는 18세기 산업혁명이 발생하고 자본주의 경제체제가 도입된 이후 인간의 삶이 향상되기는커녕 반대로 하향평준화하고 많은 이가 공장 근로자 신분으로 인간 이하의 대접을 받으며 살게 된 데 대한 반성에서부터 시작되었다. 자연이 오염되고, 이촌향도의 물결 속에서 극소수의 부자를 제외하고는 대부분이 빈곤층으로 전락하였으며, 빈민촌의 비위생적 주거 환경 속에서 희망 없는 생활을 근근이 이어 나가는 현실에 당시 식자층은 경악을 금치 못하였다(김천권, 2017, p.278).

공동체의 와해, 비참한 일상, 비위생적 주거 환경, 장시간 노동과 열악한 임금 등을 동반한 도시민들의 빈곤한 현실을 인지하고 발 빠른 대응에 나선 것은 19세기 영국 정부였다. 영국의 지배집단은 도시민들의 곤궁한 삶에 국가가 적극적으로 개입하지 않으면 프랑스 대혁명과 같은 재앙을 피할 수 없다고 우려하였다. 그리하여 영국은 유럽의 어느 나라보다 일찍이 도시민들의 복지, 보건, 위생 향상을 위하여 선제적인 노력을 기울였다. 상하수도 시설, 공공주택 건설 등을 포함하는 폭넓고 장기적인 도시계획(urban planning)을 수립하여 실시하였다(Batchelor, 1969, p.186). 물론 이와 같은 도시계획이 순수하게 도시민들의 삶의 질 하락을 우려하였기 때문에 실시된 것만은 아니었다. 시민의 주거와 위생 상태 등을 개선하고자 한 노력 이면에는 개별 노동자의 생산성을 향상을 통한 경제 성장 그리고 그 와중에 증폭될 수 있는 노동자들의 불만을 무마하려는 정치적 의도가 깔려 있었다. 그렇지만 도시계획의 개념 정립 및 실시를 기점으로 도시는 단순히 이윤을 추구하는 생산 기지만이 아니며, 시민의 삶과 복지를 위한 인간적 공간이 될 수 있고 또 마땅히 그래야 한다는 인식이 차츰 자리 잡은 것만은 사실이다(ibid., p.193).

요컨대 계획공동체는 산업혁명과 자본주의 이후 도시민의 삶이 이전보다 더 팍팍해졌다는 위기감, 높아진 불확실성 속에 이전보다 사람들의 삶이 더 불행해졌다는 반성, 따라서 과거의 실패를 거울삼아 확실한 행복을 가져다줄 수 있는 안정적 번영의 공동체를 인위적으로라도 구현해 보자는 결기, 만약 제대로 된 공동체를 구현해낼 수 있다면 산업혁명과 자본주의 이전에 우리가 책으로, 입으로만 전해 듣고 알던 이상향과도 같은 게마인샤프트를 현실 도시에서도 접할 수 있을 것이란 낙관이 합쳐지는 분위기 속에서 추진되었다(조극래, 김동영, 2003).

이번 장에서는 이러한 아이디어를 담고 있는 공동체에 관한 도시계획론적 관점을 살펴본다. 구체적으로, 계획공동체를 만들기 위한 다양한 선구적 노력을 전원도시운동, '빛나는 도시'계획, 도시미화운동, 복합도시 개발, 도시촌운동이라는 다섯 개 꼭지로 잡아 짚어 보도록 한다. 마지막으로 최근의 우리나라 마을만들기 사업, 도시재생

사업 등에 영감을 준 계획공동체 건설 노력을 신도시주의의 관점에서 점검하도록 한다.

1. 에베네저 하워드 — 전원도시운동

계획공동체 개념을 만들어 내는 데 가장 크게 기여한 초창기 인물은 영국의 궁정 담당 기자이자 도시계획가인 에베네저 하워드(1850~1928)였다. 그는 가난과 질병, 범죄, 환경오염이 만연한 작금의 영국 산업도시에서 공동체성이 와해하고 인간성이 말살되는 현상에 개탄을 금치 못하였다. 그는 수많은 기형적 도시 문제를 해결하기 위하여 과거 농촌 마을에서 전형적으로 볼 수 있었던 공동체적 인간관계를 도시에 이식해야 한다고 역설하였다. 즉 그는 오늘날 현대 사회에서 공동체성이 상실되고 이기적 이익사회가 이를 대체하면서 사회의 질서와 규범이 무너지는 데 강한 유감을 표시하였고, 이를 해결하는 방안으로 전원도시 건설 운동을 제창하였다(Lyon & Driskell, 2011, p.126).

전원도시에 관한 하워드의 이론은 *Garden Cities of Tomorrow*『내일의 전원도시』에 자세히 소개되어 있다(Howard, 1898/2016). 그는 이 책에서 사람의 주거지를 농촌(country)과 도시(town)로 나누고, 산업사회의 폐해를 겪지 않은 농촌으로 돌아가 그 속에서 돈독한 공동체를 다시 한번 일궈 나가자고 주장하였다. 그에게 있어 이상적인 농촌 공동체란 '부모애'와 '형제애', 이웃 간의 돈독한 '우정'에 기반을 둔 상부상조와 협동의 발현체를 의미하였다. 신의 '은총'과 '보살핌'이 넘실대는 장소이자, 우리가 태어나고 돌아가고 먹고 입고 생활하는, 궁극적인 ‘생명과 희망의 땅’이었다(ibid., p.17).

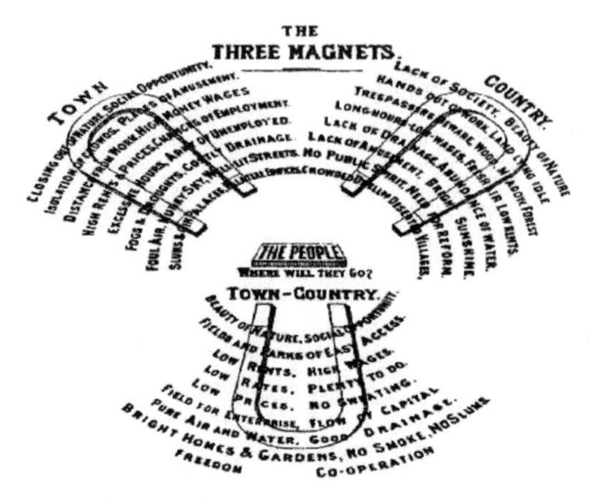

[그림 7-1] 하워드의 3개의 자석 개념도
(Howard, 1898/2016, p.31)

농촌 공동체에 대한 하워드의 개념은 동시대 사회학자 페르디난트 퇴니스가 게마인샤프트를 묘사한 바와 거의 다를 바 없다. 또한 그는—퇴니스가 그랬던 것처럼—산업사회가 역사적으로 불가역적이고 불가피하며, 따라서 이전과 같은 농촌 공동체를 그대로 되살리기란 불가능하다고 진단하였다. 그리하여 그는 산업사회의 장점을 유지하면서도 산업사회의 주거지(town)를 농촌의 그것(country)과 유사하게 만드는 작업이 필요하다고 주장하였다. 일종의 절충안(town-country)이었던 셈이다. 이러한 생각은 그의 3개의 자석(Three Magnets) 그림에 잘 나타나 있다.

19세기 말 도시가 급속히 팽창하면서 열악한 주거 환경 속에 살아가게 된 근로자 계층의 삶의 질 향상을 위하여 새로운 주택 단지를 짓고 이를 통해 말살된 공동체성과 인간성을 되살리자는 취지로 제안된 전원도시 개념은 도시와 농촌의 통합, 인간과 자연의 조화, 개인과 공동체의 균형이라는 측면에서 획기적인 발상이었다. 또한 빈민의 열악한 사회환경 개선에 초점을 둔 개혁 지향성을 지녔기 때문에 학계와 정계에서도 상당한 호응을 받았다. 도시계획자로서 과학기술, 특히 건축공학의 힘을 신뢰한 하워드는 공동체성과 인간성, 자연 친화성을 동시에 되살릴 수 있는 획기적인 신 전원도시를 아래와 같이 기술적으로 상정하였다.

> 모든 사회적 계층과 소득집단이 균형적으로 분포돼 있고.... 도시의 경관은 구역에 따라 다르게 나타나도록 한다... 먼저 정부 건물과 유흥시설은 중심에 위치하고, 다음으로 거주지역이 위치한다.... 그다음 상점이 위치하고, 공장은 외곽의 철길을 따라 맨 바깥에 위치한다.... 주택의 크기에 제한은 없으나, 모든 주택에는 반드시 정원이 지어져야 하고, 각 주택은 공장, 상점, 학교, 문화센터 등 주요 생활거점과 걸어 다닐 만큼의 가까운 거리에 놓여야 한다.... 가장 중요한 것은, 중심지 근처에 반드시 공원이 있어야 하고 그 크기는 145에이커이어야 한다는 점이다.... 공원에는 운동장이 딸린 학교가 있어야 하고, 교회 대지를 허용하며, 주택들은 공원을 둘러싼 대로 중 다섯 번째(Fifth Avenue)부터 나타나도록 한다.... 대로의 폭은 420피트로 정한다.... 공장 지대 외곽에는 철길을 두고, 그 바깥에는 5,000에이커 크기의 녹지를 두어 다른 도시들과 구분을 둔다.... 이 녹지는 도시의 규모가 일정 수준 이상 커지는 것을 막는 하나의 안전장치로서, 개발하지 않고 보존한다.... 도시의 면적은 1,000에이커로 정하고, 32,000명이 거주하도록 인구를 제한한다(ibid., p.25).

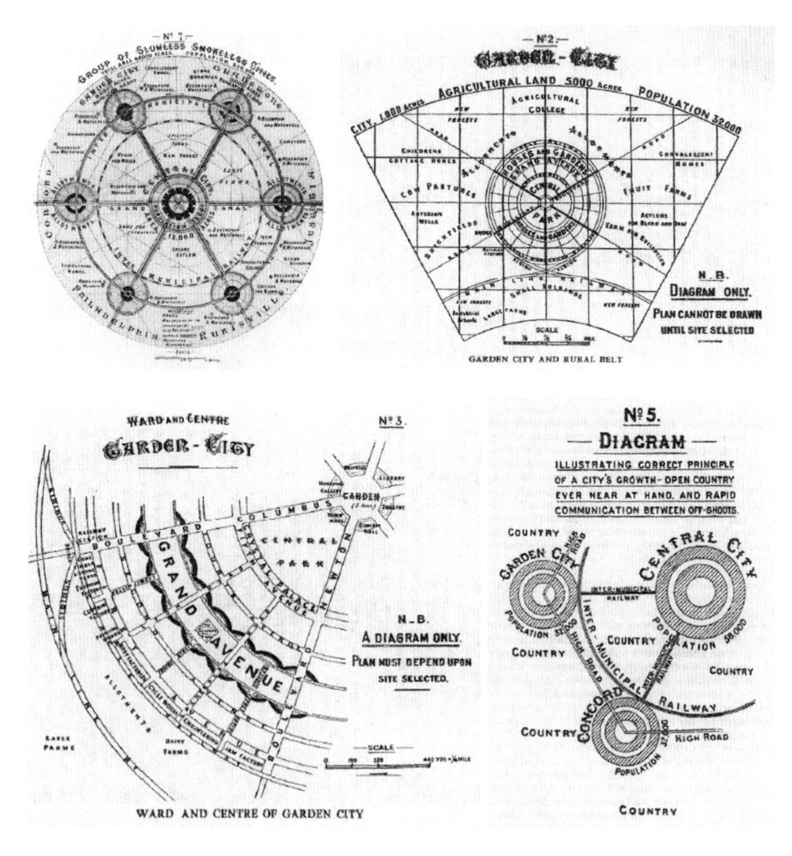

[그림 7-2] 하워드의 전원도시 조감도

[그림 7-2]는 앞서 묘사된 내용을 압축적으로 예시한다. 그림에서도 확인할 수 있다시피, 전원도시는 철저히 계획주의적인 성격을 지녔다. 특히 도시의 구조와 형식 측면에서 주민 간 일상적 어울림과 마주침을 장려하여 공동체성이 자연스럽게 형성, 유지될 수 있도록 하는 장치를 곳곳에 마련하였다. 아울러 주요 생활편의시설에 대한 도보 편의성(walkability)을 극대화하는 방향으로 건축물과 가로들을

배열하는 고민도 여기저기 녹여내었다. 또한 집집마다 의무적으로 정원을 갖추어 놓도록 하고, 도시 내부에 공원 및 녹지(green belt)를 만들어 자연과 도시의 결합을 시도하였으며, 이로써 도시적이면서도 농촌적이고 산업사회적이면서도 전(前) 산업사회적인 외양을 띠도록 의도하였다.

이 모든 의식적 노력은 하워드가 도시의 하드웨어(도시의 구조 및 형식)를 통해 소프트웨어(도시의 공동체성)를 고도화할 수 있다고 믿었다는 것을 함의한다. 이와 같은 믿음은 이후 도시사회학자 루이스 워스에 의하여 적극적으로 계승되었으며, 주거지의 구조적, 형식적 변화를 통해 인간의 사회적 관계와 심리적 상태에 변화를 가할 수 있다는 환경결정론으로 구체화되었다.

『내일의 전원도시』를 통해 전원도시의 청사진을 제시한 하워드는 얼마 지나지 않아 그의 원대한 구상을 현실에 적용할 기회를 얻게 되었다. Garden City Association이라는 단체에서 영국 정부와 협약을 체결하여 막대한 재정지원을 해주기로 한 덕분이었다(Batchelor, 1969, p.198).

첫 번째 전원도시는 1903년부터 약 10년에 걸쳐 런던에서 60㎞ 떨어진 레치워스 지역에 지어졌다. 레치워스시 건설의 실책임자는 건축설계자이자 도시계획가인 레이몬드 언윈과 배리 파커였다. 이들은 하워드의 청사진에 따라 공동체적 인간관계를 맺기에 가장 이상적인 인구 3만 명 규모의 도시를 건설하였다. 특히 런던의 침상도시(bed town)가 되는 것을 방지하고자 도시 경계 안에 다양한 산업체를 위한 공간을 조성하여 자체적으로 고용이 창출될 수 있는 자급자족적 경제체제를 구축하는 데 심혈을 기울였다. 삭막한 도시 환경을 예방하고자 다수의 공원과 정원, 녹지를 마련함은 물론, 곳곳에 가로와 커뮤니티센터를 두어 주민 간 일상적 어울림과 마주침, 의사소통을 장려하였다. 철저히 의도된, 그야말로 계획된 도시였던 것이다.

그러나 레치워스에서의 실험은 결과적으로 실패로 끝났다. 가장 직접적인 원인은 자급자족적 생산기반 구축의 미흡에 있었다. 산업기반이 부족하여 도시재정이 계속해서 취약하였고, 세금이 잘 안 걷히니 하워드가 전원도시의 필수적 요소라고 지목한 각종 문화편의시설과 상점, 녹지 등을 조성하는 일 자체가 난망하였다. 쓰레기처리나 상하수도 시설의 설치 역시 생각보다 원활히 진행되지 못하였다. 결국 입주 십 년이 지난 1920년대 말이 된 상황에서도 인구 3만 명 목표를 못 채운 채 레치워스시는 애초의 전원도시 이상을 구현하기는커녕 런던의 위성도시로 전락하는 운명에 처하였다.

첫 번째 실패를 반면교사 삼아 런던 북쪽 35㎞ 지점 웰윈 지역에 또 한 번의 전원도시 건설이 시도되었다(ibid., p.199). 두 번째 전원도시 건설의 책임자는 하워드와 생각을 같이 한 건축가 루이스 드 스와좋이었다. 1920년대 웰윈에서의 실험은 레치워스와 달리 다소 성공적이었다는 평가를 받는다. 특히 전원도시 외곽에 조성된 녹지는 당시 런던 인근의 난개발을 방지하는 좋은 도시계획 모형으로도 한동안 회자되었다. 그렇지만 하워드의 원래 구상과는 달리, 웰윈시 역시 낮은 인구밀도와 세수 확보 문제, 도시 외관에 대한 지나친 규제 및 주민의 자율성 억압 등으로 비판받았다.

[그림 7-3] 웰윈 시의 과거, 현재, 미래

하워드 사후에도 그의 이론에 영감을 받은 제자들이 영국 정부 곳곳에 진출하여 전원도시운동을 지속해 갔다. 1946년 공표된 신도시법(The New Towns Act of 1946)은 그 대표적 산물이다(ibid., p.200). 이 법에 따라 수많은 신도시가 런던과 맨체스터 등 대도시 근교에 세워졌으며, 가장 성공적인 사례로 마크 I,II(Mark I&II Towns) 등이 거론된다. 20세기 중반 영국에 세워진 이들 신도시의 특징은 ① 직주분리(職住分離), ② 보차분리(步車分離), ③ 공공 공간 마련, ④ 인구 제한 완화(최대 8만 명까지 확대 수용), ⑤ 쇼핑 및 레저시설 등 문화 인프라 구축, ⑥ 녹지 규정 완화로 요약된다.

최근에 한국에서도 교외 지역이 개발되면서 전원도시 조성 움직임이 여러 지역에서 감지되고 있다. 그러나 우리나라의 전원도시는 하워드가 제시한 모형과는 거리가 멀다. 그저 교외에 고밀도 아파트 단지를 건설하면서 자연 친화적 주거단지라는 것을 광고하기 위하여 전원도시라는 용어를 차용하고 있을 뿐임을 유의해야 한다(김천권, 2017, p.282).

하워드가 전원도시운동을 통해 목적한 바는 궁극적으로 공동체와 인간성 회복이었다(Howard, 1898/2016, p.185). 이를 위해 그는 구체적으로 두 가지 사안에 초점을 맞추었는데, 하나는 노동자 계급을 위한 공동체 친화적 주택단지의 조성이었고, 다른 하나는 비인간화를 가속하는 도심 슬럼화의 예방이었다. 그런데 하워드 사후 건설된 수많은—전원도시라는 명목 아래 지어진—신도시는 노동자계층이 아닌 중산계층 이상을 위한 고급주택지로 전환되었다. 또한 교외 지역에 조성된 전원도시들은 도심 슬럼화를 예방하기는커녕 무분별하고 불규칙한 도시확산(urban sprawl)을 가져오는 원인이 되어 비판을 자아냈다. 뿐만 아니라 비평가들은 하워드가 전원도시를 통해 게마인샤프트, 즉 공동체를 복원할 수 있다고 자신하였으나, 이 부분에 있어서 그의 실험이 사실 그다지 성공적이지 못하였다는 점을 집중적으로 공격하였다. 비평가들은 전원도시를 통해 시민들의 객관적인 삶의 질이 일부 향상된 것은 분명하나—설문 조사에 따르면—주관적 삶의 만족감은 그만큼 유의미하게 개선되지는 않았다는 사실을 주되게 비판하였다. 무엇보다 사회적 지지의 양과 질, 이웃됨, 동네 애착심, 응집력 등 여러 측면에서의 공동체성이 런던이나 맨체스터 등 대도시 중심지역에 사는 주민들과 비교하여 신도시 주민들의 그것이 크게 앞서는 바 없이 비등비등하다는 점은 많은 비평가가 하워드의 전원도시운동을 평가절하하는 주된 이유가 되었다(Michelson, 1977).

한계와 실패에도 불구하고, 전원도시에 관한 하워드의 주장과 이론은 산업화에 따른 공동체 파괴를 경계하게 해준 한편, 자연과 도시의 결합을 통해 자연과 호흡하며 공동체성과 인간성을 동시에 살려갈 수 있는 또 하나의 구체적 대안을 제시하였다는 측면에서 유의미하며 여전히 유효하다는 평가를 끌어낸다. 특히 공학과 건축기술에 의거하여 — 중앙의 기존 대도시가 아닌 지방의 군소 — 마을과 도시의 외형을 합리적으로 변형시킴으로써 기존 산업도시에 내재한 각종 사회적 해악과 문제를 제거, 치료, 해결할 수 있다는 믿음을 심어 주었다는 점, 이로써 공공성 제고 및 지방 발전에 대한 이론적 추동력과 실천적 영감을 제공하였다는 점 등은 하워드 전원도시운동의 긍정적인 기여점이라 할 수 있다(서자유, 권윤구, 2019; 정효성, 이일형, 2004).

2. 르코르뷔지에 — '빛나는 도시'계획

다음으로 소개할 이론은 르코르뷔지에의 '빛나는 도시'계획이다. 스위스 태생으로 프랑스에서 주로 활동한 건축가이자 도시계획가인 르코르뷔지에(1887~1965)는 관련 전문가 사이에서도 호불호가 극명하게 갈리는 인물로 유명하다.

르코르뷔지에는 원래 미술학도였다. 그래서 심미적 작품의 고안과 도안에 있어 여느 도시계획가보다 조예가 뛰어났다. 20대에 이르러 본격적으로 건축학으로 전공을 돌린 르코르뷔지에는 기본적으로 기존 도시를 불결하고 혼란스러우며 채광이 어두울 뿐 아니라 공기가 탁한 곳이라고 인식하였다. 르코르뷔지에는 이러한 주거 불결과 혼돈이 빈곤, 건강, 성격 및 인간관계에까지 영향을 미치면서 서로 긴밀하게 관련되어 있을 것으로 생각하였다. 이에 르코르뷔지에는 주거, 빈곤, 질병으로 뭉쳐진 복합적 도시 문제들의 효과적, 효율적인 해결을 위하여 부분적인 환경 개선만으로는 불충분하며, 전면적인 도시개발, 그것도 매우 고밀도의 전면적 도시개발이 절실함을 역설하였다. 특히 20세기 초반에 들어 인구와 산업활동이 도시로 급속히 집중하고 이에 따라 각종 사회문제와 해악이 마찬가지로 도시에서 봇물 터지듯 쏟아진 현실을 감안하였을 때, 폭증하는 도시 인구의 신속한 수용 및 그에 따른 각종 문제의 효과적, 효율적 해결을 위하여 고밀도의 전면적 도시개발은 필수 불가결함을 강조하였다(Le Corbusier (1930/2004, p.85).

르코르뷔지에를 좋아하는 학자들은 당시의 상황을 고려하면 도시 인구의 대다수를 차지하는 서민층에게 저렴한 비용으로 질 좋은 주택과 편의시설을 제공할 방법은 고밀도의 전면적 도시개발뿐이 없었음을 근거로 그를 지지한다. 반면 르코르뷔지에를 싫어하는 학자들은 그가 도시의 의미나 역사에 대한 근본적인 성찰 없이 대규모 아파트 단지를 공장에서 찍어내듯 무분별하게 양산하였고, 그 결과 오늘날 도시를 예의 공동체성과 정체성을 상실한 무미건조하고 획일적인 회색빛 시멘트 숲으로 전락시켰다고 비난한다(김천권, 2017, p.283).

르코르뷔지에를 둘러싼 논란은 이처럼 크며 현재진행형이다. 그렇지만 한 가지 분명한 사실은, 지금 우리가 사는 근대 도시는 르코르뷔지에 이전과 이후로 나뉜다는 말이 있을 정도로 그의 영향력은 대단하다는 점이다. 도시개발과 관련된 르코르뷔지에의 영향력은 크게 세 가지 측면에서 나누어 살펴볼 수 있다. 첫째, 도시 외관의 근대화, 둘째, 빌딩 건축의 표준화, 셋째, 도시 기능의 집중화이다(ibid., p.294).

[그림 7-4] 르코르뷔지에의 대표작 빌라 사보아

먼저 도시 외관의 근대화와 관련하여, 르코르뷔지에 이전에는 도시의 건축물들이 화려한 외양과 양식에 집착하여 미관과 예술성에 중시한 반면, 르코르뷔지에 이후에는 자유로운 외관과 효율성을 강조하는 근대적 양식으로 일대 전환이 이루어졌다. 한 가지 예를 들면, 이전 시기 건축물들은 대부분이 돔형, 첨탑형, 곡선형 등 다양한 지붕양식을 선보이는 데 집중하였다면, 르코르뷔지에가 옥상정원을 설계한 이후부터는 평지붕 형식이 일반화된 사례를 언급할 수 있겠다.

이와 관련하여, 르코르뷔지에는 일찍이 1926년 '새로운 건축의 다섯 가지 원칙'을 제안하였는데 이것이 오늘날 '근대주의' 혹은 '국제적 양식'으로 불리는 건축양식으로 보편화되어 사용되고 있다는 점에 주목할 필요가 있다. 이 다섯 가지 건축양식은 구체적으로 ① 필로티(pilotis), ② 옥상정원(roof garden), ③ 자유로운 평면(free plan), ④ 자유로운 입면(free façade), ⑤ 수평 연속창(long horizontal window)으로 요약된다(설유경, 이상호, 2014). 이에 대해서는 말로 설명하기보다 눈으로 보는 것이 이해가 더 빠를 것이다. [그림 7-4]에 나오는 건물은 르코르뷔지에의 대표작 중 하나인 빌라 사보아(villa savoye)인데, 그가 직접 제안한 다섯 가지 원칙이 충실히 적용된 교과서적인 현대 건축물로 유명하다. 단순하면서도 편리하고, 기능적이면서도 심미적인 특징들이 곳곳에 묻어나 있다. 채광과 환기 측면에서도 나무랄 데 없다는 평가를 받는다.

다음으로 빌딩 건축의 표준화와 관련하여, 르코르뷔지에는 빌딩의 건축 과정에 관계하는 모든 요소를 표준화해야 한다고 주장하였다. 그는 건축 설계에서 문틀, 창문, 벽돌, 지붕 타일, 심지어는 나사못까지 통일해서 사용할 것을 요구하였다. 그래서 국가기구가 건축에 필요한 모든 자재, 공법, 용어 등을 통일하여 표준을 정립해야 한다고 주장하였다. 이러한 건축 규정에는 배관, 환기, 조명, 실내장식, 가구 및 가전기기 등 건축과 관련된 모든 장치가 포함되어야 한다고도 주장하였다. 르코르뷔지에는 건축에 있어서의 표준화, 산업화, 과학화를 통하여 도시 환경이 더 잘 조직화될 수 있을 것으로 기대하였다.

마지막으로 도시 기능의 집중화와 관련하여, 르코르뷔지에는 도시 공간의 전통적인 이용 방식, 즉 복합적 다기능성을 거부하고 도시 기능의 엄격한 구역별 분리를 지지하였다. 그는 도시의 공간을 조밀하게 고밀도로 이용할 것을 주문하면서, 동시에 각 구역 내 기능들이 서로 융합되지 않고 엄격히 분리되는 게 중요함을 역설하였다. 이 말인즉슨, 도시를 설계하는 초기 단계에서부터 거주를 위한 주거지역, 쇼핑과 유흥을 위한 상업지역, 휴식과 레저를 위한 공원지역, 문화예술과 공공시설을 위한 행정 중심지, 공장과 산업체를 위한 공업지역 등을 구분해서 개발해야 한다는 것을 뜻하였다. 토지 용도 구역제(zoning)에 대한 르코르뷔지에의 선구적 주장은 오늘날 대부분의 국가에서 도시계획의 주요 원리로 수용되고 있다.

도시 외관을 근대화하고 빌딩 건축을 표준화하며 도시 기능을 구역별로 분리하여 고밀도로 개발할 것을 강조한 르코르뷔지에의 도시에 관한 구상은 1922년 그가 300만 명의 주민을 수용할 수 있다고 한 현대 도시(Ville contemporaine) 계획안을 내놓으면서 그 모습을 구체적으로 드러내었다(Le Corbusier, 1930/2004, p.141). 이 계획안의 핵심은 십자 모양의 60층 고층 건물들의 집합체에 있었다. 이를 좀 더 구체적으로 설명하면, 각 건물은 거대한 통유리벽으로 둘러싸인 강철 뼈대 구조의 사무용 혹은 부유층 거주용 빌딩으로 구성되고, 모두 직사각형 모양의 공원 같은 넓은 녹지 안에 들어서도록 계획되었다. 도시 한 가운데에는 거대한 교통 허브를 설치하여 각 층에 철도역, 버스터미널, 고속도로 교차로가 위치하도록 하였고, 맨 꼭대기 층에는 공항을 위치시켰다. 상업용 여객기가 거대한 고층 건물 사이를 헤집고 이착륙할 수 있다는 생각은 지금의 과학기술력으로도 황당하게 들리지만, 아무튼 그는 건물 꼭대기에 공항을 건설해야 한다고 고집하였다. 교통수단과 관련하여, 르코르뷔지에는 보차분리를 선호하였고 자동차 사용을 찬미하였다. 한편 중앙의 고층 건물들 외곽에는 저층의 소규모 집합주택들을 지그재그식으로 나열하여 서민과 노동자층이 채광, 환기, 위생 걱정 없이 잘 살 수 있도록 배려하였다.

현대 도시 계획안은 일종의 콘셉트 안으로서 구체적인 대상지를 명시하지 않았다. 그렇지만 근대 대도시에 만연한 낙후와 불결, 빈곤 척결에 매몰된 르코르뷔지에는 전면적인 고밀도 도시계획 구상에 꾸준히 천착하였고, 드디어 3년 후 1925년 자신이 주로 활동하던 프랑스 파리를 구체적인 대상지로 명시하여 부아쟁 계획(Plan Voison)을 내놓았다(ibid., p.187). 이 계획에서 그는 파리 센강 북쪽 지역 대부분을 밀어 버리고, 그 자리에 직각의 도로 격자와 공원을 세운 후 자신의 현대 도시 계획안에서 처음 선보인 십자형의 60층 고층 건물들을 배치할 것을 제안하였다.

[그림 7-5] 르코르뷔지에의 부아쟁 계획

프랑스 정치인들과 기업가들은 르코르뷔지에의 도시계획에 깔린 테일러리즘(Taylorism)적이고 포디즘(Fordism)적인 발상, 즉 노동자 집단에 대한 과학적 관리주의와 대량생산 및 대량소비를 용이케 하는 도시 구상에 호의를 표명하였다. 그러나 전면적인 철거 후 전면적인 재개발을 시도한다는 점에 대해서는 그 실현불가능성 때문에 비판하고 심지어 경멸을 보이기까지 하였다. 그럼에도 르코르뷔지에의 부아쟁 계획은 파리 도시 대부분을 차지하던 비좁고 불결한 환경에 대한 대대적 개입 및 대처가 중요하고 시급하다는 담론을 불러일으키는 효과를 낳았다(이상율, 채승희, 2011, p.9).

이후 르코르뷔지에는 도시계획에 대한 자신의 발상 범위를 넓히고 재공식화하여 *Ville Radieuse*『빛나는 도시』라는 이름으로 정리, 출간하였다(Le Corbusier, 1935). 그는 이 책에서 자신이 구상한 빛나는 도시를 초고층 건물의 숲으로 이루어진 도심으로 채워 넣었다. 또한 직선으로 펼쳐진 넓은 도로, 노면전차, 각종 복합 쇼핑시설, 교외의 넓은 공원 등 심미적이면서도 기능적인 건축물들로 체계화하여 제시하였다.

근대화가 마무리되던 20세기 초, 전통적인 건축양식에 구애받지 않고 콘크리트, 철강, 유리, 대리석을 이용해 자유롭게 지어진 효율적 건축물들과 근대적 디자인 및 기능성을 겸비한 자동차 무리가 교묘하게 조화된 도시, 말하자면 예술 작품으로서 '빛나는 도시'는 말 그대로 빛이 나는 도시로서 도시와 관련된 당대 최고의 발명품이었다고 해도 과언이 아닐 만큼 한동안 도시다움의 대명사로 회자되었다. 많은 도시계획가가 르코르뷔지에의 도시 모형을 신도시에 구현하려고 애썼으며, 실제로 인도의 찬디가르, 브라질의 브라질리아, 네덜란드의 란스타드 같은 도시의 행정책임자들은 그를 직접 초청하여 계획의 노하우를 전수받은 후 도시개발을 진행하기도 하였다(김천권, 2017, p.287).

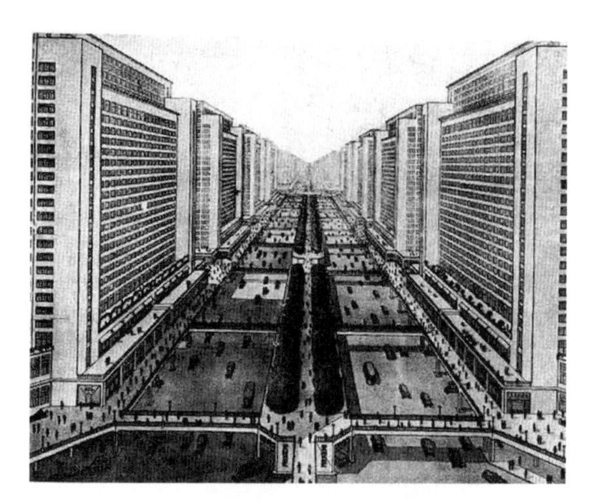

[그림 7-6] '빛나는 도시' 내부 조감도

르코르뷔지에 이후, 도시는 밝고 번쩍이며 화려한 건축물들로 가득 찬 전시공간과도 같은 장소로 인식되었다. 많은 도시계획가가 녹슨 창틀, 색 바랜 페인트, 환기가 안 되고 통풍이 안 되던 기존 도시의 숨 막히고 오래된 낡은 공간들을, 번쩍이고 화려하며 웅장한 곳, 말끔한 자동차가 막힘없이 돌아다니는 세련된 곳으로 탈바꿈시키는 것을 사명으로 여기고 르코르뷔지에의 '빛나는 도시'를 발전적으로 계승하고자 노력하였다(은민균, 2000).

르코르뷔지에는 근대 도시계획의 대부라는 칭호도 듣지만, 도시 공동체와 정체성을 파괴한 주범이라는 비판도 만만치 않게 듣는다. 르코르뷔지에가 활동할 당시만 하더라도 많은 농촌민이 도시로 급속히 몰려들었다. 이런 상황에서 급증하는 도시민에게 저렴한 주택을 공급할 방법은 깔끔하고 기능적인 대규모 공동주택 고층아파트의 건설 이외에는 별다른 대안이 없었다. 그래서 대도시 중심지에는 고층빌딩들이 대거 들어서게 되었고, 일반 서민과 노동자층을 적절히 수용하기 위하여 대규모 아파트 단지와 각종 행정 및 편의시설, 고속도로가 함께 조성되는 고밀도 도시개발이 집중적으로 시도되었다. 문제는, 이 과정에서 시민들이 갖고 있던 기존의 낡은 삶의 방식, 특히 오래된 공동체적 생활양식이 무분별하게 파괴되었다는 점이다. 다양한 공동체의 모자이크로 이루어진 도시의 독특하면서도 오래도록 균형 잡힌 정체성이 일거에 파괴되었고, 단조로움, 몰개성, 획일, 통제를 상징하는 회색빛 시멘트 숲이 그 자리를 꿰차고 들어섰다. 기존 도시 내부에서 생동하던 다양한 인간 군집의 물적 토대가 파괴되고, 도시가 갖던 독자적 정체성이 상실된 것이다(김수현, 윤재은, 2017). 도시계획가 쿤슬러는 르코르뷔지에의 '빛나는 도시'가 전혀 인간 중심적(human scale)이지 않고 환경과의 관련성을 하등 고려하지 않아 흉물스러운 주차타워 같아 보인다고 비판하였고(Kunstler, 1994, p.79), 마틴 필러, 로버트 휴 같은 비평가들 역시 '빛나는 도시'계획 이면에 깔린 반공동체성과 이를 부채질하는 숨막히는 계획주의적 태도를 아래와 같이 표현하며 비판하였다.

> …빌딩과 빌딩, 장소와 장소에 아무런 관계가 존재하지 않는다. 비탈길과 연단에도 관계는 철저히 부재한다. 이전에 존재한 모든 흔적이 완전히 사라져버린다. 그래서 플라자에 들어서면 섬뜩한 이질감을 느끼고 만다(Filler, 1980, p.108).

> 자동차는 인간의 도로, 아니 어쩌면 인간의 발을 없애버릴지 모른다. 몇몇 사람은 비행기를 타고 이동할지도 모르겠다. 그렇지만

그 누구도 서로 어깨를 맞대고 지인과 어울릴 만한 장소를 갖지는 못할 터이다. 개와 산책을 할 수도 없을 것이고, 보통 사람들이 무작위로(random) 하는 많은 보통 일을 '빛나는 도시'에서는 좀처럼 하기 어려울 것이다. 무작위란 르코르뷔지에가 가장 혐오하는 것이다…. '빛나는 도시'의 주민들은 편재하는 건축물에 압도되어 이동의 자유를 포기해 버리고 만다(Hughes, 1980, p.180).

이러한 비판을 일찍이 예상한 듯 르코르뷔지에는 *Vers une architecture* 『건축을 위하여』에서 "집은 살기 위한 기계이다(Une maison est une machine-à-habiter)"라는 말을 남겼다(Le Corbusier, 1923/2002). 이 문장에서 그가 원래 의도했던 바는 사실 건축을 통해 어떤 집단 정체성이나 공동체의 의미를 찾는 일 따위는 불필요하다는 것이었다. 집은 아름다우면서도 깨끗하며 기능적이기만 하면, 구체적으로 말해 통풍이 잘되고 채광이 좋으며 무엇보다 매일 같이 출퇴근하고 일해야 하는 노동자와 서민계층에게 충분한 휴식과 수면을 보장해줄 수 있기만 하다면 그것으로 충분하다는 뜻이었다. 그러나 이 말은 원래 의도와 달리 르코르뷔지에를 두고두고 비판하는 빌미를 제공하였다. 주택을 기계로 인식하였기 때문에 획일화된 아파트를 대량생산하듯 찍어낸 것 아니냐는 의심을 산 것이다. 나아가, 주택이 기계라면 그 안의 내용물은 기계의 부속품이라 할 수 있는데 그렇다면 주택의 거주자, 즉 노동자를 기계의 부속품처럼 보는 것 아니냐는 비판도 불러일으켰다(김천권, 2017, p.286).

실제로 르코르뷔지에 이후 들어선 근대 대도시들을 가만히 살펴보면, 서민들은 큰 규모의 깔끔한 공동주택단지 안에서 기계 부속품처럼 생활하고, 이와 대조적으로 고소득층은 우아한 개인 주택에서

왕처럼 군림하여 생활하는 도시의 이중구조가 고착화되었다는 점을 우리는 쉽게 알아챌 수 있다. 공동주택에 거주하는 서민들은 집에 들어가면 외부와 차단된 폐쇄된 공간에서 이웃에 누가 사는지 거의 관심을 보이지 않고 외부와 고립된 삶을 산다. 뿐만 아니라 아파트 내부 생활을 단면으로 들여다보면, 똑같은 시간에 일어나 똑같은 장소에서 식사하고 똑같은 시간에 퇴근하여 똑같은 방향으로 머리를 두고 잠을 자는 생활을 반복하고 있음을 곧 알 수 있다. 르코르뷔지에를 싫어하는 사람들은, 르코르뷔지에의 '빛나는 도시'가 바로 이러한 무미건조하고 몰개성적이며 기계 부속품과도 같은 지루한 삶으로 근대인들을 몰아냈고, 인간성과 공동체성을 파괴하기 안성맞춤인 회색빛 콘크리트 아파트 숲을 대량생산하듯 찍어내어 그러한 끔찍한 일상을 더욱 악화시켰다고 말하면서 그를 비판한다(김수현, 윤재은, 2017). 물론 앞서 언급한 모든 현상의 원인 제공자로 르코르뷔지에를 지목하는 것은 터무니없는 일이다. 그렇지만 그가 근대 도시 형성에 미친 광범위한 영향력을 감안하면, 소위 합리적이고 계획주의적인 계획을 통해 도시민들의 정체성과 공동체정신을 함몰시킨 책임을 일정 수준 묻지 않을 수 없다.

한국 도시에서도 르코르뷔지에의 영향은 곳곳에서 확인된다. 그의 문하생으로 알려진 한국 건축계의 1세대 김중업과 김수근에 의하여 한국 사회의 성장기에 고밀도 도시개발이 추진되었고, 그 결과 대규모 아파트 단지들이 도시를 점령하여 현재와 같은 시멘트 숲을 이룬 것이 그 증거이다. 이후 김중업과 김수근의 도시개발 방식에 대한 비판이 4.3그룹을 중심으로 제기되어 도시의 인간성 회복과 공동체 재생, 자연 친화적 건축양식의 적용에 초점을 맞춘 도시개발 운동이 차츰 전개, 확대되는 양상이다. 참고로 4.3그룹이란 1990년대 초 청년 도시계획가 14명이 결성한 모임으로, 1992년 4월 3일에 첫 모임을 가지면서 붙여진 이름이다(김천권, 2017, p.287).

3. 다니엘 번햄 — 도시미화운동

미국의 건축가이자 도시계획가인 다니엘 번햄(1846~1912)은 1893년 시카고에서 개최된 만국박람회의 건축 책임자로서, 시카고 백색도시 건설을 주도하였고 워싱턴 D.C. 공원 건설, 펜실베이니아와 워싱턴 D.C. 역사 등을 설계하였다. 그는 특히 1800년대 후반과 1900년대 초반에 걸쳐 도시경관 개선을 위한 도시미화운동(city beautiful movement)을 주도한 인물로 유명하다.

번햄은 르코르뷔지에와 비슷하게 위대한 건축가이자 도시계획가로 추앙받는가 하면, 일반 서민의 일상을 외면하고 대규모의 도시 외관 분장에만 관심을 가진 쇼맨십 연출가라는 비판을 받기도 하였다(노세호, 김한배, 이태겸, 2019). 이러한 이중적 평가는 "작은 계획은 세우지 마라. 작은 계획은 사람들의 피를 들끓게 하는 기적을 만들지 못하며, 실현되지도 못할 것이다. 큰 계획을 꾸며라"와 같은 말에서 알 수 있듯, 그가 주로 대도시의 경관을 바꾸는 웅장한 도시계획과 외형적 경관 변화에 집착한 데에서 기인한다(Moore, 1921, p.19-21).

번햄은 도시의 진정한 성장을 위하여 미래를 내다보는 긴 안목을 갖고 도시를 설계해야 한다고 말하면서, 작은 계획이 아닌 큰 계획을 분명하게 선호하였다. 그리고 도시계획에는 호수와 강을 포함하는 수변 공간 계획이 반드시 포함되어야 하고, 모든 시민의 보행거리 내에 공원을 조성해야 함을 강조하였다(박근현, 배정한, 2012). 이러한 그의 도시계획을 잘 보여주는 사례는 맥밀란 계획(McMillan Plan)에 따라 완성된 워싱턴 D.C. 중심의 내셔널 몰이다.

[그림 7-7] 워싱턴 D.C. 내셔널 몰

번햄을 위원장으로 프레데릭 옴스테드, 찰스 맥킴, 어거스트 고든 등 당대 내로라하는 유명 건축가들이 참여해 완성한 내셔널 몰은 도심 광장과 공원, 문화시설 클러스터의 중요성을 보여주는 대표적 사례로 이후 다른 많은 도시계획에 깊은 영감을 끼쳤다. [그림 7-7]에서도 볼 수 있듯, 하단은 국회의사당이고 녹색공원 중앙에 워싱턴 기념탑이 자리 잡고 있으며, 이어진 회랑 끝에 링컨 기념관이 건립되어 있다. 국회의사당이 언덕에 자리 잡은 것은 국민의 대표로서

존경받을 정치를 수행하라는 의미를 가지며, 정면에 워싱턴과 링컨 기념관이 국회의사당을 마주 보고 있는 것은 이들을 본받아 위대한 미국을 건설하라는 메시지를 전달하기 위함이다. 도심 중앙에 위치한 공원은 국민의 의사를 자유롭게 표현하는 소통과 포용의 공간을 구성하며, 양옆에 스미스소니언 박물관과 국립미술관 등이 자리 잡아 문화예술 복합단지를 구성한다.

내셔널 몰을 통해 확실한 계획 양식으로 자리 잡은 도시미화운동의 시발점은 1893년 개최된 미국 시카고 만국박람회로 평가된다. 당시 번햄은 박람회의 총지휘감독자 신분으로, 시카고 미시간호 주변에 보자르 풍의 대형 건물들을 200채 넘게 지었다. 건물들은 대부분 백색의 아름다운 유럽풍 고전주의 양식을 따랐다. 때문에 그 모습을 따 백색도시(White City) 계획이라 불리었다. 백색도시 계획은 엄청난 인파를 불러 모으며 큰 성공을 거두었다. 특히 유럽에 문화적 열등감을 느끼고 있던 당시 미국인들의 가슴에 미래에 대한 비전과 자신감을 심어주는 데 기여하였다. 공업 도시라 해도 도시계획에 의해 예술적으로 승화될 수 있고, 무엇보다 유럽과 문화적으로 대등해질 수 있다는 희망을 안겨준 것이다(김천권, 2017, p.292).

한편 이와는 별개로 박람회의 대성공을 바탕으로 시카고의 많은 경제인은 도시계획을 통해 도시의 외관을 아름답게 꾸미는 것이 돈이 된다는 사실을 깨달았다. 그리하여 시카고 상공인연합회가 1906년 번햄에게 시카고 전체에 대한 도시계획을 만들어 달라고 부탁하였고, 번햄은 이후 그 결과물을 시카고시에 무료로 기증하였다. 시카고시는 번햄의 계획에 따라 도시개발을 실제로 진행하였고, 그때의 개발 결과는 지금의 아름다운 시카고 경관으로 남아 큰 변함없이 유지, 계승되고 있다.

[그림 7-8] 번햄의 시카고 계획

시카고 계획을 세우면서 번햄은 미국인들이 한편으로는 유럽식 가치와 관습을 유지, 보존하기를 원하면서도 다른 한편으로는 기계 시대의 편리성을 추구하는 양가적 속성을 지니고 있음을 꿰뚫어 보고, 전통과 변화, 질서와 혁신이 조화를 이루는 도시를 만들고자 노력하였다. 위대한 도시의 전형으로 제안된 백색도시는 그리하여 깨끗한 거리, 그림 같은 산책로, 호반을 따라 조성된 수로, 최첨단 기술로 무장된 빌딩 및 각종 기념비적 건축물(예: 시카고 워터타워 등)을 쌓아 올리는 데 초점이 맞추어졌다. 그리고 이러한 아름답고 웅장한 외관과 경관을 통해 당시 미국의 미래에 대한 확신과 자신감을 표현하는 데 집중하였다. 도시미화운동은 이러한 백색도시 열풍이 시카고를 넘어 미국 전체로 확산한 결과이다(김홍순, 이명훈, 2006, p.88).

도시미화운동의 원칙과 목표를 나열하면 다음과 같다(ibid., p.90): ① 위계적인 토지이용 체계가 이루어지도록 유사한 토지이용 기능과 도시서비스를 정리한 후 한 곳에 집중, ② 편리하고 효율적인 상업지역과 도시 중심지역을 조성, ③ 위생적인 주거 환경 조성, ④ 경관을 이용하여 마을의 독특한 정체성 표현, ⑤ 단일 건축물 대신, 기능적이고 미적인 측면에서의 건물군을 구성, ⑥ 도시의 시각적 통일을 위하여 거리에 기념비적 조형물 조성, ⑦ 개방적 공간을 강조하고 수동적 오락보다 적극적 오락을 중시, ⑧ 역사적 요소 보존, ⑨ 산업시설이나 마천루 같은 현대 도시의 특징적 요소와 기존 전통 도시 간의 통일성 유지.

도시미화운동이 미국 대도시의 이미지 향상과 홍보 효과에 긍정적으로 작용한 것은 사실이다. 그렇지만 시간이 지나면서 차츰 이 운동이 누구를 위한 운동인가에 대한 의문이 제기되었고, 점차 비판의 대상이 되었다. 도시미화운동을 통해 도시의 외관이 멋들어지게 변화하고 투자가 활성화되었지만, 그 혜택이 일부 부유층과 상업자본가에게 독점되어 그들의 부 축적을 위한 수단으로 전락하고 말았다는 비판이 여기저기서 일어났다. 지나치게 아름다움을 강조하고 낭만성을 중시한 나머지 도시계획 과정에서 시민들의 의사와 지역의 전통이 무시되었고, 의식주, 보건, 복지, 교육과 같은 기본적인 사회안전망을 구축하기 위한 투자가 도외시되었다는 불만이 마찬가지 맥락에서 터져 나오기 시작한 것이다. 도시미화운동이 부자들의 과시적 소비와 예술적 관심사에만 치중하고 서민들의 요구에는 무관심하였으며, 도시의 외형적 업그레이드에만 주목하는 고비용의 저효율 사업이라는 점을 비꼬아 일부 비평가는 도시미화운동을 도시화장술(municipal cosmetics)이라고 그 이름을 바꿔 부르기도 하였다(ibid., p.96).

물론 이러한 비판에 대하여 번햄은 동의하지 않았다. 번햄은 스스로 서민의 생활개선에 관심을 가진 사회개혁가임을 자처하였다. 그는 만약 미적이고 기념비적인 광장, 가로, 공원 등 아름답고 역사적인 건축물을 제대로 건설할 수만 있다면, 표면적이고 단기적으로는 부유층이 혜택을 얻을 것이지만 장기적으로는 낙수효과가 발생할 것이고, 이것이 주변의 중산층과 저소득층, 서민을 위한 혜택으로 이어짐으로써 결국 그들의 생활환경이 개선될 수 있다고 굳게 믿었다. 또한 저소득층으로 슬럼화된 도심 지역을 물리적으로 개선하는 노력을 지속한다면 부유층이 재유입되면서 해당 지역이 경제적, 심리적, 사회적으로 재생하는 효과도 있을 것이라고 주장하였다. 이렇듯 번햄은 도시의 미적 개선을 통한 도시 빈민층의 생활 여건, 주거 상황 개선, 공동체 구축에 대한 사회개혁주의적 낙관을 버리지 않았다(ibid., p.100).

이러한 논란 속에서 도시미화운동은 1912년 번햄의 사망과 동시에 미국 내에서 급속히 사그라졌다. 그러나 그의 도시에 대한 이해와 의지는 미국 바깥에서 계속되어 호주의 캔버라 계획, 인도의 뉴델리 계획 등으로 이어졌다. 또한 기념비적인 전시용 도시를 만들고자 하는 일부 권위주의적 독재주의자의 이해와 맞아떨어지면서 도시미화운동은 1930년대 히틀러의 베를린 계획, 1970년대 루마니아의 부쿠레슈티를 거쳐 북한의 평양으로까지 아직도 명맥을 이어가고 있다(김천권, 2017, p.293).

4. 제임스 라우스—복합도시 개발

미국의 부동산 개발업자이자 도시계획가인 제임스 라우스(1914~1996)는 한국에서는 잘 알려지지 않은 인물이다. 라우스가 주목받기 시작한 것은 근대 산업도시가 점차 탈산업화하면서 외곽지 개발과 도심 주변의 공장용지, 낙후 지역의 재생에서 그가 제시한 이른바 복합도시 개발(complex urban development)이 유력한 개발 방식으로 채택되면서부터였다. 도시 발전의 주요 요인인 집적의 효과 가운데 도시화, 다양화 효과의 중요성이 강조되면서, 다양한 도시 활동을 특정 지역에 집중적으로 밀집시키는 라우스식 복합클러스터 개발이 전 세계 곳곳에서 진행되고 있다. 우리나라 도시에서 복합도시 개발의 대표적 사례로는 서울 삼성동의 코엑스 몰을 들 수 있다(Bloom, 2004).

라우스는 1958년 미국 메릴랜드주 글랜버니에 부동산 개발업자로서는 처음으로 실내 쇼핑센터인 해런데일 몰을 건설하였다. 이전에는 교외에 조성된 소규모 쇼핑센터를 스트립 몰(strip mall)이라 불렀는데, 이 사업 이후 실내공간에 조성된 대규모 복합 쇼핑센터를 몰(mall)이라 부르기 시작하였다. 현재는 쇼핑몰 조성이 도심 침체 지역의 재생을 위한 유력한 개발 방식으로 흔히 이용되고 있지만, 라우스가 이 방식을 시도한 1950~1960년대만 하더라도 주로 교외에 외곽 중심지를 조성하기 위한 목적으로 복합 쇼핑몰이 건설되었다.

라우스는 여기서 한 걸음 더 나아가 도시 활동이 집중적으로 밀집된 대규모 복합클러스터 건설과 축제적 종합상가(festival marketplace) 건립을 통한 새로운 계획도시 사업을 추진하였다. 이러한 라우스식 개발에 따라 실외에 있던 시장이 실내로 들어오고, 다양한 도시 활동이 한곳에 집중되어 일 년 내내 잔치 분위기를 조성하는 축제의 공간, 즉 이벤트 도시가 개발되는 계기가 마련되었다(김천권, 2017, p.294).

[그림 7-9] 강남구 삼성동 스타필드 코엑스 몰

본인 이름을 딴 라우스 기업의 대표이사로서 라우스는 미국의 여러 도시에 수많은 혁신적인 축제적 복합 쇼핑몰을 건설하는 데 몰두하였다. 주요 사례를 살펴보면, 볼티모어 하버플레이스, 보스턴의 패누이홀 마켓플레이스, 필라델피아 갤러리 엣 마킷 이스트, 뉴올리언스 리버워 마켓플레이스 등을 들 수 있다. 이러한 업적들에 대하여 『타임스』는 라우스를 도시에 즐거움을 다시 불어넣은 인물이라고 칭송하기도 하였다.

라우스의 도시개발 개념을 잘 보여주는 사례는 1961년 시공된 볼티모어의 크로스키즈 마을 계획이다. 이 사업을 수행하면서 라우스는 볼티모어 주거지역에 복합 쇼핑몰이 들어서면 강한 공동체적 정신과 분위기가 조성되면서 도시에 활력이 돌 것이라고 기대하였다. 즉 복합단지 조성을 통해 많은 사람이 인근에서 일상을 영위하고 사소하지만 빈번한 접촉을 하게 되면, 그 와중에 근린적 사고와 정신, 상호작용이 늘어나 자연스럽게 공동체가 형성되고 소속감이 생기며, 결국 도시는 활기를 띠게 될 것이라고 믿은 것이다. 이처럼 강한 공동체와 도시 활력을 위하여 주거, 상가, 쇼핑몰, 광장, 오피스, 레저 시설 등이 복합적으로 들어선 단지를 건설해야 하며, 이를 통해 도시의 성장과 발전을 견인해야 한다는 게 라우스의 기본적인 도시개발 접근 방식이었다(ibid., p.295).

최근에는 이러한 접근 방식이 확대되어 도시에 대규모 복합클러스터 조성 붐이 일어나고 있다. 특히 콘퍼런스 유치와 관광을 합친 마이스(Meeting+Incentive tour+Conference+Exhibition=MICE) 산업이 전 세계 국제도시의 주력 산업으로 주목받으면서, 외래 방문객 유치를 위한 전시관과 호텔, 쇼핑센터와 엔터테인먼트, 사무 공간과 실내 정원 등이 복합적으로 들어선 단지가 주요 도심지에 속속 조성되고 있다(강재구, 2015, p.4). 우리나라의 경우 대표적인 예로 서울 삼성동의 코엑스 몰이 있다. 여기서는 거의 일 년 내내 전시회와 국제회의가 열리고, 회의나 전시회에 참석한 사람들이 묵을 수 있는 호텔이 연결되어 있으며, 비즈니스 이외의 시간에 여가를 즐길 수 있게끔 쇼핑몰과 영화관 등이 실내 단지 안에 조성되어 강남 삼성동의 정체성을 대표하고 해당 지역의 경제 성장과 활기를 견인하고 있다. 코엑스 몰뿐 아니라 영등포 타임스퀘어, 파주 첼시아웃렛 등은 쇼핑 시설을 중심으로 대형 광장을 조성하여 이벤트를 열거나 예술 작품을 전시함으로써 쇼핑뿐 아니라 문화, 휴식 공간으로 지역 안팎의 다중이 이용할 수 있는 커뮤니티 공간을 제공하고 있다. 또한 최근 만들어졌거나 현재 건설 중인 신도시들은 대개 아예 개발 단계에서부터 주거, 상가, 문화, 휴식 공간을 복합체 형태로 조성하여 제공하고 있다. 도심 곳곳에 커뮤니티를 수용하는 복합단지가 조성되면서 문화와 쇼핑, 축제와 장터, 사무와 엔터테인먼트가 공존하는 새로운 탈근대 도시공동체, 문화공동체가 형성되고 있다(ibid., p.94).

5. 제인 제이콥스 — 도시촌운동

미국 펜실베이니아주의 탄광촌 스크랜턴에서 태어난 제인 제이콥스(1916~2006)는 저술가, 사회운동가, 언론인, 도시계획가 등 다양한 직함을 가졌다. 그렇지만 공통적으로 지역사회와 도시의 쇠퇴 및 부흥의 문제에 관심을 갖고 평생을 헌신한 활동가로 기억되고 있다. 흥미롭게도 제이콥스는 도시계획이나 설계에 관한 아무런 학위가 없었다. 또한 미국 뉴욕시 고속도로 건설 반대 시위에 앞장서다 체포된 경력이 두 번 있었다. 1968년 미국의 베트남 참전에 반대한 그녀는 캐나다 토론토로 이주하여 고속도로 건설 반대 운동을 계속 전개하였으며, 2006년 4월 향년 89세로 사망하였다(박진빈, 2010, p.217).

그녀는 *The Death and Life of Great American Cities* 『미국 대도시의 죽음과 삶』에서 1950년대 미국의 도시재생 정책을 날카롭게 비평함으로써 명성을 얻었다(Jacobs, 1961). 이 책에서 그녀는 도시를 살아있는 유기체로 규정하면서 기존의 대규모 주거단지 계획을 거부하고 저층의 고밀도 복합용도 개발(mixed use development)을 옹호하였다. 무엇보다 그녀는 도시계획이 하향식이 아닌 상향식으로 이루어져야 함을 강조하였다. 이는 그녀가 도시 성장에 관한 권한을 전문가와 공무원이 아닌 주민 당사자에게 이양하고, 이를 통해 상식에 맞는 계획, 공동체를 보존하는 사업, 근린관계를 유지하는 정책을 추진하였다는 것을 시사한다. 다시 말해, 주민 중심의 도시 성장을 독려함으로써 근린관계를 복원하고 공동체정신을 형성하며 활기와 정감, 소통과 이야기가 넘치는 도시촌(urban village)을 만들 수 있다고 낙관하였던 것이다. 제이콥스의 이 같은 아이디어는 미국을 넘어 전 세계로 전파되었고, 이후 20세기 후반 그리고 21세기인 현재까지 도시와 주거, 개발 및 성장과 관련된 시대정신에 강력한 영향력을 미치고 있다(Sennett, 2018/2020, p.34).

제이콥스 도시이론의 핵심은 이전까지 지배적이었던 도시개발 방식, 즉 외부 전문가 중심의 전면 철거와 그에 따른 대규모 재개발을 거부하고, 주민 중심의 지역공동체 보존과 근린관계 회복에 초점을 둔 개량적 재생사업, 저층의 복합용도 개발에 초점을 맞춘 도시 성장 사업의 추진에 있었다. 자신의 논리를 정당화하기 위하여 제이콥스는 하워드, 르코르뷔지에, 멈포드 같은 기존의 대가들이 내세운 이상적 도시계획을 비판하는 작업에서부터 시작하였다(Jacobs, 1961, p.5).

먼저 제이콥스는 고층 건물, 대규모 아파트 단지, 복합 쇼핑몰, 문화센터, 시민센터, 공원, 고속도로 등을 포함하는 거대하고 화려한 개발 계획을 통째로 신랄하게 비판하였다. 그녀는 이와 같은 계획적 접근 방식이 도시민들의 삶의 현실적 영위 양식과 작동 방식에 대한 진정한 고민에서 비롯된 것이 아니라며 거부하였다. 그녀는 현장에 나와본 적 없고 살아본 적 없는 탁상 이론가와 공무원들이 커다란 설계도에 추상적이고 제멋대로 '이런 게 필요하겠거니' 짐작하여 그린 결과가 지금까지의 거대한 도시계획들이라고 평가절하하였다. 이러한 거대 계획들은 개발 대상 지역의 주민들을 삶의 터전에서 몰아내는 데 초점을 맞춘다. 또한 결과가 확실하지 않은데도 성과가 있을 것이라는 모호한 약속을 미끼로 삶의 터전에서 밀려날 희생자 당사자들로부터 개발에 필요한 자금을 갹출하는 악랄한 수법을 동원한다(ibid., p.6).

제이콥스는 도시를 살아있는 유기체로 보았다. 즉 다양한 삶의 기능이 복잡하게 얽혀있고 시간을 두고 천천히 변화하는 생명체로 보았다. 따라서 낡은 건물과 새 건물이 혼재하고, 혼란스러운 일상과 사건들이 생겼다 없어지기를 반복하며, 손때가 묻은 추억의 생활공간과 개성이 뚜렷한 가로가 다닥다닥 붙어있는 모습은 도시에서는 매우 자연스러운 현상으로 받아들여지기 마련이다. 그런데 기존의 거대 도시계획들은 이러한 자연스러운 낡음과 혼란, 사소함과 특이함, 괴이함, 다용도성을 불결, 해악, 불필요, 비효율로 단정 짓고 제거의 대상으로 치부하였다. 제이콥스에 따르면, 편리함, 효율성, 심미성의 제고라는 미명 아래 소위 전문가라는 사람들에 의하여 저질러진 이 같은 숨 막히는 통제주의적이고 통합주의적이며 일관된 도시 정비는 유기체인 도시의 생명력을 짓누르고 다양성과 복잡성을 죽이는 끔찍한 일이라고 하였다(ibid., p.24-34).

예를 들어 설명해 보자. 기존의 거대 도시계획들은 도시 전체에 고속도로망을 까는 토목 사업에 치중하였다. 고속도로는 깔끔하게 보일 수 있다. 효율적으로도 보일 수 있다. 그렇지만 고속도로가 깔림으로써 사람들은 걷기보다는 자동차를 타고 이동하는 데 익숙해진다. 이러한 변화된 삶의 양식은 별것 아닌 것처럼 보이지만, 그 지역의 주민들만이 경험할 수 있었던 살갑고 정겨운 소통과 대화, 다양한 차이의 어울림과 마주침을 봉쇄하는 뜻밖의 결과를 낳는다. 실제로 제이콥스는 뉴욕과 캐나다의 고속도로 건설사업에 적극적으로 반대하는 운동에 수시로 가담하였는데, 그 까닭은 고속도로가 깔리기 전 작고 꼬불꼬불하며 때로 지저분한 길(도보)은 각계각층의 남녀노소가 모여 얘기하고 즐기고 걱정하며 서로를 보듬어 주는 생생한 열린 공간이었으나, 고속도로가 깔린 이후 길(차도)은 이제 말하지 않는 자동차의 전유물이 되어 아무런 사회적 혼합이 일어나지 않는 불모의 공간으로 변질하였다는 점 때문이었다. 누군가에게는 이러한 변화가 편의와 편안의 확대로 보일 수 있지만, 제이콥스의 눈에는 유기체로서 도시의 다양성과 도시민의 활력을 죽이는 살해 행위로 비쳤다(ibid., p.26).

기존의 도시계획들은 도시 문제를 해결하기 위해 엄청난 돈을 퍼부어 도심 슬럼을 쓸어 없앴다. 슬럼을 밀어 버리고 환경을 미화해서 멋들어진 외양의 화려한 도심을 재건하면 모든 도시 문제가 해결될 것이라는 환상을 가졌다. 그렇지만 기존의 도심 재건 사업들은 그전의 슬럼보다 더 심한 범죄, 야만, 사회적 절망을 남겼다. 제이콥스는 사실상 실패한 기존의 모든 도시계획을 도시의 "재건(rebuilding)이 아닌 약탈(sacking)" 행위라고 비난하였다(ibid., p.6).

물론 제이콥스가 도시 정비에 관한 모든 노력을 완전히 불필요한 것으로 단정 지은 것은 아니었다. 비판을 통해 제이콥스가 의도한 바는, 기존의 도시계획이 과도하게 전문가 위주의 전면적 개발 방식으로 진행되었고, 그 결과 편리성, 효율성, 심미성의 개선 측면에서는 다소 성공적이었다는 평가를 받을 수 있겠으나, 그 와중에 주민의 자율성이 도외시되고 존중받아야 할 특정 지역의 개성, 독자성, 정체성, 역사적 기억, 사소한 일상, 우연한 어울림과 마주침 등 공동체의 소중한 자산이 마구잡이식으로 훼손되었으므로 우리는 그와 같은 불도저식 개발을 마냥 좋은 것, 불가피한 것, 필요한 것으로 받아들일 수 없고, 또 그래서도 안 된다는 자기반성이었다(ibid., p.20).

제이콥스에게 있어 좋은 도시계획이란 개성이 뚜렷한 주민들의 작고 다양하며 일상적인 욕구와 그러한 욕구들의 상호 관련성에 섬세한 주의를 기울이며 점진적으로 내적인 발전을 유도하는 유기체적인 성장을 의미하였다(ibid., 37). 갑작스러운 개발, 외부의 힘에 따라 이식된 변화, 진공상태에서 펑 하고 나타난 혹은 저 멀리 위에서 떨궈진 '새롭고 불연속적이며 외래적인 것들'은 도시 유기체를 아프게 할 수 있다는 측면에서, 즉 주민 당사자의 자율성을 무시하고 지역의 정체성을 파괴하며 장소와 관련된 역사적 기억을 통째로 들어내는 한편, 다양한 이질적 인간들의 일상적이고 우연한 어울림, 마주침 등 실제 주민 당사자가 소중히 아끼는 너무도 인간적이고 공동체적인 면모를 한꺼번에 없애버릴 수 있다는 측면에서 피해야 한다고 보았다. 그런데 안타깝게도 미국의 도시들은 지금껏 이처럼 피해야 할 방식의 개발에 훼손당해 왔고, 결국 병에 걸려 죽음의 문턱에 도달하였다는 것이 제이콥스의 진단이었다(ibid., p.584). 그녀가 『미국 대도시의 죽음과 삶』이라는 책을 쓴 것은 이러한 문제의식이 밑바탕에 깔려 있었다.

제이콥스는 죽어가는 미국의 도시를 되살리는 데 필요한 것은 여러 가지가 있겠으나 기본적으로 도시민들의 집합적 연대가 모든 노력의 밑바탕을 이루어야 한다고 역설하였다. 이 말인즉슨, 도시가 탁상 이론가와 공무원들의 손아귀에 놀아나지 않고 외부 전문가의 장난에 훼손되지 않으려면, 그리하여 자체의 힘을 바탕으로 유기체답게 성장, 발전하고 진로를 독립적으로 결정, 추진할 수 있으려면, 그 안의 주민들이 먼저 자기 고장에 대한 강한 애착과 주인의식, 책임감, 이웃 사랑의 마음가짐을 갖고 있어야 한다는 것을 뜻하였다. 그리고 주민들이 한 장소에서 오랫동안 사는 높은 주거 안정성과 지속성이 담보되어야 한다고 하였다. 전면적인 개발로 원주민들이 자신이 원래 살던 고장에서 갑작스레 한꺼번에 밀려나 버리면 해당 지역에 책임감을 갖고 주인됨(ownership)을 주장할 당사자 집단 자체를 확보할 수 없다는 이유 때문이었다(Stockard, 2012).

그러나 제이콥스에 따르면 기존의 도시계획들은 이러한 요건들을 담보하지 아니하였다. 개발을 통해 원주민들을 외곽으로 몰아내는 데 몰두하였고, 개발 이후에도 높은 집값을 유지하는 한편 이전에 존재하던 역사적인 커뮤니티 공간을 철거함으로써 이들의 복귀를 원천 봉쇄하였다. 단순히 물리적으로만 사람들을 쫓아낸 게 아니라 마을을 매개로 만들어진 관계의 촘촘하고 섬세한 망(networks)을 부수고 그 안에 서린 아련한 기억과 애착, 나와 너, 우리와 모두의 영역(territory)이라는 주인의식을 뭉개놓았다. 즉 오래전부터 존재해온 수많은 도시의 마을공동체와 정서를 파괴하는 방식의 개발을 추진한 것이다.

거대 도시계획들은 기존의 도시공동체를 파괴하고 그 대신 전문가에 의하여 상정된 이상적 단일 공동체를 건설하여 그것을 대체하는 데 몰두하였다. 제이콥스는 기존 도시계획가들의 이 같은 단일의 이상적 공동체를 완연히 부정하였다(Jacobs, 1961, p.169). 현대 도시는 크고 복잡하여 하나의 관점으로 완전히 이해될 수 없을 뿐 아니라 독특함과 다양함으로 특징지어진다. 때문에 현대 도시의 번영과 안정을 위해서는 상이한 인간들의 다양한 조직과 상이한 관념 및 목표에 맞추어진 특수한 가치들에 대한 지지가 필수적으로 요구된다. 이는 동질적 환경 조성을 통해 도시 안에 어떤 하나의 통일된 공동체를 만들고자 하는 그 어떠한 통합주의적이고 통제주의적인 노력도 허황한 꿈임을 말해준다. 제이콥스는 도시 내 단일 공동체 구축에 대한 헛된 열망을 포기하고, 다양성과 복잡성을 전제로 사회공간적 조화의 원칙에 따라 이질적 요소 간 화합을 추구하는 방향으로 도시계획을 추진해야 한다고 강조하였다(Talen, 2012). 다시 말해, 원주민을 축출하고 그들의 공동체를 파괴하여 새로운 주거 및 근로 환경을 조성하는 전면적이고 일시적인 도시개발이 아닌, 원주민과 그들의 다양한 공동체들을 포용하는 가운데 도시의 다양성을 육성하고 활력을 회복하는 점진적 도시재생(urban regeneration)의 필요성을 역설한 것이다.

도시재생의 궁극적 종착점은 근린관계와 의사소통 구조의 회복, 즉 생기(vitality) 넘치고 다양한 공동체의 복원, 즉 도시촌(urban villages)의 건설이었다. 제이콥스는 이러한 도시재생을 위하여 합리성에 기초한 기존 거대 도시계획과는 정반대의 계획을 짰다.

먼저 도시에 생기를 불어넣는 것과 관련하여, 그녀는 가로(streets)의 역할에 주목하였다(Jacobs, 1961, p.44). 가로는 그 자체로는 아무것도 아니다. 그렇지만 사람들은 그곳을 가득 채우고 근거지 삼아 여러 활동을 수행한다. 때문에 제이콥스는 가로가 도시의 중요한 구조물로 간주되어야 하고, 활력 있는 공간으로 거듭나야 한다고 주장하였다. 도시의 가로에 생기를 부여하기 위하여 고려해야 할 요소는 세 가지다. 첫째, 경계공간, 둘째, 지속적 시선(watching), 셋째, 지속적 사용이다(Cozens & Hillier, 2012).

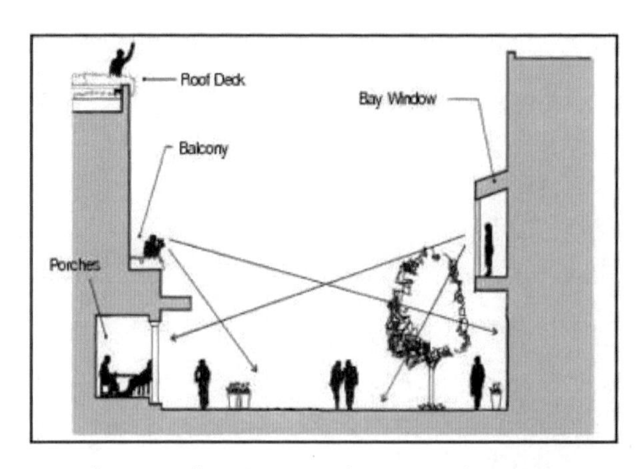

[그림 7-10] 거리의 반 공적(semi-public) 중간지대

각각을 좀 더 구체적으로 설명하면, 먼저 가로의 경계공간은 사적 영역(예: 집 내부, 가게 내부)과 공적 영역(예: 도보, 차도)으로만 구성되지 않는다. 그 사이에는 중간지대가 존재하며(예: 집과 도보 사이, 가게와 차도 사이), 제이콥스는 도시의 가로 정책이 바로 이 반(半) 공적인 영역(semi-public sphere)을 강조하면서 이를 차츰 넓히는 방향으로 추진되어야 한다고 하였다. 그러나 그냥 넓히는 것만으로는 부족하다. 제이콥스는 이 반 공적 경계공간에 가능한 한 많은 사람이 시선을 보내고 그곳을 매개로 호기심을 갖고 상대를 응시할 수 있을 때, 그리고 구체적인 목적을 갖고 그곳으로 진출하여 해당 공간을 상시로 이용하면서 타인과 지속적으로 어울릴 수 있을 때 비로소 도시에 활기가 찾아올 수 있다고 하였다(Nathiwutthikun, 2012).

이를 구체적으로 예를 들어 설명하면, 첫째, 집과 도보 사이에 발코니, 가게와 차도 사이에 계단, 바깥 현관(porch) 같은 반 공적인 경계공간을 최대한 많이 만들고, 둘째, 이를 통해 사람들이 자신의 집이나 가게에서 바깥쪽 거리를 응시할 수 있게, 반대로 거리의 보행자가 안쪽의 집과 가게를 응시할 수 있게 시선이 교차하도록 가로를 구성하며, 셋째, 거리에 가능한 한 많은 사람이 나와 걸을 수 있도록 적당히 흥미롭고 유익한 가게들을 위치시키는 것(예: 식당, 선술집, 빵집, 카페, 정육점, 꽃가게 등등)을 의미하였다. 제이콥스는 이러한 의도적 장치들을 통해 사람들이 거리에 나와 서로를 응시하고 공간을 이용하면 상대에 대해 더 많은 관심을 가질 수 있고 더 큰 이해를 할 수 있을 것이며, 결국 도시는 활기를 띠면서 생기를 되찾을 수 있을 것이라 믿었다. 덤으로 안전도 담보할 수 있다고도 생각하였다(Jacobs, 1961, p.183).

다음으로 도시의 다양성과 관련하여서는 네 가지 원칙을 제시하였다. 첫 번째 원칙은 단일용도 지역제를 없애고 두 가지 이상의 복합용도 개발을 추진해야 한다는 것이었다. 복합용도란 간단히 말해 도시의 각 구역에 다양한 사람과 상업활동이 들어서 있는 상태를 뜻한다. 이전까지 르코르뷔지에의 도시계획 원리를 받아들여 주거와 상업의 엄격한 용도 분리(zoning)를 해온 미국 사회에서 이는 도전적인 개념이었다. 제이콥스는 이질적 배경의 사람들이 다양한 시간대에 서로 다른 목적으로 같은 시설과 장소를 찾아 서로 다른 방법으로 이용함으로써 가급적 더 많고 더 다양한 욕구가 충족될 수 있도록 유도하는 복합용도 개발을 선호하였다(ibid., p.190).

[그림 7-11] 활기찬 도시 거리

두 번째 원칙은 블록을 가능한 한 작게 설계(small block)하고 모퉁이가 빈번하게 나타나도록 하여 사람들이 서로 자주 마주치게끔 설계해야 한다는 원칙이었다(ibid., p.181). 긴 블록 동선은 한 방향으로만 향하는 긴 선으로, 거주자가 애초에 다른 구역으로 가는 것을 막는 효과를 발생시킨다. 그래서 긴 블록이 설치된 지역에서는 거주자가 보행하는 구간이 한정되고 다른 블록에 사는 이웃과의 접촉 기회도 적어 자연히 주민 간 소통과 대화가 위축된다. 이와 대조적으로 짧은 블록 동선은 가로가 분절되어 많은 모퉁이를 가지고, 위-아래-좌-우 가로 간 접근이 쉬워 짧은 시간 안에 여러 도보를 오갈 수 있다. 이동 경로가 최대한 확장되어 있으므로 낯익은 이웃과 자주 마주칠 수 있고, 주민 간 소통도 활발해질 수 있다(Wortham-Galvin, 2012).

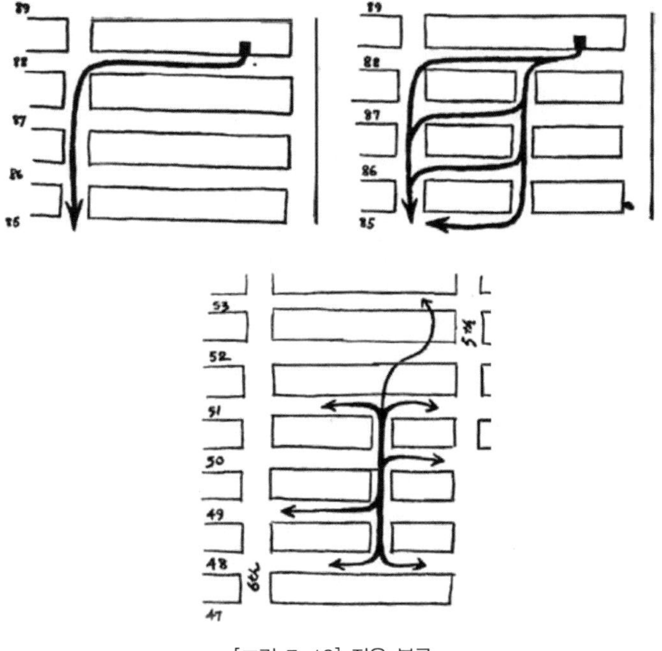

[그림 7-12] 작은 블록
(Jacobs, 1961, p.181)

세 번째 원칙은 지구(district)에 적당한 비율의 오래된 건물을 포함해 다양한 시대적 건축양식과 특징이 어우러지도록 해야 한다는 원칙이었다(Jacobs, 1961, p.187). 가로에는 오래된 건물의 비율이 높을수록 좋다. 오래된 건물을 허물고 신축물을 올린다는 것은 그 자체만으로 과한 지출을 요하는 일이다. 즉 도시재정 측면에서 신축 건물은 부담 요인이 된다. 단순히 경제적인 측면에서뿐 아니라 젠트리피케이션과 그에 따른 축출의 관점에서도 신축은 문제가 된다. 신축 건물을 지을 때 그 목적에 부합하는 부대시설이 주변에 많이 들어서게 되는데, 이에 따라 기존에 있던 건물들의 용도가 바뀌게 되는 경우가 자주 발생하며, 그렇게 될 때 부동산 가격이 들썩이면서 원주민과 영세자영업자들이 쫓겨나는 문제가 종종 발생한다. 따라서 무조건 낡고 오래된 건물을 부수기보다, 작지만 기발한 변화를 통해 오래된 건물을 재활용하는 것, 즉 철거와 재개발보다 도시재생이 더 효과적이고 바람직하다는 게 제이콥스의 결론이었다. 연립주택의 응접실을 예술가의 전시실로, 아파트 지하실을 이민자들의 아지트로, 양조장을 극장으로, 창고를 중국음식점으로, 폐교를 출판소로, 구둣가게를 교회로, 정육점을 레스토랑으로 고쳐서 재활용하는 것 등이 제이콥스가 제시한 도시재생의 전형적 사례였다. 이러한 사례들은 왜 그녀가 "낡은 생각은 때때로 새로운 건물에서 나온다. 그러나 새로운 생각은 낡은 건물을 이용해야만 한다"와 같은 말을 하였는지 이유를 잘 설명해 준다(ibid., p.188).

마지막 네 번째 원칙은 도시의 밀도를 적절히 유지해야 한다는 원칙이었다. 제이콥스는 주로 수백만 명을 수용할 수 있도록 설계된 르코르뷔지에의 거대 도시를 비판하였는데, 그 까닭은 이러한 거대 도시에서는 인구과잉으로 근린관계가 상실되고 공동체정신이 파괴되는 등 비인간성이 횡행할 것이라는 우려 때문이었다. 그렇지만 다른 한편으로 그녀는 인구 5만 명 이하를 이상적 인구 규모로 설정한 하워드의 전원도시 역시 충분한 다양성과 활기, 역동성을 가져다줄 만큼의 인구구조를 갖추지 못하기 때문에 결국 도시를 파멸로 몰고 갈 것이라며 비판하였다. 제이콥스는 적당한 인구 규모와 밀도가 도시적 특성(urbanity), 즉 다양성과 활기를 담보하기 위한 필수 요건이라고 지적하면서, 르코르뷔지에 등으로 대변되는 기존 도시계획들이 고밀도(high density)와 과잉(overcrowding)을 구분하지 않은 채 과잉을 방치함으로써 도시 문제를 야기하였다고 비판하였다. 그녀에 따르면 과잉이란 주거공간이 갖는 방의 총 개수에 비하여 총거주 인원이 많은 것(방당 1.5명 이상)을 의미하며, 인구과잉은 고밀도로 개발된 도시보다 저밀도로 개발된 도시에서 더 두드러진다고 하였다. 왜냐하면 보통 주거 환경이 악화하면 슬럼을 철거하기 위하여 젠트리피케이션이 일어나는데, 이때 젠트리피케이션에 의해 어느 한 곳에서 인구밀도가 낮아지면 풍선효과로 말미암아 도시의 다른 곳에서 인구과잉의 문제가 반드시 대두되기 때문이다. 따라서 제이콥스는 도시에 인구과잉이 일어나지 않도록 적당한 밀도를 유지하면서 도시를 개발하고 차츰 밀도를 높여가는 것이 중요하다고 하였다(ibid., p.208).

요약하면 제이콥스는 용도복합, 저층 고밀의 소규모 블록 개발, 오래된 건축물의 보존, 시민 활동의 집중 등을 강조함으로써 도시에 대한 우리의 기존 이해를 통째로 바꾸는 데 기여한 인물로 평가할 수 있다. 그녀는 도시가 잘게 나누어져야 하고 또한 혼합되어야 한다고 주장하였다. 이와 더불어 오래된 것을 소중히 여기는 한편, 분리된 통일이 아닌 여러 요소의 복잡한 동시 공존을 통해 유기체인 도시의 재생을 이끌어야 함을 주장하였다(이현욱, 2010).

그녀가 희망한 도시는 다양한 가치와 사람들, 오래된 건축물들이 마치 한 편의 거리 발레(ballet of sidewalks) 공연처럼 아름답게 어우러진 촌락, 계속해서 걷고 싶고 머물고 싶으며 살고 싶은 인간 냄새가 물씬 나는 마을이었다. 여기서 거리의 발레란, "모두 동시에 발을 내뻗으면서 일제히 회전하고 한꺼번에 인사하는 단순한 라인 댄스가 아니라, 각각의 무용수와 무용단 전체가 불가사의하게 서로에게 기운을 불어넣으면서 질서 정연한 전체를 이루는, 서로 구별되는 역할을 갖는 복합적인 춤"을 뜻한다(ibid., p.65). 계단에 앉아있는 아이들, 수다 떠는 아줌마들, 담뱃가게 아저씨와 잡담을 나누는 자물쇠공, 선술집에서 시인들 옆에 앉아 맥주를 마시는 부둣가 노동자들 등등이 만들어 내는 거리의 일상적이면서도 혼란스러운 모습을, 이전의 도시계획가들은 한결같이 비효율적이고 불결하다고 폄훼하였다. 그리하여 로버트 모제스와 같은 당대 도시계획의 대가는 뉴욕시 소호와 그리니치 빌리지를 통과하는 8차선 고가도로를 건설하여 비효율과 불결을 청소해야 한다고까지 주장하였다. 그러나 이들과 달리 제이콥스는 복잡하고 정신없으며 허물없는 교류가 바로 도시의 본질이라고 거듭 강조하였다. 그녀가 보는 도시란 건물들의 덩어리가 아니라 수많은 사람이 상호작용하는 공동체들의 복합체였다. 도시는 단순히 스카이라인이 아니며 이야기로 가득 찬 한판 춤이라는 게 도시에 대한 제이콥스의 기본적인 이해였다(박진빈, 2010, p.215).

비평가들은 제이콥스의 도시촌 이론이 부동산 개발업자나 정치인 등 정재계 엘리트에 의해 좌지우지되는 도시의 정치 동학을 고려하지 않음으로써 실현 가능성이 낮은 이론에 그치고 말았다고 비판하였다. 또한 그녀가 추구한 밀집된 혼합용도의 근린이 이론적으로는 이상적으로 들릴지 모르지만, 실제로 추구되는 과정에서 소외계층의 배제와 축출을 동반하는 젠트리피케이션—그녀가 반대하였던 도시 약탈—을 유발한다고 비판하였다. 더불어 그녀가 고밀도와 과잉을 구분하여 적절한 밀도로 도시 성장을 유도하면 인구과잉을 막을 수 있다고 말하였지만, 현실적으로 고밀도와 과잉은 구분하기 어렵고, 설령 적절한 밀도로 도시가 개발된다 할지라도 교통체증과 같은 문제를 피하기 어렵다는 비판도 가하였다.

이러한 한계에도 불구하고 제이콥스의 도시이론과 운동은 20세기 중반의 강력한 시대적 흐름으로서 단일성, 균일성, 통합성, 효율성, 편의성, 새로움 등으로 대변되는 이른바 모더니즘에 저항하고, 합리적이며 잘 짜인 계획에 의해 도시를 살 만한 곳으로 만들 수 있다는 근대적 가정에 처음으로 의문을 제기하였다는 측면에서, 그리고 근대성에 반대되는 가치—무질서, 자연스러움, 복잡함, 개연성 등—를 통해 도시를 살고 싶은 곳, 걷고 싶은 곳, 어울리고 싶은 촌락(village)으로 만들 수 있다는 희망을 심어 주었다는 측면에서, 지금까지도 도시학에 상당한 영향력을 행사하며 여전히 큰 의의가 있는 것으로 평가받는다(Hirt, 2012).

6. 신도시주의

마지막으로 소개할 계획주의 전통의 도시이론은 신도시주의(new urbanism)이다. 신도시주의는 제2차 세계대전 이후 20세기 중반부터 격화된 교외화, 도심 공동화, 시가지 확산, 녹지 감소, 농초와 야생지 감소, 간선도로로 둘러싸인 슈퍼블록 및 자동차 위주의 도시개발, 그에 따른 보행환경 악화와 장소감 부재(placeless-ness), 인종-소득계층별 격리, 공적 공간의 소멸 등 다양한 사회 공간적 문제를 극복하기 위한 대안으로 시작된 새로운 도시 운동이다(김천권, 2017, p.296). [그림 7-13]은 20세기 후반 대도시의 문제를 보여주는 이미지들로, 각각 도심 확산, 도심 쇠퇴, 교통체증을 예시한다. 신도시주의는 이러한 문제들에 대한 고민에서부터 시작되었다.

신도시주의는 1980년대 거주지의 인간화, 인종과 계층 갈등의 해결, 자연 친화적 개발과 설계를 통한 이상적 공동체 건설에 관심을 가진 일단의 북미지역 학자, 도시계획가, 건축설계사, 정부관료들에 의하여 주창되었다. 이들은 1991년 1차 모임을 가진 후, 1993년 10월 미국 버지니아주 알렉산드리아에서 다시 모여 신도시주의협회(The Congress for New Urbanism)를 발족하였다. 그리고 3년 후 1996년 총 27개 조항으로 구성된 도시개발계획 원칙(The Charter of the New Urbanism)을 발표함으로써 공식적 조직으로 인정받았고, 그들의 이론과 주장을 세상에 널리 알리는 계기를 맞았다(Congress for the New Urbanism, 2000).

[그림 7-13] 20세기 중반 서구 대도시의 현실

신도시주의의 핵심은 걷고 싶은 보행환경체제 구축, 편리한 대중교통체계 구축, 복합적 토지이용, 다양한 주택 유형의 혼합, 건축 및 도시설계에 코드 사용, 고밀도 개발, 녹지공간의 확충, 차량 사용의 최소화를 통한 전통적 근린공동체의 재건에 있었다. 이러한 신도시주의 요소들은 크게 세 개의 계획 콘셉트에 잘 녹아들어 있는데, 각각 TND(Traditional

Neighborhood Development, 전통근린 개발), TOD(Transit Oriented Development, 대중교통중심 개발), MUD(Mixed Use Development, 복합용도 개발)이다(황소윤, 김광배, 2007).

TND는 2차 세계대전 이전의 전통적 근린에 근거하여 도시를 개발하는 콘셉트로, 미국의 도시계획자 앙드레 듀아니에 의하여 고안되었다. TND에서 근린은 하나의 중심과 변두리를 가지며, 그 크기는 중심에서 외곽까지 400m 정도의 주거 구역으로 설정된다. 근린의 가로는 일자형 고속도로가 아닌 대가로 중심의 격자형 도로체계로 구축되고, 보행환경을 저해하는 차량 동선과 쿨데삭(culdesac, 막다른 골목)을 배제하는 한편, 교외 지역에 도시확산 방지를 위한 성장 한계선을 설정하는 것이 특징이다. 커뮤니티의 공공성을 중시하기 때문에 다수의 공공 구조물을 설치하고, 주택 유형 및 토지이용을 통한 사회적 혼합을 강조하며(예: 폐쇄적인 주택 뒷마당보다 공개된 주택의 정문을 선호, 주택을 가로에 최대한 가깝게 배치하기 선호 등), 소규모 개발을 선호하고 역사적이고 아름다운 건축양식의 도입을 강조한다.

다음으로 TOD는 미국 캘리포니아 출신의 건축가 피터 칼숍에 의하여 제시된 주거 및 상업지역 개발 콘셉트로, 자가용차 의존에서 탈피하여 대중교통 이용에 역점을 둔 도시개발 방식이다. 도심지를 철도역, 전철역, 트램정류장, 버스정류장 등 대중교통체계가 잘 정비된 복합용도의 고밀 지역으로 정비하고, 외곽지역은 저밀도의 개발과 자연생태 지역의 보전을 추구하는 것이 특징이다.

마지막으로 MUD는 보행거리 내에 상업, 업무, 위락, 주거시설 등 여러 용도를 혼합 배치하고, 다양한 지역사회 활동, 서비스, 그리고 직장과 주거의 근린지구 내 공존 배치를 의도함으로써 최대다수의 사람들에게 최대의 편의성과 접근성을 제공하는 것을 목표로 하는 토지이용 방식이다. 고밀도의 혼합용도와 직주근접을 지향하는 신도시주의가 생각하는 이상적 근린은 약 5천 명의 인구와 약 3천 개의 일자리를 보유한 지역이다.

이러한 도시계획 콘셉트는 신도시주의 도시개발계획 10개 원칙에 더욱 명확히 드러나 있다(김태경, 정진규, 2010). 각각을 좀 더 자세히 설명하면, 먼저 제1원칙은 보행성(walkability)으로, 거리를 보행자 친화적으로 설계하여 가로수 길을 조성하고, 자동차는 될 수 있는 대로 저속으로 운행하도록 하며, 자동차 진입 금지구역을 지정하는 한편, 동네 어느 곳도 10분 이내에 걸어서 닿을 수 있도록 근린 시설들의 거리를 적절히 배치하는 것을 주요 내용으로 한다.

[그림 7-14] 보행성의 원칙

제2원칙은 연계성(connectivity)으로, 도시 곳곳이 지선, 간선, 대로의 계층적 구조로 연계된 격자형 네트워크와 분산적 교통망으로 구성되도록 하고, 양질의 보행로 연계망과 쾌적한 산책로를 조성하는 것을 골자로 한다. [그림 7-15]의 왼쪽 그림을 보면 학교에서 집까지 도달하는 데 오로지 하나의 긴 동선밖에 없지만, 오른쪽 그림을 보면 동선이 짧고 여러 갈래로 뻗어있을 뿐 아니라 지극히 보행자 편의적이어서 신도시주의가 강조하는 방식의 도로 구조임을 금세 알 수 있다.

제3원칙과 제4원칙은 복합용도(mixed use)와 복합단지(mixed housing)로서, 여러 연령층, 소득계층, 문화집단, 인종이 공존하면서 형태, 규모, 가격 측면에서 다양한 선택지를 제공하는 단독주택 및 아파트가 혼합된 복합단지를 조성하고, 상점, 사무실, 주택, 공공시설 등이 근린 입지하는 직주근접 및 주상복합 공간을 형성하도록 한다. 복합용도와 복합단지 원칙의 목적은 궁극적으로 사회적 혼합(social mix)과 통합에 있다.

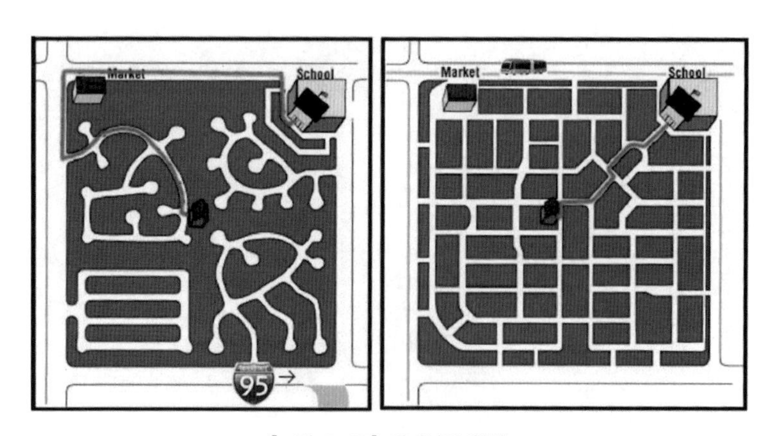

[그림 7-15] 연계성의 원칙

[그림 7-16] 복합용도와 복합단지의 원칙

[그림 7-17] 우수한 건축과 도시설계의 원칙

제5원칙은 우수한 건축과 도시설계(quality architecture and urban design)로서, 공동체 안에 시각적으로 아름다운 공공 목적을 가진 특별한 공간(예: 광장, 조형물, 공동우체통 등등)을 조성하여 주민 간 접촉과 소통을 촉진하고, 이로써 아름다움, 심미성, 편안함, 장소감을 창출하여 정신을 풍요롭게 하는 인간적 건축과 도시경관 조성에 역점을 둔다.

제6원칙은 전통적 동네구조(traditional neighborhood structure)로서, 전통적 마을 복원을 위하여 마을 중심지와 주변을 기능적으로 구분한 후 마을 중앙에 공공 공간을 조성하고, 마을 어느 곳에서나 공공 공간에 10분 이내로 걸어서 갈 수 있도록 한다. 또한 도시의 중앙은 고밀도로, 주변부는 순차적으로 저밀도로 조성하고, 중앙에는 비주거용 건물들을 고밀도로 세우고 공공기관을 입지시키는 한편, 주로 주변부에 저밀도의 주거용 마을을 조성한다. 도시와 자연이 확연히 구분되는 단절적 계획이 아닌 하나의 연속체로서 도시와 자연이 위계적으로 조화를 이루도록 도시의 배치를 고안하는 이 같은 통합적 개발방식을 트란섹 계획(transect planning)이라 부른다. [그림 7-18]이 이를 예시한다.

제7원칙은 고밀도(increased density)로서, 주민들이 보행을 통해 쇼핑, 장보기, 공공활동, 휴식과 엔터테인먼트 등 근린 서비스에 편리하게 접근하고 지역사회 자원을 효율적으로 이용할 수 있도록 중앙에 주거, 빌딩, 상점과 같은 서비스시설을 공공기관 및 공공시설과 함께 입지시키는 고밀도 복합단지 조성을 추구한다.

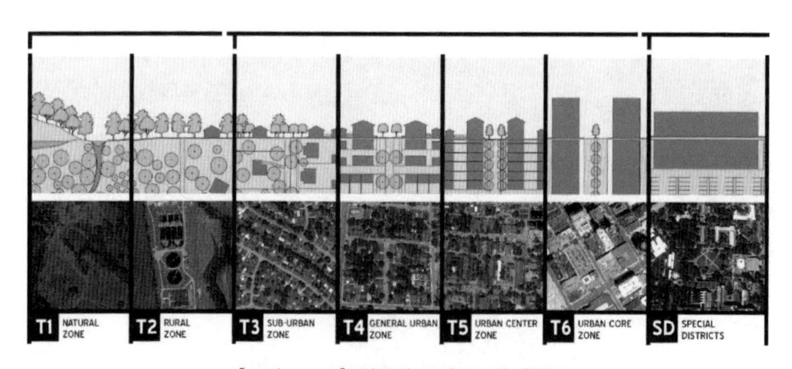

[그림 7-18] 전통적 동네구조의 원칙

[그림 7-19] 고밀도 개발의 원칙

제8원칙은 스마트 교통(smart transportation)으로서, 도시의 중심과 주변지, 그리고 동네를 연계하는 양질의 공공 교통 네트워크를 확립하고, 도보, 자전거, 스쿠터 등을 일상생활에서 편리하게 이용할 수 있도록 보행자 친화적 설계를 도입하는 것을 골자로 한다.

제9원칙은 지속가능성(sustainability)으로서, 도시개발과 운영에 따른 환경의 영향을 최소화하기 위하여 생태계 보전을 위한 자연 친화적 기술을 이용하고, 화석연료 사용의 최소화, 지역 자급자족 체제 도입, 주변 농장과의 연계 등을 추진한다.

마지막 제10원칙은 향상된 삶의 질(quality of life)로서, 도시개발의 목적이 인간의 정신을 고양하는 장소의 제공을 통해 보다 높은 삶의 질을 이룩하는 데 있어야 한다는 것을 뜻한다.

2017년 현재 미국의 경우 역사보존 도시를 중심으로 약 4천 개 이상의 지역에서 신도시운동 계열의 사업이 추진 완료 혹은 추진 중이라고 한다(김천권, 2017, p.296). 신도시주의에 입각한 대표적인 도시계획의 사례로, 해변의 휴양도시이자 영화 <트루먼 쇼>의 무대이기도 한 플로리다주 월턴 카운티의 시사이드시, 주민들이 걸어서 일하고 걸어서 쇼핑하는 커뮤니티를 표방하는 메릴랜드주 몽고메리 카운티의 대규모 주거단지 켄트랜즈, 거주지, 사무실, 호텔, 쇼핑몰, 식당가, 공원 및 녹지공간이 복합된 공동체를 구성하여 스마트 성장과 지속가능한 개발의 성공적 사례로 손꼽히는 미국 조지아주 애틀랜틱 스테이션 등을 거론할 수 있다(ibid., p.299).

[그림 7-20] 미국 네바다주 섬머린에 건설된 계획공동체 조망

기존의 도시계획과 달리 이들은 자동차 위주의 도로망과 보도를 설치하는 대신 격자형 도로망과 보행자 위주의 보행 동선으로 가로를 모두 연결하고 보도가 넓으며 차도가 좁다는 것이 특징이다. 또한 이용자 다수가 대중교통을 이용하고 정류장의 접근성이 높으며, 주택의 크기, 형태, 가격 옵션이 다양하고 도로 전면에 인접한다는 것, 주차장이 주택 후면에 만들어져 있다는 것 등이 또 다른 특징이

다. 주택에서 도보로 5~10분 거리 이내에 생필품 점포를 비롯하여 대부분의 문화편의시설과 공공시설(예: 놀이터, 공원, 학교, 우체국, 파출소, 복지관, 종합체육관, 종교시설, 공용주차장 등등)을 촘촘하게 지어 보행 편의성과 이웃 간 친밀도를 높이고, 심미적으로 아름답고 구조적으로 주민 소통과 교류를 촉진하는 열린 건축물과 공원을 다수 조성함으로써 공동체성을 조성한다는 점 역시 신도시주의에 입각해 만들어진 계획공동체들의 특징이다. [그림 7-21]은 소비자들에게 미국 캘리포니아주 어바인시에 계획된 주거공동체의 구매를 권하는 광고 이미지이다. 누가 보아도 얼른 입주하여 살고 싶을 만큼 아름답고 평화로우며 살기 좋은 전통적인 근린의 모습이다.

[그림 7-21] 계획공동체를 판매하는 건설회사 광고

북미에서 시작된 신도시주의 운동은 한국에도 영향을 미쳐 다소 간 차이는 있지만 2012년부터 서울시를 비롯해 전국 각 지자체에서 본격적으로 시행된 도시재생 사업 혹은 마을공동체 지원사업 같은 지역공동체 복원운동에 적용되어 나타나고 있다(김영, 2014; 이시철, 2013). 도시재생 사업과 마을공동체 사업은 여러 측면에서 신도시주의 운동과 맥을 같이 한다. 양적 성장이 아닌 주민의 실질적인 삶의 질 증진을 강조하고, 공간의 질 증진, 즉 지역의 환경적이고 생태적인 조건의 개선을 신경 쓰며, 다양성과 혼합성, 고밀도, 자연 친화성 및 도보 편의성을 촉진하는 다양한 방법을 고민한다는 점, 그리고 사업 기획과 집행에서 주민의 주도적 역할을 강조하며 관련 지침을 제공한다는 점 등이 이를 잘 말해준다(박재묵, 2007, p.106).

신도시주의가 추구하는 도시는 현대적 기술로 무장한 거대한 첨단도시가 아니다. 신도시주의가 지향하는 도시는 인간적 소박함이 돋보이는 전통적 마을이다. 이웃을 알아볼 수 있고 인사를 나눌 수 있는 친밀감, 내가 사는 동네에 대한 자부심과 유대감, 휴먼스케일(human scale)이 기반이 되어 인간 중심적인 디자인이 돋보이는—한국적 의미에서—향촌 혹은 부락이 신도시주의가 이상적으로 꿈꾸는 도시의 미래상이다. 실제로 초창기 신도시주의를 주창한 미국의 도시계획자들은 제2차 세계대전 이전의 미국 시골 마을의 모습을 건축학적으로 재현하고자 시도했다는 점에서 신전통주의자(neo-traditionalists)로 분류되기도 한다(박환용, 2005).

신도시주의의 이 같은 마을 지향성은 과학기술의 발달과 글로벌 사회의 도래 이후 도시 생활이 편리해지고 소득의 증가가 이루어졌으나, 내면을 들여다보면 오히려 경쟁이 심화하고 공동체 관계가 붕괴한 각박한 물질만능의 비인간적 사회가 도래하였다는 반성을 바탕으로 한다. 과거에 대한 이 같은 솔직한 반성은 인간적이고 공동체주의적인 삶에 사람들을 다시금 몰입시킬 수 있는 다양한 계획적 장치와 기법의 고안 및 적용으로 이어졌다. 다양하고, 걷고 싶고, 압축적이며, 활기 있으면서, 혼합된 토지이용 방식이 돋보이는 전통양식의 마을을 현대적 기술을 이용해 복원하여 인간이 주인이 되는 커뮤니티를 되살리자는 신도시주의자들의 주장은 이러한 역사적, 현실적 맥락에서 만들어졌다.

신도시주의에 기초한 도시계획은 도시의 인간적 면모와 공동체성을 강화하기 위한 다양한 의식적 노력을 도시 발전에 담는다는 측면에서 신선한 시도로 받아들여진다. 그러나 비판 역시 만만치 않게 제기된다(김영정, 2007, p.10; Ellis, 2002). 먼저 도심 확산과 자연파괴를 조장한다는 비판을 들 수 있다(Lamer, 2003). 미국 플로리다의 시사이드를 비롯하여 신도시주의 이론과 철학에 기반을 두고 만들어진 다수의 서구 계획공동체 사례를 살펴보면, 대부분 공터로 비어있던 교외나 시골을 개발하면서 도시가 새롭게 들어섰음을 알 수 있다. 이는 도시의 무분별한 평면 확장을 부정한 이론이 실제로 이론을 실천에 옮기는 과정에서 오히려 도시의 외연을 확장하였고, 그 와중에 심지어 자연환경까지 파괴하였다는 점에서 표리부동하다는 비판을 불러일으킨다.

이와 관련하여 일부 비평가들은 신도시주의가 투기적 부동산자본의 이미지메이킹에 불과하고, 그 본질은 도심 저소득층의 '불결', '무질서', '가난'에서 도망치길 원하는 부유층들을 위한 배타적 주거지(enclave) 만들기에 있다고 진단하기도 한다(Trudeau & Malloy, 2011). 이는 신도시주의가 과거 농촌이나 시골의 게마인샤프트적인 생활방식에 대한 사람들의 맹목적 희구를 자양분 삼아 지지를 얻었으나, 사실상 부유층을 위한 독점적 주거 및 상업활동 공간 창출이 목적이라는 점, 따라서 작금의 도심 내부에서 광범위하게 벌어지고 있는 축출적 젠트리피케이션과 개발이 이루어지는 장소만 다를 뿐 내용상으로는 다를 바 없다는 점을 시사한다. 이런 측면에서 비평가들은 도심에 젠트리피케이션이 있다면 교외에는 계획공동체 프로젝트가 있으며, 둘 다 도시미화운동의 현대적 확장판에 불과하다고 비아냥댄다.

다양한 계층과 인종이 어우러진 통합의 도시를 추구하고 있으나 아직 실질적으로 여러 계층과 인종이 어울려 사는 도시의 실례를 보여주지 못하였다는 점 역시 아쉬운 부분으로 지적된다(진미윤, 2006). 월트 디즈니사에 의해 개발된 미국 플로리다주 셀레브레이션시가 이러한 문제를 잘 보여준다. 셀레브레이션시는 작은 도시면적, 낮은 인구밀도, 다수의 공공장소, 최신 정보통신기기 활용 등 지역공동체를 위한 완벽한 외적 조건들을 갖추었고, 그런 만큼 쉽사리 사회혼합(social mix)을 달성할 수 있을 것으로 많은 신도시주의자가 낙관하였다. 그러나 예상과 달리 완벽한 계획공동체를 만드느라 너무 큰 비용이 들었기에 주택 가격이 높게 책정되었고, 그 결과 대부분의 입주자가 중상류층으로 구성되어 실질적으로 사회혼합을 시도할 수 있는 여건을 충족하지 못하는 상황에 봉착하였다. 그나마 비슷한 속성을 공유하리라 생각된 중상류층 주민들마저도 제대로 혼합되지 않는 모습을 보였는데, 그 까닭은 계획공동체의 부유한 입주자들이 지역사회에 헌신하고 희생하면서 그로부터 정체성과 소속감을 느끼는 등 사용가치를 추구하기보다 부동산 재산의 교환가치 방어에 더 많은 집착을 보였고, 그 결과 이웃과 허물없는 교류를 꺼렸기 때문으로 분석된다. 계획공동체가 사회적 통합을 추구하였으나 이를 실제로 달성한 적이 없다는 비판은 제6장에서 언급한 게이티드 커뮤니티와 계획공동체가 실제적으로 다를 바 없고 내용상 등가물이라는 점, 즉 계획공동체가 추구하는 공동체란 구매된 공동체, 허울뿐인 공동체, 공동체라는 이미지를 덮어쓴 요새도시에 다름없다는 점을 함의한다(강준만, 2019, p.105).

심미적으로 아름답고 구조적으로 주민 간 소통과 교류를 촉진하는 열린 건축물을 조성함으로써 공동체적 인간관계를 회복할 수 있다는 낙관 역시 근거 없는 믿음이라는 비판이 제기된다(Lyon & Driskell, 2011, p.137). 계획공동체는 심미적 통일성과 조화의 원칙 아래 건축물과 도시설계에 엄격한 용도 규정(zoning codes)을 내리고 이를 통해 창문틀의 모양에서부터 주택 지붕의 색깔까지 간섭, 통제한다. 또한 주민끼리 쉽게 모이고 자주 어울릴 수 있도록 공용의 커뮤니티 공간을 마을 곳곳에 설치하는 게 중요하다고 강조한다. 이 말인즉슨, 물리적 건축과 계획을 통해 인간적 관계를 돈독하게 만들 수 있고 우애감과 이웃 관계를 개선할 수 있으며 심지어 사람들의 정신을 정화할 수 있다고 믿는다는 것, 그에 따라 다양한 역사적이고 아름다운 구조물들을 배치하는 데 신경 쓴다는 것을 뜻한다.

그러나 비평가들에 따르면 물리적 환경 그 자체가 공동체를 자동적으로 형성시켜 주지는 못한다. 물리적 외관은 다양한 사회, 문화, 경제적 요인과 상호작용하기 때문에 자동적으로 공동체로 화할 수 있는 성질의 것이 아니라는 뜻이다(박영춘, 임경수, 2000, p.52). 예를 들어 아무리 소통과 마주침을 유도하는 디자인을 마을 건축물에 적용했다 할지라도, 그 안에 거주하는 당사자 주민이 안정적인 자가 소유주가 아니라 언제 뜰지 모르는 뜨내기 월세 세입자라면 의도된 소통과 마주침은 우애나 이웃애로 좀처럼 자연스럽게 발전하지 않을 것이다. 또한 매일 마주치는 이웃이 나와 이질적인 인구사회학적 특성을 가진 인물이라면(예: 종교와 인종이 다른 사람) 오히려 그와의 일상적 소통과 마주침은 갈등을 증폭하는 요인으로 비화할 수도 있다(김욱진, 2014). 요점은, 물리적 근접성을 유도하면 사람들끼리 더 자주 어울리면서 공동체가 좀 더 빠르고 쉽게 형성될 수 있을 것으로 예상하지만, 실제로 높아진 근접성은 일부 주민들에게 스트레스로 느껴질 수 있고 더 많은 갈등의 원인으로 작용하는 예도 많아서, 어울림과 마주침을 기계적으로 촉진하였다고 해서 공동체가 저절로 형성된다고 믿는 것은 잘못된 낙관이자 논리적 비약이라는 사실이다. 덧붙여, 심미적으로 아름답다고 해서 사람의 마음이 항상 유쾌해지고 정신이 마냥 정화되는 것도 아니다. 시간이 지나면 심미적 아름다움에 대한 감수성은 무뎌질 수 있고, 따라서 아름다움이 협력과 사교성을 담보한다고 믿는 것은 순진한 기대라고 할 수 있다.

요약하면, 물리적 환경과 디자인은 공동체 형성의 여러 필요조건 중 하나일 뿐 충분조건이 못 된다. 이는 물리적 환경과 디자인에 대한 집착을 버려야 할 이유를 잘 설명해 준다. 그렇지만 신도시주의는 대체로 그 반대 견해, 즉 환경결정론주의적 입장에 서서 물리적 환경과 디자인에 집착하는 경향을 보인다(Toker & Toker, 2006).

여기서 환경결정론이란 물리적 설계와 구조 변화를 통해 사회와 인간을 바꿀 수 있다는 신념, 또 다른 말로는 공간물신론을 가리킨다.

한편 신도시주의는 걷기 편한 거리를 만든다는 명목 아래 자가용이라는 문명의 이기 사용을 자제하고 대신 도보를 만들고 대중교통의 이용을 강조한다. 이와 같은 보행자 중심 사고와 관련하여, 일부 비평가들은 과연 그것이 추구할 만한 가치가 있는지, 현실적으로 아무런 저항 없이 시민에 의하여 받아들여질 수 있는지 등의 문제를 제기하며 신도시주의의 이른바 보행성 원칙에 의문을 표시한다. 실제로 보행성 원칙을 극단적으로 실현한 결과라 할 수 있는 일부 계획도시들의 '자동차 없는 거리' 정책과 관련하여 그 실제 적용 사례를 자세히 살펴보면, 규칙을 어기고 자동차를 끌고 들어오는 주민들 때문에 지역 주민 간에 적지 않은 갈등이 생겨나는 경우를 어렵지 않게 목격할 수 있다(민현석, 여혜진, 2012). 도시의 엄격한 반 자동차 정책에도 불구하고 일부 주민이 자동차를 기어이 끌고 나오는 이유는 이들이 자동차 문화에 길들었기 때문이기도 하지만, 생계 때문에 어쩔 수 없었기 때문이라는 설명도 설득력 있게 제기된다. 이러한 설명에서는 장사를 해야 하므로 혹은 회사가 너무 멀리 떨어져 있어서 차를 반드시 이용할 수밖에 없음에도 강제적으로 차를 사용하지 못하게 만드는 데 따른 주민의 반감과 증오가 상당하다는 점이 언급되고, 따라서 자동차 없는 거리 정책의 도입에 신중을 기할 필요가 있다는 권고가 누누이 따라붙는다. 또한 자동차 사용을 줄이겠다는 취지로 마을에 주차 공간을 최소한도로만 배치한 일부 계획공동체들의 경우 주차장을 둘러싼 주민 갈등이 새롭게 발생하여 골칫

거리라는 점도 종종 보고된다. 자동차보다 걷기를 권장함으로써 공동체를 되살릴 수 있다는 이상이 현실과 맞닥뜨렸을 때, 제대로 실현되지 못하고 삐걱거리는 실례들은 이외에도 많다(수원시정연구원, 2013, p.50).

마지막으로 신도시주의에 기반을 둔 계획공동체가 실제로 그 원칙에 따라 번영하기 위해선 해당 도시의 재정구조가 건전해야 하는데 대부분의 계획공동체는 현실적으로 그러한 여건에 있지 않다는 점도 신도시주의에 쏟아지는 여러 비판 중의 하나이다(Gyourko & Rybczynski, 2000). 예를 들어 건물의 개발이나 재개발에 엄격한 제한을 건다든지, 주택의 개보수에 최상의 자재만을 골라 써야 하는 규제를 건다든지, 공원 등 녹지를 충분히 확보하고 자가용 사용을 제한하기 위해 주차 공간을 최소한도로만 건립하게 하는 등의 크고 작은 규제들을 보면, 신도시주의적 도시계획은 순수하게 경제적 관점에서만 바라보면 대단히 비효율적이고 도시의 경제적 가치를 갉아먹는 접근법이라는 점을 여실히 알 수 있다. 뿐만 아니라 도시의 자연환경을 보존하기 위해 도시의 근거리 공간에 공장용지가 형성되지 못하도록 제한을 걸기도 하는데, 이와 같은 규제 일변도의 도시계획을 지속하는 한 도시에 일자리가 생기기가 어렵고 경제가 성장하기도 어렵다는 것은 명약관화하다. 결국 도시의 번영과 발전을 위하여 개발과 관련된 다양한 규제와 계획을 풀고 시장 논리에 맡길 것은 맡기고 공장 등 산업활동 유치에 적극적인 모습을 보이는 등 다소간에 허용적인 태도를 보일 필요가 있다. 그러나 도시의 재정을 튼튼하게 만드는 이러한 통상적 시도들은 신도시주의 10개 원칙을 정면으로 위배한다. 이는 이론과 현실의 충돌점으로서, 신도시주의에 입각하여 만들어진 계획공동체의 장기적 생존과 번영에 의문을 제기하게 만드는 부분이라 할 수 있다.

이러한 비판들은 대체로 신도시주의가 이상적 공동체 건설과 공동체정신의 회복을 지상 최대의 과제로 설정하고 이에 집착한 나머지 그 실천 과정에서 억압적 전체주의로 흐르기 쉽다는 우려를 밑바탕 정서에 깔고 있다(박영수, 임경춘, 2000, p.54). 하나의 이상적이며 계몽적인 목표를 세워놓고(예: 자동차 없는 거리, 주택의 지붕 색깔 일치, 건축양식 통일, 주거지 근처에 공장 건설 금지 등) 그것을 실현하기 위한 수단을 강요하는 방식의 도시 조성은 전제일 뿐 아니라 그에 반대하는 사람들의 반발을 불러일으켜 오히려 공동체 회복과 건전한 공동체정신 회복에 부정적인 영향을 끼칠 수 있다.

그렇지만 이러한 결함과 한계에도 불구하고 신도시주의는 도시미화운동 이래 도시계획에서 상대적으로 그 가치가 소홀히 다루어져 온 미적 측면에 대한 재발견에 기여하였고, 도시의 물리적, 자연적 환경이 사람들의 생각과 관계에 지대한 영향을 미칠 수 있다는 사실을 재고시켜 주었다. 나아가, 논란이 많지만 어찌 되었든 전통 사회의 이상적 공동체를 의도적으로 실현하는 데 필수적인 각종 원칙(예: 사회적 혼합, 친환경주의, 도보 편의성, 삶의 질 중심 등)과 계획 방법(예: 격자형 가로체계, 보행자 중심 가로 설비, 공공 공간 마련 등)들을 구체적으로 제시해 주었다는 측면에서 상당한 의미를 갖는다(김영정, 2007, p.11; Lyon & Driskell, 2011, p.138).

7. 소결: 도시계획과 공동체 개발

공동체는 자연발생적인가. 이 질문에 대하여 계획론적 시각을 가진 도시 전문가들은 그렇지 않다고 답한다. 이들은 공동체란 반드시 자연발생적일 필요가 없고 인간의 의식적인 노력으로 만들 수 있다고 말한다. 그러면서, 물리적, 자연적 여건만 맞추어 준다면 현대 도시에서도 전통 사회에서 볼 수 있었던 것과 같은 양질의 공동체를 얼마든지 재현할 수 있다고 단언한다.

이번 장에서는 이러한 도시계획론자들의 입장을 하워드의 전원도시운동, 르코르뷔지에의 '빛나는 도시'계획, 번햄의 도시미화운동, 라우스의 복합도시 개발, 제이콥스의 도시촌운동, 그리고 가장 최근의 신도시주의 운동을 통해 살펴보았다. 이 가운데 제이콥스의 도시촌운동은 합리성, 효율성, 심미성에 기초한 기존의 모더니즘적 도시 개발을 비판하고, 비합리성, 비효율성, 자연스러움을 수용하는 탈근대적 도시계획 방안을 제안하였다는 점에서 이전의 이론이나 운동과 분명한 차별성을 갖고 있다고 할 수 있다(Hirt, 2012). 그렇지만 기본적으로 도시에 다양성과 활력을 불어넣기 위하여 소소하지만 위대한 변화를 의식적으로 일으키는 일이 중요함을 강조하였다는 측면에서, 이 책에서는 그녀의 사상을 도시계획론의 하위 범주로 분류해 넣었다.

그렇다면 인간의 의식적 노력으로 만든 공동체는 얼마만큼 공동체의 이념형에 부합하는가? 현대 도시의 계획공동체는 어울리고자 하는 인간의 본능, 집단으로부터 위안을 받고자 하는 개인의 소속 욕구를 얼마나 충족시켜 주는가? 나아가 소속감과 정체성의 근원으로서 얼마만큼의 효능을 발휘하는가? 이러한 질문에 대하여 도시계획론자들은 즉답을 피한다. 이들은 공동체가 부활하고 공동체정신이 회복될 수 있도록 주변의 물리적, 자연적 여건을 조성하는 데에만 주로 관심을 쏟을 뿐(조극래, 김동영, 2003) 이후의 과정이나 결과에 대해서는, 즉 의도적으로 조성된 공간 안에 이념형적으로 완벽한 공동체가 실제로 들어설 수 있는지에 대해서는 답하길 주저한다.

이러한 측면에서 미국 예일대학의 사회학자 수잔 켈러의 *Community: Pursuing the dream, living the reality*『공동체—꿈을 좇고 현실을 살다』가 주는 시사점이 크다(Keller, 2003). 그녀는 이 책에서 기본적으로 공동체의식이 어떻게 형성되고 지속되는지, 그리고 공동체의식을 저해하고 파괴하는 요소가 무엇인지를 물었다. 그런데 그녀의 책이 기존의 선행 연구들과 차별성을 보인 부분은, 어찌 보면 평범할 수 있는 위의 질문들을 보통의 도시에서 수행하거나 일반적인 인구집단을 대상으로 던진 것이 아니라, 계획공동체라는 특수한 연구지를 배경으로, 그것도 계획공동체에 입주하기 전까지 아무런 일면식도 없던, 서로가 서로에게 이방인이었던 주민들을 대상으로 던지고, 이를 통해 공동체 형성과 유지에 유리한 환경을 조성해 주면 공동체가 손쉽게 들어설 수 있는지 나름의 해답을 모색하였다는 사실이다.

서로 일면식도 없던 낯선 이방인들이 계획공동체에 입주하여 갑작스럽게 '이웃' 주민이 되었을 때 과연 공동체의식이 생겨나는지, 만약 생겨난다면 어떻게 어떠한 과정을 거쳐 어떠한 조건 아래에서 생겨나고 유지되는지에 관심을 가진 켈러는 자신의 연구 질문에 답을 구하고자 미국 뉴저지주의 계획공동체이자 신도시인 트윈 리버스 타운에 직접 입주하여 15년가량 살면서 설문조사, 심층면접, 참여관찰 등의 혼합방법론을 이용해 1970년부터 2001년까지 총 31년에 걸친 사례 조사를 실시하였다.

분석 결과는 방대하고 전면적이었기 때문에 모두 소개할 수 없다. 핵심만 요약하면, 아무리 공동체의식의 형성과 양성에 방점을 찍고 건설된 계획공동체라 할지라도 공동체의식은 저절로 형성되는 것이 아니며, '함께 어울려 삶'에 대한 주민들의 오랜 숙려와 전인적이고 몰입적인 경험, 무엇보다 상당한 갈등과 타협, 시행착오 등의 지난한 과정이 동반되어야 비로소 획득되는 어려운 노력의 산물이라는 점이다. 물리적, 자연적 환경만 조성해 주었다고 해서 공동체가 저절로 형성될 것이라 믿는 것은 순진한 낙관이며, 주민 간 협동의식과 배려, 대화와 소통이라는 공동체적 가치도 처음부터 자연스럽게 주어져 있는 것이 아니라 엄청난 시간과 노력이 투입되고 큰 갈등을 겪어야 비로소 얻을 수 있는 피와 땀의 결실이라는 게 켈러가 트윈 리버스를 31년 동안 관찰해 내놓은—어찌 보면 단순하고 당연한—결론이었다(ibid., p.265).

입주민들은 맨 처음 트윈 리버스라는 계획공동체 겸 신도시에 관한 건설업자들의 광고를 신문, 잡지, TV 등을 통해 접하였을 때 전입과 동시에 공동체성을 즉각적으로 경험할 수 있을 것이라고 믿었다(ibid., p.53). 그러나 그와 같은 믿음이 환상임을 깨닫는 데에는 그리 오랜 시간이 걸리지 않았다. 비록 어울림을 강조하는 방향으로 마을의 건축물들이 섬세하게 설계되었지만(예: 공동현관, 공원, 커뮤니티센터 등) 건물과 도시의 구조는 자동적으로 사람들 사이에 그 어떠한 진정한 어울림도 가져다주지 않았다. 비록 때때로 기회가 생겨 주민들끼리 어울리는 일이 생겼어도(예: 주민다과회, 뒤뜰바비큐 모임 등을 통해) 그것이 지속적으로 헌신과 희생, 책임감을 요구하는 공동체의식으로까지 발전하지는 않았다. 공동체성을 느끼기는커녕, 주민들은—특히 전입 초기 단계에서—서로가 서로에게 모두 낯선 존재였다는 점에서 상당한 소외와 무관심을 경험하였다(ibid., p.123).

주민들을 특히 더 불안하고 짜증이 나게 했던 것은, 1~2년이 지나고 서로에 대해 어느 정도 알아가는 시점에서 일부 마을 구성원들이 무책임하고 이기적인 모습을 곧잘 보였고(예: 쓰레기 무단 투기, 자동차 없는 거리에 자동차 끌고 오기, 공동 규정을 어기고 지붕과 주택의 색깔 마음대로 바꾸기 등등), 일부 주민들은 공공장소의 사용과 관련하여(예: 수영장, 도서관 등) 누가 어떻게 얼마만큼의 책임을 지고 어느 정도의 통제권을 발휘하며 해당 시설과 공간을 관리할 것인지를 둘러싸고 상당한 갈등을 빚었다는 점이었다. 또 다른 일부 주민들은 이웃과 공개적으로 싸움을 하기보다 의도적으로 무관심을 가장함으로써 마을의 의사결정 구조에 우회적으로 불만을 표시하였다(ibid., p.168).

주민 갈등이 불거지고 일부 주민들이 의도적으로 무관심한 태도로 일관한 까닭을 켈러는 마을의 공유 공간이나 공공시설물과 관련하여 내 것, 네 것, 우리 것의 경계가 불분명하여 권리와 책임의 소재가 뚜렷하지 않았기 때문이라고 분석하였다(ibid., p.174). 또한 모든 주민이 트윈 리버스의 자가 소유주가 아니고 일부는 월세 세입자들이었다는 점, 따라서 주거지를 매개로 한 강력한 지역애착심이 발현될 주거 안정성 요건이 충분히 갖추어지지 않았다는 점 역시 갈등과 무관심의 이유가 된다고 설명하였다. 보다 근본적으로는, 이기적 자아들이 지역사회 내부의 상호 의존적 관계망 속에 복잡하게 얽혀 있음을 인지하지 못하고 소득, 재산, 성별, 연령별로 쪼개진 채 각자의 이해관계를 근시안적으로 추구하였다는 점이 가장 크고 근본적인 이유라고 하였다.

그런데 트윈 리버스의 위기에 처하였을 때 당면한 문제점들을 해결하고 이해당사자들을 중재하여 자칫 갈기갈기 찢겨나갈 수 있었던 지역사회를 하나의 운명공동체로 묶어주고 통합을 이루는 데 기여한 무리가 있었다. 소수의 책임감이 강한 마을 리더들이 바로 그들이었다(ibid., p.202). 리더들은 무보수로 마을의 현안에 관심을 갖고 문제해결에 발 벗고 뛰어들었다. 자기 성취와 개인적 성공보다는 자신이 속한 마을공동체의 번영과 발전을 위해 희생하고 헌신하는 모습을 보였다. 상보성의 원리를 상대적으로 높은 수준으로 이해한 자들이었고, 협동과 신뢰의 가치를 깨들은 자들이었다. 소통과 대화가 중요하다는 점을 알고 있었고, 특히 생각이 다르더라도 스킨십을 유지하는 것이 사람들 사이의 갈등을 푸는 첩경임을 체득한 사람들이었다. 이들의 탁월한 지도력 덕분에 트윈 리버스는 마을의 통치와 관련된 다양한 의제를 발굴하고 설정하여 각 안건에 대해—그 과정이 결코 간단하거나 쉽지는 않았지만—주민들의 의견을 수렴하고 모종의 결정을 내린 후 주요 사안들을 하나씩 헤쳐나갈 수 있었다. 물론 리더들이 항상 옳은 행동만 한 것은 아니었다. 리더들 역시 사안별로 이기적인 모습을 보였고, 지역사회 내 일부 주민을 적으로 규정하였으며, 불필요한 갈등을 일삼기도 하였다. 그럼에도 불구하고, 이들 리더의 세 규합과 조직화 노력 덕분에 트윈 리버스 주민의 상당수가 이전의 고독 혹은 의도적 무관심에서 벗어나 찬성이 되었든 반대가 되었든 공론의 장으로 나와 이웃과 대화, 소통하기 시작하였고, 문제를 해결하는 의사결정 과정에 참여하기 시작하였다. 어떻게 하면 함께 어울려 살 수 있는지를 작지만 강한 리더십 아래 많은 주민이 차츰 깨닫기 시작하였다(ibid., p.210).

공동체의식이 발현되면서 주민들은 점차 트윈 리버스를 사유재산의 관점에서 보는 시각에서 벗어나 책임의식을 갖고 헌신하고 희생하고 기여해야만 비로소 유지될 수 있는 공동자산으로 바라보기 시작하였다. 이러한 인식의 변화는 주민들의 더 많은 참여와 관심, 관여를 끌어내었고, 트윈 리버스는 차츰 지역공동체로서의 면모를 갖추기 시작하였다(ibid., p.216).

그러나 공동체의식이 최상의 모습 그대로 항상 유지된 것은 아니었다. 공동체가 겨우 자리를 잡아가는가 할 때마다 흉악범죄, 쓰레기 무단투기, 공공장소 훼손 등 사건들이 주기적으로 터져 나오면서 지역사회에 대한 불안과 불신이 가라앉지를 않았고, 지역 내 주요 안건들에 대한 직업, 연령, 소득, 주택 소유 유형별 갈등과 분화가 끊이지를 않았다. 일부는 적극적으로 관여하고 의견을 개진하며 갈등을 마다하지 않는 방식으로 문제해결에 나섰으나, 일부는 의도적인 무관심 전략을 계속해서 취하며 갈등을 회피하는 모습을 보였다. 또 다른 일부는 아예 마을을 떠나는 방식으로 대응하기도 하였다.

새로 전입한 입주자들은 기존 입주자들의 소통 방식을 이해하지 못하면서 갈등과 무관심이 지속하였다. 트윈 리버스는 이렇게 켈러가 관찰한 30년이라는 긴 시간 동안 안정과 불안정, 성숙과 해체, 평화와 갈등의 양극단을 오가며 부침을 거듭하였다(ibid., p.225).

우여곡절이 많은 트윈 리버스의 31년 역사를 모두 목격하고 기록한 켈러는 결국 제아무리 공동체성을 극대화하는 데 방점을 찍고 설계된 계획공동체라 할지라도 공동체성은 절대 자동적으로 구현되지 않는다는 결론을 내리며 자신의 책을 마무리 지었다(ibid., p.272). 계획되었든 그렇지 않든, 공동체는 자아들의 편협한 이기심이 소수의 희생적 리더십과 그들을 못 미덥게 따르는 근시안적 개인들의 관심 및 참여에 의하여 초월될 수 있을 때야 비로소 형성되고 유지될 수 있는, 약속되지 않는 노력의 산물, 시시포스 신화에 나오는 바위처럼 끊임없이 마주쳐야 하는 숙명이라는 게 켈러의 결론이었다.

그런데 계획공동체를 만든 도시계획가와 건축설계사, 개발업자들은 이러한 부분을 깡그리 무시하고 '따뜻한 공동체'가 즉각적으로 준비되어 있다는 달콤한 거짓말을 하였다(ibid., p.276). 이들은 미래의 거주자는 그저 새로 만든 계획공동체의 주택으로 이사해 들어오기만 그 즉시 따뜻한 공동체의 구성원이 될 수 있고 그로부터 보호를 받고 안락함을 즐길 수 있다는 사탕발림을 신문, 잡지, TV를 통해 광고하고 이상적 공동체에 대한 환상을 팔았다. 켈러가 비판한 것은 바로 이 부분, 즉 아무런 노력 없이 공동체가 나를 기다리고 있다는 낙관은 허구라는 점이었다. 그녀는 물리적, 자연적으로 완벽하게 계획된 도시만으로 공동체가 형성되거나 유지될 수 없으며, 공동체가 들어서기 위해서는 '우리'를 만들기 위한 구성원들의 각고의 노력이 필수적으로 요구됨을 거듭 강조하였다. 이때의 노력이란 나와 생각을 달리하는 사람들과의 끊임없는 소통과 타협, 설득, 나아가 극심한 갈등 같은 어렵고 많은 시간을 요하는 과정을 포함한다.

이처럼 공동체에 대한 도시계획론적 접근은 많은 한계를 노출한다. 이 한계의 요체는 네 가지로 요약된다. 첫째, 이미 지나간 과거의 게마인샤프트에 대한 비현실적이고 낭만적인 회고를 한다는 점이다(예: 대면접촉 추구, 중앙집권화된 국가와 발 없는 전 지구적 자본의 영향력 도외시 등). 둘째, 특정한 이상적 공동체의 모습을 상정하고 이를 물리적으로 구현해낼 수 있다고 믿으며 그에 따라 의도적으로 공동체를 조성한다는 점이다(예: 대면접촉이 가능한 정도의 소규모 도시를 계획, 그 안에서 자급자족이 가능한 폐쇄형 자립경제 추구 등). 셋째, 일부 도시계획론자(예: 신도시주의자)는 자신들이 완성한 공동체를 상품 거래하듯 판매함으로써 돈만 있으면 공동체를 구매하는 것이 얼마든지 가능하다는 잘못된 인식을 은연중에 퍼뜨린다는 점이다. 넷째, 가장 중요한 지적이라 할 수 있는데, 계획되었든 계획되지 않았든 인간의 공동체는 그 내용과 과정을 살펴보면 사실 크게 다를 바 없으며, 따라서 계획의 실용성이 떨어진다는 점이다(예: 켈러가 관찰한 트윈 리버스의 사례).

이러한 한계에도 불구하고 공동체와 공동체의식을 형성, 유지, 강화, 계승할 수 있는 구체적 대안을 주제로, 도시라는 인간의 주요 정주 환경을 배경으로 끊임없이 고민하고 이를 현실 세계에 적용하고자 부단히 노력하였으며, 그 결과를 바탕으로 향후 인간주의적인 도시개발의 기본 원칙과 방향을 체계적으로 정립하는 데 이바지하였다는 측면에서, 공동체에 대한 도시계획론적 접근은 여전히 큰 의미를 갖는다고 평가할 수 있겠다. 독일의 철학자 괴테 왈, 인간은 불가능한 것을 가정한 후에야 비로소 가능한 것을 시도할 수 있다고 하였듯, 설령 이상적이라 하더라도 현실의 문제를 극복하기 위한 계획론자들의 부단한 실험은 현대 도시공동체의 가능성을 높이기 위한 너무나 '인간적인' 노력을 보여주며, 그런 만큼 그 사실 자체만으로 칭송받고 지지받아야 할 것이라 생각한다.

참고문헌

강대기 (1994). 공동체 개념 혼란의 배경과 그 시사점. 『사회과학연구』, 12(1), 1-22.

강대석 (2018). 『사회주의 사상가들이 꿈꾼 유토피아』. 한길사.

강영계 (2014). 『아티스트 니체 - 니체와 그의 예술 철학』. 텍스트.

강재구 (2015). 『MICE 산업의 이해』. 한올.

강준만 (2003). '시뮬라시옹'란 무엇인가. 『대중문화의 겉과 속 2』 (pp.40-49). 인물과사상사.

강준만 (2004). 『한국인을 위한 교양사전』. 인물과사상사.

강준만 (2019). 『바벨탑 공화국: 욕망이 들끓는 한국 사회의 민낯』. 인물과사상사.

강준호 (2019). 『제러미 벤담과 현대』. 성균관대학교출판부.

공석기 (2016). 서울 시민사회단체 역량 돌아보기. 『신학과 사회』, 30(2), 135-176.

곽영근 (2018). 자유주의와 공동체주의의 변증법적 논의에 비추어 본 도덕과 교육의 의미. 『초등도덕교육』, 59, 137-163.

구동회, 이정록, 노혜정, 임수진 (2010). 『세계의 분쟁 - 지도로 보는 지구촌의 분쟁과 갈등』. 푸른길.

구자혁 (2020). 『한국인의 에너지, 집단주의』. 피어나.

권희완 (1993). 『현대 사회학의 이해』. 이화여자대학교출판문화원.

김기탁 (2016). 『게오르그 짐멜의 문화철학』. 석사학위논문, 경희대학교.

김덕영 (2012). 『막스 베버, 통합과학적 인식의 패러다임을 찾아서』. 길.

김동선 (1998). 『데리다의 『파이드로스』 읽기』. 석사학위논문, 연세대학교.

김동윤 (2007). 포스트모던 시대의 일상성과 사회적 공간에 대한 상상력. 『에피스테메』, 1, 62-83.

김동완, 김보명, 김재인, 김종수, 문석윤, 박정원, 서윤호, 정혜실 (2020). 『공동체 없는 공동체』. 알렙.

김만권 (2001). 『자유주의에 관한 짧은 에세이들』. 동명사.
김문조 (2013). 포스트모던 전환. 강정한, 김문조, 김종길, 김홍중, 유승호, 하홍규 (공저), 『현대사회학이론』(pp.172-189). 다산.
김미영(2015). 현대사회에 존재하는 공동체의 여러 형식. 『사회와이론』, 27, 181-218.
김보현 (2011). 『데리다 입문』. 문예.
김상돈 (2014). 자유주의와 공동체주의의 논쟁에 나타난 권리중심 정치의 한계와 아리스토텔레스의 '친애'에 근거한 덕(德) 정치의 가능성. 『인문학논총』, 34, 459-492.
김석근 (2018). 『기호학 원론』. 경상대학교출판부.
김선민, 오기철, 강향숙 (2013). 노숙을 경험한 알코올 의존자의 치료공동체를 통한 회복체험 연구. 『사회복지연구』, 44(1), 5-31.
김수자, 송태현 (2010). 맥도날드화를 통해 본 세계화와 지구지역화. 『탈경계인문학』, 3(3), 63-84.
김수현, 윤재은 (2017). 헤르만 헤르츠버거 집합주택에 나타나는 공성과 사성 특성 연구, 『한국공간디자인학회 논문집』, 12(32), 99-108.
김영 (2014). 우리나라 도시 관리의 패러다임 변화와 도시재생. 『건축』, 58(6), 12-17.
김영기 (2005). 자유주의와 공동체주의 - 국가의 중립성을 중심으로. 『철학연구』, 95, 21-50.
김영일, 서영조 (2006). '꿈'인가 '지향점'인가 - 란다우어(G. Landauer)의 유토피아 이해와 의미. 『21세기 정치학회보』, 16(3). 25-44.
김영정 (2006). 지역사회 공동체의 재발견. 『한국사회학회 심포지움 논문집』 (pp.2-21). 한국사회학회.
김영정 (2007, 7). 현대 사회에서 지역공동체의 의미와 지역문화 활성화 방안. 최병석 (편), 『지역문화발전과 지역공동체 형성전략 모색』 (pp.1-26). 국토연구원 토론회.
김용규 (2012). 고통의 지구화와 서발턴의 연대 - 지그문트 바우만의 유동적 모더니티에 대한 트랜스모던적 비판. 『비평과 이론』, 17(2), 73-102.
김용학 (2016). 『사회 연결망 분석』(제4판). 박영사
김욱진 (2013). 지역사회의 참여적 속성이 사회적 고립과 식품미보장 사이의 관계에 미치는 영향에 관한 다층분석. 『한국사회보장』, 29(1), 1-32.
김욱진 (2014). 여성결혼이민자의 사회참여와 건강. 『한국지역사회복지학』, 48, 77-103.
김욱진 (2015). 『자원봉사 – 영향요인과 파급효과』. 청목.

김욱진 (2019, 12). 자원봉사센터와 자원봉사단체의 공공성. 이금룡 (편), 『위대한 협력, 자원봉사의 공공성을 말하다』(pp.97-99). 2019년 12월 6일. 한국자원봉사학회 추계학술대회. 한국자원봉사학회. 미간행.
김주영, 허선영, 문태헌 (2017). 전주 한옥마을의 도시재생사업이 지역변화에 미친 영향. 『한국지역지리학회지』, 23(1), 106-117.
김진석, 유동철 (2013). 『서울시 마을지향복지관 역할강화 방안 연구』. 서울시복지재단.
김진열, 조예신 (2017). 재한조선족 집단거주지의 '분절동화' 현상에 대한 함의. 『다문화와 평화』, 11(1), 110-131.
김천권 (2017). 『현대도시개발』. 대영문화사.
김태경, 정진규 (2010). New Urbanism의 인간중심적 계획이념에 관한 연구. 『GRI 연구논총』, 12(1), 135-154.
김태수 (2008). 뒤르케임과 민주주의. 『사회이론』, 34, 289-312.
김태영 (2006). 인터넷 가상공동체와 사회적 자본. 『한국행정논집』, 18(4), 959-980.
김태형, 권세원, 이윤진 (2012). 서울시민의 개인 및 지역 효과에 의한 건강불평등. 『서울도시연구』, 13(3), 15-35.
김형용 (2010). 지역사회 건강불평등에 대한 고찰. 『한국사회학』, 44(2), 59-92.
김형용 (2016). 복지와 마을, 접합시도에 대한 시론. 『비판사회정책』, 50, 38-75.
김홍중 (2013). 후기근대적 전환. 강정한, 김문조, 김종길, 김홍중, 유승호, 하홍규 (공저), 『현대사회학이론』(pp.152-171). 다산.
김희강 (2007). 존 아담스의 Defence에 나타난 미국의 공화주의. 『한국정치학회보』, 41(1), 211-234.
김희경 (2016). 노년의 장소와 장소상실. 『비교문화연구』, 22(2), 259-289.
김희석, 이영성 (2020). 서울의 빗장주거단지가 근린의 사회적 지속가능성에 미치는 영향 평가. 『지역연구』, 36(1), 3-16.
김희연, 김군수, 빈미영, 신기동 (2013). 무연사회(無緣社會), 우리의 미래인가?. 『이슈&진단』, 113, 1-25.
김희영, 도상윤 (2018). 『한민족 디아스포라의 역사』. 바른숲.
김홍순, 이명훈 (2006). 미국 도시미화 운동의 현대적 이해. 『서울도시연구』, 7(3), 87-106.
나은경 (2007). 온라인과 오프라인 세계의 상호작용. 『한국언론학보』, 51(4), 385-406.
남기범 (2012, 5). 사스키아 사센의 도시연구. 이찬 (편), 『지리학연구의 유산과 과제』(pp.279-284). 2012년 대한지리학회 학술대회논문집.

남영우 (2015). 『도시공간구조론』. 법문사.

노세호, 김한배, 이태겸 (2019). 도시미화운동의 형성과 전개양상으로 살펴본 계획적 특성 고찰. 『도시인문학연구』, 11(2), 169-207.

노순규 (2010). 『지역 갈등, 주민 갈등, 사회 갈등』. 한국기업경영연구원.

라시내 (2017). 『포스트드라마 연극의 공동체성 연구 - 낭시 공동체론을 중심으로』. 석사학위논문, 서울대학교.

류동민 (2012). 『마르크스가 내게 아프냐고 물었다』. 위즈덤하우스.

목광수 (2017). 좋음에 대한 철학적 이해: 옳음과 좋음의 관계를 중심으로. 『윤리학』, 6(1), 1-32.

민문홍 (2012). 한국사회의 이념적 정체성과 자유민주주의. 『사회이론』, 42, 241-276.

민현기 (2019). 『초연결시대, 어떻게 소통할 것인가』. 메이트북스.

민현석, 여혜진 (2012). 차 없는 거리 사업의 평가 및 개선방안. 『정책리포트』, 131, 1-18.

박경서 (2012). 전복적 상상력: 아나키즘적 유토피아에서 전체주의적 디스토피아로. 『영미어문학』, 104, 53-76.

박근현, 배정한 (2012). 도시미화운동의 조경사적 의의와 현대 도시재생에 대한 함의. 『한국경관학회지』, 4(1), 41-60.

박만준 (2004). 인간은 왜 사회적인가?. 『철학논총』, 35, 215-237.

박배균 (2005). 세계도시 형성의 다규모적 과정에 대한 연구. 『지리학논집』, 45, 347-373.

박신영 (2018). 도시재개발과 젠트리피케이션: 한국적 배경과 특성. 최병두 (편), 『도시재생과 젠트리피케이션』(pp.103-139). 한울아카데미.

박영균 (2009). 욕망의 정치경제학과 현대 도시의 위기. 『마르크스주의 연구』, 6(2), 152-186.

박영신 (2008). 뒤르케임과 지성인. 『사회이론』, 34, 7-33

박영욱 (2015). 『보고 듣고 만지는 현대사상』. 바다.

박영춘, 임경수 (2000). 뉴어바니즘 도시설계에 관한 고찰. 한국지역개발학회지, 12(1), 41-57.

박예진 (2011). 『도시재생을 통한 광화문광장의 지리학적 연구』. 석사학위논문, 성신여자대학교.

박용진 (2017). 『중세유럽은 암흑시대였는가?』. 민음인.

박재묵 (2007). '살기 좋은 지역 만들기'와 지역거버넌스. 『NGO연구』, 6(1), 105-141.

박재동, 김이준수 (2015). 『마을을 상상하는 20가지 방법』. 서울: 샨티.

박정균 (2018). 『게오르그 짐멜의 사회학적 미학 연구』. 석사학위논문, 서울대학교.
박지남, 천혜정 (2012). 청년 세대의 '나 홀로 여가' 문화. 『여가학연구』, 10(2), 87-105.
박진빈 (2010). 동네예찬. 『도시연구: 역사·사회・문화』, 4, 213-20.
박찬종 (2007). 『새로운 공동체를 향한 운동』. 대한교과서.
박치현 (2020). 청년세대의 생존주의적 능력주의와 사회평화의 가능성. 장혜경 (편), 『한국사회 공동체성에 대한 현재와 미래』(pp.117-138). 한반도평화연구원.
박환용 (2005). 신전통주의 계획이론에 의한 주택단지 조성 연구. 『주택연구』, 13(1), 29-48.
배영달 (2012). 보드리야르: 사물이란 무엇인가?. 『프랑스문화연구』, 24, 41-68.
백소영 (2020). 너의 의미, 젠더 평화의 출발. 장혜경 (편), 『한국사회 공동체성에 대한 현재와 미래』(pp.117-138). 한반도평화연구원.
백완기 (2015). 알렉시스 드 토크빌(Alexis de Tocqueville)의 생애와 사상. 『행정논총』, 53(4), 1-45.
서병훈 (2000). 『자유의 미학 - 플라톤과 존 스튜어트 밀』. 나남.
서영조 (2002). 맑스의 이상사회론: 유토피아 또는 반-유토피아?. 『한국정치사상학회』, 7, 135-156.
서자유, 권윤구 (2019). 에벤에저 하워드의 가든시티 철학에 의한 레치워스 가든시티 조성과 변화 연구. 『휴양및경관연구』, 13(1), 69-79.
서현수 (2016). 『공동체 미술의 미학을 위하여 - 장-뤽 낭시의 공동-내-존재 개념을 중심으로』. 석사학위논문, 서울대학교.
설유경, 이상호 (2014). 르 코르뷔지에의 주택과 5원칙에 내재된 외부적 특성 관계 고찰. 『대한건축학회 논문집』, 30(2), 3-14.
손영창 (2015). 낭시의 공동체론에서 공동-존재와 그것의 정치적 함의. 『철학논집』, 82(4), 281-304.
수원시정연구원 (2013). 『생태교통 수원 2013 사업효과 분석을 통한 정책방향 연구』. SRI 수원시정연구원.
신중섭 (2013). 도덕 감정과 이기심. 『철학논집』, 73(3), 109-133.
신희주 (2017). 동네는 어떻게 사람들의 일상에 힘을 발휘하는가?. 『사회와 철학』, 34, 1-26.
안주희 (2009). 후기 근대사회 현대인의 불안과 강박에 대한 탐색. 『사회연구』, 18(2), 73-99.

안창모 (2010). 강남개발과 강북의 탄생과정 고찰. 『서울학연구』, 41, 63-97.
양운덕 (2006). 자크 데리다. 박정호, 이봉재, 양운덕, 조광제 (공저), 『현대철학의 흐름』(pp.342-399). 동녘.
양원석 (2017). 『사회사업 생태체계 개념』. 푸른복지.
염승준 (2018). 한국적 공동체주의의 보편화를 위한 성찰과제 - 유교 공동체주의와 서양 개인주의 논쟁. 『한중인문학연구』, 58, 155-178.
오관석 (2010). 『디지털 정치론』. Jinhan M&B.
오수연 (2017). 나 혼자 산다!. 『마케팅』, 51(1), 56-61.
유홍림 (1997). 미국의 공동체주의 정치사상. 『미국학』, 20, 211-233.
유환종 (2000). 사스키아 사센의 세계도시론. 『국토』, 224, 116-121.
윤근섭 (1993). 산업화 및 도시화에 따른 농촌사회의 변화에 관한 연구. 『농촌사회』, 3, 9-37.
윤인진 (2004). 『코리안 디아스포라: 재외한인의 이주, 적응, 정체성』. 고려대학교 출판부.
윤평중 (1992). 『푸코와 하버마스를 넘어서』. 교보문고.
은민균 (2000). 르 꼬르뷔제 – 빛나는 도시의 신화. 『국토』, 229, 108-113.
이갑영 (2012). 맑스주의적 도시연구와 인천의 연구방법. 『인천학연구』, 1(17), 7-48.
이근식 (2006). 『애덤 스미스의 고전적 자유주의』. 기파랑.
이근식 (2018). 『애덤 스미스의 국부론, 번영과 상생의 경제학』. 쌤앤파커스.
이동헌, 이향아 (2011). 강남의 심상규모와 경계짓기의 논리. 『서울학연구』, 42, 123-171.
이명호 (2016). 공동체의 위기와 복원에 관한 탐색적 연구. 『사회사상과 문화』, 19(1), 87-115.
이문수 (2019). Iron Cage와 공직자 윤리: Max Weber의 ‘행동’과 ‘체념’을 중심으로. 『한국행정학보』, 53(3), 29-53.
이삼수, 정광진 (2018). 도시재생과 젠트리피케이션의 개념과 현실. 최병두 (편), 『도시재생과 젠트리피케이션』(pp.36-65). 한울아카데미.
이상율, 채승희 (2011). Le Corbusier와 E. Howard의 도시계획에 관한 비교연구. 『한국도시지리학회지』, 14(3), 19-29.
이상형 (2013). 다원주의의 성공과 실패: 자유주의적 공동체. 『사회와 철학』, 26, 89-120.
이상형 (2015). 공화주의의 현실성: 법과 삶의 길항. 『철학연구』, 134, 75-109.
이선영 (2016). 닐 스미스와 젠트리피케이션, 그리고 한국. 『공간과 사회』,

26(2), 209-234.
이선영, 최병두 (2018). 한국의 젠트리피케이션과 닐 스미스 이론의 함의. 최병두 (편), 『도시재생과 젠트리피케이션』(pp.66-101). 한울아카데미.
이승환 (2018). 『자유와 공동체 그리고 덕과 권리』. 네이버열린연단. Retrieved from https://openlectures.naver.com/contents?contentsId=140484&rid=2937
이승훈 (2017). AIP(Aging in Place)에 대한 주관적 기대와 의미. 『공공사회연구』, 7(1), 135-163.
이시철 (2013). 그린 어바니즘이 우리나라 도시관리에 주는 함의. 『도시행정학보』, 26(4), 59-85.
이종열 (1998). 워스의 도시사회학. 『국토』, 205, 80-86.
이재호 (2017). 『치료공동체 운영매뉴얼』. 신정.
이정구 (2009). 칼 폴라니 사상에 대한 비판적 평가. 『마르크스21』, 3, 311-325.
이정구 (2016). 데이비드 하비의 경제 이론과 정치 비판. 『마르크스21』, 15, 108-127.
이정민, 이만형, 홍성호 (2016). 근접성 없는 공동체의 사례 연구. 『한국지역지리학회지』, 22(3), 655-665.
이종수 (2010). 공동체주의의 이론적 전개와 자유주의와의 논쟁 고찰. 『지방정부연구』, 14(3), 5-22.
이종수 (2015). 행정을 말하다_포커스 01: 왜 지역공동체인가?. 『지방행정』, 64(738), 12-15.
이종수 (2018). 공동체의 형성이 주민의 행복에 미치는 영향 - 동네효과(Community Effect)와 영향요인 분석. 『한국지방자치학회보』, 30(2), 201-219.
이종윤, 홍장선, 윤주현 (2013). 카카오톡 프로필 이미지를 통한 다중적 자아의 유형 연구. 『디자인학연구』, 26(4), 181-204.
이종은 (2016). 『존 롤스』. 커뮤니케이션북스.
이종환 (2019). 『플라톤 국가 강의』. 김영사.
이준영 (2017). 『1코노미, 1인 가구가 만드는 비즈니스 트렌드』. 21세기북스.
이진경 (2010). 『코뮨주의: 공동성과 평등성의 존재론』. 그린비
이창희 (2017). 적극적 자유 - 밀과 롤스. 『도덕윤리과교육』, 57, 207-230.
이철우 (2016). 리오타르의 정의론. 『철학과 현상학 연구』, 68, 1-32.
이철우, 박상민 (1998). 사회적 연결망의 연구동향과 공간적 함의. 『사회과학』, 10, 163-194.
이태건, 김선양, 이창대 (1995). 『마르크시즘의 변용』. 인하대학교출판부.
이현욱 (2010). 서평: 미국 대도시의 죽음과 삶. 『한국도시지리학회지』,

13(2), 167-169.
이현진, 박재승 (2010). Aging in Place를 위한 노인주거시설 선호에 관한 연구. 『의료・복지 건축』, 16(1), 55-63.
임영언, 김한수 (2017). 디아스포라의 초국적 정체성과 다양성에 관한 고찰. 『한국과 국제사회』, 1(2), 109-128.
임의영 (2016). 관료제의 합리화 역설: M. Weber의 고전적 논의와 U. Beck의 위험사회론을 중심으로. 『행정논집』, 54(2), 149-180.
임홍택 (2018). 『90년대생이 온다』. 웨일북.
장석준 (2013). 『사회주의』. 책세상.
장세훈 (1997). 까스텔의 "새로운 도시사회학". 『국토』, 193, 88-93.
장세훈 (2011). An indigenization experiment in American sociology. 『한국사회학』, 45(6), 59-83.
장승혁 (2014). 사회연대원리의 기원과 발전. 『사회보장법연구』, 3(2), 49-74.
전경갑 (2004). 『현대와 탈현대의 사회사상』. 한길사.
전병재 (2002). 공동체와 결사체. 『사회와 이론』. 1, 49-78.
전성우 (2013). 『막스 베버 사회학』. 나남.
전혜숙 (2014). 유토피아와 디스토피아의 경계. 『서양미술사학회논문집』, 41, 285-311.
정성훈 (2011). 현대 도시의 삶에서 친밀공동체의 의의. 『철학사상』, 41, 347-377.
정수열, 이정현 (2014). 이주 경로를 통해 살펴본 출신국가별 외국인 집중거주지의 발달 과정. 『국토지리학회지』, 48(1), 93-107.
정인화 (2012). 인간은 왜 기를 쓰고 사는가?. 『인문학연구』, 16, 71-94.
정재훈 (2020). 누가 네 이웃인가: 사회지표로 본 한국의 공동체의식. 장혜경 (편), 『한국사회 공동체성에 대한 현재와 미래』(pp.145-161). 한반도평화연구원.
정태연 (2010). 한국사회의 집단주의적 성격에 대한 역사문화적 분석. 『한국심리학회지: 사회 및 성격』, 24(3), 53-76.
정헌목 (2012). 게이티드 커뮤니티의 공간적 특성과 사회문화적 함의. 『서울도시연구』, 13(1), 37-56.
정헌목 (2016). 가치 있는 아파트 만들기. 『비교문화연구』, 22(1), 485-540.
정호근 (1999). 자유주의/공동체주의 논의의 한국사회적 맥락. 『사회비평』, 21, 174-189.
정효성, 이일형 (2004). 전원도시(田園都市)의 개념적 특성에 관한 연구. 『순천향 산업기술연구소논문집』, 10(2), 549-556.
조극래, 김동영 (2003). 19세기 유토피아 사상가들의 이상적 커뮤니티 이론에 관한 연구. 『한국주거학회 논문집』, 14(6), 105-114.
조대엽 (2014). 『갈등사회의 도전과 미시민주주의의 시대』. 나남.
조대엽 (2015). 『생활민주주의의 시대 새로운 정치 패러다임의 모색』. 나남.
조동기 (2017). 사이버공간의 불평등 담론과 문화적 시민권. 『사회과학연구』, 24(1), 57-74.
조명래 (2013). 젠트리피케이션의 이해. 『월간문화』, 5월호, 3-10.
조성숙 (2012). 지역사회복지 문헌에 나타난 이론의 경향과 향후 과제. 『한국지역사회복지학』, 41, 105-124.
조은희 (2020). 법제도에서 다양한 가족의 수용을 위한 개선. 『법과 정책』, 26(1), 131-168.
조주현 (2015). 공화주의 시민성과 도덕과 교육의 과제. 『도덕윤리과교육』, 49, 65-94.
주성수 (2020). 『시민사회, 제3섹터, 비영리섹터, 사회적경제』. 한양대학교출판부.
지주형 (2016). 강남 개발과 강남적 도시성의 형성. 『한국지역지리학회지』, 22(2), 307-330.
진미윤 (2006). 뉴어버니즘을 통한 사회적 혼합, 얼마나 가능한가. 『도시정보』, 295, 40-50.
진희선, 송재룡 (2013). 칼 폴라니의 '전환적' 사회경제 사상에 대한 고찰. 『사회사상과 문화』, 28, 267-315.
최병두 (2009). 자연의 신자유주의화. 『마르크스주의 연구』, 6(1), 10-56.
최병두 (2015). 닐 스미스의 불균등발론과 자본주의의 지리학. 『공간과 사회』, 25(4), 11-61.
최병두 (2016). 한국의 자본축적 과정과 도시화: 도시 위기와 대안. 『한국경제지리학회지』, 19(3), 512-534.
최성일 (2011). 『책으로 만나는 사상가들』. 한국출판마케팅연구소.
최승호 (2009). 지역 마을 공동체 만들기 운동의 발전 방안 모색 - 충남 홍성군 홍동 풀무마을을 중심으로. 『한독사회과학논총』, 19(1), 237-268.
최은영 (2006). 차별화된 부의 재생산 공간, 강남의 형성. 『한국도시지리학회지』, 9(1), 33-45.
최준섭, 박수진, 양하나, 이동훈 (2018). 사회연결망 분석에 기반한 우울 성향을 지닌 초등학생의 또래관계 분석. 『교육학연구』, 56(4), 149-183.
최효찬 (2019). 『보드리야르 읽기』. 세창미디어.
피세진 (2017). 『제레미 벤담의 공리주의와 윌리엄 제임스의 실용주의』. 박이정출판사.
하성규 (2018). 도시재개발과 젠트리피케이션: 한국적 배경과 특성. 최병두

(편),『도시재생과 젠트리피케이션』(pp.17-35). 한울아카데미.
하용삼 (2017). 탈근대성의 공통적인 것과 일상생활의 공동체.『대동철학』, 79, 195-220.
한국고문서학회 (1996).『조선시대 생활사』. 역사비평사.
한국지역정보개발원 (2016). 대한민국 신인류로 등장한 “나홀로족”.『지역정보화』, 98, 118-119.
한상원 (2019). 마르크스와 정치적인 것: 반(反)정치가 아니라 대항정치.『마르크스주의 연구』, 16(2), 54-88.
한상진 (1991). 지역사회의 구조와 변동에 관한 이론적 시각. 한국사회연구회(편),『한국의 도시문제와 지역사회』(pp.189-201). 문학과 지성사.
한선 (2007). 블로그 생산의 이윤화 기제에 관한 연구.『한국언론정보학보』, 37(1), 307-341.
한수정, 정예은, 정문기 (2019). 공동체의식이 온라인 주민참여에 미치는 영향.『지역연구』, 35(2), 3-18.
한형식 (2010).『맑스주의 역사 강의 - 유토피아 사회주의에서 아시아 공산주의까지』. 그린비.
함철호 (2019).『한국지역사회복지론 – 이론과 사례』. 학지사.
홍성구 (2009). 온라인 커뮤니티를 매개로 한 아파트 공동체 형성에 관한 연구.『언론과학연구』, 9(1), 227-270.
황경식 (2018).『존 롤스 정의론, 정한 세상을 만드는 원칙』. 쌤앤파커스.
황소윤, 김광배 (2007, 10). 지속가능한 도시건축 이론, New Urbanism의 공간구조 특성을 적용한 주거휴양 복합시설 계획안.『대한건축학회 학술발표대회 논문집』, 27(1), 489-494.
황익주, 정규호, 신명호, 신중진, 양영균 (2017).『한국의 도시 지역공동체는 어떻게 형성되는가』. 서울대학교출판문화원.
황진태, 박배균 (2012). 세계도시 형성에 있어서 국가의 역할에 대한 연구.『서울도시연구』, 13(4), 73-95.
황희연 (1997). 공간이론의 산책 - 로버트 파크의 인간생태학 이론.『국토』, 188, 92-97.
황희연 (2002).『도시생태학과 도시공간구조』. 보성각.
Adair-Toteff, C. (1995). Ferdinand Tönnies: Utopian visionary. *Sociological Theory, 13*(1). 58-65.
Agamben, G. (1993). *The coming community* (M. Hardt, translator). University of Minnesota Press. (Original publication in Italian, 1990).

Agamben, G. (1998). *Homo sacer: Sovereign power and bare life.* Stanford University Press.

Aldous, J., Durkheim, E., & Tönnies, F. (1972). An exchange between Durkheim and Tönnies on the nature of social relations, with an introduction by Joan Aldous. *American Journal of Sociology, 77*(6), 1191-1200.

Al-Ali, N. & Koser, K. (2003). *New approaches to migration?: Transnational communities and the transformation of home.* Routledge.

Amin, A. (1994). Post-Fordism: Models, fantasies and phantoms of transition. In A. Amin (Ed.), *Post-Fordism: A reader* (pp.1-7). John Wiley & Sons.

Anderson, B. (2018). 『상상된 공동체 - 민족주의의 기원과 보급에 대한 고찰』 (서지원 역). 길. (원서출판 1983).

Angotti, T. (2006). Apocalyptic anti-urbanism: Mike Davis and his planet of slums. *International Journal of Urban and Regional Research, 30*(4), 961-967.

Arendt, H. (1951). *The Origin of Totalitarianism, Part Two: Imperialism.* Harcourt Brace Jovanovich.

Arthur, J. & Bailey, R. (2002). *Schools and community: The communitarian agenda in education.* Routledge.

Augé, M. (2017). 『비장소 - 초근대성의 인류학 입문』 (이상길, 이윤영 역). 아카넷. (원서출판 1995).

Bacon, F. (2002). 『새로운 아틀란티스』 (김종갑 역). 에코리브르. (원서출판 1627).

Barber, B. R. (1984). *Strong democracy: Participatory politics for a new age.* University of California Press.

Barber, B. R. (1995). *Jihad vs. McWorld: How the planet is both falling apart and coming together-and what this means for democracy.* Times Books.

Batchelor, P. (1969). The origin of the garden city concept of urban form. The *Journal of the Society of Architectural Historians, 28*(3), 184-200.

Bauböck, R. (2010). Studying citizenship constellations. *Journal of Ethnic and Migration Studies, 36*(5), 847-859.

Baudrillard, J. (1994). 『생산의 거울』 (배영달 역). 백의. (원서출판 1973).

Baudrillard, J. (1995). *The gulf war did not take place* (P. Patton, translator). Indiana University Press. (Original publication in French, 1991).

Baudrillard, J. (2001). 『시뮬라시옹』 (하태환 역). 민음사. (원서출판 1981).
Baudrillard, J. (2002). 『유혹에 대하여』 (배영달 역). 백의. (원서출판 1979).
Baudrillard, J. (2011). 『사물의 체계』 (배영달 역). 지만지. (원서출판 1968).
Bauman, Z. (1992). *Intimations of postmodernity.* Routhledge.
Bauman, Z. (1995). Communitarianism, freedom, and the nation-state. *Critical Review, 9*(4), 539-553.
Bauman, Z. (2001). *Community: Seeking safety in an insecure world.* Polity.
Bauman, Z. (2002). *Society under siege.* John Wiley & Sons.
Bauman, Z. (2003). *Liquid love: On the frailty of human bonds.* Polity.
Bauman, Z. (2006a). *Liquid times: Living in an age of uncertainty.* Polity.
Bauman, Z. (2006b). *Liquid fear.* Polity.
Bauman, Z. (2007). *Consuming life.* Polity.
Bauman, Z. (2008). *Does ethics have a chance in a world of consumers?.* Harvard University Press.
Bauman, Z. (2009). 『액체 근대』 (이일수 역). 강. (원서출판 2000).
Bauman, Z. (2010). 『모두스 비벤디 - 유동하는 세계의 지옥과 유토피아』 (한상석 역). 후마니타스. (원서출판 2006).
Bauman, Z. (2017). *Retropia.* Polity Press.
Bauman, Z. & Lyon, D. (2013). *Liquid surveillance: A conversation.* John Wiley & Sons.
Bell, D. A. (1997). A communitarian critique of authoritarianism: The case of Singapore. *Political Theory, 25*(1), 6-32.
Bell, D. A. (2001). *Communitarianism.* Stanford Encyclopedia of Philosophy. Retrieved from https://plato.stanford.edu/entries/communitarianism/
Bell, D. & Binnie, J. (2004). Authenticating queer space: Citizenship, urbanism and governance. *Urban Studies, 41*(9), 1807-1820.
Bellah, R. N., Madsen, R., Sullivan, W. M., Swidler, A., & Tipton, S. M. (1985). *Habits of the heart.* University of California Press.
Benhabib, S. (1992). *Situating the self: Gender, community, and postmodernism in contemporary ethics.* Psychology Press.
Berry, B. J. L. & Kasarda, J. D. (1977). *Contemporary urban ecology.* Macmillan.
Best, S. (2003). *A beginner's guide to social theory.* Sage.
Blackshaw, T. (2010). *Key concepts in community studies.* Sage.

Blakely, E. J. & Snyder, M. G. (1997). *Fortress America: Gated communities in the United States.* Brookings Institution Press.

Blanchard, A. & Horan, T. (2000). Virtual communities and social capital. In G. D. Garson (Ed.), *Social dimensions of information technology: Issues for the new millennium* (pp.6-22). IGI Global.

Blanchot, M. (2005). 『밝힐 수 없는 공동체』 (박준상 역). 문학과지성사. (원서출판 1983).

Block, P. (2018). *Community: The structure of belonging.* Berrett-Koehler.

Bloom, N. D. (2004). *Merchant of illusion: James Rouse, America's salesman of the businessman's Utopia.* Ohio State University Press.

Booth, W. J. (1997). Foreigners: Insiders, outsiders and the ethics of membership. *The Review of Politics, 59*(2), 259-292.

Bradatan, C., Popan, A., & Melton, R. (2010). Transnationality as a fluid social identity. *Social Identities, 16*(2), 169-178.

Brendtro, L. K. (2006). The vision of Urie Bronfenbrenner: Adults who are crazy about kids. *Reclaiming Children and Youth, 15*(3), 162.

Bronfenbrenner, U. (1991). 『브론펜브레너가 본 미국과 소련의 아이들』 (문용린, 김영철 역). 샘터. (원서출판 1975).

Bronfenbrenner, U. (1995). 『인간발달 생태학』 (이영 역). 교육과학사. (원서출판 1979).

Bronfenbrenner, U. & Morris, P. A. (2006). The bioecological model of human development. In R. M. Lerner & W. Damon (Eds.), *Handbook of Child Psychology* (pp.793–828). Hoboken.

Brown, A. (2008). Our club, our rules: Fan communities at FC United of Manchester. *Soccer and Society, 9*(3), 346-358.

Butler, C. (2003). *Law and the social production of space.* Doctor of Philosophy in the Law School, Faculty of Law. Griffith University.

Callan, E. (1997). *Creating citizens: Political education and liberal democracy.* Clarendon Press.

Callero, P. L. (2017). *The Myth of individualism: How social forces shape our lives.* Rowman & Littlefield.

Camus, A. (2016). 『시지프 신화』 (김화영 역), 민음사. (원서출판 1942).

Castells, M. (1977). *The urban question: A Marxist approach* (A. Sheridan, translator). MIT Press. (Original publication in French, 1972).

Castells, M. (1978). *City, class, and power.* Palgrave.
Castells, M. (1982). *The City and the grassroots: A cross-cultural theory of urban social movements.* University of California Press.
Castells, M. (1997). The informational mode of development and the restructuring of capitalism. In S. S. Fainstein & S. Campbell (Eds.), *Readings in Urban Theory* (pp.72-101). Blackwell.
Castells, M. (2004). 『인터넷 갤럭시』 (박행웅 역). 한울. (원서출판 2001).
Castells, M. (2008). 『네트워크 사회의 도래』 (김묵한, 박행웅, 오은주 역). 한울. (원서출판 1996).
Castells, M. (2014). 『커뮤니케이션 권력』 (박행웅 역). 한울. (원서출판 2009).
Cater, J. & Jones, T. (1989). *Social geography: An introduction to contemporary issues.* Arnold.
Ceci, S. J. (2006). Urie Bronfenbrenner (1917-2005). *American Psychologist, 61*(2), 173–174.
Chaskin, R. J. (1997). Perspectives on neighborhood and community: A review of the literature. *Social Service Review, 71*(4), 521-547.
Christensen, J. (2016). A critical reflection of Bronfenbrenner's development ecology model. *Problems of Education in the 21st Century, 69,* 22–28.
Clark, E. (1995). The rent gap re-examined. *Urban Studies, 32*(9), 1489-1503.
Clinton, H. R. (1996). 『집 밖에서 더 잘 크는 아이들』 (이수정 역). 디자인하우스. (원서출판 1996).
Cohen, A. J. (2000). On universalism: Communitarians, rorty, and ("objectivist") "liberal metaphysicians". *The Southern Journal of Philosophy, 38*(1), 39-75.
Cohen, R. (2017). 『글로벌 디아스포라 - 경계를 넘나드는 사람들의 역사와 문화』 (유영민 역). 민속원. (원서출판 1997).
Collins, R. & Morris, N. (1992). 『사회학 본능 - 일상 너머를 투시하는 사회학적 통찰의 힘』 (김승욱 역). 알마. (원서출판 1992).
Congress for the New Urbanism (2000). Charter of the new urbanism. *Bulletin of Science, Technology & Society, 20*(4), 339-341.
Cozens, P. & Hillier, D. (2012). Revisiting Jane Jacob's 'eyes on the street' for the twenty-first century: Evidence from environmental criminology. In S. Hirt & D. Zahm (Eds.), *The urban wisdom of Jane Jacobs*

(pp.196-214). Routledge.

Cresswell, T. (2014). *Place: An introduction.* John Wiley & Sons.

Crittenden, J. (1992). *Beyond individualism: Reconstituting the liberal self.* Oxford University Press.

Cronick, K. (2002). Community, subjectivity, and intersubjectivity. *American Journal of Community Psychology, 30*(4), 529-546.

Cunningham, F. (1991). Community, democracy and socialism. *Praxis International, 11*(3), 310-326.

Davis, M. (1990). *City of quartz: Excavating the future in Los Angeles.* Verso Books.

Davis, M. (1992). Fortress LA. The militarization of urban space. In M. Sorkin (Ed.), *Variations on a theme park: The new American city and the end of public space* (pp.154-171). Hill and Wang.

Davis, M. (1994). 『미국의 꿈에 갇힌 사람들』 (한기욱 역). 창비.(원서출판 1986).

Davis, M. (2000). *Ecology of fear: Los Angeles and the imagination of disaster.* Vintage.

Davis, M. (2008). 『조류독감 - 전염병의 사회적 생산』 (정병선 역). 돌베개. (원서출판 2005).

Davis, M. (2008). 『제국에 반대하고 야만인을 예찬하다』 (유나영 역). 이후. (원서출판 2007).

Davis, M. (2009). Fotress LA. In A. M. Orum & Z. P. Neal (Eds.), *Common ground?: Readings and reflections on public space* (pp.100-109). Routledge.

Davis, M. & Monk, D. B. (2008). Introduction. In M. Davis & D. B. Monk (Eds.), *Evil paradises: Dreamworlds of neoliberalism* (pp.1-10). The New Press.

De Tocqueville, A. (1997). 『미국의 민주주의』 (임효선, 박지동 역). 한길사. (원서출판 1835).

DeFilippis, J. (2001). The myth of social capital in community development. *Housing Policy Debate, 12*(4), 781-806.

DeFilippis, J. (2008). Paradoxes of community-building: Community control in the global economy. *International Social Science Journal, 59*(192), 223-234.

Delanty, G. (2010). *Community: Key ideas* (2nd Ed.). Routledge.

Diers, J. (2004). *Neighbor power: Building community the Seattle way.* University of Washington Press.

Dreyfus, H. L. (1999). Anonymity versus commitment: The dangers of education on the internet. *Ethics and Information Technology, 1*(1), 15-20.

Dreyfus, H. L. (2008). *On the internet.* Routledge.

Driskell, R. B. & Lyon, L. (2002). Are virtual communities true communities?. *City & Community, 1*(4), 373-390.

Durkheim, É. (1998). 『직업윤리와 시민도덕』. (권기돈 역). 새물결. (원서출판 1957).

Durkheim, É. (2012). 『사회분업론』. (민문홍 역). 서울: 아카넷. (원서출판 1893).

Durkheim, É. (2019). 『에밀 뒤르켐의 자살론』. (황보종우 역). 청아. (원서출판 1897).

Durkheim, É. (2019). 『뒤르껭 교육과 사회학』 (이종각 역). 배영사. (원서출판 1922).

Eisenbichler, K. (2002). *The premodern teenager: Youth in society, 1150-1650* (Vol. 1). Centre for Reformation and Renaissance Studies.

Ellis, C. (2002). The new urbanism: Critiques and rebuttals. *Journal of Urban Design, 7*(3), 261-291.

Engels, F. (1988). 『영국 노동계급의 상태』 (박준식, 전병유, 조효래 역). 두리. (원서출판 1845).

Epstein, S. G. (1987). Gay politics, ethnic identity: The limits of social constructionism. *Socialist Review, 93,* 9-54.

Etzioni, A. (1993). *The spirit of community: Rights, responsibilities, and the communitarian agenda.* Crown.

Etzioni, A. (1996a). The community of communities. *Washington Quarterly, 19*(3), 127-138.

Etzioni, A. (1996b). The responsive community: A communitarian perspective. *American Sociological Review, 61,* 1-11.

Etzioni,, A. (1997). *The new golden rule: Community and morality in a democratic society.* Basic Books.

Etzioni,, A. (1998). Introduction: A matter of balance, rights and responsibilities. In R. Bayer & D. A. Bell (Eds.), *The essential communitarian reader* (pp.ix-xx). Rowman & Littlefield.

Etzioni, A. (1998). The responsive communitarian platform: Rights and responsibilities. In R. Bayer & D. A. Bell (Eds.), *The essential communitarian reader* (pp. xxv-xxxix). Rowan & Littlefield.

Etzioni, A. (2002). The good society. *Seattle Journal for Social Justice, 1,* 83-96.

Etzioni, A. (2011). Authoritarian versus responsive communitarian bioethics. *Journal of Medical Ethics, 37(*1), 17-23.

Etzioni, A. (2013). *Communitarianism.* Encyclopædia Britannica. Retrieved from https://www.britannica.com/topic/communitarianism

Etzioni, A. (2014). Communitarianism revisited. *Journal of Political Ideologies, 19*(3), 241-260.

Etzioni, A. (2019) Communitarianism: A historical overview. In W. Reese-Schäfer (Eds.), *Handbuch kommunitarismus* (pp.705-730). Springer VS..

Etzioni, A. & Etzioni, O. (1999). Face-to-face and computer-mediated communities, A comparative analysis. *The Information Society, 15*(4), 241-248.

Fiedler, L. A. (1984). Cross the border-close that gap: Post-modernism. (pp. 344-366). na.

Filler, M. (1979). Halicarnassus on the Hudson. *Progressive Architecture, LX:5,* 106-109.

Firey, W. (1945). Sentiment and symbolism as ecological variables. *American Sociological Review, 10(*2), 140-148.

Fischer, C. S. (1975). Toward a subcultural theory of urbanism. *American journal of Sociology, 80*(6), 1319-1341.

Fischer, C. S. (1982). *To dwell among friends: Personal networks in town and city.* University of Chicago Press.

Foley, D. L. (1952). *Neighbors or urbanites.* University of Rochester.

Foucault, M. (1978). *The history of sexuality: An introduction.* Phantheon.

Foucault, M. (1980). *Power/knowledge: Selected interviews and other writings, 1972-1977.* Vintage.

Foucault, M. (1998). 『담론의 질서』 (이정우 역). 서강대학교출판부. (원서출판 1970).

Foucault, M. (2003). 『감시와 처벌 – 감옥의 역사』 (오생근 역). 나남. (원서출판 1971).

Foucault, M. (2004). 『광기의 역사』 (이규현 역). 나남. (원서출판 1961).

Foucault, M. (2012). 『말과 사물』 (이규현 역). 민음사. (원서출판 1966).

Foucault, M. (2014). 통치성. In G. Burchell, C. Gordon, & P. Miller (Eds.), (이승철 외 역), 『푸코효과 - 통치성에 관한 연구』 (pp.133-157). 난장. (원서출판 1991).

Foucault, M. & Trombadori, D. (2004). 『푸코의 맑스 - 둣치오 뜨롬바도리와의 대담』 (이승철 역). 갈무리. (원서출판 1991).
Fowler, R. B. (1991). *The Dance with community: The contemporary debate in American political thought.* University Press of Kansas.
Frazer, E. (1999). *The problems of communitarian politics: Unity and conflict.* Oxford University Press.
Freilich, M. (1963). Toward an operational definition of community. *Rural Sociology, 28*(2), 117.
Friedman, M. (1989). Feminism and modern friendship: Dislocating the community. *Ethics, 99*(2), 275-290.
Friedman, B. D. & Allen, K. N. (2011). Systems theory. *Theory & Practice in Clinical Social Work, 2*(3), 3-20.
Friedmann, J. (1986). The world city hypothesis. *Development and Change, 17*(1), 69-83.
Gans, H. (1962a). Urbanism and suburbanism as ways of life. In A. M. Rose (Ed.), *Human Behavior and Social Processes* (pp.625-648). Houghton-Mifflin.
Gans, H. (1962b). *The urban villagers.* Free Press.
Gans, H. (1967). *The Levittowners.* Pantheon Books.
Giddens, A. (1994). *Beyond left and right: The future of radical politics.* Polity.
Giddens, A. (1995). *A contemporary critique of historical materialism.* Macmillan Education.
Giddens, A. (2001). 『현대성과 자아정체성 - 후기 현대의 자아와 사회』 (권기돈 역). 새물결. (원서출판 1991).
Glass, R. (1964). *London: Aspects of change* (No. 3). MacGibbon & Kee.
Goldman, Y. (2013). Commune and community: A socialist perspective. In E. Ben-Rafael et al (Eds.), *The Communal idea in the 21st century* (pp.91-109). Brill.
Gottdiener, M. (1994). *The social production of urban space* (2nd Ed.). University of Texas Press.
Gottdiener, M. (1997). *The theming of America.* Westview Press.
Gottdiener, M. & Hutchison, R. (2010). *The new urban sociology* (4th Ed.). Westview Press.

Greschner, D. (1989). Feminist concerns with the new communitarians: We don't need another hero. In A. C. Hutchinson & L. J. Green (Eds.), *Law and the Community* (pp.119-150). Carswell.

Guest, A. M. & Lee, B. A. (1983). The social organization of local areas. *Urban Affairs Quarterly,* 19(2), 217-240.

Gyourko, J. E. & Rybczynski, W. (2000). Financing new urbanism projects: Obstacles and solutions. *Housing Policy Debate, 11*(3), 733-750.

Habermas, J. (1990). 모더니티 – 미완성의 계획 (박거용 역). 정정호, 강내희 (역), 『포스트모더니즘론』 (pp.106-122). 서울: 터. (원문출판 1981).

Habermas, J. (2006). 『의사소통행위이론』 (장춘익 역). 나남. (원서출판 1981).

Hacke, A. (2017). *Über den Anstand in schwierigen Zeiten und die Frage, wie wir miteinander umgehen.* Antje Kunstmann.

Hale, S. (2018). The communitarian 'philosophy' of New Labour. In *The Third Way and beyond.* Manchester University Press. Retrieved from https://www.manchesteropenhive.com/view/9781526137883/9781526137883.00012.xml

Hampton, K. & Wellman, B. (2002). The not so global village of Netville. In B. Wellman & C. Haythornthwaite (Eds.), *The Internet in everyday life* (pp.345-371). John Wiley & Sons.

Han, W. (2016). *Impact of community treatment and neighborhood disadvantage on recidivism in mental health courts.* Doctoral dissertation, University at Albany.

Harari, Y. (2018). 『21세기를 위한 21가지 제언: 더 나은 오늘은 어떻게 가능한가』 (전병근 역). 김영사. (원서출판 2018).

Harris, J. & Alexander, D. (1991). Beyond capitalism and socialism: The communitarian alternative. *Environments, 21*(2), 29–37.

Harvey, D. (1973). *Social justice and the city.* University of Georgia Press.

Harvey, D. (1989). *The condition of postmodernity: An enquiry into the origins of cultural change.* Blackwell.

Harvey, D. (1995). 『자본의 한계』 (최병두 역). 한울. (원서출판 1982).

Harvey, D. (2003). The right to the city. *International Journal of Urban and Regional Research, 27*(4), 939-941.

Harvey, D. (2005). 『신제국주의』 (최병두 역). 한울아카데미. (원서출판 2003).

Harvey, D (2008). The right to the city. *New Left Review, 53,* 23-40.

Harvey, D. (2009). 『신자유주의 – 간략한 역사』 (최병두 역). (원서출판 2005).

Harvey, D. (2014). 『반란의 도시 - 도시에 대한 권리에서 점령운동까지』 (한상연 역). 에이도스. (원서출판 2013).

Harvey, D. (2016). Crisis theory and the falling rate of profit. In T. Subasat (Ed.), *The Great Financial Meltdown* (pp.37-54). Edward Elgar Publishing.

Heberer, T. (2009). Evolvement of citizenship in urban China or authoritarian communitarianism? Neighborhood development, community participation, and autonomy. *Journal of Contemporary China, 18*(61), 491-515.

Heywood, A. (2014). *Global politics.* Macmillan International Higher Education.

Hillery, G. (1955). Definitions of community: Areas of agreement. *Rural Sociology, 20*, 111–123.

Hirt, S. (2012). Jane Jacobs, modernity and knowledge. In S. Hirt & D. Zahm (Eds.), *The urban wisdom of Jane Jacobs* (pp.37-48). Routledge.

Holmes, S. (1993). *The Anatomy of antiliberalism.* Harvard University Press.

Honohan, I. (2003). *Civic republicanism.* Routledge.

Huberman, L. (2000). 『자본주의 역사 바로 알기』 (장상환 역). 책벌레. (원서출판 1936).

Hughes, R. (1980). *The shock of the new.* Alfred A. Knopf.

Hunter, A. (1975). The loss of community: An empirical test through replication. *American Sociological Review, 40*(5), 537-552.

Hunter, A. D. & Suttles, G. (1972). The expanding community of limited-liability. In G. Suttles (Ed.), *The social construction of communities* (pp.44-81). University of Chicago Press.

Hutchinson, J. & Vidal, A. C. (2004). Using social capital to help integrate planning theory, research, and practice. *Journal of the American Planning Association, 70*(2), 142.

Hutter, M. (2015). *Experiencing cities.* Routledge.

Ihde, D. (2002). *Bodies in technology.* University of Minnesota Press.

Institute of Marxism-Leninism (2018). 『마르크스 전기』 (김대웅, 임경민 역). 노마드. (원서출판, 1973).

Introna L. D. & Brigham, M. (2007). Reconsidering community and the stranger in the age of virtuality. *Society and Business Review, 2*(2),

166-178.

Jackson, P. (1984). Social disorganization and moral order in the city. *Transactions of the Institute of British Geographers, 9*(2), 168-180.

Jacobs, J. (1961). *The death and life of great American cities.* McGraw-Hill.

Janowitz, M. (1951). The imagery of the urban community press. *Public Opinion Quarterly, 15*(3), 519-531.

Jessop, B. (1996). Post-Fordism and the state. In B. Greve (Ed.), *Comparative welfare systems* (pp.165-183). Palgrave Macmillan.

Jessop, B. (2005). Fordism and post-Fordism: A critical reformulation. In A. J. Scott & M. Storper (Eds.), *Pathways to industrialization and regional development* (pp.54-74). Routledge.

Jessop, B. (2006). Spatial fixes, temporal fixes and spatio-temporal fixes. In N. Castree & D. Gregory (Eds.), *David Harvey: A Critical Reader* (pp.142-166). Blackwell Publishing.

Jørgensen, A., Fallov, M. A., & Knudsen, L. B. (2011). Local community, mobility and belonging. *Tidsskrift for Kortlægning og Arealforvaltning, 119*(46), 14-14.

Kalberg, S. (1980). Max Weber's types of rationality. *American Journal of Sociology, 85*(5), 1145-1179.

Kamenka, E. (1982). *Community as a social ideal.* Edward Arnold.

Kasarda, J. D. & Janowitz, M. (1974). Community attachment in mass society. *American Sociological Review, 39*(30), 328-339.

Katz, C. (1993). Reflections while reading City of Quartz by Mike Davis. *Antipode, 25*(2), 159-163.

Katz, P., Scully, V. J., & Bressi, T. W. (1994). *The new urbanism: Towards an architecture of community.* McGraw-Hill Education.

Kearney, R. (2009). 『현대 유럽 철학의 흐름: 모더니즘에서 포스트모더니즘까지』 (임헌규, 곽영아, 임찬순 역). 한울. (원서출판 1986).

Keller, S. (2003). *Community: Pursuing the dream, living the reality.* Princeton University Press.

King, S. D. (2018). *Grave new world: The end of globalization, the return of history.* Yale University Press.

Kliman, A. (2015). *Harvey versus Marx on capitalism's crises Part 1: Getting Marx wrong.* New Left Project.

Kornhauser, W. (1959). *The politics of mass society.* The Free Press.

Kraidy, M. (2006). *Hybridity, or the cultural logic of globalization.* Temple University Press.

Krause, M. & Montenegro, C. R. (2017). Community as a multifaceted concept. In M. A. Bond, I. Serrano-García, C. B. Keys, & M. Shinn (Eds.), *APA handbook of community psychology* (pp. 275–294). American Psychological Association.

Kunstler, J. H. (1994). *Geography Of nowhere: The rise and decline of America's man-made landscape.* Simon and Schuster.

Lamer, C. (2003). Why government policies encourage urban sprawl and the alternatives offered by new urbanism. *Kan. JL & Pub. Pol'y, 13,* 391-405.

Le Corbusier (2002). 『건축을 향하여』 (이관석 역). 동녘. (원서출판 1923).

Le Corbusier (2004). 『프레시지옹 – 건축과 도시계획의 현재 상태에 관한 상세한 설명』 (정진국, 이관석 역). 동녘. (원서출판 1930).

Le Corbusier (1933). *Ville radieuse.* Editions de l'Architecture d'Aujourd'hui.

Levine, D. N., Carter, E. B., & Gorman, E. M. (1976). Simmel's influence on American sociology II. *American Journal of Sociology, 81*(5), 1112-1132.

Ley, D. (1980). Liberal ideology and the postindustrial city. *Annals of the Association of American Geographers, 70*(2), 238-258.

Logan, J. R., Molotch, H. L., Fainstein, S., & Campbell, S. (2013). The city as a growth machine. In J. Brown-Saracino (Ed.), *The Gentrification Debates: A Reader* (pp.87-102). Routledge.

Lyon, L. & Driskell, R. (2011). *The community in urban society.* Waveland Press.

Lyotard, J. F. (1971). *Discours, figure.* Klincksieck.

Lyotard, J. F. (1982). Réponse à la question: qu'est-ce que le postmoderne?. *Critique Paris, 419,* 357-367.

Lyotard, J. F. (2018). 『포스트모던의 조건』 (유정완 역). 민음사. (원서출판 1979).

MacIntyre, A. (1981). *After Virtue.* University of Notre Dame Press.

MacIntyre, A. (1982). How moral agents became ghosts or why the history of ethics diverged from that of the philosophy of mind. *Synthese, 53*(2), 295-312.

MacNair, R. H. (1996). Theory for community practice in social work: The example of ecological community practice. *Journal of Community*

Practice, 3(3-4), 181-202.

Maffesoli, M. (1997). 『현대를 생각한다』 (박재환, 이상훈 역). 문예출판사. (원서출판 1993).

Maffesoli, M. (2013). 『디오니소스의 그림자』 (이상훈 역). 삼인. (원서출판 1982).

Maffesoli, M. (2017). 『부족의 시대』 (박정호, 신지은 역). 문학동네. (원서출판 1988).

Mahowald, M. (1973). Marx's 'Gemeinschaft': Another Interpretation. *Philosophy and Phenomenological Research, 33*(4), 472-488.

Marx, K. (1989). 『철학의 빈곤』 (강민철 역). 아침. (원서출판 1847).

Marx, K. (2015). 『자본론』 I(상하), II(상하), III(상하) (김수행 개역). 비봉출판사. (원서출판 (1867, 1885, 1894).

Marx, K. & Engels, F. (2018). 『공산당선언』 (이진우 역). 책세상. (원서출판 1848).

Matthews, S. A. (2008). The salience of neighborhood: Some lessons from sociology. *American Journal of Preventive Medicine, 34*(3), 257-259.

McLaughlin, C. & Davidson, G. (1985). *Builders of the dawn: Community lifestyles in a changing world.* Stillpoint Pub..

McLuhan, M. & Powers, B. R. (1989). *The global village: Transformations in world life and media in the 21st century.* Communication and Society.

McMillan, D. W. (1996). Sense of community. *Journal of Community Psychology, 24*(4), 315-325.

Megill, K. (1970). The Community in Marx's Philosophy. *Philosophy and Phenomenological Research, 30*(3), 382-393.

Mele, C., Pels, J., & Polese, F. (2010). A brief review of systems theories and their managerial applications. *Service Science, 2*(1-2), 126-135.

Mesch, G. S. (2010). Urban ecology (Chicago School). In R. Hutchison (Ed.), *Encyclopedia of urban studies (Vol. 1)* (pp.862-866). Sage.

Michelson, W. M. (1977). *Environmental choice, human behavior, and residential satisfaction.* Oxford University Press.

Morrison, K. (2006). *Marx, Durkheim, Weber: Formations of modern social thought.* Sage.

Moulaert, F., Swyngedouw, E., & Wilson, P. (1988). Spatial responses to Fordist and post-Fordist accumulation and regulation. *Papers in Regional Science, 64*(1), 11-23.

More, T. (2011). 『유토피아』 (김남우 역). 문예출판사. (원서출판 1516).

Moore, C. (1921). *Daniel H. Burnham, architect, planner of cities.*

Houghton Mifflin.
Moore, S. E. S. J. (2009). *The gift of policing: Understanding image and reciprocity.* Master's thesis, University of Waterloo.
Mulhall, S. & Swift, A. (2011). 『자유주의와 공동체주의』 (조영달, 김해성 공역). 한울아카데미. (원서출판 1996).
Nancy, J. L. (2010). 『무위의 공동체』 (박준상 역). 인간사랑. (원서출판 1986).
Nancy, J. L. (2013). Être singulier pluriel. Paris: Galilée. (Original publication, 1996).
Nathiwutthikun, K. (2012). Jane Jacobs and diversity of use of public open spaces in Thailand. In S. Hirt & D. Zahm (Eds.), *The urban wisdom of Jane Jacobs* (pp.181-195). Routledge.
Negri, A. (1997). 『야만적 별종』 (윤수종 역). 푸른숲. (원서출판 1981).
Nie, N. H. & Hillygus, D. S. (2002). The impact of Internet use on sociability: Time-diary findings. *It & Society, 1*(1), 1-20.
Nisbet, R. A. (1953). *The quest for community: A study of the ethics of order and freedom.* Oxford University Press.
Nisbet, R. A. (1966). *The sociological tradition.* Basic Books.
Obama, B. (2007). *The audacity of hope: Thoughts on reclaiming the American dream.* Canongate Books.
Oliver, J. (2000). City size and civic involvement in metropolitan America. *The American Political Science Review, 94*(2), 361-373.
Omae, K. I. & Ohmae, K. (1995). *The end of the nation state: The rise of regional economies.* Simon and Schuster.
Orwell, G. (2003). 『1984』 (정회성 역). 민음사. (원서출판 1949).
Papastergiadis, N. (2018). *The turbulence of migration: Globalization, deterritorialization and hybridity.* John Wiley & Sons.
Parsell, M. (2008). Pernicious virtual communities: Identity, polarisation and the Web 2.0. *Ethics and Information Technology. 10*(1), 41–56.
Park, R. E. (1952). *Human communities.* Free Press.
Park, R. E. (1972). *The crowd and the public and other essays.* University of Chicago Press.
Park, R. E., Burgess, E. W., & McKenzie, R. D. (1925). *The city.* University of Chicago Press.
Parks, V. (2004). Access to work: The effects of spatial and social

accessibility on unemployment for native-born black and immigrant women in Los Angeles. *Economic Geography, 80*(2), 141-172.

Parsons, T. (1973). A note on Gemeinschaft and Gesellschaft. In W. J. Cahnman (Ed.), *Ferdinand Tönnies: A new evaluation* (pp.140-150). Brill Archive.

Patrick, D. J. (2014). The matter of displacement: A queer urban ecology of New York City's High Line. *Social & Cultural Geography, 15*(8). 920-941.

Peet, R. (1977). The development of radical geography in the United States. *Progress in Human Geography, 1*(2), 240-263.

Peteet, J. (2000). Refugees, resistance, and identity. In J. Guidry, M. D. Kennedy, & M. Zald (Eds.), *Globalizations and social movements* (pp.183-193). University of Michigan Press.

Pettit, P. (2012). 『신공화주의: 비지배 자유와 공화주의 정부』 (곽준혁 역). 나남. (원서출판 1997).

Pettit, P. (2019). 『왜 다시 자유인가』 (곽준혁, 윤채영 공역). 한길사. (원서출판 2014).

Pocock, J. G. A. (1981). The Machiavellian moment revisited: A study in history and ideology, *Journal of Modern History, 52*(1), 49-72.

Pohl, C. D. (2011). *Living into community: Cultivating practices that sustain us.* Wm. B. Eerdmans Publishing.

Polanyi, K. (2009). 『거대한 전환, 우리 시대의 정치 경제적 기원』 (홍기빈 역). 길. (원서출판 1944).

Portes, A. (1997). *Globalization from below: The rise of transnational communities.* Princeton University.

Pow, C. P. (2009). Neoliberalism and the aestheticization of new middle-class landscapes. *Antipode, 41*(2), 371-390.

Procter, J. (2006). 『지금 스튜어트 홀』 (손유경 역). 앨피. (원서출판 2004).

Putnam, R. D. (1996). The strange disappearance of civic America. *Policy: A Journal of Public Policy and Ideas, 12*(1), 3-15.

Putnam, R. D. (2000). *Bowling alone: The collapse and revival of American community.* Simon and Schuster.

Putnam, R. D. (2000). 『사회적 자본과 민주주의』 (안청시 외 옮김). 박영사. (원서출판 1993).

Putnam, R. D. & Feldstein, L. (2009). *Better together: Restoring the American community.* Simon and Schuster.

Ramadan, A. (2013). Spatialising the refugee camp. *Transactions of the Institute of British Geographers, 38*(1), 65-77.

Rawls, J. (2001). 『사회정의론』 (황경식 역). 서광사. (원서출판 1971).

Rawls, J. (2003). 『정치적 자유주의』 (장동진 역). 동명사. (원서출판 1993).

Rheingold, H. (1993). *The virtual community: Finding connection in a computerized world.* Addison-Wesley Longman Publishing Co., Inc..

Ritzer, G. (2006). 『사회학 이론』 (김왕일 대표 역) (제5판). 한올출판사. (원서출판 2004).

Rowe, A. C. (2005). Be longing: Toward a feminist politics of relation. *NWSA Journal, 17*(2), 15-46.

Salomon, A. (1973). In memoriam Ferdinand Tönnies. In W. J. Cahnman (Ed.), *Ferdinand* Tönnies*: A new evaluation* (pp.33-46). Brill Archive.

Sampson, R. J. (1999). What community supplies. In R. Ferguson & W. Dickens (Eds.), *Urban problems and community development* (pp.241-292). Brookings.

Sandel, M. J. (1998). *Democracy's discontent: America in search of a public philosophy.* Harvard university press.

Sandel, M. J. & Anne, T. (1998). *Liberalism and the limits of justice.* Cambridge University Press.

Sander, T. H. & Putnam, R. D. (2010). Democracy's Past and Future: Still Bowling Alone? - The Post-9/11 Split. *Journal of Democracy, 21*(1), 9-16.

Sarup, M. (1993). 『데리다와 푸꼬, 그리고 포스트모더니즘: 입문적 안내』 (임헌규 역). 인간사랑. (원서출판 1988).

Sassen, S. (1982). Recomposition and peripheralization at the core. *Contemporary Marxism, 5*, 88-100.

Sassen, S. (1991). *The global city: New York, London, Tokyo.* Princeton University Press.

Sassen, S. (1996). *Losing control? Sovereignty in an age of globalization.* Columbia University Press.

Sassen, S. (2016). 『축출 자본주의 복잡한 세계 경제가 낳은 잔혹한 현실』 (박슬라 역). 글항아리. (원서출판 2014).

Sayer, D. (2002). *Capitalism and modernity.* Routledge.

Sennett, R. (1998). *The corrosion of character.* WW Norton & Company.

Sennett, R. (2000). Street and office: Two sources of identity. In W. Hutton

& A. Giddens (Eds.), *On the edge* (pp.175-190). Jonathan Cape.
Sennett, R. (2012). *Together: The rituals, pleasures and politics of cooperation*. Yale University Press.
Sennett, R. (2020). 『짓기와 거주하기 - 도시를 위한 윤리』 (김병화 역). 김영사. (원서출판 2018).
Simmel, G. (2005). 대도시와 정신적 삶. 김덕영, 윤미애 (역). 『짐멜의 모더니티 읽기』(pp.35-53). 서울: 새물결. (원서출판 1903).
Simmel, G. (2005). 유행의 심리학, 사회학적 연구. 김덕영, 윤미애 (역). 『짐멜의 모더니티 읽기』(pp.55-66). 서울: 새물결. (원서출판 1903).
Simmel, G. (2013). 돈의 철학. (김덕영 역). 길. (원서출판 1990).
Simon, P. & Sala Pala, V. (2010). We're not all multiculturalists yet. France swings between hard integration and soft anti-discrimination. In S. Vertovec & S. Wessendorf (Eds.), *The Multiculturalism Backlash* (pp.92-110). Routeledge.
Sjöberg, G. (1960). *The preindustrial city: Past and present*. The Free Press.
Skinner, Q. (1992). On justice, the common good and the priority of liberty. In C. Mouffe (Ed.), *Dimensions of Radical Democracy* (pp.211-224). Verso.
Slovak, J. S. (1986). Attachments in the nested community: Evidence from a case study. *Urban Affairs Quarterly, 21*(4), 575-597.
Smith, D. (2013). *Zygmunt Bauman: Prophet of postmodernity*. John Wiley & Sons.
Smith, N. (1979). Toward a theory of gentrification: A back to the city movement by capital, not people. *Journal of the American Planning Association, 45*, 538-548.
Smith, N. (2002). New globalism, new urbanism: Gentrification as global urban strategy. *Antipode, 34*(3), 427-450.
Smith, N. (2008). *Uneven development: Nature, capital, and the production of space* (3rd Ed.). Georgia University Press. (Original publication in 1984).
Smith, N. (2011). Uneven development redux. *New Political Economy, 16*, 261-265.
Smith, N. (2019). 『도시의 새로운 프론티어 – 젠트리피케이션과 도시 강탈』 (김동완, 김은혜, 김현철, 황성원 공역). 동녘. (원서출판 1996).
Spicker, P. (1994). Understanding particularism. *Critical Social Policy,*

13(39), 5-20.

Stannard, K. (2004). That certain feeling: Mike Davis, truth and the city. *Geography, 89*(3), 254-268.

Stockard, J. (2012). Jane Jacobs and citizen participation. In S. Hirt & D. Zahm (Eds.), *The urban wisdom of Jane Jacobs* (pp.49-62). Routledge.

Strauss, D. F. (2002). The scope and limitations of Von Bertalanffy's systems theory. *South African Journal of Philosophy, 21*(3), 163-179.

Sunstein, C. R. (2009). 『루머』 (이기동 역). 프리뷰. (원서출판 2009).

Sunstein, C. R. (2011). 『우리는 왜 극단에 끌리는가』 (이정인 역). 프리뷰. (원서출판 2009).

Suttles, G. D. (1968). *The social order of the slum: Ethnicity and territory in the inner city*. University of Chicago Press.

Suttles, G. D. (1972). The Social construction of communities. University of Chicago Press.

Suttles, G. D. (1978). Changing priorities for the urban heartland. In D. Street (Ed.), *Handbook of contemporary urban life* (pp.519-547). Jossey-Bass.

Sznajd-Weron, K. & Sznajd, J. (2000). Opinion evolution in closed community. *International Journal of Modern Physics C, 11*(06), 1157-1165.

Talen, E. (2012). Jane Jacobs and the diversity ideal. In S. Hirt & D. Zahm (Eds.), *The urban wisdom of Jane Jacobs* (pp.139-149). Routledge.

Tamas, A., Whitehorse, Y., & Almonte, O. (2000). *System theory in community development*. Whitehorse, Yukon and Almonte.

Taylor, C (1985). *Philosophical papers: Volume 2, philosophy and the human sciences (Vol. 2)*. Cambridge University Press.

Taylor, C. (1991). *The ethics of Authenticity*. Harvard University Press.

Taylor, D. M. & De La Sablonnière, R. (2013). Why interventions in dysfunctional communities fail: The need for a truly collective approach. *Canadian Psychology/psychologie Canadienne, 54*(1), 22.

Tilman, R. (2004). Ferdinand Tönnies, Thorstein Veblen and Karl Marx: From community to society and back?. *The European Journal of the History of Economic Thought, 11*(4), 579-606.

Tinder, G. (1980). *Community: Reflections on a tragic ideal*. Louisiana State

University Press.

Toker, U. & Toker, Z. (2006). Revisiting Hampstead garden suburb: A (cautionary) tale of spatial determinism. *Focus, 3*(1), 11.

Tönnies, F. (1978). 『공동사회와 이익사회』 (황성모 역). 삼성. (원서출판 1887).

Trudeau, D. & Malloy, P. (2011). Suburbs in disguise? Examining the geographies of the new urbanism. *Urban Geography, 32*(3), 424-447.

Turkle, S. (1996). Parallel lives: Working on identity in virtual space. In D. Grodin & T. R. Lindlof (Eds.), *Constructing the self in a mediated world* (pp.156-175). Sage.

Turner, B. S. (2001). Outline of a general theory of cultural citizenship. In N. Stevenson (Ed.), *Culture and citizenship* (pp.11-33). Sage.

Turner, V. (1969). *The ritual process: Structure and anti-structure*. Aldine Transaction.

UNHCR (2020). *Figures at a glace*. The United Nations High Commissioner for Refugees. Retrieved from https://www.unhcr.org/refugee-statistics/

Valentine, G. (2001). *Social geographies: Society and space*. Prentice Hall.

Von Bertalanffy, L. (1990). 『일반 체계 이론』 (현승일 역). 민음사. (원서출판 1968).

Von Bertalanffy, L. (1972). The history and status of general systems theory. *Academy of Management Journal, 15*(4), 407-426.

Von Bertalanffy, L. (1975). *Perspectives on general system theory: Scientific-philosophical studies.* George Braziller.

Waldinger, R. (1993). The ethnic enclave debate revisited. *International Journal of Urban and Regional Research, 17*, 444-452.

Wallerstein, I. (1999). 『근대세계체제 1』 (나종일 외 역). 까치. (원서출판 1974).

Warren, R. L. (1963). *The community in America*. Rand McNally College Pub. Co..

Warren, R. L. (1967). The interaction of community decision organizations: Some basic concepts and needed research. *Social Service Review, 41*(3), 261-670.

Warren, R. L. (1970). The Good Community-What Would It Be?. *Journal of the Community Development Society, 1*(1), 14-24.

Watts, D. (2010). *Dictionary of American government and politics*. Edinburgh University Press.

Weber, M. (2018). 『프로테스탄트 윤리와 자본주의 정신』 (박문재 역). 현대

지성. (원서출판 1904-1905).
Weber, M. (2009). 『경제와 사회 – 공동체들』 (W. J. Mommsen & M. Myer (Eds.)) (박성환 역). 나남. (원서출판 2001).
Webber, M. (1963). Order in diversity: community without propinquity. In L. Wingo (Ed.), *Cities and space* (pp.23-54). The Johns Hopkins University Press.
Webber, M. (1964). The urban place and the nonplace urban realm. In M. Webber et al. (Eds.), *Explorations into urban structure* (pp.79-153). University of Pennsylvania Press.
Wellman, B. (1979). The community question: The intimate networks of East Yorkers. *American Journal of Sociology, 84*(5), 1201-1231.
Wellman, B. (2001). Physical place and cyberplace: The rise of personalized networking. *International Journal of Urban and Regional Research, 25*(2), 227-252.
Wellman, B., Boase, J., & Chen, W. (2002). The networked nature of community: Online and offline. *It & Society, 1*(1), 151-165.
Wellman, B. & Gulia, M. (1999). Net-surfers don't ride alone: Virtual communities as communities. *Networks in the global village: Life in contemporary communities, 10*(3), 34-60.
Wellman, B. & Leighton, B. (1979). Networks, neighborhoods, and communities: Approaches to the study of the community question. *Urban Affairs Quarterly, 14*(3), 363-390.
White, K. J. C. & Guest, A. M. (2003). Community lost or transformed? Urbanization and social ties. *City & Community, 2*(3), 239-259.
Wilkinson, I. (2001). *Anxiety in a risk society.* Psychology Press.
Wilson, S. M. & Peterson, L. C. (2002). The anthropology of online communities. *Annual Review of Anthropology, 31*(1), 449-467.
Wirth, L. (1938). Urbanism as a way of life. *American Journal of Sociology, 44*(1), 1-24.
Wortham-Galvin, B. D. (2012). Making the familiar strange: Understanding design practice as cultural practice. In S. Hirt & D. Zahm (Eds.), *The urban wisdom of Jane Jacobs* (pp.229-244). Routledge.
Wright, E. O. (2006). Basic income as a socialist project. *Basic Income Studies, 1*(1), 1-11.

Yoon, I. J. (1997). *On my own: Korean businesses and race relations in America*. University of Chicago Press.
Young, I. M. (1986). The ideal of community and the politics of difference. *Social Theory and Practice, 12*(1), 1-26.
Young, I. M. (1990). *Justice and the politics of difference*. Princeton University Press.
Zima, V. P. (2001). 『데리다와 예일학파』 (김혜진 역). 문학동네 (원서출판 1994).
田村明 (2005). 『마을만들기의 발상』 (강혜정 역). 소화. (원서출판 1987).

[신문 기사]

송영일 (2008. 3. 26). 사스키아 사센: 세계도시. ≪대학원신문≫. Retrieved from http://gspress.cauon.net/news/articleView.html?idxno=14256
Ferenstein, G. (2013. 6. 30). Obama's shift towards communitarianism. *The Daily Beast*. Retrieved from http://www.thedailybeast.com/articles/2013/06/30/obama-s-shift-toward-communitarianism.html.

[법령]

대체역법 (2020. 1. 1). 대체역의 편입 및 복무 등에 관한 법률. 법률 제16851호, 2019. 12. 31. 제정. Retrieved from http://www.law.go.kr/법령/대체역의편입및복무등에관한법률/(16851,20191231)

김욱진

미국 시카고대학교에서 사회복지학으로 석박사학위를 취득한 후 2012년부터 현재까지 서울시립대학교 사회복지학과에 재직 중이다.

공동체 관련 저서로 《자원봉사》(청목출판사, 2015) 등이 있다.

공동체 1

초판인쇄 2020년 11월 30일
초판발행 2020년 11월 30일

지은이 김욱진
펴낸이 채종준
펴낸곳 한국학술정보㈜
주소 경기도 파주시 회동길 230(문발동)
전화 031) 908-3181(대표)
팩스 031) 908-3189
홈페이지 http://ebook.kstudy.com
전자우편 출판사업부 publish@kstudy.com
등록 제일산-115호(2000. 6. 19)

ISBN 979-11-6603-201-1 94330